Moderne Literatur in Grundbegriffen

Herausgegeben von Dieter Borchmeyer
und Viktor Žmegač

Moderne Literatur in Grundbegriffen

Herausgegeben von
Dieter Borchmeyer und
Viktor Žmegač

2., neu bearbeitete Auflage

MAX NIEMEYER VERLAG TÜBINGEN
1994

Die Deutsche Bibliothek – CIP-Einheitsaufnahme

Moderne Literatur in Grundbegriffen / hrsg. von Dieter Borchmeyer und Viktor Zmegač. – 2., neu bearb. Aufl. – Tübingen : Niemeyer, 1994
NE: Borchmeyer, Dieter [Hrsg.]

ISBN 3-484-10652-2 kart.
ISBN 3-484-10687-5 Pp.

Printed in Germany.
Druck: Gulde-Druck GmbH, Tübingen
Einband: Heinr. Koch, Tübingen

Inhaltsverzeichnis

Vorwort zur ersten Auflage

Walter Müller-Seidel
zum 70. Geburtstag

In einer Zeit, in der die Systematisierung und Auswertung einer Fülle von Daten in zunehmendem Maße Schwierigkeiten bereitet, bedarf ein Handbuch, das sich darum bemüht, auf einem bestimmten Gebiet die Orientierung zu erleichtern, kaum einer Begründung. Zu begründen ist allerdings die Abgrenzung des Sachbereichs sowie die innere Organisation des Bandes.

Die Zeiten sind längst vorbei, da die meisten Literarhistoriker meinten, zu fachlicher Zuständigkeit gehöre ein beträchtlicher zeitlicher Abstand von den Gegenständen der Betrachtung. Die Erörterung moderner Literatur überließ man neidlos der sogenannten praktischen Kritik in Zeitschriften und Zeitungen. Heutzutage, wo der rasche Wechsel historischer Konstellationen bei den Zeitgenossen für ein besonders ausgeprägtes Bewußtsein eigener Geschichtlichkeit sorgt, hat sich die Einstellung gegenüber der Gegenwart wesentlich verändert. Die Ansicht, das analytische Vermögen sei auf Distanz angewiesen, teilt heute kaum noch jemand. Bezeichnend ist daher, daß auch im akademischen Bereich Arbeiten über junge Gegenwartsautoren keine Seltenheit mehr sind. Der Umstand, daß ein solches Interesse für Modernität im weitesten Sinne (und damit auch für ›postmoderne‹ Neigungen) jedoch ständig mit der Vielfalt und Komplexität literarischer Praxis in unserem Jahrhundert konfrontiert ist, dürfte ein Unternehmen wie das vorliegende als gerechtfertigt erscheinen lassen.

Der Begriff *Moderne Literatur* bezieht sich auf Entwicklungen, die sich über fast hundert Jahre erstrecken, seitdem die »Moderne« (eine erst seit den achtziger Jahren des 19. Jahrhunderts verbreitete Wortbildung) von den Naturalisten ausgerufen wurde. In nicht wenigen Fällen mußte zugunsten einer sachgerechten Darstellung auch noch weiter ausgeholt werden. (Im Hinblick auf theoretische Fragen der Periodisierung kann im übrigen auf die Artikel verwiesen werden, die Epochen und Bewegungen behandeln oder über terminologische Fragen informieren.) Für die Konzeption des vorliegenden Bandes grundlegend ist die Unterscheidung der Moderne als *Makro-* und als *Mikroperiode.* Letztere setzt nach der Ansicht der meisten Literarhistoriker mit dem Naturalismus ein. Der Beginn der Moderne als Makroperiode ist jedoch in der zweiten Hälfte des 18. Jahrhunderts anzusiedeln, als die Aufklärung ihrem Höhepunkt zusteuert. Reinhart Koselleck hat zu Recht von einer »Sattelzeit« gesprochen, welche die späteren Zeiten trägt. Mit der Begründung der ästhetischen Autonomie durch Karl Philipp Moritz, Kant und Schiller – im Zuge der von Max Weber als kennzeichnend für den Rationalisierungsprozeß der Moderne beschriebenen Ausdifferenzierung kultureller Wertsphären, die nunmehr nach eigenen, immanenten Gesetzen zu beurteilen sind –, mit der im Umkreis der Weimarer Klassik und Jenaer Romantik ausgebildeten Theorien der modernen Kunst – den ersten Selbstbegründungen der Moderne im nun als autonom ausgegrenzten ästhetischen Bereich – sind die Würfel für eine literarische Entwicklung gefallen, die sich in der Moderne als Mikroperiode seit der Jahrhundertwende kontinuierlich fortsetzt. Bereits 1832 hat der Kritiker A.-F. Théry in seiner Untersuchung »De l'esprit et de la critique littéraire chez les peuples anciens et modernes« hellsichtig bemerkt: »Aucun fait de l'histoire littéraire ne nous paraît plus digne d'étude que la direction suivie par la littérature allemande depuis le milieu du XVIIIe siècle. La destinée des lettres en Europe semble y être attachée.«

Eine auch nur einigermaßen umfassende Darstellung der meisten Stichwörter ließ es als geboten erscheinen, das Handbuch grundsätzlich komparatistisch auszurichten, auch wenn infolgedessen allenfalls Verstöße gegen nationalliterarische Übereinkünfte in Kauf zu nehmen sind. Den methodologischen Ausgangspunkt bildet der Gedanke einer allgemeinen Literaturwissenschaft, nicht die Aufteilung in Sparten wie Germanistik, Romanistik, Anglistik usw., wenn auch die deutsche Literatur das bevorzugte Paradigma der meisten Artikel ist. Daß eine solche Ausrichtung für Lehrende und Lernende in den einzelnen Philologien nur von Nutzen sein kann, liegt auf der Hand. Auch die bibliographischen Hinweise folgen im Prinzip dieser Absicht. Komparatistisch im weiteren Sinne ist dieses Handbuch aber auch durch die Einbeziehung anderer Künste: des Theaters zumal, aber auch der Musik (Literaturoper), der bildenden Kunst, des Films u.a.

Als Kriterium für die Auswahl der Stichwörter galt die literarische Praxis des genannten Zeitraums. Aus literarhistorischer Sicht waren vor allem jene Kategorien innerhalb des literarischen Kommunikationssystems (Autor, Medienstruktur, Werk, Publikum) zu berücksichtigen, denen seit dem späteren 19. Jahrhundert eine beherrschende Rolle zugefallen ist oder die in dieser Zeit überhaupt erst aufgekommen sind. Im Bereich der Werk-Kategorie, die durch Stilbegriffe und Gattungsbegriffe vertreten ist, wurden freilich auch jene poetologischen Lemmata behandelt, die Erscheinungen mit einer langen Tradition benennen. Neben Begriffen der Produktions- und Rezeptionsästhetik bilden solche der Gruppenprogrammatik sowie der literarhistorischen Synthese eine dritte, stark vertretene Kategorie.

Die Stichwörter sind fast sämtlich Begriffe, die nicht erst in der literaturwissenschaftlichen Reflexion auftauchen, sondern von den Autoren der Moderne selbst (wenn auch meist noch nicht in dem von der Philologie später fixierten Sinne) verwendet worden sind. Selbst Termini wie »Intertextualität« und »Metatextualität« werden heute, in einer Zeit angeblich ›postmoderner‹ Vermischung von Wissenschaft und Poesie, von Autoren verwendet – wenn auch nur in Ausnahmefällen. Die durch diese immer noch fremdartig klingenden Begriffe bezeichneten Phänomene sind jedoch so typisch für die moderne Literatur – wenngleich sie von den Autoren meist mit anderen Begriffen bezeichnet wurden (was heute der Terminus der Metatextualität bezeichnet, nannte André Gide z.B. »mise en abyme«) –, daß sie hier als Stichwörter aufgenommen wurden.

Da es sich hier nicht um ein kleinteiliges Sachwörterbuch der modernen Literatur handelt, sind wirklich nur den Grundbegriffen eigene Artikel gewidmet. Was ein Grundbegriff ist, das ist sicher eine Ermessensfrage. Bei manchem Terminus, der gewiß einen eigenen Artikel verdient hätte, wurde auf einen solchen aus Gründen der Überschneidung mit anderen Stichwörtern und aufgrund der Tatsache verzichtet, daß er als Unterbegriff in mehreren Artikeln behandelt wird (über das Kabarett und seine innovatorische Bedeutung z.B. ist in verschiedenen Beiträgen so eingehend die Rede, daß sich ein eigener Artikel erübrigte). Mit Hilfe des Sachregisters lassen sich jedoch über alle Termini, die unter anderen Stichwörtern erörtert werden, Auskünfte einholen.

Die Artikel sind von den Autoren und den Herausgebern immer wieder aufeinander abgestimmt worden, wie zumal die durch Pfeil: → bezeichneten Verweise auf andere Stichwörter zeigen. Dennoch wollen sich die Mitarbeiter nicht als geschlossene Front präsentieren. Kontroverse Meinungen in den verschiedenen Artikeln (etwa über die Postmoderne) wurden nicht harmonisiert. – Die Bibliographien enthalten nur eine Auswahl der wichtigsten Titel, wobei vor allem Werke mit Elementarinformationen, Forschungsberichten und grundlegenden Literaturhinweisen berücksichtigt wurden.

Das vorliegende Lexikon versteht sich als Handbuch im wahren Sinne des Wortes, daher auch als Ratgeber für weiterführende Lektüre. Von den zahlreichen Literaturlexika, die erste Auskunft bzw. definitorische Hilfe zumeist auf knappem Raum bieten, unterscheidet es sich durch den Versuch, nicht nur zu informieren, sondern zugleich auch *Probleme* erkennbar zu machen, namentlich aufgrund der Fragestellungen gegenwärtiger Forschung und Theorienbildung. Infolge der Beschränkung auf epochenspezifische Erscheinungen sowie der Bündelung von Begriffen in Artikeln mit Klammerfunktion konnte die Zahl der Stichwörter niedrig gehalten werden. Vorrang hatte die relative Ausführlichkeit der Darstellung, bei gleichzeitiger Wahrung der Konzeption eines einbändigen, handlichen Nachschlagewerkes. Dieses Ziel suchten die Mitarbeiter auch bei der sprachlichen Gestaltung der Artikel im Auge zu behalten. Eine hermetische Begrifflichkeit, durch die sich die Philologie oft in ein Ghetto manövriert hat, wurde vermieden, um dem Lexikon eine breite Leserschaft zu sichern – nicht nur unter Fachgelehrten, Literaturkritikern und Studenten der Literaturwissenschaft, sondern auch unter Lehrern und Schülern der Kollegstufe – wie überhaupt unter allen, die aus Liebhaberei und beruflich mit Literatur zu tun haben. Da eine komparatistische Literaturgeschichte der Moderne ein uferloses Unterfangen wäre, könnte dieses Handbuch, das alle wesentlichen Erscheinungen der literarischen Moderne seit der Jahrhundertwende zu berücksichtigen sucht, »statt einer Literaturgeschichte« dienen.

Die Herausgeber widmen das Buch Walter Müller-Seidel zum bevorstehenden siebzigsten Geburtstag – dem vorbildlichen Gelehrten, dem Freund, dem Mitarbeiter.

München und Zagreb, im Juni 1987
D. B./V. Ž.

Vorwort zur zweiten Auflage

Das vor fünf Jahren erschienene, bereits seit einiger Zeit vergriffene Buch wurde allgemein freundlich aufgenommen. Daher war es für die Herausgeber eine Verpflichtung, die Neuauflage im neuen Verlag mit besonderer Sorgfalt vorzubereiten. Dabei wurden Anregungen der Fachkritik dankbar aufgegriffen.

Sämtliche Artikel wurden revidiert, erweitert bzw. bibliographisch aktualisiert. Ein Werk wie dieses hat ja nur als *work in progress* seinen Sinn. Bei manchen Beiträgen (Roman, Postmoderne etc.) war aufgrund des deutlich veränderten Reflexionsstandes eine weitgehende Neukonzeption erforderlich. Vor allem sind aber eine Reihe von neuen Stichwörtern (Allegorie, Einakter, Exotismus, Gesamtkunstwerk, Hermetismus, Literaturkritik, Märchen, Mythos, Phantastische Literatur, Realismus) aufgenommen worden. Das Sachregister, bei dessen Erstellung die Heidelberger Germanisten Christine Emig, Petra Fischer und Thomas Rothkegel sachkundigen Beistand geleistet haben, für den ihnen sehr herzlich gedankt sei, ist stark erweitert worden. Es verdeutlicht, daß auch Begriffe, die kein eigenes Stichwort bilden, ihre Definition erhalten. Die Zahl der behandelten Stichwörter sollte jedoch nach wie vor in Grenzen gehalten werden, um in allen Artikeln über die definitorische Information der reinen Sachwörterbücher hinaus eine echte Problemdarstellung zu ermöglichen.

Noch einmal sei – gegenüber kritischen Einwänden – betont, daß der Gegenstand dieses Buches nicht wissenschaftstheoretische oder methodologische Termini sind, sondern ausschließlich Begriffe aus dem Bereich der literarischen Praxis: der Stil- und Gattungskonzeptionen, des literarischen Kommunikationssystems, der Produktions- und Rezeptionsästhetik sowie der künstlerischen Sozialisation. Zudem handelt es sich stets um Begriffe, die spezifische Phänomene der Moderne oder solche mit einer langen, bis in die Gegenwart reichenden Tradition bezeichnen.

Diese zweite Auflage sei wie vor fünf Jahren Walter Müller-Seidel freundschaftlich zugeeignet. Sein bevorstehender fünfundsiebzigster Geburtstag bildet den erneuten, erfreulichen Anlaß für diese herzliche Widmung.

Heidelberg und Zagreb, im Oktober 1992

D. B. / V. Ž.

Absurdes Theater

Das *Theater des Absurden* wird, mit absichtlicher oder unabsichtlicher Zweideutigkeit, meist kurz als »absurdes Theater« apostrophiert. Im lässig-volkstümlichen Gebrauch der Formel spiegelt sich noch etwas von der irritierten Zuschauerreaktion, die jenes Theater in den Anfängen hervorrief, wie auch von der ursprünglichen Bedeutung des Wortes »absurd« = lat. mißklingend, schließlich: widersinnig, unlogisch, das rationale Verständnis überschreitend. Das Theater des Absurden, das, was die Texte betrifft, im wesentlichen von nicht-deutschen Autoren bestritten wurde, trat einige Jahre nach dem Zweiten Weltkrieg spektakulär (in des Wortes doppelter Bedeutung) in Erscheinung. Es erlebte seine Blüte in der – den kollektiven Schock und das Entsetzen verdrängenden – sog. Restaurationszeit der fünfziger und der ersten Hälfte der sechziger Jahre; auf seine gewiß problematische Art bearbeitete jenes Theater ein übernationales Trauma. Ende der sechziger und im Verlauf der siebziger Jahre rückten die »Absurden«, vom neu erwachten politischen Interesse insbesondere der jungen Generation beiseitegeschoben, bereits wieder in den Hintergrund. Was an dem Phänomen Mode war, verflüchtigte sich. Freilich, es blieb die Erinnerung an eine äußerst farbige Epoche des europäischen Theaters (mit faszinierenden Inszenierungen auch und gerade auf deutschen Bühnen). Nicht nur das: Mit dem gegenwärtigen Absterben der Energien eines politisch engagierten Theaters, Folge nicht zuletzt des Verfalls der bisherigen politisch-ideologischen Systeme, wächst wiederum die Aufmerksamkeit für die Absurden von einst. Mit ihrem pessimistischen Weltbild scheinen sie, auf vage Art, nachträglich ins Recht gesetzt.

Mit ihrer breiten, bis in die Jahrhundertwende hinunterreichenden Vorgeschichte, die erst seit wenigen Jahren voll ins Bewußtsein tritt, stellen sich die Absurden heute mehr und mehr als Teil einer größeren, bedeutenden Entwicklung des neueren → Dramas und → Theaters und zugleich als künstlerischer Reflex einer offenbar machtvollen Konstante des ideologischen und materiellen Prozesses der europäischen Gesellschaft dar. Für den Historiker des Theaters und des Dramas ergibt sich daraus u. a. die Aufgabe, die Beziehung des a. Th.s als einer ›postavantgardistischen‹ Bewegung zu der eigentlichen, ›klassischen‹ → Avantgarde des europäischen Theaters (Jarry, Maeterlinck, Pirandello, Witkiewicz, Artaud, Gombrowicz) näher zu bestimmen. Der Zusammenhang mit den mannigfaltigen apokryphen, dem genialischen Untergrund der europäischen Theatergeschichte angehörenden Erscheinungen im näheren oder weiteren Umkreis des → Surrealismus, → Dadaismus u. a. muß erst noch, mit Blick auf Gemeinsamkeiten und spezifische Unterschiede, aufgezeigt werden (also die Verbindung etwa mit Radiguets »Les Pélican«, 1921, Ribemont-Dessaignes' »L'Empereur de Chine«, 1925, Cocteaus »Les mariés de la Tour Eiffel«, 1924, Bretons und Soupaults »S'il vous plaît«, 1920, Aragons »L'armoire à glace un beau soir«, 1924 u. a. mehr). Auch existieren offenkundig aufschlußreiche absurde Tendenzen bei im ganzen nicht als ›absurd‹ zu bezeichnenden Autoren. Hingewiesen sei auf Wedekinds Einakter »Der Kammersänger« (1899), auf Courtelines (1860-1929) »Alltagskomödien« (vgl. »Der gemütliche Kommissär«, »Der unerbittliche Wachmann«, »Die Waage« – dt. Übers. München 1912), auf Yeats' »The Cat and the Moon« (1924), Eliots »Sweeney Agonistes« (1924), Cummings' »Him« (1928).

Vor diesem hier nur skizzierten Hintergrund nehmen sich die Werke der Absurden der fünfziger Jahre in mancher Hinsicht wie eine späte, explosive Zusammenfassung bislang verborgener oder vergessener dramaturgischer Energien aus, verbunden mit einem durchschlagenden Popularitäts-Effekt, durch den das provokatorische Potential der früheren Theater-Avantgarde in zum Teil entschärfter Form weitergegeben und ein von Haus aus antibourgeois konzipiertes Theater für ein größeres, insbesondere bürgerliches Publikum akzeptabel gemacht wurde. Das geistige Terrain für solche überraschende Breitenwirkung war damals aufs beste vorbereitet. Die Zeitstimmung des ›Absurden‹ hatte soeben in der französischen Philosophie und Literatur des *Existentialismus* einen suggestiven Ausdruck gefunden. Sartres Roman »La nausée« (1938) hatte mit seiner eindringlich-advokatorischen Prosa die Hermeneutik des »Ekels« selbst für den Durchschnittsleser begreifbar gemacht. Camus lieferte mit seinen Essays »Le mythe de Sisyphe« (1942) und der Erzählung »L'étranger« (1942) die blendend inszenierte Reprise eines Grundmotivs Nietzschescher Philosophie. Wenn für Camus das Absurde aus der »Gegenüberstellung des Menschen, der fragt, und der Welt, die vernunftwidrig schweigt«, hervorgeht, dann entsprach diese Einsicht ziemlich genau Nietzsches Definition des »Nihilismus« (»Was bedeutet Nihilismus? – Daß die obersten Werte sich entwerten. Es fehlt das Ziel. Es fehlt die Antwort auf das ›Wozu?‹«).

Für Sartre und Camus waren der *Nihilismus* und das Absurde Ausgangspunkt einer dezidiert positiven, ja aktivistischen Botschaft – wie beide, als Dramatiker, auch bezeichnenderweise keine absurden Stücke, vielmehr kaum verhüllte politische Thesen-Dramen bzw. neuartige Tragödien mit der Tendenz zur mythischen Überhöhung schrieben. Das Theater des Absurden wie auch das ungefähr zeitgleiche »Théâtre poétique« (Audiberti, Schehadé) und das »rituelle Theater« Genets dagegen bestanden auf der einmal gewonnenen desillusionistischen Einsicht, sie verharrten in der »Verzweiflung«. Rein philosophisch hingen die Absurden insofern, mit Formulierungen Nietzsches aus dem Nachlaß der achtziger Jahre zu reden, einem »müden«, »passivischen Nihilismus« an. Aber künstlerisch waren sie nichtsdestoweniger höchst unternehmungslustig und einfallsreich, von zum Teil hinreißender Vitalität, mit anderen Worten: Die Absurden waren offenbar mehr als bloße Absurde, da sie das Absurde darstellen und, kraft eigentümlicher Strategien der → Verfremdung, einsehbar machen konnten. Freilich, sie leisteten diese Arbeit auf unterschiedlichem Niveau und, gattungspoetologisch betrachtet, mit unterschiedlicher, für ihr jeweiliges dichterisches Ethos charakteristischer Akzentuierung des – mit der »nihilistischen« Weltsicht genuin verbundenen – tragischen Moments. Auch gab es, ungeachtet der generellen Neigung des a. Th.s, sich von der empirischen Geschichte und Gesellschaft zu entfernen, Dramatiker, die mit Hilfe ihrer scheinbar esoterischen Parabeln realistisch erfaßte Gegebenheiten vorstellten und so den Stoff und die Stimmung eines konkreten Geschichtsaugenblicks fühlbar werden zu lassen vermochten.

Das Theater des Absurden, als Bewegung betrachtet, begann mit Ionescos »La cantatrice chauve« (Die kahle Sängerin, 1950). Die Reaktion des verwöhnten Pariser Publikums war zunächst gering. Anouilh, dessen eigene »pièces grinçantes« bereits einen Bodensatz des Absurden erkennen ließen, begrüßte das »Anti-Stück« jedoch enthusiastisch und half Ionescos Ruhm begründen. Das kleine Werk war, im Gefolge von Jarrys »Ubu« und Golls »Methusalem«, eine überdrehte, farcenhafte → Parodie auf das Konversationsstück und die Salonkomödie. In seinen »Ganz einfache(n) Gedanken über das Theater« hat Ionesco sein Theater-Konzept skizziert, mehr mit Lust an der Provokation als mit theoretischem Tiefsinn. Nur das »Unerträgliche« sei »wirkliches Theater«, heißt es da. Bezeichnend der Hinweis auf den großen Eindruck, den das »Puppentheater im Luxemburggarten« auf den Autor in seiner Kindheit gemacht hat. »Das war das eigentliche Welttheater, ungewöhnlich, unwahrscheinlich und doch wahrer als das Wahre, in einer unendlich vereinfachten und karikierten Form«. In der Tat: Als absurdes »Puppentheater«, das eine Art Kinder-Grauen für Erwachsene verbreitet, wurde die Dramatik Ionescos, nachdem die erste Schockwirkung verbraucht war, zunehmend rezipiert.

Im einzelnen lassen sich – R. Daus folgend – als Kriterien des Ionesco-Theaters die »ungewöhnliche Manipulation mit dem Gewöhnlichen«, »die Aufhebung von Gegensätzen«, »das freie Spiel mit etablierten Zusammenhängen« und »die Darstellung von Unterjochungs-Prozessen« herausstellen. Neben dem radikalen gesellschaftskritischen Anspruch (»Der Mann der Avantgarde ist der Gegenspieler eines aktuellen Systems«) spielte bei Ionesco wie früher schon bei Witkiewicz (vgl. dessen »Theorie der reinen Form im Theater«, 1920) der Gedanke eines unideologischen, wie Malerei und Musik *autonomen → Theaters* eine wichtige Rolle. Diese – ihrerseits keineswegs ideologiefreie – Tendenz verstärkte den Affekt dieses Theaters gegen die verbale, insbesondere poetische Sprache. Die übertriebene Geste, die aggressive, entlarvende Pantomime haben bei Ionesco wie auch sonst bei den Absurden den Primat vor dem gesprochenen Wort. Selbst die »Dinge« spielen auf bedrohliche Weise mit (»Le nouveau locataire«, »Les chaises«). Die ideale dramaturgische Metapher und Struktur des Ionesco-Theaters ist der in rasantem Tempo sich beschleunigende Alptraum, in dessen Verlauf eine Stimmung des Komischen in das extreme Gegenteil: das Gräßliche umschlägt.

In der zweiten Phase seines Schaffens trat bei Ionesco der emphatische Individualismus, der ihn immer schon insgeheim motiviert hatte, offen zutage. Eine Art positive Parodie des idealistischen Expressionismus von früher ereignete sich: der liebenswerte, ohnmächtige Bérenger erschien – der Einzelne, umgeben von einem Meer der Konformität, Opfer eines alles verschlingenden totalitären Systems. »Je me défendrai contre tout le monde [...] Je suis le dernier homme«, ruft am Ende von »Rhinocéros« Bérenger, das alter ego des Verfassers, aus. Ionesco erntete mit diesem Stück und diesem »Aufschrei« allenthalben, zumal in Deutschland, den Beifall eines begeisterten Publikums (UA frz. 1960, UA dt. Düsseldorf 1959). Der späte Ionesco verlor dann zusehends seine Schärfe und jenen brillanten anarchischen Witz, wie ihn ähnlich eine Generation zuvor, nur vitalistisch-unbekümmerter, die Dadaisten und die Marx-Brothers kultiviert hatten. Ionescos Theater, dramaturgische Muster der alten Moralität Shakespeares und Strindbergs wiederbelebend, wandte sich ausschließlich dem Thema Tod und Sterben (»Le roi se meurt«, »Jeux de massacre«) zu. Freilich – inmitten der nunmehr bei ihm vorherrschenden Resignation und Trauer verweigerte der absurde Autor wie eh und je eine den eigenen Nihilismus aufhebende Sinngebung, blieb er insofern seinen Anfängen treu.

Beckett, Ire, französisch und englisch schreibend, hatte bereits Lyrik, Essays und Romane verfaßt, bevor er mit »En attendant Godot« (Warten auf Godot, UA 1953) weltberühmt wurde (Nobelpreis 1969). Becketts Theater berührt sich inhaltlich mit dem Ionescos. Aber seine Stücke haben ein anderes geistiges und emotionelles Klima. Ihre Dramaturgie ist nicht, wie die Ionescos, auf Häufung der Elemente und Beschleunigung der Geschehensabläufe bis hin zum Paroxysmus angelegt. Beckett arbeitet mit dem Mittel der Reduktion und der Verlangsamung (Pausen-Dramaturgie). Wie Ionesco schätzt er die drastischen Vereinfachungen, das *Clowneske,* das zwischen Komik und Tragik schwankende Timbre. Doch Becketts Vereinfachungen sind höchst komplex und anspielungsreich – wie auch der Pol des Tragischen bei ihm stärker hervortritt als bei Ionesco. Den dialektischen Charakter der Beckettschen Reduktionen hat Adorno betont: »Der Simplificateur des Schreckens weigert sich, anders als Brecht, der Simplification. Er ist ihm aber gar nicht so unähnlich insofern, als seine Differenziertheit zur Empfindlichkeit gegen subjektive Differenzen wird, die zur conspicuous consumption derer verkamen, welche Individuation sich leisten können [...] Was die Bedingung von Humanität war, Differenziertheit, gleitet in die Ideologie. Aber das unsentimentale Bewußtsein davon bildet nicht selbst sich zurück. Im Akt des Weglassens überlebt das Weggelassene als Vermiedenes, wie in der atonalen Harmonie die Konsonanz. Der Stumpfsinn des Endspiels wird mit höchster Differenziertheit protokolliert und ausgehört.«

Becketts a. Th. ist kein metaphysisches Theater. Es zielt nicht heimlich auf Gott oder das Unendliche der Idee, wie christliche Interpreten es gelegentlich wahrhaben wollten. Bei der Deutung »Godots« ist Becketts Warnung zu beherzigen: »Weh dem, der Symbole sieht!« Godot ist ein Ziel, das täuscht. Das *Warten,* eigentliches Thema des Stücks, erweist sich als vergeblich. Von ihrer Hoffnungslosigkeit haben Becketts Akteure selbst durchaus ein Bewußtsein. Im Grunde spielen sie nur mehr das Warten – nicht anders als Beckett selber, der mit seinem Theater eine Art permanentes, ironisch gebrochenes Verzweiflungs-Spiel inszeniert. Gelegentlich allerdings scheint Beckett seine und seiner Figuren tragikomischen Rituale (»Ils jouent à jouer«, Corvin) zu durchbrechen. Dann scheint sich, in einer Art Parabase, ein abgründig pessimistisches Lebensgefühl direkt mitteilen zu wollen, und man hört Sätze wie diese: »Rittlings über dem Grabe und eine schwere Geburt. Aus der Tiefe der Grube legt der Totengräber träumerisch die Zangen an. Man hat Zeit genug, um alt zu werden. Die Luft ist voll von unseren Schreien«.

Zu dieser existentiellen Dimension tritt bei Beckett nicht selten die verschlüsselte Anspielung auf kompakte gesellschaftliche Erfahrung. So verweist die Beziehung Pozzo-Lucky in »Warten auf Godot« auf die Irreversibilität von Herrschaft/Knechtschaft bei gleichzeitiger Entleerung eben dieser Beziehung, will sagen: Die Arbeit des »Knechts« in der Moderne ist, anders als Hegel sich den Vorgang deutete, total unproduktiv geworden; der »Herr«, seinerseits substanzlos, weiß sich als solchen lediglich durch Zufall etabliert, ohne deshalb jedoch weniger brutaler Unterdrücker zu sein. Allerdings führte Becketts Dramatik, über »Fin de partie« (1957) und »Happy Days« (1961) hinaus, im Lauf der Jahre immer tiefer ins Innere einer extrem reduzierten, jedoch nie ins absolut Puppenhafte verzerrten Existenz. Das *Monologische* im übertragenen und buchstäblichen Sinn begann sich entschieden durchzusetzen. Die Stücke schrumpften zu erschreckenden Augenblicken oder qualvoll verlangsamten pantomimischen Stenogrammen der Vereinsamung. Poesie und Handlung wurden zu Gebärde und Laut oder sie verloren sich ins Schweigen. Zugleich näherten sich die künstlerischen Genres einander an. Die Theaterstücke gingen über in Hörspiele und Fernsehspiele. In den letztgenannten bewegen sich graue Schatten in kalkulierten Rhythmen, bisweilen, wie in ironischer Absicht, begleitet von sehnsüchtiger Musik.

Beckett und Ionesco sind keineswegs die einzigen Absurden von Bedeutung. Überhaupt ist ihr wirklicher Rang erst zu bestimmen, wenn das ganze Feld, in dem sie ihre Stelle haben, in diachroner und synchroner Hinsicht dargestellt werden kann. Der Engländer Pinter, der Amerikaner Albee müssen ebenso wie die Franzosen Adamov und Tardieu in einer Diskussion des Theaters des Absurden berücksichtigt werden. Der – seit 1955 – französisch schreibende phantasiemächtige Spanier Arrabal, der Valle-Incláns Kunst der »Esperpentos« kongenial weiterführt, ist jenseits Frankreichs erst noch zu entdecken. Die Rezeption der Absurden ist insofern noch nicht am Ende angelangt. Auch muß man darauf hinweisen, daß die dramaturgischen Errungenschaften des Theaters des Absurden zu anderen als absurden Zwecken eingesetzt werden können. Das zeigen z.B. einige Stücke des Polen Mrożek (»Polizei«, 1958, »Emigranten«, 1975) und die des Tschechen Havel. Havels »Das Gartenfest« (1963) und »Die Benachrichtigung« (1965) sind Beispiele einer konkret-politischen, für den Autor *seinerzeit* schmerzhaft folgenreichen sozialistischen Systemkritik.

Eine bedeutsame Wirkung des a. Th.s ist auch die Adaption von dessen künstlerischen Mitteln seitens vieler Regisseure. Grüber inszenierte Goethes »Faust« als eine Art Vor-Beckettsches Endspiel, und er bot mit seinem »Empedokles« einen »Hölderlin in Lumpen und mit schwerer Zunge« (Hensel). Die Performance des Bühnenbildners Wonder, betitelt »Rosebud« (nach Motiven Heiner Müllers), zeigte ebenfalls den Einfluß absurder Theaterkunst (wie auch Artauds). – Eine interessante, in die Gegenwart hineinreichende Parallelerscheinung zum Theater des Absurden – beide können einander wechselseitig erhellen – ist das sogenannte »absurde Musiktheater« (Cage, Kagel).

E. Ionesco, A. Schulze-Vellinghausen, G. R. Sellner: Das Abenteuer Ionesco. Beiträge zum Theater von heute. Zürich 1957

W. Hildesheimer: Erlanger Rede über das absurde Theater. Akzente 6 (1960)

Th. W. Adorno: Versuch, das Endspiel zu verstehen. In ders.: Noten zur Literatur II. Frankfurt a.M. 1961

M. Esslin: Das Theater des Absurden. Reinbek 1965
M. Damian: Zur Geschichtlichkeit des Theaters des Absurden. Versuch einer materialistischen Analyse von Dramen Becketts und Pinters unter Berücksichtigung ihrer Entstehungsbedingungen, Rezeption und Wirkungsgeschichte. Frankfurt a.M. 1977
R. Daus: Das Theater des Absurden in Frankreich. Stuttgart 1977
W. Mittenzwei: Die Endspiele der Absurden. In ders.: Kampf der Richtungen. Strömungen und Tendenzen der internationalen Dramatik. Leipzig 1978
H. R. Picard: Wie absurd ist das absurde Theater? (Konstanzer Universitätsreden 107) Konstanz 1978
D. Rudzka: A l'aube de l'absurde. Lund 1978
J. Martini: Das Problem der Entfremdung in den Dramen Samuel Becketts. Köln 1979
G. Schwab: Samuel Becketts Endspiel mit der Subjektivität: Entwurf einer Psychoästhetik des modernen Theaters. Stuttgart 1981
K. A. Blüher (Hrsg.): Modernes französisches Theater. Adamov-Beckett-Ionesco. Darmstadt 1982
U. Quint-Wegemund: Das Theater des Absurden auf der Bühne und im Spiegel der literaturwissenschaftlichen Kritik. Frankfurt a.M. 1983
F. N. Mennemeier: Zeichensprache, Körpersprache. Bertolt Brecht und Antonin Artaud: ein Vergleich. – In: *G. Holthus (Hrsg.):* Theaterwesen und dramatische Literatur. Beiträge zur Geschichte des Theaters. Tübingen 1987

Franz Norbert Mennemeier

Ästhetizismus

In der Literaturwissenschaft wird das Wort in zunehmendem Maße als Terminus gebraucht, namentlich in vergleichend ausgerichteten Studien zur europäischen Literatur der Jahrhundertwende. Es fungiert vorwiegend als *Klammerbegriff*, mit der Aufgabe, die gemeinsamen Züge der gleichzeitig mit dem → Naturalismus aufkommenden entgegengesetzten Strömungen auf einen Nenner zu bringen. In älteren Arbeiten erschien diese Bezeichnung zumeist gleichwertig neben den Benennungen für die gegennaturalistischen Kunst- und Literaturrichtungen (→ Symbolismus,→ Neuromantik u. a.). Die terminologische Ungenauigkeit dieser älteren Praxis bestand darin, daß programmatische Schlagwörter zeitgenössischer Literatur bedenkenlos auf eine Ebene mit einem Begriff gestellt wurden, der in der besagten Epoche kaum als Bezeichnung einer Gruppentendenz verwendet wurde oder im Selbstverständnis der Autoren eine charakterisierende Rolle spielte. Semantisch bietet sich Ä. als stark abstrahierender Oberbegriff an, der geeignet ist, wesentliche Merkmale verschiedener historischer Gruppenbildungen synthetisch zu benennen. Die gegenwärtigen Bestrebungen zu einer terminologischen Klärung und Festigung suchen diese Möglichkeit zu nutzen. Zuweilen umfaßt der Begriff die Gesamtheit der kulturellen Strömungen (des 19. und beginnenden 20. Jahrhunderts), in denen der künstlerischen Kreativität der oberste anthropologische oder auch soziale Rang zugesprochen wird und die Kunst als völlig eigenständiger Gegenentwurf zur Realität begriffen wird. Als ein gewichtiges Kapitel vergleichender Literaturgeschichte behandelt in diesem Sinne Wuthenow (1978) den Komplex »Europäischer Ästhetizismus«.

Das Wort begegnet häufiger erst im ausgehenden 19. Jahrhundert, und zwar im Zusammenhang literaturkritischer und kunstphilosophischer Diskussionen, die von extremen Auffassungen der Kunstautonomie (l'art pour l'art) wie auch von den Wirkungen Nietzsches ausgelöst wurden. Eine beachtliche Rolle bei der Festigung der Vorstellung von Ä. spielte in Deutschland und z. T. auch im Ausland Nietzsches 1871 entstandene Schrift »Die Geburt der Tragödie aus dem Geiste der Musik«, eines seiner Hauptwerke. Das vorletzte Kapitel faßt die typologischen Betrachtungen zur griechischen Kultur der Antike und zum Ursprung der Tragödie in dem Entwurf einer »Metaphysik der Kunst« zusammen, der zugleich eine umfassende Lebensdeutung darstellt: eine Interpretation der krassen Widersprüche der Lebenswirklichkeit mit der Frage nach dem Sinn des Lebens angesichts des Furchtbaren und Häßlichen, eine Deutung, die man eine eigentümliche ästhetisch säkularisierte Theodizee nennen könnte. Der Kerngedanke ist die Behauptung, »daß nur als ein ästhetisches Phänomen das Dasein und die Welt gerechtfertigt erscheint: in welchem Sinne uns gerade der tragische → Mythos zu überzeugen hat, daß selbst das Häßliche und Disharmonische ein künstlerisches Spiel ist, welches der Wille, in der ewigen Fülle seiner Lust, mit sich selbst spielt«. Mit seiner Metaphysik des Willens und der Musik erweist sich der Autor als ein geistiger Schüler Schopenhauers. Doch der Quietismus des romantischen Denkers schlägt hier in eine affirmative Lebensphilosophie um, deren Fluchtpunkt die Spielmetapher ist. Nietzsches Idee ist weniger im Sinne der alten Schauspielmetaphorik des *theatrum mundi* zu verstehen, als vielmehr modern-existentiell, so daß die Vorstellung des Zufälligen und zugleich völlig Zweckfreien den Mittelpunkt bildet. Höchster Ausdruck der Zweckfreiheit sind ästhetische Phänomene, jene Erscheinungen, die als Gegenstände metaphysischer Lust einen absoluten Wert darstellen. Mit der radikalen These, daß das Leben nur aus ästhetischer Sicht einen Sinn ergibt, hat Nietzsche dem Ä. eine philosophische Begründung geliefert.

Aus Nietzsches Argumentation im selben Kapitel wird deutlich, daß seine Auffassung von Kunst, einer Kulturform, »die vor allem Reinheit in ihrem Bereiche verlangen muß«, Gedanken weiterführt, die romantischen Ursprungs sind. Die von Nietzsche als selbstverständlich vorausgesetzte Ansicht, die Kunst sei autonom, bildet mit ihrer – damals noch nicht sehr langen – Geschichte die Grundlage für das Aufkommen konsequent ästhetizistischer Ideen. In älteren Epochen der europäischen Geschichte gab es zwar Zeiten bzw. Gesellschaftsgruppen mit einem passionierten Verhältnis zu ästhetischer Kultur, etwa die Spätantike und die Renaissance, doch eine fundamentaltheoretische, anthropologische und historische Kategorisierung der Kunst insgesamt lag außerhalb des Interessenhorizontes. Und ebensowenig konnte die Idee des Schönen, was auch immer man darunter verstehen mochte, in den Rang einer völlig unabhängigen, von den Forderungen anderer Kulturbereiche grundsätzlich gesonderten Wertvorstellung aufsteigen. Die Voraussetzungen für einen autonomen Kunstbegriff wurden erst im 18. Jahrhundert geschaffen (→ Moderne/Modernität).

Zumeist wird die Geschichte der radikalen Auffassung von Kunstautonomie gleichgesetzt mit der Entfaltung des Begriffs von *l'art pour l'art* in Frankreich seit den dreißiger Jahren des 19. Jahrhunderts. Allein es findet sich schon um 1800 eine nicht nur theoretisch fundierte (wie in Kants Ästhetik), sondern auch herausfordernd formulierte These dieser

Art auf den ersten Seiten der Einleitung, mit der A. W. Schlegel 1801 seine Berliner »Vorlesungen über schöne Literatur und Kunst« begann. Die Maxime, die Kunst sei absolut zwecklos und diese »Nutzlosigkeit« stelle ihre eigenste Bestimmung dar, erscheint dann erweitert und auch popularisiert durch Gautier vor allem, danach durch Baudelaire. Bei Gautier finden sich die prägnantesten Aussagen zum Thema in der Vorrede zum Roman »Mademoiselle de Maupin« (1835). In einem breiteren kulturkritischen Rahmen legte Baudelaire sein Lob der nur ihren eigenen Gesetzen gehorchenden Kunst dar: sein großer Essay über den zeitgenössischen Maler Constantin Guys, mittelbar eine Antwort auf Rousseaus Zivilisationskritik, ist eine Apologie verfeinerter Kultur, was für den Autor das gleiche bedeutet wie Künstlichkeit, Eigentümlichkeit, letztlich Unnatürlichkeit. Es versteht sich, daß im weiten Feld zivilisatorischer Konventionen und artifizieller Hervorbringungen der Kunst ein besonderer Platz eingeräumt wird. Sie ist das eindrucksvollste Zeugnis menschlicher Phantasie und Schöpferkraft, und daher ist es nach Baudelaires Meinung völlig falsch, von der Kunst die Nachahmung der Natur zu fordern. Dem Anspruch auf logische und soziale Autonomie folgt hier der Wunsch nach wachsender stilistischer Autonomie.

Das Fazit zog einige Jahrzehnte danach Oscar Wilde mit seinen Essays, die sich unverhohlen zum Primat der Kunst und Künstlichkeit in der gesamten Kultur bekennen. In der Maximensammlung »Phrases and Philosophies for the Use of the Young« (1894) heißt es gleich zu Beginn: »Die erste Pflicht im Leben ist, so künstlich wie möglich zu sein. Die zweite Pflicht hat bisher noch niemand entdeckt.« Als zweite Pflicht hätte der Autor freilich den – bei ihm selbst so ausgeprägten – Wunsch deklarieren können, überlieferte stereotype Wertordnungen anzufechten. Einer seiner Gedanken dieser Art kann als die eigentliche Grundmaxime des *radikalen Ästhetizismus* gelten: der Gedanke aus dem Essay »The Critic as Artist« von 1890, wonach ästhetische Empfindungen einen höheren Rang einnehmen als ethische. »Die Schönheit eines Dinges zu begreifen, das ist der erlesenste Punkt, zu dem wir gelangen können. Selbst der Farbensinn ist für die Entwicklung des Individuums wichtiger als der Sinn für gut und böse«. Diese vom Standpunkt überlieferter Werthierarchien ungeheuerliche Behauptung läßt das provokative Potential erkennen, das im so verstandenen Ä. enthalten ist.

Obwohl demonstrative Bekenntnisse dieser Art im 20. Jahrhundert eher selten sind, ist die Bezeichnung ›Ästhetizismus‹ ein Reizwort geblieben, namentlich in literaturkritischen Auseinandersetzungen mit politischem Hintergrund. In totalitären Staaten, vorwiegend im Umkreis stalinistischer Herrschaft, wurde das Wort wahllos als ein Mittel politischer Diskriminierung gebraucht, oft gekoppelt mit dem Vorwurf des *Formalismus.* Als Folge solcher Anwendung stellten sich Konnotationen wie

Widerstand, Mündigkeit, Antidogmatismus ein, Bedeutungen, die unter ganz anderen Bedingungen den ursprünglichen antibürgerlichen Impetus, wie er sich etwa in der → *Boheme* offenbarte, auf eigentümliche Weise abwandeln. (Dieser virtuell oppositionelle Charakter des Ä. wird heute von der historischen Forschung besonders beachtet, vor allem dort, wie bei George und seinem Kreis, wo diese Haltung oft schwer erkennbar ist.) Der ursprüngliche historische Kontext tritt in der Künstlerproblematik bei Th. und H. Mann klarer zutage. Die Gestaltengalerie in den frühen Romanen von H. Mann zeigt die Neigung der Jahrhundertwende, in der Verherrlichung des »Renaissancemenschen« ästhetizistische Vorstellungen zu modellieren. Auf den darin erkennbaren Bruch mit bürgerlichen Traditionen reagierte Th. Mann polemisch im Ä.-Kapitel der »Betrachtungen eines Unpolitischen« (1918). Seine Einstellung gegenüber dem Ä. ist jedoch insgesamt ambivalent. Die eher aggressiven, provozierenden Züge kehren in der deutschen Literatur am ausgeprägtesten bei Benn wieder, den man unter diesem Gesichtspunkt einen expressionistischen Wilde nennen könnte. Seine Auffassung, daß in der Geschichte, die im Grunde ein sinnloses Geschehen ist, eine endlose Kette von Gewaltakten, letztlich nur Kunstwerke zählen, ist unmittelbar Nietzsche verpflichtet. Unter den zahlreichen essayistischen Schriften, die diesen Gedanken variieren, sind die Texte »Können Dichter die Welt ändern?« (1928) und »Soll die Dichtung das Leben bessern?« (1955) besonders charakteristisch. Im Vortrag von 1955 kehrt auch die Metapher wieder, die die Bedeutungslosigkeit politischen Engagements vor Augen führen soll: das an Nietzsches Spielmetaphorik anknüpfende Bild von den »Puppen« und »Chargespielern«, den Rollen, zu denen die Menschen im Kreislauf der Geschichte verdammt sind.

A. Hauser: Sozialgeschichte der Kunst und Literatur. München 1953

Th. W. Adorno: Prismen. Kulturkritik und Gesellschaft. Frankfurt a. M. 1955

G. Mattenklott: Bilderdienst. Ästhetische Opposition bei Beardsley und George. München 1970

R. Bauer u. a. (Hrsg.): Fin de siècle. Zu Literatur und Kunst der Jahrhundertwende. Frankfurt a. M. 1977

U. Weinhold: Künstlichkeit und Kunst in der deutschsprachigen Dekadenz-Literatur. Frankfurt a. M. 1977

J. M. Fischer: Fin de siècle. Kommentar zu einer Epoche. München 1978

R.-R. Wuthenow: Muse, Maske, Meduse. Europäischer Ästhetizismus. Frankfurt a. M. 1978

Chr. Bürger u. a. (Hrsg.): Naturalismus/Ästhetizismus. Frankfurt a. M. 1979

V. Žmegač (Hrsg.): Geschichte der deutschen Literatur vom 18. Jahrhundert bis zur Gegenwart, Bd. II. Königstein/Ts. 1980, 3. Aufl. 1992

V. Žmegač (Hrsg.): Deutsche Literatur der Jahrhundertwende. Königstein/Ts. 1981

U. Horstmann: Ästhetizismus und Dekadenz. Zum Paradigmakonflikt in der englischen Literaturtheorie des späten 19. Jahrhunderts. München 1983

M. Pfister/B. Schulte-Middelich: Die Nineties. Das englische Fin de siècle zwischen Dekadenz und Sozialkritik. München 1983

V. Žmegač: Kunst und Gesellschaft im Ästhetizismus des 19. Jahrhunderts. In: Propyläen. Geschichte der Literatur, Bd. V. Berlin 1984

W. Rasch: Die literarische Décadence um 1900. München 1986

M. Pfister: Oskar Wilde, »The Picture of Dorian Gray«. München 1986

H. Eilert: Das Kunstzitat in der erzählenden Dichtung. Studien zur Literatur um 1900. Stuttgart 1991

Viktor Žmegač

Aleatorik

Ursprünglich ist A. (lat. alea = Würfel; aleator = Würfelspieler) Bezeichnung eines musikalischen Kompositionsprinzips, das dem Interpreten Leerstellen zur Verfügung stellt, um derart jeweils andere Ergebnisse erzielen zu können. Doch wird der Begriff inzwischen auch auf die Literatur übertragen und umfaßt dabei neben *aleatorischer Dichtung* auch die *Écriture automatique,* den *Zufalls*-oder *Würfel-,* ferner den *Computertext,* das *Cross-Reading* und die *Cut-up-Methode,* bei oft unscharfen Grenzen.

Die Geschichte des zufällig gefügten Textes weist Traditionslinien bis zurück in den Manierismus und den Barock auf, wo er in Harsdörffers »Frauen-Zimmer Gesprächsspiel[en]« (1641-49) z.B. gesellschaftliches Spiel ist. Wie hier ist vor allem seit dem 18. Jahrhundert, in dem die A. an Bedeutung gewinnt, zu ihrer Bewertung stets die Funktion mitzubefragen. Satirisch auf den Rationalismus zielt Swift in der Beschreibung einer Maschine, die mit ihrer zufälligen Textproduktion »die spekulativen Wissenschaften durch praktische und mechanische Operationen [...] verbessern« soll (»Gullivers Reisen« III, 5; 1726). Den Übergang von Poesie zu Prosa ironisiert Friedrichs und Philines Wechsellesen einer Bibliothek »gegen einander, und immer nur stellenweise« in »Wilhelm Meisters Lehrjahre« (VIII, 6; 1796). Sprechen als Würfelwurf formuliert erstmalig der Narr in Tiecks »Die verkehrte Welt« (III, 5; 1800): »Ich schüttle die Worte zwischen den Zähnen herum und werfe sie dann dreist und gleichgültig wie Würfel heraus. Glauben Sie mir, es gerät dem Menschen selten, alle Sechse zu werfen.« Während Tiecks Narr auch vom »kauderwelschen Leben« spricht, das er führe, ist Novalis überzeugt, daß die »ganze Poesie [...] auf tätiger Ideenassoziation, auf selbsttätiger, absichtlicher idealischer Zufallsproduktion« beruhe, gilt Jean Paul gar als ein Meister in der »Kunst des Ideenwürfelns«. Gegenüber dieser komplexen Auffassung verkommt A. im 19. Jahrhundert wieder zum lediglich literarischen Spiel mit allenfalls punktuell satirischer Zielrichtung, z.B. in den von G. N. Bärmann verfaßten Büchern »Die Kunst, ernste und scherzhafte Glückwunschgedichte durch den Würfel zu verfertigen« (1825), oder »Neunhundert neun und neunzig und noch etliche Almanachs-Lustspiele durch den Würfel« (1829, Reprint 1972). Schließlich verflacht A. zu z. T. noch heute angebotenen Gesellschaftsspielen der Art »Wer würfelt Worte« ohne jeden literarischen Anspruch.

Eine neue Gewichtung erfährt die A. in Mallarmés »Un Coup de Dés jamais n'abolira le Hasard« (1897, endgültige Fassung 1914). Mallarmés ›Konstellation‹ stellt über die Quintessenz hinaus, daß das Denken den Zufall nie besiegen werde, entscheidende Weichen für die bildende Kunst (Aufnahme von Schrift und Buchstabenspuren ins Bild, spez. die → Collage), verarbeitet zum erstenmal »die graphischen Spannungen der Reklame im Schriftbild« (Benjamin, »Einbahnstraße«, 1928), beeinflußt Apollinaires »Idéogrammes lyriques« (1914), die späteren »Calligrammes«, die »Parole in libertà« (1913) Marinettis, die Simultantexte der Dadaisten (→ Dadaismus) (seit 1916) und die Écriture automatique der Surrealisten (→ Surrealismus), der folgenlos schon 1896 Getrude Steins und L. M. Salomons Experiment eines »Spontaneous Automatic Writing« vorausgegangen war. Bedeutend wurde dabei nicht nur für die Surrealisten das heute zumeist unvollständig in der Übersetzung von Max Ernst zitierte Diktum Lautréamonts: »Il est beau comme le rétracilité des serres des oiseaux rapaces (...) et surtout, comme la rencontre fortuite sur une table de dissection d'une machine à coudre et d'un parapluie!« (»Les Chants de Maldoror«, VI; 1869).

Als das »eigentliche Zentralerlebnis des Dada« hat Richter die Entdeckung des Zufalls hervorgehoben. Der → Dadaismus habe das »Gesetz des Zufalls« aus der bildenden Kunst auf die Literatur übertragen »in der Form mehr oder weniger assoziativer Sprechweise, in welcher [...] Klänge und Formverbindungen zu Sprüngen verhalfen, die scheinbar Unzusammenhängendes plötzlich im Zusammenhang aufleuchten ließen« (»Dada – Kunst und Antikunst«, 1964). Diese dadaistische Zufallsproduktion fächert von schwer leserlich geschriebenen Manuskripten, die den Setzer zum Mitautor machten, über Zeitungscollagen (Arps »Arpaden«, um 1917; Tzaras »Dada manifeste sur l'amour faible et l'amour amer VIII: Pour faire un poème dadaiste«, 1920) zu einer nahezu mystischen Qualifizierung des Zufalls bei Arp oder Ball, mit deutlichen Rückverbindungen in die Sprachmystik.

Obwohl Mallarmés »Un Coup de Dés« lange Zeit ausschließlich für die Geschichte der visuellen Poesie, u. a. noch von Gomringer für seine »konstellationen« (1953 ff) reklamiert wurde, hatte Mallarmés »Vorwort« gleichermaßen auf die Musik verwiesen: »Anzufügen wäre, daß aus dieser bis zum äußersten geschriebenen Anwendung des Denkens mit Zurücknahmen, Ausweitungen, Ausbrüchen, oder aus dem Schriftbild für den, der laut lesen will, eine Partitur hervorgeht.« Daß auch dieser Hinweis inzwischen beim Wort genommen wurde, belegen zwei markante Produktionen Pörtners im Umfeld des Neuen → Hörspiels (»Schallspielstudie II«, BR/NDR 1965; »Alea«, BR/SR/WDR 1970), wie überhaupt der offene Text jetzt für das Hörspiel wichtig wird. Hatte Stockhausen Anfang der sechziger Jahre in der A. für die Instrumentalmusik eine Überlebenschance vermutet, galt um 1970 zahlreichen Hörspielautoren (u. a. Heißenbüttel) der offene Text, eine offene Hörspielform als wesentlicher Neuansatz einer verkrusteten Gattung, wobei fraglos Ecos »Opera aperta. Forma e indeterminazione nelle poetiche contemporanee« (1962) mitanregend gewirkt hat.

Mit Wiederaufnahme experimenteller Schreibweisen Ende der fünfziger Jahre gewinnt auch der *Würfeltext* erneut an Bedeutung, z. B. in Kriwets »Gewürfelten Texten« (1959) oder wenn Ulrichs einem Würfel statt der Augen die sechs Buchstaben w-ü-r-f-e-l tautologisch appliziert (1964). *Zufallstexte* lassen sich mit Thomkins Wortmaschine »Dogmat-Mot« (1966) erstellen. Bereits 1960 hatten Gysin, Burroughs, Beiles und Corso in »Minutes to go« mit der *Cut-up-Methode* (engl. to cut up = zerlegen) unbewußt die Technik des *Cross-Reading* (engl. = Querlesen) wieder aufgenommen, die vor allem im 18. Jahrhundert Texte über die Kolumnengrenzen hinaus querlas und damit eine frühe Form der Textcollage darstellte (zuerst C. Whitefoord; Lichtenberg machte die Technik auch in Deutschland bekannt: »Nachahmung der englischen Cross-readings«).

Seit 1959 bilden schließlich auch noch die *Computertexte* eine eigene Gruppe innerhalb der A., indem sie das Verfahren zur Herstellung von Wortindices praktisch umkehren und der Computer angewiesen wird, »mit Hilfe eines eingegebenen Lexikons und einer Anzahl von syntaktischen Regeln Texte zu synthetisieren und auszugeben« (Stickel 1966). Auch die Bezeichnungen dieser Texte als »Stochastische Texte« (Lutz), »Monte-Carlo-Texte«, »Autopoeme« (Stickel) verweisen auf ihre Zugehörigkeit zur A. Neben Annäherungen an die → Konkrete Literatur bei Sutcliffe, Adrian, Morgan, Knowles und Tenney mit zumeist kurzen Texten steht bisher als Einzelfall das 1280 Seiten umfassende »Volksbuch« (1978) des Österreichers Gerngross.

H. Richter: Der Zufall I, Der Zufall II, Der Zufall und der Anti-Zufall. In ders.: Dada – Kunst und Antikunst. Köln 1964

G. Stickel: Computer-Dichtung. In: Der Deutschunterricht 18 (1966) H. 2

C. Weissner (Hrsg.): Cut up. Darmstadt 1969

M. Bense: Die Gedichte der Maschine der Maschine der Gedichte. In ders.: Die Realität der Literatur. Köln 1971

K. Riha: Cross-Reading und Cross-Talking. Zitat-Collagen als poetische und satirische Technik. Stuttgart 1971

Reinhard Döhl

Allegorie

»Es ist die Gefahr und der Ruhm unserer Zeit, an deren Schwelle der greise Ibsen steht, daß wir weit genug wiederum sind, uns im Allegorischen bewähren zu müssen«, schreibt Hofmannsthal 1911 in seinem Aufsatz »Das alte Spiel von Jedermann«. Seit der Romantik haben Häufigkeit und Bedeutung allegorischen Gestaltens zugenommen. Hofmannsthals Argument, daß es der A. gelinge, »das zerfließende Weltwesen [...] in festen Gegensätzen zu verdichten«, gibt den Grund ihrer wiedergewonnenen Aktualität: da das individuelle Bewußtsein nicht mehr vermag, »das Weltwesen« in überschaubaren Zusammenhängen zu begreifen und zu gestalten, scheint es zu »zerfließen« und muß mit einer Gestaltungsform eingefangen werden, die dem Ordnungs- und Orientierungsverlust gerecht wird. Die A. kann diese Funktion dank ihrer dualistischen Struktur übernehmen.

Abgeleitet von »allegorein« (= anders sagen) ist die Dopplung von Ding und Sinn Hauptkennzeichen der A., da »der Begriff im Bild immer noch begrenzt und vollständig zu halten und zu haben und an demselben auszusprechen sei« (Goethe). Die Priorität des Begrifflichen und die Tatsache, daß die Verbindung von Begriff und empirischer Erscheinung seit der Renaissance zur bewußten Konstruktion des Allegorikers wird, erlaubt die Begegnung von Autor, Leser und gestalteten Figuren im Gemeinten, im Begriffsfeld. Das macht die Bedeutungsträger, die konkreten Objekte, zu Vehikeln des gelehrten Konsensus. Dieses barocke Konzept wird von den modernen Allegorikern verkehrt: die Bedeutungen der dargestellten Objekte verlieren ihre Priorität zugunsten der Objekte selbst, deren Aussage damit zur *Verlustanzeige* wird. Sie begründen so eine sinnfremde Wirklichkeit, durch die der Mensch voller »Heimweh ohne Erinnerung« (Brecht: »Baal«) irrt. Als die Welt der Bedeutungen zerrinnt und der alte Konsensus, der sie trug, zerbricht, wird auch das sinnliche Bild selbst, das alte Spielobjekt des Allegorikers, zum Problem. Benjamin erfaßt das als erster und stellt es in seiner Schrift »Ursprung des deutschen Trauerspiels« (1925) dar. Benjamin erkennt im Verhalten des barocken Allegorikers die entscheidende Voraussetzung, die in der Moderne nur verabsolutiert zu werden braucht. Er reflektiert auf diese Weise im barokken Spiegel die eigene Zeit. Die Tatsache, daß der barocke Allegoriker das

Ding mit Sinn versieht, setzt die Nichtigkeit oder Leere, die Vanitas der Dinge voraus, die durch die Sinnprojektion künstlich aufgefangen wird. Unterbleibt die Sinnprojektion, dann wird die Nichtigkeit absolut und die A. zur Aussage des Sinnverlusts. Um diesen Verlust und das Leiden daran zu gestalten, brauchen die modernen Dichter die A. Sie wird im 20. Jh. zu jener Verdinglichung, die Benjamin mit Hilfe eines Görreszitats als »leibliche Form« beschreibt, die »die Beseelung verschlingt«.

Konnte Goethe noch im Hinblick auf die alte Allegorik von »Paradiesen leblosen Lebens« (»Faust II«) sprechen, so weist die moderne A. u.a. den Weg in die Hölle des absolut gewordenen Todes. Schon das Beispiel Baudelaires zeigt laut Jauß, wie die allegorisch vermittelten Mächte des Unbewußten gegen die Autonomie des Subjekts antreten. In diesem Sinne gestaltet Th. Mann seinen »Tod in Venedig«. Der Tod taucht hier in noch traditioneller historischer Maske auf, ein seltsamer Geselle in verschiedenen Rollen, aber mit immer den gleichen äußerlichen Charakteristika und stets gleicher Wirkung. Ausgestattet mit »kurzer aufgeworfener Nase« und »entblößten Zähnen« bewirkt der schädelbetonte Geselle, wo und wann immer er erscheint, in der Hauptfigur Aschenbach eine Lähmung und Willenlosigkeit, die ihn schließlich in den Tod treibt.

Bei Kafka hingegen ist die tödliche A. nicht mehr eine beschriebene Figur unter anderen, sondern die Sache, um die es geht, selbst: wenn Gregor Samsa eines Morgens als scheußliches Ungeziefer erwacht, dann ist seine »Verwandlung« nichts als das »allegorein« oder »anders sagen« selbst: Verwandlung heißt hier Verkörperung der Seele Gregors, seines eigenen inneren, vor allem auch unbewußten Selbst in die »leibliche Form« des Ekelkäfers, die durchaus im Sinne von Benjamins Görreszitat »die Beseelung verschlingt«. Da die Seele eigentlich das Unaussprechliche, nie ganz Festlegbare ist, kann nur das Symbol ihre Vergegenwärtigungsform sein. Wenn Kafka hingegen die Seele zum Käfer verdinglicht, dann liegt in dieser bloßstellenden und negativen Veräußerlichung oder Allegorisierung ein gefährlicher und schließlich tödlicher Selbstwiderspruch. Dieser zeigt sich auch darin, daß die zum Ungeziefer verkörperte Seele Gregors von seinem Bewußtsein getrennt bleibt, denn mit seinem Denken versucht Gregor vergeblich, die Monstererscheinung des eigenen Selbst zu bewältigen.

Entsprechend erscheinen in der Lyrik und frühen Dramatik Brechts allegorische Gegenständlichkeiten, die die Infragestellung oder Aufhebung des Bedeuteten aussagen. Naturobjekte wie Baum, Wasser, Wind, auch Wolken und Mond, oder Artefakte wie Schiff und Stadt erfüllen diese Funktion. So wird das Schiff, das schon als Kirchen- und Narrenschiff allegorischen Ruhm gewann, in Brechts gleichnamigem Gedicht zur Verkörperung des Selbst, das seine Erlösung (= Himmel) sucht und nicht mehr finden kann: »Und seit jener hinblich [...] fühl ich tief, daß ich vergehen soll«. Der Tod Gottes nimmt dem Schiff das Ziel und macht die eigene Vergänglichkeit absolut. Entsprechend erscheint in »Trommeln in der Nacht« der Spartakusaufstand als »roter Mond«, der am Ende nur ein Lampion ist und den Aufstand relativiert. Ebenso gewinnt die Vergänglichkeit selbst als Aufhebungs- und Veränderungsprinzip in Wind, Sturm oder Taifun (»Mahagonny«) allegorische Gestalt.

Diese Art Allegorik behält auch in der Nachkriegsliteratur ihre dominante Rolle. In Grass' »Blechtrommel« werden Oskars beide Haupttätigkeiten, das Trommeln und das Zersingen von Glas, allegorisch erklärt. Als Oskar das »Licht der Welt« in Form zweier Glühbirnen erblickt, nimmt er auch einen Falter wahr, der gegen die eine Birne anfliegt und auf diese Weise eine »Trommelorgie« veranstaltet. Das alte Prinzip von »Stirb und Werde« wird modifiziert. Der Falter kann wegen des Glases das Lichtzentrum nicht mehr erreichen: er wird damit zum Lehrmeister Oskars, dessen Trommeln und Glaszersingen zum Ausdruck ebenso vergeblicher wie durchgehaltener Wahrheits- und Erlösungssuche werden. Beide Tätigkeiten sind ein »allegorein« oder »anders sagen«, denn sie meinen letztlich das Schreiben oder Dichten selbst. Oskar sucht mit seinem Schreiben der im Roman zur »schwarzen Köchin« personifizierten Melancholie zu entkommen, denn diese sitzt Oskar solange im Rücken und treibt ihn, bis er ihr nicht mehr entkommen kann und mit ihr konfrontiert wird, da das Ende des Romans erreicht ist.

Was für Grass die Trommel ist für Johnson in »Das dritte Buch über Achim« das Rennrad, das allegorisch zu verstehen ist, da in seiner Konstruktion und Funktionalität die frühe DDR und im gefeierten Rennfahrer Achim die erfolgreiche Angepaßtheit an den »Staat« präsent werden. Johnson spricht von Achims »stellvertretendem Leben« und meint damit seine zur A. verkommene Existenz, in der die individuelle aufgehoben oder zerstört ist, und die darum als ebenso unwahr wie unbeschreibbar entlarvt wird.

W. Benjamin: Ursprung des deutschen Trauerspiels. In: *Th. W. u.G. Adorno (Hrsg.):* Schriften Bd. I, Frankfurt 1955

H. Steinhagen: Zu Walter Benjamins Begriff der Allegorie. In: *W. Haug (Hrsg.):* Formen und Funktionen der Allegorie. Stuttgart 1979

H.-R. Jauss: Baudelaires Rückgriff auf die Allegorie. In: *W. Haug (Hrsg.):* Formen und Funktionen der Allegorie. Stuttgart 1979

H. Schlaffer: Faust Zweiter Teil – Die Allegorie des 19. Jahrhunderts. Stuttgart 1981

G. Kurz: Metapher, Allegorie, Symbol. Göttingen 1982

Ch. u. P. Bürger (Hrsg.): Postmoderne: Alltag, Allegorie und Avantgarde. Frankfurt a. M. 1987

Friedrich Gaede

Autor

Im umfassenden Sinn bezeichnet der Autorbegriff den Verfasser von Texten. Wortgeschichtlich ist er allerdings nicht auf diesen Bedeutungsumfang beschränkt. Zwischen dem 15. und 18. Jahrhundert ist mit ihm der ›auctoritas‹ besitzende Urheber, Sachwalter oder Meister gemeint. Erst im 18. Jahrhundert entwickelt sich im Zuge der Emanzipation des A.s von feudalen Abhängigkeiten und mit der Entstehung des literarischen Marktes die Vorstellung des ›freien‹ A.s als Verfassers von Schriften. Zugleich wird der A. damit zum »Rechtssubjekt« (Plumpe 1981) im Sinne einer Urheberauffassung, die Autorschaft mit den Werten *Originalität* und *Eigentümlichkeit* und die Frage nach dem A. mit dem Kunstcharakter seiner Werke verknüpft.

Die Verbindung von juristischer und ästhetischer Begründung ›freier‹ Autorschaft bleibt folgenreich für die Autorbegriffe der literarischen Öffentlichkeit und die Selbstthematisierung von A.en bis ins 20. Jahrhundert. Allerdings umfaßt der Autorbegriff im 20. Jahrhundert zunehmend unterschiedlichste Verfassertypen, ohne sich aber völlig von der Einschränkung auf den Verfasser eines einheitlichen literarischen Werks mit autonomem Kunstanspruch zu lösen. Die Geschichte des Autorenbegriffs ist auch die Geschichte terminologischer Mehrdeutigkeiten und konkurrierender Begriffe, die auch den Bedeutungsumfang des Autorenbegriffs normativ vorentscheiden. Im Unterschied zu den meist antithetisch wertenden Begriffen ›Dichter‹ und ›Schriftsteller‹ hat der Autorbegriff aber den Vorteil, hierarchisierende Einteilungen von Autorentypen und literarischen Produktionshandlungen zu vermeiden. In seiner allgemeinsten Form definiert er ein Zuschreibungsverhältnis von Verfasser und Text, ohne damit schon ästhetische Wertungsprobleme aufzuwerfen oder literarische Arbeit vorab auf nur einige, meist fiktionale Gattungen zu beschränken. Die Frage nach der Rolle des A.s bezieht sich damit nicht mehr allein auf anerkannte Verfasser von Werken, die Eingang in einen historisch variablen literarischen Kanon gefunden haben.

Das Bild des A.s im 20. Jahrhundert ist durch eine Vielzahl von Autorentypen mit variierenden Rollenzuschreibungen und divergierenden programmatischen Selbstbildern geprägt. Die Rolle des A.s und seine Selbstthematisierungsformen werden dabei zunehmend durch den Widerspruch von *Autonomieansprüchen künstlerisch-literarischer Tätigkeit und heteronomen Produktions- und Marktbedingungen* gekennzeichnet. Idealisierungen einer traditionellen individualistischen Urheberauffassung und einer schöpfungsästhetisch begründeten künstlerischen Subjektivität, die die Identität des A.s und seines ›Werks‹ sichern sollen, konfligieren mit einer sozialen und ökonomischen Situation des A.s, die durch die Ausdifferenzierung des literarischen Marktes, ungesicherte Berufsrollen und erweiterte Abhängigkeiten schriftstellerischen Arbeitens in heterogenen Tätigkeitsbereichen bestimmt wird. Die Veränderungen des literarischen Marktes, die im 19. Jahrhundert mit der Entstehung und dem raschen Erfolg der Presse als des ersten Massenmediums einsetzen und im 20. Jahrhundert mit der Entwicklung von Film, Hörfunk und schließlich dem Fernsehen fortschreiten, schaffen neue Bedingungen für die literarische Produktion, denen die durch ästhetische Wertungshierarchien definierten traditionellen Selbstbilder von A.en kaum mehr entsprechen können.

Für eine Mehrzahl von A.en, die zudem häufig nicht mehr ›frei‹, sondern abhängig beschäftigt sind, ist die literarische Arbeit immer seltener allein auf den Bereich der Druckmedien oder gar nur des Buches eingeschränkt, wie es auch noch der Schriftstellerbegriff nahelegt. Insbesondere die *audio-visuellen → Medien* verändern nicht nur die institutionellen Rahmenbedingungen, sondern auch die individuellen literarischen Produktionsprozesse. In ihnen ist die Arbeit des A.s zum überwiegenden Teil durch Auftragsproduktionen und durch einen arbeitsteilig organisierten Produktionsprozeß geprägt, der kaum mehr Vorstellungen eines autonomen und individuellen Urhebers zuläßt. »Die Funktionsteilung, wie sie vor allem bei den Medien Fernsehen, Film, Publikumszeitschriften und selbst beim Hörfunk für die Produktion erforderlich ist, verlangt [...] vom Autor medienbezogene Verhaltensweisen. Die Marktorientiertheit der Produktion bedeutet aber auch, daß Programmkonzeptionen und Interessen der Auftraggeber teils durch den Autor schon antizipiert werden, teils durch die inhaltliche Festlegung des Auftrags den ursprünglichen Mittler an der Urheberschaft beteiligen« (Fohrbeck/Wiesand 1972: 19). Durch die zunehmende Abhängigkeit von arbeitsteiligen Produktionsprozessen in massenmedialen Bereichen wird allerdings der Autorbegriff selbst problematisch.

Die individualistische Urheberschaftskonzeption, die dem Autorbegriff zugrunde liegt und die eindeutige Zuschreibbarkeit von ›Werk‹ und verantwortlichem Verfasser voraussetzt, wird durch den arbeitsteiligen Produktionsprozeß in den Massenmedien, in dem die literarische Tätigkeit häufig nur einen Teil der Gesamtproduktion ausmacht, mehr und mehr relativiert. Schon die Diskussionen über Literatur und → Film während der Institutionalisierungsphase des Films und des Kinos bieten vielfältige Beispiele für die Abwehrhaltung von A.en gegenüber den Herausforderungen, die das neue Medium für die traditionellen Berufsfelder und Berufsauffassungen darstellt. Viele A.en reagieren zwischen 1910 und 1930 auf die veränderte Situation mit pauschalen Trivialitätsverdikten gegenüber dem Film oder versuchen, die Herausforderungen auch für ihr Selbstverständnis zu minimalisieren, indem sie die ›Kunstfähigkeit‹ des Films mit Hilfe medienunspezifischer, traditionell-literarischer Ästhetikkonzepte begründen wollen.

Die *Anonymisierung* von A. und Autorschaft läßt sich nicht nur in den Produktionszusammenhängen der audio-visuellen Massenmedien verfolgen. Sie trifft auch – und in zunehmendem Maße – auf Entwicklungen im Buchsektor als dem traditionellen Tätigkeitsbereich literarischer A.en zu. Kooperative Arbeitsformen und Auftragsproduktionen, wie sie die erste umfangreiche empirische Erhebung zur sozialen Stellung von A.en schon 1922 vor allem für die im Pressebereich schreibenden A.en ermittelte, kennzeichnen inzwischen auch die Schreibbedingungen der meisten Buchautoren. Thematische und konzeptionelle Entscheidungen der literarischen Distributionsinstanzen greifen mitbestimmend in die Arbeit des A.s ein. Nur für eine Minderheit von A.en besteht die Möglichkeit, unaufgefordert eingesandte Manuskripte verlegen zu lassen. Mit der Professionalisierung von Autorentätigkeiten erweitern sich nicht nur die Abhängigkeiten des A.s vom literarischen Markt. Für eine Mehrzahl von A.en wird sie durch inhaltliche Abhängigkeiten ergänzt, die nicht mehr nur allein die Arbeiten von A.en literarischer Gebrauchs- und Zweckformen betrifft. Zusammen mit individualistischen Autorauffassungen werden durch diese Entwicklungen auch traditionelle Werkbegriffe und Vorstellungen eines durch die Autorperson verbürgten Individualstils fragwürdig.

Benjamin hat schon 1934 die mit der Entwicklung der Massenmedien notwendig werdende Überprüfung traditioneller Schriftstellerbilder an den sozio-ökonomischen und technisierten Bedingungen schriftstellerischer Arbeit zum Ausgangspunkt eines Begriffs des A.s als Produzenten gemacht, der auf eine politisierte Funktionsbestimmung der literarischen Arbeit zielt. Seine Überlegungen, »daß die Darstellung des Autors als Produzent bis auf die Presse zurückgreifen muß [...], daß der gewaltige Umschmelzungsprozeß [...] nicht nur über konventionelle Scheidungen zwischen Gattungen, zwischen Schriftsteller und Dichter, zwischen Forscher und Populisator hinweggeht« (Benjamin 1980: 688 f.), sind allerdings lange weder für das Selbstverständnis vieler A.en noch für die literaturkritischen und literaturwissenschaftlichen Autorkonzepte modellbildend geworden. Die *Krise* des A.s in der Moderne, die durch den Funktionsverlust der Kunst, durch Kommerzialisierung, durch zunehmend heterogene Produktionsbedingungen, durch ein anonymes Massenpublikum und durch die Konkurrenz der Massenmedien und Wissenschaften zur »Kunstliteratur« (Warneken 1979) geprägt ist, führt durchaus nicht zu einem umfassenden Abbau traditioneller Leitbilder von Autorschaft.

Auf die seit dem Ende des 19. Jahrhunderts einsetzende »doppelte Deklassierung des Schriftstellers durch den Markt und durch die Öffentlichkeit« (Winckler 1986: 100) antwortet noch eine Vielzahl von A.en des 20. Jahrhunderts mit forcierten Attitüden und Idealisierungen einer gesellschaftsenthobenen Dichtersubjektivität. Die mit der *Professionalisierung* verbundene *Marginalisierung* des A.s wird von noch vielen mit einer bewußt stilisierten Außenseiterrolle und selbstgewählter Isolierung beantwortet. Ein ästhetisches Sendungsbewußtsein entsteht, das die Bedingungen des literarischen Marktes abstrakt ablehnt und – wie etwa im Umkreis der literarischen → Boheme – die Erfolglosigkeit beim Publikum als ästhetisches Qualitätskriterium deutet und publikumsverachtend auf sie reagiert. Auch da, wo in produktionsästhetischen und poetologischen Selbstreflexionen irrationalistische Inspirationsauffassungen abgelehnt werden, verbinden noch viele A.en mit ihrer literarischen Produktion Vorstellungen einer nicht entfremdeten und gesellschaftlichen und ökonomischen Zwängen entzogenen Arbeit.

Der Zerfall mimetischer Ästhetikkonzepte und die damit in der Moderne zunehmende Autoreferentialität der Literatur (→ Metatextualität) steigern mit der Kommentierungsbedürftigkeit der Texte auch die Auslegungsbedürfnisse von A.en ihren eigenen Texten und ihrem Schreibprozeß gegenüber. In ihnen drücken sich auch die Krisenerfahrungen einer sich künstlerisch definierenden Autorsubjektivität und die Unsicherheit gegenüber den Wirkungsmöglichkeiten der eigenen literarischen Produktion aus. In der Frontstellung vieler A.en gegen die Vergesellschaftung der literarischen Produktion führt dies auch zu einer zunehmenden Individualisierung von Selbstthematisierungsformen und von Selbstbildern, die bei aller Vielfalt und Gegensätzlichkeit immer wieder die Inkommensurabilität der Kunst und die Exzeptionalität künstlerischer Existenz unterstreichen sollen.

Während in z. T. mystifizierenden Selbstbildern Ansprüche auf die Besonderheit des eigenen Schreibens von A.en erhoben werden, erweisen sie sich doch zugleich auch als Korrespondenzphänomene eines auf die Wertmaßstäbe Subjektivität und Individualismus verpflichteten Marktes und der literarischen Rezeptionsinstanzen. Traditionelle Autonomievorstellungen werden nicht nur durch die kulturindustrielle Vermarktung von Literatur und die Tendenzen zur Industrialisierung auch von Schreibprozessen überholt, sondern ambivalent durch eine Struktur des literarischen Marktes unterstützt, der in den Originalitäts- und Authentizitätsidealen von A.en auch seine Innovationsbedürfnisse gesichert sehen kann. Hierin ist auch ein Grund für die auffällige »Orthodoxie« (Schneider 1981: 10) von Schriftsteller- und Dichterbildern im 20. Jahrhundert zu suchen.

Allerdings lassen sich im Unterschied zu den relativ eindeutig beschreibbaren Veränderungen der Produktions-, Distributions- und Rezeptionsbedingungen von Literatur die Wandlungen des Autorbegriffs und der Selbstbilder von A.en des 20. Jahrhunderts nur schwer vereinheitlichen. Nicht zuletzt durch die Ausweitung und Ausdifferenzierung von Autorentätigkeiten in den unterschiedlichen Bereichen des literarischen Systems nimmt auch die Typenvielfalt von A.en zu. Die Selbstthematisierungsformen sind dabei offenbar nicht nur abhängig von Überlegungen zur eigenen Berufsrolle unter den Bedingungen eines entwickelten literarischen Marktes, von den → Medien und Publikationsorten, für die A.en schreiben, oder von → Gattungen, in denen sie schreiben. Die Selbstreflexionen werden durch unterschiedlichste Intentionen motiviert, die die Funktionsbestimmung von Literatur, die Wirkungsabsichten und den Publikumsbezug, die Arbeitsformen des Schreibens ebenso wie ästhetische und poetologische Konzeptionen betreffen.

Es könnte naheliegen, die Schwierigkeiten, die sich einer generalisierenden Typologie stellen, durch den Rückgriff auf eingeführte Epochengliederungen und Periodisierungskonzepte oder literarische Gruppenbildungen zu bewältigen. Allerdings zeigt sich auch dabei, daß sich schon innerhalb einer literarischen Epoche unterschiedliche oder gegensätzliche Autortypen oder aber vergleichbare Selbstthematisierungsformen von A.en unterschiedlicher Epochenzugehörigkeit finden lassen. Schon zu Beginn der literarischen Moderne sind die Dichter- und Schriftstellerbegriffe naturalistischer A. von Gegensätzen gekennzeichnet, die bei aller Nähe der literarischen Programme und einer gemeinsamen Affinität zu naturwissenschaftlichen Denkformen und Methoden kaum überbrückbar zu sein scheinen. Während A. Holz gegen Intuition und Inspiration und gegen das ›Genie‹ als »Beweihräucherungsobjekt für die anbetungsbedürftige Menge« polemisiert, knüpfen die Brüder Hart kaum früher an romantische Künstleridealisierungen an und sehen den »modernen Dichter« als »Propheten«, der den »Ringenden und Müden voranschreitet wie ein Tyrtäus«, gleichzeitig aber der universale Denker seiner Zeit sein soll. Das Bilderreservoire von Rollenzuschreibungen und Selbststilisierungen von A. kann im 20. Jahrhundert den Dichter als ›Seher‹ mit geistesaristokratischem Führungsanspruch (George), den ›Poeten‹ als ›Künder‹ und »vollkommensten Menschen« (Wedekind), die Ablehnung des »Samtjackenworts ›Künstler‹« (Döblin) und die Öffnung des Autorbegriffs für Publizisten und Essayisten umfassen, wie sie sich in den beispielhaften Auseinandersetzungen über den ›Dichter‹ und den ›Literaten‹ anläßlich der Gründung der Sektion für Dichtkunst bei der Preußischen Akademie für Dichtkunst in den zwanziger Jahren verfolgen läßt. A.en der → Dokumentar- und Faktenliteratur und solche mit einem operativ-politischen Literaturbegriff etwa im Umkreis der → Neuen Sachlichkeit verabschieden traditionelle Autorschaftskonzepte und den Dichterbegriff. Im literarischen Experiment von A.en der historischen → Avantgarde oder auch der → Konkreten Literatur scheinen subjektzentrierte Autorbegriffe und Originalitätsforderungen durch das kalkulierte Spiel mit literarischen Traditionen oder aleatorischen Kombinationen (→ Aleatorik) einer »inszenierten Selbstliquidierung von Autorschaft« (Zons 1983: 110) zu weichen, während A.en des → Futurismus im Widerspruch dazu den emphatisch beanspruchten Traditionsbruch mit überkommenen Kunstvorstellungen – gegen die eigenen Voraussetzungen – an den Geniegestus des »seherischen Dichters« (Marinetti) binden.

So sehr der A. im 20. Jahrhundert durch die Krisenerfahrung einer künstlerischen Subjektivität unter heteronomen Produktionsbedingungen geprägt ist, so sehr durchdringen sich immer wieder in den Selbstreflexionen traditionelle Autorschaftskonzepte widersprüchlich mit Impulsen, die die Identität des A.s und die Beglaubigung der Werkindividualität durch die Autorität der Autorperson in Frage stellen. Dies trifft auch für die Entwicklung eines Autorentyps der Moderne zu, der auf die Herausforderung der Kunst durch die Wissenschaft mit einer Annäherung von künstlerischen und wissenschaftlichen Arbeitsweisen reagiert, ohne damit allerdings auch schon jeweils den *programmatischen Individualismus* und *Subjektivismus* vieler A.en des 20. Jahrhunderts aufzugeben. Die Selbstbilder einer Vielzahl dieser A.en lassen sich durch die Merkmale »Wissenschaftsorientiertheit, Traditionsbindung, Handwerklichkeit und Arbeitsethos, Exklusivität für die Verständigen [und] Verhaftetsein an Reflexion und Theorie« (Barner 1981: 728) in die Traditionslinie des ›poeta doctus‹, des gelehrten Dichters stellen, auf der sich dann allerdings so unterschiedliche A.en wie Poe mit seiner »Philosophy of Composition«, Mallarmé, Th. Mann, Döblin oder Broch, Valéry, Benn und Celan, oder auch Brecht, Enzensberger und Walser ansiedeln lassen. Auch die von diesen A.en geteilte Ablehnung von irrationalistischen Inspirationsauffassungen und Genieattitüden kann allerdings zu gänzlich konträren Autorenbegriffen führen. Für Broch etwa ist der Einfluß der modernen Wissenschaften auf die Arbeitsweise des literarischen Künstlers beschränkt und verändert nicht den Totalitätsanspruch der Kunstwerke auf zeitlose Geltungsdauer und Welterkenntnis. Bei Benn ist die Arbeit des modernen Dichters mit der Vorstellung von Bewußtheit, kritischer Kontrolle und naturwissenschaftlicher Bildung verbunden. Gleichzeitig aber wird die Literatur als ahistorischer Bereich der monologischen Selbstaussage und der Selbstverwirklichung einer autonom und authentisch aufgefaßten Künstlerpersönlichkeit im Mysterium der Kunst gesehen. Für Brecht dagegen führt die Wissenschaftsorientierung einer politisierten Kunst über die Ablehnung intuitionistischer Auffassungen der literarischen Arbeit zur Reflexion der gesellschaftlichen Rolle des A.s unter veränderten medialen und technischen Produktionsbedingungen, die für ihn den Verfall des individualistischen Kunstwerks und die Destruktion traditioneller Vorstellungen über das Kunstwerk als adäquaten Ausdruck einer Persönlichkeit festschreiben.

Die zunehmende Konzeptualisierung der Literatur, das Mißtrauen in die Leistungsfähigkeit der Kunst, das gesteigerte Bedürfnis von A.en, über die Möglichkeiten des künstlerischen Ausdrucks zu reflektieren, lassen produktionsästhetische Konzepte entstehen, in denen – wie bei Valéry oder Gide – das Werk hinter den Prozeß seiner Entstehung zurücktreten soll, Intuition von handwerklicher Konstruktion und Organisation des Materials abgelöst wird, oder der *Werkbegriff* – und mit ihm Vorstellungen eines schöpferischen Urhebers –, wie in den Antikunstgesten des → Dadaismus mit seinen Montageformen oder in den Assoziationsverfahren des → Surrealismus, scheinbar aufgehoben wird. Aber noch Bretons Bild des A.s als »bescheidener Registriermaschine«, das den A. in der ›Écriture automatique‹ nur mehr als hinter dem Material verschwindendes Medium eines zufälligen Schreibprozesses fingiert, bleibt widersprüchlich an die Vorstellung eines selbstmächtigen poetischen Subjekts gebunden, dessen Individualität sich in der Freiheit der Imagination und einem Werk der »Poesie« als »vollkommenen Ausgleich für das Elend, das wir ertragen« bestätigt.

Die Geschichte des A.s und der Selbstthematisierungsformen von A.en stellt sich im 20. Jahrhundert als uneinheitlicher Prozeß der Ausdifferenzierung neuer Autorbilder und der Wiederaufnahme traditioneller Autorschaftskonzepte dar. Ihre Widersprüche setzen sich auch noch in der Gegenwartsliteratur fort. Während A.en, die sich – wie Eco – der → Postmoderne zurechnen, Originalitätsgesten abwehren und traditionelle Autorschaftskonzepte im Spiel mit Diskursformen und der kalkulierten → Intertextualität ihrer Texte auflösen wollen, kehren A.en wie Strauß und Handke zu mythisch-sakralen Überhöhungen des Dichters zurück.

Die geistigen Arbeiter. Schriften des Vereins für Sozialpolitik. Bd. 152. München/Leipzig 1922

W. Benjamin: Der Autor als Produzent (1934). In ders.: Gesammelte Schriften Bd. II. Frankfurt a. M. 1980

R. Barthes: Schriftsteller und Schreiber. In ders.: Literatur oder Geschichte. Frankfurt a. M. 1969

K. Fohrbeck/A. J. Wiesand: Der Autorenreport. Reinbek 1972

C. Longolius (Hrsg.): Fernsehen in Deutschland – Macht und Ohnmacht der Autoren. Mainz 1973

M. Foucault: Was ist ein Autor. In ders.: Schriften zur Literatur. München 1974

H. Schwenger: Schriftsteller und Gewerkschaft. Ideologie, Überbau, Organisation. Neuwied 1974

R. Engelsing: Arbeit, Zeit und Werk im literarischen Beruf. Göttingen 1976

B. J. Warneken: Literarische Produktion. Grundzüge einer materialistischen Theorie der Kunstliteratur. Frankfurt a. M. 1979

H. Bosse: Autorschaft ist Werkherrschaft. Paderborn/München/Wien/Zürich 1981

H. Kreuzer (Hrsg.): Der Autor. Zeitschrift für Literaturwissenschaft und Linguistik 11 (1981) H. 42

I. Schneider (Hrsg.): Die Rolle des Autors. Stuttgart 1981

G. Plumpe: Der Autor als Rechtssubjekt. In: H. Brackert/J. Stückrath (Hrsg.): Literaturwissenschaft. Grundkurs Bd. 2. Reinbek 1981

W. Barner: Poeta doctus. Über die Renaissance eines Dichterideals in der deutschen Literatur des 20. Jahrhunderts. In: Literaturwissenschaft und Geistesgeschichte. Festschrift für R. Brinkmann. Tübingen 1981

R. G. Wittmann: Die Schriftsteller und das literarische Kräftefeld. In: H. Funk/ R. G. Wittmann: Literaturhauptstadt. Schriftsteller in Berlin heute Berlin 1983

S. J. Schmidt/R. Zobel: Empirische Untersuchung zu Persönlichkeitsvariablen von Literaturproduzenten. Braunschweig 1983

R. S. Zons: Über den Ursprung des literarischen Werks aus dem Geist der Autorschaft. In: W. Oelmüller (Hrsg.): Kolloquium Kunst und Philosophie Bd. 3. Das Kunstwerk. Paderborn 1983

J. Schmidt: Die Geschichte des Genie-Gedankens in der deutschen Literatur, Philosophie und Politik 1750-1945. Darmstadt 1985

L. Winckler: Autor-Markt-Publikum. Zur Geschichte der Literaturproduktion in Deutschland. Berlin 1986

F. van Ingen/G. Labroisse (Hrsg.): Literaturszene Bundesrepublik – Ein Blick von draußen (Amsterdamer Beiträge zur neueren Germanistik, Bd. 25). Amsterdam 1988

F. Ph. Ingold/W. Wunderlich (Hrsg.): Fragen nach dem Autor. Positionen und Perspektiven. Konstanz 1992

F. Ph. Ingold: Der Autor am Werk. München 1992

Rolf Bäumer

Avantgarde

A. oder die nähere adjektivische Bestimmung avantgardistisch können alltagssprachlich Verhaltensweisen oder Objekte bezeichnen, die als unüblich oder gar normensprengend gelten. Darüber hinaus dient A. seit Beginn unseres Jahrhunderts bestimmten künstlerischen Bewegungen als Ausdruck einer informellen Zusammengehörigkeit und eines spezifischen Kunstwollens. Nachfolgend wird er von den Kunst- und Literaturwissenschaften als beschreibender und klassifikatorischer Begriff für unterschiedliche Kunst-Ismen verwendet.

Gegenüber dem umfassenderen Begriff → Moderne, der in den angelsächsischen Ländern und in Frankreich Richtungen umfassen soll, die sich gegen Romantik wie Realismus absetzen und der bei Adorno als Einheit jener künstlerischen Aktivität gilt, die seit Baudelaire bis in die Gegenwart »Tradition als solche negiert« (Adorno 1970: 38), erlaubt A. eine präzisere semantische Bestimmung. Wenn auch die A.-Forschung ihren Gegenstand, der als Stil, besondere Bewegung oder allgemeine Strömung bestimmt wird, nicht verbindlich zu definieren vermag, so besteht doch ein weitgehender Konsens insoweit, als man die *historischen Avantgardebewegungen* in der ersten Dekade des 20. Jahrhunderts entstehen sieht. Die Bezeichnung wird schon während der Französischen Revolution und besonders in der Saint-Simonistischen Gesellschaftslehre metaphorisch verwendet, um die beanspruchte Vorhutstellung einer bestimmten Gruppe auszudrücken.

Bereits in der Saint-Simonistischen Gesellschaftslehre sind die Künstler berufen, noch vor den Industriellen und Wissenschaftlern im Dienste eines euphorischen Fortschrittglaubens neue Ideen unter den Menschen zu verbreiten. Als nach der Jahrhundertwende bildende und schreibende Künstler die Bezeichnung aufgreifen, geschieht dies ohne Kontakt zu einer sozialen Bewegung und auch nicht im Bezug zu einer sozialen Programmatik, aber mit der manifesten Absicht, jetzt die künstlerischen Grundsätze aller von morgen zu vertreten, indem man den Zwang der → Tradition und den eingeschränkten Wirkungskreis autonomer Kunst durchbricht.

Damit bildet sich auch ein neues künstlerisches Selbstbewußtsein heraus. So heißt es im »Futuristischen Manifest« von 1909: »Ein ungeheurer

Stolz schwellt unsere Brust, in dieser Stunde die einzigen Wachen und Aufrechten zu sein, wie stolze Leuchttürme oder vorgeschobene Wachtposten vor den Heeren der feindlichen Sterne, die aus ihren himmlischen Feldlagern hinunterblicken«. Aber auch explizit gebrauchen Künstler wie Marinetti, Severini, Teige, Tzara u. a. die Bezeichnung, um damit ihr vorgeschobenes Bewußtsein auszudrücken. Bald spricht man auch in der Kunstkritik von A. Mit ihr charakterisiert bereits 1912 Apollinaire die *kubistische Malerei.* Dieser begriffsgeschichtliche Befund stiftet den erwähnten Konsens innerhalb der Forschung, weil an diesem Punkt das Problem der unterschiedlichen Aussagestufen noch nicht auftritt. Sobald aber, wie zunächst in der Kunst- und Literaturkritik, später dann auch in verschiedenen Wissenschaften, die Bezeichnung vom selbstthematisierenden Gebrauch zum metasprachlichen Begriff wird, setzt Verwirrung ein.

Ähnlich wie bei der → Moderne sind im Für und Wider Wertungsurteile lebendig. Außerdem erlaubt A. keine fixierende semantische Definition. Sie zählt zu den Begriffen, die wandelnde Situationen und Sachverhalte zusammenfassen und zugleich unterschiedliche geschichtliche Erfahrungen so bündeln, daß sie undefinierbar bleiben. Trotzdem sind, ohne definitorischen Anspruch, verallgemeinernde Merkmalszuweisungen möglich: A. gilt als Sammelbegriff für unterschiedliche Künstlergruppen und Kunstrichtungen, die eine programmatisch fixierte Kunstabsicht, die *antitraditionalistisch* und *antiillusionistisch* ausgerichtet ist, und damit korrespondierende Resultate (nicht unbedingt Werke!) kennzeichnet. Die einzelnen A.-Bewegungen revoltieren gegen den *Funktionsverlust* von Kunst und Künstler in der bürgerlichen Gesellschaft. Obwohl ihre einzelnen »Ismen« (u. a. → *Futurismus, Kubismus,* → *Expressionismus, Konstruktivismus,* → *Dadaismus,* → *Surrealismus,* tschechischer *Poetismus,* russischer *Lef,* → *Imaginismus)* meist nationale Zentren haben, ist die A. eine internationale Erscheinung, die gattungsüberschreitend Kunst, Literatur, Musik, Architektur und Design umfaßt. Sie findet als historische Bewegung vom Beginn des Jahrhunderts bis in die dreißiger Jahre statt. Was mit avantgardistischem Anspruch nach 1945 auftritt, gilt als *Neoavantgarde.*

Geht man davon aus, daß Begriffe Erfahrungen sammeln und Erwartungen bündeln, so wäre danach auch die A. zu befragen. Zumal es sich bei ihr ja um eine programmatische Selbstthematisierung handelt, um einen Schlüsselbegriff künstlerischer Selbstverständigung, der nicht nur in einem spezifischen Erfahrungsgehalt gründet, sondern auch, darauf verweist das temporale Präfix, in die Zukunft greift. Spezifischer Erfahrungsgehalt meint hier auch den sozialen Ort von Erfahrungen in einer bestimmten historischen Situation. Bei der Genese der historischen A.-Bewegungen geht es also auch um die wissenssoziologische Fragestellung nach dem systematischen Zentrum, in dem Gedanken ursprünglich auftreten. Dieser Aspekt wurde von der einschlägigen Forschung bisher vernachlässigt. Innerhalb der marxistischen Theorie dominierten (etwa bei Plechanov und Kofler) Geschmacksurteile, die ihre Maßstäbe aus einem substantialistischen Realismusbegriff bezogen. Hingegen historisieren Farner und Lukács die A. unter negativen Vorzeichen, indem sie das künstlerische Formverständnis auf das Weltbild einer vermeintlich dekadenten Intelligenz beziehen. Demgegenüber erscheinen die seit den siebziger Jahren unternommenen Versuche fruchtbarer, die A. radikal zu historisieren und nach ihrer aktuellen Brauchbarkeit zu befragen (Bürger 1974, Barck, Schlenstedt, Thierse 1979).

Das *systematische Zentrum* der entstehenden Avantgardebewegungen ist die → *Boheme.* Nach H. Kreuzer setzt diese sich aus informellen Gruppen zusammen, die eine antibürgerliche Einstellung und die Berufung auf eine freie künstlerisch-literarische Intelligenz verbindet. »Dem Spontanismus und Punktualismus der Boheme entspricht stilgeschichtlich der Avantgardismus« (Kreuzer 1968: 51). Es sollte nicht übersehen werden, daß Boheme so als dominant sozialgeschichtlicher Begriff dient. Zweifellos ist auch das Gros der entstehenden Avantgardebewegungen Teil der Boheme, doch trennen sich zugleich die jeweiligen Gruppierungen in künstlerisch sich bisweilen auch bekämpfende Richtungen. Deshalb verbindet man mit der A. als Sammelbegriff verschiedener Ismen allgemeine Stilmerkmale und mit den einzelnen Ismen auch besondere Stilmerkmale. Auf der Ebene der Selbstthematisierung entwerfen die einzelnen A.-Bewegungen Kunstprogramme. Kennzeichnend für sie ist ein spezifiziertes Kunstwollen. Im Gegensatz zur → Boheme erhält der Begriff so eine künstlerisch-ästhetische Konnotation. Von daher kann, ob nun sinnvoll oder nicht, Avantgardismus als *Stilbegriff* Geltung erlangen. Hingegen verweist die Boheme auf einen bestimmten, antibürgerlichen Lebensstil ohne einen bestimmten Kunststil.

Die zunehmende ökonomische Rationalisierung und Versachlichung wird als »Anonymisierung des Lebens« erfahren. Sie führt auch zu einer Krise im Selbstverständnis der künstlerischen Intelligenz und im Modus ihrer Wirklichkeitsaneignung, denn als versachlichter erscheint ihnen der gesellschaftliche Zusammenhang zerrissen und parzelliert. Hinzu kommt die Klage über die Kommerzialisierung der Künste, über den Bankrott der *Kunstautonomie,* über die verbrauchten Kunstmittel und den schlechten Publikumsgeschmack.

Einzelne Klagepunkte sind aus früheren Epochen bekannt, doch: »What distinguishes the avantgarde from the former is that it not only faces, endures and registers this crisis but also tries to master it, to find the way out, to get the upper hand« (Szabolcsi 1971: 55). Jenes Sich-nicht-Abfinden mit den Krisensyndromen wird durch die spezifischen Einstellungs- und Verhaltensweisen der Boheme gefördert.

Nicht ohne Grund ist bis in die dreißiger Jahre hinein Paris die

»Hauptstadt« der Boheme und der A. Die für die Boheme charakteristische Erfolgsindifferenz, ihre Publikums- und Marktverachtung prädestiniert zu einer produktiven Rücksichtslosigkeit gegenüber etablierten Kunstnormen und traditionellen Wahrnehmungsweisen.

Über das systematische Zentrum der → Boheme hinaus weisen die entstehenden historischen A.-Bewegungen der Kunst neue Perspektiven zu. Dies äußert sich, quasi unterhalb der verschiedenen inhalts- und formgeschichtlichen Kennzeichen, in drei miteinander korrespondierenden Bereichen, denen in den einzelnen Ismen unterschiedliche Bedeutung zukommt, die aber als wesentliche Merkmale der gesamten entstehenden historischen Avantgardebewegungen gelten können.

1. Als Antwort auf die Krise der *Kunstautonomie,* den → *Ästhetizismus,* entwerfen die A.-Bewegungen programmatisch neue Funktionsbestimmungen der Künste. Traditionelle Kunst gilt als Ausdruck eines überholten Schönheitsbegriffs, als Resultat klassizistischer Gesinnung, als Objekt der Spekulation und folgenloser Konsumtion. Kunst wird als erlösende Gegenwelt verdächtig, verliert an Selbstverständlichkeit, und doch entsteht zugleich der Anspruch, von einer »Vorhut-Kunst« aus einen neuen engeren Bezug zum Leben herzustellen.

2. Folgenreicher gerät die Entwicklung neuer Kunstmittel und neuer Darbietungsformen (in der *Malerei:* Aufgabe der Zentralperspektive, in der *Literatur:* Verzicht auf formale Kohärenz, in *Architektur* und Design: funktionale Gestaltung der Gegenstände und Räume), die mit der mimetischen Tradition brechen und veränderte Wahrnehmungsweisen verlangen. Aus der Frontstellung gegen das »autonome«, »organische« Kunstwerk resultiert ein experimenteller Grundzug: die Darstellung der Methoden erscheint häufig wichtiger als die vollendeten Resultate. Die Vorliebe für → Montage und Allegorie, die Auflösung der Kohärenz und Selbständigkeit der Kunstwerke, das Vorzeigen des Gemachten und Unfertigen, drücken ein neues Funktionsbewußtsein aus, das Kunst wieder in die Lebenspraxis einfügen will. Dies bleibt zunächst Absicht, da Distributions- und Rezeptionsbedingungen sich nicht durch Programme verändern lassen. Die besondere Kunstabsicht vermag sich aber in den neuen Kunstmitteln und den einzelnen Resultaten zu vergegenständlichen. Von hier aus bezieht die Bezeichnung von Avantgardismus als Stil ihren Sinn.

3. Die Vorstellung, von der Kunst her mit neuen Mitteln die »Wiedergeburt der Gesellschaft« (so Ball über Kandinsky) zu betreiben, drückt ein neues Selbstbewußtsein des Künstlers aus, vor den zwanziger Jahren aber kein soziales Funktionsbewußtsein. So enthalten die emphatischen Manifeste der entstehenden A.-Bewegungen mehr programmatische als analytische Passagen. Auch wenn die historischen A.-Bewegungen neue Erfahrungen mit neuen Erwartungen »beantworten«, so ver-

bleiben sie zunächst, um mit Gehlen zu sprechen, in einem »gelockerten Realkontakt« zur Gesellschaft. Nicht ohne Grund herrscht in ihren Programmen der *Gestus der Kunstrevolte.* Dieser vereint die *Vorkriegsavantgarde.* Die beschleunigten gesellschaftlichen Veränderungen durch den Weltkrieg, die ihm folgenden Wirtschaftskrisen und Revolutionen setzen Widerspruchspotentiale frei, die zu einer Spaltung innerhalb der A. führen. Der eine Teil der Bewegung rückt die Revolutionierung der Kunstmittel ins Zentrum, der andere einen neuen gesellschaftlichen Funktionsanspruch; mit diesem wird die Perspektive politischer Praxis eröffnet, durch die bürgerliche Kunstverhältnisse verändert werden sollen. Die Kunstrevolution ist dann als Wechselverhältnis von Kunst und Revolution gedacht. In beiden Fällen wird zunehmend die programmatische Selbstthematisierung als A. problematisch. Einerseits kann mit dem aufs Einzelkunstwerk eingeschränkten Funktionsanspruch A. als Avantgardismus zu einem Stilmerkmal neben anderen werden, andererseits verbietet die Perspektive politischer Praxis als Zusammengehen von künstlerischer und politischer A. die Autostereotype von den Künstlern als Vorhut. Auf der einen Seite betreiben *Kommerzialisierung, Ritualisierung* und *Akademisierung* ein Scheitern der A. Schon die entstehenden A.-Bewegungen sind trotz ihrer Polemik gegen das »künstlerische Krämertum« (so die Futuristen anläßlich ihrer Ausstellung in Paris 1912) von Beginn an dessen Objekt. Das Infragestellen der Kunst muß mit dem Kunsthandel bzw. Buchhandel auskommen, und die revolutionären Stilelemente werden in der Malerei zur Kapitalanlage. Als Agent dient hier der Kunsthändler, der die Salons und die Kunstkritik steuert – auch mit kunsttheoretischen Beiträgen, man denke an Kahnweiler, den Hauptfinanzier des Kubismus. In diesem Zusammenhang betrifft der beabsichtigte Traditionsbruch die Kunstmittel, nicht die Funktion des Werkes: die Plastiken und Bilder werden von einzelnen Liebhabern und Spekulanten gekauft. So bleibt der Künstler als Produzent des »Neuen« von den alten Apparaten abhängig. Seine Produkte verlangen zwar veränderte Wahrnehmungsweisen, doch bleibt zunächst das Publikum das gleiche. Da auf dem Kunstmarkt nicht avantgardistische Konzepte, die diesen ja in Frage stellen, sondern Werke mit avantgardistischen Stilmerkmalen verkauft werden, kann verdinglichter Avantgardismus zum modischen Dekor werden. Und vor allem: die durch den Markt bedingte Reduktion der A. auf ihre Stilmittel erleichtert die gesellschaftliche Akzeptanz.

Riefen die entstehenden Avantgarden zunächst mit ihren revoltierenden Konzepten die Abwehr der Gesellschaft hervor, so werden sie bald von derselben integriert, indem sie einen zunehmenden Ritualisierungsprozeß durchmachen. Das heißt, ihre Verhaltensweisen werden stereotypisiert, stabilisiert und immun gegen jegliche Einwände (vgl. Gehlen 1966). A. etabliert sich zunehmend, wird von den herrschenden Geschmacksträgern dem Klassizismus oder Akademismus vorgezogen. Damit verliert die A. ihren umfassenden revolutionären Gehalt und wird zur Abwechslung innerhalb festliegender stilistischer Grundentwürfe.

Auf der anderen Seite befördert der erfahrene Widerspruch zwischen umfassenden Absichten und einschränkenden bürgerlichen Verhältnissen einen über den Bohemehorizont hinausgehenden Realitätsbezug, der mit den Kunstverhältnissen auch die gesellschaftlichen Verhältnisse wahrzunehmen beginnt. Während die Vorkriegsavantgarde Umweltkontakte als Selbstkontakte realisiert, erweitern die Widersprüche und die gesellschaftlichen Umwälzungen im Gefolge des Krieges den Blickwinkel. Damit entsteht die sozial-politisch orientierte Nachkriegsavantgarde mit ihrem forcierten Funktionsbewußtsein. Dieses richtet sich – so bei den Dadaisten und Surrealisten – gegen die bisherige avantgardistische Praxis, die hinter den kunstrevolutionären Absichten zurückblieb.

Darüber hinaus führen die Erfahrungen mit den bürgerlichen Produktions- und Distributionsapparaten zu einem gesellschaftskritischen Problembewußtsein (Benjamin, Brecht, Arvatov), das der Vorkriegsavantgarde und ihrer verbreiteten Technikbegeisterung (→ Futurismus) fremd war. In der Bewegung des *Neuen Bauens* und Gestaltens (de *Stijl* in Holland, *Bauhaus* und die Gruppe um May in Deutschland, *VCHUTEMAS* und *VCHUTEIN* in der Sowjetunion) führt das soziale Funktionsbewußtsein (Volksbedarf statt Luxusbedarf) zu Gestaltkonzeptionen, die sich an industrieller Herstellbarkeit und verbilligender Standardisierung ausrichten. Vor allem aber in Deutschland, der Sowjetunion und Frankreich führt das forcierte Funktionsbewußtsein zu einem Zusammengehen von künstlerischer und politischer A.

Die Umbenennung der surrealistischen Zeitschrift »La Révolution Surréaliste« in »Le Surréalisme au service de la Révolution« mag in der Titelgebung den Unterschied zwischen *Kunstrevolution* und *Revolutionskunst* veranschaulichen. Bei Aragon, Heartfield und zahlreichen anderen ist künstlerisches Selbstbewußtsein nun nicht mehr emphatisch überhöht. Die flammenden Manifeste verlieren zunehmend an Bedeutung. Während bei den Avantgarden vor 1914 die Gruppenbildung durch einen Konsens der Ausdrucksmittel als »Ismus« bei politischer Beliebigkeit hergestellt wurde, faßt die politische Vereinheitlichung in den zwanziger und dreißiger Jahren Vertreter unterschiedlicher Kunstrichtungen zusammen. Die Kunst- und Literaturdebatten der dreißiger Jahre (*1. Allunionskongreß der Sowjetschriftsteller*, 1934, die *Expressionismusdebatte*) zeigen: die Stellung zu den avantgardistischen Ausdrucksmitteln wirkt nicht mehr integrierend und wird damit gerade zum Streitobjekt.

Einerseits werden die Produkte der A. also in den Vermarktungsprozeß der Kunst integriert; andererseits läßt die Politisierung der A. den sich im temporalen Präfix ausdrückenden Vorhutanspruch problematisch werden. Das vermeintlich mysteriöse Ende der historischen A.-Bewegungen in den späten dreißiger Jahren wird so verständlich: mit dem Begriff sind Erfahrungen verbunden, die zukunftsgewisse Erwartungen »von der Kunst her« nicht mehr zulassen.

Insofern könnte man ein Scheitern der historischen A.-Bewegungen konstatieren. Ihre Auswirkungen sind aber aktuell geblieben – als Stilmittel in Literatur, Kunst, Architektur, Design und Werbung. Und zu fragen bleibt, ob ihre Grundintention, Kunstmittel und Kunstfunktion neu zu bestimmen, bereits ein abgeschlossenes Kapitel darstellt.

A. Gehlen: Erörterung des Avantgardismus in der Bildenden Kunst. In: Avantgarde. Geschichte und Krise einer Idee. Hg. von der Bayrischen Akademie der Schönen Künste. München 1966

Th. W. Adorno: Ästhetische Theorie. Frankfurt a. M. 1970

K. Farner: Der Aufstand der Abstrakt-Konkreten. Neuwied und Berlin 1970

H. Kreuzer: Die Boheme. Analyse und Dokumentation der intellektuellen Subkultur vom 19. Jahrhundert bis zur Gegenwart. Stuttgart 1971

M. Szabolcsi: Avant-garde, Neo-avant-garde, Modernism: Questions and Suggestions. In: New Literary History 3 (1971)

J. Weightman: The Concept of the Avant-garde. Explorations in Modernism. Bradford 1972

U. Apollonio: Der Futurismus. Köln 1972

P. Bürger: Theorie der Avantgarde. Frankfurt a. M. 1974

H. Böhringer: Avantgarde – Geschichten einer Metapher. In: Archiv für Begriffsgeschichte 122. 1978

Kh. Barck, D. Schlenstedt, W. Thierse (Hrsg.): Künstlerische Avantgarde. Annäherung an ein unabgeschlossenes Kapitel. Berlin 1979

J. Weisgerber (Hrsg.): Les Avant-Gardes Littéraires au XXe Siècle. Vol. II. Théorie. Budapest 1984

F. R. Karl: Modern and Modernism. The Sovereignty of the Artist 1885-1925. New York 1985

P. Zima/J. Strutz (Hrsg.): Europäische Avantgarde. Frankfurt a. M. 1987

W. Ihrig: Literarische Avantgarde und Dandysmus. Frankfurt a. M. 1988

E. Fischer-Lichte/K. Schwind (Hrsg.): Avantgarde und Postmoderne, Tübingen 1991

Georg Bollenbeck

Biographie

Die B., ein altes literarisches Genre, war und ist immer zugleich Spiegel herrschender Individualitätsauffassungen. In die Gattungsgeschichte der B. ist die Sozialgeschichte der *Individuation* eingeschrieben. In Zeiten starker verbindlicher sozialer und politischer Normen für den einzelnen trägt auch die B. relativ einheitliche Züge. Blicke in die antiken Zeugnisse oder in die Heiligenviten des Mittelalters und auch noch in die großen biographischen Sammlungen der frühen Neuzeit lassen erkennen, wie sehr sich Vorbildlichkeit über die Erfüllung herrschender Normen aufbaute. Das *Lebensbild* will immer Exempel – meist nachahmenswertes, gelegentlich aber auch abschreckendes – sein. Zeiten, in denen keine feste verbindende Sozialstruktur mit klaren Wertvorstellungen und hoher Normübereinstimmung herrscht, verlieren die gemeinsamen vorbildlichen Lebensläufe. Die B. übernimmt in der Neuzeit wie andere literarische Gattungen – am ehesten ist sie mit dem → Roman, besonders dem Bildungsroman zu vergleichen – auch die Aufgabe, in einer durch Entfremdungserscheinungen geprägten Welt für neue Sinn- und Wertorientierungen zu sorgen. Es war deshalb kein Zufall, daß das Bürgertum des 18. Jahrhunderts über die *Autobiographie* bzw. den *autobiographischen Roman* Selbstvergewisserung betrieb oder über den *biographischen* → *Essay* nach neuen Vorbildern für die bürgerliche Epoche suchte. Das 19. Jahrhundert erlebte die B. als Domäne der erstarkten Geschichtswissenschaft, wo ein geschichtsmächtiges Subjekt, geleitet von einem ›vernünftigen‹ (politischen) Willen oder gar durch den Hegelschen ›Weltgeist‹ vorgeführt wurde. In der Krise des Historismus um 1900 verloren zunächst die verbindenden ideologischen Normen für die hermeneutisch-historischen Wissenschaften an Wert; der Erste Weltkrieg hob diese Sinn- und Wertkrise ins allgemeine Bewußtsein. Das blieb nicht ohne Auswirkung auf eine literarische Form, die sich vor allem einer pragmatisch-didaktischen Aufgabe verpflichtet fühlte und sich damit der klassischen Gattungstrias entzog. Die B. wurde deshalb meist als ›Zweck-‹ bzw. ›Gebrauchsliteratur‹ bezeichnet und der Geschichtswissenschaft zugeordnet.

Im 20. Jahrhundert wird die B. jedoch von den Schriftstellern erobert, da die Allmachtsansprüche der Historiker auf Präsentation von Geschichte nicht mehr akzeptiert werden. Am Ende der zwanziger Jahre wird von einer Mode populärer biographischer und allgemein-historischer Literatur gesprochen. S. Kracauer ist um 1930 in einigen Essays dieser verharmlosenden These entgegengetreten, indem er auf die Funktion von »Erfolgsbüchern« hingewiesen hat: Diese erfüllen Bedürfnisse des Lesers und tragen symptomatische Züge der Epoche, die es zu entschlüsseln gelte. Für Kracauer ist die B. eine »neubürgerliche Kunstform«, da sie die Aufgabe übernehme, das verunsicherte Bürgertum zu stabilisieren. Dem verherrlichenden Kriegsroman ähnlich sei die B. Fluchtliteratur, Flucht in »das Museum der großen Individuen«: »Es gilt einen Bildersaal einzurichten, in dem sich die Erinnerung ergehen kann, der jedes Bild gleich wert ist« (Kracauer 1977: 79).

Im historischen Abstand hat sich Kracauers Wendung gegen die Mode-These als richtig erwiesen, denn bis heute hat das biographische Genre nichts an Faszinationskraft eingebüßt. Von der großen, ein ganzes Leben erfassenden B. über eine Fülle autobiographischer Literatur der siebziger und achtziger Jahre – verfaßt von Schriftstellern, Schauspielern, Politikern und Managern – spannt sich der Bogen zu beliebten biographischen Darstellungen in den Massenmedien (Interview, Porträt, Talkshow, biographischer Essay, Charakteristik, Psychogramm). Dieser Erfolg ist um so erstaunlicher, wenn wir an die Diskussion in der modernen Geschichtswissenschaft denken, die mit Leitbegriffen wie Sozial-, Struktur- bzw. Mentalitätsgeschichte geführt wird. Vermittelnde Positionen können die B. akzeptieren, wenn sie »Rekonstruktion der sozialen Entwicklungsgeschichte historischer Subjekte« sei (Oelkers 1974: 302). Damit wird die traditionelle episch-dokumentarische Darstellungsweise, die alles auf das historische Subjekt zentriert, abgelehnt und ein Koordinatensystem von sozialen, ökonomischen, politischen, sozialpsychologischen bzw. mentalitätsgeschichtlichen und kulturellen Aspekten gefordert.

Daß Geschichte nicht die *vita intima* der handelnden Personen sei, sondern immer ein kollektives Geschehen, ist auch kritischen Schriftstellern zu Beginn des 20. Jahrhunderts bewußt gewesen. Die vielzitierte *Krise des → Romans* ist vor allem eine Krise des Individualismus. Dieses Problem hat wiederum Kracauer eindrucksvoll auf den Punkt gebracht: »Die Geschlossenheit der alten Romanform spiegelt die vermeintliche der Persönlichkeit wider, und seine Problematik ist stets eine individuelle. Das Vertrauen in die objektive Bedeutung irgendeines individuellen Bezugssystems ist den Schaffenden ein für allemal verlorengegangen.« (Kracauer 1977: 76) Auf diesem Hintergrund ist Brochs polyhistorischer, Musils essayistischer, H. Manns satirischer, Th. Manns intellektualer, Kafkas grotesker und vor allem Döblins Montage-Roman zu sehen, wo jeweils Individuen vorgeführt werden, denen das Vertraute verlorengegangen ist, die durch das Fremde erschreckt werden: Der Mensch ist auf der Suche nach seiner biographischen Mitte. Die traditionelle individualisierend-biographische Darstellungsweise im Roman, die meist die gelungene Selbstverwirklichung in den Mittelpunkt stellte, ist damit aufgehoben. Im Spannungsfeld dieser romantheoretischen und -praktischen Entwicklung muß auch die B. gesehen werden.

Der Vergleich mit der Entwicklung des Romans ist deshalb so fruchtbar, weil sich seit den zwanziger Jahren in Roman und B. eine ähnliche Aufspaltung in der epischen Präsentation beobachten läßt. Einmal behauptet sich die traditionelle Erzählweise des 19. Jahrhunderts, die offensichtlich mit der Vertrautheit alter literarischer Muster die Ängste der Menschen vor der komplexen Welt überblenden will; zum anderen bahnt sich eine bewußt moderne literarische Gestaltung den Weg, die der Herausforderung des 20. Jahrhunderts begegnen will und sich neue Darstellungsweisen erobert, die für eine Sinn- und Welterkenntnis besser geeignet zu sein scheinen. Wenn Kracauer die biographische Mode seiner Zeit geißelt, dann meint er jene historisierende Literatur, die sich den Problemen der Gegenwart entzieht und die scheinbare Sicherheit der ›geschlossenen Form‹ als Palliativ für beunruhigte Gemüter versteht. Er hat dabei vor allem die »historischen Belletristen« im Auge, zu denen vorrangig E. Ludwig und St. Zweig gezählt wurden. Der Gruppenname stammt aus der historischen Fachwissenschaft, die 1928 mit einer Reihe von Rezensionen aus der renommierten »Historischen Zeitschrift« an die Öffentlichkeit trat und damit den Kampf gegen die biographischen Schriftsteller eröffnete. Zwar geht es diesen Historikern auch um eine politische Attacke, die republikanisch gesinnten Autoren wie H. Eulenberg, F. Hegemann, E. Ludwig, P. Wiegler u. a. galt, aber dennoch ist der entscheidende Einwand gegen diese Biographen, sie reduzierten die Geschichte auf das Seelenleben der historischen Individuen, berechtigt. In dieser Hinsicht besteht eine Argumentationsallianz zwischen konservativen und progressiven Historikern oder Kulturkritikern wie Kracauer. Diese neue Art der *psychologisierenden B.* war durch die *biographie romancée* von A. Maurois und die Enthüllungsbiographik von L. Strachey vorbereitet worden. Die Darstellung des ›Menschlichen‹ sollte für einen Sturz der ›Großen‹ von ihrem Sockel sorgen, ließ aber das Historisch-Singuläre allzu oft im Allgemein-Menschlichen aufgehen. Die historischen Gestalten verloren meist ihre Umwelt und schienen so auf eine neue Weise die Idee von der Ungebundenheit ›großer‹ Menschen zu rechtfertigen. Gefestigt wurde damit zugleich das alte Gattungsverständnis der B., das seit Plutarch auf das Private und Anekdotische konzentriert war. Zudem verstärkte das Fehlen von Erklärungsversuchen für das geschilderte Verhalten der Personen den Eindruck, das Leben sei allein innengeleitet und der geschichtliche Prozeß unwichtig. Meist gerät die Darstellung von geschichtlichen Vorgängen verkürzt, bleibt undurchschaubar und nimmt schicksalhafte Formen an. So herrscht in St. Zweigs B. fast immer eine tragische Grundstimmung vor. Diese pessimistische Schau der Geschichte, die z. B. auch in den B.n des George-Kreises zu beobachten ist, ist Zeichen von Resignation und Ohnmacht und sollte offensichtlich in verwirrten Zeiten Trost spenden.

Das affektive Moment wurde noch verstärkt durch eine traditionelle Erzählweise, die vor allem in den B.n von Ludwig und St. Zweig zu beobachten ist: Die chronologisch-konsekutive und dramatisch verkürzte Erzählstruktur, die Konzentration auf einige Handlungsschauplätze, ein überschaubares Figurenensemble und vor allem die finale Struktur erzeugen einen Eindruck von Geschlossenheit, Klarheit, Notwendigkeit, Sinn und Wahrheit. Ein Leben vom Tode her betrachtet gewinnt seine Ausstrahlung durch die erreichte Identität des darzustellenden Individuums. Diesem Lebensziel werden alle vorhergehenden biographischen Stationen zugeordnet. Solche konsekutive Erzählweise ist ohne Zweifel ein wichtiger Leseanreiz, denn gerade in komplexen Zeiten, in denen die verbindenden Strukturen nur schwer auszumachen sind, richtet sich offensichtlich die Sehnsucht vieler Leser auf verständliche Sinn- und vor allem Lebensentwürfe.

Gegen diese bis heute noch bestimmende literarische Präsentation von biographischen Abläufen hat sich frühzeitig – angeregt durch die Diskussion um den modernen Roman – Kritik erhoben. S. Kracauer entwikkelte die Idee einer *Gesellschaftsbiographie,* die er in seinem »Jacques Offenbach und das Paris seiner Zeit« (1937) erprobte; W. Benjamin wollte in seinem Fragment gebliebenen »Charles Baudelaire. Ein Lyriker im Zeitalter des Hochkapitalismus« (1937-39 entstanden) eine ähnlich enge Verknüpfung von Leben und Epoche erreichen und dabei besonders die Dokumente sprechen lassen. Aber erst in den siebziger Jahren wurden auf breiter Linie für die B. neue Dimensionen erschlossen, als Autoren wie de Bruyn, Enzensberger, Harig, Härtling, Hildesheimer, H. J. Fröhlich und vor allem D. Kühn mit ihren biographischen Arbeiten Anschluß an den modernen Roman suchten.

Damit wird auch die lange Diskussion um die Zugehörigkeit der B. zur Kunst oder Wissenschaft beendet. Die Schriftsteller verzichteten auf den Objektivitätsanspruch, bekannten sich zum ›Roman‹, zur Möglichkeit des Schriftstellers, Welten und Personen aus subjektiver Sicht entwerfen zu können. Wie die Vertreter des modernen Romans verzichteten die modernen Biographen aber nicht auf den Anspruch, mit ihren Werken einen Beitrag zur Welterkenntnis zu liefern. Ihre subjektiven Entwürfe sind als Dialogangebot an den Leser gedacht, dem keine Illusion von Totalität vorgegaukelt wird. Diese B.n wollen gerade die Neigung zu festen Bildern, zu starren Denkmustern, zu raschen Sinnmodellen zerstören, indem sie die Dimension des anderen, des Auch-Möglichen aufscheinen lassen, das sich z. B. in fiktionalisierenden Partien entfaltet. Die biographische Schreibweise vollzieht sich in einem Akt des prozessualen Schreibens, als Spiel von Annäherung und Distanz, an dem der Leser beteiligt wird. Im insistierenden Befragen, im perspektivischen Umkreisen der Figur, ja im direkten Identifikationsvorgang soll sich ein Verständnis für das Vergangene und dessen Menschen erschließen. Meist wird auch die erzählerische Chronologie zerstört, indem z. B. Reflexionen oder Gegenwartsbezüge eingefügt werden oder wie in Hildesheimers »Mozart« (1977) ein bewußt antichronologisches Schreiben versucht wird. Diese Diskontinuität und ›Entfabelung‹, die in Enzensbergers „Durruti« (1972) so weit geht, daß nur noch die ›nackten‹ Dokumente angeboten werden, inszenieren ein Spiel, das beim Leser Anteilnahme oder Verweigerung wachrufen mag. In jedem Fall wird dem Leser das Bewußtsein vermittelt, daß hier eine subjektive Annäherung erfolgt ist, die der Überprüfung bedarf. Diese biographischen Entwürfe wollen verglichen sein mit anderen Weltbildern, auch gerade mit denen, die der Leser in sich trägt oder die historische Wissenschaft entworfen hat. In allen B. lassen sich bestimmte Gattungsmerkmale erkennen, die auf der Polarität bzw. dem Zusammenspiel von *Subjektivität und Wahrheit, Singularität und Typik, Vergangenheit und Gegenwart, Individuum und Umwelt* und *Autobiographie und Biographie* beruhen.

Daß Subjektivität auch den Wahrheitsprozeß fördern kann, ist verbindende Überzeugung der Schriftsteller. Die Skepsis der Autoren gegenüber der Aussagekraft historischer Quellen und einer sich neutral gebenden Objektivitätshaltung läßt sie angenäherte Wahrheiten suchen. Auch die bewußt eingesetzte Fiktion ist nicht Selbstzweck wie im traditionellen historischen Roman, sondern sie soll die Faktenpräsentation ergänzen, stärken und die Vergangenheit besser vorstellbar werden lassen. Auch wenn diese B.n sich als Romane vorstellen, so verzichten sie keineswegs auf Verbindlichkeit und Überprüfbarkeit; sie verweigern sich jedoch vorschnellen Schlüssen und apodiktischen Überzeugungsgesten. Um die historische Singularität konturenschärfer zu erfassen, neigen die Autoren meist zu Vergleichen mit anderen Individuen bzw. allgemeinen menschlichen Verhaltensweisen und weiten so das Porträt gelegentlich zur Typik, die den Ansatzpunkt für Identifikationsvorgänge abgibt. Dem gleichen Zweck dient der gern gezogene Vergleich von Vergangenheit und Gegenwart. Die moderne B. vermeidet damit den Fehler des Historismus, der nur zeigen wollte, wie es eigentlich gewesen sei. Wie moderne Historiker bekennen sich auch die Literaten zu einem Gegenwartsinteresse. Um den Wert der historischen Individuen für die Gegenwart und auch für sich selbst herauszustellen, neigen manche Autoren auch zur Verbindung von autobiographischer und biographischer Darstellung, wie es am eindrucksvollsten in Härtlings »Hölderlin« (1976) und Harigs

»Rousseau« (1978) geschehen ist, wo in die fremde Biographie vieles vom eigenen Leben der Verfasser eingeschrieben wurde.

Die moderne B. will die Leser mit unterschiedlichen Lebensverwirklichungen vertraut machen und verzichtet auf ein einziges vorbildliches Modell. Damit geben diese B.n Hilfe in einer Zeit, die anders als in früheren einfach strukturierten Gesellschaften nicht mehr die Sicherheit einer für alle verbindlichen Weltauffassung und Sinngebung zu vermitteln vermag. Wenn der einzelne sich einem differenzierten Angebot von Sinnentwürfen konfrontiert sieht, dann muß er die Kraft zur Entscheidung und Auswahl finden. Die persönliche *Identitätsbildung* wird zu einer subjektiven Herausforderung. Indem die B. subjektive Lebensverwirklichungen den Lesern vor Augen führen, geht es also nicht so sehr um die dem Kunstwerk eigene Subjektivität, die den Ausgangspunkt für die vielgerühmte Mehrdeutigkeit von dichterischen Texten abgibt, sondern vor allem um das bessere Erkennen und Darstellen historischer Prozesse und der Entwicklung von personaler Identität. Der Komplexität und Differenziertheit der modernen Welt begegnet diese B. mit der Heterogenität der Darstellung und Sichtweisen, um die Fähigkeit zu differenzierter Weltdeutung und Ichfindung zu schulen.

Mit dieser ›offenen‹ Schreibweise erobert die Kunst eine Art der Vergangenheitsbetrachtung, die inzwischen auch von der Fachwissenschaft anerkannt wird. In der Diskussion um die *Narrativität,* d. h. um die Frage, wie und ob man Geschichte ›erzählen‹ könne, ist auch den Historikern klar geworden, daß die einfache Chronologie die einmal vorhandene Vielzahl von Möglichkeiten in bestimmten historischen oder personalen Entscheidungsprozessen nicht mehr erkennen läßt. Um solche voreiligen Kausalstrukturen zu vermeiden, um den auch ›offenen‹ Prozeß der Geschichte bzw. der biographischen Entwicklung zu erfassen, greift die Fachwissenschaft auch auf moderne Erzähltheorien zurück.

Dennoch lassen sich *künstlerische* und *wissenschaftliche B.* auch heute noch unterscheiden, denn die Schriftsteller erlauben sich größere erzählerische Freiheiten, fühlen sich keineswegs einem so strengen Überprüfungszwang ausgesetzt und neigen meist zu stärkeren Gegenwartsbezügen und auch Identifikationsangeboten. Aber künstlerische und wissenschaftliche B. haben heute in der Intention und auch in der Durchführung viele Gemeinsamkeiten. Der traditionellen Konfrontation von Kunst und Wissenschaft, von Ausdruck und Aussage, Fiktion und Reflexion, Erzählen und Beschreiben, Affekt und Intellekt, Schönheit und Wahrheit, Subjektivität und Objektivität mangelt es an Trennschärfe für die Moderne. Wissenschaftliche Hypothese und erzählerische Fiktion werden vergleichbar, da beide als Erkenntnismittel fungieren, die helfen sollen, die Brücke vom Erkannten und Endlichen zum Unbekannten und Unendlichen zu schlagen. Einbildungskraft und Phantasie sind die wichtigsten Stützen eines Erkenntnisaktes, der aus der Gewißheit und dem Absoluten in die Region des Möglichen, Ungewissen und Offenen strebt. Zwischen Kunst und Wissenschaft besteht bei den modernen B. keine so starke Konkurrenzsituation mehr wie noch in den zwanziger und dreißiger Jahren, sondern beide werden als gleichberechtigte Weisen der Realitätsaneignung, als »parallel verlaufende Tätigkeiten der menschlichen Aufklärung« akzeptiert (Heißenbüttel 1970: 195 f.).

H. Heißenbüttel: 13 Hypothesen über Literatur und Wissenschaft als vergleichbare Tätigkeiten. In ders.: Über Literatur. Aufsätze 1970

J. Oelkers: Biographik – Überlegungen zu einer unschuldigen Gattung. In: Neue politische Literatur 19 (1974)

S. Kracauer: Das Ornament der Masse. Essays. Frankfurt a. M. 1977

H. Schulze: Die Biographie in der »Krise der Geschichtswissenschaft«. In: Geschichte in Wissenschaft und Unterricht 29 (1978)

G. Klingenstein, H. Lutz, G. Stourzh (Hrsg.): Biographie und Geschichtswissenschaft. München 1979

H. Scheuer: Biographie. Studien zur Funktion und zum Wandel einer literarischen Gattung vom 18. Jahrhundert bis zur Gegenwart. Stuttgart 1979

W. Schiffer: Theorien der Geschichtsschreibung und ihre erzähltheoretische Relevanz (Danto, Habermas, Baumgärtner, Droysen). Stuttgart 1980

R. Zeller: Biographie und Roman. Zur literarischen Biographie der siebziger Jahre. In: LiLi. Zeitschrift für Literaturwissenschaft und Linguistik 10 (1980)

H. Scheuer: Biographie – Überlegungen zu einer Gattungsbeschreibung. In: R. Grimm/J. Hermand (Hrsg.): Vom Anderen und vom Selbst. Beiträge zu Fragen der Biographie und Autobiographie. Königstein/Ts. 1982

H. Kreuzer: Biographie, Reportage, Sachbuch. Zu ihrer Geschichte seit den zwanziger Jahren. In: B. Bennet, A. Kaes, W. J. Lillyman (Hrsg.): Probleme der Moderne. Studien zur deutschen Literatur von Nietzsche bis Brecht. Festschrift für W. Sokel. Tübingen 1983

H. Koopmann: Die Biographie. In: K. Weissenberger (Hrsg.): Prosakunst ohne Erzählen. Die Gattungen der nichtfiktionalen Kunstprosa. Tübingen 1985

I. Schabert: In Quest of the Other Person. Fiction as Biography. Tübingen 1990

H. Scheuer: Biographie. In. G. Ueding (Hrsg.): Historisches Wörterbuch der Rhetorik. Bd. 2. Tübingen 1994

Helmut Scheuer

Boheme

Als B. bezeichnen wir eine intellektuelle *Subkultur* insbesondere der bürgerlichen Wirtschaftsgesellschaft, zusammengesetzt aus Randgruppen mit vorwiegend schriftstellerischen, bildkünstlerischen oder musikalischen Aktivitäten oder Ambitionen und mit betont un- oder gegenbürgerlichen Einstellungen und Verhaltensweisen. Die B. bildet ein antagonistisches Komplementärphänomen zu den angepaßten Mittelschichten solcher industriellen oder sich industrialisierenden Gesellschaften, die ausreichend individualistischen Spielraum gewähren und symbolische Aggressionen (épater le bourgeois) zulassen. Sie stirbt ab, wo die Gesellschaftsordnung die Bindung der Kunst an vorgegebene Zwecke erzwingt, zumindest eine offene Emanzipation und Provokation der Künstler nicht zuläßt.

Die Wortgeschichte führt auf eine französische Herkunftsbezeichnung für Zigeuner zurück, die seit ihrem ersten Auftreten im 15. Jahrhundert »bohémiens« genannt werden. »Vie de bohème« wurde zu einem Ausdruck für unordentliche, liederliche Sitten; vagabond, gueux, bohémien wurden in einem Atemzug genannt. Die Schriftsteller und ihr Publikum entdeckten im 18. Jahrhundert die pittoresken Reize des ›Zigeunerlebens‹. Der Geist Rousseaus breitete sich aus und mit ihm »die Idee von wackern Vagabunden, edeln Räubern, großmüthigen Zigeunern ...« (Goethe: »Wilhelm Meisters theatralische Sendung«). Goethe war an diesem Auf- und Umwertungsprozeß ebenso beteiligt wie die Romantiker und deren Nachfolger in der ersten Hälfte des 19. Jahrhunderts. Ein paralleler Vorgang verwandelte das Selbstverständnis der Künstler, rückte den Dichter aus der Nähe des Gelehrten in die Nähe des Malers und anderer Künstler und entfernte insgesamt das Künstlerbild von den Daseinsmustern der bürgerlichen Welt. Junge Dichter vor allem der romantischen Tradition werden in den dreißiger und vierziger Jahren des 19. Jahrhunderts (teils mit positiver, teils mit negativer oder ambivalenter Wertung) als Dichtervagabunden und Literaturzigeuner bezeichnet (in Frankreich entsprechend als »brigands de la pensée«, »bohémien de l'intelligence«, »bohémienne du pensée et du sentiment«).

1851 erschien die erste Buchausgabe von H. Murgers »Scènes de la Vie de Bohème«, die wesentlich zu der fast selbstverständlich gewordenen Beschränkung des Begriffs auf unbürgerliche Künstler- und Autorengruppen und deren Lebensformen beigetragen haben. Noch im Erscheinungsjahr wurden sie als »Pariser Zigeunerleben« übersetzt. Seither ist die Kette literarischer oder bildlicher Darstellungen eines bohemischen Künstlermilieus nicht mehr abgerissen (an ihr sind Balzac und L. Bloy, der Skandinavier H. Jaeger, der Pole Przybyszewski und der Spanier Valle-Inclán, der Engländer Ch. Isherwood und der Amerikaner H. Miller beteiligt. Sie reicht in der deutschen Gegenwartsliteratur bis zu autobiographischen Romanen von H. Fichte und B. Vesper oder zu ›Szene‹-Autoren aus Berlin-Kreuzberg und Wien). Noch die Boheme-Opern von Puccini (1896) und Leoncavallo (1897) verarbeiten Motive Murgers. (Daß selbst am Ende des 20. Jahrhunderts die Geschichte der Verarbeitung Murgers und seiner Motive noch nicht abgeschlossen ist, bezeugt der Erfolgs- und Kultfilm von Aki Kaurismäki »Das Leben der Bohème«, 1992.) Während der zweiten Hälfte des 19. Jahrhunderts setzt sich die französische Vokabel schrittweise im Deutschen durch. Im Rückblick der Jahrhundertwende wird sie auch auf deutsche Erscheinungen der ersten Jahrhunderthälfte angewandt (z. B. auf E. T. A. Hoffmann, Heine, Grabbe, Stirner).

In den Ambivalenzen der Wortgeschichte spiegelt sich die Ambivalenz der Gesellschaft gegenüber der B. Die Verneinung bekundet sich in einer Kette von Angriffen, Prozessen und Verboten, die Bejahung dagegen in der touristischen Anziehungskraft der Boheme-Viertel in Paris, München, New York, San Franzisko u. a., im Publikumserfolg vieler fiktionaler Boheme-Darstellungen, überhaupt in der Möglichkeit der vielfältigen Vermarktung von Boheme-Tendenzen, von denen man die Abweichung (im Erscheinungsbild ihrer Träger wie in deren Künstlermoral), wenn nicht geradezu den Skandal erwartet. Die B.-Darstellungen des 19. und 20. Jahrhunderts sind ein spezieller Zweig derjenigen Künstlerliteratur, die seit dem 18. Jahrhundert das problematische Verhältnis von Künstler und Gesellschaft zu ihrem Gegenstand hat. Gleichermaßen ist die reale B. nur eine extreme soziale Erscheinungsform eines Spannungsverhältnisses, dessen verschiedene Wurzeln z. T. abgestuft bis ins 16. Jahrhundert zurückreichen.

Die internationale, im ganzen heterogene und wenig miteinander verflochtene Spezialforschung erklärt die B. teils rein sozialpsychologischahistorisch (und reklamiert dann auch frühere intellektuelle Außenseiter für sie – von Diogenes zu Villon, Tasso, Marlowe, auf die sich die B. beruft), teils ökonomiegeschichtlich aus der allmählichen Ablösung der feudalistischen Wirtschaftsformen und der aristokratischen Patronage durch den kapitalistischen Markt, der das Kunstwerk und die Publikation zur konkurrierenden Ware gemacht hat. Dieser historische Prozeß habe in den Großstädten eine proletaroide Subkultur deklassierter Intellektueller hervorgebracht, deren Idealtyp der Bohemien sei. Aber nicht die Armut ist entscheidend für die Definition, sondern ein bestimmter *Stil des Lebens* (der sich allerdings nicht unabhängig von den materiellen Existenzbedingungen der Armutsboheme ausformt), in der Verbindung mit un- und gegenbürgerlicher Einstellung. Nicht zufällig gibt es vermögende B.-Mäzene (von A. Houssaye bis M. Dodge) und wortgeschichtliche Belege für eine »Bohème dorée« und eine »Grande Bohème«. Der Stil der B. (wie auch der zeitweilig parallele individualaristokratische Stil des literarischen Dandysmus romantischer Provenienz) ist nicht unabhängig von den Konventionen der Gesellschaft, sondern – als Antikonvention – negativ auf sie bezogen (bis in die extravaganten Details von Kleidung und Haartracht). Er ändert sich mit ihnen zwecks Erhaltung des Kontrasts und ist eine Form der symbolischen Aggression. Das bohemische Stilisierungsmoment veranlaßt Künstler und Intellektuelle aus den verschiedensten Schichten, sich der B. anzuschließen: junge Aristokraten, die der Verbürgerlichung entfliehen wollen; Großbürgersöhne mit dem Verlangen nach einer interessanteren, künstlerisch genießenden Lebensform; vor allem Kleinbürgersöhne, die die Enge ihrer Verhältnisse sprengen wollen, auch Mädchen und Frauen mit dem Willen zur Emanzipation. Das schließt nicht aus, daß bei vielen das Bohemetum eine scheinfreie Trotzreaktion ist – ein Versuch, aus Stolz eine bereits verhängte Deklassierung in einen Akt der Befreiung umzuprägen.

Auch diejenigen, die eine B. schon vor 1800 oder noch nach der Oktoberrevolution konstatieren, nehmen ihren Maßstab von B.-Phänomenen des Bürgerlichen Zeitalters zwischen Französischer Revolution und Erstem Weltkrieg – oder, noch enger, zwischen der Romantik des »Impasse du Doyenné« und der »Butte« in der Montmartre-Zeit des jungen Picasso. Zur marginalen Subkultur dieser Gesellschaft entwickelte sich die B. aus internationalen Vorformen (z. B. in den Kreisen der »Philosophes« und der »Stürmer und Dränger«), während etwa der literarische Salon Italiens und Frankreichs bereits als Komplementärphänomen der höfischen Gesellschaft seine volle Entfaltung erreicht hatte. Einmütigkeit herrscht darüber, daß z. Zt. des Bürgerkönigtums die B. voll etabliert ist und in Paris für lange Zeit ihre Kapitale gefunden hat. Die historische Gesellschaft des »enrichissez-vous«, die bestimmt war von dem Interessenbündnis zwischen Königtum und Wirtschaftsbürgertum gegen extreme zeitgenössische Richtungen, ist zum Prototyp des Juste-Milieu geworden, d. h. derjenigen sozialen Zustandsform, die sich seither als Hauptzielscheibe stereotypisierter sozialkritischer Attacken der B. und zugleich als deren bester Nährboden erwiesen hat. Doch treten die B.-Tendenzen im 19. und frühen 20. Jahrhundert in vielen Ländern und Metropolen auf, von St. Petersburg bis Hollywood, Buenos Aires und Tokio, von Stockholm und Kristiania bis Rom und Madrid; die »Scapigliatura« im Mailand der sechziger Jahre diene als Beispiel.

Wenngleich wir nun konstatieren können, daß die B. im 19. Jahrhundert als Randgruppe eines ökonomisch-industriellen Entwicklungsstadiums in Erscheinung tritt, in dem der Wirtschaftsbürger zu einem repräsentativen Nutznießer und zur unentbehrlichen Stütze eines von unten bedrohten status quo geworden war, so läßt sich doch nicht sagen, daß sie im 20. Jahrhundert auf kapitalistische Staaten beschränkt sei. Der Juste-Milieu-Haß der B. erneuert sich gegenüber jedem strukturell vergleichbaren Gesellschaftszustand, so daß z. B. Bürokratien oder Parteien im Arrangement der systemerhaltenden und staatstragenden Kräfte an die Stelle vorliberalistischer Institutionen (wie konstituionelle Monarchie, Kirche, Militär, Aristokratie) treten können.

Bestimmende Züge der typischen *Einstellungen und Haltungen* der B. im definierten Sinne sind ein programmatischer Individualismus und Opposition gegen die Geldwirtschaft. Die Herausbildung eines eigenen, abweichenden Künstlermilieus unterstützt die Herausbildung spezieller Lebensformen, einer eigenen Künstlermoral und eines eigenen Künstlergeschmacks (l'art pour l'artiste), der sich von der sozialen Kontrolle durch Geschmacksinstanzen außerhalb des literarisch-künstlerischen Lagers zu emanzipieren trachtet. Die B. setzt sich aus *informellen Gruppen* zusammen. Diese leben in den Künstler- und Studentenvierteln der Großstädte oder malerischen Vororten, in denen die Lebenshaltungskosten relativ gering sind, vereinzelt auch in Künstlerkolonien auf dem Lande. Ihre Treffpunkte sind öffentliche Lokale, das Atelier oder die Wohnung eines Mitglieds, u. U. auch Redaktionen, Buchhandlungen, Galerien. Nicht selten bildet eine einzelne Persönlichkeit ihr Zentrum; oft haben sie ihren eigenen Jargon. Mischformen zwischen B.-Kreis, Künstler-Kreis, Salon oder literarisch-künstlerischem Verein existieren – eine breite Zone des fließenden Übergangs zwischen der Kerngesellschaft und der B., die zugleich ohne feste Grenzen mit anderen Randgruppen verbunden ist.

Der Weg in die B. wird von den Bohemiens als Ausbruch aus der Gesellschaft, als bewußte Abkehr vom Milieu der autoritären Schule, der elterlichen Familie, des bürgerlichen Berufs oder der Akademie erlebt oder nachträglich interpretiert. Oft ist nicht die Erkenntnis einer Begabung, sondern der Bruch mit den ›Vätern‹, der Abscheu vor der bürgerlichen Existenz das primäre Motiv der Entscheidung zugleich für Künstlertum und B.-Existenz. Die Zuflucht der B. nimmt jedoch, wird sie nicht nur passiert, leicht den Charakter einer Falle an, da die Frustrationen in der Armutsboheme mit zunehmendem Alter schwerer zu ertragen sind. Das Kulturnomadentum mancher Bohemiens trägt zum Austausch verschiedener B.-Zentren bei. Das Verhältnis zu Besitz und Erwerb steht im Zeichen von Verzicht und Verschwendung. Charakteristisch sind Leichtsinn, der sich der Sorge entschlägt, Fähigkeit zur Reduktion der Bedürfnisse, die Bedenkenlosigkeit einer parasitären Existenz und eine Solidaritätsgesinnung in Gelddingen. Die Unregelmäßigkeit der Einkünfte und die Verachtung der Planung führen zu jähem Wechsel von momentanem Überfluß und Phasen der Entbehrung. Die Bereitschaft zu Fest und Gelage ist immer gegeben. Der Alkoholismus in der B. hat neben äußeren auch innere Gründe. Wie der Drogenkonsum ermöglicht er Ekstasen, in denen die Enthemmung und Steigerung des Ich mit der Erlösung vom Bewußtsein der Misere und der Vereinzelung, der künstlerischen Rand- und Inselexistenz zusammenfällt. Rauschbedürfnis, Spontanismus, Nonkonformismus äußern sich im Sexuellen als praktischer *Libertinismus.* Charakteristisch ist auch eine paradoxe Verbindung von Geltungsverlangen und Publikumsverachtung. Phasen der Drepression und der euphorischen Selbstüberschätzung wechseln ab; nicht zufällig tragen die beiden bekanntesten reichsdeutschen B.-Cafés (das Berliner »Café des Westens« und das Münchner »Café Stephanie«) den Übernamen »Café Größenwahn«. Der Bohemien bedarf in seiner Not- und Konfliktsituation des forcierten Selbstbewußtseins, das für die Künstler generell oder für einzelne Meister charismatische Führerrollen im sozialen Leben beansprucht. Die B. sympathisiert mit den Erniedrigten und Beleidigten jeder Art. Die politisierenden Bohemiens favorisieren radikale Bewegungen, vertreten aber in der Regel individualistische oder ultraradikale Abweichungen von den organisierten Parteien und Massenbewegungen. Ihre stärkste Affinität haben sie zum *Anarchismus,* teils zu einer regressiven Ausprägung, die sich an der Idee der Zerstörung berauscht, caesaristische Übermenschen, Verbrecher, Terroristen und Barbaren zu literarischen Idolen erhebt, teils zu einem spiritualistisch-utopistischen Anarcho-Kommunismus mit humanistisch-pazifistischen, rousseauistischen und antiindustrialistischen Tendenzen.

Die Existenz der B. hat die Literatur bzw. die Künste stark beeinflußt, auch durch eigene Produktionen. Zwar kann man nicht von einem gemeinsamen Werkstil der B. sprechen; doch hat sie stilgeschichtliche Bedeutung bereits durch ihre Funktion als Knotenpunkt und Umschlagplatz von Ideen, besonders von neuen und extremen Ideen, als Resonanzraum und Ausstrahlungsfeld eigenwilliger oder revolutionärer Talente, als sozialer Nährboden für die jeweils avantgardistischen Tendenzen. Bezeichnenderweise setzen manche B.-Forscher historiographisch mit den »heftigen Diskussionen über die Werke Géricaults und Delacroix'« (Watson) oder – häufiger – mit der spektakulären ›Schlacht‹ um V. Hugos »Hernani« ein, dem lauten Paukenschlag vom 25. 2. 1836, mit dem der literarische → Avantgardismus in Frankreich sich die öffentliche Aufmerksamkeit eroberte. Die Namen von Rimbaud, Jarry, Satie und Apollinaire bezeugen seine fortdauernde Allianz mit der B. des Bürgerlichen Zeitalters.

Auch an der deutschen Ismenkette der Jahrhundertwende (mit → Naturalismus, → Impressionismus, → Neuromantik, → Expressionismus und → Dadaismus) hat die B. beträchtlichen Anteil. Manche Führer dieser Richtungen waren zugleich Mittelpunkt bohemischer Gruppen. So zählten z. B. Przybyszewski, Strindberg und Dehmel zur Kneipenboheme im Berliner »Schwarzen Ferkel«. Das »Café des Westens« war von 1896 an ein Hauptquartier des literarischen Lebens bis in den → Expressionismus hinein. Um bohemische Persönlichkeiten wie P. Altenberg, P. Hille, P. Scheerbart, O. E. Hartleben, E. Mühsam, O. Panizza, E. Lasker-Schüler u. a. m. flochten sich Anekdoten und Legenden in großer Zahl. In München, der Stadt des »Simplicissimus«, wirkten Wedekind und Franziska von Reventlow an der ›Emanzipation des Fleisches‹; die »Kosmiker« um George und Wolfskehl, Persönlichkeiten wie Klages, Schuler, Derleth spielten eine Rolle. O. Groß propagierte in der Boheme von München und Ascona, Wien und Berlin frühzeitig die Psychoanalyse (und auch den Narkotismus, der ihm selber zum Verhängnis wurde). Der Däne H. Drachmann sowie O. J. Bierbaum wirkten als literarische Pioniere eines künstlerischen *Kabaretts* nach Pariser Muster. Das »Überbrettl« E. von Wolzogens schlug die Bresche; die »Elf Scharfrichter« wurden für eine Reihe von Nachfolgern stilbestimmend.

Der Krieg erschwerte oder verwehrte vielen Bohemiens in Deutschland die Behauptung ihrer Einstellung und ihres Lebensstils. Die Revolution zog manche von ihnen in ihren Bann und stellte sie vorübergehend (so während der Münchner Räterevolution) in das Rampenlicht der politischen Geschichte. Die aktuellsten literarischen Richtungen definierten sich in den zwanziger Jahren allerdings weltanschaulich-politisch; die Gemeinsamkeit der Künstler oder Bohemiens trat zurück gegenüber der Zugehörigkeit zu den ideologischen Lagern. Die Tradition der Vorkriegsboheme wurde jedoch an Orten wie dem »Romanischen Café«, das das Erbe des »Cafés des Westens« angetreten hatte, fortgeführt, bis nach 1933 die sozialen Voraussetzungen für eine Boheme sukzessive schwanden. Unter den Exilautoren gab es zwar Kreisbildungen, die z. T. auch bohemische Züge hatten (Romane bzw. Erinnerungswerke von A. V. Thelen, O. M. Graf, H. Kesten, Irmgard Keun, Klaus Mann u. a. erzählen davon). Doch bestimmend war für sie nicht der Gegensatz Künstler-Gesellschaft oder Boheme-Bürgertum, sondern die gemeinsame Exilsituation und das Engagement für oder gegen den Faschismus. Das Jahrzehnt nach der Währungsreform, mit Restauration und Wirtschaftswunder, bildete allmählich in der Bundesrepublik, auch in Österreich, eine prosperierende bürgerliche Gesellschaft mit ausreichend liberalen Formen heraus, die das Komplementärphänomen einer B. erwarten ließ. Bohemische Gruppen oder Lokale etablierten sich u. a. in München, Berlin-Kreuzberg, Wien, Hamburg.

Kulturgeschichtlich relevant war der Einfluß der Pariser »*Existentialisten*«-B. auf junge Deutsche, »Exis«, die sich im Zeichen Sartres und bald auch schon der amerikanischen »Beat-Generation« in Jazz-Kellern trafen. Ein wichtiger Faktor der sechziger Jahre für die Ausbreitung bohemisch vorgeprägter Tendenzen über das Kunstmilieu hinaus war die breite Aufnahme kulturrevolutionärer Impulse aus Amerika, England und Holland (»Provos«) auch außerhalb der intellektuellen Subkultur. Die B. der *Beatniks* ging in den Vereinigten Staaten in die Massenbewegung der *Hippies* über, als Element einer rasch wachsenden Gegenkultur. Diese überlappte sich mit einer nonkonformistischen, schichtenspezifisch differenzierten Jugendkultur, die sich vor allem an den Kultfiguren und Massenidolen der neuen *Musikszene,* den Beatles, ihren Vorgängern und Nachfolgern im Bereich der Rockmusik und des Protestsongs, orientierte. Auch während und nach der Studentenbewegung behauptete sich die Tradition der älteren B. (bis hinein ins Filmmilieu Fassbinders und Achternbuschs); aber gegenwärtig ist sie nicht als begrenztes Künstlermilieu mit einer bürgerlichen Welt konfrontiert, sondern eingebunden in eine umfassendere *Alternativszene* mit Massenappeal. Diese erscheint so heterogen wie die historische B. der Jahrhundertwende – mit sektiererischer Religiosität, Agrarexperimenten, biozentrischer Lebensreform, künstlerischer Selbstverwirklichung, apolitischem Quietismus individueller Aussteiger, aber auch mit politischen Anarchismen und einander feindlichen Spielarten eines emotionalen Extremismus, im Übergang teils zur Xenophobie der Ultrarechten (bei Skinheads etwa), teils zum ultralinken Sympathisantentum des Untergrunds, in dessen politisch motiverte Gewaltaktionen sich auch Angehörige der literarisch-bohemischen Intelligenz verstrickten. Einblicke in bohemische Lebensläufe der ›westlichen‹ deutschen Literaturszene vermitteln autobiographische Texte des »März«-Verlegers Jörg Schröder (die »Folgen« von »Schröder erzählt«, 1990 ff.). Die im Westen stark beachtete Boheme des »Prenzlauer Bergs« in der ›östlichen‹ Literaturszene geriet nach der Vereinigung der beiden deutschen Staaten ins Zwielicht, als dominante Autoren dieses Milieus (Beispiel: der Berliner »Galrev«-Verleger Sascha Anderson) sich als frühere ›Stasi‹-Mitarbeiter (Informanten des DDR-Staatssicherheitsdienstes) entpuppten.

F. Martini: Stichworte Bohème, Chançon, Kabarett, Modern, die Moderne. In: Reallexikon der deutschen Literaturgeschichte. Hg. von Merker-Stammler, 2. Aufl., neu hg. von W. Kohlschmidt und W. Mohr. 1958 ff.

A. Churchill: The Improper Bohemians. A Re-Creation of Greenwich Village in its Heyday. New York 1959

L. Liapton: Die heiligen Barbaren. Düsseldorf 1960

F. J. Hoffmann, Ed.: Marginal Manners. The Variants of Bohemia. New York 1962

E. Easton: Artist and Writers in Paris. The Bohemian Idea 1803-1867. London 1964

C. Graña: Bohemian versus Bourgeois. French Society and the French Men of Letters in the 19th Century. London 1964

J. Gruen: The New Bohemia. New York 1966

P. Labracherie: La Vie quotidienne de la Bohème littéraire au XIXe siècle. Paris 1967

H. Kreuzer: Die Boheme Beiträge zu ihrer Beschreibung. Stuttgart 1968

J. Richardson: The Bohemians. La Vie de Bohème in Paris 1830-1914. London 1969

R. Miller: Bohemia, the Protoculture then and now. Chicago 1977

R. Schwendter: Theorie der Subkultur. Frankfurt a. M. ^{3}1978

R. Darnton: Bohème littéraire et révolution. Le monde des livres au XVIIe siècle. Paris 1983

W. Bucher/W. K. Pohl (Hrsg.): Schock und Schöpfung. Jugendästhetik im 20. Jahrhundert. Darmstadt/Neuwied 1986

H. Kreuzer: Bohemia(nism). In: D. W. Weber (Hrsg.): Idee, Gestalt, Geschichte. Festschrift Klaus von See. Odense 1988

Ch. Hennig: Die Entfesselung der Seele. Romantischer Individualismus in den deutschen Alternativkulturen. Frankfurt a. M. 1989

Helmut Kreuzer

Dada (Dadaismus)

DADA in Zürich – und mit ihm die ganze DADA-Bewegung überhaupt – begann als eine Art literarisches Kabarett; man hielt sich deshalb zunächst durchaus im Rahmen herkömmlicher ›Brettl‹-Kunst. Neben Wedekinds »Donnerwetterlied« und Mühsams »Revoluzzerlied« setzten jedoch Rezitationen nach expressionistischen Lyrikern wie van Hoddis, Lichtenstein oder Lasker-Schüler früh ein markantes Signet. Ein wichtiger literarischer Einfluß ging von den italienischen Futuristen aus, deren Wortführer Marinetti schon 1913 ein Manifest zur »Verherrlichung des Varietés« verfaßt hatte (→ Futurismus).

Bereits für Ende Februar 1916 notiert H. Ball in seinem Tagebuch »Die Flucht aus der Zeit«, ein »undefinierbarer Rausch« habe sich aller bemächtigt, das kleine Kabarett eskaliere zum »Tummelplatz verrückter Emotionen«. Huelsenbecks Pseudo-Negergedichte, seine mit einem Fitzestöckchen skandierten »Phantastischen Gebete« und das gemeinsam von R. Huelsenbeck, T. Tzara und M. Janco geschaffene ›poème simultan‹ sind akustische Poesie und leben aus der Vortragspose. Auch der Griff zur Maske, den Janco anregte, ist auf die theatralische Wirkung im Kabarettraum berechnet. In Balls Lautgedichten, die in der Schlußphase des ›Cabaret Voltaire‹ den Höhepunkt seiner künstlerischen Eskalation markieren, treffen sich beide Linien: Sie wurden vor Notenständern zelebriert; für die Premiere am Abend des 23. Juni 1916 hatte sich der Autor ein eigenes Papp-Kostüm konstruiert. Dem eigentlichen Vortrag hatte Ball »einige programmatische Worte« vorausgeschickt, in denen davon die Rede ist, daß diese »neue Gattung von Versen« als eine »Art Klanggedichte in Bausch und Bogen auf die durch den Journalismus verdorbene und unmöglich gewordene Sprache« verzichte und den Rückzug in die »innerste Alchimie des Wortes« angetreten habe.

Der Name DADA war zu diesem Zeitpunkt bereits gefunden. Wichtiger als die Klärung der Urheberschaft war und ist die der Wortfindung selber, die sich in den unterschiedlichen Versionen ähnelt; offensichtlich stieß man durch zufälliges Blättern in einem Wörterbuch oder Lexikon auf dieses treffende, weil jeden allzu direkten Sinn abwehrende Wort-Lautsignal. Das Prinzip des Zufalls, das sich auf diese Weise dokumentiert, wurde vor allem von Arp als »Zentralerlebnis von Dada« herausgestellt. Wörter, Schlagworte, Sätze, die er mit geschlossenen Augen aus Tageszeitungen und besonders aus ihren Inseraten wählte, bildeten 1917 die Fundamente seiner Gedichte, die er »Arpaden« nannte. Tristan Tzara ging später in dieser Richtung noch einen Schritt weiter und präsentierte derlei Zufallsarrangement als offene Publikumsdemonstration. Eine Art allererstes DADA-Manifest stellen in Balls Diarium die Eintragungen zum 12. Juni 1916 dar, in denen es etwa heißt: »Was wir Dada nennen, ist ein Narrenspiel aus dem Nichts, in das alle höheren Fragen verwickelt sind; eine Gladiatorengeste; ein Spiel mit den schäbigen Überbleibseln; eine Hinrichtung der posierten Moralität und Fülle«. – Allerdings zeigte das ›Cabaret‹ schon Mitte März 1916 erste Erschöpfungszustände. Gegen die »Barbarismen des Kabaretts« vom Vorjahr ging es in der am 29. März 1917 gegründeten ›Galerie Dada‹ darum, »eine kleine Gesellschaft von Menschen zu bilden, die sich gegenseitig stützen und kultivieren«. Die neuere Kunst sei sympathisch, heißt es; dementsprechend mutierte die Bestimmung für ›Dada‹ und ›Dadaist‹ zu: »Kindlicher, donquichottischer Mensch, der in Wortspiele und grammatikalische Figuren verwikkelt ist«. Diese Verschiebung in der Selbstdeutung ist deshalb von besonderer Bedeutung, weil sie in Balls Resümee zum Züricher DADAismus, dessen führender Kopf er war, wie im nachfolgenden allgemeinen Urteil entscheidendes Gewicht erhalten sollte.

Huelsenbeck kehrte Januar 1917 aus Zürich nach Berlin zurück und transferierte die Parole DADA, die hier allerdings erst ein Jahr später zünden sollte. Am neuen Ort, unter gewandelten Zeitverhältnissen – Ende des Weltkriegs, revolutionäre Erhebungen in Rußland und Deutschland etc. – gewann DADA eine neue, stark politische Kontur und eine daraus sich ableitende Aggressivität. F. Jung geht allerdings in seiner Autobiographie »Der Weg nach unten« (1961) von der rasch nachlassenden »motorischen Kraft« der politischen Revolution aus und sieht DADA quasi als Ersatzfunktion, »die Gesellschaft auf andere Weise zu treffen«. Huelsenbecks »Dadaistisches Manifest« von 1918 ist von allen wichtigen Züricher und Berliner DADAisten unterzeichnet. Wichtig ist die gemeinsame Abgrenzung gegen die »blutleere Abstraktion« des → Expressionismus und speziell auch gegen den → Futurismus, der wesentliche Forderungen der Zeit unerfüllt gelassen habe; für das DADAistische Gedicht ergeben sich dabei die folgenden Ausgangspunkte und Forderungen: »Das Wort Dada symbolisiert das primitivste Verhältnis zur umgebenden Wirklichkeit, mit dem Dadaismus tritt eine neue Realität in ihre Rechte. Das Leben erscheint als ein simultanes Gewirr von Geräuschen, Farben und geistigen Rhythmen, das in die dadaistische Kunst unbeirrt mit allen sensationellen Schreien und Fiebern seiner verwegensten Alltagspsyche und in seiner gesamten brutalen Realität übernommen wird«. Man fordert daher das ›bruitistische‹, ›simultanistische‹

oder ›statische‹ Gedicht und entwickelt die Techniken der → Collage und Photomontage.

Anders als DADA-Zürich zentrierte sich Berlin-DADA um kein literarisches Kabarett und keine feste Galerie; selbst der ›Club Dada‹, zu dem sich die Berliner DADAisten Anfang April 1918 zusammenschlossen, war nicht recht faßbar im Sinne einer konkreten Literatur- und Kunst-Institution: »Hier ist jeder Vorsitzender«, heißt es bezeichnenderweise im »Dadaistischen Manifest«. Provokativ erklärte man, kaum daß er die Republik ausgerufen hatte, Scheidemann zum ›Club Dada‹-Mitglied. Der ›Oberdada‹ J. Baader, der sich als Haupt einer kleinen religiösen Sekte schon »Präsident des Weltalls« nannte, ehe er, von den DADAisten entdeckt, als willkommene ›Fundperson‹ in die Bewegung hineingezogen wurde und durch spektakuläre Aktionen (z. B. Abwurf des Flugblattes »Die grüne Leiche« in der Weimarer Nationalversammlung) Aufsehen erregte, belegt diese ›offene Struktur‹ von anderer Seite.

Der Widerstand gegen den ›Geist von Weimar‹ war jedoch unter den Berliner DADAisten allgemein. Man sah in der Gründung der Republik keinen revolutionären Akt, sondern lediglich die Wiederkehr der alten Mächte unter neuem Etikett: den Sieg des Spießbürgertums mit seinen traditionellen Kulturwerten. In diesem Sinne spottete R. Hausmann in seinem »Pamphlet gegen die Weimarische Lebensauffassung«: »Ich bin nicht nur gegen den Geist des Potsdam – ich bin vor allem gegen Weimar«. Aus solcher Opposition heraus gewann DADA-Berlin seine scharfe satirische Kontur, so in den Zeitschriften ›Jedermann sein eigner Fußball‹, ›Die Pleite‹, ›Der Gegner‹ und ›Der blutige Ernst‹ bzw. den naiv-überrealistischen Karikaturen von G. Grosz oder in den sezierenden Photomontagen von J. Heartfield. Im »Auftrag des Zentralamts der deutschen Dada-Bewegung« gab Huelsenbeck 1920 den »Dada-Almanach« heraus; DADA-Tourneen führten die Berliner DADAisten nach Dresden und Leipzig, Teplitz-Schönau und Prag, wo es noch einmal zu ähnlich turbulenten Auftritten wie bei den ersten Berliner Veranstaltungen kam. Schließlich die ›Erste internationale Dada-Messe‹, veranstaltet von dem ›Dada-Marschall‹ Grosz, dem ›Dadasophen‹ Hausmann und dem ›Monteurdada‹ Heartfield in der Galerie Burchard mit Fotomontagen, Assemblagen und Plakaten, »die Alles übertrafen, was man bisher gesehen hatte« ... – und doch markierten diese Höhepunkte zugleich schon das Ende von DADA-Berlin! Die ›Messe‹ zog eine Anklage wegen »Beleidigung der Reichswehr« nach sich. Während im allgemeinen Jargon die Parole DADA zum billigen Schlagwort verkam, traten unter den DADAisten selbst unüberbrückbare Kontroversen auf: Von innen heraus trennten sich die ›formal-abstrakten‹ und ›politisch-konkreten‹ Komponenten, die bis dahin zusammengehalten und die – äußerst kreative – widersprüchliche Einheit von DADA-Berlin konstituiert hatten.

Nach dem Zerfall der Berliner DADA-Bewegung kam es zu einer engen Zusammenarbeit zwischen K. Schwitters und Hausmann, die nach dem Zweiten Weltkrieg noch einmal aufgenommen wurde und sogar zu einer gemeinsamen Publikation – »Pin and the Story of Pin« – führte. Beide unternahmen im September 1921 unterm Titel ›Merz und Antidada‹ eine gemeinsame Tournee nach Prag. In einem Akt der Demontage ist die Bezeichnung MERZ aus dem Wort ›Kommerz‹ gebildet: Die Art und Weise der Begriffsbildung ist nicht weniger charakteristisch als die von DADA. MERZ ist DADA und Anti-DADA zugleich. Gegen einen so von ihm getauften ‹Hülsendadaismus‹ setzte sich Schwitters mit seinem »Manifest Proletkunst« ab, das Holland-DADA Th. van Doesburg, Arp, Tzara und Chr. Spengemann mitunterzeichneten; in ihm bestritt er, daß Kunst an eine bestimmte ›Klasse‹ von Menschen gebunden sei und erklärte Bürgertum wie Proletariat zu einem ›Zustand‹, der überwunden werden müsse; für sich und seine Gruppe forderte er das »Gesamtkunstwerk, welches erhaben ist über alle Plakate, ob sie für Sekt, Dada oder Kommunistische Diktatur gemacht sind«. Hausmann und Schwitters trafen sich auch in der Wertschätzung des Nonsensicalischen und Absurden: »Mir tut der Unsinn leid, daß er bislang so selten künstlerisch geformt wurde, deshalb liebe ich Unsinn«. Programmatischen Charakter hatten neben der ›Ursonate‹ das reduktionistische ›i‹-Gedicht und die auf Zitate, Sprachfundstücke rekurrierenden ›Banalitäten‹.

Eine eigene DADA-Bewegung bildete sich zwischen Spätsommer 1919 und Frühjahr 1920 auch in Köln aus: Ihr gehörten ›dadamax‹ Max Ernst, J. Th. Baargeld (eigentl. Gruenwald) sowie Angelika und Heinrich Hoerle an. Die Gruppe beteiligte sich an der ›Ersten internationalen Dada-Messe‹ in Berlin; Schwitters verspottete man als »mehrheitsdada« und »Sturmpuben«. Die Zeitschrift ›schammade‹ dokumentiert die Verbindung zu den Pariser DADAisten. Ernst löste sich von Köln und schloß sich den Pariser Surrealisten an. DADA-Genf war im wesentlichen ein großer Bluff W. Serners, der zusammen mit Tzara im April 1919 im ›Saal zur Kaufleuten‹ die letzte und »größte aller Dada-Shows« in Zürich veranstaltete. Tzara wechselte Ende 1919 nach Paris, nahm hier enge Beziehungen zu A. Breton, L. Aragon, Ph. Soupault und G. Ribemont-Dessaignes auf und wurde am neuen Ort als Wortführer einer neuen DADA-Bewegung sofort zum »Mittelpunkt der Aufmerksamkeit der avantgardistischen Kreise«. Anfang Februar 1920 kam es als erster DADA-Großveranstaltung zu einer Vorlesung von DADA-Manifesten durch achtunddreißig Vortragende; ihr folgten andere Monstre-Unternehmungen mit Varieté-Charakter.

Aus New York, wo sich ab 1916 unabhängig von DADA-Zürich eine ganz ähnliche Kunst- bzw. Antikunst-Bewegung entwickelt hatte, kam Juli 1921 M. Ray nach Paris und schloß sich den dortigen DADAisten an; M. Duchamp, Erfinder der ›Ready-mades‹ und zusammen mit F. Picabia Herausgeber u. a. der Zeitschrift ›New York Dada‹, die 1921 in einer einzigen Nummer erschien, war schon 1919 kurz in Paris gewesen, kehrte 1923 zurück, hatte sich aber zu diesem Zeitpunkt bereits ganz von der Kunst abgewandt. Aufgrund von Kontroversen, die von unterschiedlichen Auffassungen über die DADA-Veranstaltungen ausgingen und in neuen Unternehmungen nur neuen Nährstoff fanden, spalteten sich die Mitglieder des Pariser DADAismus und befehdeten sich gegenseitig in wechselnden Konstellationen. Mit Breton war der Nachfolger präsent, der unter neuer Parole Tzara in der Führung der Pariser → Avantgarde ablösen sollte: »Am Ende einer zügellosen Auflösung entstand eine neue Disziplin in einer neuen Ordnung und eine auf ›positive‹ Ziele gerichtete Philosophie: Der Surrealismus«. Dieser → Surrealismus habe DADA gefressen, glossiert H. Richter in »Dada – Kunst und Antikunst« (1964), fährt aber fort: »Und da der Surrealismus einen guten Magen hatte, sind die Eigenschaften des Verschlungenen mit in den gekräftigten Körper des Überlebenden eingegangen. Gut so! Fest steht, daß Methode und Disziplin des Surrealismus wesentlich Bretons Werk sind. Er machte aus dem explosiven Dada im Surrealismus und auf rationaler Grundlage eine irrationale Kunstbewegung, die zwar Dada gänzlich übernahm, aber die Dada-Rebellion in einer strengen geistigen Disziplin kanonisierte.«

In DADA ist insgesamt der Versuch zu sehen, die grundlegenden Kategorien der → *Moderne* (Autonomieästhetik, künstlerischer Individualismus) mit einem Mittel der Moderne, nämlich mit extremer → Innovation, ad absurdum zu führen oder zu zerstören. Die Paradoxie der Bewegung, die Destruktion als kreatives Prinzip zu demonstrieren, diente der Überzeugung, die Antwort auf eine absurde, sich selbst zerfleischende Welt (1914-1918!) sei die Verbildlichung letzter, nackter Anarchie. In dieser Theorie der »Antwort« verbirgt sich freilich doch noch ein traditionelles ästhetisches Analogon-Denken. In literar- und kunsthistorischer Hinsicht markiert DADA in manchem die extremste Position der Moderne: durch Radikalismen der Negation, die sachlich nicht überboten werden können und die daher die gesamte spätere Produktion objektiv zum Rückzug zwingen.

R. Huelsenbeck (Hrsg.): Dada-Almanach. Berlin 1920
R. Motherwell (Ed.): The Dada Painters and Poets. New York 1951
G. Hugnet: L'Aventure Dada (1916-1922). Paris 1956
W. Verkauf (Hrsg.): Dada. Monographie einer Bewegung. Teufen 1957
R. Huelsenbeck (Hrsg.): Dada, Eine literarische Dokumentation. Hamburg 1964
H. Richter: Dada-Kunst und Antikunst. Köln 1964

M. Sanouillet: Dada à Paris. Paris 1965
M. Prosenc: Die Dadaisten in Zürich. Bonn 1967
R. Hausmann: Am Anfang war Dada. Steinbach/Gießen 1972
H. G. Kemper: Vom Expressionismus zum Dadaismus. Kronberg/Ts. 1974
A. Schwarz: Almanacco Dada. Mailand 1976.
H. Bergius, K. Riha (Hrsg.): Dada Berlin – Texte, Manifeste, Aktionen. Stuttgart 1977
V. Haas, S. Waetzoldt (Hrsg.): Tendenzen der Zwanziger Jahre. Berlin 1977.
St. Foster, R. E. Kuenzli (Eds.): dada spectrum, The dialectic of revolt. Madison u. Iowa 1979
R. Sheppard (Hrsg.): Dada. Studies of a Movement. Chalfont St. Giles 1980
W. Paulsen (Hrsg.): Sinn aus Unsinn, Dada International. Bern, München 1982
K. Riha (Hrsg.): 113 Dada-Gedichte. Berlin 1982. Neuaufl. 1992.
H. Bolliger, G. Magnaguagno, R. Meyer (Hrsg.): Dada in Zürich. Zürich 1985
R. E. Kuenzli (Hrsg.): New York Dada. New York 1986
Karl Riha: Tatü-Dada, Dada und nochmals Dada bis heute. Hofheim 1987
R. Schrott (Hrsg.): Dada 21/22, Eine Dokumentation über die beiden Dadajahre in Tirol. Innsbruck 1988
H. Bergius: Das Lachen Dadas, Die Berliner Dadaisten und ihre Aktionen. Gießen 1989
M. Dachy: The Dada Movement 1915–1923. New York 1990.
K. Schuhmann (Hrsg.): sankt ziegenzack springt aus dem ei; Texte, Bilder und Dokumente zum Dadaismus in Zürich, Berlin, Hannover und Köln. Leipzig und Weimar 1991
B. Pichon, K. Riha (Hrsg.): Dada New York, Von Rongwrong bis Ready-made. Hamburg 1991
W. Wende-Hohenberger, K. Riha (Hrsg.): Dada Zürich, Texte, Manifeste, Dokumente. Stuttgart 1992
K. Riha, W. Wende-Hohenberger: Dada Zürich. Stuttgart 1992
R. Schrott: Dada 15/25 – Post Scriptum oder die himmlischen Abenteuer des Hrn. Antipyrine. Eine Dokumentation der Dada-Bewegungen um Tristan Tzara von 1915 bis 1925 in Briefen, Manifesten, Texten und Bildern. Innsbruck 1992.

Karl Riha

Décadence

Der Begriff der D. gehört zu den typischen pejorativen Etiketten, welche der Literatur der → Moderne von ihren Kritikern verliehen, von ihren Repräsentanten und Apologeten aber zu positiven Termini umgewertet worden sind. Anders freilich als etwa der Terminus → Naturalismus hat der Begriff der D. seine ursprüngliche abwertende Bedeutung bis in die neuere Literaturgeschichtsschreibung nicht ganz von sich abstreifen können. Die negative Wertung des Phänomens der D. reicht von der akademisch-konservativen Kritik in Frankreich, schon vor der Mitte des 19. Jahrhunderts, über Pamphlete wie M. Nordaus verhängnisvoll-folgenreiches Buch »Entartung« (1892/93) bis zu der reaktionären, zumal völkischen, und marxistischen Polemik unseres Jahrhunderts. Erst die jüngste Forschung (zumindest außerhalb des dogmatischen marxistischen Bereichs) hat den Begriff der D. zum wertneutralen Terminus für eine Kunstrichtung objektiviert, die sich der Thematik des Verfalls im weitesten Sinne widmet.

Wie fast jede der großen literarischen Strömungen seit dem späten 18. Jahrhundert stellt die D. ein spezifisch modernes Phänomen dar, das freilich sein Paradigma in einer längst vergangenen Kulturepoche sucht. Wie die klassizistischen Literaturströmungen sich auf die griechische Antike, die romantischen auf das Mittelalter beziehen, so ist das Paradigma der D. – an deren moderner französischer Provenienz kein Zweifel besteht – die Kultur und Literatur der römischen Spätantike. Auf sie ist auch das ursprüngliche pejorative Etikett gemünzt.

Zwar ist der französische Begriff anfänglich auf verschiedene Epochen bezogen worden (so auf den Untergang des karolingischen Reichs), doch seit Montesquieus »Considérations sur les causes de la grandeur des Romains et de leur décadence« (1734) ist er unablöslich mit dem Verfall Roms verbunden. Bereits in Rousseaus epochemachendem »Discours« über die von der Akademie in Dijon gestellte Frage, ob die Wiederherstellung der Wissenschaften und Künste zur Verfeinerung der Sitten beigetragen habe (1750), wird die Literatur der römischen Hoch- und Spätantike als Symptom und Promotor des allgemeinen Verfalls denunziert.

Schon in der ersten Hälfte des 18. Jahrhunderts, vor allem in den Schriften von Montesquieu und Rousseau lagen also die Argumentationsmuster bereit, welche die Diskussion über die D. ein Jahrhundert später bestimmen sollten. Es ist kein Zufall, daß genau hundert Jahre nach Montesquieus »Betrachtungen über die Ursachen von Größe und Niedergang der Römer« D. Nisards zweibändige »Études de moeurs et de critique sur les poètes latins de la décadence« erschienen, welche in den nächsten Jahrzehnten wiederholt aufgelegt wurden. Der Grund, warum dieses gelehrte Opus weit lebhafter rezipiert wurde als bei Werken dieses Genres üblich, liegt nicht zuletzt in Nisards Parallelisierung der spätlateinischen Dichtung mit der romantischen Poesie seiner Zeit und Nation; hier wie da glaubt er die gleichen Dekadenzphänomene zu entdecken, als da sind: Überfeinerung, Faszination durch Verfallserscheinungen, Ausufern der Beschreibung auf Kosten der Erfindung, überspitzter Hang zum Detail und zur Nuance, die Tendenz zur Subtilität auf der einen Seite, zum Häßlichen, Perversen und Schockierenden auf der anderen, die manierierte Wort- und Bildwahl etc. Nisard vermeidet es, die Namen der zeitgenössischen Autoren zu nennen, auf die er anspielt, doch konnte der Leser der Zeit unschwer die Werke von Hugo, Vigny, Mérimée oder vor allem Gautier in den negativen Charakterisierungen der modernen ›Spätrömer‹ wiedererkennen. Die akademische Kritik eines Pontmartin u. a. hat Nisards Parallele zwischen römischer und moderner ›décadence‹ nachhaltig unterstützt und damit jene Opposition hervorgerufen, in deren Zuge die Wertungsvorzeichen des Phänomens wie des Begriffs vertauscht wurden.

Der entscheidende Anstoß dazu ging von Ch. Baudelaire aus, der 1857 (im Erscheinungsjahr der »Fleurs du Mal«) den zweiten Band seiner Poe-Übersetzungen mit »Notes nouvelles sur Edgar Poe« einleitet. Hier polemisiert er gegen die Türhüter der »klassischen Ästhetik«, welche sich der leeren Formel einer »littérature de décadence« bedienen, um eine ihnen mißliebige, aufgrund der Stoffwahl moralisch suspekte und als qualitativ minderwertig eingestufte Kunst zu bezeichnen. Baudelaire leugnet nicht eigentlich die stilistischen und inhaltlichen Befunde Nisards u. a., sondern eben nur ihre Bewertung als ›Literatur des Niedergangs‹. Die Exuberanz der Bilder, die Ausschöpfung aller sprachlichen und prosodischen Möglichkeiten, die Mittel der Überraschung und Pointierung etc. werden nun als legitime Möglichkeiten der modernen Poesie ausgegeben. Die Umwertung betrifft bei Baudelaire unmittelbar nur die ›dekadenten‹ Formen und Motive, erst ansatzweise den Begriff der D. selber. Ein Jahrzehnt später vollzieht Th. Gautier in seiner Einleitung zu den »Fleurs du Mal« endgültig die Umwertung des pejorativen Terminus, nennt den im Jahr zuvor verstorbenen Freund ausdrücklich einen »poète de décadence«. Damit ist der Weg bereitet für jene »Théorie de la décadence«, die P. Bourget fünfzehn Jahre später in seinen »Essais de psychologie contemporaine« entfalten wird. Seither wird ›décadent‹ geradezu zum Ehrentitel des ästhetizistischen Schriftstellers, obwohl Bourget selber die D. noch als beunruhigendes pathologisches Phänomen, als »maladie du siècle« gewertet hat, die er als Arzt am Krankenbett des Jahrhunderts heilen will. Doch nicht an den Moralisten, sondern an den – wie der Arzt von der Krankheit faszinierten – Psychologen Bourget hat sich die folgende Schriftstellergeneration gehalten.

»Décadent bedeutet für mich«, schreibt Valéry 1890: »äußerst verfeinerter Künstler, den eine kunstvolle Sprache gegen den Ansturm des Vulgären schützt.« Gegen das Vulgäre sowohl des modernen häßlichen Lebens, das von utilitaristischem Kalkül, von Macht und Profitgier, Arbeitsfanatismus und Fortschrittswahn, vom Primat der Ökonomie und der Technik geprägt ist, als auch der bürgerlich-konservativen Kunst und Kunstanschauung, die mit jenen Tendenzen ihren Frieden gemacht hat (während die D. sich hermetisch von ihnen abschirmt). D., das ist biologische Schwächung und nervöse Überfeinerung, müde, erkenntniskranke Skepsis gegenüber der vita activa und bis zur Perversität gesteigerte Reizempfänglichkeit, Schwächung der naiv-unmittelbaren Fähigkeit, ja des Willens zum Leben und Sympathie mit dem Tode – als Komplement und schmerzlicher Widerspruch zur banalen Alltagswirklichkeit. »Der Kosmos der Décadence war eine regelrechte verkehrte Welt, in der prinzipiell alle Werte der zeitgenössischen Gesellschaft umgepolt waren« (Koppen 1986: 617).

Baudelaire hat in seinem Traktat von 1857 das Phänomen der D. aus dem Zusammenhang eines zivilisationskritischen und fatalistischen Prozeßdenkens herausgelöst und geleugnet, daß sie der Ausdruck eines qualitativen Verfalls ist. Das Bild der auf- und untergehenden Sonne als herkömmliche Metapher des Entwicklungs- und Verfallsgesetzes der Kultur erhält bei ihm einen neuen Sinn: die moderne Poesie steht nicht im steilen weißen Licht der Mittagssonne (wie die klassische), sondern sie erglänzt in der Farbenfülle des »soleil agonisant«, der sterbenden Sonne. Diese wird Baudelaire zur Allegorie der »beladenen Seele« seiner Zeit, zum Zentralgestirn im Reiche der *künstlichen Paradiese.*

In seiner Polemik gegen die »klassische Ästhetik« wirkt noch einmal die *Querelle des Anciens et des Modernes* nach – mit einer deutlichen Parteinahme für die ›dekadente‹ Modernität gegenüber ›gesunder‹ Anciennität. Auch bei Nietzsche, der sich seit dem Erscheinen von Bourgets »Essais« 1883 intensiv mit dem D.-Phänomen befaßt hat, kehrt die ›Querelle‹ in Gestalt einer Auseinandersetzung zwischen klassischer und D.-Ästhetik wieder. Die Parteinahme für die letztere ist jedoch nicht so entschieden wie bei Baudelaire. Da Nietzsches Begriff des Klassischen durch die Einbeziehung des dionysisch-orgiastischen Elements die herkömmliche, akademisch domestizierte Verwendung jenes Begriffs gerade ausschließt, bewertet er das Phänomen der D. durchaus kritisch, ohne hinter die seit Baudelaire erreichte ästhetische Position zurückzufallen. Bei ihm verschränkt sich dialektisch die traditionelle negative Sicht der D. mit ihrer positiven Umwertung. Im »Epilog« seiner Streitschrift »Der Fall Wagner« (1888), welcher für ihn das Paradigma der D. schlechthin ist, bemerkt er, jede Zeit habe »in ihrem Maß von Kraft ein Maß auch dafür, welche Tugenden ihr erlaubt, welche ihr verboten sind«. Je nachdem, ob zu einer Zeit das »aufsteigende« oder das »niedergehende Leben« dominiere, seien klassische oder D.-Normen maßgebend. »Die Ästhetik ist unablöslich an diese biologischen Voraussetzungen gebunden: es gibt eine *décadence*-Ästhetik, es gibt eine *klassische* Ästhetik, – ein ›Schönes an sich‹ ist ein Hirngespinst, wie der ganze Idealismus.« Vom Standpunkt der »Physiologie« aus, welche für ihn die Grundlage der Moral wie der Ästhetik ist, kommt Nietzsche mit seiner Leugnung des »Schönen an sich« der Position nahe, auf welche sich die ›Anciens‹ und ›Modernes‹ am Ausgang des 17. Jahrhunderts einpendelten: der These nämlich vom »beau relatif« gegenüber der »beauté universelle«, welch letztere in ihrer Geltung für die Wertung literarischer Erscheinungen hinter den Schönheitsnormen, die sich aus den Sitten der jeweiligen Zeit ergeben, zurücktritt.

In einem undatierten Brief an C. Fuchs (Mitte April 1886?) beschreibt Nietzsche, unmittelbar von Bourgets Baudelaire-Essay beeinflußt, den Stil der D. als Aufhebung der formalen Einheit durch die Dominanz der Einzelreize, durch das Prinzip der *Dekomposition.* Der Maßstab der klassischen Ästhetik ist unverkennbar; doch dann betont Nietzsche: »Das aber ist décadence, ein Wort, das, wie sich unter uns von selbst versteht, nicht verwerfen, sondern nur bezeichnen soll.« Nietzsche hat sich selber an diesen Gebrauch des Wortes D. im Sinne eines wertneutralen Stilbegriffs in der Regel freilich nicht gehalten.

Das intrikate, zwischen Affirmation und Negation schwankende Verhältnis Nietzsches zur D. ist von ihm selbst immer wieder pointiert worden, so im »Vorwort« zum »Fall Wagner«: »Ich bin so gut wie Wagner das Kind dieser Zeit, will sagen ein *décadent:* nur daß ich das begriff, nur daß ich mich dagegen wehrte.« Das D.-Bewußtsein ist ein sentimentalisches Bewußtsein: es schließt das Gefühl für das, was fehlt: Kraft des Willens, der Nerven und des Körpers, und das Bedürfnis nach Gesundung ein. Bei keinem der bedeutenden Autoren der D. – das hat vor allem W. Rasch (1986) beschrieben – fehlt dieses Insuffizienzgefühl, es ist geradezu ein dialektischer Bestandteil ihres Begriffs. Auch Nietzsche gehört zu dem von Th. Mann in seinen »Betrachtungen eines Unpolitischen« (1918) beschriebenen, »über ganz Europa verbreiteten Geschlecht von Schriftstellern« – Mann zählt sich ihm selbst zu –, »die aus der Décadence kommend, zu Chronisten und Analytikern der Décadence bestellt, gleichzeitig den emanzipatorischen Willen zur Absage an sie – sagen wir pessimistisch: die Velleität dieser Absage im Herzen tragen und mit der Überwindung von Décadence und Nihilismus wenigstens *experimentieren.*«

Ein solches ›Experiment‹ mit der Überwindung der D. stellt auch Nietzsches Philosophie des dionysischen und des Willens zur Macht dar. In Frankreich manifestiert sich der Abwehrimpuls gegen die eigene D. in der Serie der Konversionen zur katholischen Kirche, wie sie etwa Huysmans oder Bourget vollzogen, in einer Wendung zu Nationalismus (M. Barrès) oder kriegerischem Aktionismus (D'Annunzio), zum Kultus der Gewalt. Die spätere Verführungskraft des Faschismus auf manche Schriftsteller, die aus der D. kommen, ist nichts anderes als ein Umschlagsphänomen derselben. Andere Autoren wählen als Weg der Überwindung der D. eine ethische Neuorientierung ihres Lebens und Werks oder die Bindung an eine verpflichtende kulturelle → Tradition (Hofmannsthal).

Die Ambivalenz oder Dialektik der D., das zwiespältige Verhältnis gerade der bedeutenden Autoren zu ihr macht sie als literarische Strömung schwer faßbar. Die D. »widersetzt sich der strikten zeitlichen Einordnung und Periodisierung, und sie widerstrebt auch dem Versuch, bestimmte Autoren auf sie festzulegen« (Rasch 1986: 12). Als ›Schule‹ ist die D. eher ein weitverbreitetes trivialliterarisches Phänomen oder eine Mode (*Bas-Décadence*). Einer ihrer einflußreichsten Propagandisten in Frankreich ist A. Baju (»L'école décadente«, 1887), der um sich eine Gruppe versammelte, die sich den Namen ›Les décadents‹ gab und eine Zeitschrift »Le décadent« (1886-89) herausgab, welche sich als Oppositionsbewegung gegen den → Naturalismus, seine ästhetischen und politischen (demokratischen) Tendenzen verstand. In ihrem Umkreis bildete sich auch jene modische ›aristokratische‹ Blasiertheit und arrogante Attitude heraus, welche den D.-Kritikern zum willkommenen Anlaß diente, das ganze Phänomen der D. überhaupt in Mißkredit zu bringen.

Sieht man von der modischen *école décadente* nach 1880 ab, läßt sich die D. zeitlich kaum begrenzen. Sie ist eine späte Erscheinungsform jener *Melancholie*-Epidemien, wie sie Empfindsamkeits- und Wertherfieber des späten 18. Jahrhunderts und der *Weltschmerz,* ›ennui‹ der nachidealistischen Epoche (Byron, Schopenhauer, der frühe Wagner) darstellen. Die erste polemische Auseinandersetzung mit der D. (Nisard) richtet sich noch gegen die französische Romantik, ihre positive Bestimmung (Baudelaire) stammt aus einer Zeit, als es erst Wegbereiter dieser Richtung (Baudelaire selber, Gautier, Flaubert) gab, und sie wirkt über ihren Kulminationspunkt im späten 19. Jahrhundert weit hinaus, im Werk etwa von Gide und Valéry, Th. Mann und E. Jünger bis mitten ins 20. Jahrhundert.

Eine sinnvolle Beschreibung der D. hat von der Tatsache auszugehen, daß sie weniger ein Form- als ein Inhaltsphänomen ist. Die früher übliche Zuordnung des → Symbolismus zur D. greift zu kurz, auch wenn es unzweifelhaft symbolistische Gedichte mit ›dekadenter‹ Thematik gibt. Auf der anderen Seite läßt sich jedoch auch im naturalistischen Roman des von den Dekadenten bekämpften Zola unverkennbar das Motivarsenal der D. finden (zu der Zola sich wiederholt bekannt hat). Und Huysmans Roman *À rebours* (1884), von den Zeitgenossen »als Brevier, ja als Enzyklopädie der Décadence erkannt« (Fischer 1984: 572), steht in seiner Deskription dekadenter Charaktere, Lebensformen und Zustände dem Naturalismus Zolascher Provenienz stilmäßig näher, als die Opposition der D. gegen ihn vermuten läßt. Und Th. Mann hat seinen ganz von der D.-Thematik geprägten Roman »Buddenbrooks. Verfall einer Familie« (1901) – der auf den paradigmatischen dänischen D.-Roman »Haabløse slaegter« (Hoffnungslose Geschlechter, 1880) von H. Bang und die französischen D.-Romane zurückweist, welche eine Familien- und Sippendämmerung zum Thema haben (Bourges, Mendès u. a.) – als »vielleicht ersten und einzigen naturalistischen Roman« in Deutschland bezeichnet.

Eine spezifische Gattungspoetik der D. läßt sich nur in Ansätzen nachweisen. Obwohl es auch ›dekadente‹ Lyrik (Verlaine) und Dramatik (Maeterlinck, Wilde) gibt, hat sich die D. doch vor allem in der Prosa heimisch gefühlt. Ihre Innovationen waren weniger formaler als stofflicher Art: die Darstellung von Verfall, biologischem Niedergang bei gegenläufiger Spiritualisierung und ästhetischer Sensibilisierung, von Krankheit und Tod, die Faszination durch das Grauen, durch die Welt der Artefakte, der Edelsteine und Edelmetalle, künstlichen Gärten und Treibhäuser, die Suche nach den mondänen Reizen der Großstadt bei gleichzeitiger Naturfeindschaft. Letztere bezieht sich auch auf die biologische Funktion der Liebe, der – d. h. dem Zeugen und Gebären – die *dekadente Erotik* in all ihren Erscheinungsformen sich widersetzt. Sie ist geprägt durch Bindungsscheu und Episodenhaftigkeit, bewußte Suche nach dem Sündhaften und Verruchten (Inzestthematik), die Aufwertung, ja Heiligung der Kurtisane und Kokotte, die Faszination durch den Frauentypus, der gegen die Fortpflanzungsfunktion der Erotik aufbegehrt: die mörderisch-grausame *femme fatale,* »Madonna Verderberin« (H. Mann, »Die Göttinnen«, 1902), und ihre mythischen Urbilder (Sphinx und Mänade, Herodias-Salome und Dalila sowie ihre modernen Varianten Carmen und Lulu) auf der einen, die nicht selten schwindsüchtige *femme fragile* und die *femme enfant* auf der anderen Seite. Hinzu kommt die Sympathie für den aller zeugend-gebärenden Geschlechtlichkeit entzogenen *Androgyn* und – aus dem gleichen Grunde – die Neigung zur Homoerotik bei vielen Décadents.

D. nicht nur als literarische Tendenz, sondern als Lebenshaltung bringt den Typus des *Dandy* hervor, mit dem sich der Décadent weitgehend identifizieren läßt; der Dandysme, wie er zumal von Barbey d'Aurevilly und Baudelaire definiert, am faszinierendsten von Wilde verkörpert und in seinem Roman »The Picture of Dorian Gray« (1890) dargestellt wurde, ist ein gegen die demokratische Nivellierung aufbegehrender ästhetischer Aristokratismus, der sich in erlesener Kleidung, künstlich stilisiertem, auf Abgrenzung von der Menge bedachtem Gebaren und in ständiger Selbstinszenierung manifestiert. Dem Dandy treten zur Seite: der *Dilettant,* der von der »Lust am geistigen Anschmecken« (Nietzsche) geprägt ist, ohne sich einem der Bereiche, denen er sein Interesse zuwendet, wirklich zu verpflichten, und der *Flaneur,* der in den Straßen der Großstadt wandelt, ihre vielfältigen Reize in sich aufnimmt, ohne sich zu engagieren, d. h. aus der Distanz des ›interesselosen‹ ästhetischen Beobachters herauszutreten.

Zu den merkwürdigsten Konstanten vor allem der französischen, aber auch der italienischen, englischen und – in sehr viel geringerem Maße – der deutschen D. gehört das von E. Koppen so genannte Phänomen des *Dekadenten Wagnerismus.* Er ist bezeichnenderweise durch den gleichen Autor initiiert worden, auf den auch die Umwertung der D. zurückgeht: Baudelaire. Für die französische Literatur des späten 19. und frühen 20. Jahrhunderts hat Wagner ungefähr die gleiche epochale Rolle gespielt wie Shakespeare für die deutsche Literatur der Goethezeit. Allein sein Tod in der Verfallsstadt Venedig, der mythischen Metropole der D., hat die Phantasie der Autoren stets von neuem erregt (vgl. Barrès, »La mort de Venise«, 1902; Th. Mann, »Der Tod in Venedig«, 1912). Die Affinität zwischen der artistischen »délicatesse«, Nuancenkunst und »psychologischen Morbidität« Wagners und der D. ist am hellsichtigsten von Nietzsche, dem freilich das ganze Ausmaß des französischen ›Wagnérisme‹ noch kaum bekannt war, und, an ihn anknüpfend, von Th. Mann analysiert worden. Daß die ›dekadente‹ Wagner-Rezeption Einzelmomente seines Werks (Weltschmerz des »Fliegenden Holländers«, Tannhäuser im ›künstlichen Paradies‹ des Venusbergs, Inzestthematik der »Walküre«, antibürgerlich-›sündhafte‹ Liebesemphase des »Tristan«, Kundry als Variante des mythischen Typus der femme fatale und heiligen Hure etc.) auf Kosten der Gesamtintention seines Werks isoliert hat, ist nicht zu verkennen. Gleichwohl bildet der dekadente Wagnerismus von Baudelaires Essay »Richard Wagner et ›Tannhäuser‹ à Paris« (1861) über D'Annunzios Romane (»Trionfo della morte«, 1894; »Il fuoco«, 1900) bis zu Th. Manns Wagner-Novellen und -Essays (1897-1951) einen wesentlichen Kontrapunkt zu der völkischen Vereinnahmung Wagners in Deutschland, welche die Verfallsthematik und ihre nervösen Ausdrucksmittel in seinem Werk verleugnet hat.

F. Martini: Dekadenzdichtung. In: Reallexikon der dt. Literaturgeschichte. Bd. I. Berlin 1958

O. Mann: Der moderne Dandy, ein Kulturproblem des 19. Jahrhunderts. Heidelberg ²1962

K. W. Swart: The sense of decadence in nineteenth-century France. The Hague 1964

K. Beckson (Ed.): Aestetics and decadents of the 1890's. New York 1966

E. Gioanola: Il decadentismo. Rom 1972

E. Koppen: Dekadenter Wagnerismus. Studien zur europäischen Literatur des Fin de siècle. Berlin und New York 1973

R. Bauer u. a. (Hrsg.): Fin de siècle. Zu Literatur und Kunst der Jahrhundertwende. Frankfurt a. M. 1977

K. H. Bohrer: Ästhetik des Schreckens. München 1978

R. Bauer: Das Treibhaus oder der Garten des Bösen. Wiesbaden 1979

U. Horstmann: Ästhetizismus und Dekadenz. Zum Paradigmakonflikt in der englischen Literaturtheorie des späten 19. Jahrhunderts. München 1980

V. Žmegač (Hrsg.): Deutsche Literatur der Jahrhundertwende. Königstein/Ts. 1981

M. Pfister u. B. Schulte-Middelich (Hrsg.): Die ›Nineties‹. Das englische Fin de siècle zwischen Dekadenz und Sozialkritik. München 1983

D. Borchmeyer: Nietzsches Wagner-Kritik und die Dialektik der Décadence. In: R. Wagner 1883-1983. Ges. Beiträge des Salzburger Symposions. Stuttgart 1984

J. M. Fischer: Décadence. In: Propyläen Geschichte der Literatur. Bd. V. Frankfurt a. M. 1984

A. Aurnhammer: Androgynie. Studien zu einem Motiv in der europäischen Literatur. Köln 1986

E. Koppen: Der Wagnerismus – Begriff und Phänomen. In: U. Müller/P. Wapnewski (Hrsg.): Richard-Wagner-Handbuch. Stuttgart 1986

M. Pfister: Oskar Wilde, »The Picture of Dorian Gray«. München 1986

W. Rasch: Die literarische Décadence um 1900. München 1986

H. Gnüg: Kult der Kälte. Der klassische Dandy im Spiegel der Weltliteratur. Stuttgart 1988

H. Eilert: Das Kunstzitat in der erzählenden Dichtung. Studien zur Literatur um 1900. Stuttgart 1991

D. Kafitz (Hrsg.): Dekadenz in Deutschland. Beiträge zur Erforschung der Romanliteratur um die Jahrhundertwende. Frankfurt a. M. 1987

M. Pfister (Hrsg.): Die Modernisierung des Ich. Studien zur Subjektkonstitution in der Vor- und Frühmoderne. Passau 1989 [Darin bes.: *U. Schulz-Buschhaus:* Bourget und die ›multiplicité du moi‹ / *D. Borchmeyer:* Nietzsches Begriff der Décadence]

Dieter Borchmeyer

Detektivliteratur

Das Verbrechen hat die Verfasser und Leser von Literatur seit altersher fasziniert, und kaum eine literarische Gattung hat sich dieser Faszination entziehen können. So hat die abendländische Tragödie immer wieder von Kapitalverbrechen gehandelt – vom Vatermord in Sophokles' »Oedipus« über die Königsmorde in Shakespeares Tragödien bis hin zu Schillers »Räubern« und T. S. Eliots »Murder in the Cathedral«. Der Novelle bot sich das Verbrechen in besonderem Maße als »sich ereignete unerhörte Begebenheit« (Goethe) an, wie z.B. in Schillers »Der Verbrecher aus verlorener Ehre«, E. T. A. Hoffmanns »Das Fräulein von Scudéri oder Annette von Droste-Hülshoffs »Die Judenbuche«. Und auch der Roman hat das Verbrechen immer wieder zu seinem Gegenstand gemacht – wie etwa in Fieldings »The History of Jonathan Wild the Great«, in Dickens' »The Mystery of Edwin Drood«, in Dostojewskis »Schuld und Sühne« oder in Döblins »Berlin Alexanderplatz«. Erst recht hat die Volks- und Trivialliteratur seit jeher spektakuläre Verbrechen behandelt, so z. B. in den englischen Volksballaden vom Räuberhauptmann Robin Hood, in den »broadsheets« des 17. und 18. Jahrhunderts, in Trivialromanen wie »Rinaldo Rinaldini« von Ch. Vulpius und der englischen »Newgate novel« im 19. Jahrhundert, in den Kriminalerzählungen der deutschen und englischen Familienzeitschriften im 19. Jahrhundert bis hin zu den Groschenheften der Gegenwart. Auch außerhalb der Literatur im engeren Sinn ist das Verbrechen ein bevorzugtes Thema: Hier sind zum einen andere Medien wie etwa das Fernsehen mit einen Kriminalserien zu nennen und zum anderen Berichte über authentische Verbrechen, die oft zwischen fiktionaler Prosa und Sachprosa stehen, wie etwa die Sammlung solcher Fälle in den »Causes célèbres et intéressantes« (1734 ff.) des französischen Rechtsgelehrten Pitaval und in ihrer deutschen Nachahmung »Der neue Pitaval« (1842 ff.) von Hitzig und Häring. *Kriminalliteratur* ist daher ein sehr weiter Begriff, der nichts über die Form eines Textes aussagt und der in erster Linie der Stoffgeschichte zuzuordnen ist.

Dies ist anders bei der sog. Detektivliteratur. Sie basiert auf einem lange Zeit gleichbleibenden Strukturmuster, das in der → Kurzgeschichte am reinsten ausgeprägt ist, aber auch dem Detektivroman und entsprechenden Bühnenstücken zugrunde liegen kann. Während die Kriminalliteratur die verschiedensten Verbrechen zum Gegenstand hat, bevorzugt die D. den Mord, und zwar den rätselhaften Mord, der erst am Schluß enträtselt wird. In der Kriminalliteratur steht oft der Verbrecher im Mittelpunkt, und das wachsende Interesse an Verbrechenserzählungen im 18. Jahrhundert ist nicht zuletzt auf ein gesteigertes Interesse an der Psychologie des Verbrechers und an der gesellschaftlichen Bedingtheit des Verbrechens, oft verbunden mit einem Streben nach sozialer Reform, zurückzuführen. Der Protagonist der D. ist dagegen der Detektiv; und da dieser in der Regel erst am Ende die Identität des Mörders enthüllt, hat die D. kaum die Möglichkeit, die psychischen und sozialen Ursachen des Verbrechens zu analysieren. Daraus ergibt sich für die Struktur der D.: Die Kriminalliteratur »erzählt die Geschichte eines Verbrechens«, die D. »die Geschichte der Aufklärung eines Verbrechens« (Alewyn in Vogt: 1971; 375).

Während die Kriminalliteratur international ist, hat die D. nicht nur in England und den USA ihre besten Ausprägungen gefunden, sondern ist auch angelsächsischen Ursprungs. Man hat zwar verschiedene Vorläufer der D. ausfindig gemacht – vom »Oedipus« des Sophokles bis hin zu E. T. A. Hoffmanns »Das Fräulein von Scudéri«, aber die eigentliche Geburtsstunde der D. schlug erst in den vierziger Jahren des 19. Jahrhunderts, als E. A. Poe seine drei Kurzgeschichten über den Amateurdetektiv Auguste Dupin veröffentlichte. Schon in der ersten seiner Erzählungen, »The Murders in the Rue Morgue« (1841), ist das Strukturmodell der Gattung in reiner Form vorhanden: der Einbruch des Irrationalen in die geordnete bürgerliche Alltagswelt in der Form des rätselhaften Mordes, die Fahndung des genialen Detektivs nach dem Mörder und am Schluß der Triumph der Rationalität bei der Enträtselung des Mordes. Der Schotte Conan Doyle schuf dann nicht nur seinen Amateurdetektiv Sherlock Holmes nach dem Vorbild von Poes Dupin, sondern übernahm auch das Strukturmodell der Gattung nahezu unverändert und machte in seinen Romanen (z. B. »A Study in Scarlet«, 1887) und in zahlreichen Kurzgeschichten aus der D. eine Form der Massenliteratur mit Markenartikelcharakter. Zahlreiche weitere britische und bald auch amerikanische Autoren knüpften an dieses Strukturmodell an, schufen immer neue Variationen der Figur des genialen Detektivs (z. B. A. Christies Hercule Poirot und Miss Marple, D. Sayers' Lord Peter Wimsey, G. K. Chestertons Father Brown) und immer neue Variationen des verrätselten Mordes. Ihren Kurzgeschichten und Dramen (besonders erfolgreich: Christie, »The Mousetrap«, 1952) legten sie durchweg das gleiche Strukturmodell zugrunde. Sie fanden bald auch eine breite, allerdings wohl eher auf die Gebildeten beschränkte internationale Leserschaft und bis zum heutigen Tag auch immer wieder Nachahmer in den verschiedensten Ländern.

Die klassische D. zeichnet sich durch eine bis ins Detail durchdachte Struktur, durch Intellektualität und durch das Vermögen aus, innerhalb festgelegter Spielregeln immer neue Variationen zu erfinden. (Die äußerst erfolgreichen »thrillers« von E. Wallace folgen diesesn Spielregeln nur teilweise und stehen dem Abenteuerroman näher.) Aber sie mußte dafür einen hohen Preis zahlen. Mit dem wirklichen Verbrechen und wirklicher Polizeiarbeit hat sie wenig zu tun; statt gesellschaftliche Veränderungen zu reflektieren, spielt sie meistens in der heilen Welt von gestern; und den literarischen Innovationen und Experimenten der → Moderne hat sie sich völlig verschlossen. Suerbaum spricht daher vom »gefesselten Detektivroman« (Suerbaum in Vogt: 1971; 437-456). Gleichwohl ist immer wieder versucht worden, diese Fesseln der klassischen D. zu durchbrechen.

So haben in den USA die Autoren der sog. »hard-boiled school«, u. a. Hammett und Chandler, das Gangstertum und die Prohibition der Zeit zwischen den Weltkriegen zum Hintergrund ihrer Romane gewählt; physische Handlung und der Zufall gewinnen in ihren Romanen an Bedeutung; und ihr Erzählstil läßt eine gewisse Nähe zum amerikanischen Roman der Höhenkammliteratur ihrer Zeit (insbesondere zu Hemingway) erkennen. Bei Autoren wie z. B. Spillane degenerierte diese Form jedoch bald.

Andere Autoren setzten an die Stelle des von Poe bis zu Hammett und Chandler üblichen Privatdetektivs den Polizisten und bemühten sich zugleich um eine psychologische Vertiefung und gesellschaftliche Aktualisierung der Gattung, ohne das herkömmliche Strukturmuster Mordrätsel – Fahndung – Aufklärung aufzugeben. Zu den wenigen Autoren, denen dies gelang, gehören der Belgier G. Simenon mit seinen zahlreichen Romanen sowie das schwedische Autorenpaar Sjöwall und Wahlöö mit ihrer sozialkritischen Variante der D.

Wiederum andere Autoren verzichteten auf die entscheidende Prämisse der Gattung, auf den Detektiv als Zentralfigur, und erzählten ihre Geschichten statt dessen aus der Perspektive des vom Täter bedrohten Opfers (z. B. das französische Autorenteam Boileau und Narcejac) oder des von der Polizei verfolgten Täters (z. B. Patricia Highsmith in ihren Ripley-Romanen). Dadurch erhöhten sie nicht nur die Spannung ihrer Romane, sondern führten die D. wieder in die Nähe zur Kriminalliteratur, aus der sie sich im 19. Jahrhundert herausgelöst hatte. (Vgl. dazu Symons 1972).

Literarische Werke, in deren Mittelpunkt ein Verbrechen steht, gab es seit langem sowohl im Bereich der Höhenkamm- als auch der Trivialliteratur; und dabei haben sich diese Bereiche häufig gegenseitig befruchtet: Autoren wie Defoe, Fielding und Dickens ließen sich von der trivialen Kriminalliteratur ihrer Zeit anregen, während umgekehrt der englische Schauerroman (»Gothic novel«) bald auf das Niveau der Trivialliteratur absank. Eine solche Osmose zwischen D. und Höhenkammliteratur hat es dagegen selten gegeben, und die D. führte lange Zeit eine literarische Ghetto-Existenz.

Dies hat sich in der sog. → Postmoderne in stärkerem Maße geändert. Dabei stehen D. und Postmoderne eigentlich in einem Gegensatz. Während sich die Annäherung von → Science Fiction und Literatur der Postmoderne aus einer Wesensverwandtschaft beider Bereiche, aus einer gemeinsamen Abkehr von der Abbildung der wirklichen Welt und einer Hinwendung zur Erfindung möglicher Welten, erklärt, basiert die D. auf der Prämisse von der rationalen Struktur der Wirklichkeit, die daher durch den menschlichen Verstand – durch die Deduktionen des Detektivs – erkannt werden kann; die Postmoderne gründet dagegen auf der Prämisse, daß die Wirklichkeit unerkennbar und sprachlich nicht abbildbar ist. Zahlreiche Autoren wählten seit den fünfziger Jahren gerade die Form der D., um sie zu dekonstruieren und den ihr zugrunde liegenden Erkenntnisanspruch ad absurdum zu führen. Diese *Dekonstruktion* kann auf unterschiedlich radikale Weise erfolgen. Eine gemäßigte Variante läßt den Detektiv das Mordrätsel im Prinzip durch seinen Verstand lösen, verhindert dann aber durch das Eingreifen des Zufalls oder äußere Gewalt, daß er den Täter dingfest macht und die gestörte Ordnung wiederherstellt (z. B. Dürrenmatt, »Das Versprechen«, 1958; Sciascia, »Il giorno della civetta«, 1961; Eco, »Il nome della rosa«, 1980). Eine radikalere Dekonstruktion der D. erfolgt in solchen Texten, in denen das rätselhafte Verbrechen nicht mehr enträtselt werden kann und in denen sich die Wirklichkeit zunehmend als ein Labyrinth enthüllt, in dem es nicht einmal für den Detektiv einen Ariadnefaden gibt (z. B. Robbe-Grillet, »Les gommes«, 1953; Butor, »L'emploi du temps«, 1956; Pynchon, »The Crying of Lot 49«, 1966; Fowles, »Enigma«, 1974). Schließlich kann der Kriminalfall sogar zum Symbol für die labyrinthische Struktur des Texts werden, welche dem Leser zur Entschlüsselung aufgegeben ist (z. B. Nabokov, »Pale Fire«, 1962; Handke, »Der Hausierer«, 1967; vgl. dazu Tani 1984). Diese und andere postmoderne Dekonstruktionen der D. entfernen sich weit von deren konventionellen Spielregeln; aber auch die triviale D. der heutigen Zeit zeigt eine wachsende Neigung zu Experimenten und Konventionsdurchbrechungen.

P. Boileau und Th. Narcejac: Le roman policier [1964], deutsch: Der Detektivroman, übers. W. Promies. Neuwied 1967

O. A. Hagen: Who Done It? A Guide to Detective, Mystery and Suspense Fiction. New York 1969

J. Vogt (Hrsg.): Der Kriminalroman. Zur Theorie und Geschichte einer Gattung. 2 Bde. München 1971

V. Žmegač (Hrsg.): Der wohltemperierte Mord. Zur Theorie und Geschichte des Detektivromans. Frankfurt a. M. 1971

J. Symons: Bloody Murder. From the Detective Story to the Crime Novel: A History. London 1972

P. G. Buchloh und J. P. Becker: Der Detektivroman. Studien zur Geschichte und Form der englischen und amerikanischen Detektivliteratur. Darmstadt 1973

U. Schulz-Buschhaus: Formen und Ideologien des Kriminalromans. Frankfurt a. M. 1975

U. Broich: Der »entfesselte« Detektivroman. In ders.: Gattungen des modernen englischen Romans. Wiesbaden 1975

I. Ousby: Bloodhounds of Heaven. The Detective in English Fiction from Godwin to Doyle. Cambridge, Mass./London 1976

J. Schönert (Hrsg.): Literatur und Kriminalität. Die gesellschaftliche Erfahrung von Verbrechen und Strafverfolgung als Gegenstand des Erzählens. Deutschland, England und Frankreich 1850-1880. Tübingen 1983

U. Suerbaum: Krimi. Eine Analyse der Gattung. Stuttgart 1984

St. Tani: The Doomed Detective. The Contribution of the Detective Novel to Postmodern American and Italian Fiction. Carbondale/Edwardsville 1984

A. Maack: Metamorphosen des Kriminalromans. In dies.: Der experimentelle englische Roman der Gegenwart. Darmstadt 1984

E. Mandel: Ein schöner Mord. Sozialgeschichte des Kriminalromans. Frankfurt a. M. 1987

J. Schönert (Hrsg.): Erzählte Kriminalität. Zur Typologie und Funktion von narrativen Darstellungen in Strafrechtspflege, Publizistik und Literatur zwischen 1770 und 1920. Tübingen 1989

I. A. Bell (Hrsg.): Watching the Detectives. Essays on Crime Fiction. London 1990

M. Priestman: Detective Fiction and Literature. The Figure on the Carpet. London 1990

P. Drexler: Literatur, Recht, Kriminalität. Untersuchungen zur Vorgeschichte des englischen Detektivromans 1830-1890. Frankfurt a. M. 1991

M. A. Kayman: From Bow Street to Baker Street. Mystery, Detection and Narrative. London 1991

Ulrich Broich

Dokumentarliteratur

Die D. umfaßt neben dem Dokumentartheater, auf das sich die Diskussion vor allem konzentriert hat, auch ein bestimmtes Genre der → Lyrik, der Prosa, der → Reportage, des Features, des→ Hör- und Fernsehspiels. In Opposition gegen die rein fiktionale Literatur, die man affirmativer Tendenzen verdächtigte, griff eine Reihe von Autoren in den sechziger Jahren programmatisch auf das *Dokument,* auf Fakten unterschiedlichster Art und Herkunft zurück und stellte erneut die Frage nach dem Verhältnis von Literatur und Wirklichkeit. Dabei war das *Dokumentartheater* weder, wie Martin Walser kritisierte, »Illusionstheater«, das »Wirklichkeit mit dem Material der Kunst« vortäusche, noch eine »leichte Masche, mit Rotstift, Schere und Tesafilm Dramen zu fabrizieren« (Harich), noch – in seinen überzeugenden Beispielen – ausschließlich ideologische Indoktrination oder politische Predigt, auf die sich einige Autoren aus zumeist historisch einsichtigen Gründen zeitweilig versteiften.

Andererseits erhebt D. durchaus politischen Anspruch im kritischen Herausarbeiten von Zusammenhängen, wobei Auswahl, Anordnung und Präsentation des gesicherten Materials »den Fakten eine Art Spielraum« gibt, »der Widerspruch und Alternativen« erkennen läßt, aber auch deutlich macht, daß und in welchem Maße »Fakten manipuliert werden können« (Zipes 1971: 466), weshalb der jeweils »gezeigte Wirklichkeitsausschnitt in der faktischen Realität« in der Regel auch »nicht aufgeht« (Berghahn 1980: 271). Aus diesen Gründen muß bei der Bewertung von D. nicht nur das gewählte Material, sondern auch seine → Montage berücksichtigt werden, wobei zusätzlich in Anschlag zu bringen ist, daß D. zugleich stets ein Ausdruck wirtschaftlicher Krise und/oder politischen Umbruchs ist.

Grundsätzlich gilt, daß im Verhältnis von Text und Realität infolge des vorgegebenen fiktionalen Rahmens der jeweiligen medialen Präsentation jedes Dokument letztlich fiktionalisiert, nicht aber umgekehrt der von diesem Verfahren in Zweifel gezogene ästhetische Schein von der dokumentarisch belegten Realität aufgesogen wird.

Die D. ist keine Erfindung der sechziger Jahre, sondern historisch vorbereitet und erprobt. Als Vorläufer werden bereits für das 18. Jahrhundert Ch. F. Weißes »Jean Calas« (1774), die Tragödie eines Justizmords, für das 19. Jahrhundert Büchners Revolutionsdrama »Dantons Tod« (1835) mit seinen zahlreichen Zitaten genannt, doch läßt sich hier allenfalls von *verifizierendem Zitat,* nicht aber schon von dokumentarischer Absicht sprechen. Auch der Reisebericht als Vorform der → Reportage, das Tagebuch oder die Autobiographie haben ebenso wie zitierte Realien neben dem individualpsychologischen allenfalls einen kulturgeschichtlichen Dokumentationswert. Nur, wenn dabei ansatzweise proletarische Wirklichkeit mit bürgerlicher Lebensform kontrastiert wird, ist Literatur auf dem Wege zur D., die sich unter unterschiedlichen politischen Bedingungen in den zwanziger Jahren zunächst in der UdSSR, der Weimarer Republik und in den dreißiger Jahren in den USA entwickelte.

Gegenüber den Traditionalisten (die sich u. a. auf Tolstoj beriefen) wird von den *Aktionisten* (u. a. Majakovskij) um 1924 neben der Agitation auch die Dokumentation als Mittel der neuen (politischen) Literatur vorgeschlagen, von der *Novyj LEF* (= Neue linke Kulturfront) 1927 als Programm vertreten und als Manifest (»Literatura fakta«) 1929 formuliert. Dieses Manifest faßt Aufgabe und Leistung der *Faktographie* zusammen, als sich ein → Sozialistischer Realismus bereits deutlich zu etablieren beginnt, aus dessen Sicht und mit dessen Festschreibung auf das »kulturelle Erbe« Faktographie als »Formalismus« (u. a. durch Lukács) abgelehnt wird. Für die LEF und Novyj LEF war es indiskutabel, die aktuellen gesellschaftlichen Themen mit traditionellen Mitteln darzustellen. Sie bevorzugten nichtfiktionale Zweckformen wie Tagebuch, Memoiren, → Reportage, das sog. Bio-Interview. Vom → Film übernahmen sie die Montage-Technik. Wie die Wochenschauen, die damals neben den *Agitationstheatern* der »Blauen Blusen« (1927 auch in zwanzig deutschen Städten) dokumentarisch-propagandistisch den Fortschritt der Revolution verbreiteten, deutete die Faktographie das Material durch Schnitt, Parallelisierung und Kontrastierung, damit seine Bedeutung in dieser formalen Verfremdung um so erkennbarer hervortrete (Šklovskij). Hauptvertreter der Faktographie wurde Tretjakov (»Brülle China!«, 1926; »Den Schi-chua«, Bio-Interview, 1930; »Feld-Herren. Der Kampf um eine Kollektivwirtschaft«, 1930), der ferner zahlreiche Rundfunk-Reportagen produzierte und die Zeitung als modernes Epos apostrophierte. Zugleich wurde Tretjakov, der Brecht, Piscator, Grosz, Heartfield u. a. in der UdSSR bekannt machte und 1931, auf Einladung Benjamins und Brechts, für ein halbes Jahr in Berlin lebte, zu einem wesentlichen Vermittler der Faktographie, bei deren Verbreitung auch der russische Dokumentarfilm (Eisenstein, Pudovkin, Vertov) eine gewichtige Rolle spielte.

Daß der von Benjamin, Brecht, Ottwalt u. a. geschätzte Tretjakov von Becher und Wittvogel scharf kritisiert wurde, signalisiert, daß auch in der Weimarer Republik die Entwicklung einer D. nicht frei von Positionskämpfen war. Auch diesmal bevorzugten die Mitglieder der 1924 gegründeten Arbeiterkorrespondenzbewegung für ihre Pressebeiträge zunächst den Erfahrungsbericht, das Protokoll, die szenische Dokumentation und die Reportage, aus der sich in der Zeit der Weltwirtschaftskrise der *dokumentarische Roman* herausbildete: Ottwalt (»Denn sie wissen, was sie tun«, 1931), Grünberg, Neukrantz (»Barrikaden am Wedding«, 1929) und Bredel. Auf dessen »Maschinenfabrik N & K« (1930) und »Die Rosenhofstraße« (1931), letztlich aber auf Reportageroman und D. allgemein zielte Lukács 1931 in »Die Linkskurve«, als er den »Grundmangel« der Romane Bredels damit begründete, daß »ein künstlerisch ungelöster Widerspruch« bestehe »zwischen den breiten, alles wesentliche umfassenden Rahmen seiner Fabel und zwischen seiner Erzählweise, die teils eine Art von *Reportage,* teils eine Art von *Versammlungsbericht«* sei, und damit »sprachlich hinter der Wirklichkeit, die er künstlerisch *gestalten* sollte, selbst in ihrer blassen *Reproduktion«* zurückbleibe.

Zum wichtigsten Vertreter der D. aber wurde Piscator (Proletarisches Theater, 1920/21; Centraltheater, 1923/24; Berliner Volksbühne, 1924-27; die sog. Piscatorbühnen, 1927-32), der unter »Dokumentarischem Drama« eine *Revueform* verstand, in der »zum erstenmal das politische Dokument textlich und szenisch die alleinige Grundlage bietet«. Exemplarisch wurden seine 1924 und 1925 unter Mitarbeit Gasbarras erstellten und inszenierten Revuen »Roter Rummel« und »Trotz alledem!«, deren Text- und Regiebücher sich nicht erhalten haben. In einem Rundfunkgespräch mit Jhering, »Das ABC des Theaters« (1929), sieht Piscator ein solches »Zeittheater« allerdings als bereits zu »modisch«, »kaufkräftig«, »bühnenfähig« an, schlägt statt dessen die Bezeichnung »Tendenztheater, Lehrtheater« vor und in diesem Rahmen »Tendenzstücke«, »die den sog. Fall, den Stoff nicht zur Anwendung bringen, weil er interessant, bühnenwirksam und zugleich aktuell ist, sondern weil an ihm ein Beispiel konstruiert werden kann für das aktive Handeln bestimmter gesellschaftlicher Kräfte. Das Dokument wird benutzt, um zu lehren, zu belehren (Pädagogik).« War »Trotz alledem!« »eine einzige, ungeheure Montage von authentischen Reden, Aufsätzen, Zeitungsausschnitten, Aufrufen, Flugblättern und Filmen des Krieges, der Revolution, von historischen Personen und Szenen« (Piscator), so waren andere Inszenierungen Piscators (u. a. von Schillers »Räubern«, Paquets »Fahnen«, von Stücken Tollers, Gorkijs, Leonhards, Rehfischs, E Welks, mit dessen »Gewitter über Gotland« Piscator an der Freien Volksbühne scheiterte) durch eher dokumentarisches Herangehen an den Stoff charakterisiert, hatten ihre »dokumentarischen Passagen« vor allem »die Funktion des Kommentars« (Kändler 1974: 194). Durch diese Spielbreite ist Piscator als der eigentliche Schöpfer des Dokumentartheaters anzusehen, dessen Einflüsse noch spürbar sind, wenn kurze Zeit später im Rundfunk neben dem Hörspiel die Sendeformen der »Hörfolge« (Breslau) oder in Berlin des

»Aufrisses« erprobt werden, um »ein Thema der Geschichte oder des Zeitgeschehens [...] in Variationen zu behandeln. Dokumentarische Zeugnisse standen neben Spielszenen, realistische Diskussionen neben literarischen Spiegelungen, scheinbar ungeordnet und doch innerlich gebunden und die Totalität anstrebend« (H. Braun). Auf dem Wege seiner Emigration über die UdSSR und Frankreich brachte Piscator sein Konzept eines Dokumentartheaters auch in die USA mit, konnte dort aber trotz einiger beachteter Inszenierungen (nach Dreiser, Tolstoj; ferner Brechts »Furcht und Elend des Dritten Reiches«) und eines eigenen Workshops an seine Berliner Erfolge nicht anschließen, obwohl die Theatergruppe »Blue Blouses« in Chicago oder eine »Prolet-Bühne« in New York durchaus europäische Einflüsse erkennen lassen. Amerikas eigener Beitrag zur D. schreibt sich traditionell jedoch eher von den sozialanklägerischen Romanen Sinclairs und Caldwells, den literarischen Reportagen Dos Passos' und Steinbecks, der Fotodokumentation Langes und Evans und den Bildern (»Die Geschichte der Anarchisten Sacco und Vanzetti«, 1931/32) bzw. Wandmalereien Shahns her.

Nach dem Börsenkrach 1929 erhob sich auch in Amerika bald die Forderung eines »another theatre – a workers' theatre«. 1935 gründete, unterstützt von der Newspaper Guild, das öffentlich finanzierte Federal Theatre Project für arbeitslose Schauspieler das *Living Newspaper* (Leitung Rice) mit der Aufgabe, durch Dramatisierung aktueller sozialer und politischer Themen Journalismus und dramatische Präsentation zu verbinden. Wenn auch radikal in seiner Darstellung der Folgen der Depression, also in seiner Kritik am kapitalistischen Wirtschaftssystem, entfernten sich die Produktionen dieses Living Newspaper (»Interjunction Granted«, 1936; »Triple – A Ploughed Under«, 1936; »One Third of Nation«, 1938; »Spirochette«, 1938; u. a.) in ihren Lösungsvorschlägen meist nur geringfügig von der Linie des New Deal.

Bereits vor Gründung des Living Newspaper hatte der Herausgeber der »Time«, Larson, die dokumentarische Präsentation als Werbemöglichkeit in eigener Sache entdeckt und seit 1928 für den Rundfunk zehnminütige Sendungen über ein jeweils spektakuläres Ereignis schreiben lassen: »*The March of Time*«. Mit inzwischen dreißigminütiger Länge wird dieser Nachrichten-Aufriß 1931 vom Columbia Broadcasting System übernommen und vom Fachblatt »Variety« als Höhepunkt der Radiodramaturgie gelobt. Weniger radikal als das Living Newspaper bediente sich (wie zuvor Piscator bei der Revue) »The March of Time« strukturell beim Broadway-Stück, blieb trotz aufklärerischer Intention formal Unterhaltung und verlor zunehmend die Berührungspunkte sowohl mit dem Living Newspaper als auch mit Piscators politischen Revuen. Bezeichnenderweise tat sich »The March of Time« in der Darstellung von Folgen der Depression wesentlich schwerer als das Living

Newspaper und gewann an Profil eigentlich erst, als man sich Ende der dreißiger Jahre, vor allem nach Ausbruch des Krieges, gegen die europäischen Totalitarismen, zumal gegen den Nationalsozialismus wenden konnte. Nach dem Kriege wird es mit Ausnahmen – wie dem zum Bestseller avancierenden dokumentarischen Roman »Stalingrad« von Plivier (1945) – zunächst still um die D., bis sie sich in den sechziger Jahren um so nachdrücklicher wieder zu Wort meldet, und zwar in fast allen Industrieländern – in Frankreich (Gatti) ebenso wie in England (Cheeseman; Chilton; Wright: »Hang Down Your Head and Die«, 1964) oder Irland (O'Brien: »Murderous Angels«, 1969), in der UdSSR (Šatrov; Osipov) ebenso wie in den USA (Davidson; Kopit; Sackler; Freed: »The United States vs Julius and Ethel Rosenberg«, 1969), als Dokumentartheater ebenso wie (vereinzelt) in Arbeiten der Nouveaux Romanciers, in der sog. *Faction-Prosa* (Capote, Hersey, Mailer) oder in der Forderung des »*Bitterfelder Wegs*« (1959) an die Autoren der DDR, eine Literatur zu schreiben, deren »Wahrheitsgehalt [...] auf eine neue Weise im ›Dokumentarischen‹« liege (Gente).

Auch in der Bundesrepublik bedient sich die D. fast aller Gattungen und Medien, des Fernsehens (Dokumentarspiel und Dokumentarsendung) und des Rundfunks (→ Hörspiel). Als »Voraussetzungen des Neuen Hörspiels« wertet Vormweg 1972 Dokument und→ Collage. Parallel zur Diskussion um Bernsteins Unterscheidung von elaboriertem und restringiertem Code bemüht sich das Originalton-Hörspiel darum, öffentliche Sprache zu entlarven, aber auch, nicht öffentliche Sprache öffentlich zu machen (Harig, Scharang, Wühr). Als Mischung von Dokumentarischem mit Fiktivem (auf die Versuche Pliviers zurückweisend) präsentiert sich die Erzählprosa Kluges (»Lebensläufe«, 1962; »Schlachtbeschreibung«, 1966), während Delius in der Festschriftparodie »Unsere Siemens-Welt« (1972) den Versuch unternimmt, »in anderer Leute Köpfe zu denken« (Delius nach Brecht in den angeschlossenen »Bemerkungen zur Methode«). Besonderes Gewicht gewinnt die D. bei Autoren der *Gruppe 61* und des *Werkkreises Literatur der Arbeitswelt* (gegründet 1970), die Selbstverständnis und Probleme des Arbeiters, Wirtschaftskrise u. a. bevorzugt in Berichtform oder → Reportage behandeln. Berühmt werden Erika Runges »Bottroper Protokolle« (1968), eigentlich eine Materialsammlung für einen Fernsehfilm, vor allem aber Wallraffs Reportagen (»Unerwünschte Reportagen«, 1969; »Neue Reportagen«, 1972; u. a.), die, wie die Delius-Festschrift, die Be- und Getroffenen zu oft unverhältnismäßigen Reaktionen provozierten.

Man kann bei den vor allem diskutierten westdeutschen Beiträgen zum Dokumentartheater zwischen Bericht- und Prozeß/Verhörform unterscheiden und für letztere sogar eine Traditionslinie über Brechts »Lukullus vor Gericht« (1940) oder Anna Seghers' »Der Prozeß der Jeanne d'Arc« (1937) bis in den Rundfunk der Weimarer Republik zurückverfolgen. Berücksichtigt man, daß das Dokumentartheater sein Material durchaus unterschiedlich umsetzt, läßt sich – R. P. Carl folgend – von »*szenisch arrangierten Prozeßakten*« (Kipphardt, »In der Sache J. Robert Oppenheimer«, 1964; Weiss, »Die Ermittlung«, 1965; R. Schneider, »Prozeß in Nürnberg«, 1968; Enzensberger, »Das Verhör von Habanna«, 1970), von »*historisch-biographischen Stücken*« (Dorst, »Toller – Szenen aus einer deutschen Revolution«, 1968, als Fernsehspiel 1969 unter dem Titel »Rotmord«; Weiss, »Trotzki im Exil«, 1970; »Hölderlin«, 1971), von »*Chroniken*« (Weiss, »Gesang vom Lusitanischen Popanz«, 1967; »Viet Nam Diskurs«, 1968) und von »*Schauspielen mit freier Benutzung dokumentarischer Quellen*« sprechen (Weiss, »Die Verfolgung und Ermordung Jean Paul Marats«, 1964; Hochhuth, »Der Stellvertreter«, 1963; »Soldaten – Nekrolog auf Genf«, 1967; »Guerillas«, 1970).

Mit Zipes ist daran zu erinnern, daß alle diese Stücke im Gefolge des Eichmann-Prozesses (Jerusalem 1961) entstanden sind, eines Prozesses, der von der israelischen Regierung »als ›Welt-Drama‹« verstanden wurde, mit dem »Zweck [...], die allzuschnell vergessene Geschichte erneut zu einem gegenwärtigen Problem zu machen« (Zipes 1971: 462). Vom wirklichen unterscheidet sich freilich der dokumentarliterarisch nachgespielte Prozeß durch die seit Piscator intendierte Verbindung von »Dokument und Kunst«. Dokumentartheater, so Weiss in seinen »Notizen zum dokumentarischen Theater« (1963), könne sich »nicht messen mit dem Wirklichkeitsgehalt einer authentischen politischen Manifestation«. Auch wenn es versuche, »sich von dem Rahmen zu befreien, der es als künstlerisches Medium festlegt«, werde es »doch zu einem Kunstprodukt, und es muß zum Kunstprodukt werden, wenn es Berechtigung haben will«. An der Frage, wieweit die intendierte Verbindung von »Dokument und Kunst« jeweils geglückt war, entzündete sich in den sechziger Jahren vor allem die Diskussion, scheiden sich bis heute die Geister.

Weniger bedacht wurde eine weitere Frage. Weiss hatte bemerkt, das Dokumentartheater sei »ein Theater der Berichterstattung«, enthalte sich »jeder Erfindung«, übernehme »authentisches Material« und gebe dieses »im Inhalt unverändert, in der Form bearbeitet, von der Bühne aus wieder«. Diese Wiedergabe »von der Bühne aus« gewichtet aber insbesondere die *Inszenierung*, so daß Dokumentartheater, fragloser als anderes Theater, an seine Bühnenrealisierung gebunden bleibt. Deshalb sollte man nicht bei der Untersuchung der »Dramaturgie des dokumentarischen Theaters« (Hilzinger) stehen bleiben, sondern es in Konsequenz auch als ein *Regietheater* verstehen, in dessen bisheriger Geschichte Piscator (zuletzt mit den Uraufführungen der Dokumentarstücke Hochhuths, Kipphardts und Weiss') eine bedeutende Rolle gespielt hat.

M. Dycke: The Living Newspaper. A Study of the Nature, of the Form, and its Place in Modern Social Drama. New York 1947

J. D. Zipes: Das dokumentarische Drama. In: Th. Koebner (Hrsg.): Tendenzen der deutschen Literatur seit 1945. Stuttgart 1971

R.-P. Carl: Dokumentarisches Theater. In: M. Durzak (Hrsg.): Die deutsche Literatur der Gegenwart. Aspekte und Tendenzen. Stuttgart 1971

H. Vormweg: Dokumente und Collagen im Hörspiel. In ders.: Eine andere Lesart. Über neue Literatur. Neuwied/Berlin 1972

W. Voßkamp: Literatur als Geschichte? Überlegungen zu dokumentarischen Prosatexten von Alexander Kluge, Klaus Stiller und Dieter Kühn. In Basis 4 (1973)

K. Kändler: Drama und Klassenkampf. Beziehungen zwischen Epochenproblematik und dramatischem Konflikt in der sozialistischen Dramatik der Weimarer Republik. Berlin u. Weimar ²1974

K. H. Hilzinger: Die Dramaturgie des dokumentarischen Theaters. Tübingen 1976

K. L. Berghahn: Operative Ästhetik. Zur Theorie der dokumentarischen Literatur. In: *P. M. Lützeler und E. Schwarz (Hrsg.):* Deutsche Literatur in der Bundesrepublik seit 1945. Königstein/Ts. 1980

I. Schmitz: Dokumentartheater bei Peter Weiss. Von der »Ermittlung« zu »Hölderlin«. Frankfurt a. M./Bern/Cirencester (UK) 1981

N. Miller: Prolegomena zu einer Poetik der Dokumentarliteratur. München 1982

D. Dornhof: Baukasten für kritische Eingriffe. Zum Funktionswandel des Dokumentarischen im literarischen und theoretischen Schaffen H. M. Enzensbergers. Berlin/Ost 1983

D. Caldwell: German documentary prose of the 1970. Diss. Ohio 1986

B. Barton: Das Dokumentartheater. Stuttgart 1987.

Reinhard Döhl

Drama

Zu den Grundzügen der *nachklassischen Dramatik* gehört die Einsicht in die *Problematik des (individuellen) Handelns.* Pointiert gesprochen: Das Drama (= Handlung) beginnt in der → Moderne zunehmend über das »Drama« im weiteren, anthropologischen und gesellschaftlichen wie im engeren, dramaturgisch-gattungshaften Sinn kritisch zu reflektieren, also sein eigenes Wesen in Frage zu stellen. Die Entwicklung der europäischen Dramatik und des Theaters im 19. und 20. Jahrhundert könnte man in dieser Hinsicht als einen einzigen Radikalisierungsprozeß beschreiben; wobei Versuche, jenem Vorgang auszuweichen, ihn zu retardieren oder gar umzukehren, erst vor dem angedeuteten Hintergrund eines Strebens nach *transzendentaler dramaturgischer Selbstreflexion* in ihrer vollen gattungsgeschichtlichen Bedeutung zu erkennen sind.

Das Bewußtsein eines tiefgreifenden Wandels des überlieferten Dramen-Typus kündigt sich, in Form eines knappen theoretischen Vorspiels, bereits in Hegels »Ästhetik«, in dem Kapitel »Rekonstruktion der individuellen Selbständigkeit« an. Die Hegelsche Reflexion wird später von Lukács (»Zur Soziologie des modernen Dramas«, 1914) und von Szondi (»Theorie des modernen Dramas«, 1956) erweitert und auf jene neueren und neuesten Phänomene angewandt, welche durch die von Freytag in seiner »Technik des Dramas« (1863) aufgeführten normativen dramaturgischen Kriterien nicht mehr angemessen beschrieben werden können.

Im modernen Drama, das zu vielgestaltig ist, als daß man es auf einen einheitlichen Typus festlegen könnte, erscheinen die ›Helden‹ eher als Opfer denn als Täter. Eigentliche Kollisionen zwischen gegnerischen Parteien finden nur selten statt, und wo sie gleichwohl gedichtet werden, liegt oft ein Hauch altmodischer Naivität über den entsprechenden Fabelkonstruktionen. Die Dialoge, statt Entscheidungen herbeizuführen, statt Situationen durch die Macht des handelnden Worts zu verändern, beginnen sich zu zersetzen; sie werden zu Monologen und markieren ein peinigendes oder lächerliches Aneinandervorbeisprechen. Peripetie und Anagnorisis verändern ihren Charakter oder verschwinden gänzlich. Die einzige Wahrheit ist häufig nur die, daß es Wahrheit nicht mehr geben kann.

Zu betonen ist der enge Problemzusammenhang zwischen der Dramatik des 19. und der des 20. Jahrhunderts. Bei Büchner und Grabbe, ja im Grunde bereits bei Tieck (»Der gestiefelte Kater«, »Die verkehrte Welt«) spiegelt sich die *Krise des traditionellen Dramas* wider. Gegen Ende des Jahrhunderts ist die Ästhetik des künftigen Dramas in bedeutenden Beispielen schon präsent. Strindberg nimmt mit »Traumspiel« (entst. 1901) und »Gespenstersonate« (1907) den späteren→ Expressionismus und selbst das → absurde Theater vorweg. Maeterlinck weist mit seinen Tragödien des »Alltags« (»Les aveugles«, 1890) auf Artauds »Théâtre de la cruauté« und dessen »affreux lyrisme« ebenso wie auf die »statischen Dramen« Becketts voraus. Jarry beeinflußt mit der schockierenden Marionetten-Posse seines »Ubu roi« (uraufgeführt 1896) das surrealistische bzw. dadaistische Theater: Apollinaire (»Les mamelles de Tirésias«, 1917), Yvan Goll (»Der Unsterbliche«, »Der Ungestorbene«, 1918), Vitrac (»Victor ou les enfants au pouvoir«, 1928), Ionesco (»Les chaises«, 1951). Selbst Ibsen versteckt in der Fabel seines scheinbar konventionellen bürgerlichen Dramas »Hedda Gabler« (1890) eine *Meta-Reflexion,* die für die wesentlich undramatische Handlungsstruktur nicht nur seines Theaters aufschlußreich ist: Die Protagonistin, von existentieller Langeweile geplagt, verlangt das große Handeln, zu dem sie selbst nicht fähig ist, ersatzweise von dem genialischen Lövborg. Lövborgs »häßliches« Ende jedoch macht ihr ebenso wie dem Publikum deutlich, daß für die von ihr ersehnten Aufschwünge in den bürgerlichen Verhältnissen kaum mehr Platz ist.

Zu solchen entmutigenden Einsichten in die Begrenztheit zeitgenössischen Handelns gesellt sich der – schon um die Jahrhundertwende weitverbreitete – erkenntnistheoretische Relativismus. Nietzsche sucht ihn noch ›vitalistisch‹ mit der Geste eines heroischen Pessimismus aufzufangen. Die zahlreichen späteren Versuche der Gründung eines *neuen Gemeinschaftstheaters,* der Aufhebung der Schauspieler-Zuschauer-Dichotomie (Appia, Behrens, Fuchs, E. G. Craig) wie auch der Schaffung einer zeitgemäßen Form tragischer Katharsis gehen vielfach auf die am frühgriechischen Dionysos-Theater orientierte dramaturgische und lebensphilosophische Spekulation in Nietzsches »Geburt der Tragödie« (1872) zurück.

Auch Lukács konzentriert seine Überlegungen noch auf die → *Tragödie* und die Notwendigkeit des »tragischen Erlebnisses«, obwohl er angesichts der von ihm beobachteten einschneidenden Veränderungen in den Grundlagen der modernen Dramatik zugeben muß, daß der Begriff der Tragödie selber geschichtlich in die äußerste Enge gedrängt worden ist: »Das tragische Erlebnis«, so Lukács, »wird reiner und tiefer, wird befreit von jedem Nebengesichtspunkt und jeder Nebenrücksicht, wenn es auch dadurch an Kraft des sinnlichen Ausdrucks eingebüßt haben mag. Nichts bleibt in ihm zurück, als die große Frage: Wie kann ein Sterben das Leben bedeuten, ein Zugrundegehn das Emporgehobensein, eine Vernichtung den größten Reichtum?« (Lukács 1914: 345). Die radikal pointierte Form, in der Lukács die Frage nach der zeitgenössischen Tragödie und dem Tragischen aufwirft, zeigt, daß seine Argumentation – ähnlich wie die des von ihm anfänglich bewunderten Neuklassikers P. Ernst (»Der Weg zur Form. Abhandlungen über die Technik vornehmlich der Tragödie und Novelle«, 1906) – bereits schief zum behandelten Gegenstand liegt (→ Neuklassik). Zu den »tragischen« Aspekten der Epoche gehört offenkundig nicht nur der Verlust an sinnlicher Kraft und der Fähigkeit zu moralischer Befreiung und Erhebung, sondern auch der schon erwähnte erkenntnistheoretische Relativismus. Lukács benennt zwar exakt den dramatischen Typus, der durch dieses moderne intellektuelle Phänomen par excellence entscheidend geprägt worden ist: die *Tragikomödie.* Aber er sieht in ihr lediglich einen dramaturgischen Zwitter, eine verkehrte ästhetische Tendenz. »[...] ein derartiges Bestreben, mag es auch das Lustspiel vom Gesichtswinkel einer Weltanschauung vertiefen, [wird] die Reinheit seines Stiles stören und die Tragödie höchstens auf die Stufe des Banalen und Trivialen hinunterdrücken, oder bis ins Groteske verzerren.« (Lukács 1914: 684)

Das von Lukács verkannte ästhetische Paradoxon eines wesentlichen Teils der modernen Dramatik besteht jedoch vor allem darin, daß da auf höchst schwankender geistiger Basis, von einem mehr oder minder nihilistischen Ansatz aus, Stücke von großer Kraft der Erfindung und zum Teil explosiver Lebendigkeit geschaffen worden sind. Die betreffenden Autoren, denen das Verdienst zukommt, nach der langen Epoche einer lähmenden Vorherrschaft der Illusions- und Guckkasten-Bühne das → Theater als autonomen Kunst- und Spielraum gleichsam wiederentdeckt zu haben, ließen sich jene relativistische Standpunktlosigkeit keineswegs zum Schicksal werden, dem sie etwa blind verfielen. Vielmehr haben sie jenen Relativismus zur Voraussetzung vitaler dramatisch-theatralischer Aktionen genommen, die von den älteren des klassischen Dramas toto genere verschieden sind. Was sich in ihren Werken abspielt, ist in der Regel ein zweideutiger, Emotion und Intellekt zerreißender Konflikt. Alles läuft auf ein universelles Scheitern hinaus. Aber solches Ende wird vielfach – in brisanten Formprozessen, die ebenfalls scheitern und der Intention der Autoren zufolge scheitern sollen – in einer Weise zu Bewußtsein gebracht, die keineswegs Beliebigkeit der gesamten ästhetischen Veranstaltung zu unterstellen erlaubt. In diesen *neuen Tragikomödien,* wie sie provisorisch genannt werden können (der Typus entzieht sich vorläufig noch bündiger Definition), verschafft sich das ›tragische Erlebnis‹ des auf sich selbst zurückgeworfenen, physisch wie spirituell ohnmächtigen, isolierten modernen Subjekts – zu dessen tragischer Situation auch die Unfähigkeit gehört, sich durch das Vergnügen an herkömmlichen tragischen Formen zu reinigen – seinen geschichtlich adäquaten Ausdruck.

Im Widerspruch zu dem klassizistischen Verdikt, das Lukács und andere über diese neuen »Tragikomödien« gefällt haben, ließe sich behaupten, daß eben sie – in höherem Maße als jene zahlreichen Dramen, die Tragödien im Sinne der Tradition sein wollen – die wahren Tragödien des Zeitalters seien. – Die neuen Tragikomödien treten zunächst lediglich vereinzelt auf. Doch finden sie allmählich zahlreiche Nachahmer, so daß die Unterscheidung von echt und unecht, original und epigonal in diesem Bereich oftmals schwerfällt. Es gibt aber einige Klassiker, und diese können bei der ästhetischen Wertung des Phänomens als Vorbild dienen, obwohl sich gerade der neue Tragikomödien-Typus infolge seiner Affinität zur Kategorie des Scheiterns gegen Kanon- und Traditionsbildungen jeglicher Art sträubt.

Pirandello läßt in seinem (fingierten) Stegreifspiel »Sei personaggi in cerca d'autore« (Sechs Personen suchen einen Autor, 1921) sechs »Masken«, d. h. nicht zu Ende gedichtete Dramenfiguren, auftreten. Sie verlangen, daß das, was sie erlitten haben, als »dramma doloroso«, als Tragödie also gespielt werde, damit sie endlich mit ihrem Leiden fertig werden können. Doch der Versuch der Inszenierung seitens der realen Theaterleute mißlingt. Jede Maske bringt eine andere Version des Geschehens vor. Weder können sich die Betroffenen untereinander noch können sich die protestierenden Dramenfiguren und die Schauspieler, erstarrt in ihrer Routine, über die Wahrheit und die richtige Spielweise einigen. Dieses Scheitern der Tragödie *ist* die eigentliche Tragödie, und Pirandello hat, indem er eben das demonstriert, eine Tragikomödie verfaßt, deren kunstvoll chaotische Form das widersprüchliche Dasein und dessen tödlichen Relativismus in permanentem Wechsel von Illusion und Desillusion – unter Einbeziehung des Zuschauerraums, der selbst zur Szene wird –, spontan widerspiegelt. Das Stück, mit einem Hohngelächter abschließend, erlaubt trotz episch-reflektierender Passagen und komischer Verwicklungen punktuell immer wieder tragische Durchblicke auf die von sich selbst entfremdete, heillos gewordene Existenz.

Auch in Benns Drama »Der Vermessungsdirigent« (entst. 1916, veröffentl. 1919), das im deutschen Expressionismus durch seine radikale Methode, seinen kühnen Desillusionismus eine Sonderstellung einnimmt, spielt der erkenntnistheoretische Relativismus eine entscheidende Rolle. »Erkenntnistheoretisches Drama« lautet schon der Untertitel des Stücks.

Das Dilemma des Helden, Pameelens, besteht darin, daß er handeln soll, ohne sich definieren zu können. Die fundamentale Zweifelsbewegung des Dramas bestimmt auch dessen Formstruktur. Tun und Sprechen erscheinen als ein bloßes Markieren und Fingieren von Fall zu Fall. Das Geschehen mit seinen Elementen des Inhumanen und Barbarischen bei hochgezüchteter intellektueller Exzentrizität ist zugleich tragisch und komisch. Ein Klima des Unerträglichen verbreitet sich. Dennoch wird, ähnlich wie bei Pirandello, das in den grotesken Ausdruck getriebene Leiden des Individuums nicht völlig erstickt und zugedeckt. Am Ende findet Pameelens existentielle Befindlichkeit in zerflatternden Monologen einen zugleich provozierenden und lyrisch bewegenden Ausdruck. Von hier zu Becketts »Endspiel«-Dramaturgie ist nur ein kleiner Schritt.

Viele der neuen Tragikomödien tendieren zu einer ins → Groteske mündenden Satire. Im Gegensatz zur traditionellen Satire, der eine eindeutige moralische oder politische Norm offen oder insgeheim zugrunde liegt, handelt es sich nunmehr um *totale Satire,* die noch den Standpunkt des Autors selbst wie auch die eigene dramatische Tätigkeit mitten in deren Vollzug kritisch angreift. In dem »Katastrophismus« des großen, ungemein produktiven polnischen Dramatikers Witkiewicz wird das Moment einer totalen Satire besonders sinnfällig, etwa in »Oni« (Die da!, entstanden 1920) und in »Szewcy« (Die Schuster, entstanden 1931-1934). Witkiewicz verbindet souveräne Ironie und Selbstironie mit der Fähigkeit, die Illusion des Spontanreflexes eines progredierenden, in einer Art ungeheuren Explosion endenden Wahnsinns zu erzeugen. Jedes seiner Stücke gleicht einer erhaben-lächerlichen Apokalypse. Zugleich schlägt bei diesem Dramatiker, stärker noch als bei Pirandello und Benn sowie den späteren sog. Absurden, ein realistischer Fundus in Gestalt einer ebenso hellsichtigen wie bitteren Auseinandersetzung mit den chaotischen gesellschaftlich-politischen Verhältnissen im damaligen Polen durch. In »Oni« wird der ästhetizistische, theatralische Charakter des Faschismus, lange vor Brecht und Benjamins Analysen, aufgedeckt und entlarvt. Diese in genialen Strichen hingeworfene Endzeit-Dramatik, die noch keineswegs von der künstlichen Monotonie und Langeweile der Absurden aus den fünfziger Jahren erfüllt ist, vielmehr das bedrängende Thema Langeweile mithilfe eines furiosen komödiantischen Geschehens voller bizarrer Handlungsumschwünge darstellt, läßt demnach überall den Reflex der konkreten geschichtlichen Aktualität erkennen, festgehalten im Spiegel eines radikal »unglücklichen Bewußtseins«. Die »Kroatische Rhapsodie« (1918), ein Frühwerk des bedeutenden kroatischen Autors Krleža, weist eine ähnliche Dramaturgie des »Katastrophalen« auf; dieses Drama eines südosteuropäischen »Theaters der Grausamkeit« (vor Artaud) ist zugleich ein poetisch chiffriertes Geschichtswerk, das die seelische und politische Bedrängnis eines Volks in einen grotesk-balladesken, hyper-naturalistischen Ausdruck faßt.

Ein Klima des Katastrophalen herrscht grundsätzlich auch in jenen Tragikomödien neueren Stils, die den Pol des *Komischen* stärker betonen und sich, zum Teil in der Art eines *antiboulevardesken Boulevard-Theaters,* einen eher harmlos-unterhaltsamen Anstrich geben, ohne deshalb das Unheimliche, an das sie angrenzen, verleugnen zu können oder auch zu wollen. Crommelyncks »Le cocu magnifique« (Der Hahnrei, 1920), eine ›erkenntnistheoretisch‹ vertiefte Behandlung des klassischen Komödien-Themas der Eifersucht, oder de Ghelderodes »vaudeville attristant« »Pantagleize« (1930), eine Revolutions-Satire, sind ebenso wie die Stücke Vitracs Beispiele für diesen Typus. Wie sehr diese Dramen nicht mehr → Komödie im traditionellen Sinn sind, leuchtet ein, wenn man sie etwa mit Lustspielen Sternheims vergleicht, der gegen den Trend der Epoche dem aristophanischen, nach Hegel in seiner Subjektivität geborgenen Komödienhelden einen letzten Triumph zuschanzt (Theobald Maske in »Die Hose«, 1909/1910; Ständer in »Tabula Rasa«, 1916).

Yvan Golls *surrealistische Possen* oszillieren ebenfalls zwischen Tragik und Komik, Heiterkeit und Verzweiflung und zählen deshalb zu den neuen Tragikomödien. Golls Manifest mit dem programmatischen Titel »Es gibt kein Drama mehr« (in der »Neuen Schaubühne«, 1922) wiederholt die kritische Diagnose Hegels. Was also – angesichts solchen gattungsgeschichtlichen Befunds – als ›Dramatiker‹ noch tun? Golls Antwort läßt Galgenhumor erkennen: »A bas le bourgeois! Zerfetzt ihm seinen Regenschirm! Das ist bei Gott nicht dramatisch. Aber man lacht sich selbst ein bißchen tot, und der Tod ist der letzte Kitzel, der unsere Langeweile noch etwas bemeistern kann«. Golls Drama »Methusalem oder Der ewige Bürger« (1922) verbindet Grand Guignol und groteskes Marionettenspiel à la Jarry und Apollinaire (ohne den Optimismus des letzteren). Der Autor kritisiert Mechanisierung und Technik, wendet jedoch selbst Technik an. Zum Zweck der Entlarvung von Phänomenen gesellschaftlicher Verdinglichung setzt er das Grammophon, das Plakat, das Sprachrohr, den Filmprojektor ein. Kapitalismus und Bourgeoisie werden verhöhnt – und zwar vom Standpunkt eines politischen Relativismus aus: Auch die Gegenspieler, Revolution und Proletariat, erscheinen als lächerliche Akteure in einer Welt allgemeiner Farcenhaftigkeit. Golls Stücke zeigen in ihrer Form die für die Dramaturgie der neuen Tragikomödien typische *Karussellstruktur:* das Ende läuft konsequent zum Anfang zurück. Nichts ›geschieht‹ bei aller Turbulenz. Die Sprache der Figuren ist sinnentleert, selbst im Ausdruck verstümmelt. Golls Spießer gebrauchen wie später diejenigen Ionescos in »La cantatrice chauve« (1950) einfältige Klischees, sie reden in extremer Gedankenlosigkeit aneinander vorbei.

Hier wie auch sonst zeigt sich, daß das → *absurde Theater* der fünfziger Jahre geschichtlich von den älteren ›neuen Tragikomödien‹ abstammt. Es handelt sich bei den Absurden um postavantgardistische Nachzügler einer breiten, wenn auch disparaten und räumlich zerstreuten europäischen Bewegung, jener → Avantgarde, die, zumal in Deutschland, erst spät ins Bewußtsein getreten ist und deren Entwicklung und Rezeption nicht zuletzt durch die faschistischen Regime für Jahrzehnte verhindert worden sind. An den Stücken Becketts, des Klassikers einer lange Zeit vergessenen Tradition, lassen sich deren wesentliche Elemente, vor allem die irritierende oder peinigende Mischung des Komischen und des Tragischen, daneben die das Drama im Drama ständig mitreflektierende und auf radikale Weise relativierende Tendenz, noch einmal beispielhaft studieren (»En attendant Godot«, 1952; »Fin de partie«, 1957).

Dem Typus der neuen Tragikomödien ist das Theater Artauds in mancher Hinsicht verwandt: durch die Affinität zur Kategorie des Scheiterns, durch die Zurücknahme der verbalen Sprache zugunsten der nonverbalen des Bilds, der Gebärde, des Schreis, des Lichts usw., auch durch die Strategien des Schocks. Doch der Zentralimpuls des Artaudschen »*théâtre de la cruauté*« ist, trotz solcher Gemeinsamkeiten, ein anderer als im Theater der neuen Tragikomödien-Dichter. Mit seinem »metaphysischen« Begriff der Grausamkeit knüpft Artaud, historisch-systematisch gesehen, an Nietzsches Tragödien-Konzept und dessen Idee eines dionysischen Gemeinschaftstheaters an. Es geht Artaud wesentlich um eine zeitgemäße Form tragischer Katharsis, um ein »heiliges Theater« (Derrida) für die Massen, wobei Vorstellungen der Entfesselung des verdrängten Trieblebens und der Befreiung der Phantasie (→ Surrealismus) eine wichtige Rolle spielen. In seiner berühmten, 1933 an der Sorbonne gehaltenen Rede »Le théâtre et la peste« (eher Aktion und »spectacle« als Vortrag) zieht Artaud eine Parallele zwischen dem »Pestkranken, der schreiend dahinjagt in der Verfolgung seiner Vorstellungen, und dem Schauspieler in Verfolgung seiner Sensibilität«. Artauds faszinierende Aufsätze und Manifeste (»Le théâtre et son double«, 1938) geben von seinem *totalen Theater* eine bessere Vorstellung als seine wenigen Dramentexte, die eher Vorlagen für Inszenierungen als Stücke darstellen (»Les Cenci«, 1935; »Le jet de sang«, 1925), eine bessere Vorstellung auch als die Regie-Experimente des kurzlebigen »Théâtre Alfred Jarry« (1927-1930). Für Artaud stehen der Regisseur und der Schauspieler im Mittelpunkt. So wie er jede Fixierung auf Traditionen, Konventionen, Modell-Inszenierungen ablehnt, so negiert er auch den Primat des Autors und des geschriebenen Textes (»En finir avec les chefs-d'oeuvre«). Dadurch hat er wesentlich das moderne *Regie-Theater* wie auch jenes *Theater der Erfahrung*, der »Selbstfindung« und einer »neuen Form des Gottesdienstes« mitbestimmt, dessen jüngster bedeutender Repräsentant der Pole Grotowski (geb. 1933) ist.

Artaud war tragischer Schauspieler und Regisseur, zugleich innovatorischer ästhetischer Denker, ein genuiner Avantgardist. Er belebte zweifellos die Idee des Tragischen (auch die des Heroischen); er bemühte sich, dem Theater ein mythologisches Zentrum zu geben. Mit alledem geriet er, unfreiwillig, in die Nähe der etwa gleichzeitig vom Nationalsozialismus geförderten, an der Tragödie und am Tragischen orientierten Theater-Programmatik und -Praxis. Die Nationalsozialisten kreierten das

Thingspiel, ein völkisches Gemeinschaftstheater (bis 1937), für das kolossalische Arenen bereitgestellt und eine Vielzahl an Texten von erschrekkender Dürftigkeit verfaßt wurden. Man vereinnahmte ferner das expressionistische *Zeit- und Aktionsstück* (auf fatale Weise repräsentativ Johsts »Schlageter«, 1933). Vor allem aber propagierte der Nationalsozialismus – die Konzepte Wagners, Nietzsches, der → Neuklassik mißbrauchend – die → Tragödie. Zu den Hauptvertretern gehören Langenbeck (»Heinrich VI. Deutsche Tragödie«, 1936; »Das Schwert«, 1940; »Wiedergeburt des Dramas aus dem Geist der Zeit«, 1940), Bacmeister (»Die Tragödie ohne Schuld und Sühne«, 1940; »Der deutsche Typus der Tragödie«, 1943) und – der Faschist par excellence – E. W. Möller (»Das Opfer«, 1941; »Die deutsche Tragödie«, 1941). – Die *Ideologie des Tragischen* (wie des Dramas und des Theaters) drang – in verhängnisvoller parodistischer Weise – zudem in die politische Praxis des Faschismus ein (Choreographie der Massenaufzüge u. ä.). Hitler selbst verstand sich von dem Augenblick an, da das Kriegsglück ihn verließ, als einsamer, von der verständnislosen Umgebung im Stich gelassener Heros einer gigantischen tragischen Katastrophe.

Insgesamt spielte die → *Tragödie*, in welcher Gestalt auch immer, seit dem Ende des 19. Jahrhunderts bis in die dreißiger und selbst noch die vierziger und fünfziger Jahre des 20. Jahrhunderts hinein eine außerordentliche Rolle. Das Spektrum reicht von klassizistischen Mustern über solche konservativen und reaktionären Ursprungs bis zu Versuchen innerhalb eines prinzipiell avantgardistischen Kontextes. Die folgenden Namen und Werk-Titel, aus einer weit größeren Anzahl herausgegriffen, belegen das anhaltende Interesse an diesem Dramentypus: Hauptmann (Atriden-Tetralogie, 1940-1943), O'Neill (»Mourning Becomes Electra«, 1931), Lorca (»Bodas de sangre«, 1933), Anderson (»Winterset«, 1935), Kaiser (»Die Spieldose«, 1942), Camus (»Le malentendu«, 1942 entstanden; »Les justes«, 1949), Sartre (»Les séquestrés d'Altona«, 1959). Auch das bedeutende, umfangreiche Werk des Iren Yeats hat seinen Ursprung in einer tragischen Vision.

Die avantgardistischen neuen Tragikomödien, die philosophisch in Relativismus und Nihilismus wurzeln, und die Tragödien, die auf die Herausforderung einer prinzipiell verwandten geistigen Erfahrung eine in den ästhetischen Mitteln zurückhaltende, traditionelles Pathos nicht scheuende Antwort suchen (falls sie nicht in ideologische Spekulation und nackten politischen Konformismus ausweichen), haben ihren Widerpart in einer Dramatik, welche die bestehenden gesellschaftlichen Verhältnisse zu ändern und den Menschen – d. h. das durch Massenhaftigkeit, Krieg, soziales Chaos bedrohte Individuum – zu retten hofft. Für die deutsche Literatur ist in diesem Zusammenhang vor allem auf das *Drama des Expressionismus* und auf das aus ihm hervorgehende *politisch-*

aufklärerische, sei es das agitatorische, sei es das → epische bzw. dialektische Drama, zu verweisen, für das neben anderen F. Wolf und Brecht als Repräsentanten gelten. Für die frühen deutschen Expressionisten ist kennzeichnend, daß sie in Büchner einen ihrer Vorläufer entdecken. Vor allem aber orientieren sie sich an Strindberg, dem von 1914-1916 meistgespielten Autor auf deutschen Bühnen.

Das erste deutsche Drama des Expressionismus ist Sorges »Der Bettler« (veröffentlicht 1912). Es enthält zugleich ein neues dramaturgisches Programm: Die Bühne mit allen ihren technischen Mitteln soll in den Dienst seelischen Ausdrucks und emotionalen Appells an das Publikum treten. Zentralfigur ist ein Dichter, der sich als Führer versteht und für die Massen, die er zu wahrer Gemeinschaft und einer besseren Zukunft zu erwecken wünscht, ein neues Theater verlangt. Die Naivität der frühexpressionistischen *Revolutionsdramatik* dieses Typus (vgl. auch Rubiners »Die Gewaltlosen«, 1919) liegt in der Überzeugung, durch den Appell an Geist und Gewissen eine materielle Umwälzung der sozialen Strukturen in Gang setzen zu können. Schon bei dem souverän experimentierenden G. Kaiser ist jener Glaube allerdings gebrochen. Seine Dramatik schwankt, bis an den Rand des unfreiwillig Grotesken, zwischen Utopie und Satire (»Von morgens bis mitternachts«, 1916). Tollers Entwicklung verläuft ähnlich: vom revolutionären Enthusiasmus (»Die Wandlung«, 1917/1918) über das Erschrecken angesichts unvermeidbarer Gewalt (»Masse-Mensch«, veröffentlicht 1921) zu der mystisch-resignativen Betrachtung in der Kriegsheimkehrer-»Tragödie« »Hinkemann« (1921/1922). Eines der Hauptwerke des deutschen Expressionismus, zugleich ein Stil-Experiment von singulärem Rang, ist – wiederum und keineswegs zufällig – eine Tragödie: Goerings »Seeschlacht« (1917). Die konkrete politische Reflexion und der Realismus wuchsen dem Expressionismus erst nach und nach zu. Das idealistische Engagement geht allmählich in → Neue Sachlichkeit und eine dialektisch-materialistisch orientierte, ›eingreifende‹ Dichtungsweise über. Der hochgemute Elan der idealistischen Revolutionsstücke weicht der klassenkämpferisch inspirierten Bemühung um das *Proletarierdrama* (Jung, »Die Kanaker. – Wie lange noch?«, 1921; Lask, »Leuna 1921«, 1926; Wittfogel, »Rote Soldaten«, 1921; »Der Mann, der eine Idee hat«, 1922; Mühsam, »Judas«, 1921; F. Wolf, »Der arme Konrad«, 1923; »Cyankali«, 1929 u. a. mehr).

Die Crux aller dieser ›linken‹ Stücke ist ihre konventionelle dramaturgische – in Brechts Worten – »aristotelische« Form, ihre auf Appell und Einfühlung angelegten rezeptionsästhetischen Strategien inbegriffen. Erst Brecht, dessen Oeuvre sich vom Nihilismus-Schock der Anfänge abwendet (vgl. seine Lyrik-Sammlung »Hauspostille« und das Drama »Im Dikkicht der Städt«, 1923), gelingt eine neue inhaltliche und formale Qualität des *politischen Dramas.* Bereits der junge Autor knüpft implizit an

Hegels Kritik des Sturm und Drang eines Schiller an; im Juli 1926 notiert er: »Mit ›Dickicht‹ wollte ich die ›Räuber‹ verbessern (und beweisen, daß der Kampf unmöglich sei wegen der Unzulänglichkeit der Sprache)« (Tagebücher 1920-1922, Frankfurt a. M. 1975: 207). Das heißt zugleich: Brechts lebenslange Reflexion über die Problematik des politischen Handelns, sein ausgeprägtes Bewußtsein von der außerordentlichen Schwierigkeit, gesellschaftliche Veränderung zu initiieren, sind bei ihm von Anfang an verbunden mit einer innovatorischen dramaturgischen und sprachlich-stilistischen Reflexion. Diese Kombination begründet Brechts Rang vor den politisch gleichgesinnten Dramatikern seiner Zeit.

Brecht begnügt sich nicht mit der Akzentuierung fortschrittlicher Inhalte; er setzt nicht auf Aufrüttelung und Belehrung. Vielmehr sucht er entfremdetes Bewußtsein durch die ironische Mittelbarkeit der »verfremdenden« Sprache seines Theaters aufzubrechen (→ Verfremdung). Sprache ist dabei im weiteren Sinn zu verstehen. Das Hauptgewicht liegt hier nicht auf dem gesprochenen Wort, sondern auf dem *Gestischen* der gesamten Szene und der sozialtypischen Interaktion (vgl. »Die Straßenszene«, 1938). Musik, Gesang, Requisiten, Projektionen usw. spielen als ein Ensemble gegenseitig sich kommentierender, jeweils eine gewisse Selbständigkeit behauptender Theatermittel ebenso eine Rolle. Brechts komplexe Theatertheorie, früh schon skizziert (vgl. Anmerkungen zur Oper »Magahonny«, 1930), ist nicht zuletzt ein Produkt des Exils: jener Epoche, in der er – wie andere Exilanten – ohne Kontakt zum lebendigen Theater auskommen mußte. Seine große Dramaturgie »Der Messingkauf« (1939/1940), in der Form eines dialektisch-vielseitigen Gesprächs präsentiert (und im »Kleinen Organon«, 1949, mit propädeutischer Eleganz resümiert), stellt der Sache nach die erste systematische deutsche Theater-Semiotik von Rang dar. Brecht entwirft hier nicht nur eine neue *Schauspiel-*, sondern vor allem auch eine neue *Zuschaukunst.* Die semiotische Zentralformel der Brechtschen Theater-Theorie lautet: »Das Zeigen muß gezeigt werden« (GW, Bd. 5, Frankfurt a. M. 1963: 275). Auch Brecht reflektiert demnach, wenngleich auf andere Art als die Autoren der neuen Tragikomödie, die Grundlagen seiner eigenen ästhetischen Produktion stets mit – nicht nur in der Theorie, sondern, freilich in unterschiedlichen Graden, in den Stücken selbst.

Für den gattungsgeschichtlichen Aspekt bedeutsam ist die Tatsache, daß Brecht sich, wenn er eine »nicht-aristotelische Dramatik« beschreibt, in erster Linie gegen jenes zeitgenössische Theater wendet, das im Dienst der Erzeugung tragischer Affekte steht (vgl. »Dreigespräch über das Tragische«, GW, Bd. 15: 309 ff.). Der Dramentypus der neuen Tragikomödien wie auch das Artaud-Theater entzogen sich seiner Aufmerksamkeit. Das hängt teils mit dem quasi-Verborgensein jener Dramen und Theaterkonzepte, teils mit dem durch die Nationalsozialisten erzwungenen Exil zusammen, das den vertriebenen Autoren in der Regel den Kontakt zum modernen Welttheater nicht eröffnete, sondern geradezu abschnitt.

Im *Exil* lebte die deutsche Dramatik der Weimarer Republik – es werden in der Verbannung ca. 750 Stücke verfaßt – in ihren verschiedenen Gattungsprägungen fast unverändert fort: vom Aktionsstück (Wolfs »Professor Mamlock«, 1933), über das ›epische Drama‹ (Bruckners »Die Rassen«, 1933) bis zur politischen → Komödie (Werfels »Jacobowsky und der Oberst«, 1944). Lediglich Brecht entwickelte neue dramatische Formen; in mancher Hinsicht jedoch machte er – freilich absichtsvolle – Rückschritte: von dem eigentlich avantgardistischen Projekt der »Großen Pädagogik« um 1930 (»Die Maßnahme«, »Fatzer«, u. a.), einem Theater für revolutionäre Kollektive, zu der eher klassischen, partiell kulinarischen Dichtweise von Stücken wie »Mutter Courage«, »Herr Puntila und sein Knecht Matti«, »Der gute Mensch von Sezuan«. Erst später, Jahre nach der Rückkehr in die Heimat, als Brecht sich erneut in einer für sein Theater ungünstigen Situation befand (vgl. »›Katzgraben‹-Notate«. GW, Bd. 16: 775 ff.), begann er, sich für ein Werk vom Typus der neuen Tragikomödie zu interessieren, plante er (wie berichtet wird), Bekketts »Warten auf Godot« materialistisch ›umzufunktionieren‹.

Zwischen dem politisch-aufklärerischen, in seinem Ursprung und seiner Tendenz lange verkannten Theater Brechts auf der einen Seite und dem der Absurden als Fortsetzer einer älteren → Avantgarde-Bewegung auf der andern spielte sich das deutsche *Theaterleben nach 1945* im wesentlichen ab. Noch im Werk eines der Jüngeren – Heiner Müllers – wiederholt sich diese Konstellation: von Brecht über Artaud zu Bob Wilson. Mit Müller erreicht die europäische Avantgarde schließlich einen Dramatiker sozialistischer Provenienz, der zunächst mit »Produktionsstücken« begann. Die Rezeption dieser Avantgarde-Tradition bewirkte bei Müller eine einschneidende Wandlung seiner dramaturgischen Vorstellungen (vgl. »Die Hamletmaschine«, 1977) und bezeugt so mittelbar das historische Gewicht wie auch die unverminderte Aktualität jener älteren avantgardistischen Tendenz innerhalb des Theaters.

Freilich ist das Dramen-Schaffen der neuen deutschen Autoren von jener großen innovatorischen Dramaturgie, wie sie sich beispielhaft im Theater eines Pirandello und eines Artaud manifestiert, insgesamt wenig beeinflußt worden. Eine Ausnahme bildet Peter Weiss, dessen literarische Entwicklung sich vor allem außerhalb des deutschen Kulturraums vollzog. In seinem dramatischen Werk zeichnet sich eine authentische Auseinandersetzung mit dem anarchischen → Surrealismus Artauds und der Schein/Sein-Dialektik des Pirandello-Theaters ab (»Die Versicherung«, 1952; »Die Verfolgung und Ermordung des Jean Paul Marat«, 1964). Grass (»Die bösen Köche«, 1961), Hildesheimer (»Die Verspätung«, 1961), Dorst (»Die Kurve«, 1960) dagegen haben lediglich sporadisch und epigonenhaft Motive und Formelemente aus dem Theater jener avantgardistischen Pioniere verarbeitet. Nur Th. Bernhard, unendlich variantenreich auf einer eher schmalen Basis, scheint – obwohl Nachfahr der Nachfahren jener europäischen Avantgarde-Bewegung – kongenial aus der für diese charakteristischen Erfahrung einer Fundamentalkrise zu schöpfen. Er verwirklicht auf seine Art den Typus der neuen Tragikomödie (u. a. »Der Ignorant und der Wahnsinnige«, 1972). Indem er musikalisch konstruierte Monologe schreibt, die aus einem umfassenden Schweigen aufzusteigen scheinen, radikalisiert Bernhard eine in der neuen Tragikomödie und im → absurden Theater seit Beginn angelegte Tendenz. Bei B. Strauß (»Trilogie des Wiedersehens«, 1978; »Schlußchor«, 1991) erscheint eben diese Tendenz partiell geglättet zu »postmoderner« Melancholie, umgesetzt in theatralen Esprit, der spielerisch über ältere Avantgarde-Muster und -Motive verfügt und dem das dt. Theater der 80er Jahre eine effektvolle Mischung aus Zeitkritik und konservativer Sehnsucht nach alten Mythen verdankt.

Natürlich ist das moderne Welttheater reicher, als auf diesen wenigen Seiten angedeutet werden kann. Es gab – und gibt leider immer weniger – die glanzvolle Komödie des *Boulevard-Theaters* (Molnár, Coward, Maugham). Das feinste, poetischste Produkt dieses Genres ist das Drama des Franzosen Giraudoux, dessen »Siegfried« (1928) die theatralische Szene in Paris veränderte. Giraudoux' talentiertester Schüler ist Anouilh, der gleichermaßen mit »rosa« wie »schwarzen« Komödien sein Publikum zu unterhalten, gelegentlich auch in Rage zu versetzen weiß (»Pauvre Bitos ou le dîner de têtes«, 1956).

Realistische Tendenzen innerhalb des Theaters, die auf die Tradition des 19. Jahrhunderts zurückgehen, existieren nach wie vor. Noch keineswegs überlebt, hat sich diese Form bis in die Gegenwart hinein als produktiv erwiesen – nicht zuletzt aufgrund der Fähigkeit, sich mit künstlerischen Aspekten des Avantgarde-Theaters, insbesondere vom Typus der neuen, unbehaglichen Tragikomödien des 20. Jahrhunderts, zu verbinden. Solche auf einen schöpferischen Kompromiß hinauslaufenden Synthesen sind vor allem für die bedeutendere amerikanische und englische Dramatik bezeichnend (von O'Neill bis zu T. Williams, A. Miller, Albee und Shepard, von Shaw bis zu Osborne, Pinter, Wesker, Arden, Bond, Stoppard und Shaffer).

G. Lukács: Zur Soziologie des modernen Dramas (1914). Neuwied 1980

P. Szondi: Theorie des modernen Dramas. Frankfurt a. M. 1956

M. Esslin: Das Theater des Absurden. Reinbek 1965

V. Sander (Hrsg.): Tragik und Tragödie. Darmstadt 1971

U. Weisstein (Hrsg.): Expressionism as an International Literary Phenomenon. Paris/Budapest 1973

F. N. Mennemeier: Modernes deutsches Drama. Bd. 1: München ²1979 – Bd. 2: München 1975

W. Keller (Hrsg.): Beiträge zur Poetik des Dramas. Darmstadt 1976

F. N. Mennemeier: Das moderne Drama des Auslandes. Dritte, neu bearb. und wesentl. erw. Aufl. Düsseldorf (Bagel/Cornelsen) 1976

F. N. Mennemeier / F. Trapp: Deutsche Exildramatik 1933-1950. München 1980

W. Hinck (Hrsg.): Handbuch des deutschen Dramas. Düsseldorf 1980

G. Schulz: Heiner Müller. Stuttgart 1980

J. Grimm: Das avantgardistische Theater Frankreichs 1895-1930. München 1981

G. Hensel: Spielplan. Schauspielführer von der Antike bis zur Gegenwart. 3 Bände. Frankfurt a. M. /Berlin/Wien 1981

M. Brauneck: Theater im 20. Jahrhundert. Programmschriften, Stilperioden, Reformmodelle. Reinbek 1982

F. N. Mennemeier: Das neue Drama. – In: Neues Handbuch der Literaturwissenschaft. Zwischen den Weltkriegen. Hg. von Th. Koebner. Wiesbaden 1983

H. Rischbieter/J. Berg (Hrsg.): Welttheater, Theatergeschichte – Autoren – Stükke – Inszenierungen. Braunschweig ³1985

E. Fischer-Lichte: Geschichte des Dramas. 2 Bde. Tübingen 1990

D. Kafitz (Hrsg.): Drama und Theater der Jahrhundertwende. Tübingen 1991

Franz Norbert Mennemeier

Einakter

Die Bestimmung des Einakters (oder des Kurzdramas) als Gattung ist durch jene Zweideutigkeit geprägt, die allemal zwischen überlieferter Form und sozialer Funktion eines literarischen Genres aufbricht (→ Gattungen). Denn der E. ist, von Anfang an, Zweckform und Ausdruck einer Wahrnehmungsstruktur zugleich. Das kurze, in sich nur schwach gegliederte Drama reicht bis in die Anfänge literarischer Formen in der Antike zurück. Der ›Einakter‹ ist also nicht als spätere Teillösung dessen zu begreifen, was sich durch Formkrisen innerhalb einer Großgattung herauskristallisiert; er ist aber in dialektischer Auseinandersetzung mit dieser Großform zu verstehen und zu beschreiben. Ein wesentlicher Aspekt seiner Entwicklung ist denn auch gleichzeitig eng mit der Institutionengeschichte des Theaters verzahnt. Darüber hinaus ist der E. durch ein spezifisches Wahrnehmungsmodell charakterisiert. Das Genre trägt, wie alle → Gattungen, ein innovatorisches Potential in sich, das sich in verschiedenen historischen Situationen – im Mittelalter, im 18. Jahrhundert – auf nicht vorhersehbare Art allererst aktualisiert. Gelegentlich kann der E. zum »Experimentalgenre« (Bayerdörfer) schlechthin werden, etwa in ausgezeichneter Weise an der Wende zum 20. Jahrhundert.

Das griechische Drama, sobald es greifbar wird, erscheint zwar aktlos, aber in sich gegliedert durch Handlungsphasen (epeisodion) und Chorgesänge (stasimon). Sprache, Musik und Tanz bilden einen Wirkungszusammenhang. Neben dem Drama besteht von Beginn an der *Mimus,* das volkstümlich-burleske Stück mit Stegreifelementen: ein Kurzdrama. In der römischen Literatur dominiert das fünfaktige Drama. Die *Mysterienspiele* (Mirakelspiele) des Mittelalters – Vorläufer in Spanien sind die *autos sacramentales,* in Italien das *dramma sacro* – besitzen keine Akteinteilung, es finden sich aber derbkomische Einschübe, *Farcen* (von ›farcire‹, hineinstopfen), die im Laufe der Zeit Eigenleben gewinnen und als possenhafte Kurzdramen von Wandertruppen aufgeführt werden. Das *Fastnachtsspiel,* das im 14. Jahrhundert literarische Form annimmt, bezieht kurze mimische Szenen – Ehestreit, Gerichtsspiel, unflätige Arztsatire – in das Geschehen ein. In Italien ist es die – im 16. Jahrhundert entstehende – *commedia dell'arte,* aus der eine neue Variante des Kurzdramas hervorgeht; innerhalb dieser improvisierten dreiaktigen Komödien finden sich nämlich kleine, artistische, derbkomische Nummern eingebunden, die den beiden Zanni, stereotypen Figuren der *commedia dell'arte,* zugeordnet sind. In Frankreich, Deutschland und Rußland prägt sich im 18. Jahrhundert allmählich ein schärferes poetologisches Bewußtsein von einer kurzdramatischen Gattung aus, die freilich weiterhin durch eine Vielfalt von Namen gekennzeichnet ist: *Monodrama, Drame lyrique, Scène lyrique, Comédie en un acte, Atto unico, Farsa* und viele andere; ähnlich im Bereich des Operneinakters: *Azione, Pastorale, Farsa, Singspiel, Divertissement.*

Bei einer Darstellung des Genres sind verschiedene Aspekte in Anschlag zu bringen: ein quantitativer, ein qualitativer und ein funktionaler. Zum einen werden Kurzdramen im 18. Jahrhundert zunehmend und in großen Mengen produziert (*Proverbes dramatiques*). Zum anderen bewegen sich ihre Themen fast ausschließlich im Bereich des Komischen, Volkstümlichen, Burlesk-Trivialen; denn kurze Dramen gehören, im Gegensatz zur großen Tragödie, dem Feld der »niedrigen« Gattungen und ihrer Stillage an; sie gehorchen einem von der Antike bis ins 19. Jahrhundert reichenden Formen- und Ausdruckskanon. (Eine seltene Ausnahme bildet Lessings einaktige Tragödie »Philotas« von 1759). Schließlich aber ist die Produktion von E.n in ganz Europa im Verbund mit der Institution Theater zu begreifen: zwischen dem 16. und dem 18. Jahrhundert finden – an den höfischen wie später an den bürgerlichen Bühnen, aber auch bei den wandernden Truppen – E. als *Vorspiele,* als *Zwischenspiele,* um Umbauten auf der Bühne oder Mahlzeiten zu ermöglichen, und als *Nachspiele,* als komischer Ausklang nach einer Tragödie, Verwendung.

Die Neugeburt des E.s als eines seriösen, poetologisch reflektierten und experimentellen Genres kündigt sich dann im letzten Drittel des 19. Jahrhunderts in Europa an: im Zeichen einer Sprach- und Wahrnehmungskrise, des Wandels der Institutionen im Bereich von Bühnen- und Theaterbetrieb, einer Veränderung des Weltbildes unter dem Titel des Determinismus und einer damit verbundenen, konfliktreich erfahrenen Alternative von Subjektivierungs- und Entindividualisierungstendenzen (→ Drama). Es ist der Ausdruck einer schon lange schwelenden Krise des ›großen Dramas‹ (Hebbels oder Wagners), des herkömmlichen *Illusionstheaters* und der auf das literarische Wort allein gestellten Dramatik (→ Theater). Der E. avanciert nun zu einem Organ, das sich experimentell mit theatralischen Großformen, Illusionsproblemen der Bühne und Wirkungsmöglichkeiten der verschiedenen Medien künstlerischen Ausdrucks auseinandersetzt. Die Musik, die Pantomime, der Ausdrucksgestus des Kabaretts, der Tanz, die Malerei, das Grammophon, zuletzt das Kino und das Tonband treten im E. in Konflikt mit der Sprache und ihrem »literarischen« Habitus. Eine wichtige Rolle für die Entwicklung des E.s als experimenteller Form spielt Antoines »Théâtre libre« in Paris, das seit 1887 durch die Aufführung psycho-sozial orientierter Kurzdramen (»comédies rosses«) die Öffentlichkeit schockierte.

Für die Ausbildung des E.s als neuer Formel der dramatischen Kunst um die Jahrhundertwende (»Formel des kommenden Dramas«, so Strindberg in seinem programmatischen Essay »Vom modernen Drama und modernen Theater«, 1889, später »Der Einakter«) sind verschiedene Entwicklungen zu beachten (→ Drama). Da ist zuerst eine von Mallarmés – als Einakter gelesener – »Hérodiade« (1869) ausgehende Formauffassung des »lyrischen Dramas«. Mallarmé nennt sein »poëme« (das den lyrischen Kern einer Salome-Dichtung bildet), eine »étude scénique«. Der schwebende Dialog suggeriert ein verinnerlichtes intimes Theater. Der Begriff des »Lyrischen« meint hier das Musikalische wie das Monologische. Hofmannsthals einaktige Stücke »Der Tod des Tizian« (1892), »Der weiße Fächer« (1897) und »Das kleine Welttheater« (1897) gehören ebenso in diese Tradition wie Rilkes »Psychodramen«, unter anderem »Die weiße Fürstin« (1898).

Ein zweiter, verschiedene Formen der → Innovation mit sich bringender Strang im Entstehungsgeflecht des modernen E.s wird durch die Kurzdramen Strindbergs, Maeterlincks und Čechovs bezeichnet. Während Strindberg mit seinen elf E.n (1888-1892), unter anderem »Fräulein Julie«, »Die Stärkere« und »Vorm Tode«, und seinen programmatischen Schriften »Fräulein Julie« (1888) und »Der Einakter« (1889) in dem »quart d'heure« die künftige Formel des Dramas zu erblicken meint und eine Verknüpfung verschiedener medialer Parameter – des *Monologs*, der *Pantomime*, des *Tanzes* – für die neue Form reklamiert, stiftet Maeterlinck sein dunkles Theater der Innerlichkeit, der Innenräume und der Angst, des Augenblicks einer blinden Leere – »L'intruse« (1890), »Les aveugles« (1890), »Intérieur« (1895) – und wird so zu einem der Vorbilder für die neue Form von Kurzdramen im Kreis der Wiener literarischen → Moderne, aber auch noch des Kurzopernschaffens von A. Schönberg. Dritter Anreger der Moderne ist Čechov, der etwa zur gleichen Zeit (neben seinen großen Bühnenwerken) seine Kurzdramen schreibt und diese in einer Zwischenzone zwischen »lyrischem« und »groteskem« Einakter ansiedelt.

Eine dritte die Jahrhundertwende prägende Form des E.s, das *Konversationsstück* Schnitzlers, erwächst unter anderem aus der französischen Tradition der *»proverbes dramatiques«*, der Entfaltung des E.s aus einem Gesprächs-Spiel: eine Gattung, die von Carmontelle und Leclercq bis zu Musset (»Il faut qu'une porte soit ouverte ou fermée«, 1845) und Hofmannsthal (»Gestern«: »ein Proverb in Versen mit einer Moral«) reicht.

Eine vierte Spielart des E.schaffens nach der Jahrhundertwende, die Kurzdramen des → absurden und des grotesken Theaters – von Valentin

(»Der Firmling«, 1922) bis Ionesco (»La leçon«, 1951) – sind aus dramatischen Szenen herzuleiten, wie sie sich im *Vaudeville* des 18. und 19. Jahrhunderts und in den bösartigen *Farcen* Courtelines präsentieren, die unter anderem im berüchtigten Pariser »Grand Guignol« (ab 1899) aufgeführt wurden.

Ein fünfter Bereich der E.produktion zu Beginn des 20. Jahrhunderts wird – neben der *Vaudeville*-Tradition – aus dem Bereich des *Kabaretts* (des »Brettl«) und dem Experimentieren mit nicht-sprachlichen Medien gespeist: der *Pantomime*, der *Musik*, dem *Tanz*, der *Malerei* (→ Theater). Drei Einakter sind hierfür exemplarisch: Kandinskys Stück »Der gelbe Klang« (1909-10), ein Spiel mit Farben, Formen, Figuren und Bewegungen (→ Gesamtkunstwerk); Döblins Einakter »Lydia und Mäxchen« (1906), die Rebellion der Bühnenrequisiten und Theaterfiguren gegen die dramatische Form und den Autoritätsanspruch von Regisseur und Dichter; Kokoschkas Kurzdrama »Mörder, Hoffnung der Frauen« (1907) schließlich, eine anarchische Inszenierung des Geschlechterverhältnisses zwischen Sprache, Farbkomposition und Bewegungs-Spiel. Es sind kühne Experimente auf die Kombination von Texten mit modernen Ausdruckselementen wie → Film, → Hörspiel, bildender Kunst oder *Pantomime*, die in Golls »Chapliniade« (1920), in Hindemiths Vertonung von Kokoschkas »Mörder« (1921) und dem Operneinakter »Hin und Zurück« (1927), in Horváths »Stunde der Liebe« (1929), in Schlemmers »Das figurale Kabinett I« (1922-23) und schließlich in Schwitters' »Schattenspiel« (1925) ihre Fortsetzung finden.

Eine letzte Variante des Genres nach 1900 bilden die E. von Brecht, der sich seinerseits auf Valentin und Chaplin beruft. »Die Kleinbürgerhochzeit« oder »Der Fischzug« etwa, beide 1919, stellen nicht so sehr verschiedene Medien auf die Probe, sondern bieten vielmehr verfremdende und parodierende Nutzungen verschiedener überlieferter Formen des kurzen Dramas: der *Burleske*, aber auch der → *Groteske*, der *Farce* und des *Schwanks*.

Die E., die nach dem zweiten Weltkrieg in Deutschland geschrieben werden, knüpfen an die experimentellen Möglichkeiten der zwanziger Jahre an. Mancher Anstoß mag auch von Höllerers wichtiger E.-Anthologie »Spiele in einem Akt« von 1961 ausgegangen sein. Zu den Autoren der ersten Generation, die die formalen Experimente der Vorkriegszeit aufgreifen, gehören Frisch (»Die große Wut des Philipp Hotz. Ein Schwank«, 1958), Grass (»Noch zehn Minuten nach Buffalo«, 1958) und S. Lenz, aber auch Nelly Sachs (mit zahlreichen E.n, z.B. »Abraham im Salz. Ein Spiel für Wort – Mimus – Musik«, 1944), P. Weiss (»Nacht mit Gästen. Eine Moritat«, 1960), Kipphardt (»Entscheidungen«, 1953) und Hildesheimer (»Nachtstück«, 1963). Die nächste Generation tritt – im Gegensatz hierzu – eher in ein (postmodernes) Spiel mit tradierten Genres ein: so Hacks (»Ein Gespräch im Hause Stein über den abwesenden Herrn von Goethe«, 1975) in einer Wiederaufnahme des traditionellen *Monodramas;* so Th. Bernhard mit seiner Affinität zum anarchischen *Volksstück* und zu Valentin (das Dramolett »A Doda«, 1978; aber auch die *Monodramen* »Der Präsident«, 1975, und »Minetti. Ein Porträt des Künstlers als alter Mann«, 1977); so P. Süßkind in dem Stück »Der Kontrabaß« (1981) mit einem Rückgriff auf das französische (und Wiener) *Boulevardstück;* so B. Strauß mit seinem Versuch, den klassischen *Einakterzyklus* zu restaurieren (»Schlußchor«, 1991); so schließlich Handke mit seinem als sprach- und dialogloses Szenar konzipierten, als pantomimische Szene ablaufenden E. »Die Stunde da wir nichts voneinander wußten« (1992).

Die Entwicklung des einaktigen Schauspiels im Rußland des 20. Jahrhunderts ist durch zwei Brüche gekennzeichnet. Das Land nimmt bis zum ersten Weltkrieg – mit Autoren von lyrischen und symbolistischen Kurzdramen wie A. A. Blok und V. Ja. Brjusov, mit V. V. Chlebnikov als Verfasser futuristisch-experimenteller E. und mit N. St. Gumilev als einem Vertreter des *Akmeismus* – an jenem Innovationsschub des einaktigen Genres teil, der auch Westeuropa zu dieser Zeit prägt. Auf die Zeit des Laientheaters im Dienst sozialistischer Erziehung nach 1920 folgen erst in den achtziger Jahren die psychologisch, feministisch und sozialkritisch orientierten E. von Ljudmila Petruševskaja und V. Slavkin.

Im angelsächsischen Raum dominiert der E. – seit dem 18. Jahrhundert – im Laienspiel (amateur théâtre mouvement), in Amerika in der Bewegung des »little theatre«, und zwar als Spielpraxis wie als Lehrfach an Schule und Universität. Hier haben kommerzielle E. und deren Massenproduktion ihren Ort. Ein zweiter Bereich angelsächsischen E.schaffens ist – wie in Frankreich mit Antoines »Théâtre Libre« – in Verknüpfung mit dem Dubliner Abbey Theatre zu sehen, das als erstes, seit 1899, programmatisch E.-Aufführungen (in sogenannten »triple bills«) veranstaltete und damit die bedeutenden Werke eines Yeats, einer Lady Gregory (»Spreading the News«, 1904) und eines Synge (»Riders on the Sea«, 1904) zur Aufführung brachte. Aber auch E. Shaws und des jungen O'Casey wurden dort, zum Teil als Uraufführung, gezeigt. Als Beispiele des irischen, des amerikanischen und des englischen Kurzdramen-Schaffens sind die symbolistischen Stücke eines Yeats (»The Shadowy Waters«, 1911) von den lehrhaften Th. Wilders (»The Long Christmas Dinner«, 1931), aber auch von dem psychologischen Realismus O'Neills (»Thirst«, 1914) und dem grotesken Theater Pinters (»The Room«, 1957) abzuheben. Die Entwicklung des französischen E.s nimmt nach dem zweiten Weltkrieg eine neue Wende. Die groteske, farcenhafte oder burleske Dramatik Ionescos (»La cantatrice chauve«, 1950, »Les chaises«, 1952) und das absurde Traum-Theater A. Adamovs (»Le professeur Taranne«, 1953) öffnen ein weites Feld der Möglichkeiten (→ absurdes Theater), die in den experimentellen Texten (»drames-éclairs«) Tardieus (»Qui est là?«, 1947; »La sonate et les trois monsieurs ou comment parler musique«, 1955) aber auch in den Erfolgsstücken eines Guy Foissy ihre Fortsetzung finden.

Wie für das literarische Kurzdrama, so besitzt die Zeit zwischen 1880 und 1920 auch für den *Operneinakter* eine Schlüsselfunktion. Es ist der Moment, wo literarischer und musikalischer Einakter in Wechselauseinandersetzung treten und dadurch avantgardistische Brisanz gewinnen (→ Literaturoper). Eine wichtige Zäsur in der Entwicklung des Operneinakters hatte freilich schon Strauss' »Feuersnot« (1901) gebildet, die sich – in farcenhafter Zuspitzung – gegen Wagners Großdramatik durchzusetzen sucht. 1909 komponiert Strauss Hofmannsthals literarischen E. »Elektra« von 1903. Die eigentliche Schaltstelle auf dem Weg zum experimentellen Einakter der Moderne bildet dann aber das *Monodrama* des von Strindberg wie von Maeterlinck beeinflußten A. Schönberg (»Erwartung«, 1909), das in der thematischen Tradition der einsam sprechenden verlassenen Frau (»Ariadne«) steht. Metapoetische Experimente mit dem Operneinakter repräsentieren dann Strauss/Hofmannsthals »Ariadne auf Naxos« (1912; 1916) und der von Strauss zusammen mit C. Krauß verfaßte Einakter »Capriccio« (1942), den der Komponist als Schwanengesang der *Oper* und als »eine dramaturgische Abhandlung« zugleich begreift: Auseinandersetzungen mit der 400 Jahre alten Dialektik von tragischer und komischer Oper, von »hohem« Mehrakter und »niedrigem« E., von Musik und Literatur (im Spiel mit anderen Medien: dem Tanz, der bildenden Kunst, der Pantomime).

Eine Bestimmung des E.s als Gattung geht in die Irre, wenn sie seine Struktur nach dem Maßstab der drei- oder fünfaktig gegliederten »großen« Dramen zu begreifen sucht. E. sind eigenständige Formen und bilden Strukturmuster aus, die einem anderen als dem »großdramatischen« Wahrnehmungsmodell entspringen. E. setzen, in der Wahrnehmung der Welt und des Ich, der »Einheit der Handlung« (die ein aristotelisches Konstrukt ist) die »Einheit der Situation« entgegen, welche Welt und Ich in ein »Bewußtseinszimmer« (Nietzsche) stellt. Diese Einheit der Situation kann sich als Sprach-Spiel und als Augen-Blick gestalten: Cervantes *Entremés* »El retablo de las maravillas« (1615) (»Das Wundertheater«) und Rousseaus »scène lyrique« »Pygmalion« (1762) sind die Prototypen dieser doppelten Entwicklung. In dieses veränderte Wahrnehmungsmodell läßt sich sogar der Begriff des »Tragischen«, der die Tradition des fünfaktigen Dramas seit jeher prägt, einbringen (→ Tragödie). Maeterlinck hat ihn, mit dem Titel eines seiner Essays, als »le tragique quotidien« gefaßt: eine Welt- und Seelenverfassung, die sich im »théâtre statique« (1896) des E.s vollendet.

Aus dieser Grundannahme des – vom großdramatischen Modell abweichenden – anderen Wahrnehmungsmodus des E.s erwächst eine Reihe von Bestimmungsmerkmalen. Die Kürze des Dramentextes impliziert ein selbständiges Element des »Situativen«, das durch die Momente der Konzentration, der Reduktion und der Abstraktion zusätzlich bezeichnet wird. Bayerdörfer und B. Schultze haben diese Kategorien gegen die Auffassung Szondis ins Spiel gebracht, der den E. als bloße Reaktion auf die Krise des klassischen Dramas, als Resultat eines Lebensgefühls des Determinismus, der Vereinzelung und der Ohnmacht im Sozialen wie im Metaphysischen, als »Rettungsversuch« auf dem Weg vom klassischen zum modernen Drama zu begreifen suchte.

Als ein zwiespältiges Argument im Hinblick auf die (notwendige) Kürze und Vereinzelung des E.s erscheint die Tatsache der Bildung von *E.-Zyklen,* als Strategien des Repertoire-Theaters, um »abendfüllende« Sequenzen zu erzielen, einerseits, als vom Autor verantwortetes poetisches Kompositionsprinzip andererseits, wie es namentlich Schnitzler virtuos handhabt – »Anatol« (1893), »Reigen« (1900), »Komödie der Worte« (1915). Versöhnung mit der Großform und Sprengung von deren Struktur stehen hier in einem zwingenden und unauflöslichen Konflikt, der mit zur Kennzeichnung der Gattung gehört.

G. L. Plessow: Das amerikanische Kurzschauspiel zwischen 1910 und 1930. Halle 1930

A. Hartmann: Der moderne englische Einakter. Leipzig 1936

P. Szondi: Theorie des modernen Dramas. Frankfurt am Main 1956

Spiele in einem Akt. 35 exemplarische Stücke. Hrsg. von Walter Höllerer in Zusammenarbeit mit Marianne Heyland und Norbert Miller. Frankfurt am Main 1961

M. E. Wiley: The Einakter as a Dance of Wit (Spiel) and a Court of Justice (Gericht): A Structural Analysis of German One-Act Plays from Goethe to Dürrenmatt. Diss. Pennsylvania State University (Masch.) 1965

D. Schnetz: Der moderne Einakter. Eine poetologische Untersuchung. Bern und München 1967

H.-P. Bayerdörfer: Vom Konversationsstück zur Wurstelkomödie. Zu Arthur Schnitzlers Einaktern. Jb. d. dt. Schillerges. 16 (1972)

R. Halbritter: Konzeptionsformen des modernen angloamerikanischen Kurzdramas. Dargestellt an Stücken von W. B. Yeats, Th. Wilder und H. Pinter. Göttingen 1975

W. Kirsch: Prolegomena zu einer Geschichte des Operneinakters im 20. Jahrhundert. Die Musikforschung 28 (1975)

P. Szondi: Das lyrische Drama des Fin de siècle. Hrsg. von H. Beese. Frankfurt 1975

H.-P. Bayerdörfer: Überbrettl und Überdrama. Zum Verhältnis von literarischem Kabarett und Experimentierbühne. In: Literatur und Theater im Wilhelminischen Zeitalter. Festschrift für Hans Schwerte. Hrsg. von Hans-Peter

Bayerdörfer, Karl Otto Conrady und Helmut Schanze. Tübingen 1978
H. Kosok: Das Kurzdrama. In: Heinz Kosok (Hrsg.): Drama und Theater im England des 20. Jahrhunderts. Düsseldorf 1980
H.-P. Bayerdörfer: »Le partenaire«. Form- und problemgeschichtliche Beobachtungen zu Monolog und Monodrama im 20. Jahrhundert. In: Literaturwissenschaft und Geistesgeschichte. Festschrift für Richard Brinkmann. Tübingen 1981
S. Demmer: Untersuchungen zu Form und Geschichte des Monodramas. Köln/Wien 1982
H. Scheible: Im Bewußtseinszimmer. Arthur Schnitzlers Einakter. In: Text und Kontext 10 (1982,2)
H.-P. Bayerdörfer: Das Haus Babel. Die Raumkonzeption von August Strindbergs Kammerspielen und ihre gattungsgeschichtliche Tragweite. In: Festschrift für Walter Hinck. Hrsg. von Hans Dietrich Irmscher und Werner Keller. Göttingen 1983
L. Matthes: Vaudeville. Untersuchungen zu Geschichte und literatursystematischem Ort einer Erfolgsgattung. Heidelberg 1983
B. Schultze: Studien zum russischen literarischen Einakter. Von den Anfängen bis A. P. Čechov. Wiesbaden 1984
H.-P. Bayerdörfer: Die Einakter – Gehversuche auf schwankendem Boden. In: Brechts Dramen. Neue Interpretationen. Hrsg. von Walter Hinderer. Stuttgart 1984
S. Döhring/W. Kirsch (Hrsg.): Geschichte und Dramaturgie des Operneinakters. Laaber 1991
Themenheft: *Kurzdramen im Fremdsprachenunterricht.* Die Neueren Sprachen 90 (1991,4)

Gerhard Neumann

Episches Theater

Der Begriff des ›epischen Theaters‹ gehört wie der des → absurden, des entfesselten oder des Theaters der Grausamkeit zu den theatergeschichtlichen Aushängeschildern des 20. Jahrhunderts. Keiner der genannten Begriffe wird aber in so unterschiedlicher Weise gebraucht wie der des e. Th.s, welcher teils zu einem Allgemeinplatz geworden ist, teils nach wie vor als spezielles Etikett des *dialektischen Theaters* von Brecht benutzt wird.

Um zunächst vom weitesten Gebrauch des Begriffs auszugehen, so sucht er zumindest *drei große Phänomenbereiche* zu umfassen: erstens die in einem spezifischen Sinne *erzählenden Mittel,* die überwiegend im Anschluß an die aristotelische Definition von ›dramatisch‹ und ›episch‹ bestimmt werden; zweitens die *illusionsbrechenden Mittel,* die prinzipiell mit erzählenden Strukturen nichts zu tun haben, sondern zum überwiegenden Teil aus dramatischen oder theatralischen Konventionen stammen (→ Komödie, Posse), welche durch ein gebrochenes oder pointiert spielerisches Verhältnis zwischen Bühne und Zuschauer geprägt sind; drittens Phänomene, die mit der Bewegung der *Retheatralisierung* des Theaters seit der Jahrhundertwende zusammenhängen, jener Bewegung also, in der sich das Theater auf seine vor- und außerillusionistischen Traditionen und Möglichkeiten besinnt, um zu der namentlich seit der Aufklärung erfolgten Literarisierung Gegengewichte zu schaffen (→ Theater).

Während sich im ersten Teilbereich im wesentlichen dramatisch-literarische Gesichtspunkte und Phänomene ergeben, im dritten hingegen primär bühnengeschichtliche, ist bei dem zweiten der Interferenzbereich umrissen, in dem sich, historisch gesehen, der Kampf zwischen Theater und Literatur um die Bühne formiert hat. Die theater- und literaturgeschichtliche Forschung hat dargelegt, daß fast alle Einzelphänomene, die im 20. Jahrhundert als spezifisch ›episch‹ reklamiert worden sind – bis auf wenige, die erst durch die technischen Möglichkeiten des 20. Jahrhunderts geschaffen wurden –, bereits in früheren theatergeschichtlichen Zusammenhängen gegeben waren, so daß es nicht ihre Entdeckung, sondern ihre erneute oder neuartige Verwendung ist, die das spezifisch moderne Gepräge der ›Episierung‹ ausmacht.

In einem dergestalt verallgemeinerten Sinn werden heute als ›episch‹ alle jene Elemente bezeichnet, welche die rein dialogisch-agonale Dynamik des dramatischen Konflikts unterbrechen, reflektieren oder in ihrer fundamentalen und scheinbar selbstverständlichen Bedeutung einschränken. Dazu gehören berichtende, räsonierende oder lyrische Passagen von Einzelfiguren oder eines Kollektivs, etwa eines Chors nach Art der antiken Dramatik; des weiteren Prologe, Epiloge und Zwischenreden, wie sie ebenfalls in der Antike, aber auch bei Shakespeare zu finden sind; Erzählerfiguren und Erzählerreden, die aus dem Theater des Mittelalters oder der frühen Neuzeit bekannt sind; direkte Publikumsanreden, wie sie in der Tradition des Fastnachtsspiels, der Komödienformen im weiten Sinne, aber auch der Haupt- und Staatsaktion vorkommen; ferner all jene Ironiesignale, A-parte-Stellen und Konventionen des Aus-der-Rolle-Fallens, die auf der Komödienbühne bis hin zum romantischen ›Meta-Theater‹ (Tieck) stilbestimmend gewesen sind; schließlich die Dramaturgie der sogenannten ›komischen Figuren‹, die vom Hanswurst bis zu den großen Nestroy-Rollen ein theatrales Doppelleben zwischen fiktionaler Spielfigur und szenischen Partner des Publikums führen. Subsumiert werden unter den Begriff des e. Th.s auch die musikalischen Auftrittsmöglichkeiten, die in Vaudeville und Posse das Spiel an der Rampe ermöglichen, bis hin zu den spezifisch kabarettistischen Szenentypen, welche eine eigene Dramaturgie ins Theater des 20. Jahrhunderts einbringen. Als im weiteren Sinne episch ließen sich auch jene szenischen Formen einstufen, die zum Typus der ›offenen‹ Dramenform gerechnet werden; oder weiträumige dramatische Geschehensmuster, in denen nicht der Verlauf des personalen Konflikts, sondern die (erzählbare) Lebenslaufgeschichte den szenischen Ablauf bestimmt, wie in Ibsens »Peer Gynt« oder in Strindbergs Stationendramen.

Wollte man bei all diesen historischen Phänomenen bereits von ›epischem Theater‹ sprechen, würde der Begriff freilich seine Ledistungsfähigkeit einbüßen. Es versteht sich von selbst, daß ein Theater ohne jegliche ›epische‹ Elemente ein Idealtypus bleibt. Theatergeschichtlich korrespondiert dieser den Gegebenheiten der modernen Guckkastenbühne – mit ihrer vom Zuschauerraum abgeriegelten Illusionssphäre und ihrem universalen Einfühlungspostulat, das erst im 18. Jahrhundert von Diderot aufgestellt und im Theater von Brahm und Stanislavskij rigoros erfüllt worden ist. Bezeichnenderweise greifen die Episierungstendenzen des 20. Jahrhunderts vielfach auf die Theatergeschichte vor dem 18. Jahrhundert zurück, außerdem auf außereuropäische Theatertraditionen sowie auf jene ›subkulturellen‹ Theaterbereiche, die sich, – wie Jahrmarkts-, Vorstadt- oder Puppenbühne – dem Diktat der tonangebenden Regel- und Reformbühnen entzogen haben. Die Verwendung des Begriffs ›episches Theater‹ ist jedoch nur sinnvoll, wenn er – über die beschriebenen historischen Einzelphänomene hinaus – eine Grundtendenz bezeichnet, die sich gegen das rigorose *mimetische Illusionstheater* des späten 19. Jahrhunderts richtet.

Die Epoche des naturalistischen Theaters ist zugleich die Epoche der Krise jenes Illusionstheaters und seiner theatralischen Form, der perfektionierten Guckkastenbühne (→ Theater). Genauer gesagt stellt das Drama des → Naturalismus die Krise selbst dar, denn dramaturgisch gesehen weist es vielfach krypto-epische Strategien auf, von langgezogenen epischen Milieu- oder Lebenslaufberichten bis zu jenen Gestalten mit Sonderfunktion, die der beschreibenden oder beobachtenden Analyse der dargestellten Verhältnisse funktional zugeordnet sind. Bühnengeschichtlich gesehen jedoch bleibt das naturalistische Drama auf die vollillusionistische Guckkastenbühne und auf die ihr entsprechende Darstellungsmethode der Schauspieler angewiesen. Diese theatergeschichtliche Zwitterstellung bezeichnet die Schwelle des neuen Jahrhunderts, in dem sich in wechselnden Phasen Theater und → Drama gegenseitig den Rang hinsichtlich der weitreichendsten Innovation streitig machen (→ Theater).

Mit und vor allem nach dem naturalistischen Theater wird aber nicht nur die Krise des Dramas, sondern auch die der Bühne sichtbar und zudem in einer Fülle von Bühnenreformprojekten manifest. Was die Perfektion des Illusionstheaters fragwürdig macht, ist zum einen die Einsicht, daß sich die idealistische Erwartung, die seit dem 18. Jahrhundert daran geknüpft worden ist, in der gewandelten historischen Situation nicht mehr einlösen läßt: die Vorstellung nämlich, durch die Identifikation mit den fiktiven Bühnenpersonen ergebe sich ohne weiteres eine Erweiterung der menschlichen Wahrnehmungs- und Vorstellungsfähigkeit zu universaler Humanität. Die Befürchtung, daß solche Identifikation im Gegenteil zum passiven Konsum und unkreativen ästhetischen Selbstgenuß verleite, hat den Sinn des Theaters als gesellschaftlicher Einrichtung insgesamt in Zweifel gezogen. Die Wiedergewinnung einer aktivierenden gesellschaftlichen Funktion des Theaters wurde damit zum grundsätzlichen Problem einer Reform des Verhältnisses von Bühnen- und Zuschauerraum.

Bezüglich der Gestalt des Dramas hat Szondi die ›Überalterung‹ der – individualistisch-dialogischen – dramatischen Gestalt nachgewiesen, in der sich die uniformierenden und kollektivierenden Tendenzen der modernen Geschichts- und Gesellschaftsentwicklung nicht mehr adäquat präsentieren lasse. Sowohl das soziale Außen wie auch das psychologisch verstehbare Innen sperren sich gegen die dialogische Aktualität der Form. Die Versuche der Dramatik um die Jahrhundertwende, innerhalb der traditionellen dramatischen Gestalt neue thematische Forderungen einzubringen, weisen auf Grundformen des e. Th.s voraus, die sich erst in den nächsten Jahrzehnten zur offenen Struktur entfalten.

Die insgeheim, unter inhaltlichen Vorwänden motivierte Einsetzung heimlicher Erzählergestalten, welche die Lebensgeschichte der Figuren berichten, wie etwa in Strindbergs »Gespenstersonate« (1908) wandelt sich zum offenen Spiel des erzählenden Spielleiters, wie in Wilders »Our Town« (1938). Der erhellende, aufschließende Rückgriff auf die Vergangenheit, den das analytische Drama Ibsens, angelehnt an eine ›sekundäre‹ Gegenwartshandlung, unternimmt, wandelt sich zum Spiel der Vergangenheit, das mittels epischer Vor- und Rückblenden, wie in Millers »Death of a Salesman« (1949), paradigmatische epische Gestalt gewinnt. Die chronikalisch-erzählende Aktfolge von Hauptmanns »Die Weber« (1892) wandelt sich zur epischen Chronikform von Brechts »Mutter Courage« (1939). Die ironisch gebrochene Doppel- und Tripelrolle, wie sie das frühe *Kabarett* als spezielle Auftrittsform entwickelt, wird in der späteren Darstellungs- und Schauspieltheorie Brechts zur episch-verfremdenden Darstellungsweise generalisiert. Das soziale Panorama, das sich in der Aktfolge von Hauptmanns »Die Ratten« (1911) im Nacheinander der Spielräume verschiedener Stockwerke einer Mietskaserne entfaltet, wird zum offenen Nebeneinander, wie in Bruckners »Die Verbrecher« (1928), oder mittels einer ausgefeilten Beleuchtungsregie und simultanen Szenerie zur traumhaft visionären Vergegenwärtigung einer ganzen Kleinstadt, wie in Thomas' »Under Milkwood« (1953).

Solche ›Episierungen‹ im dramaturgischen Großmaßstab sind zugleich abhängig von der technischen Entwicklung der Bühne (Beleuchtungstechnik) und ihrer Emanzipation vom Illusionsanspruch. Die Bühne selbst – Regisseur und Bühnenbildner – bestimmen die epische Generallinie des Geschehens. Der Inbegriff einer dezidiert theatralisch entworfenen Epik ist die *Bühnenrevue*, die nach und nach zum universalen Genre des ›entfesselten Theaters‹ wird. Dank der aus der Ästhetik des → Futurismus stammenden Möglichkeiten der modernen → Montage gewinnt die theatralische Revue jenes ästhetische Niveau, das es erlaubt, sie den literarisch entwickelten Formen des epischen Bühnenwerks an die Seite zu stellen. Ihre Dynamik übertrifft gar zuweilen die des epischen Literaturtheaters. Die Auseinandersetzung jedenfalls zwischen Brecht und Piscator, die sich gegenseitig die Priorität in der Erfindung des e. Th.s streitig machten, muß als Reflex der grundsätzlichen Entwicklungsgesetze des Theaters im 20. Jahrhundert verstanden werden, wie insgesamt ihre Beiträge zur Genese des e. Th.s im Rahmen der Jahrhunderttendenz des antiillusionistischen Reformtheaters zu verstehen sind.

Brechts Weg zum e. Th. führt über mehrere Stufen. Am Anfang steht die Auseinandersetzung mit der → *Komödie* als derjenigen dramatischen Gattung, die im Hinblick auf die Durchbrechung der szenischen Illusion und die vielfältigen Formen der Nichtidentifikation – der ironischen, sprachlichen und szenischen Distanzierung – über das größte Reservoir für die systematische Entwicklung des Verfremdungseffektes verfügt (→ Verfremdung). Nach den dramatischen Fingerübungen der frühen Einakter, in denen die Schwank- und Burlesk-Szenerie erprobt wird, gewinnt Brecht mit »Trommeln in der Nacht« (1922) den Anschluß an jene gattungsgeschichtliche Linie, was sich zumal in der Wiederaufnahme zahlreicher aus der Romantik bekannter Desillusionierungseffekte dokumentiert, die mit provokativem Elan durch dadaistische und futuristische Elemente aktualisiert werden. Den zweiten Ansatz bildet für Brecht die *Historie* der Shakespearezeit. Der zusammen mit Feuchtwanger unternommene Versuch der Bearbeitung von Marlowes »Leben Eduards II.« (1924) führt zum epischen Chronikstil, mit Zwischentiteln, versteckter Didaktisierung durch Sentenz und Wiederholungsmuster sowie der Einbeziehung der ursprünglich kabarettistischen Songszene in strukturierender und didaktischer Funktion. Mit der ›Komödie‹ »Mann ist Mann« (1926) ist der eigentliche Übergangspunkt zum e. Th. erreicht, sowohl in der gattungsgeschichtlichen Fallinie wie im thematischen Entwurf, der das Verhältnis von altem Individualitätspostulat und zeitgemäßem Kollektivzwang zum Gegenstand hat.

In den folgenden Jahren werden die gewonnenen epischen Verfahrensweisen, gleichzeitig mit Brechts marxistischer Orientierung, zunächst im Sinne des weltanschaulichen Schulungstheaters der *Lehrstücke* funktionalisiert, ehe nach der theoretischen Grundlegung des »Messingkaufs« (seit 1939) die freiere, dialektische Didaktik der späteren Stücke Brechts erreicht wird. Sie realisieren den für das e. Th. erhobenen Anspruch des wissenschaftlichen Zeitalters in der Weise, daß auch der Zuschauer als selbständige, nicht zu bevormundende Instanz von eigenem kritischen Recht in den dramatisch-theatralen Gesamtentwurf einbezogen wird. Die von Brecht entwickelte »nicht-aristotelische« Schauspieltheorie, welche – in Opposition gegen die anachronistisch auf die aristotelische Katharsislehre zurückgeführte »Einfühlung« – gerade die Nicht-Identifikation von Zuschauer und Bühne zum Angelpunkt erhebt, etabliert intellektuell zu verantwortende Zeige-Verhältnisse auf der Bühne. Dergestalt setzt sie in beiden Bereichen auf die Dialektik des Erkennens, die im Wahrnehmbaren, Vertrauten sogleich ein Fremdes, Befremdliches, damit aber ein Moment der Kritik und der Reflexion aufscheinen läßt (»Kleines Organon für das Theater«, 1949). Brechts Theater, das die Episierungstendenzen des 20. Jahrhunderts zugunsten seiner eigenen weltanschaulichen Position ins theoretische wie bühnenpraktische System bringt, sollte daher, nach des Stückeschreibers eigenen Vorschlägen, als »dialektisches Theater« bezeichnet werden. Daß sich freilich Brechtsche Verfahrensweisen und Vorgaben von dessen ideologischem Hintergrund lösen und weiterentwickeln lassen, hat die Wirkungsgeschichte gezeigt und damit den Rang wie die Relativität Brechts als einer Jahrhundertfigur des modernen Theaters bestätigt.

Bei ähnlicher ideologischer Orientierung und grundsätzlich vergleichbarer didaktischer Absicht geht das ›epische Theater‹ Piscators – nicht anders als dasjenige Meyerholds – im wesentlichen andere Wege, obwohl Brecht Ende der zwanziger Jahre, vor allem in der Zusammenarbeit an Hašeks »Schwejk«, zahlreiche Anregungen von Piscator, dazu auch dessen Terminus einer *»soziologischen Dramaturgie«* zeitweilig übernommen hat. Piscator entwickelt, ausgehend von der u. a. in der Tradition des Arbeitertheaters entwickelten *Polit-Revue,* eine polymediale, demonstrative theatrale Darstellungsform, in der das szenische Geschehen mit dokumentierenden Mitteln, wie Textprojektionen, appellativen Zwischenreden, Filmeinblendungen etc. in einen universalen geschichtlichen und gesellschaftlichen Horizont gerückt wird. Der Terminus »soziologische Dramaturgie« besagt, daß jenseits einer dramatischen Fabel oder einer individualen Konfliktgestaltung die zugrundeliegenden sozial-geschichtlichen Kollisionen, im materialistischen Sinne verstanden, zur Darstellung zu bringen sind. Die Leistung der Bühne besteht in der Darstellung der Totalität der gesellschaftlichen Zusammenhänge, wie sie durch das von Gropius für Piscator entworfene »Totaltheater« ermöglicht werden soll, das dem Regisseur als der eigentlichen erzählenden Instanz die universalen Mittel der Sequenzbildung und der Simultankonstellationen zur Verfügung stellt. Piscators Weg führt von der reinen Agitationsrevue (»Roter Rummel«, 1924) konsequent zur großen historischen Revue, die als Grundmuster auch dann erhalten bleibt, wenn dramatische Entwürfe der epischen Totalszenerie zugrunde liegen, wie im Falle von Tollers »Hoppla, wir leben!« (1927) oder Mehrings »Der Kaufmann von Berlin« (1929). Die für jede neue Produktion mit großem technischem und künstlerischem Aufwand eigens konstruierte Bühnenform Piscators gewinnt im Falle der Umsetzung von Hašeks »Schwejk« (1929) mit der Verwendung eines doppelten laufenden Bandes jenes technisch-szenische Mittel, das paradigmatisch für sein von den Bühnenmöglichkeiten her entworfenes Verfahren *szenischen Erzählens* geworden ist.

Die Wirkung Piscators, des wohl kreativsten Szenikers der Weimarer Republik, ist kaum geringer zu veranschlagen als die Brechts. Seine szenischen Konzepte und Erfindungen sind im breitesten Maßstab Gemeingut des Theaters der zweiten Jahrhunderthälte geworden, zumal sie sich in mancher Hinsicht leichter mit anderen theatertheoretischen Konzepten, etwa den dokumentarischen, verbinden lassen als die dezidiert Brechtschen Devisen. In seinem im amerikanischen Exil betriebenen Workshop an der New York University vermittelte Piscator seine Errungenschaften auch an die Generation der jungen Dramatiker und Theaterspezialisten Amerikas, wo sich, etwa mit A. Miller und T. Williams, eigene Varianten des erzählenden Theaters entfaltet haben.

Epische Verfahren verschiedener ideologischer Provenienz – sei es nichtmarxistischer (Frisch), sei es kritisch-marxistischer (Weiss) – gehören insgesamt zu den Voraussetzungen des Theaters nach dem Zweiten Weltkrieg. Das dokumentarische Theater verfolgt eine Richtung, in der sich genuin Piscatorsche Impulse (Piscator war bezeichnenderweise noch der Uraufführungsregisseur von Hochhuths »Stellvertreter«, 1963, Kipphardts »In der Sache J. Robert Oppenheimer«, 1964, und Weiss' »Die Ermittlung«, 1965 – also der drei prägenden Dokumentarstücke der sechziger Jahre) in vielfacher Hinsicht mit Brechtschen Maximen vermischen, so daß hier universale Tendenzen der Weimarer Zeit, einschließlich des Postulats des politischen Zeittheaters, wieder für ein Jahrzehnt der Theaterentwicklung bestimmend werden. Selbst die Vermittlung mit Theaterkonzepten nach Artaudschen Anregungen wird nun möglich, wie sich etwa an P. Brooks Version von Peter Weiss' »Marat« zeigt. Als dezidierte Fortsetzung Piscatorscher Verfahrensweisen kann weiterhin die episch-historische Revue verstanden werden, die mit Ariane Mnouchkines Revuen »1789« und »1793« in den siebziger Jahren ebenfalls modellbildend wurde. Nicht zuletzt sei die Renaissance des Kinder- und Jugendtheaters genannt, das sich in vielfältiger Weise die spielintensiven, vielfarbigen und theatralisch vielseitigen Möglichkeiten des polymedialen und e. Th.s zu eigen gemacht hat (Grips-Theater, Berlin).

P. Szondi: Theorie des modernen Dramas. Frankfurt a. M. 1956

W. Hinck: Die Dramaturgie des späten Brecht. Göttingen 1959

M. Kesting: Das epische Theater. Die Struktur des modernen Dramas. Stuttgart 1959

V. Klotz: Geschlossene und offene Form im Drama. München 1960

R. Grimm (Hrsg.): Episches Theater. Köln/Berlin 1966

W. Benjamin: Was ist das epische Theater? Eine Studie zu Brecht. In ders.: Versuche über Brecht. Frankfurt a. M. 1966

H. Arntzen: Komödie und episches Theater. In ders.: Literatur im Zeitalter der Information. Frankfurt a. M. 1971

H. Flashar: Aristoteles und Brecht. In: Poetica 6 (1974)

K.-D. Müller: Das Ei des Kolumbus? Parabel und Modell als Dramenformen bei Brecht, Dürrenmatt, Frisch, Walser. In: Beiträge zur Poetik des Dramas. Hg. von W. Keller. Darmstadt 1976

U. Weisstein: Die Komödie bei Brecht. In: Die deutsche Komödie im 20. Jahrhundert. Hg. von W. Paulsen. Heidelberg 1976

J. Knopf: Brecht-Handbuch: Theater. Stuttgart 1980

J. L. Styan: Epic theatre in Germany: early Brecht. / Epic theatre in Germany: later Brecht. In ders.: Modern Drama in Theory and Practise. Bd. 3. Cambridge 1981

M. Brauneck (Hrsg.): Theater im 20. Jahrhundert. Hamburg 1982

J. Eckhardt: Das epische Theater. Darmstadt 1983

K. Boeser/R. Vatková (Hrsg.): Erwin Piscator. Eine Arbeitsbiographie in 2 Bänden. Berlin 1986

W. Hecht (Hrsg.): Brechts Theorie des Theaters. Frankfurt a. M. 1986

U. Weisstein: Soziologische Dramaturgie und politisches Theater. Erwin Piscators Beitrag zum Drama des 20. Jahrhunderts. In ders.: Links und links gesellt sich nicht. New York 1986

M.-J. Fischer: Brechts Theatertheorie. Forschungsgeschichte, Forschungsstand, Perspektiven. Frankfurt a. M., Bern, New York, Paris 1989

Hans-Peter Bayerdörfer

Essay

Die Geschichte des E.s in Europa, in der Neuzeit etwa seit Montaigne, kann als Geschichte einer Form kulturkritischer Subjektivität gedeutet werden. Der literarische Anspruch der freien, in der Regel unsystematischen Betrachtung in Prosa (einer nichtfiktionalen Kurzform) ist nicht zu trennen vom Versuch, individuelle Erfahrung und undogmatische Reflexion als Ausgangspunkte kritischer Meinungsbildung anzusehen. Die erste große Epoche des E.s ist daher das 18. Jahrhundert, man denke etwa an Rousseau, Diderot, Lessing, Herder, Schiller und die deutschen Frühromantiker, deren »Fragmente« sich zwischen dem E. und dem Aphorismus bewegen. Während im Zeitalter der Aufklärung die moralistische und die geschichtsphilosophische Betrachtung Schwerpunkte sind, ist in der Nachfolge der Romantik der kunstkritische E. ein bevorzugter Typus (bei Heine, Baudelaire u. a.). Einen europäischen Höhepunkt erreicht die Gattung in Nietzsches Werk, das die Geschichte des E.s im 20. Jahrhundert einleitet. Der Beginn des »essayistischen Zeitalters« brachte freilich eine Inflation des Begriffs »Essay« mit sich, gegen die sich gerade jene Schriftsteller wehrten, deren essayistischer Rang unbestritten ist. Der E. wurde zum Ärgernis: eine »alles verschlingende Unform«, die »alles vermischt und verflacht« (Hofmannsthal), eine »belletristische Pseudowissenschaft« (Broch), eine »Maskerade der Seele« (Tucholsky) oder »Maskerade und Lüge« (Hesse). Noch in der Einleitung zum »Glasperlenspiel« (1943) trifft Hesse mit der Polemik gegen das »feuilletonistische Zeitalter« die inflationäre Essayistik, wobei er sich »außerstande« sieht, »eine eindeutige Definition jener Erzeugnisse zu geben«.

Im Gegensatz zu solch abfälligen Urteilen steht die Wertschätzung, die der E. bei Autoren wie Bahr, R. A. Schröder, Musil, Blei, Kassner, H. und Th. Mann, E. Jünger, Kommerell, Curtius, Rychner, C. J. Burckhardt, Benn, Lukács, Bense, Adorno u. a. genießt. Eine Sonderstellung in der Geschichte des deutschen E.s im 20. Jahrhundert nimmt Musil ein. Als wesentliches Kriterium des E.s bezeichnet er die Verschränkung von Kunst und Wissenschaft, Phantasie und Intellekt, Ästhetik und Ethik, Leidenschaft und Genauigkeit. Wie Adorno später (»Der Essay als Form«, 1958) dem E. – bei aller Freiheit und Offenheit der Gedankenführung – »die Einheit einer in sich auskonstruierten Form« bescheinigt, definiert Musil den E. nicht als »den vor- oder nebenläufigen Ausdruck einer Überzeugung«, sondern als »die einmalige und unabänderliche Gestalt, die das innere Leben eines Menschen in einem entscheidenden Gedanken annimmt«. Über den literarischen Gattungsbegriff hinweg verleiht Musil der »Utopie des Essayismus«, die in seinem Roman Ulrich, der »Mann ohne Eigenschaften«, vertritt, eine allgemeine poetologische und existentielle Qualität im Sinne einer spezifisch modernen, reflektierenden Literatur- und Lebensform, die sich durch steten Versuchscharakter auszeichnet. Der »Utopie des Essayismus« zu huldigen, das ist der Versuch, »hypothetisch zu leben«, »nach allen Seiten frei« zu sein, einen »Möglichkeitssinn« als die Fähigkeit zu bewahren, »alles, was ebensogut sein könnte, zu denken, und das, was ist, nicht wichtiger zu nehmen als das, was nicht ist«. Musils »Utopie des Essayismus« wird zum Ausdruck »des innerlich schwebenden Lebens«, vergleichbar dem Begriff der »freischwebenden Intelligenz«, den der Soziologe Mannheim (»Ideologie und Utopie«, 1929) geprägt und den man auf die individualistische, klassensoziologisch nicht eindeutig fixierbare Haltung der großen Romanciers und Essayisten des 20. Jahrhunderts wie H. und Th. Mann, Musil und Broch, Hesse, Döblin u. a. angewandt hat.

Kraft des schon von Lukács (»Über Wesen und Form des Essays«, 1910) betonten permanenten Rückgriffs auf kulturell Vorgeformtes wohnt dem E. virtuell eine konservative Tendenz inne. Zivilisationskritik und Kunstverehrung sind die beiden miteinander verschränkten Leitthemen des *kulturkonservativen* E.s, wie ihn namentlich Hofmannsthal, der junge Th. Mann, Borchardt, Schröder, Curtius, Kommerell, Gundolf u. a. vertreten. In der ästhetischen, zivilisationskritischen Selbstreflexion des vereinsamten, isolierten spätbürgerlichen Subjekts wird eine rückwärtsgewandte Utopie, eine »konservative Revolution« beschworen. Die Vergangenheit kontrastiert der Gegenwart wie das Ideal der Wirklichkeit. Die nostalgische Rückkehr der kulturkonservativen Essayisten in die Vergangenheit zur evokativen Rechtfertigung der eigenen problematischen Existenz vollzieht sich als Aufhebung von Geschichte überhaupt: »Vergangenheit wird zum verlorenen und zurückgewonnenen Ursprung« (Schlaffer 1975: 167). Die Kontinuität des kulturkonservativen E.s erstreckt sich über das Dritte Reich (Alverdes, Binding, Kolbenheyer, Bertram, Wehner u. a.) bis in die Nachkriegszeit, als es galt, abgerissene oder verschüttete abendländische Kulturtraditionen wiederherzustellen (vgl. Benn, Curtius, Burckhardt, Rychner, Holthusen, F. Ernst, E. und F. G. Jünger u. a.), wobei die hier meist vorbehaltlos zelebrierte Klassikerverehrung (z. B. Curtius: »Goethe – Grundzüge seiner Welt«, 1949) freilich auch zum Widerspruch reizte (vgl. A. Schmidt: »Goethe und Einer seiner Bewunderer«, 1971).

Im Gegensatz zur kulturkonservativen Essayistik, wo die einseitige historische Fixierung auf die Vergangenheit zu einer Identitätskrise führte (vgl. auch R. Huchs E. »Entpersönlichung«, 1921), hatten schon in der Weimarer Republik etliche Essayisten ihr literarisches Selbstverständnis auf eine gegenwarts- und zukunftsgerichtete Geschichtsauffassung gegründet. H. Mann, Tucholsky, Benjamin, A. Zweig u. a. schufen einen neuen, Kunst, Wissenschaft und politisches, d. h. demokratisch-republikanisches Engagement verschränkenden E.-Typ. Nach der Unterdrükkung durch Faschismus und Weltkrieg und der Ablenkung durch den Wiederaufbau der Nachkriegszeit fand diese *politisch-engagierte* Essayistik in den fünfziger und sechziger Jahren ihre Fortsetzung bei jenen Schriftstellern, die sich kritisch mit der Entwicklung der Bundesrepublik (Böll, Grass, H. M. Enzensberger, Hochhuth u. a.) oder auch mit weltpolitischen Konflikten wie dem Vietnam-Krieg auseinandersetzten (Walser, Weiss) oder die, seit den späten sechziger Jahren, über das Verhältnis von Literatur und Utopie, Fiktion und Aktion, kurzum über den Spielraum und die Wirkungsmöglichkeiten von Literatur überhaupt reflektierten (Wellershoff, H. M. Enzensberger, D. Kühn, Grass). In der DDR wurde die Tradition des politisch engagierten E.s namentlich durch Chr. Wolf, Fühmann, Hermlin, Hacks u. a. fortgeführt, die ihr literarisches Selbstverständnis als aktive Friedenssicherung formulieren.

Der im romantischen Konzept einer Universalpoesie erhobenen Forderung nach wechselseitiger Annäherung von Kunst und Wissenschaft entspricht die *Verwissenschaftlichung des modernen → Romans,* die sich in der forcierten *Verschränkung von epischer Fiktion und essayistischem Diskurs* manifestiert. Als ihr prototypischer Repräsentant gilt Th. Mann seit dem »Zauberberg«. Ihm glückt die völlige, unauflösliche Integration des Essayistischen – im Gegensatz zu Broch, der im dritten Teil der »Schlafwandler« den E. über den »Zerfall der Werte« als Ausdrucksform des Rationalen aufsplittert und schroff von der epischen Fiktion absetzt. Zwischen diesen beiden Extremen ist, wenn auch Th. Mann formal näher stehend, Musil mit dem »Mann ohne Eigenschaften« anzusiedeln. Der essayistische Diskurs als spielerisch-experimentelle Möglichkeitserwägung im Kontrast zur erstarrten empirischen Realität ist seit den »Klassikern« des essayistischen Erzählens, Th. Mann, Musil und Broch, zum festen Bestandteil des modernen → Romans geworden.

Gegen diese sich unaufhaltsam ausbreitende *»Essayfizierung des Romans«* hat es indessen von Anfang an Einwände gegeben. Während Th. Mann den modernen → Roman noch als »Pseudo-Essayistik« verteidigt, kritisiert Döblin diese Entwicklung als »essayistische Degeneration«. Musil bemerkte während der Arbeit am »Mann ohne Eigenschaften« resigniert, daß er an die Grenze seiner erzählerischen Möglichkeiten gelangt sei – angesichts »der Überladenheit des Romans mit Essayistischem, das zerfließt und nicht haften will«. Diese Selbstkritik wiederholte dann Doderer, wenn er Musil eine »im Essayismus erstickende fadendünne Handlung« und ein »gänzliches Zerdenken [∞] einer fragwürdig gewordenen faktizitären Umwelt« vorwarf. Roman und E. gerieten in ein Konkurrenzverhältnis. Jens hat in seinem »Herrn Meister« (1963), einem »Dialog über den Roman« in Form eines fingierten Briefwechsels, folgende Konsequenz aus dieser problematischen »Essayfizierung des Romans« gezogen: »Der Roman wird beiseite gelegt, und es beginnt der Essay [...]«.

So kann denn auch ein Kritiker des zugegebenermaßen erfolgreichen Romans der siebziger Jahre, der – wie das Beispiel von Grass, Böll, Frisch, S. Lenz, Kempowski u. a. lehre – nichts anderes mehr biete als die unaufhörliche Reproduktion »dominierender Ideologien einer aufgeklärten oberen Mittelklasse« (Bohrer 1976: 24), den E. als intellektuell und erkenntniskritisch überlegene Alternative empfehlen. Dies gelte freilich nicht für den von Lukács, Bense und Adorno beschriebenen Idealtypus des E.s, denn ihm fehlten infolge des steten Rückgriffs auf kulturell Vorgeformtes entscheidende Qualitäten wie »Imagination«, »Phantasie« und »entdeckerische Spontaneität«, vor allem aber »der ästhetische Wahrnehmungsmodus des ›Plötzlichen‹«, »die jähe Unmittelbarkeit einer subjektiven Erfahrung« und Erkenntnis. Was Bohrer hier – unter Berufung auf die Frühromantik (F. Schlegel und Kleist), auf Musil und Benjamin sowie auf die Zeitgenossen A. Schmidt, Breitbach, Koeppen, Canetti, Wiener, Th. Bernhard und vornehmlich auf Chr. Enzensberger und den Schweden Gustafsson – als »Utopie des Essayismus«, als »geistesrevolutionären«, »antizipatorischen« und »hypothetischen Angriff auf die Welt« umschreibt, hat indessen der kritisierte Adorno (»Der Essay als Form«, 1958) größtenteils und zudem in ganz ähnlichen Formulierungen vorweggenommen. Die »Spontaneität subjektiver Phantasie«, die auf die »Negation des Faktischen« abzielende »utopische Intention«, die »experimentelle Geisteshaltung«, das »erkenntniskritische Motiv« und die »ins Unendliche weiterschreitende Selbstreflexion« des essayistischen Subjekts gemäß der »romantischen Konzeption des Fragments« sind auch bei Adorno (wie schon z. T. bei Lukács und Bense) unverzichtbare Bestandteile des idealtypischen E.s. Daß sie sich mit der expliziten »Beziehung auf kulturell Vorgeformtes« auch in der Praxis des E.s durchaus vereinbaren lassen, hat schon zu Beginn des 20. Jahrhunderts K. Kraus mit seiner Sammlung »Sittlichkeit und Kriminalität« (1908) paradigmatisch unter Beweis gestellt, was die Vermutung nahelegt, daß Adorno bei der Konzeption seiner E.-Theorie gleichsam auch »die Fackel im Ohr« hatte.

Th. W. Adorno: Der Essay als Form. In: Ders.: Noten zur Literatur I. Frankfurt a. M. 1958

R. Exner: Roman und Essay bei Th. Mann. Problem und Beispiele. In: Schweizer Monatshefte 44 (1964/65)

L. Rohner: Der deutsche Essay. Materialien zur Geschichte und Ästhetik einer literarischen Gattung. Neuwied/Berlin 1966

G. Haas: Essay. Stuttgart 1969

H. Schlaffer: Der kulturkonservative Essay im 20. Jahrhundert. In: Hannelore und Heinz Schlaffer: Studien zum ästhetischen Historismus. Frankfurt a. M. 1975

K. H. Bohrer: Ausfälle gegen die kulturelle Norm. Erkenntnis und Subjektivität – Formen des Essays. In: Literaturmagazin 6. Die Literatur und die Wissenschaften. Hg. von N. Born und H. Schlaffer. Reinbek 1976

H. Kähler: Zum Essay. Probleme literarischer Subjektivität in Essayistik und Publizistik der frühen zwanziger Jahre. In: Weimarer Beiträge 26 (1980), H. 12

H. Mörchen: Nebensachen. Zu den Essays westdeutscher Autoren. In: M. Durzak (Hrsg.): Deutsche Gegenwartsliteratur. Ausgangspositionen und aktuelle Entwicklungen. Stuttgart 1981

H. Weissenberger: Der Essay. In: Ders. (Hrsg.): Prosakunst ohne Erzählen. Die Gattungen der nicht-fiktionalen Kunstprosa. Tübingen 1985

D. Goltschnigg: Zur Poetik des Essays und des Essayismus bei Robert Musil und Hermann Broch. In: D. Borchmeyer (Hrsg.): Poetik und Geschichte. Viktor Žmegač zum 60. Geburtstag. Tübingen 1989

Dietmar Goltschnigg

Exilliteratur

Das Phänomen E. ist fast so alt wie die Literatur selbst. Jedoch erst im 20. Jahrhundert nimmt es massenhafte Dimensionen an. So führte die russische Oktoberrevolution (1917) vor allem in den Jahren 1920 bis 1922 zu einem großen Exodus von Schriftstellern (Bunin, G. Ivanov, Merežkovskij, Šmelev u. a. m.), die namentlich in Berlin – wo zwischen 1921 und 1923 zeitweilig mehr russische Neuerscheinungen von Bedeutung als im Heimatland herausgebracht wurden – und in Paris umfangreiche literarische Aktivitäten entfalteten. Einige von ihnen (Cvetajeva, Kuprin, Šklovskij, A. Tolstoj) kehrten später nach Rußland zurück. Zur Exilierung wichtiger Autoren kam es während der zwanziger und dreißiger Jahre bzw. nach dem Ende des Bürgerkriegs (1939) auch durch die Etablierung faschistischer Regime in Italien (Silone) und Spanien (Casona, A. Machado, Sender). Seit 1972 erlebte die Sowjetunion eine zweite Emigrationswelle (Brodskij, Nekrasov, Sinjavskij, Solženicyn). Für die Jahrzehnte nach dem Zweiten Weltkrieg ist daneben die literarische Emigration aus den sozialistischen Ländern im sowjetischen Einflußbereich, besonders die aus der Tschechoslowakei (Kohout, Kundera), Polen (Milosz, Mrozek) und der DDR (Biermann, Kunert, Kunze u. a. m.) zu nennen.

Rein quantitativ werden alle diese Fluchtbewegungen übertroffen durch die 1933 nach der nationalsozialistischen »Machtübernahme« in Deutschland erfolgende Exilierung von über 2 000 sozialistischen, linksbürgerlichen, liberalen und konservativ-religiösen Autoren, die zusammen mit den geflüchteten Musikern, bildenden Künstlern sowie den Angehörigen der politischen und wissenschaftlichen Intelligenz die größte kulturelle Emigration der bisherigen Geschichte darstellt. Der mit der zeitgeschichtlichen Situation gegebene »Zwang zur Politik« (Th. Mann) wirkte sich auf Leben und Literatur der Emigranten nachhaltig aus, führte aber nicht durchweg zu einem einheitlichen politischen Handeln. Schon vor 1933 manifeste Differenzen setzten sich fort und schlugen sich in einer Fülle von Gruppierungen mit abweichenden Interessen nieder. Hinzu kam die extreme regionale Zerstreuung der Exilierten, die im Jahr der »Machtübernahme« vorwiegend in west- und mitteleuropäische Länder geflohen waren. Die mit den neuen Lebensumständen gegebene Isolierung verstärkte sich noch erheblich, als die Emigranten nach Hitlers Eroberung von Mittel-, West- und Nordeuropa (1938-1940) zur Weiterflucht nach Übersee, vor allem nach Nord- und Südamerika gezwungen waren, wo sie sich in weitgehend fremden Kulturen und Gesellschaften behaupten mußten.

Eine Überbetonung solcher zentrifugaler Tendenzen (Stephan 1979) ergibt allerdings kein zutreffendes Gesamtbild der E.. Die Autoren selbst haben in dem Anspruch, das dem Nationalsozialismus entgegengesetzte »andere Deutschland« darzustellen, ein die unterschiedlichen Positionen überbrückendes Selbstverständnis formuliert, das sich von der Vorstellung einer kulturell-moralischen Gegenrepräsentanz (K. Manns Vorwort zum ersten Heft der Zeitschrift »Die Sammlung«, 1933) seit 1935/36 zur Konzeption aktiver Teilnahme am antifaschistischen Kampf fortentwikkelte. Dieser Programmatik entsprachen zahlreiche Organisationsversuche, die aufgrund günstiger Asylbedingungen besonders in der Tschechoslowakei und Frankreich Erfolg hatten. In Paris entfaltete der eng mit anderen Institutionen der Exilierten zusammenarbeitende neubegründete »Schutzverband deutscher Schriftsteller« eine umfassende Tätigkeit. Der »Erste Internationale Schriftstellerkongreß zur Verteidigung der Kultur« (1935), der von zahlreichen Autoren aus der ganzen Welt besucht wurde, sowie die Arbeit des Ausschusses zur Vorbereitung einer deutschen Volksfront (seit 1935) stellten Höhepunkte der vielfältigen Bemühungen um die Integration aller Gegner des Faschismus dar.

Diese und zahllose andere Aktivitäten besonders in den Bereichen des Presse-, Verlags- und Theaterwesens dürfen jedoch nicht dazu verleiten, statt der einseitigen These der Heterogenität des Exils die gegenteilige der Einheitlichkeit zu vertreten. Die Volksfront-Bestrebungen brachen 1939 endgültig zusammen; im selben Jahr ging der Spanische Bürgerkrieg, in dem deutsche Exilautoren eine Zeitlang Theorie und Praxis des antifaschistischen Kampfes verbinden konnten, zugunsten Francos zu Ende. In den USA zeigten sich die zahlreichen Exilorganisationen nicht in der Lage, gemeinsame Zielvorstellungen zu formulieren. Die Sowjetunion nahm in den stalinistischen »Säuberungen« die kommunistischen Exilautoren während der ersten Jahre nach der Flucht gebotenen Möglichkeiten zur kulturell-politischen Mitarbeit weitgehend wieder zurück; aufgrund der offiziellen Darstellungsästhetik des → Sozialistischen Realismus hatten avantgardistische sozialistische Schriftsteller wie Brecht von Anfang an fast keinerlei Wirkungschancen. Solche Fakten verbieten es, die Produktion der Exilautoren insgesamt mit dem Begriff »antifaschistische Literatur« (Winckler u. a. 1977, 1979; S. Barck u. a. 1978 ff.) zu qualifizieren.

Die trotz des positiven Identitätspunktes »anderes Deutschland« bestehende weltanschaulich-politische Vielfalt schließt eine relative Einheitlichkeit der literarischen Formensprache nicht aus. An einem rein experimentellen Avantgardismus konnte keiner Position gelegen sein; die Literatur der Emigranten teilt vielmehr die rückwärts gewandten formalen Tendenzen mit der gesamten Epoche (Schäfer 1981: 22 f.). Zur genaueren Bestimmung dieses Sachverhalts bietet sich die für die europäische Kunstentwicklung in den dreißiger Jahren allgemein geltende Unterscheidung von »Traditionalismus« und »Neoklassizismus« (Willems 1981: 19) an. Neben antimodernen Traditionalisten standen auch in der E. nachexperimentelle Neoklassizisten, welche Elemente ihres früheren Werkes zu bewahren suchten und eine Synthese zwischen den durch die Rezeptionsverhältnisse des Exils nahegelegten konventionellen Formelementen und den Errungenschaften des modernen Avantgardismus anstrebten, wie sie von Bloch, Brecht und Seghers in der folgenreichen → *Expressionismus-* bzw. → *Realismus-Debatte* (1937-1939) zugunsten einer »Weite und Vielfalt der realistischen Schreibweise« (Brecht) gegen Lukács' regressive Realismuskonzeption verteidigt wurden.

Die besonderen Kommunikationsbedingungen der Emigration brachten eine klare Dominanz der *Erzählprosa* gegenüber der in der Weimarer Republik führenden Dramatik (→ Drama) mit sich. Nach 1933 erschienen mit dem gemeinsamen Ziel einer Aufklärung der Weltöffentlichkeit zunächst *KZ-Berichte* (Langhoff, »Die Moorsoldaten«, 1935) und *antifaschistische Zeitromane.* Feuchtwangers Erfolgsbuch »Die Geschwister Oppenheim« (1933), das zum »Grundmuster« zahlreicher Deutschlandromane wurde (Hans 1981: 244), thematisiert vor allem den antisemitischen Terror des Regimes und die Selbstkritik des apolitischen bürgerlichen Intellektuellen. Sozialistische Zeitromane dagegen betonen in falscher Einschätzung des Verhaltens der Massen die Möglichkeiten des Arbeiterwiderstands; sie gehen in dokumentarischer Intention und operativer Struktur auf die Auffassung der KPD zurück, in Deutschland stehe eine proletarische Revolution kurz bevor (Bredel, »Die Prüfung«, 1934).

Die unerwartete Stabilisierung des nationalsozialistischen Systems zwang zu einer kritischen Erkundung der Vorgeschichte des »Dritten Reiches«. Sie erfolgte größtenteils in der Form des herkömmlichen psychologischen Familienromans, wobei man bis in die wilhelminische Epoche (Döblin, »Pardon wird nicht gegeben«, 1935; von Brentano, »Theodor Chindler«, 1936; Becher, »Abschied«, 1936) und in die Weimarer Republik (Glaeser, »Der letzte Zivilist«, 1935; Graf, »Der Abgrund«, 1936) zurückgriff. Neben diesen Zeitromanen, die durchweg die Sozialdemokratie für die zentralen politischen Fehlentwicklungen Deutschlands verantwortlich machen, stehen Werke wie »Der Augenzeuge« von E. Weiss (1939 abgeschlossen), der sich auf die Pathologie Hitlers konzentriert, oder Roths Roman »Die Kapuzinergruft« (1938), in dem die Zeitkritik uferlos ausgeweitet wird. Eine Sonderrolle nehmen die Darstellungen des österreichischen Arbeiteraufstands (1934) und des Spanischen Bürgerkriegs (1936-1939) ein. Die Vorgänge in Österreich fanden zumal bei sozialistischen Autoren eindringliche Schilderungen (Seghers, »Der letzte Weg des Koloman Wallisch«, 1934). Dokumentarisch-authentischen Charakter haben die Reportagen, Tagebücher und Berichte der Autoren, die an den spanischen Kämpfen teilnahmen. Das gilt, im Gegensatz zur frei gestalteten Spanienprosa von Nichtkombattanten (Kesten, »Die Kinder von Gernika«, 1939), auch für Reglers Roman »Das große Beispiel« (1940).

Zu den die Vorgeschichte des faschistischen Staates behandelnden Zeitromanen treten solche, die die aktuelle Situation von einem neugewonnenen desillusionierten Standpunkt aus sichten. Die Darstellung des Widerstands tritt zurück; die deutsche Gesellschaft wird differenzierter gezeichnet. Im Unterschied zum dokumentarisch-operationalen Realismus der ersten Gegenwartsromane wie zum dokumentarischen Realismus der Familienromane wird nun vermehrt versucht, zum Zweck differenzierterer Zeitdarstellung moderne Verfahrensweisen in die realistische Grundkonzeption zu integrieren. Die ersten Werke des neuen Typs beschränken sich auf für die Konsolidierung des NS-Systems wichtige Einzelfaktoren: K. Mann beleuchtet die Figur des künstlerisch-intellektuellen Mitläufers und Karrieristen (»Mephisto«, 1936), Keun schildert aus der kunstvoll arrangierten naiven Perspektive einer jugendlichen Ich-Erzählerin kleinbürgerliches Denunziantentum (»Nach Mitternacht«, 1937), Horváth rückt in monologischen Bewußtseinsanalysen die Anfälligkeit Jugendlicher für militaristisch-kollektivistische Ideologeme in den Mittelpunkt (»Ein Kind unserer Zeit«, 1937). Höhepunkt des Zeitromans ist Seghers' Buch »Das siebte Kreuz« (1939 bzw. 1942), das in einer Synthese von moderner Simultandarstellung und traditionellem Erzählen die alltäglichen Lebensverhältnisse unter dem Faschismus prägnant erfaßt. Daneben liegt in A. Zweigs Roman »Das Beil von Wandsbek« (1943) die wohl intensivste Gestaltung der Totalität des »Dritten Reiches« vor. Einen Versuch, den massenpsychologischen Aspekt dieses widersprüchlichen Ganzen modellhaft-parabolisch zu schildern, unternimmt Broch in »Die Verzauberung« (1935/1936). Als problematischer Schlußpunkt des Deutschland thematisierenden Exilromans kann der artifizielle Montage-Realismus von Th. Manns »Doktor Faustus« (1947) angesehen werden, dessen Parallelisierung der individuellen Biographie des modernen Künstlers und der Zeitgeschichtlichen Entwicklung in der Nachkriegsrezeption höchst umstritten war.

Der von den Autoren selbst befürchtete allmähliche Verlust des Kontaktes zur deutschen Wirklichkeit und der diesem entsprechende Zuwachs an Lebenserfahrung in den Asylländern bewirkte, daß seit Ende der dreißiger Jahre das Emigrantendasein zum Hauptthema zahlreicher

Romane und Erzählungen avancierte. In ihnen wird eine breite Phänomenologie des Exils entworfen und die Künstler- und Intellektuellenproblematik in gesteigertem Maße kritisch reflektiert (K. Mann, »Der Vulkan«, 1939; Feuchtwanger, »Exil«, 1940; Seghers, »Transit«, 1944; Sahl, »Die Wenigen und die Vielen«, 1946). In den letzten Jahren des Exils transzendieren zahlreiche individuelle Vergangenheitsanalysen und Zukunftsentwürfe den Bereich des antifaschistischen Zeitromans. Während *Erlebnisberichte* und *Autobiographien* versuchen, die Jahre der Emigration in den Gesamtzusammenhang der jeweiligen Lebensgeschichte zu stellen (K. Mann, »The Turning Point«, 1942; St. Zweig: »Die Welt von Gestern«, 1942; H. Mann, »Ein Zeitalter wird besichtigt«, 1946; Döblin, »Schicksalsreise«, 1949), geben mehrere *utopische Romane* optimistische und pessimistische Prognosen über die Zukunft Europas und der bürgerlichen Gesellschaft nach dem Sturz des Faschismus (Hesse, »Das Glasperlenspiel«, 1943; H. Mann, »Empfang bei der Welt«, 1945 beendet; Werfel, »Der Stern der Ungeborenen«, 1946).

Neben dem Zeitroman stellt der von der Presse und den Verlagen des Exils favorisierte *historische Roman* die wichtigste Gattung der Emigrantendichtung dar. Er fand seine Leser nicht nur bei den Asylanten, sondern auch in den Gastländern. Entsprechend stark ist er von der Kritik beachtet worden. Mehrfach wurde der in einigen Fällen nicht unberechtigte Vorwurf der Flucht vor den Gegenwartsproblemen erhoben, der zu einer von den Autoren (Feuchtwanger, Döblin) mitgetragenen Apologie der Gattung und zur Abklärung ihrer geschichtsphilosophischen Prämissen, Verfahrensweisen und Intentionen führte.

Die zeitpolitische Situation brachte es mit sich, daß die Geschichtsromane des Exils keineswegs historistisch »zeigen« wollten, »wie es eigentlich gewesen« (Ranke). In den größtenteils von bürgerlichen Autoren stammenden Werken dominiert vielmehr eine aktualisierende gleichnishaft-exemplarische Gestaltung der historischen Faktizität – im Gegensatz zu Lukács' Forderung, die Historie nicht instrumentalisierend, sondern als konkrete »Vorgeschichte der Gegenwart« (»Der historische Roman«, 1937) zu behandeln. So weist die Darstellung des feudalen Spanien bei B. Frank (»Cervantes«, 1934), des bürgerlichen Frankreich in A. Neumanns Kaiserreich-Trilogie (1934, 1936, 1940) sowie Feuchtwangers satirische Schilderung des Aufstiegs eines Töpfers zum römischen Kaiser (»Der falsche Nero«, 1936) und St. Zweigs Konfrontierung Erasmus' und Luthers (»Triumph und Tragik des Erasmus von Rotterdam«, 1934) eine Reihe von deutlichen Parallelen zum nationalsozialistischen Regime auf, während Reglers Bauernkriegs-Buch »Die Saat« (1936), einer der wenigen sozialistischen Geschichtsromane im Exil, aktuelle Strategien der antifaschistischen Konspiration durchscheinen läßt. In H. Manns Werk »Die Jugend des Königs Henri Quatre« (1935) und »Die Vollendung des

Königs Henri Quatre« (1938) fungieren die zeitgeschichtlichen Analogien primär als Signale für die aktualisierende Lektüre eines breit angelegten utopischen Gegenentwurfs zum faschistischen »Führer«-Kult: der »gute König« wird diesem als ideale Leitfigur konfrontiert. Vergleichbar vergegenwärtigt Th. Mann in der historisch-mythologischen Josephs-Tetralogie (1933, 1934, 1936, 1943) mittels der Figur des »Ernährers« Joseph – sein wirtschaftliches Reformprogramm der »Neuen Verteilung« ist von Roosevelts »New Deal« angeregt – die humanistische Utopie der Versöhnung der Menschheit. Brechts Fragment »Die Geschäfte des Herrn Julius Caesar« (1938/39 entst.) und Döblins Südamerika-Epos »Das Land ohne Tod« (1937, 1938) zeigen ebenfalls aktualisierende Parallelen, nehmen jedoch die historische Realität in umfassendere Geschichtskonzeptionen hinein: Brecht erkennt Caesar dialektisch auch einen gewissen Fortschritt zu, und Döblin gibt eine scharfe kulturpessimistische Abrechnung mit der gesamten neuzeitlichen Entwicklung.

Neben der politischen Didaxe exemplarischer Geschichtsverarbeitung steht die Verwendung der Vergangenheit als Medium künstlerisch-intellektueller Selbstverständigung. Feuchtwanger schildert in der Josephus-Trilogie (1932, 1935, 1942) die Wandlung des jüdischen Intellektuellen vom Kosmopolitismus zum Engagement für sein Volk, Th. Mann setzt sich in der Kritik an der ambivalenten Persönlichkeit des »Vaters« Goethe zugleich mit seiner eigenen Existenz als Künstler und Mensch auseinander (»Lotte in Weimar«, 1939) und Broch (»Der Tod des Vergil«, 1945) gestaltet angesichts der faschistischen Drohung die letzten Tage des römischen Dichters als private Vorbereitung auf den Tod. Daß die Gefahr der Flucht aus der Zeit auch beim historischen Künstlerroman gegeben war, erweist insbesondere K. Manns Tschaikowsky-Buch »Symphonie Pathéthique« (1936) mit seiner nostalgischen Darstellung der glanzvollen Musikkultur des 19. Jahrhunderts.

Unter dem Aspekt Realismus-Avantgardismus stellt sich der Geschichtsroman im ganzen ähnlich dar wie der Zeitroman des Exils. In den meisten der über 80 historischen Romane herrscht ein formaler Traditionalismus vor, von dem sich die bleibenden Leistungen der Gattung um so deutlicher abheben: in H. Manns »Henri Quatre«-Romanen wird das herkömmliche kontinuierliche Erzählen durch kommentierend-sententiöse Partien aufgebrochen, in Brechts Caesar-Fragment vermittelt die avantgardistische »Technik der Perspektivenmontage« (R. Werner 1977: 348) dem Leser die angemessene Erkenntnis des historischen Prozesses, in Th. Manns Werken werden Geistesgeschichte und Mythos durch das artifizielle Parodieverfahren ironisch-humoristisch psychologisiert, und in Brochs »Tod des Vergil« schließlich nähern sich die lyrisch-ekstatischen Sequenzen des grenzenlosen Bewußtseinsstroms einem esoterischen Sprechen, das nicht mehr didaktisch-politischen Zwecksetzungen folgt, sondern vielmehr die individuelle mystische Teilnahme am Ganzen des Seins abbilden soll.

Die von der Forschung bislang vernachlässigte *lyrische Produktion* des Exils war, was angesichts der unterschiedlichen Appell- und Ausdrucksmöglichkeiten der → Lyrik nicht überraschen kann, trotz ungünstiger Publikationsmöglichkeiten und entsprechend stark reduzierter Öffentlichkeit sehr groß. Es wurden rund 200 Gedichtbände veröffentlicht, nach 1945 erschien dann der überwiegende Teil der in der Emigration entstandenen Lyrik. Ihr Bild ist vor allem von Dichtern bestimmt worden, die bereits vor 1933 ein mehr oder weniger umfangreiches lyrisches Werk vorgelegt hatten. Das gilt für sozialistische Autoren wie Weinert, den Prototyp des operativ-agitatorischen Lyrikers, und Becher, der in bewußter Nachfolge der klassisch-romantischen Überlieferung die hohen lyrischen Gattungen (Hymne, Ode, Elegie, Sonett) wiederbelebte und zum repräsentativen Lyriker des → »Sozialistischen Realismus« wurde; ebenso für Brecht, dessen vielgestaltige, den Faschismus in allen Dimensionen angreifende, die Tradition produktiv verarbeitende und die eigene Situation kritisch reflektierende Texte als Höhepunkte der politischen Lyrik des Exils anzusehen sind (»Svendborger Gedichte«, 1939). Das trifft auch für bürgerliche Exillyriker wie Lasker-Schüler und Wolfskehl (»Das Lebenslied. An die Deutschen«, 1944) zu, die die Zeitsituation von der Qualität individuell-zwischenmenschlicher Beziehungen her zu begreifen suchen und – ebenso wie Hermann-Neiße, der ein verklärendes Bild der verlorenen Heimat entwirft (»Um uns die Fremde«, 1936) – die Vertreibung als Treu- und Lieblosigkeit Deutschlands auffassen. Persönliche Leiderfahrungen erscheinen vielfach als universaler Zustand der Entfremdung (Lasker-Schüler, »Mein blaues Klavier«, 1943) oder, wie in Werfels Krankheitsgedichten (»Kunde vom irdischen Leben«, 1943), in der Fixierung auf die eigene Körperlichkeit als zeitabgehobene allgemeine condition humaine. Die traditionellen »positiven« Themen der Lyrik (Natur, Liebe) werden entgegen Brechts Problematisierung (»Schlechte Zeit für Lyrik«) oft als Möglichkeiten gestaltet, die gegenwärtige Realität zu transzendieren. Daneben stehen, insbesondere seit Ausbruch des Zweiten Weltkriegs, die vielfältigsten Darstellungen von Identitätsverlust und Hoffnungslosigkeit, aber auch eindrucksvolle religiöse Deutungen der Zeiterfahrungen. Insbesondere Lyriker jüdischer Herkunft greifen auf die durch die biblische Tradition vorgegebenen Muster der Sinnstiftung (Hiob) zurück.

Auffallend hoch ist der Anteil satirischer Lyrik. Besonders in den dreißiger Jahren finden sich zahlreiche aggressive Versuche, den übermächtigen Feind moralisch herabzusetzen. Sie kulminieren in den grotesk übersteigerten Depotenzierungen Mehrings (»Und Euch zum Trotz«, 1934) und in der fäkalischen Metaphorik Kerrs (»Die Diktatur des Hausknechts«, 1934; »Melodien«, 1938). Auch in der Lyrik wird das Asylland selten zum primären Thema. Ausnahmen sind, außer Sahls New York-Lyrik, Arendts Spanien- und Zechs Südamerika-Gedichten, die einen mythischen Urgegensatz zwischen Manhattan und der Indianerwelt konstruierenden »Ihpetonga Elegien« (1942-1946) von Y. Goll.

Im Unterschied zur Erzählprosa der Emigranten hat sich in der Exillyrik das Verhältnis von antimodernen Traditionalisten und nachexperimentellen Klassizisten offensichtlich zugunsten letzterer verschoben. Die Zahl der Traditionalisten wie Becher, Brügel, Hermann-Neiße, Kramer und Waldinger, bei denen der herkömmlichen Formgebung auch die Funktion der Identitätsstabilisierung zukam, ist zwar groß, häufiger jedoch, z.B. bei Arendt, Brecht, Lasker-Schüler und Werfel, tritt die Tendenz zur Synthese von avantgardistischen Momenten des jeweiligen Frühwerks und realistischen Formzügen, die sowohl durch die schon seit Ende der zwanziger Jahre zur formalen Vereinfachung neigende lyrische Entwicklung als auch durch die Exilumstände mitbedingt war, in Erscheinung. Diese Differenzierung spricht gegen die Überbetonung des »ästhetischen Regresses« (Trapp 1983: 104) in der Exillyrik, ebenso das Bemühen einiger wichtiger Autoren, neben dem dominierenden traditionellen und neoklassizistischen Gesamttrend eine individuelle moderne Diktion weiterzuführen (Y. Goll, Wolfskehl) oder allererst zu entwikkeln (Hermlin, Sachs).

Trotz extremer Schwierigkeiten – die Bühnen der Asylländer, auch die deutschsprachigen Österreichs und der Tschechoslowakei, standen nur sehr begrenzt zur Verfügung – wurden in der Emigration weit über 700 Dramen geschrieben. Unter den Gattungen des *Exildramas* dominieren das Zeitstück, das historische Schauspiel, die → Komödie und die dramatische Parabel. Vor allem das *Zeitstück* versuchte, an die fortgeschrittene Dramatik der Weimarer Republik anzuknüpfen; die Exilbedingungen brachten jedoch auch auf diesem Sektor Zurücknahmen des erreichten formalen Standards mit sich. So restituiert Wolfs Drama »Professor Mamlock« (1934), das wie Bruckners Werk »Die Rassen« (1933) das Ausland über die antisemitische Theorie und Praxis der Nationalsozialisten aufklären will, das traditionelle Rollenstück; seine konventionelle Spannungsdramaturgie nähert es dem Sozialistischen Realismus an. Das Zeitstück hält sich bis Kriegsende und spiegelt wesentliche Phasen der faschistischen Herrschaft wider. Einen späten Höhepunkt erreicht es in Zuckmayers Schauspiel »Des Teufels General« (1943-1945), das erst nach 1945 zur Wirkung kam.

Das *Geschichtsdrama* zeigt dieselben Intentionen wie der historische Roman des Exils. Zu den Stücken, die die Vergangenheit mit Hilfe von Analogien kritisch instrumentalisieren, gehören zahlreiche Napoleon-

Dramen (H. Mostar, »Putsch in Paris«, 1934 entstanden; Bruckner, »Napoleon der Erste«, 1936 entstanden; Kesser, »Talleyrand und Napoleon«, 1938). Eine Sonderstellung nimmt Zuckmayers im österreichischen Exil vollendetes Historienstück »Der Schelm von Bergen« (1934) ein, das sich durch seine positive Darstellung des ständischen Ordnungsprinzips der damals in Österreich propagierten Ideologie des »Christlichen Ständestaates« annähert.

In der *Lustspielproduktion* herrscht »im allgemeinen die Tendenz zum Unterhaltungstheater, insbesondere zur Boulevardkomödie« (Mennemeier/Trapp 1980: 67) vor. Dies erklärt sich einerseits als Anpassung an den in vielen Asylländern überwiegenden kommerziellen Theaterbetrieb, andererseits aus dem Bestreben, die erfolgreiche sozialkritische Salonkomödie der Weimarer Republik fortzuführen (Toller, »Nie wieder Friede!«, 1936; Hasenclever, »Konflikt in Assyrien«, 1939). In den bekannteren Komödien des Exils geht es jedoch primär um die exemplarische Vorführung humanen Handelns (Horváth, »Figaro läßt sich scheiden«, 1937; Werfel, »Jacobowski und der Oberst«, 1944). Die in ihnen festzustellenden Entpolitisierungstendenzen treten noch deutlicher in *Parabelstücken* wie Kaisers »Der Soldat Tanaka« (1940) und »Floß der Medusa« (1945) sowie in Hochwälders Entscheidungsdrama »Der Flüchtling« (1944 entstanden) hervor.

Das deutsche Exildrama kulminiert in der umfangreichen Produktion Brechts, die das gesamte Gattungsspektrum vom Zeitstück (»Furcht und Elend des Dritten Reiches«) über die Komödie (»Herr Puntila und sein Knecht Matti«) und die Parabel (»Der gute Mensch von Sezuan«) bis zum historischen Schauspiel (»Leben des Galilei«) umfaßt. Dabei war der Mangel an zur Verfügung stehenden Bühnen für die experimentelle Praxis des → Epischen Theaters, dessen Theorie der exilierte Brecht intensiv weiterentwickelte (»Der Messingkauf«, 1939/40 entstanden), besonders fatal; hinzu kamen politische Widerstände in den Asylländern. Der »Stückeschreiber« reagierte auf die Schwierigkeiten mit einer flexiblen Strategie. Er bemühte sich zunächst, an seine Werke aus der letzten Phase der Weimarer Republik anzuknüpfen (»Die sieben Todsünden der Kleinbürger«, 1933; »Die Horatier und die Kuriatier«, 1934/35 entstanden; »Die Rundköpfe und die Spitzköpfe«, 1936). Die folgenden Dramen versuchen, die Mitte zwischen der avantgardistischen Abstraktheit der frühen Lehrstücke und der »aristotelischen (Einfühlungs-)Dramatik« des Spanien-Schauspiels »Die Gewehre der Frau Carrar« (1937) zu halten. In den »klassischen« Exempla des Epischen Theaters (»Mutter Courage und ihre Kinder«, 1941; »Der gute Mensch von Sezuan«, 1943; »Herr Puntila und sein Knecht Matti«, 1940 entstanden; »Leben des Galilei«, 1943; »Der Kaukasische Kreidekreis«, 1944 entstanden), gab Brecht, unter Beibehaltung der aufklärend-didaktischen Intention, direkte antifaschistische Kritik zugunsten grundsätzlicherer, historisierender Analysen der bürgerlichen Gesellschaft auf. Er leistete in ihnen seinen spezifischen Beitrag zu der Synthese von Realismus und Avantgardismus, der für die von der → Moderne her kommenden Exilautoren charakteristisch ist.

Die Exilautoren haben sich, bevor 1945/46 in der Kontroverse zwischen Th. Mann auf der einen, von Molo, Thieß, Flake und Hausenstein auf der anderen Seite die Gegensätze in den Vordergrund traten, über das Wirken einiger nichtangepaßter Schriftsteller im »Dritten Reich« zustimmend oder doch mit Verständnis geäußert. Dabei wurde zumeist von *Innerer Emigration* gesprochen und zwar sowohl im Sinne eines illegalen aktiven Widerstands als auch in dem einer passiven indirekten Opposition (Berglund 1980: 219). Dieser Begriff und das entsprechende Selbstverständnis Barlachs, Benns, Kleppers und Thieß' (Grimm 1952: 39 f.) legen es nahe, die literarische innere Emigration als eine der E. analoge Erscheinung oder sogar beide Phänomene als verwandte Ausprägungen einundderselben Dichtung des »anderen Deutschlands« aufzufassen. In der Tat sind Übereinstimmungen nicht zu übersehen. So dominiert im Formalen hier wie dort der antimoderne Traditionalismus; allerdings ist der Anteil der nachexperimentellen Neoklassizisten bzw. der an die Moderne partiell anknüpfenden jüngeren Autoren in der literarischen inneren Emigration noch weit geringer (Benn, Lampe).

Auch die Ablehnung des Nationalsozialismus ist beiden Gruppen gemeinsam. Der Modus des jeweiligen Widerspruchs zum Regime zeigt jedoch die zentrale Differenz zwischen ihnen an. Alle oppositionelle Literatur im »Dritten Reich« mußte sich auf die Unterdrückungsmaßnahmen des Staates einstellen; die vielfach verwendeten Formen »verdeckter Schreibweise« (D. Sternberger) brachten im konkreten Kommunikationsprozeß aber zwangsläufig Abschwächungen oder Verunklärungen der kritischen Aussagen mit sich. Gravierender noch ist, daß die meisten inneren Emigranten aufgrund ihrer konservativen weltanschaulichen Prämissen die Darstellung zeitgeschichtlich-gesellschaftlicher Zusammenhänge, wie sie sich besonders im Zeitroman der Exilierten findet, nicht leisten konnten. (Eine Ausnahme bilden einige richtiger als *Widerstandsliteratur* zu deklarierende Romane von Petersen, Kuckhoff und Krauss). Zwar werden auch in der Literatur der inneren Emigration einzelne, zum Teil durchaus relevante Aspekte des Faschismus ablehnend-kritisch thematisiert, entscheidender ist jedoch der Wunsch, sich von dem oft irrationalistisch-dämonologisch gesehenen NS-System durch den Entwurf je verschiedener Gegenwelten, die man der negativen Zeitrealität als zeitenthobenes tieferes Sein konfrontierte, innerlich zu befreien. Hierzu wurden – in sehr viel stärkerem Maße als in der Exilliteratur – traditionelle philosophische und religiöse Formen der Wirklichkeitsbewältigung und -überwindung neubelebt, so Transzendenz und Heilsgeschichte (Andres,

Bergengruen, von le Fort, Klepper, Schneider), neustoisches Widerstehen »durch reine Geistesmacht« (E. Jünger), »einfaches Leben« (Wiechert), überdauernde Naturordnung (Loerke, Lehmann), antiker Mythos (E. Barth, Kaschnitz, F. G. Jünger), idealistisch-individualistischer Bildungsgedanke (Carossa), romantische Mittelalterverklärung (Reck-Malleczewen), Fin de siècle-Ästhetizismus (Penzoldt, Lampe) und humoristische Distanzierung (Finck). Im Unterschied zur aufklärerisch-didaktischen Praxis der meisten Exilautoren richteten die inneren Emigranten keine direkten Appelle an das Widerstandspotential ihrer idealen Leser. Es ging ihnen vielmehr um die Anleitung zum geistig-moralischen Überstehen des Nationalsozialismus. Aus einer humanistischen Grundhaltung heraus wollten sie »Trost bieten, Verhaltensweisen mitteilen, auf die innere Person sammeln, die Gegenwärtigkeit von Vergangenem lebendig zeigen, den wirklichen Verhältnissen die überzeitliche Wirklichkeit entgegenstellen« (Suhrkamp).

W. Brekle: Die antifaschistische Literatur in Deutschland (1933-1945). Weimarer Beiträge 16, 1970, H. 6, 67-128

R. Grimm: Innere Emigration als Lebensform. In: R. Grimm/J. Hermand (Hrsg.): Exil und innere Emigration. Frankfurt 1972, 31-73

H.-A. Walter: Dt. Exilliteratur 1933-1950. 1. u. 2. Bd., Darmstadt/Neuwied 1972; 7. Bd., Darmstadt/Neuwied 1974 (Taschenbuchausg.); 2. Bd., Stuttgart 1984; 3. Bd., Stuttgart 1988; 4. Bd., Stuttgart 1978

M. Durzak (Hrsg.): Die dt. Exilliteratur 1933-1945. Stuttgart 1973

H. Kaufmann u. a.: Geschichte der dt. Literatur 1917 bis 1945. Berlin 1973

L. Maas: Handbuch der dt. Exilpresse 1933-1945. 4 Bde. München 1976-1990

W. Emmerich: Die Literatur des antifaschistischen Widerstandes in Deutschland. in: H. Denkler/K. Prümm (Hrsg.): Die dt. Literatur im Dritten Reich. Themen – Traditionen – Wirkungen. Stuttgart 1976, 427-458

R. Schnell: Literarische Innere Emigration 1933-1945. Stuttgart 1976

R. Werner: Transparente Kommentare. Überlegungen zu historischen Romanen dt. Exilautoren. Poetica 9, 1977, 324-351

L. Winckler (Hrsg.): Antifaschistische Literatur. 1. u. 2. Bd., Kronberg/Ts. 1977; 3. Bd., Königstein/Ts. 1979

S. Barck u. a.: Kunst und Literatur im antifaschistischen Exil 1933-1945, 7 Bde.. Leipzig 1978 ff.

E. Loewy (Hrsg.): Exil. Literarische und politische Texte aus dem dt. Exil 1933-1945. Stuttgart 1979

A. Stephan: Die dt. Exilliteratur 1933-1945. Eine Einführung. München 1979

G. Berglund: Der Kampf um den Leser im Dritten Reich. Die Literaturpolitik der »Neuen Literatur« (Will Vcsper) und der »Nationalsozialistischen Monatshefte«. Worms 1980

F. N. Mennemeier/F. Trapp: Dt. Exildramatik 1933-1950. München 1980

E. Koch (Hrsg.): Exil. Forschung. Erkenntnisse. Ergebnisse. Maintal 1981 ff.

J. Hans: Literatur im Exil. In: J. Berg u. a.: Sozialgeschichte der dt. Literatur von 1918 bis zur Gegenwart. Frankfurt/M. 1981, 417-466

H. D. Schäfer: Das gespaltene Bewußtsein. Über dt. Kultur und Lebenswirklichkeit 1933-1945. München/Wien 1981

G. Willems: Großstadt- und Bewußtseinspoesie. Über Realismus in der modernen Lyrik, insbesondere im lyrischen Spätwerk Gottfried Benns und in der dt. Lyrik seit 1965. Tübingen 1981

T. Koebner u. a. (Hrsg.): Exilforschung. Ein internationales Jahrbuch. München 1983 ff.

F. Trapp: Dt. Literatur zwischen den Weltkriegen II. Literatur im Exil. Bern, Frankfurt/M., New York 1983

E. Rotermund: Dt. Literatur im Exil 1933-1945. In: V. Žmegač (Hrsg.): Geschichte der dt. Literatur vom 18. Jahrhundert bis zur Gegenwart, Bd. III, 1, 1918-1945. Frankfurt/M. 1984, 186-317

E. Rotermund/H. Ehrke-Rotermund: Literatur im ›Dritten Reich‹. In: V. Žmegač (Hrsg.): Geschichte der dt. Literatur vom 18. Jahrhundert bis zur Gegenwart, Bd. III, 1, 1918-1945. Frankfurt/M. 1984, 318-384.

K. Feilchenfeldt: Dt. Exilliteratur 1933-1945. Kommentar zu einer Epoche. München 1986

W. Frühwald/H. Hürten. Christliches Exil und christlicher Widerstand. Regensburg 1987

R. Albrecht: Exil-Forschung. Studien zur deutschsprachigen Emigration nach 1933. Frankfurt/M. 1988

Erwin Rotermund

Exotismus

Geht auf gr. *exotikós* bzw. lat. *exoticus* (= ausländisch, fremd) zurück und taucht als Substantivbildung, verbunden mit dem eine (ästhetische) Mode anzeigenden Suffix *-ismus,* zuerst im Französischen des 19. Jh.s auf; von dort ins Deutsche übernommen. Ist das Adjektiv *exotisch* schon seit langem zur Bezeichnung der außereuropäischen Musik, vor allem aber der tropischen Flora und Fauna in Gebrauch, so findet das Wort *Exotismus* – nach Auskunft der Konversations- und Fachlexica – im Deutschen erst seit den späten 60er Jahren unseres Jh.s größere Verbreitung. In den meisten Fällen wird seine Bedeutung mit der Neugierde/Vorliebe des Europäers für fremdländische, vorab orientalische Kulturen erklärt (Exot. Welten 1987). Ein Befund, der vordergründig auch für den literarischen Exotismus gilt, nur daß der Begriff hier neben dem geographisch Fernen auch das zeitlich Entfernte/Fremdgewordene bezeichnen kann. Die Topoi der Insel, des Paradieses und des edlen/barbarischen Wilden gehören zum Inventar entsprechender Phantasien.

Zu Beginn des 20. Jh.s setzte in Frankreich eine intensive wissenschaftliche Auseinandersetzung mit den literarischen und ästhetischen Formen des Exotismus ein. Sowohl die kolonialistischen als auch die mythologischen und kulturkritischen Voraussetzungen gerieten dieser frühen Exotismus-Forschung in den Blick. Victor Segalen (1904 ff.) entwarf in fragmentarischer Manier einen ästhetischen Exotismus, der das Fremde nicht verständlich machen, sondern es als Herausforderung gegenüber der eigenen, europäisch vorgeformten Wahrnehmung stehen lassen wollte. Cario/Régismanet (1911) gingen in ihrer Untersuchung exotistischer Schreibweisen zurück bis auf die Reiseberichte der die ersten Entdecker und Kolonisatoren begleitenden Literaten; sie unterschieden aber in der frz. Literaturgeschichte zwischen einem Exotismus *vor* 1789, der sich auf alles beziehen kann, was außerhalb der nationalen Grenzen liegt, und einem Exotismus *nach* 1789, der vom Gegensatz zwischen westlicher Großstadterfahrung und außer- bzw. vorzivilisatorischen Sehnsuchtsbildern lebt. Chinard (1913) hingegen rekonstruierte die Mythen vom Goldenen Zeitalter bis zu Rousseaus »bon sauvage« und belegte ihre lang anhaltende Applikation am Beispiel frz. Amerikabilder. Auch er zog eine Grenze um etwa 1800, die zwischen den klassischen Formen des *utopischen* und den romantischen

Formen des *sentimental[isch]en* Exotismus verläuft. Die literarischen Paradigmen für den Exotismus vor 1790 sind so unterschiedliche Werke wie Montesquieus »Lettres persanes« (1721/54) und Geßners »Idyllen« (1756), die Beispiele für den Exotismus (d. 19. Jh.s) nach 1790 Bernardin de Saint-Pierres »Paul et Virginie« (1791), Chateaubriands »Atala« (1801) und »René« (1802) sowie Flauberts »Salammbô« (1863). Zum letzteren werden aus dem englischen Sprachraum Byrons »The Giaour« (1813), Disraelis »Tancred« (1847), Longfellows »The Song of Hiawatha« (1855), aber auch die eher in die Rubriken ›Abenteuer‹- bzw. ›Kolonialliteratur‹ passenden Romane Coopers, Kiplings und Londons gezählt. Vor dem Hintergrund dieser Liste wirkt das exostistische Inventar der deutschsprachigen Literatur im 19. Jh., dem Zeitalter des Kolonialismus, so bescheiden wie der hauseigene Kolonialbesitz: Sealsfield (alias Postl) und Gerstäcker werden am häufigsten genannt, obwohl auch deren Bücher eher dem Abenteuerroman als dem Exotismus à la Chateaubriand nahe stehen; daneben etwas Afrikaliteratur für deutsche Knaben.

Macht man Chateaubriand zum Maßstab, wofür seine große Wirkung spricht, so fallen einige Merkmale ins Auge, die für den Exotismus französischer Prägung und dessen Ausstrahlung auf die europäische Literatur besonders charakteristisch sind. Chateaubriand ist – wie später mit ähnlichen Ergebnissen Lamartine (»Voyage en Orient« 1835) und Nerval (»Voyage en Orient« 1852) – durch den Orient gereist und hat seine Eindrücke im »Itinéraire« von 1810/11 veröffentlicht. In diesem literarischen Reisebuch erscheint der Orient als Projektion eines *Imaginaire,* dessen Bilder literarischer, nicht zum geringsten Teil biblischer Herkunft sind; die aktuelle Wirklichkeit des ›Nahen Ostens‹ wird nur als eine korrekturbedürftige wahrgenommen. Diesem Eurozentrismus entspricht der Egozentrismus eines Autors, der die Reise ins Fremde mit der Suche nach seinem wahren Selbst identifiziert hat. Die erträumte Versöhnung zwischen Ich und Anderem kommt aber nicht zustande; denn die Wahrnehmung des Europäers überträgt auf die andere Wirklichkeit nur jene gewohnten ästhetischen Schemata (z.B. das Erhabene), die zur Steigerung der Eigenerfahrung beitragen. In diesem Buch wie auch in Chateaubriands imaginativen Texten sind also einige der typischen Merkmale des sentimentalischen Exotismus zu erkennen: die Erwartung, im Fremden einen Mangel kompensieren zu können, die Übertragung des Eigenen auf das Andere und die Rückübertragung im Sinne der Selbstbestätigung vorgegebener Wahrnehmungsmuster und Stereotypen. Eine solche Beschreibung des Exotismus ist jedoch in historischer und ästhetischer Hinsicht zu differenzieren. Denn nostalgische Sehnsüchte nach dem ganz Anderen wurden bereits für das 18. Jh. nachgewiesen und die Flucht aus schlechter Gegenwart in exotisch ausstaffierte Phantasieräume hat noch die Literaturen des frühen 20. Jhs. beschäftigt. Der Exotismus à la Chateaubriand, Lamartine, Nerval hat aber zur Voraussetzung eine expansive orientalistische Wissenschaft, aus deren Ergebnissen die genannten Autoren ausgiebig zitieren. – Edward Said (1979) wirft der europäischen Orientalistik vor, sie habe den »Orient« eigentlich erst erfunden und ihm eine Struktur eingeschrieben, deren anscheinende Objektivität den kolonialistischen Machtanspruch des zugrundeliegenden Wissens nur schlecht verbirgt. Das Pendant zu diesem Machtanspruch findet sich im literarischen und ästhetischen *Imaginaire* der Industriegesellschaften. Denn die Akkumulation des Wissens über die außerhalb liegenden Kulturen führt nicht zwangsläufig zu deren besserem Verständnis.

Überhaupt haben nicht wenige europäische Intellektuelle seit dem Ende des 19. Jh.s die als Traditions- und Erfahrungsverlust empfundene industrielle Modernisierung der Lebenswelt mit der Suche nach Alternativen in den asiatischen Kulturen beantwortet. In der deutschsprachigen Literatur tritt damit eine neue Vielfalt literarischer Exotismen hervor, die freilich – strukturell gesehen – mit dem Chateaubriandschen Typus noch manche Ähnlichkeit besitzt. Darunter befinden sich Bücher, die das Exotische didaktisch und dekorativ einsetzen (Karl May), in ihm ein Repertoire erotischer Symbolik sehen (Dauthendey) oder es – in paradoxer Umkehrung – als einen Pfad ins Innere des wahren, unter der Enge spätbürgerlicher Ideologien leidenden Selbst deuten (Hesse; Keyserling; Hofmannsthal). Zeitgleich mit dieser Bejahung des Exotismus als Kontrafaktur erscheinen die ersten vereinzelten Versuche einer ironischen und antihermeneutischen Aufhebung: z. B. Ehrensteins »Tod des Zehir eddin Muhammed Baber« (1909), R. Müllers »Tropen. Der Mythos der Reise« (1915) und Segalens »Équipée. Voyage au Pays du Réel« (geschr. 1914, ersch. 1929).

Nach der Überwindung des europäischen Kolonialismus um die Mitte des 20. Jahrhunderts hat sich die Literaturforschung seit den 60er Jahren in selbstkritischer Weise in stärkerem Maße wieder des Themas angenommen. Nicht wenige der neuen Studien bemühen sich, in kritischer Absicht die historisch wechselnden Mechanismen exotistischer Projektionen zu klären und zugleich die in den Einzeldisziplinen entwickelten ideologiekritischen, komparatistischen bzw. imagologischen Analyseverfahren zu verbessern (Th. Lange 1976; F. Kramer 1977; Said 1979; Arzeni 1987). Insgesamt verlangt die Exotismusforschung heute aber nach einer Horizonterweiterung der literaturwissenschaftlichen Analysen. Wo die Verfestigung von Exotica zu Stereotypen und Klischees zur Debatte steht, werden auch außerliterarische Medien interessant (Berg; Klotz 1987). Und schließlich hat auch die permanente Selbstkritik der Ethnologie dem Exotismusforscher einiges zu bieten. Denn sie vermag die Fähigkeit zu schulen, in den eigenen wissenschaftlichen Grundbegriffen jene eigenkulturellen Voraussetzungen zu erkennen, die zu den Konstruktionsprinzipien exotischer Fremdheit gehören. Mit der Ethnopoesie (Michel Leiris; Hubert Fichte) hat sich darüber hinaus ein neuer Literaturtypus herausgebildet, der nicht nur die Grenzen zwischen poetischem und wissenschaftlichem Diskurs verwischt, sondern auch den Exotismus als eine positive, die Dialektik von Selbst- und Fremdbild reflektierende Form der literarischen Erfahrung zu retten sucht (Heinrichs 1977).

V. Segalen: Essai sur l'exotisme. Une esthétique du divers [1904ff.]. Montpellier 1978 (dt. 1983)

L. Cario et C. Régismanset: L'Exotisme. La littérature coloniale. Paris 1911

H. N. Fairchild: The Noble Savage. A Study in Romantic Naturalism [1928]. New York 1961

P. Jourda: L'Exotisme dans la littérature française depuis Chateaubriand, 2 vols. Paris 1938-1956

B.Chinard: Exotisme et Primitivisme. In: Actes du IXe congrès International des Sciences historiques. Paris 1950, Bd. I., S. 631-644

H. Baudet: Paradise on Earth. Some Thoughts on European Images of Non-European Man. New Haven/London 1965

E. Dudley/M. E. Novak (Hrsg.): The Wild Man within: An Image in Western Thought from the Renaissance to Romanticism. Pittsburgh, Pa. 1972

W. Reif: Zivilisationsflucht und literarische Wunschräume. Der exotistische Roman im ersten Viertel des 20. Jahrhunderts. Stuttgart 1975

Th. Lange: Idyllische und exotische Sehnsucht. Formen bürgerlicher Nostalgie in der dt. Literatur des 18. Jahrhunderts. Kronberg/Ts. 1976

H.-J. Heinrichs: Einleitung: In: M. Leiris: Die eigene und die fremde Kultur. Ethnologische Schriften. Frankfurt/M. 1977, S. 7-52

F. Kramer: Verkehrte Welten. Zur imaginären Ethnographie des 19. Jahrhunderts. Frankfurt/M. 1977

E. Said: Orientalism. New York 1979

W. Weißhaupt: Europa sieht sich mit fremdem Blick. Werke nach dem Schema der »Lettres persanes« in der europäischen, insbes. der dt. Literatur des 18. Jahrhunderts, Bd. I-III. Frankfurt/M./Bern/Las Vegas 1979

K. H. Kohl: Entzauberter Blick. Das Bild vom Guten Wilden und die Erfahrung der Zivilisation. Berlin 1981

F. Arzeni: L'imagine e il segno. Il giapponismo nella cultura europea tra Ottocento e Novecento. Bologna 1987

J. Berg: »Der Beute-Gestus«. Dokumentarische Exotik im Film. In: Koebner/Pickerodt 1987, S. 345-362

U. Bitterli: Die exotische Insel. In: Koebner/Pickerodt 1987, S. 11-30

V. Klotz: Sieben Jahre lebt' ich in Batavia. Kult, Spiel und Spott mit dem Exotismus in der Operette. In: Koebner/Pickerodt 1987, S. 267-290

Th. Koebner/G. Pickerodt (Hrsg.): Die andere Welt. Studien zum Exotismus. Frankfurt/M. 1987

Exotische Welten – Europäische Phantasien, hrsg. v. Institut für Auslandsbeziehungen/Württembergischer Kunstverein, [Stuttgart] 1987

Dietrich Harth

Experiment

Der Begriff E. – ein Leitbegriff der neuzeitlichen Philosophie und Naturwissenschaft – wird im Zuge der seit dem Ende des 18. Jahrhunderts sich herausbildenden → Moderne auch auf human- und gesellschaftswissenschaftliche Gegenstände bezogen. Während das Wort selbst bis hin zur Renaissance oft gleichbedeutend mit »experientia« (= Erfahrung) verwendet wurde, findet sich bereits im Mittelalter, vor allem seit Roger Bacon, die neuzeitliche Bedeutung einer vom Menschen gezielt vorbereiteten Prozedur zur Gewinnung von (neuen) Erfahrungen – mustergültig beschrieben dann von Francis Bacon (»De dignitate et augmentis scientiarum«, 1623) als »experientia quaesita« (= gesuchte Erfahrung; vgl. Frey 1972). Die experimentelle Methode beherrscht die Naturwissenschaften bis heute (vgl. Klaus/Buhr 1972), wobei allerdings eine gewisse Verlagerung der Zielrichtung konstatiert werden muß: während sich etwa die klassische Physik des E.s zur Nachprüfung von weitgehend klar umschriebenen, zielgerichteten Hypothesen bediente, richtet die Naturwissenschaft seit Planck, Einstein und Heisenberg ihre »kontrollierte Frage ins noch nicht Gewußte« (Schwerte 1968: 401) – ganz im Sinn der von Th. S. Kuhn getroffenen Unterscheidung von »Normalwissenschaft« und »wissenschaftlicher Revolution« und den jeweils zugehörigen Forschungsparadigmata (→ Innovation).

In drei historischen Schritten wurde der Begriff des E.s auf den Bereich der Literatur übertragen (vgl. Schwerte 1968):

Die Frühromantiker (vor allem Novalis und F. Schlegel) versuchten im Rahmen ihrer naturphilosophisch unterbauten Enzyklopädie Natur und Kunst, Mathematik und Grammatik miteinander zu verbinden mit dem Ziel einer »progressiven Universalpoesie«. Formal fand dieser Versuch seinen Niederschlag in »experimentierenden Fragmenten« (F. Schlegel), einer kombinatorischen »Experimentphysik des Geistes« (Novalis): die Sprache selbst wurde mit ihren Bildern und Begriffen zum Material eines literarisch-kunstphilosophischen E.s.

Taines Milieutheorie und Comtes »physique sociale«, vor allem aber C. Bernards »médecine expérimentale« (1865) mit ihrer Definition des E.s als »une observation provoquée« brachten Zola dazu, nunmehr den → Roman als Ort eines E.s mit der Psychologie und Soziologie der darin auftretenden Figuren zu definieren (»Le roman expérimental«, 1880). Während der frühromantische sprachbezogene Versuch einer Übertragung dieses Begriffs aus der Naturwissenschaft in die Literatur erst im 20. Jahrhundert Widerhall fand, gelang Zola mit seiner inhaltsorientierten Analogisierung ein Durchbruch: der Begriff des literarischen E.s bürgerte sich im deutschen → Naturalismus ein (bis hin zu seiner Popularisierung, etwa bei W. Bölsche, »Die naturwissenschaftlichen Grundlagen der Poesie«, 1887).

Eher orientiert an der Frühromantik, freilich mit neuer lebensphilosophischer Begründung, ist Nietzsches Begriff einer »Experimental-Philosophie« mit der Konsequenz der Etablierung der »Artisten-Metaphysik«. Nun wird das sprachliche Kunstwerk mit seinen immanenten Gegebenheiten zum (alleinigen) Ort des literarischen E.s – mit der Folge einer radikal neu sich stellenden Problematik der vom Schriftsteller zu leistenden Verknüpfung von Kunst und sogenannter Realität.

Vor allem die Tradition der Frühromantik (vermittelt über Poe und den französischen → Symbolismus) sowie die »artistische« Poetologie Nietzsches haben auf die experimentelle Literatur des 20. Jahrhunderts eingewirkt. Aber auch das naturalistische E. wird im Kern weitergeführt, etwa in Brechts → epischem Theater sowie im Zusammenhang seiner Auseinandersetzung mit Lukács 1938 (»Können wir wirklich gegen das E. Stellung nehmen, wir, die Umstürzler?«; Schmitt 1973: 303). Im Umstand, daß der Begriff des E.s zum selbstverständlichen Bestandteil der Poetologie der Moderne seit dem Naturalismus wird (vgl. im deutschsprachigen Bereich z. B. Th. Mann, Broch, Musil, Benn, Brecht, Dürrenmatt, vor allem aber die → Konkrete Literatur), zeigt sich die Stärke und fortwährende Dominanz der Herausforderung durch die Naturwissenschaften: die Literatur muß auf deren Reflexionshöhe bleiben, auch wenn ihr eigener E.-Begriff nicht in allen Einzelheiten dem der exakten Wissenschaften analog sein kann.

Die Kritik von Autoren wie Enzensberger (»Die Aporien der Avantgarde«, 1962) und Heißenbüttel (»Zur Tradition der Moderne«, 1972), aber auch von B. Allemann (1963) an einer Übernahme des E.-Begriffs im Bereich von Literatur und Kultur geht durchweg noch von der traditionellen Variante des Begriffs aus; insofern fällt seine Übernahme ausschließlich in den Bereich gesellschaftlich-pragmatischer Normen (Heißenbüttel 1972: 133; vgl. Schmidt 1978; 8 ff.). Der neuere, auf Paradigmaänderung gerichtete E.-Begriff läßt sich dagegen als Metapher durchaus substantiell auf Literatur beziehen, soweit in ihr »probierende, fragende sprachliche Erkundigung und Herstellung« (Schwerte 1968: 401) im Mittelpunkt stehen und sie die Herausforderung der Naturwissenschaft durch literarischen »Formversuch und Sprachwagnis« (ebd. 404), mit anderen Worten: durch formale und sprachliche Innovationen akzeptiert. Über Ablehnung bzw. Annahme literarischer E.e entscheidet letztlich jedoch das → Publikum – je aktuell oder im nachhinein.

B. Allemann: Experiment und Erfahrung in der Gegenwartsliteratur. In: W. Strolz (Hrsg.): Experiment und Erfahrung in Wissenschaft und Kunst. Freiburg/München 1963

H. Schwerte: Der Begriff des Experiments in der Dichtung. In: R. Grimm und C. Wiedemann (Hrsg.): Literatur und Geistesgeschichte. Festgabe für H. O. Burger. Berlin 1968. Auch in: Universitas 29 (1973)

G. Frey: Experiment. In: J. Ritter und K. Gründer (Hrsg.): Historisches Wörterbuch der Philosophie. Bd. 2. Basel 1972

G. Klaus und *M. Buhr:* Experiment; experimentelle Methode. In: Philosophisches Wörterbuch. Bd. 1. 8. ber. Aufl. Berlin 1972

H.-J. Schmitt (Hrsg.): Die Expressionismusdebatte. Materialien zu einer marxistischen Realismuskonzeption. Frankfurt a. M. 1973

W. Hinck: Theater im »wissenschaftlichen Zeitalter«. Kontroversen vom Naturalismus bis zur Gegenwart. In: H.-P. Bayerdörfer, K. O. Conrady, H. Schanze (Hrsg.): Literatur und Theater im Wilhelminischen Zeitalter. Tübingen 1978

S. J. Schmidt (Hrsg.): Das Experiment in Literatur und Kunst. München 1978

H. R. Jauß: Studien zum Epochenwandel der ästhetischen Moderne. Frankfurt a. M. 1989

Hans Otto Horch

Expressionismus

Als deutsches Etikett für die jüngsten gegenimpressionistischen Tendenzen in der französischen Malerei ist der *Begriff* E. erstmals 1911 in Vorworten zu Ausstellungskatalogen und in kunstkritischen Essays zu finden. Den bislang frühesten Beleg dafür hat man im »Katalog der XXII. Ausstellung der Berliner Secession« (eröffnet im April 1911) gefunden. E. bezeichnete hier die in einem gesonderten Saal präsentierten Bilder u. a. von Braque, Derain, Dufy, Marquet, Picasso und de Vlaminck, vornehmlich also der »Fauves« und »Kubisten«. Waldens Berliner Zeitschrift »Der Sturm«, die später eine Art Alleinvertretungsanspruch für den E. geltend machte, erwähnte im Juli 1911 den Begriff zum ersten Mal im Rahmen einer Besprechung dieser Ausstellung. Worringer bezog im selben Monat E. ebenfalls auf die neueste Kunst aus Frankreich, auf »die sog. Jungpariser«, schätzte jedoch ihren experimentellen Primitivismus ebenso für die jüngsten Entwicklungen in der deutschen Kunst als zukunftsweisend ein.

Deren Repräsentanten organisierten sich, abgespalten von der Berliner Sezession, in »Neuen Sezessionen«: in den an ihnen maßgeblich beteiligten Künstlergemeinschaften »Brücke« (1905 in Dresden begründet) und »Neue Künstlervereinigung München«, in dem von letzterer Ende 1911 sich trennenden »Blauen Reiter« sowie in dem 1910 mit seiner ersten Ausstellung hervortretenden »Sonderbund westdeutscher Künstler und Kunstfreunde«. Als Serner im Februar 1912 den »E.« erstmals in Pfemferts Zeitschrift »Die Aktion« erwähnte, meinte er damit nicht nur ein französisches und deutsches, sondern, wie andere Kunstkritiker auch, ein internationales Phänomen. Die steile Karriere des Begriffs manifestierte sich in seiner raschen Verbreitung und in der zunehmenden Ausweitung der mit ihm bezeichneten Gegenstandsbereiche.

Schon im Juli 1911 übertrug Hiller ihn auf die Literatur, als er jene literarische »Clique [...], die sich, in Berlin, gegenwärtig für die neue Generation hält«, »Expressionisten« nannte. Gemeint waren die Mitglieder des im März 1909 gegründeten und von Hiller präsidierten »Neuen Club« (u. a. Blass, Heym, van Hoddis, Koffka, Loewenson) und des aus ihm im Frühjahr 1910 hervorgehenden »Neopathetischen Cabarets«, die für den literarischen E. von ähnlicher Bedeutung waren wie die Künstlervereinigungen »Brücke« und »Der Blaue Reiter« für den E. in der bildenden Kunst.

Durchsetzen konnte sich der Begriff jedoch erst während des Krieges. Davor war man begrifflich noch wenig festgelegt, wenn man über die allerjüngsten Entwicklungen in der Literatur debattierte. Man sprach von »futuristischer«, »fortgeschrittener«, »neopathetischer«, »aktivistischer«, »expressionistischer« oder »jüngster« Literatur gleichermaßen. Anders als für den »Sturm« hatte der Begriff, mit dem sich kein bedeutender Autor ganz identifizieren mochte, für damals maßgebliche Zeitschriften wie »Die Aktion«, »Die weißen Blätter« (hg. von Schickele) oder »Das Forum« (hg. von Herzog) kein programmatisches Prestige. Separatistische Neigungen einer anarchisch gesinnten Autorengeneration, das Insistieren auf der »Freiheit eines Dichtermenschen« (Döblin 1918 in der »Neuen Rundschau«) sowie auf dem »Ziel, eigener, originaler, einmaliger Natur zu leben« (Sternheim, »Kampf der Metapher!« 1918) standen der Übernahme eines kollektivierenden Etiketts grundsätzlich entgegen.

Als Sammelbegriff für die miteinander konkurrierenden »Ismen« zwischen 1910 und 1920 hat sich »E.« gleichwohl bewährt, wobei er bald auch, entsprechend der damaligen Hochschätzung des »Gesamtkunstwerkes« und der auffälligen Häufung von »Doppelbegabungen« (Barlach, Kandinsky, Kokoschka, Kubin, Walden etc.), auf damals jüngste Entwicklungen in allen Künsten übertragen wurde, besonders auf Architektur, Bühnenkunst, Musik, Tanz und Film. In zahllosen *Manifesten,* die mit ihrer appellativen Rhetorik, den kämpferischen Provokationen und der programmatischen Eigenwerbung dem heraufgesetzten Lärmniveau einer von Massenkommunikation und Reklametechniken neu geprägten Zeit entsprachen, und deren Hochkonjunktur ein für den E. signifikantes Phänomen war, versuchte man sich mit unterschiedlichsten Ergebnissen an definitorischen Fixierungen des Begriffs.

Die Profilierung des E. gegenüber vorangehenden »Ismen«, vor allem dem → Naturalismus und dem → Impressionismus, war dabei ein dominantes Anliegen. »Den Impressionismus schreibt längst niemand mehr auf ein Panier«, schrieb 1913 Hiller in seiner Schrift »Die Weisheit der Langeweile«. »Man stellt sich unter ihm heut weniger einen Stil vor als eine unaktive, reaktive, nichts-als-ästhetische Gefühlsart, der man als allein bejahbar eine wieder moralhafte entgegensetzt (Gesinnung; Wille; Intensität; Revolution); und man neigt dazu, den Stil, den diese neue Gefühlsart erzeugt, wegen seiner konzentrierten Hervortreibung des voluntarisch Wesentlichen Expressionismus zu nennen.« Die Abgrenzung vom Naturalismus und seinem »Photographieren der Wirklichkeit« formulierte besonders entschieden die bedeutende programmatische Rede Edschmids, die 1918 eine in der »Neuen Rundschau« geführte E.-Diskussion einleitete: »Niemand zweifelt daran, daß das Echte nicht sein kann, was als äußere Realität erscheint. Die Realität muß von uns geschaffen werden. Der Sinn des Gegenstands muß erwühlt sein. Begnügt darf sich nicht werden mit der geglaubten, gewähnten, notierten Tatsache, es muß das Bild der Welt rein und unverfälscht gespiegelt werden. Das aber ist nur in uns selbst. So wird der ganze Raum des expressionistischen Künstlers Vision. Er sieht nicht, er schaut. Er schildert nicht, er erlebt. Er gibt nicht wieder, er gestaltet. Er nimmt nicht, er sucht. Nun gibt es nicht mehr die Kette der Tatsachen: Fabriken, Häuser, Krankheit, Huren, Geschrei und Hunger. Nun gibt es die Vision davon. Die Tatsachen haben Bedeutung nur soweit, als durch sie hindurchgreifend die Hand des Künstlers nach dem greift, was hinter ihnen steht.«

Wesensschau, Typisierung der dargestellten Personen und Gegenstände sowie die Ablehnung von Psychologie und Kausalitätsdenken sind ständig wiederkehrende Merkmale expressionistischer Programmatik und künstlerischer Praxis. Zum hochbewerteten Signalwort wird nun der »Geist«: Kandinskys für die expressionistische Kunsttheorie grundlegende, 1910 verfaßte Schrift »Über das Geistige in der Kunst« zeugt davon ebenso wie H. Manns für das politische Selbstverständnis der expressionistischen »Intellektuellen« (die Geschichte dieses Begriffs ist mit dem E. eng assoziiert) paradigmatischer Essay »Geist und Tat« vom Januar 1911 oder Hillers Aufsatzsammlung »Geist werde Herr« (1920). Mit dem »Appell an den Geist« (Mühsam) insistiert die literarische Intelligenz aus dem Umkreis des E. – in der Tradition des deutschen Idealismus – auf ihrer ästhetischen und politischen Autonomie gegenüber einer das Subjekt entmündigenden und unterwerfenden »Realität der Tatsachen«.

Auch in der literaturwissenschaftlichen E.-Forschung, die seit der berühmten E.-Ausstellung in Marbach von 1960 kaum mehr überschaubare Dimensionen angenommen hat, konnte sich der Begriff bis heute behaupten. Nach wie vor umstritten bleibt jedoch, was mit ihm bezeichnet werden soll. Weitgehend gescheitert sind seine Festlegungen auf einheitliche Stilformen. Wenig überzeugend blieben auch die Versuche, den E. zu einem internationalen oder gar überzeitlichen Phänomen zu erklären. Und auch als eine »Epoche« der deutschen Literaturgeschichte kann der E. nur in eingeschränktem Sinn gelten. Das »expressionistische Jahrzehnt« war gekennzeichnet durch die Gleichzeitigkeit des Ungleichen, war die Zeit auch eines noch keineswegs abgeschlossenen → Naturalismus, eines weiter wirksamen → Ästhetizismus, eines epigonalen Klassizismus oder auch der antimodernen Heimatkunst. Zwischen 1910 und 1920 gehörten Hauptmann, H. und Th. Mann, Hofmannsthal, Rilke, Hesse oder George weiterhin zu den dominierenden Schriftstellerpersönlichkeiten – von Publikumslieblingen wie Ganghofer, Rosegger, Frenssen oder der Courths-Mahler ganz abgesehen.

Literaturgeschichtsschreibung über diese Zeit hätte zu berücksichtigen, daß C. Einsteins Roman »Bebuquin oder Die Dilettanten des Wunders« oder F. Jungs Erzählungen »Das Trottelbuch« (die als expressionistisch gelten) im selben Jahr erschienen wie »Der Tod in Venedig« (1912), Sternheims Lustspiel »Die Hose« im selben Jahr wie Hauptmanns »Die Ratten« oder Hofmannsthals »Jedermann« (1911). Sie hätte neben dem Expressionisten-Verlag Wolff ebenso den kulturkonservativen Diederichs Verlag mit einzubeziehen, neben dem expressionistischen Aktions- oder Sturm-Kreis auch den George-Kreis oder den Einzelgänger Kraus und »Die Fackel«. Der literarische E. ist angemessen wohl nur als eine intellektuelle, sich betont jugendlich gebende *Parakultur* innerhalb des gesamten literarischen Kräftefeldes der damaligen Zeit zu begreifen, als eine avantgardistische Rand- oder Gegenkultur (→ Avantgarde) mit eigenen Zeitschriften, Verlagen, Kreisen, Clubs, Kabaretts und Cafés, die sich, mit der staatlichen Zensur ständig im Konflikt, zunächst vom etablierten Kulturbetrieb deutlich abzuheben versuchte und später nur zögernd vereinnahmen ließ. Sie war getragen von begabten Außenseitern, die in der Mehrzahl erst um 1910 die literarische Szene betraten, darunter zunächst keine »freien«, also marktabhängige Schriftsteller, sondern vornehmlich Studenten, frisch Promovierte, Bohemiens und solche Doppelexistenzen (Kafka, Döblin, Benn, E. Weiss), die sich ihre literarische Unabhängigkeit dadurch sicherten, daß sie zwischen bürgerlichem Beruf und künstlerischer Tätigkeit strikt unterschieden. Einigen älteren Autoren (wie Hiller, M. Brod, H. Mann, Walden oder Pfemfert) verdankten sie entscheidende Anregungen und Hilfestellungen.

Der »Idealtypus« des expressionistischen Schriftstellers, wie er sich zum Teil aus P. Raabes 1985 im Rahmen eines biobibliographischen Handbuchs vorgelegten statistischen Daten konstruieren läßt, wurde um 1890 in Berlin, Wien, Prag oder im Rheinland geboren; studierte Germanistik, Philosophie, Kunstgeschichte, Jura oder Medizin; veröffentlichte zwischen 1910 und 1924 seine Bücher mit Vorliebe in den Verlagen Kiepenheuer, G. Müller, Reiss, Rowohlt, S. Fischer, Steegemann und vor allem K. Wolff; fand in so profilierten Schriftenreihen wie »Der jüngste Tag«, in aufsehenerregenden Anthologien (»Der Kondor«, »Menschheitsdämmerung«), »lyrischen Flugblättern« (so Benn 1912 mit den »Morgue«-Gedichten), Jahrbüchern, Almanachen sowie zahllosen, oft kurzlebigen Zeit- und Streitschriften sein publizistisches Forum.

Es gibt einige typische Stationen und Entwicklungsphasen in den Lebensgeschichten der Autoren dieser Generation: Der kollektiven Kriegsbegeisterung, die Anfang August 1914 das ganze deutsche Volk zu ergreifen schien, konnten sich auch die meisten Expressionisten nicht entziehen. Der als kulturrevolutionäres Ereignis gefeierte *Krieg* schien ihnen Werte zu verwirklichen, die sie der Welt des mittlerweile über vierzigjährigen Friedens in den Kaiserreichen aggressiv entgegenstellten: eine die Isolation der literarischen Intelligenz überwindende *Gemeinschaft*, eine die Dekadenz und bürgerliche Erstarrung aufhebende *Vitalität* und eine den sozial unverbindlichen Ästhetizismus verabschiedende *politische Verantwortlichkeit*. Doch schlug die vaterländische Euphorie bei ihnen oft schon nach wenigen Tagen oder Monaten um in Ernüchterung und *pazifistisches Engagement* internationalen Zuschnitts. Aufgeschreckt u. a. durch die Opfer des Krieges aus den eigenen Reihen (u. a. Lichtenstein, Marc, Sorge, Stadler, Stramm, Trakl), flüchteten viele ins Schweizer Exil oder schlossen sich oppositionellen Gruppierungen an, deren Proteste gegen den Krieg seit 1917 in *Revolutionsaufrufe* einmündeten.

Mit der deutschen Novemberrevolution schien der expressionistische »Geist der Utopie« (Bloch 1918) vorübergehend Realität zu werden. Nach dem Ende des Krieges, dem gleichsam apokalyptische Zusammenbruch der alten Welt, feierte man mit oft religiöser Emphase die *Auferstehung des neuen Menschen* und scheute nicht den direkten Eingriff in die Politik. Nach dem Vorbild der von der russischen Oktoberrevolution initiierten Arbeiter-, Bauern- und Soldatenräte bildete Hiller 1918 im Reichstag seinen aktivistischen »Bund zum Ziel« zum »(Politischen) Rat geistiger Arbeiter« um, der die Mitarbeit an der Regierung für sich beanspruchte. Dem Berliner Beispiel folgte die Gründung ähnlicher Räte in München, Leipzig, Dresden, Hamburg und anderen Städten. An der Münchener Revolution waren in allen Phasen Künstler, Wissenschaftler und vor allem Schriftsteller tatsächlich führend beteiligt. Nachdem der Literat Eisner in der Nacht vom 7. auf den 8. November mit der Bayerischen Republik den ersten revolutionären Staat in Deutschland ausgerufen hatte, nahmen im Revolutionsverlauf, mit aktiver Unterstützung oder sympathisierender Anteilnahme von Autoren wie O. M. Graf, R. Marut (alias B. Traven), B. Frank, R. Huch, H. Mann und auch Rilke, vor allem Landauer, Mühsam und Toller einflußreiche Positionen ein. Als zwei Wochen nach der Ermordung Eisners am 7. 4. 1919 die Bayerische Räterepublik ausgerufen wurde, übernahm Toller den Vorsitz des Revolutionären Zentralrats und wurde damit kurzfristig zum formell mächtigsten Mann Bayerns. In dieser anarchistischen »Dichterrepublik« ging die Politisierung der Kunst mit der Ästhetisierung der Politik einher. Die unzähligen politisch agitierenden Maueranschläge und Plakate, auch manche Tageszeitungen wurden von Malern und Graphikern expressionistischer Stilrichtung gestaltet. Und selbst die politischen Erlasse und Verordnungen waren von expressionistischer Rhetorik geprägt.

Mit dem Scheitern der Revolution brach der utopische Elan des E. in sich zusammen. Die Revolutionsbegeisterung schlug bei den einen in Resignation um, bei den anderen bewirkte sie eine sich schon vorher abzeichnende politische Radikalisierung und den proletkultischen Anschluß an die *Arbeiterbewegung.* Zudem setzte um 1918 ein Prozeß der Konventionalisierung und Automatisierung ehemals innovativer und provokativer Denk- und Stilformen ein, der von denen, die die expressionistische Bewegung maßgeblich getragen hatten, als »Mode«, »Geschäft« und »Verbürgerlichung« kritisiert wurde. Der E. lebte zwar bis weit in die zwanziger Jahre hinein weiter, doch als »fortschrittliche«, »avantgardistische« Bewegung war er, verspottet und zugleich beerbt vom → Dadaismus, um 1920 tot. Zu einer Zeit, als der E. seine größte öffentliche Resonanz fand, als die Dramen der jüngsten Autorengeneration auch die etablierten Theaterbühnen eroberten, die modernen Kunstausstellungen einen vorher nicht gekannten Besucherstrom verzeichnen konnten und noch bevor das expressionistische *Kino* sich eigentlich entwickelt hatte, sprach Worringer (1920) ähnlich wie Goll, Pinthus und etliche andere von der »Krise« und vom *Ende des E.*

Verbraucht und phrasenhaft wirkte um 1920 vor allem die Seite des E., die seine Kritiker und lange Zeit auch die Forschung zu Unrecht mit dem E. schlechthin identifiziert haben: das Ekstatische, Rauschhafte, Hymnische, Visionäre, Utopische oder Aktivistische dieser Bewegung. Aufbruchs- und Revolutionsthematik, Verbrüderungs- und Oh-Mensch-Pathos erscheinen in dieser Perspektive als das für die expressionistische Literatur Typische. Die jüngere Forschung hat demgegenüber die »andere Seite« des E. hervorgehoben: die literarischen Artikulationen von Erfahrungen der Ohnmacht und Orientierungslosigkeit, der Isolation und Entfremdung, des Ekels und der Angst. Ein zuverlässiger Indikator dafür, ob dieser ästhetisch moderneren Seite des E. von Literarhistorikern angemessen Rechnung getragen wird, ist der Stellenwert Kafkas in ihren Darstellungen, der einen großen Teil seiner Werke in expressionistischen Zeitschriften und Buchreihen veröffentlichte. Beide Seiten, die »messianische« (repräsentiert vor allem durch Gedichte Werfels, Bechers u. a. sowie Dramen Kaisers, Sorges oder Hasenclevers) und die skeptisch-krisenbewußte (dominant bei Benn, Ehrenstein, Lichtenstein, van Hoddis u. a.) sind indes eng aufeinander bezogen. Wie die Monographie von Vietta/Kemper (1975: 21) betont, »läßt sich die expressionistische Idee des ›neuen Menschen‹ und die ihr entsprechende Rhetorik nicht isolieren von der tiefgreifenden Erfahrung der Verunsicherung, ja Dissoziation des Ich, der Zerrissenheit der Objektwelt, der Verdinglichung und Entfremdung von Subjekt und Objekt, Erfahrungen, die in dieser Radikalität literaturgeschichtlich zum ersten Male im E. zur Darstellung kommen.«

Ein aufschlußreicher Vortrag Hugo Balls über Kandinsky, gehalten 1917 in der Zürcher »Galerie Dada«, nennt drei Faktoren, die »die Kunst unserer Tage bis ins Tiefste erschüttern«: »Die von der kritischen Philosophie vollzogene Entgötterung der Welt, die Auflösung des Atoms in der Wissenschaft und die Massenschichtung der Bevölkerung im heutigen Europa.« Damit sind philosophie-, wissenschafts- und sozialgeschichtliche Veränderungsprozesse angesprochen, die für das expressionistische *Krisenbewußtsein* konstitutiv sind. Eine desorientierende (und gleichzeitig befreiende) Wirkung entfaltete neben Nietzsches Diktum vom »Tod Gottes« das zunehmende Bewußtsein der Subjektabhängigkeit, Relativität und Fiktionalität aller Wahrheitsbehauptungen und Aussagen über die sog. »Wirklichkeit«. Hierin lag eine Art gemeinsamer Nenner von Nietzsches Nihilismusbegriff, Einsteins Relativitätstheorie (1905), Vaihingers »Philosophie des Als Ob« (1911) oder Th. Lessings »Geschichte als Sinngebung des Sinnlosen« (1916).

Die darüber hinaus gewichtigen Probleme des *sozialen Wandels,* von denen die »verspätete Nation« Deutschland in den Jahrzehnten zwischen der Reichsgründung und dem Ersten Weltkrieg besonders stark betroffen war, verdichteten sich für die expressionistische Generation im Erlebnisraum der *Großstadt.* Die existentiellen Entfremdungs- und Angsterfahrungen des Großstädters, wie sie 1910 Rilkes »Aufzeichnungen des Malte Laurids Brigge« vermittelten, artikulierte die jüngere Generation vor allem in der Lyrik. Die Komplexität und Massivität großstädtischer Umwelteindrücke führten zusammen mit der Mobilisierung der Lebenswelt durch die revolutionierte Verkehrstechnik und mit den veränderten Realitätswahrnehmungen durch die Massenmedien (Zeitung, Film), in denen sich die Welt als ungeordnetes Nebeneinander heterogenster Vorkommnisse präsentiert (→ Medien), zu neuen Formen des Sehens, die für die expressionistische Dichtung themen-, stil- und strukturbildend wurden.

Den dissoziierten Erkenntnis- und Wahrnehmungsformen in der rapide veränderten Welt entspricht die *Poetik der Parataxe,* die in sämtlichen Gattungen des E. Schule macht: im *Simultangedicht* eines Trakl, Heym, Blass, Lichtenstein oder van Hoddis mit einer oft grotesken Verknüpfung von jeweils ein Vers langen, semantisch und syntaktisch unkoordinierten Hauptsätzen wie in der »offenen Form« des expressionistischen *Stationendramas* mit seiner Aneinanderreihung disparater Handlungsepisoden sowie in der Art von Epik, wie sie Döblin 1913 (ähnlich wie zur gleichen Zeit C. Einstein) in seinem »Berliner Programm« forderte: In höchster Gedrängtheit und Präzision habe »die Fülle der Gesichte« vorbeizuziehen. »Von Perioden, die das Nebeneinander des Komplexen wie das Hintereinander rasch zusammenzufassen erlauben, ist umfänglich Gebrauch zu machen.« Die Romanteile sollen, unabhängig voneinander wie von einem übergeordneten Sinnzentrum, ein dezentriertes Eigenleben entfalten. »Wenn ein Roman«, so verbildlichte Döblin 1917 das parataktische (De-)Kompositionsprinzip, »nicht wie ein Regenwurm in zehn Stücke geschnitten werden kann und jeder Teil bewegt sich selbst, dann taugt er nichts.« Die Poetik der Parataxe verabschiedete tendenziell auch die Vorstellung von Autorschaft als Herrschaft über die dargestellte Welt und das Werk (→ Autor). »Die Hegemonie des Autors ist zu brechen«, forderte Döblin. Der Zurücknahme einer das Geschehen souverän überschauenden, erklärenden und kommentierenden Erzählerinstanz in der Prosa (bei Kafka etwa zugunsten einer Dominanz der Figurenperspektive) entspricht in vielen parataktischen Reihungsgedichten das Zurücktreten des lyrischen Ichs.

Damit sind *poetologische Positionen* markiert, die zusammen mit der expressionistischen Integration des Häßlichen, Grotesken, Phantastischen und Pathologischen in die Literatur, in dezidierter Opposition zu klass(izist)ischen Harmonie-, Ordnungs-, Einheits- und Souveränitätspostulaten stehen. In C. Einsteins – von der jungen Generation bestauntem – Roman »Bebuquin oder die Dilettanten des Wunders« (1912) heißt es dafür bezeichnend: »Lassen Sie sich nicht von einigen mangelhaften Philosophen täuschen, die fortwährend von der Einheit schwatzen und den Beziehungen aller Teile aufeinander, ihrem Verknüpftsein zu einem Ganzen.« Der Wahnsinn, dem der Protagonist des Romans am Ende anheimfällt, ist die Konsequenz der von Beginn an propagierten »Verwandlung« zu einem »neuen Menschen«, der das logische Denken in kausalen Zusammenhängen und das Streben nach Gleichgewicht, Einheit und Symmetrie überwunden hat zugunsten einer alogischen Phantastik und Originalität, die das Andere der Vernunft sucht: das Wunder.

Mit der säkularisierten, vom E. in zahlreichen Varianten artikulierten Heilslehre von der »*Wandlung*« zum »*Neuen Menschen*« und »Neuen Leben« verbinden sich signifikante kulturkritische, utopisch-messianische und ästhetische Muster. Zwei nicht mehr dialektisch zu vermittelnde Welten stehen sich im Vorstellungshorizont der literarischen Intelligenz gegenüber: absolut negativ bewertet die gegenwärtige alte Welt des Kaiserreichs und einer Patriarchalgesellschaft, in der ein traditionalistisches soziales und kulturelles System sich mit wissenschaftlichem, technischem und ökonomischem Fortschritt widerspruchsvoll verbindet; absolut positiv bewertet dagegen die in vagen Visionen beschriebene neue Welt, in der die Menschen in zwanglosem Miteinander ihre individuellen Bedürfnisse ausleben. Immer wieder gebrauchte Schlagworte wie »Bürger«, »Ungeist«, »Materialismus«, »Masse«, »Erstarrung« oder »Ordnung« markieren das Alte, das es zu überwinden gilt; die damals höchstbewerteten Modebegriffe »Jugend« »Gemeinschaft«, »Leben« und vor allem »Geist« bezeichnen, was als das Neue begehrt wird.

Gemäß dominanten Grundmustern folgt in expressionistischen Texten der Darstellung einer Ekel, Angst, Langeweile, Verzweiflung oder destruktiven Haß provozierenden alten Welt und des in ihr gefangenen und beschädigten Individuums die pathetische Verklärung eines nur vage skizzierten neuen Zustands. Titel wie »Verfall und Triumph« (Becher 1914), »Tod und Auferstehung« (Hasenclever 1917), »Umsturz und Aufbau« (Titel einer Flugschriftenfolge von 1919/20), »Der jüngste Tag« oder »Menschheitsdämmerung« fassen ein beliebtes *rhetorisches Schema* formelhaft zusammen: Auf den Untergang der alten Welt folgt der »Aufbruch« in »Das neue Leben« (Vogeler 1920). Der Wechsel von einem Zustand zum anderen, wie ihn die poetischen Texte exemplarisch vorführen und die programmatischen fordern, vollzieht sich nicht in Form einer kontinuierlichen Entwicklung oder als organischer Bildungsprozeß eines Individuums, sondern vielmehr als »Revolution«, als plötzlicher Ausbruchs- und Befreiungsakt, als psychologisch unmotivierter irrationaler »Sprung« vom »uneigentlichen« Dasein in die »eigentliche« Existenz (die historische Nähe des E. zur Existenzphilosophie ist unverkennbar).

Wie sehr die expressionistische Idee des »Neuen Menschen« hierin von *christlich-religiösen Denkformen* geprägt ist, zeigt das messianische Pathos, mit dem der einzelne zur Umkehr aufgerufen wird. In den zeitgenössischen »Wandlungsdramen« (Denkler 1967) nach dem Muster von Strindbergs »Nach Damaskus«, für die Titel wie »Die Wandlung« (Toller 1917), »Empor« (Zech 1916) oder »Metanoeite« (Sorge 1915) bezeichnend sind, hat die innere Revolution der jeweiligen Protagonisten den Charakter religiöser Erweckungs- und Bekehrungserlebnisse. »Vor der Erneuerung wird eine große Bekehrung kommen müssen«, erklärte Rubiner in seiner spätexpressionistischen Programmschrift »Die Erneuerung«.

Im Zentrum expressionistischer *Gesellschaftskritik* steht die negative Darstellung der »bürgerlichen« Welt. Dabei ist »bürgerlich« im expressionistischen Sprachgebrauch kein sozialanalytischer Begriff, sondern bezeichnet einen bestimmten Denk- und Verhaltenstyp jenseits juristisch oder ökonomisch begründeter Unterscheidungen von Ständen, Schichten oder Klassen. Eine Gegenkraft zum »Bürger« bildet nicht wie im marxistischen Gesellschaftsmodell, das im E. ebenfalls einer anarchoboheme-haften Bürgerlichkeitskritik anheimfällt, das Proletariat, sondern der unorganisierte 5. Stand (»Verbrecher, Landstreicher, Huren und Künstler«; Mühsam) und die ihm nahestehende →*Boheme.*

Der literarische E. kann als eine zeitlich befristete deutschsprachige (wenn auch auf andere Länder ausstrahlende) Ausprägung der europäischen (und auch amerikanischen) Literatur der → *Moderne* begriffen werden. Die expressionistische Moderne stand in einem für sie charakteristischen Spannungsverhältnis zu den sozialgeschichtlichen und psychohistorischen *Modernisierungsprozessen* ihrer Zeit (Industrialisierung, Urbanisierung, Technisierung und Verwissenschaftlichung der Lebenswelt, Bürokratisierung, Expansion der Massenkommunikation, Disziplinierung und Rationalisierung der Innenwelt). Die ästhetische Modernität des E. bestand u. a. darin, daß er (anders als etwa die völkisch-nationale Dichtung) diese Modernisierungsprozesse thematisch wie formal in sich aufnahm und gleichzeitig vehement gegen sie opponierte.

Insbesondere die rationalitäts- und zivilisationskritischen Tendenzen des E. sind später in der »Expressionismusdebatte« von 1937/38 als präfaschistisch verurteilt worden. Als Beleg dafür galt vor allem das (kurzfristige) Arrangement Benns mit dem nationalsozialistischen Regime. Doch war gerade der E. diejenige Kunst und Literatur, die von den Nationalsozialisten als »entartet« verfolgt wurde. Und wenn man schon mit politischen Biographien argumentiert, so ist in der Rückschau vor allem der Opfer zu gedenken, die die politische Geschichte des 20. Jahrhunderts dieser Generation abforderte. Der Weg führte für die wenigsten, schon weil fast die Hälfte von ihnen Juden waren, in den Faschismus, für die meisten hingegen ins Exil. Die Todesdaten und Todesarten vieler sprechen für sich: C. Einstein, Hasenclever, Toller, E. Weiß, Wolfenstein nahmen sich im Exil das Leben. Mühsam wurde im KZ Oranienburg monatelang gequält und schließlich ermordet, Kornfeld starb im KZ Lodz, van Hoddis und Serner wurden in Todeslager deportiert.

W. H. Sokel: Der literarische Expressionismus. München 1960
P. Pörtner: Literaturrevolution 1910-1925. 2 Bde. Neuwied/Berlin 1960 und 1961
H. Denkler: Drama des Expressionismus. München 1967
P. U. Hohendahl: Das Bild der bürgerlichen Welt im expressionistischen Drama. Heidelberg 1967
W. Rothe (Hrsg.): Expressionismus als Literatur. Bern/München 1969
E. Kolinsky: Engagierter Expressionismus. Politik und Literatur zwischen Weltkrieg und Weimarer Republik. Stuttgart 1970
H. Steffen (Hrsg.): Der deutsche Expressionismus. Formen und Gestalten. 2. A. Göttingen 1970
G. Martens: Vitalismus und Expressionismus. Stuttgart 1971
H.-J. Schmitt (Hrsg.): Die Expressionismusdebatte. Frankfurt a. M. 1973
S. Vietta/H.-G. Kemper: Expressionismus. München 1975
H. G. Rötzer (Hrsg.): Begriffsbestimmung des literarischen Expressionismus. Darmstadt 1976
W. Rothe: Der Expressionismus. Theologische, soziologische und anthropologische Aspekte einer Literatur. Frankfurt a. M. 1977
Th. Anz: Literatur der Existenz. Literarische Psychopathographie und ihre soziale Bedeutung im Frühexpressionismus. Stuttgart 1977
H. Lehnert: Geschichte der deutschen Literatur vom Jugendstil zum Expressionismus. Stuttgart 1978
G. P. Knapp: Die Literatur des deutschen Expressionismus. München 1979
R. Brinkmann: Expressionismus. Internationale Forschung zu einem internationalen Phänomen. Stuttgart 1980

R. W. Sheppard (Hrsg.): Die Schriften des Neuen Clubs 1908-1914. 2 Bde. Hildesheim 1980 und 1983

Th. Anz/M. Stark (Hrsg.): Expressionismus. Manifeste und Dokumente zur deutschen Literatur 1910-1920. Stuttgart 1982

M. Stark: Für und wider den Expressionismus. Die Entstehung der Intellektuellendebatte in der deutschen Literaturgeschichte. Stuttgart 1982

W. Paulsen: Deutsche Literatur des Expressionismus. Bern 1983

W. Krull: Prosa des Expressionismus. Stuttgart 1984

P. Raabe: Die Autoren und Bücher des literarischen Expressionismus. Ein bibliographisches Handbuch in Zusammenarbeit mit I. Hannich-Bode. Stuttgart 1985

P. Demetz: Worte in Freiheit. Der italienische Futurismus. Die deutsche literarische Avantgarde 1912-1934. Mit einer ausführlichen Dokumentation. München 1990

Thomas Anz

Film (und Literatur)

Da der Film im Laufe seiner Geschichte immer wieder auf literarische Vorlagen zurückgegriffen hat, um bereits vorformulierte Geschichten, bewährte Handlungsmuster und Figurenkonstellationen kinematographisch zu nutzen, liegt es nahe, das Verhältnis zwischen Film und Literatur in erster Linie nach den *sog. Literaturverfilmungen* zu bestimmen. Vergleiche von Filmen mit ihren literarischen Vorlagen führen allerdings bei Nichtbeachtung der medialen Unterschiede meist zu dem Urteil, daß der Film dem zugrunde liegenden Werk ›nicht gerecht‹ geworden sei, und damit zur Blockade angemessener Fragestellungen. Literarische Werke haben für den Film primär Materialwert. Die Transformation ihrer Diskurse in filmische Diskurse vollzieht sich in Selektionsprozessen, die aus den Texten notwendigerweise nicht realisierbare Elemente ausscheiden oder verändern und durchaus realisierbare Elemente vielfach übergehen.

Grundsätzlich gilt: Literaturverfilmungen sind Analogiebildungen zur literarischen Vorlage (1). Keine Transformation verläuft ohne Informationsverluste (2). Bei jeder Transformation ergeben sich Varianten und Invarianten (3). Adäquatheit ist nur deskriptiv, nicht normativ bestimmbar (4). Im weiteren ist eine Literaturverfilmung nicht von der Situation zu lösen, in der sie entstand. Impulse gingen aus: vom institutionellen Zwang, schnell Stoffe bereitzustellen, von bestimmten Bildungsansprüchen, vom Text selbst und von einer bewußten literarischen Orientierung (z. B. im Autorenfilm). Zu unterscheiden ist also zwischen der bloßen Ausbeutung literarischer Stoffe, die vielfach zur Zerstörung spezifischer Textbotschaften sowie zum Verlust an historischer Substanz führt, und der ›Literarizität‹, d. h. dem Literarischen als Referenz des Films. Unter dem Gesichtspunkt der ›Literarizität‹ sind Literaturverfilmungen trotz der notwendigen Emanzipation von der literarischen Vorlage immer auch Interpretationen dieser Vorlage (gelegentlich sogar deren bewußte Korrektur). Da sie im Hinblick auf die Referenz bewußtseinsbildend wirken, ist die Beschäftigung mit Literaturverfilmungen für den Literaturwissenschaftler unumgänglich. Eine Filmanalyse kann dann als ein komplementäres Verfahren zur Textanalyse eingesetzt werden. Das bedeutet, einen Film so zu funktionalisieren, daß er Zuschauer für das

Sujet zu sensibilisieren vermag. Es ist danach in einem weiteren Arbeitsschritt unerläßlich, die gewonnenen Eindrücke dem Film wie dem Text gegenüber zu kontrollieren und in eine zeitliche Relation zu seinen Entstehungsbedingungen zu bringen. Wie bei der Interpretation von Texten ist auch bei Literaturverfilmungen die Differenz zwischen der Historizität und der aktuellen Bedeutung des tradierten Werkes zu beachten. Auch Literaturverfilmungen, die die Vorlage nur zu ›bebildern‹ scheinen, beruhen auf aktualisierenden Codes.

Literatur und Film stehen daneben nicht nur über den Materialwert literarischer Werke, sondern auch über die Hilfsfunktion spezifischer Texte in enger Beziehung: so bedarf die Vorbereitung des Filmes der Hilfe literarischer Fixierungen (Exposé, Treatment, Rohdrehbuch, Drehbuch); und noch bevor ein Film im Exposé erstmals vorstrukturiert wird, können Notizen und Konzepte die Idee des Filmes festhalten: diese *Texte für Filme* haben gegenüber der Filmgenese (von den ersten Takes über die Schnitte zur Montage und weiteren Eingriffen) eine eigene textgenetische Bedeutung. Als *Texte zu Filmen* sind dagegen alle Texte zu bezeichnen, die einen Film in seine Entstehungs-, Wirkungs- und Rezeptionszusammenhänge einbetten: Produktionsberichte, Statements, Werbetexte und Rezensionen. Einen eigenen Buchtyp bilden jene Film-Bücher, die den jeweiligen Film dokumentieren und in der Erinnerung des Zuschauers lebendig halten. Soweit solche Film-Bücher den Leser wieder in die Handlung zurückversetzen und dem Bedürfnis mancher Zuschauer entsprechen, den Film auch zu ›lesen‹, ergeben sich bei den Bild-Text-Verknüpfungen Beziehungen zur traditionellen Bildgeschichte (→ Medien). Davon deutlich abzugrenzen ist die wissenschaftliche Reliterarisierung des Films durch das post-shooting-script, d. h. die protokollarische Rückübersetzung relevanter Informationen aus dem fertigen Film in eine nach festgelegten Regeln angefertigte Synopse; treten hier ausgewählte Bilder als Gedächtnisstützen oder Indikatoren für das Zeichensystem des Films hinzu, leistet das post-shooting-script auch eine Revisualisierung.

Kategorial gesehen, ist stets die Eigengesetzlichkeit von Literatur und Film zu beachten. Der Film hat den Status einer zeitlich organisierten Kombination von visuellen und akustischen Zeichen, die über Bild und Schrift sowie Geräusch, Musik und Sprache medienspezifische Bedeutungseinheiten, d. h. ikonisch-visuelle und tonale (auditive) Codes bilden; das Entschlüsseln und Verstehen dieser Kombination ist nur aufgrund kinematographischer Kompetenz möglich, zu der Erfahrungen der abendländischen Bildrezeption und der Wort-Bild-Beziehung gehören. Im Gegensatz zum ›gelesenen‹ Text kommt es beim Film primär auf das Sehen an, denn der Film zeigt bereits eine Welt, die der Leser sich in der Vorstellung erst bilden muß. Auch bei einer Theateraufführung dominieren die visuellen Eindrücke (→ Theater), doch werden sie hier unter anderen Raumbedingungen wahrgenommen als im Film: gegenüber dem dreidimensionalen Raum der Bühne ist das auf das Rechteck der Leinwand projizierte zweidimensionale Filmbild dem Theater unterlegen; gleichwohl erzeugt das Filmbild ein ›natürlicheres‹ Raumerlebnis und stärkere Eindrücke ›unmittelbaren Lebens‹. Durch den point of view der Kamera wird der Zuschauer zudem in das Bild ›hineingezogen‹; er kann sich dann mit der Kamera ›mitten im Raum‹ befinden. Eine Theateraufführung stützt sich im übrigen auf einen autonomen Text, das Drama, während ›Texte für Filme‹ zwar einen literarischen Status, aber eine untergeordnete Funktion haben.

Als der Film seine eigene Ästhetik entwickelte, fand er auch im traditionellen literarischen Gattungssystem als ein Gebilde aus ›episierter Dramatik und dramatisierter Epik‹ seinen Platz, prägte aber eigene Genres (z. B. Action-Filme, Kammerspielfilme, Film-Musicals). Hinsichtlich der zeitlichen Strukturierung literarischer und filmischer Diskurse (Erzählzeit/Filmzeit und erzählte Zeit/gefilmte Zeit) ergaben sich Berührungspunkte. Bei der filmischen Informationsvergabe sind jedoch drei verschiedene Zeitmomente wirksam: der Augenblick (im Zusammenhang mit der Verweildauer der Bilder), die dramatisierte Zeit (im Zusammenhang mit einzelnen Bewegungs- und Handlungsabläufen) und die Relation von Erzählzeit und erzählter Zeit (im narrativen Film). Die Bildung eines Ausgangsmodells für das Verstehen eines Films erfolgt gleichfalls nach literarischen Mustern: Exposition (Dramenaspekt), Erzähleingang (narrativer Aspekt) und insinuatio (rhetorischer Aspekt) sind zumindest für den Spielfilm Orientierungsgrößen, während beim Dokumentarfilm und Essay-Film Argumentationsstrukturen im Vordergrund stehen. Die Tendenz des Spielfilms zum → Drama verstärkt sich in dem Maße, in dem die klassischen *drei Einheiten* strukturbildend wirken und vor allem *Katharsis* beabsichtigt ist. Die längere Verweildauer eines Bildes wiederum kann zur Verselbständigung dieses Bildes, zu einem meditativen Verhalten des Zuschauers und damit wieder zur Kunstwissenschaft zurückführen. Beziehungen zum Lyrischen sind auf der Basis emotionaler Bindungen des filmischen Diskurses jederzeit möglich. Die Verteidiger des *Cinéma pur* verabsolutieren die Bewegung, weil sie die ›unreinen‹ Bestandteile (Handlung und Adaptionen literarischer Werke) vom Film fernhält.

In Anlehnung an den Begriff ›Literatursprache‹ ist es in Grenzen legitim, auch den Begriff *Filmsprache* zu verwenden, wenn die Besonderheiten des filmischen Diskurses (Schnitte, Zäsuren, Übergänge, dynamische Momente) beachtet werden und die alternative Organisation der Informationsvergabe durch die → Montage (Fragmentation und Zusammenfügung von Einstellungen) und die mise en scène (räumliche Konstellationen und Figurenbewegungen als Elemente einer innerbildlichen Gesamtkonzeption) im Blick bleibt. Die Übertragung des Zeichenmodells von de Saussure auf den Film ist problematisch, da die Vergleichbarkeit von ›verbaler Sprache‹ und ›kinematographischer Sprache‹ nicht durch die Analogie der jeweils systemspezifischen ›kleinen Einheiten‹ zu gewährleisten ist; die von Peirce erreichte Loslösung der Zeichentheorie von der Sprache befreite die Filmanalyse von ihren linguistischen Prämissen.

E. Fuzellier: Cinema et littérature. Paris 1964

A. Estermann: Die Verfilmung literarischer Werke. Bonn 1965

R. Richardson: Literature and Film. Bloomington, London 1969

H. M. Geduld (Ed.): Authors on Film. Bloomington 1972

L. Greve u. a. (Hrsg.): Hätte ich das Kino. Die Schriftsteller und der Stummfilm. München 1976

W. Buddecke u. J. Hienger: Verfilmte Literatur. Probleme der Transformation und der Popularisierung. In: Lili (1979) H. 36

H. Grabes (Hrsg.): Literatur in Film und Fernsehen. Von Shakespeare bis Bekkett. Kronberg 1980

K. Kanzog: Erzählstrukturen-Filmstrukturen. Erzählungen Heinrich von Kleists und ihre filmische Realisation. Berlin 1981

I. Schneider: Der verwandelte Text. Wege zu einer Theorie der Literaturverfilmung. Tübingen 1981

F.-J. Albersmeier: Bild und Text. Beiträge zu Film und Literatur (1978-1982), Frankfurt a. M./Bern 1983

H. Blumensath und St. Lohr: Verfilmte Literatur – Literarischer Film. Basisartikel. In: Praxis Deutsch 10 (1983) H. 1

K. N. Renner: Der Findling. Eine Erzählung von Heinrich von Kleist und ein Film von George Moorse. Prinzipien einer adäquaten Wiedergabe narrativer Strukturen. München 1983

J. Paech (Hrsg.): Methodenprobleme der Analyse verfilmter Literatur. Münster 1984, [2]1988

G. Schachtschabel: Der Ambivalenzcharakter der Literaturverfilmung. Mit einer Beispielanalyse von Theodor Fontanes Roman »Effi Briest« und dessen Verfilmung von Rainer Werner Faßbinder. Frankfurt a. M./Bern 1984

K.-D. Möller-Naß: Filmsprache. Eine kritische Theoriegeschichte. Münster 1986

E. Rentschler (Hrsg.): German Film and Literature. Adaptations and Transformations. New York, London 1986

J. Paech: Literatur und Film. Stuttgart 1988

F.-J. Albersmeier u. Volker Roloff (Hrsg.): Literaturverfilmungen. Frankfurt a. M. 1989

Klaus Kanzog

Frauenliteratur

Bis heute werden mit F. zwei gegensätzliche Literaturtypen bezeichnet: einmal eine von Frauen wie von Männern verfaßte, überwiegend belletristische Literatur, die für ein weibliches Publikum konzipiert wird und die das bestehende Weltbild, insbesondere die Ideologie des patriarchalischen Gesellschaftssystems nicht etwa in Frage stellt, sondern reproduziert; der unkritische, geschichtsfremde und private Charakter dominiert in einem Maße, das für die Trivialliteratur typisch ist, der man diese Art von Literatur überwiegend zurechnen muß. Zum anderen benennt man mit F. diejenige Literatur, fiktionale wie expositorische, die bewußt Partei für die Interessen der Frauen nimmt, gegen weibliche Diskriminierung und Sexismus opponiert und in der sich Spuren der ›verborgenen Frau‹ erkennen, die sich durch eine eigene weibliche Schreibweise auszeichnen kann und die konsequenterweise von Frauen geschrieben ist.

Diese widersprüchliche Begrifflichkeit ist kein Zufall, sondern erklärt sich aus der sozialgeschichtlichen Situation der Frauen seit dem späten 18. Jahrhundert, die bis heute ihre Spuren hinterläßt. So lange Mädchen und Frauen eine gegenüber den Männern reduzierte, einseitig schöngeistige Bildung erhielten, von Studium und Beruf ausgeschlossen oder beruflich zumindest benachteiligt waren, lag es auf der Hand, daß ihnen von Lehrern, Erziehern, Geistlichen und anderen Autoritäten, auf deren Grundsätze der Buchmarkt reagierte, nur ›Auswahlen‹ aus dem gesamten Spektrum der Literatur zugänglich gemacht wurden, ›gereinigte‹ Ausgaben, moralisch zensierte und kommentierte Werke der klassischen Epoche, dann die reiche Skala des Trivialidealismus des 19. Jahrhunderts sowie Romane – wie sie besonders in den Familienblättern und Frauenjournalen verbreitet wurden –, aber so gut wie keine kritisch-gegenwartsbezogene Literatur. Und ebenso plausibel ist es, daß die Mehrzahl der Schriftstellerinnen aus Anschauungs- und Erfahrungsmangel in ihren Romanen, Erzählungen, Skizzen, Plaudereien und Gedichten die enge häusliche Welt reproduzierte, auch wenn sie dieser historische oder exotische Kostüme anlegte.

Die geschlechtsspezifischen Unterschiede in der allgemeinen Sozialisation bedingten gleichartige Unterschiede in der *literarischen Sozialisation.* Wie sehr die Weiblichkeits-Klischees auch von den Frauen selber internalisiert wurden, zeigt sich darin, daß die meisten schreibenden Frauen auf die Aktivitäten der bürgerlichen und proletarischen Frauenbewegung seit 1865 verstärkt mit konservativen Gegenkonzeptionen reagierten. Eindrucksvoller noch sind Macht und Gewohnheit der patriarchalischen Strukturen daran zu erkennen, daß selbst die Protagonistinnen der Frauenbewegung wie etwa Luise Otto-Peters, Malvida von Meysenbug oder Hedwig Dohm zwar *theoretisch* fortschrittlich-emanzipierte Konzepte vorlegten, in ihren gleichzeitigen *fiktionalen* Veröffentlichungen aber die tradierte weibliche Rolle weiter festschrieben. Genauere Untersuchungen, ob dieser Rückfall aus taktischen Gründen erfolgte, um sich auf dem mehr von Männern beherrschten literarischen Markt Publikationsmöglichkeiten zu schaffen, oder ob er eher aus der verinnerlichten ›weiblichen Bestimmung‹ resultierte, stehen noch aus.

Die gesellschaftlichen Umwälzungen durch den Ersten Weltkrieg, die zwischen 1901 und 1908 erfolgte Zulassung der Frauen zum Studium und die während des Krieges forcierte Berufstätigkeit, ferner die Bemühungen um eine verbesserte Rechtsstellung der Frauen, ihre in der Weimarer Republik durch die Wahlrechtsreform ermöglichte Teilnahme am öffentlichen Leben, haben bewirkt, daß um diese Zeit die literarische Kultur der ›höheren Töchter‹ ihre Gültigkeit verlor und offenere, differenziertere literarische Sozialisationskonzepte entwickelt wurden. Teilweise hatten die Naturalisten nach skandinavischem und französischem Vorbild die enge weibliche Lebenswelt attackiert und somit eine fortschrittlichere Literatur von und für Frauen angeregt. Wie ungewohnt diese aber immer noch blieb, zeigen repräsentativ Gabriele Reuter, Helene Böhlau und Clara Viebig, die nur in ihren Anfängen emanzipatorische und frauenspezifische Themen aufgriffen.

Daß nun allgemein schreibende Frauen im Gegensatz zu der Zeit vor 1918 akzeptiert und ernstgenommen wurden, zeigt sich z. B. an der Verleihung des Nobelpreises für Dichtung an die Schwedin Selma Lagerlöf (1909), an die italienische Erzählerin Grazia Deledda (1926) und an die norwegische Schriftstellerin Sigrid Undset (1928). Wie in der ganzen westlichen Welt nahm auch in Deutschland die Zahl der Schriftstellerinnen zu, die – auch wenn sie nicht ausschließlich im emanzipatorischen Sinne schrieben – sich nicht mehr mit den stereotypen häuslichen Frauen- und Liebesromanen begnügten, sondern ein größeres gesellschaftliches Spektrum entwarfen, aktuelle Themen behandelten und die Frau der Gegenwart in ihrer realen Situation, in ihren Konflikten und Spannungen zeigten. In Deutschland sind unter anderen Ricarda Huch, Vicki Baum und Irmgard Keun zu nennen.

Alle emanzipatorischen Ansätze wurden abrupt durch die nationalsozialistische Diktatur abgebrochen. Es bleibt im einzelnen zu untersuchen, ob und wie weit Schriftstellerinnen im Exil oder in der inneren

Emigration weiterwirkten bzw. in Spannungen zu den ›völkischen‹ Ausprägungen des Frauenromans gerieten.

Nach 1945 bis in die sechziger Jahre, als eine Vielzahl von Frauen die Aufgaben ihrer im Krieg gefallenen oder noch nicht aus der Gefangenschaft heimgekehrten Männer übernehmen mußte, verstärkte sich das Bedürfnis nach kompensatorischer Lektüre, nach der nie abgerissenen Tradition des trivialen Typus der F. mit Übergängen zum Heimat- oder Arztroman, der auch in Heftchen, Illustrierten und kommerziellen Leihbibliotheken verbreitet wurde. Differenziertere Frauenbilder, Frauen als Repräsentanten der durch den Krieg aus der Bahn geworfenen Generation, wie etwa in Bölls »Haus ohne Hüter« (1954), sind in dieser Zeit relativ selten. Schon in »Gruppenbild mit Dame« (1971) ist die Protagonistin in erster Linie wieder Ehefrau und Geliebte. Ganz anders verhält es sich dagegen wenige Jahre später in »Die verlorene Ehre der Katharina Blum« (1974): im Mittelpunkt steht die zur Selbständigkeit strebende Frau, durch Institutionen männlicher Provenienz – hier im Klima der Terroristenfahndungen – bedroht. Dieses Konzept, das endgültig mit der restaurativen Phase der Nachkriegszeit bricht, ist auch ein Reflex auf die Aktivitäten der ›Neuen Frauenbewegung‹, deren Impulse Anfang der sechziger Jahre von den USA ausgingen. Das betrifft sowohl die Forderung nach Gleichberechtigung (z. B. Betty Friedan: »Der Weiblichkeitswahn oder die Mystifizierung der Frau«, 1963, dt. 1966) als auch nach Abbau der patriarchalischen Strukturen und nach systematischem Aufbau einer weiblichen Gegenkultur (u. a. Kate Millett: »Sexus und Herrschaft. Die Tyrannei des Mannes in unserer Gesellschaft«, 1970. dt. 1971).

Nach der Rezeption der emanzipatorisch-feministischen Literatur in den USA und Frankreich (hier gingen lebhafte Wirkungen vor allem von Simone de Beauvoir: »Das andere Geschlecht«, 1949, dt. 1951 aus) erlangte die Frauenthematik im Zuge der Studentenbewegung von 1968, im Klima der Außerparlamentarischen Opposition und in der zu jener Zeit verstärkt betriebenen Diskussion über Herrschaftsstrukturen in Familie, Arbeitswelt und Öffentlichkeit die bisher größte Resonanz. Von studentischen Zentren ausgehend erfaßte die Diskussion über die Diskriminierung und Benachteiligung der Frau weite Kreise der Gesellschaft und schuf nicht nur ein bis dahin ungekanntes Problembewußtsein, sondern führte auch zu konstruktiven Konzepten: Reform des Abtreibungsparagraphen, Errichtung von Frauenhäusern, Entstehung von Frauenakademien, Frauenverlagen, Frauenzeitschriften wie auch – zögernd – zu Verbesserungen der Frauen in der Berufswelt. Der Boden für eine expandierende F. war bereitet, schon in dem Sinne, daß viele Frauen, sensibilisiert sowie durch die neuen Solidarisierungs- und Kommunikationsmöglichkeiten ermutigt, es überhaupt wagten, ihr bisheriges Schweigen zu durchbrechen. Nach wie vor gab es jedoch die gewandten und glatten

Schreiberinnen in der Tradition des trivialen Frauenromans, in dem Klischees die realen Erfahrungen der Frauen überlagern und die traditionelle Rollenzuweisung nicht in Frage gestellt wird. (Als Repräsentantinnen seien Utta Danella, Sandra Paretti, Alexandra Cordes genannt.) Bei den differenzierten, anspruchsvollen Autorinnen, die schon vor der Frauenbewegung oder neben ihr veröffentlicht, sich teilweise aus unterschiedlichen Gründen auch von ihr distanziert haben und die aufgrund ihrer je eigenen Individualität nicht in einer Richtung oder Gruppe zusammenzuschließen sind, ist doch in beinahe allen Fällen eine erhöhte Sensibilität für frauenspezifische Themen festzustellen, auch wenn sie – aus feministischer Perspektive – stilistisch traditionell schreiben bzw. ihren herkömmlichen Stil nicht verleugnen. Teils direkt, teils in komplizierter Brechung, mit artifizieller Erzählperspektive, bisweilen auch gegen den Strich sind weibliches Bewußtsein, fraueneigene Erfahrung und Betroffenheit etwa bei Ingeborg Bachmann, Gabriele Wohmann, Katja Behrens, Brigitte Schwaiger, Karin Struck, Elisabeth Plessen, Gisela Elsner, Helga Novak, Barbara Frischmuth, Renate Rasp, Karin Kiwus, Anne Duden, Irmtraud Morgner, Herta Müller thematisiert.

Die im engeren Sinne feministischen Autorinnen wie Verena Stefan, Christa Reinig, Jutta Heinrich, Anna Rheinsberg u. a. bilden trotz aller Heterogenität im einzelnen insofern eine Einheit, als es ihnen darum geht, ihr feministisches Bewußtsein in adäquaten, d. h. frauenspezifischen Formen und Ausdrucksmitteln zu artikulieren, denn – so V. Stefan in »Häutungen« (1975) – »beim schreiben dieses buches, dessen inhalt hierzulande überfällig ist, bin ich wort um wort und begriff um begriff an der vorhandenen sprache angeeckt. [...] Die sprache versagt, sobald ich über neue erfahrungen berichten will.« Wenn auch diese beabsichtigte doppelte Innovation, inhaltlich *und* sprachlich, nicht geglückt ist und V. Stefans Ansatz auch von vielen Frauen kritisiert wurde – denn sprachlich fällt die Autorin unversehens wieder in die Klischees weiblicher Artikulation des 19. Jahrhunderts zurück, inhaltlich dagegen favorisiert sie nur eine Oase inmitten der abgelehnten männlichen Welt –, so kommt diesem einstigen Kultbuch der Frauenbewegung doch der Wert eines Experiments zu, das zu konstruktiveren Konzepten animieren sollte.

Von heute aus gesehen erscheint die F. der siebziger Jahre mit ihrem weiblichen Freiraum in Absetzung vom Feindbild Mann manchmal naiv-optimistisch, wirklichkeitsfern und oft zu plakativ. Seit den achtziger Jahren ist zu spüren, daß parallel zu den weiblichen Aktivitäten, in der realen Lebenswelt Einfluß zu erlangen, Veränderungen zu bewirken, interaktiv zu arbeiten (vor allem in der Bewegung ›Frauen für den Frieden‹), auch die F. effektiver wird, indem sie – als Beispiel stehe Christa Wolf mit »Kassandra« (1983) – den vorhandenen Freiraum nützt und umsetzt, um aus weiblicher Perspektive die Mechanismen der technokratisch-männlichen Welt aufzudecken, deren Inhumanität und reine Zweckrationalität es zu entlarven gilt, und in die männlichen Bereiche der Zivilisation vorzustoßen.

Die feministische Literaturwissenschaft hat nach den verschiedenen Erscheinungsformen der verborgenen weiblichen Existenz gefragt, die ›écriture feminine‹ analysiert, eine eigene weibliche Ästhetik diskutiert, ›Listen der Ohnmacht‹ aufgedeckt, den ›schielenden Blick‹ erklärt oder weibliche Utopie-Entwürfe und die imaginierte Weiblichkeit als Kontrast zur realhistorischen Situation der Frauen untersucht.

Zur Fragestellung nach der Alterität der Frau ist mittlerweile die Diskussion um den von amerikanischen Feministinnen entwickelten Begriff ›Gender‹ getreten. Dieser Begriff, für den es keine genaue Entsprechung im Deutschen gibt, zielt nicht auf die geschlechtlich-biologische, sondern auf die kulturelle Andersartigkeit von Männern und Frauen. Es entstand die Einsicht, daß das soziale Geschlecht (Gender) nicht als essentialistische Kategorie verstanden werden kann, sondern daß diese Kategorie nur als Beziehungsverhältnis innerhalb des Gender-Systems Sinn ergibt. Somit meint Gender ein Symbolsystem, das dem Individuum vorausgeht und das sich auf die Kategorien ›männlich‹ und ›weiblich‹ gründet. »Bei Mann und Frau geht es um ein Oppositionelles, wechselweis exklusiv aufeinander verweisendes Kategorienpaar. Aus dieser Zweierrelation ist keine der beiden Seiten herauslösbar oder als solche nur für sich denkbar; beide Seiten sind immer nur als Gegenteil der je anderen identifizierbar und in ihrer Besonderheit nur über die Differenz der anderen Seite bestimmbar. Beide Geschlechter sind kategorisch ›unkündbar‹ aufeinander (nur aufeinander) fixiert.« (Tyrell, 465)

Konsequenz dieser Einsicht ist die Intention, trotz der Verdienste frauenspezifischer Forschung die Literatur nicht weiter ausschließlich aus frauenspezifischer Perspektive zu analysieren. Es muß vielmehr darum gehen, die Art und Weise, wie die innerhalb des Gender-Systems konstruierten binären Oppositionen funktionieren, in der Literatur im historischen und sozialen Kontext zu untersuchen.

S. Bovenschen: Die imaginierte Weiblichkeit. Exemplarische Untersuchungen zu kulturgeschichtlichen und literarischen Präsentationsformen des Weiblichen. Frankfurt a. M. 1979

L. Irigaray: Macht des Diskurses/Unterordnung des Weiblichen. Berlin 1979

M. Burkhard (Hrsg.): Gestaltet und gestaltend. Frauen in der deutschen Literatur. Amsterdam 1980

H. Cixous: Weiblichkeit in der Schrift. Berlin 1980

M. Heuser (Hrsg.): Frauen – Sprache – Literatur. Paderborn 1982

Luise F. Pusch (Hrsg.): Feminismus. Inspektion der Herrenkultur. Ein Handbuch. Frankfurt a. M. 1983

I. Stephan, S. Weigel: Die verborgene Frau. Sechs Beiträge zu einer feministischen Literaturwissenschaft. Hamburg 1983

I. Stephan, S. Weigel (Hrsg.): Feministische Literaturwissenschaft. Hamburg 1984

H. Gnüg, R. Möhrmann (Hrsg.): Frauen. Literatur. Geschichte. Schreibende Frauen vom Mittelalter bis zur Gegenwart. Stuttgart 1985

G. Brinkler-Gabler: Lexikon der schreibenden Frauen 1800-1945. Frankfurt a. M. 1986

G. Häntzschel (Hrsg.): Bildung und Kultur bürgerlicher Frauen 1850-1918. Eine Quellendokumentation aus Anstandsbüchern und Lebenshilfen für Mädchen und Frauen als Beitrag zur weiblichen literarischen Sozialisation. Tübingen 1986

K. Richter-Schröder: Frauenliteratur und weibliche Identität. Theoretische Ansätze zu einer weiblichen Ästhetik und zur Entwicklung der neuen deutschen Frauenliteratur. Königstein/Ts. 1986

H. Tyrell: Geschlechtliche Differenzierung und Geschlechterklassifikation. In: Kölner Zeitschrift für Soziologie und Sozialpsychologie 3 (1986)

S. Weigel: Die Stimme der Medusa. Schreibweisen in der Gegenwartsliteratur von Frauen. Dülmen-Hiddingsel 1987

G. Brinker-Gabler (Hrsg.): Deutsche Literatur von Frauen. 2 Bde. München 1988

A. Pelz u. a. (Hrsg.): Frauen – Literatur – Politik. Hamburg 1988

U. A. J. Becher, J. Rüsen (Hrsg.): Weiblichkeit in geschichtlicher Perspektive. Frankfurt a. M. 1988

B. Schaeffer-Hegel, B. Watson Franke (Hrsg.): Männer, Mythos, Wissenschaft. Grundlagentexte zur feministischen Wissenschaftskritik. Pfaffenweiler 1989

K. Nölle-Fischer (Hrsg.): Mit verschärftem Blick. Feministische Literaturkritik. München 1990

S. Weigel: Topographie der Geschlechter. Kulturgeschichtliche Studien zur Literatur. Reinbek 1991

Günter Häntzschel

Futurismus (ital.)

Der italienische ›Futurismus‹ ist die erste unter den historischen → Avantgarden, die das Postulat von der »Aufhebung der Kunst in der Lebenspraxis« (Bürger 1974: 69) mit Konsequenz einzulösen suchte. Mittels eines eigenen Editions- und Propagandazentrums sowie mittels publikumswirksamer Aktionen wollten sich die Futuristen nicht nur als dominanter Faktor in den relevanten Bereichen der Kunst wie Literatur, Theater, Kino, Musik, Malerei und Skulptur bestätigen; sie wollten vor allem auch das überwölbende gesellschaftliche Wertgefüge prägen und den verschiedensten Funktionssystemen wie etwa der Politik, der Ökonomie oder dem Erziehungswesen ihren Stempel aufdrücken. Fundament der futuristischen Ideologie ist ein absichtsvoll irrationalistischer Vitalismus, der Aggressivität und Destruktion zu zentralen Manifestationsformen lebensspendender Kraft befördert. Dies zeigt sich mit größtmöglicher Deutlichkeit bereits in dem Gründungsmanifest, mit dem Marinetti (1876-1944) den F. 1909 in Paris als eine autonome Bewegung etablierte. Dort wird nicht nur die Zerstörung der Museen, Bibliotheken und akademischen Institutionen gefordert, weil diese als Inbegriff des Leblosen gelten; dort wird insbesondere auch das gewollt schockierende Postulat vom permanenten Krieg als »einziger Hygiene der Welt« vertreten – ein Postulat, das Marinetti 1915 in gesteigerter Form wiederholte und den Krieg zum Kulminationspunkt des Futurismus erklärte, zum »Futurismo intensificato«. Der Krieg in seiner Gestalt der modernen Materialschlachten ist für den F. aber nur ein – wenn auch höchst bedeutsamer – Teil der technisch-wissenschaftlichen Zivilisation, deren Glorifikation sich der F. verschrieb, und zwar paradoxerweise mit dem Ziel einer »anarchischen Kontestation moderner Rationalitätsordnung« (Schulz-Buschhaus 1987: 377). Die Welt der modernen Zivilisation – und das war neben der Welt des Krieges und der tumultuösen Großstadt vor allem die Welt der Materie und der Maschinen – schätzten die Futuristen in erster Linie als ein Energiedispositiv von bis dahin ungekanntem Ausmaß. Ein besonderes Interesse galt dabei Gegenständen, an denen sich wie an Rennwagen oder Flugzeug der futuristische Schnelligkeitskult entzünden konnte. Die Schnelligkeit war nicht nur aggressiv besetzt; sie ermöglichte auch eine neue Erfahrung der Fülle, die gleichzeitig an die den Futuristen überaus wichtige Erfahrung der Simultaneität geknüpft war. Wenn die Futuristen solcherart Werte wie Aggressivität, Dynamik, Materialität, aber auch Männlichkeit oder Physis verherrlichten (vgl. etwa Marinettis Feier der »sportlichen Schönheit der Muskeln«), so beinhaltete dies natürlich gleichzeitig die vehemente Negierung des Gegenteils. Radikal entwertet wurden Friedfertigkeit, Stasis, Geistigkeit, das Weibliche (vgl. Marinettis Programmpunkt der »Verachtung der Frau«), die Innerlichkeit. All dies wurde von den Futuristen mit dem Odium des Überlebten behaftet und unter dem Oberbegriff des *passatismo* subsumiert. Aus der Opposition zum *passatismo,* die auf eine Verwerfung jeglicher Art von Traditionsgebundenheit hinausläuft, gewinnt der *futurismo* seine basale Identität. Erst wenn man dies im Auge behält, erschließt sich der eigentliche Sinn des Terminus.

Im Rahmen dieser übergreifenden futuristischen Ideologie artikulieren sich dann die verschiedenen Ästhetiken, unter denen die Literarästhetik die historisch bedeutsamste ist. Bei der programmatischen Ausformulierung der futuristischen Literarästhetik ist genau wie bei der Fixierung der futuristischen Ideologie Marinetti die treibende Kraft. Marinettis poetologische Reflexion zielt auf den Entwurf einer Theorie der *parole in libertà,* der aus ihren konventionalisierten Bindungen befreiten Worte. Ein erstes Stadium der Überlegungen dokumentiert das »Manifesto tecnico della letteratura futurista« von 1912. Marinetti benennt dort eine ganze Reihe von Vertextungsverfahren, die er als stilistischen Ausdruck der futuristischen Wirklichkeitsmodellierung deutet. Dies sind im wesentlichen: Zerstörung der Syntax; Verwendung unflektierter Verbformen; Doppelung der Substantive; Unterdrückung der Adjektive, Adverbien, Konjunktionen sowie der Interpunktion; statt dessen Einführung mathematischer Zeichen; Forcierung des semantischen Analogismus; schließlich noch Tilgung des psychologischen Ich-Ausdrucks zugunsten einer Darstellungsweise, die – ähnlich wie im → Imagismus – die Dinge selbst zur Sprache kommen lassen will. Mittels dieser Verfahren soll ein Diskurs der Gewalt, der Anti-Innerlichkeit, der Dynamik und Schnelligkeit konkrete stilistische Gestalt gewinnen. In dem 1913 erschienenen Manifest »Distruzione della sintassi – Immaginazione senza fili – Parole in libertà« erörtert Marinetti die genannten Verfahren ein weiteres Mal, präzisiert die Bedeutung von – vorzugsweise schrillen – onomatopoetischen Sprachformen, erörtert die Möglichkeiten expressiver Orthographie und stellt erste Überlegungen zu einer dichterischen Nutzung der Typographie an. Die Erwägungen zu einer Revolutionierung der typographischen Gestaltung werden dann in dem Manifest von 1912 »Lo splendore geometrico e meccanico e la sensiblità numerica« weitergedacht bis hin zum Extrem der sogenannten *tavole parolibere.* In den *tavole parolibere* erscheint die Linearität der Sprache radikal aufgehoben;

Satzfetzen, einzelne Wörter oder gar isolierte Buchstaben werden bei größtmöglicher Vielfalt der Typenformen frei auf der Seite plaziert, wo sie sich zu expressiven und häufig auch klar semantisierten pikturalen Konfigurationen fügen. Die in den *tavole parolibere* zu ihrer maximalen Entfaltung gebrachte Poetik der »Worte in Freiheit« soll gleichzeitig eine adäquate Umsetzung des Simultaneitätskonzeptes gewährleisten, das die futuristische Literarästhetik aus den Theorien der futuristischen Malerei übernommen hat. (→ Simultanismus) Ungeachtet all ihrer Antitraditionalität bleibt das futuristische Programm in einem zentralen Punkt traditionell: Es basiert nämlich auf einer Ästhetik, die in ihrem Kern eine solche von mimetischem Zuschnitt ist: Die innovativen Vertextungstechniken wollen keine neue Wirklichkeit konstituieren. Sie sind vielmehr nur als Ausdruck einer dem Kunstwerk bereits vorgelagerten Wirklichkeitserfahrung konzipiert.

Das theoretische Programm des F. hat erwartungsgemäß auch ganz nachhaltig die dichterische Praxis der Bewegung konditioniert. In einer ersten Phase kann sich die futuristische Komponente kaum anderswo als im thematischen Bereich äußern. Die privilegierte Gattungsform ist dabei zunächst die verslibristische Lyrik, in der die prototypisch futuristische Thematik der wissenschaftlich-technischen Zivilisation oft schon in den Werktiteln angezeigt und akzentuiert wird. Exemplarisch in diesem Sinn sind etwa Gedichtbände wie »Aeroplani« (1909) von Buzzi, »Poesie elettriche« (1911) von Govoni oder »Il canto dei motori« (1912) von Folgore. Ein genuin futuristischer Diskurs auch auf der Ebene der Vertextungsverfahren entfaltet sich erst im Anschluß an die technischen Manifeste, in denen Marinetti ab 1912 dem F. ein seiner Ideologie gemäßes Stilrepertoire zuweist. Dabei laufen moderater und radikaler *paroliberismo* nebeneinander her, und zwar sowohl in der Lyrik wie in der – entschieden lyrisch durchformten – Narrativik. Modellhafte Verwirklichungen des moderaten *paroliberismo*, der die Möglichkeiten der typographischen Revolution weitgehend ungenutzt läßt, sind Marinettis »Battaglia/ Peso + Odore« (1912) oder Boccionis »Uomo + Vallata + Montagna« (1914). Zu idealtypischen Ausprägungen des radikalen *paroliberismo* kommt es erstmals im Rahmen von Marinettis Roman »Zang Tumb Tuuum« (1914), einem Werk, das die Belagerung von Adrianopel im bulgarisch-türkischen Krieg zum Gegenstand hat. In »Zang Tumb Tuuum« gelingt Marinetti die innige Verschmelzung der typographischen Neuerungen mit der Poetik der Simultaneität (→ Simultanismus) und der → Montage. Dabei kommt es zu ersten Versuchen der direkten Einblendung von Realitätsfragmenten in den literarischen Text. Diese Integration von Bruchstücken scheinbar roher Wirklichkeit (beispielsweise in Form einer Montage von Reklameausschnitten oder Markenzeichen) erlangt im weiteren Verlauf des italienischen Futurismus große Bedeutung.

Besonders facettenreich praktiziert wird sie in »BIF & ZF + 18. Simultaneità e chimismi lirici«, dem 1915 erschienenen Hauptwerk des Florentiner Futuristen Soffici, das zusammen mit Govonis »Rarefazioni e parole in libertà« (1915) von der heutigen Literaturkritik als die originellste Applikation der paroliberistischen Poetik geschätzt wird.

Die Verquickung des F. mit dem Faschismus ist ein ebenso offenkundiger wie bekannter Tatbestand. Dabei hat aber insbesondere die neuere Forschung den durchaus spannungsreichen und vielschichtigen Charakter dieses Bezuges herauszuschälen vermocht und auf die Grenzen der Kompatibilität beider Bewegungen aufmerksam gemacht. Sie hat vor allem gezeigt, daß etwa der Kult einer zum Selbstwert erhobenen Gewalt, die anarchische Kontestation jeglicher Ordnung oder auch der provokative Kurzschluß von Heroismus und Hanswurstiade (Riesz 1983: 97) dem Faschismus Mussolinischer Prägung nicht vermittelbar waren. Bei einer Annäherung an den Faschismus mußten diese Aspekte der futuristischen Ideologie zurückgenommen werden. In dem Maße, in dem der F. von Marinetti an den Faschismus herangeführt wurde, wurde er – anders als häufig vermutet – »mitnichten radikaler, sondern entschieden moderater« (Schulz-Buschhaus 1987: 375). An diesem Punkt kann auch eine literarhistorisch tragfähige Periodisierung ansetzen. Als eine → Avantgarde mit konsequent totalisierendem Anspruch vermag sich der F. lediglich bis zum Beginn der zwanziger Jahre zu behaupten. Ab diesem Zeitpunkt gibt er dem Faschismus gegenüber seine Autonomie auf, und der avantgardistische Impetus zieht sich auf den abgezirkelten Bereich der ästhetischen Form zurück (De Maria 1973: 141). Und selbst in diesem reduzierten Sektor zeigen sich unverkennbare Tendenzen der Mäßigung, wie etwa Marinettis Hauptwerk der dreißiger Jahre, die »Spagna veloce e toro futurista« (1931), bestätigen kann. An diesem Werk wird aber noch etwas anderes erkennbar: Es wird greifbar, wie der italienische F., der in seinen großen Jahren prägenden Einfluß auf die europäischen → Avantgarden hatte (beispielsweise auf den → russischen Futurismus oder auf den → Dadaismus), nunmehr selbst zum Ziel der Überformung durch eine andere Avantgarde wird. In »Spagna veloce e toro futurista« löst sich der futuristische Diskurs rekurrent in eine *écriture automatique* surrealistischer Provenienz auf (Salaris 1985: 212) (→ Surrealismus).

E. Falqui: Bibliografia e iconografia del futurismo. Florenz 1959

Chr. Baumgart: Geschichte des Futurismus. Reinbek 1966

W. M. Martin: Futurist Art and Theory. Oxford 1968

F. Curi: La »distruzione del modello lineare« e la letteratura d'avanguardia. In: Lingua e Stile 5 (1970)

M. Verdone: Che cosa è il futurismo. Rom 1970

L. De Maria: Futurismo. In: Dizionario critico della letteratura italiana. Turin 1973

L. De Maria (Hrsg.): Per conoscere Marinetti e il futurismo. Mailand 1973
G. B. Nazzaro: Introduzione al futurismo. Neapel 1973
P. Bürger: Theorie der Avantgarde. Frankfurt 1974
S. Lambiase u. G. B. Nazzaro: Marinetti e i futuristi. Mailand 1978
J. Riesz: Futurismus und Faschismus. In: Italienisch 2 (1979)
H. Finter: Semiotik des Avantgardetextes. Gesellschaftliche und poetische Erfahrung im italienischen Futurismus. Stuttgart 1980
J. Riesz: Der Untergang als »spectacle« und die Erprobung einer »écriture fasciste« in Marinettis »Mafarka le Futuriste« (1909). In: U. Schulz-Buschhaus und H. Meter (Hrsg.): Aspekte des Erzählens in der modernen italienischen Literatur. Tübingen 1983
I. Gherarducci: Il futurismo italiano. Rom 1984
M. Hardt: Futurismus und Faschismus. In: Romanische Forschungen 94 (1984)
C. Salaris: Storia del futurismo. Rom 1985
M. Hinz: Die Zukunft der Katastrophe. Mythische und nationalistische Geschichtstheorie im italienischen Futurismus. Berlin 1985
L. De Maria: La Nascita dell'avanguardia. Saggi sul futurismo italiano. Venezia 1986
P. Hulten (Hrsg.): Futurismo & Futurismi. Milano 1986
U. Schulz-Buschhaus: Der Futurismus als »grande e forte letteratura scientifica« – Betrachtung über die Widersprüche einer Avantgarde. In: B. Winklehner (Hrsg.): Literatur und Wissenschaft. Begegnung und Integration. Tübingen 1987
G. Palmieri: Invito a conoscere il futurismo. Milano 1987
M. Webster: Words-in-freedom and the oral tradition. In: Visible Language 23 (1989)
J. J. White: Literary Futurism. Aspects of the first avant-garde. Oxford 1990

Gerhard Regn

Futurismus (russ.)

In der russischen Literatur stellt der F. (futurizm) eine »antiformative Stilformation« dar (Flaker 1984: 23), d. h. ein Ausdruckssystem, das, von mehreren Gruppen junger Dichter getragen, gegen den vom → Symbolismus und den Ausläufern des Realismus bestimmten Literatur- und Kulturbetrieb aufbegehrt und versucht, das schlechthin Neue in der Literatur zu verwirklichen. Zuerst und am lautstärksten treten seit 1910 die *Kubofuturisten* der Gruppe *Hylaea* (Gileja) hervor (Chlebnikov, Majakovskij, Burljuk, Kručenych). Ihre erste spektakuläre Publikation ist der Sammelband »Eine Ohrfeige dem öffentlichen Geschmack« (Poščečina obščestvennomu vkusu, 1913). Hier ist das erste Manifest des russischen F. abgedruckt, mit dem die Unterzeichner die klassischen (Puškin, Dostojevskij, Tolstoj) und zeitgenössischen Dichter (Bal'mont, Blok, Brjusov, Gor'kij, Bunin u. a.) vom »Dampfer der Gegenwart« verweisen, während sie *Wort-Neurertum* (slovonovšestvo) und die zukünftige Schönheit des *selbstwertigen/selbstgewundenen Wortes* (samocennoe/samovitoe slovo) verkünden. In den folgenden Jahren versuchte die Gruppe, die Öffentlichkeit durch weitere Manifeste, clowneske Aktionen und Tourneen, Formen also, welche die italienischen Futuristen (→ Futurismus, italien.) vorexerziert hatten, zu schockieren. Gleichwohl kam es im Februar 1914, als Marinetti Rußland bereiste, zum Eklat zwischen ihm und Majakovskij, der mit seinen Freunden jede Abhängigkeit von den *Italo-Futuristen* bestritt, zugleich aber die literarische Parallele zwischen beiden Bewegungen zugestand: »Der F. ist eine gesellschaftliche Strömung, erzeugt durch die Großstadt, die ihrerseits alle nationalen Unterschiede ausmerzt. Die Poesie der Zukunft ist kosmopolitisch.« (Majakovskij, »Polnoe sobranie sočinenij«, Bd. I, Moskau 1955: 369) Ihre Eigenständigkeit unterstrichen die Russen auch durch eine eigene Entsprechung zu dem Begriff F., *budetljanstvo* (von russisch budet, »es wird sein«), ein von Chlebnikov geprägtes Wort.

Die *Egofuturisten* um Severjanin unterscheiden sich von der Hyläea-Gruppe durch ihren stärker ausgeprägten → Ästhetizismus und Individualismus. Mit den erlesenen Banalitäten ihrer »poėzy« (Gedichte) stellen sie gleichsam die Salonvariante des russischen F. dar. Ihre deklarativen Äußerungen, z. B. der grundlegende Text »Ego-Futurismus« (Ėgo-futurizm, 1913) von Ignat'ev, gleichen eher dem argumentativen Essay als dem für den F. sonst typischen

provokativen Manifest. Eine dritte Gruppe, genannt *Centrifuga*, bilden die Dichter Aseev, Bobrov und Pasternak, die zunächst noch dem → Symbolismus nahegestanden hatten, kurz vor Ausbruch des Ersten Weltkrieges jedoch in den Sog des F. geraten. Als programmatischen Text veröffentlichten sie das kollektive Gedicht »Turbopäan« in dem Almanach »Rukonog« (Handfuß, 1914). Eine besondere Stellung nimmt zwischen den konkurrierenden und sich heftig befehdenden Gruppen das futuristische Einmannunternehmen *Mezonin poėzii* (Mezzanin der Poesie) Šeršenevičs ein, der 1914 vergeblich versuchte, mit der kurzlebigen Zeitung »Futuristy« (Futuristen) eine gemeinsame Tribüne für den russischen F. zu schaffen. Als Übersetzer der Manifeste des italienischen → F. sowie von Marinettis »La Bataille de Tripoli« (russisch: Bitva u Tripoli, 1915) war Šeršenevič das wichtigste Bindeglied zwischen russischem und italienischem F.
Die beherrschende Intention aller futuristischer Gruppen in Rußland ist zunächst, fern jeglichem politischen Handeln, die radikale Erneuerung der poetischen Sprache und die Gewinnung neuer künstlerischer Verfahren (priemy), das nämliche also, was von den generationsgleichen Formalisten (Šklovskij, Tynjanov, Jakobson) als Motor der literarischen Stilentwicklung herausgestellt wurde. Das *Wort* wird von den Futuristen in seiner materiellen Substanz als lautliches/akustisches und graphisches/optisches Zeichen absolut gesetzt. Es soll als *samovitoe slovo* die bisher gültigen Ausdrucks-, Sinn- und Geschmackskonventionen außer Kraft setzen. Zu den neuen Schaffensprinzipien zählt die Wortbildung und Wortartikulation unabhängig von grammatischen Regeln, die Auflösung der Syntax, die Aufkündigung von Orthographie und Interpunktion. Als neue Kunstmittel werden Lautoperationen, freie Rhythmen, neue Reimtechniken und die Charakterisierung des Phonemmaterials herausgestellt. »Der lexikalische Reichtum eines Dichters ist seine Rechtfertigung«, heißt es lapidar im Manifest aus dem Sammelband »Sadok sudej« (Der Kritikasterkasten, 1913).
Namentlich die Manifeste der Kubofuturisten enthalten präzise Vorstellungen und praktikable Anweisungen, wie das *slovonovšestvo* zu bewerkstelligen sei. Ihre dichterische Praxis erbrachte in den folgenden Jahren den Beweis, daß sie nicht bei bloßen Postulaten stehen blieben, sondern daß ihre innovativen Impulse in breiter Palette für die russische Dichtung wirksam wurden. In experimentellen Texten führten sie überraschende Operationen mit der *Wortbildung* (Flugterminologie, Beschwörungsformeln) oder mit *Lautwiederholungen* (zvukovye povtory) vor; in sog. *zaum'*-Texten (zaum', »das hinter dem Verstand Liegende«) schufen sie Wörter, die keiner natürlichen Sprache zuzuordnen waren, wie z. B. Kručenychs vielzitierte Formel »Dyr bul ščyl«. Vor allem Chlebnikov erwies sich als unerschöpflicher Experimentator. Fast jedes seiner Gedichte explizierte eine bestimmte künstlerische Aufgabe, ein bestimmtes Verfahren. So konstruierte er ganze Poeme in Form des Palindroms oder schrieb ein em-

blematisches Porträtgedicht in *zaum'*-Sprache (Bobeobi pelis' guby, »Bobėobi sangen sich die Lippen«). Doch auch auf archaische Sprachschichten, mythologische, magische und primitive Überlieferungen griff Chlebnikov immer wieder zurück. Die geforderte Schöpfung neuer Mythen aus dem selbstwertigen Wort wurde vor allem in seinen Dichtungen verwirklicht.

Hinter solchen poetischen Experimenten und vielfältigen Verfremdungen verbreitete sich rasch ein neuer Standard des poetischen Ausdrucks in Rußland, der weit über den Rahmen des F. hinausgriff. *Neologismen,* d. h. neugebildete Wörter, die den morphologischen Regeln des Russischen nicht selten widersprachen; das intensive Aufspüren lautsemantischer Korrelate zwischen einzelnen Wörtern; der sog. *Tiefenreim* (glubokaja rifma), d. h. die Ausdehnung der Reimkorrespondenz über den Stützvokal zum Versanfang hin; *tonische Verse* und *freie Rhythmen,* d. h. das Aufbrechen der engen Schranken der konservativen russischen Metrik; endlich auch neue Anordnungen von Verstexten als verbal-pikturale Konfiguration gehören zu den zukunftsträchtigen Errungenschaften des russischen F., die die eigentliche literarische Bedeutung dieser Bewegung ausmachen.

Bezeichnenderweise wurden die poetologischen Neuerungen des F. zum Teil durch ideologische oder spekulative Theoriegebäude motiviert. Chlebnikov entwarf aufgrund magischer Zahlenkombinationen eine kosmisch-utopische Weltordnung und das Konzept einer *Sternensprache* (zvezdnyi jazyk), die, wenngleich wissenschaftlich unhaltbar, bestimmte künstlerische Verfahren und lautsemantische Operationen wirkungsvoll zu begründen vermochte. Auch die ideengeschichtlich argumentierende, anarcho-individualistische Ego-Lehre Ignat'evs postulierte, anknüpfend an Rousseau, Fichte, Nietzsche und Gor'kij, die unbedingte »Hervorkehrung der Individualität« (Markov 1967: 35 ff.) gegenüber den Zwängen der Kultur, um damit die innovative Willkür des Dichters zu rechtfertigen. So wenig zu bezweifeln ist, daß derartige Ideologeme den Einsatz innovativer künstlerischer Verfahren tatsächlich motivierten, erhebt sich doch die Frage, ob auch die neue Thematik des russischen F. (Großstadt, Maschinenzivilisation, Flugwesen usf.) nur als *Motivierung des Verfahrens* (motivirovka priema) zu verstehen sei, wie es zunächst die Formalisten suggerierten (Jakobson 1921: 16). Vielmehr muß wohl ein dialektisches Wechselverhältnis zwischen Revolutionierung des Ausdrucks und neuen Inhalten angenommen werden, bei dem die innerliterarischen und sozialökonomischen Prozesse im Vorkriegsrußland (Revolution von 1905) in spezifischer Weise zusammenspielten. Der zeitliche Abstand zur literarischen Revolution des F. läßt erkennen, daß diese in vieler Hinsicht, nicht zuletzt in der Hypostasierung des Wortes und in der neuen Thematik, gerade vom → Symbolismus (Belyj, Blok) vorbereitet worden war, also jener Strömung, der sich die Futuristen vehement entgegenstellten. Desgleichen sind die gemeinsamen Entwicklungen und das enge persönliche Zusammenwirken zwischen Dichtern und Malern der russischen Avantgarde (Majakovskij und Burljuk waren Doppelbegabungen) wie auch mit den Vertretern des literaturwissenschaftlichen *Formalismus* nicht zu übersehen.

Was aber den russischen F. heraushebt, ist einmal die Tatsache, daß er sich nicht in deklarativen Äußerungen erschöpfte, sondern im Werk solcher Dichter wie Chlebnikov, Majakovskij, Aseev und Pasternak, mögen sie auch die künstlerischen Möglichkeiten des F. letztlich überboten haben, einen substantiell bedeutsamen Beitrag zur Poesie des 20. Jahrhunderts leistete. Zum anderen ist eine beachtliche Nachwirkung des russischen F. zu konstatieren. Wurde auch die agile Fortführung des F. nach der Oktoberrevolution in der *Linken Front der Künste*/LEF und im Konstruktivismus mit dem Ziel der revolutionären Umgestaltung aller Lebensbereiche in der Stalin-Zeit unterbunden und nur Majakovskij als Barde der Sowjetepoche unter Ausklammerung seiner futuristischen Komponente in den Kanon des → Sozialistischen Realismus integriert, so hat seit den sechziger Jahren eine immer unbefangenere Rezeption des F. in der poststalinistischen Poesie (B. Sluckij, A. Voznesenskij u. a.) unverkennbare Spuren hinterlassen. Trotz der kaum zu bewältigenden Übersetzungsprobleme hat der russische F., insbesondere mit Gedichten Chlebnikovs und Majakovskijs, auch der jugoslawischen und deutschen *Neoavantgarde* wichtige Anregungen vermittelt. Die von Urban veranstaltete Chlebnikov-Ausgabe (Chlebnikov 1972) wurde mit Übersetzungen von Artmann, Celan, H. M. Enzensberger, Jandl, Mon u. a. zu einem Knotenpunkt der deutschsprachigen Neoavantgarde.

R. Jakobson: Novejšaja russkaja poėzija. I. Prag 1921

N. Bogdanović: Futurizam Marinetiija i Majakovskog. Belgrad 1963

D. Tschižewskij (Hrsg.): Anfänge des russischen Futurismus. Wiesbaden 1963

V. Markov (Hrsg.): Manifesty i programmy russkich futuristov. München 1967

V. Markov: Russian Futurism. A History. Berkeley/Los Angeles 1968

K. Pomorska: Formalist Theory and its Poetic Ambiance. The Hague. Paris 1968

F. Scholz: Die Anfänge des russischen Futurismus in sprachwissenschaftlicher Sicht. In: Poetica 2 (1968)

V. Chlebnikov: Werke. Hg. von P. Urban. Bd. 1-2. Reinbek 1972

Russkaja literatura konca XIX-načala XX v. 1908-1917. Moskau 1972

I. Ambrogio: Formalismo e avanguardia in Russia. Rom ²1974

V. D. Barooshian: Russian Cubo-Futurism 1910-1930. A Study in Avant-Gardism. The Hague. Paris 1974

N. Stepanov: Velimir Chlebnikov. Žizn' i tvořčestvo. Moskau 1975

A. M. Lawton: Main Lines in Convergence between Russian and Italian Futurism. Los Angeles 1976

A. Lauhus: Die Konzeption der Sprache in der Poetik des russischen Futurismus. In: Zeitschrift für Ästhetik und allgemeine Kunstwissenschaft 27 (1982)

P. Stobbe: Utopisches Denken bei V. Chlebnikov. München 1982.
A. Flaker, D. Ugrešič (Hrsg.): Pojmovnik ruske avangarde. Bd. 1-4. Zagreb 1984-1985
A. Flaker: Ruska avangarda. Zagreb 1984
R. Lauer: Das poetische Programm der Centrifuga. In: Text – Symbol – Weltmodell. Johannes Holthusen zum 60. Geburtstag. München 1984
G. Langer: Kunst – Wissenschaft – Utopie. Die »Überwindung der Kulturkrise« bei V. Ivanov, A. Blok, A. Belyj und V. Chlebnikov. Frankfurt am Main 1990

Reinhard Lauer

Gattungen

Der Begriff ›Gattung‹, wie er in der heutigen Fachliteratur gebraucht wird, bedeutet zweierlei. Einerseits bezieht sich der Begriff auf die sog. literarischen Grundformen wie Lyrik, Epik, Dramatik oder Erzählen, Ausdrükken usw. Andererseits wird er als Bezeichnung für sog. historische G. (Todorov 1970: 18) wie etwa Elegie, Tagelied, Briefroman, Einakter angewandt. Da die beiden Bedeutungen des Begriffs für eine gattungstheoretisch orientierte Betrachtung des literarischen Modernismus von Wichtigkeit sind, werden sie hier kurz erläutert.

Unter literarischen Grundformen werden die allgemeinsten und dauerhaftesten Typen literarischer Kommunikation verstanden, die sich in der Gestalt verschiedener historischer G. konkretisieren. Obwohl sie den historischen G. innewohnen, ist ihre Herauslösung aus diesen, ihre Benennung sowie ihre Begründung eine wesentliche Aufgabe der Literaturwissenschaft. Deshalb werden sie, im Gegensatz zu den *historischen Gattungen,* auch als die *theoretischen* bezeichnet (Todorov 1970: 18). Über das Wesen einzelner Grundformen und über ihre Gesamtzahl gehen die Meinungen auseinander, doch hat sich die Triade Lyrik, Epik, Dramatik, wenigstens in Hinsicht auf die europäische Literatur, immer von neuem als die angemessenste erwiesen. Heute wird sie als Gliederungsmuster unzähliger literaturgeschichtlicher Werke gebraucht, in denen auch der Zugehörigkeit des dargestellten Materials zu den einzelnen historischen G. Rechnung getragen wird. Die Frage einer letzten Begründung der Grundformen muß hier offenbleiben. Es sei nur am Rande bemerkt, daß sie nicht als platonische Ideen aufzufassen sind, obwohl sie zu manchen sozio- und anthropologischen Universalien sowie zu den sprachlichen oder kommunikativ-pragmatischen Tiefenstrukturen in Beziehung gebracht werden können. Trotz ihrer Geschichtlichkeit gehören sie offenbar zu den longuedurée-Strukturen unserer Kulturwelt.

Die historischen G. sind dagegen zeitlich und räumlich gebundene Formen literarischer Kommunikation, die neben den Eigenschaften der in ihnen konkretisierten Grundformen auch eine Fülle thematischer, kompositorischer und stilistischer Differenzmerkmale aufweisen. Der Grund ihrer Differenzmerkmale ist natürlich nicht in den letzten Gegebenheiten des menschlichen Daseins oder des objektiven Geistes zu suchen. Die konkretesten Züge einer historischen Gattung sind am meisten in den Faktizitäten der sozialgeschichtlichen Umwelt verwurzelt oder werden den kanonisierten Werken der literarischen Vergangenheit entnommen, was aber ihre sozialgeschichtliche Verwurzelung nicht aufhebt, sondern nur komplizierter macht. Was die begriffliche und terminologische Bestimmung der historischen G. betrifft, ist sie nicht der Wissenschaft vorbehalten, sondern wird meist an Ort und Stelle vollzogen. Namen dieser G. und ihre Beschreibungen holen wir uns oft aus der Geschichte: aus poetologischen und literaturkritischen Texten, aus Titeln und Untertiteln literarischer Werke, aus den in den Werken enthaltenen metatextuellen Kommentaren (→ Metatextualität). Den in einer geschichtlich, geographisch oder sozial begrenzten Kulturwelt vorkommenden historischen G. ist die Tendenz eigen, sich gegenseitig zu bestimmen und hierarchische Systeme zu bilden. Doch da in ihrem Entstehen und Vergehen auch das Unwiederholbare und Kontingente der Geschichte mitspielt, sind ihre Systeme immer offen und wandelbar. In der Literatur seit der Renaissance sind sie eher eine Wunschvorstellung der normativen Poetik oder aber durch den ideologischen Anspruch ins Leben gerufene Realitäten.

Bei der gattungsgeschichtlich orientierten Betrachtung eines Abschnitts der literarischen Geschichte stoßen wir zunächst auf die in ihm vorkommenden historischen G. Ihre Existenz und normative Wirkung wird entweder aufgrund irgendwelcher Ähnlichkeiten der in dem betreffenden Zeitabschnitt entstandenen literarischen Werke oder aufgrund ihrer poetologischen Beschreibungen bestätigt. Oft aber sind wir in der Lage, die beiden Verfahrensweisen zu kombinieren und ihre Ergebnisse wechselseitig zu überprüfen. Die in einem Synchronabschnitt der literarischen Geschichte vorgefundenen G. verweisen ferner durch ihre Differenzmerkmale auf eigene Lebensräume, auf Typen sozialen und ästhetischen Verhaltens, in denen sie verwurzelt sind. Im ganzen Repertoire vorgefundener G. spiegelt sich letztlich auch die Systematik der für die entsprechende Kulturwelt typischen Formen ästhetischen Verhaltens. Doch stellen die historischen G. nicht nur in der Beziehung zu ihren Lebensräumen eine abgeleitete, unselbständige Realität dar. Sie sind es auch in der Beziehung zu den literarischen Grundformen. Deswegen sollte jedes geschichtliche Gattungsrepertoire auch auf die Frage untersucht werden, wie sich darin die Grundformen literarischer Kommunikation objektivieren, welchen geschichtlichen Sinnwelten sie zugeordnet werden und wie sie zueinander stehen.

Das Gattungsrepertoire der modernen Literatur, wenn man seine Gestalt und seinen Bestand im Sinne der dargelegten methodischen Ansätze analysiert, scheint keine grundsätzlich neue Situation literarischer G. zu beinhalten. Vielmehr ist es als eine Fortsetzung, in mancher Hinsicht als

Vollendung der gattungsgeschichtlichen Prozesse anzusehen, die schon seit der Renaissance für die europäische Literatur bestimmend sind. Die für die Geschichte der literarischen G. relevanten Folgen der Renaissance scheinen zunächst in einem Wechsel historischer G. zu bestehen: ein altes, für die mittelalterliche Literatur gültiges Gattungsrepertoire hat sich aufgelöst oder ist in den Spielraum der subliterarischen Kommunikation abgesunken, während an seine Stelle ein neues getreten ist, in dem die wiederbelebten Gattungen der antiken Literatur einen wichtigen Platz besetzten.

Doch ist die Bedeutung dieser Wende viel größer, denn die literarischen G., die sich an der Schwelle der Neuzeit in der europäischen Literatur allmählich durchgesetzt haben, unterscheiden sich von jenen mittelalterlichen nicht nur durch ihre Form und ihren Stil, sondern auch in Hinsicht auf ihre gesamte Seinsweise. Während die G. der mittelalterlichen Literatur immer noch in den verschiedenen, voneinander entfernten Wirkungszusammenhängen des institutionalisierten gesellschaftlichen Lebens fest verankert sind und ihre Typik oft dem prägenden Einfluß einzelner Traditionen, Bräuche und Riten verdanken, gehören die in der Renaissance kanonisierten G. nicht mehr den Programmen des kollektiven Sittenlebens, sondern der Literatur beziehungsweise der Kunst selber, die sich jetzt als eine Institution sui generis versteht. Ihre Erhaltung wird vom Geschmacksurteil und von philologischen Kenntnissen schaffender Individuen sowie von den Interessen des Publikums abhängig.

Damit verändern sich auch die Beziehungen einzelner G. zueinander. Ihre Gegenseitigkeit wird vermittelt, ihre Systematik programmiert. Im Unterschied zum lockeren Gattungsrepertoire der mittelalterlichen Literatur, das die eigene gesellschaftliche Umwelt passiv und unbewußt spiegelt, entsprechen die durch die poetologischen Eingriffe umstellbaren Repertoires der neuzeitlichen Literatur oft einer ideologisch vermittelten Anschauung über die Funktion literarischen Schaffens. Durch das strenge, wohl nie völlig verwirklichte Gattungsprogramm des Klassizismus wurde z. B. keine bestehende Welt vertreten, sondern eine, die erst sein sollte. Auch im 20. Jahrhundert bleibt das für die ganze neuzeitliche Kultur typische Verständnis der literarischen G. größtenteils erhalten. Nur noch prinzipieller wirkt sich in ihnen die Initiative oder Willkür einzelner Individuen und Schriftstellergenerationen oder gesellschaftlicher Ordnungen aus.

Die Situation der literarischen G. im 20. Jahrhundert ist ferner auffällig uneinheitlich. Die Literatur des 20. Jahrhunderts ist von vielen verschiedenen poetologischen Programmen geprägt, die auch in Hinsicht auf die für sie kennzeichnenden Gattungsbestimmungen voneinander abweichen. In einer sehr detaillierten Untersuchung würde sich wahrscheinlich zeigen, daß in der Literatur seit dem → Naturalismus, zumal in ihren höheren Schichten, fast unzählige Standpunkte zum Gattungsproblem eingenommen wurden, daß jede literarische Strömung dieser Zeit, ja jeder gewichtigere Dichter eine gewissermaßen autonome Gattungstheorie vertrat. Aber auch innerhalb eines allgemeineren Zugangs zum Problem läßt sich klar erkennen, daß die in der modernen Literatur vorkommenden G. nicht aus nur einer Lebens- oder Kunstphilosophie abgeleitet sind. Der kleineren Differenzen ungeachtet, haben wenigstens vier wichtige, überindividuell geltende Auffassungen über das Wesen und die Funktion der Kunst, die einzelne Phasen oder Schichten der modernen Literatur beherrscht haben, in deren Inventar historischer G. Spuren hinterlassen. Durch ein eigentümliches Handhaben von generisch relevanten Stilmitteln, Formelementen und Themen zeichnet sich zunächst jene literarische Strömung des späten 19. und frühen 20. Jahrhunderts aus, die in der Fachliteratur als *Jahrhundertwende* oder, was mehr besagt, als → Ästhetizismus bezeichnet wird. Des weiteren verdient die Gattungsrevolution der → Avantgarde-Strömungen besondere Bedeutung, die irrtümlicherweise oft als die einzige in gattungsgeschichtlicher Hinsicht folgenreiche Errungenschaft der modernen Literatur gewertet wird.

Größtenteils unberührt von der ästhetizistischen und avantgardistischen Gattungsauffassung ist die Lage der G. in den Literaturen der ideologisch monolithen modernen Gesellschaften als auch in den Kulturlandschaften, wo die literarische Praxis immer noch in den Prozessen der politischen, ökonomischen und geistigen Emanzipation der Nation teilnimmt. Schließlich ist auch das Verhalten der modernen Massenliteratur zu den G. als eine eigenständige Gattungspolitik anzusehen. Natürlich finden sich in der Literatur unseres Jahrhunderts viele Werke, in denen sich die mit den erwähnten Kunstauffassungen verbundenen Gattungsstrategien vermischen. Es finden sich auch solche, insbesondere unter den erzählerischen, in denen keine von diesen Strategien strikt befolgt wird und die, was ihre Gattungsmerkmale betrifft, eher eine Fortsetzung der vormodernen literarischen Ästhetik, am meisten jener des → Realismus bedeuten. Insofern sie mit dem Gattungskonservativismus der ideologisch gesteuerten Literatur oder der Massenliteratur nichts zu tun haben, ist ihre Einstellung zur Gattungsproblematik nicht eine genuin moderne. Schließlich sei noch hinzugefügt, daß die Koexistenz verschiedener Gattungsauffassungen in der Literatur seit dem → Naturalismus nicht die Meinung widerlegt, diese Literatur stelle keine prinzipiell neue Phase in der Geschichte literarischer G. dar. Denn auch die Gattungsanarchie der modernen Literatur setzt die Emanzipation der G. von dem kollektiven Sittenleben voraus. Diese ist aber eine Leistung der Renaissance, nicht erst des Modernismus.

Die gattungsgeschichtliche Bedeutung des → Ästhetizismus sollte sowohl auf der Ebene der historischen G. als auch auf jener der Grundformen gesehen werden. Auf der ersten Ebene zeigt sich der Ästhetizismus als eine unkonventionelle Bewegung, die auf die Gattungsgesetze keinen großen Wert legt. Er läßt nicht nur die Aufnahme außerliterarischer und subliterarischer G. zu, wofür etwa die Stilisierung des Zeitungsfeuilletons zur sog. Prosaskizze oder die Einbeziehung des → Einakters in das Inventar theatralischer Formen beispielhaft sind, sondern auch die Mischung verschiedener G., wobei allerdings fast immer eine völlige Verschmelzung des Verschiedenen, nicht bloß eine → Montage angestrebt. wird. Durch diese Neuerungen wird vor allem eine Vervielfältigung der erzählerischen und dramatischen Kurzformen erreicht. Eine überraschende Wachstumsfreudigkeit zeigen die lyrischen Formen und die von der lyrischen Komponente beherrschten Gattungsmischungen. Immer wieder nehmen die Dichter aus dem Umkreis des Ästhetizismus das Wagnis auf sich, in langen lyrisch-epischen, lyrisch-philosophischen oder lyrisch-mythischen Dichtungen und Gedichtzyklen Kosmologisches und Anthropologisches auszusagen, wie etwa Däubler im »Nordlicht«, Valéry in »La Jeune Parque«, Sologub in »Plamennyj krug«, Holz in den revidierten Fassungen des »Phantasus«, Rilke in den beiden letzten Zyklen (»Duineser Elegien«, »Die Sonette an Orpheus«).

Aufgrund seiner Beziehung zu den Grundformen literarischer Kommunikation ist der → Ästhetizismus eine durchaus einseitige Strömung. Denn fast alle seine Erfindungen im Bereich der literarischen G. zielen auf eine Stärkung des Lyrischen. Dies mag wohl mit der abweisenden Haltung der Ästhetizisten gegenüber der realistisch-naturalistischen Ästhetik zusammenhängen, die den epischen Prosaformen den Vorzug gibt, läßt sich aber auch zu den positiven Programmen des Ästhetizismus in Beziehung setzen, insbesondere zu seinem »emphatischen Verhältnis zur Schönheit künstlerischer Hervorbringungen« (Žmegač 1984: 13). → Lyrik nämlich, wie sie fast in allen Zeiten der europäischen Kulturgeschichte aufgefaßt und geschrieben wurde, ist die ästhetizistische Gattung schlechthin. Im Unterschied, z. T. auch im Gegensatz zu den anderen Grundformen, deren historische Spielarten sich eher den Themenwelten zuwenden, die mit dem Attribut des Bedeutenden, Interessanten, Beispielhaften versehen sind, richtet sich Lyrik hauptsächlich auf jene Werte, die wir mit Begriffen wie Schönheit, Erhabenheit, Anmut zu bezeichnen pflegen. Diese Werte verkörpert das lyrische Gedicht zweifach: als Zeichen verweist es am liebsten auf Sachverhalte oder Fiktionen, die innerhalb eines geschichtlichen Konsenses als Exempel des Naturschönen oder gar als Numina erlebt werden, als Gegenstand ist es selbst, dank seiner vielfach artifiziellen Bauweise, ein Exempel des Formalschönen.

Es nimmt deshalb nicht wunder, daß das Gattungsrepertoire des Ästhetizismus von der Lyrik geradezu überschwemmt ist. Außer in den unzähligen feinen Gedichtzyklen findet sich Lyrik bei den Ästhetizisten auch in den Texten, die nominal anderen Formen verpflichtet sind. Von ihr werden die erzählerischen G. kolonisiert, die entweder zu einer Vernachlässigung des Narrativen zugunsten des lyrisch-Digressiven neigen oder gar manche Form- und Stilelemente der Lyrik (Vers, Strophe, Metaphorik) verwenden, wie Merediths »Modern Love« oder Dehmels »Zwei Menschen«. Stark lyrisiert ist auch das ästhetizistische → Drama, das durch den Hang zu einer typisch lyrischen Behandlung der Sprache sowie zu den Kurzformen gekennzeichnet ist (Lyrisches Drama). Schließlich finden sich an der Peripherie des ästhetizistischen Gattungsrepertoires Textsorten, die einer Kreuzung der Lyrik mit dem philosophischen Diskurs zu entstammen scheinen, denen z. B. manche Schriften Nietzsches oder Werke wie Gides »Les nourritures terrestres«, lebensphilosophische Schriften von Klages und Schuler, Kassners »Zahl und Gesicht« zuzurechnen sind.

Noch kritischer als in der Literatur der Jahrhundertwende wird die Situation der G. in den Produkten der → Avantgarde, zu der hier hauptsächlich die in den vielen Ismen organisierten Bewegungen der ersten Hälfte unseres Jahrhunderts sowie die an diese Bewegungen anknüpfenden Tendenzen in der Literatur der Nachkriegszeit gerechnet werden. Das Gemeinsame in den avantgardistischen Gattungsstrategien ist ihre Verwurzelung in einem apriorischen Mißtrauen gegen das Konventionelle. Ungeachtet dessen können sie vielfach differenziert und abgestuft werden. Zum einen unterscheiden sich die gattungsgeschichtlichen Neuerungen der Avantgarde durch den Grad ihrer Direktheit oder Reflektiertheit. Im Umkreis der avantgardistischen Bewegungen entstanden viele kleine Traditionen mit eigenen, überindividuell verpflichtenden Textsorten, die aber nicht primär aus den Programmen einer bewußten Umformung literarischer Gattungen hervorgegangen sind, sondern eher aus stilistischen und sprachlichen → Experimenten. Diese aber waren manchmal dermaßen prinzipieller Natur, daß sie auch die Ebene des Generischen miteinbeziehen mußten. Nicht selten aber befaßten sich die Avantgardisten mit der Aufgabe einer gezielten, von theoretischem Denken begleiteten Umformung traditioneller oder der Schaffung neuer literarischer G. Zum anderen ist auch die Aggressivität gegen das Konventionelle, wie sie in der avantgardistischen Gattungsbilanz zum Ausdruck kommt, keine unwandelbare Größe. Während manche Neuerungen wenigstens mit den Grundformen literarischer Kommunikation konform gehen, wird in manchen anderen auch die ansonsten unbefragte, zur Natur hypostasierte Logik der Grundformen in Frage gestellt.

Die avantgardistischen Versuche, neue historische G. zu schaffen und zu etablieren, gehorchen am meisten dem Imperativ, den man mit einem Schlagwort Nietzsches beziehungsweise Zarathustras treffend beschreiben könnte: »Neue Gesetze auf neuen Tafeln!« Der Grundgedanke ist dabei der folgende: Die Welt und der Mensch haben sich verändert, unsere Kenntnisse von beiden haben sich erweitert, die alten Tafeln, die überkommenen Gattungen, reichen nicht mehr aus, um all das zu erfassen. Zahlreiche für die avantgardistische literarische Produktion charakteristische Texttypen sind dem Bestreben entsprungen, auf diese Herausforderung zu antworten. Dazu gehört der Bewußtseinsstrom-Roman ebenso wie die von dem Simultaneitätsgedanken beherrschten literarischen Formen (→ Simultanismus). Als eine Antwort auf dieselbe Herausforderung können auch die futuristischen *parole in libertà* betrachtet werden, deren Aufgabe es war, eine Auseinandersetzung des Dichters mit der modernen, insbesondere der technischen Welt zu ermöglichen (→ Futurismus).

Wiewohl die aus dem Versuch einer dichterischen Bewältigung der modernen Welt hervorgegangenen Texttypen progressiv anmuten und den an das Gattungsrepertoire des 19. Jahrhunderts gewöhnten Leser zu überraschen vermögen, ist in ihnen dennoch ein Stück Traditionalismus verblieben. Erstens reproduzieren sie fast ausnahmslos, sei es in vielfach komplizierter oder in extrem vereinfachter Form, die allgemeinsten Gesetze der literarischen Grundformen. Andererseits ist ihre Einstellung zum Mimesis- oder Realismusproblem, der wohl wichtigsten Streitfrage des Modernismus, zwiespältig. Denn das Ziel, das in ihnen mit Hilfe der anscheinend antirealistischen Verfahrensweisen – z. B. des Aufhebens von Raum-Zeit Verhältnissen in erzählerischen Formen oder der Zerstörung der Syntax in den lyrischen – verfolgt wird, ist eigentlich die Anpassung der literarischen Sprache an die einer geschichtlichen Welt und könnte folglich als eine Steigerung des Mimetischen gewertet werden. Viel weiter aber als in den Texttypen, die sich der modernen Welt gewachsen zeigen sollten, ist der avantgardistische Antikonventionalismus in jenen literarischen Produkten vorgedrungen, deren generische Typik von den Verfahrensweisen bestimmt wird, die auf eine Infragestellung der allgemeinsten Bedingungen literarischer und sprachlicher Kommunikation gerichtet sind. Solche Verfahrensweisen wurden schon in den Texten der zwanziger Jahre, z. B. in den Gedichten der Dadaisten (→ Dada) erprobt. Fraglich ist jedoch, ob sie in ihren frühen Formen schon als Gattungsmerkmale oder bloß als Zeitstilsymptome zu verstehen sind. Zu den festen Gattungsmerkmalen entwickelten sie sich aber in den Produkten mancher avantgardistischer Bewegungen der Nachkriegszeit, etwa in dem *nouveau roman* oder in der *Dramatik des Absurden,* wo sie als Instrument eines methodischen, oft an das literaturtheoretische Fachwissen angelehnten Abbaus des Erzählens beziehungsweise der theatralischen Konventionen verwendet werden (→ Absurdes Theater).

Wiewohl sich die avantgardistischen und ästhetizistischen Gattungsstrategien voneinander unterscheiden, ist ihnen dennoch etwas gemeinsam: am meisten wurden sie von den Anschauungen kleiner Gruppen schaffender Künstler und ihres Publikums oder gar vom individuellen Willen bestimmt. Damit heben sie sich von der Gattungspolitik eines quantitativ größeren Teils der modernen Literatur stark ab, in dem über die Essenz und Existenz literarischer G. eher kollektiv entschieden wird, und zwar durch Mechanismen, die mit den für die moderne Weltwirtschaft typischen Funktionsweisen vergleichbar sind: durch ideologisch motivierte Planung oder durch den Markt.

Eine durch poetologische Fachsprache mehr oder weniger getarnte, im Grunde aber ideologisch orientierte Programmierung des Gattungsrepertoires ist für die Lage literarischer G. in den Literaturen der modernen totalitären Gesellschaften verantwortlich. Die wohl typischsten Effekte solcher Programmierungen sind die Wiederbelebung der Gattungen des Realismus, vor allem des realistischen Romans, und das ausdrückliche Verbot der avantgardistisch-liberalen Behandlung der Gattungskonventionen. Neue Welt wird da auf alten Tafeln dargestellt.

Die alten Tafeln haben sich aber auch für die Massenliteratur des 20. Jahrhunderts als höchst tauglich erwiesen. Auch hier gilt dies in erster Linie für den realistischen → Roman, der sich in allen Schichten und Abzweigungen der modernen marktorientierten Literatur als die geeignetste Form literarischer Kommunikation behauptet hat. Mit einem gesunkenen Romantizismus gekoppelt, dominiert er in der populären Gesellschafts- und Heimatdichtung der zwanziger, dreißiger und vierziger Jahre, sowohl in der west- und mitteleuropäischen als auch in der skandinavischen. Eine durch den starken naturalistischen Einschlag charakterisierte Spielart des realistischen Romans herrscht in der amerikanischen Kriegsliteratur vor, die in den fünfziger Jahren Welterfolge verzeichnete. Schließlich behalten auch die heutigen Bestseller fast ausnahmslos die Grundstruktur des realistischen Romans, versuchen aber oft, sie mit Stilgesten, die anderen Traditionen entnommen werden, zu modernisieren. Was dabei der im Grunde vormodernen Form beigemischt wird, ob gemäßigte Verfremdungseffekte der avantgardistischen Prosa oder Schematismen der heutigen Trivialliteratur, wird je nach dem entschieden, welche Zielgruppen das einzelne Werk zu erreichen trachtet.

T. Todorov: Introduction à la littérature fantastique. Paris 1970

K. W. Hempfer: Gattungstheorie. Information und Synthese. München 1973

P. Bürger: Theorie der Avantgarde. Frankfurt am Main 1974

M. Kienzle: Der Erfolgsroman. Stuttgart 1975

W. Hinck (Hrsg.): Textsortenlehre – Gattungsgeschichte. Heidelberg 1977

E. Wehrlich: Typologie der Texte. Heidelberg 1979

P. Pavličić: Književna genologija. Zagreb 1983

V. Žmegač: Kunst und Gesellschaft im Ästhetizismus des 19. Jahrhunderts. In: Propyläen. Geschichte der Literatur, Bd. V. Berlin 1984

H. Holländer/Chr. W. Thomsen (Hrsg.): Besichtigung der Moderne: Bildende Kunst, Architektur, Musik, Literatur, Religion. Aspekte und Perspektiven. Köln 1987

E. Lämmert/D. Scheunemann (Hrsg.): Regelkram und Grenzgänge. Von poetischen Gattungen. München 1988

Zoran Kravar

Gesamtkunstwerk

Der Begriff G. erscheint in Enzyklopädien und Sachwörterbüchern kaum vor der Mitte des 20. Jahrhunderts, und er wird dort stets auf R. Wagner zurückgeführt. Das Wort G. und erst recht seine Idee sind jedoch erheblich älter. Der früheste Beleg findet sich bei dem spätromantischen Philosophen K. F. E. Trahndorff (1782-1863), in dessen »Ästhetik oder Lehre von der Weltanschauung und Kunst« (Berlin 1827) das neue, zunächst mit Bindestrich geschriebene Kompositum zweimal auftaucht. Die Künste des »Wortklanges«, der »Musik, Mimik und Tanzkunst« tragen Trahndorf zufolge die Möglichkeit in sich, »zu einer Darstellung zusammen zu fliessen«. Und er begründet das folgendermaßen: »Diese Möglichkeit gründet sich aber auf ein in dem gesamten Kunstgebiete liegendes Streben zu einem Gesamt=Kunstwerke von Seiten aller Künste«, und zwar aufgrund der »Einheit« ihres »innern Lebens«.

Trahndorf rekurriert zumal auf Tendenzen der deutschen Frühromantik. Diese zielte in Opposition gegen die klassische Abgrenzungsästhetik – welche der zeitgenössischen Neigung der Künste, »sich zu vereinigen, ja sich ineinander zu verlieren« die Maxime entgegensetzte, »jede Kunst und Kunstart auf sich selbst zu stellen und sie aufs möglichste zu isolieren« (Goethe, »Einleitung in die Propyläen«, 1798) – auf die von der Musik inspirierte Synthese der Gattungen und Künste. Die ›universalpoetische‹ Bestimmung des Romans, der die verschiedensten Genres zu integrieren vermag (F. Schlegel), oder die Favorisierung der Oper (E. T. A. Hoffmann), die Experimente mit Synästhesie, Klangmalerei und Sprachmusik (C. Brentano), die Versuche einer Transformation bildlicher Vorstellungen in literarische und umgekehrt (Brentano – Ph. O. Runge) und andere ästhetische Grenzüberschreitungen manifestieren die romantische Neigung zum G. in allen Kunstbereichen. Die einschlägigen Tendenzen werden von Schelling in der Schlußbetrachtung seiner »Philosophie der Kunst« (1802/03) zusammengefaßt. Mit ihrer Herabsetzung der Oper zugunsten des musikalischen Dramas der Antike weist sie schon auf Wagner voraus: »Ich bemerke nur noch, daß die vollkommenste Zusammensetzung aller Künste, die Vereinigung von Poesie und Musik durch Gesang, von Poesie und Malerei durch Tanz, selbst wieder synthesiert die komponierteste Theatererscheinung ist, dergleichen das Drama des Altertums war, wovon uns nur eine Karikatur, die Oper geblieben ist.«

Gleichzeitig verfolgt auch Schiller, in der Frage der Trennung der Künste nicht so rigoros wie Goethe, den Gedanken des theatralen G.s, wenn er in der Vorrede zu seiner Chortragödie »Die Braut von Messina« (1803) apodiktisch feststellt, das »tragische Dichterwerk« werde »erst durch die theatralische Vorstellung zu einem Ganzen; nur die Worte gibt der Dichter, Musik und Tanz müssen hinzukommen, sie zu beleben.« Dahinter steht die – von der Florentiner ›Camerata‹ am Ende des 16. Jahrhunderts bis zu C. Orff immer wieder beschworene – Idee der Einheit von Wort, Ton und rhythmischer Bewegung in der griechischen *musiké*, die nicht nur die Tonkunst, sondern den ganzen ›musischen‹ Bereich einschloß. Sie bildet auch das Modell des G.s bei Wagner. »Wir haben uns gewöhnt«, heißt es in seinem Aufsatz »Über musikalische Kritik« (1852), »unter ›Musik‹ nur noch die Tonkunst [...] zu begreifen: daß dies eine willkürliche Annahme ist, wissen wir, denn das Volk, welches den Namen ›Musik‹ erfand, begriff unter ihm [...] alle künstlerische Kundgebung des inneren Menschen überhaupt«.

Demgemäß bezieht Wagner in seiner Schrift »Die Kunst und die Revolution« (1849) den Begriff G. ganz auf die griechische Tragödie. Das Auseinanderfallen der in ihr zu integraler Einheit versammelten Künste führt er auf die Zersplitterung des griechischen Stadtstaates und seines »Gemeingeists in tausend egoistische Richtungen« zurück. In seiner folgenreichsten und provozierendsten Reformschrift »Das Kunstwerk der Zukunft« (1849) entwickelt er aus dem Widerspruch gegen den »egoistischen« Geist der Moderne, der sich in der Vereinsamung des Einzelkünstlers wie der Einzelkünste ausdrückt, die von ihm »kommunistisch« genannte Utopie eines die verschiedenen Kunstarten und die kunstschöpferische Einzelpersönlichkeit übergreifenden kollektiven »G.s«. Dieser gesellschafts- und kulturutopische Entwurf, der über die Möglichkeit einer konkreten Realisierung im 19. Jahrhundert weit hinausgriff und von Wagner bald aufgegeben wurde, ist zu unterscheiden von der Integration des sprachlichen, mimisch-gestischen und musikalischen Mediums in Wagners eigenen Musikdramen, die er jedoch nie mit dem Begriff des G.s bezeichnet.

Wagners G.idee und die Herabsetzung der »absolut« gesetzten Einzelkünste löste heftige Opposition bei Künstlern und Kunsttheoretikern aller Sparten aus. Die Kunstentwicklung des 19. Jh.s kann man als Pendelbewegung zwischen den auf ›Reinheit‹ des jeweiligen ästhetischen Mediums dringenden Abgrenzungstendenzen der Künste und ihren Mischungs- oder Vereinigungsbestrebungen charakterisieren. Um die Jahrhundertwende und im Umkreis zumal des → Expressionismus wurde der »Hang zum G.« (H. Szeemann 1983) zu einer dominierenden Strömung, die sich etwa in der auf Entliterarisierung zielenden, in der Idee des »totalen Theaters« (Piscator) gipfelnden Theaterreformbewegung (→ Literatur und Theater), im Neuen Tanz und in verschiedenen Sparten der bildenden Kunst durchsetzte, deren Repräsentanten bezeichnenderweise oft als künstlerische ›Doppelbegabungen‹ hervortraten (Barlach, Kandinsky, Kokoschka, Kubin usw.).

Paradigmatisch für die quer durch die meisten → Avantgarde-Bewegungen zu verfolgenden G.-Tendenzen sind die gemeinsamen Bestrebungen von Kandinsky und Schönberg. Kandinsky hat in einem Szenarium mit dem programmatischen synästhetischen Titel »Der gelbe Klang«, das zusammen mit der Schrift »Über Bühnenkomposition« 1912 im Almanach »Der blaue Reiter« erschienen ist, Bewegung, Form und Farbe, Musik und Klang zu einer Einheit verbunden, in die er im Manifest »Über die abstrakte Bühnensynthese« (1923) auch die Dichtung als Klangwort einbezieht. Dem additiv strukturierten G. Wagners (eine im Hinblick auf dessen kulturutopischen Entwurf zutreffende Wertung, die freilich an seinem Musikdrama vorbeizielt) setzt Kandinsky ein »synthetisches G.« entgegen, das sich die synästhetische Transformation von Farb- und Gestaltempfindungen in Klänge und umgekehrt zur Aufgabe macht. Ein verwandtes intermediäres Ziel verfolgt Schönberg in seinem »Drama mit Musik« »Die glückliche Hand« (1913).

In eine gegenüber den avantgardistischen G.-Tendenzen konservative Richtung weist Hofmannsthals Rekurs auf das G. des Barock, zumal im Zusammenhang mit der Idee der Salzburger Festspiele. Hofmannsthal dringt in Ablehnung der subjektiven Kulturutopie Wagners auf ein historisch-traditionales Verständnis des G.s. »Die Oper ist nun einmal ein G., nicht etwa seit Wagner, der nur alte Welttendenzen sehr kühn und frech subjektivierte, sondern seit ihrer glorreichen Entstehung: seit dem XVII., und kraft ihrer Grundtendenz: Wiedergeburt des antiken G.s zu sein.« (An R. Strauss, 12. 2. 1919) In seinem Aufsatz »Denkmäler des Theaters« (1924) bemerkt Hofmannsthal, im Vergleich mit dem barocken sei »Wagners G. nur das [...] in einer kunstmatten Spätzeit gewaltsam heraufbeschworene Gespenst«.

Als Erfüllung des »Traums vom G.« (Horkheimer/Adorno, »Dialektik der Aufklärung«, 1947) ist vielfach der → Film bezeichnet worden, teils emphatisch, teils kritisch gegen die »Kulturindustrie« gerichtet, wie bei Adorno und Horkheimer: »Die Übereinstimmung von Wort, Bild und Musik gelingt um so viel perfekter als im ›Tristan‹, weil die sinnlichen Elemente [...] dem Prinzip nach im gleichen technischen Arbeitsgang produziert werden und dessen Einheit als ihren eigentlichen Gehalt ausdrükken.« Der Film hat von Anfang an auch die entliterarisierenden Tendenzen des modernen Theaters unterstützt. Viele Theaterregisseure und Autoren gerade der → Avantgarde (Apollinaire, Aragon, Breton u. a.) haben sich zu Beginn des Jahrhunderts von den Techniken des Films inspirieren lassen, nicht zuletzt im Hinblick auf neue synästhetische Wirkungen.

Wenn auch der Begriff G. heute meist gescheut wird, bleibt dessen Idee im Bereich des Theaters, des Tanzes, der experimentellen Musik und der halbtheatralen, multimedialen Aktionsformen bis in die Gegenwart präsent. Ein Indiz dafür ist, daß der Terminus überhaupt erst seit wenigen Jahrzehnten lexikographisch erfaßt wird. Fortbildungen und Radikalisierungen der G.idee zur *Multi-Media-Art* sind neben den diversen Formen des experimentellen Theaters die *Performance* und die Vielzahl ihrer Varianten oder Filiationen (Activity, Body Art, Event, Live Art usw.). Die Performance macht nicht mehr das ästhetische Objekt, sondern den Schaffensprozeß zu ihrem Gegenstand und schließt als intermediäre Veranstaltung meist die ›Collaboration‹ von Choreographen, Musikern, Tänzern und bildenden Künstlern ein – hierin gewissermaßen Wagners Kulturutopie eines kollektiven G.s einlösend. Von der Performance nicht deutlich abgrenzbar ist das *Happening,* das als integrale Aufführungsform, in seiner Verquickung akustischer, visueller und auch haptischer Reize (welch letztere von der klassischen Autonomieästhetik als nicht ›interesselos‹ aus dem Kunstbereich ausgeschlossen wurden) nicht nur die Demarkationslinien zwischen den einzelnen Künsten, sondern auch zwischen Akteuren und Zuschauern, Abbild und Wirklichkeit, Kunst und Leben zu überschreiten strebt. Im Bereich der audiovisuellen Medien und der computergesteuerten ästhetischen Produktion, welche sich von der Tradition der Schriftkultur mehr und mehr absetzen, ist der Radikalisierung der G.idee weit über die kühnsten Ahnungen ihrer Begründer hinaus heute kaum mehr eine Grenze gesetzt.

A. R. Neumann: The Earliest Use of the Term ›Gesamtkunstwerk‹. In: Philological Quarterly XXXV (1956)

Jack M. Stein: Richard Wagner and the Synthesis of Arts. Detroit 1960

Dieter Borchmeyer: Das Theater Richard Wagners. Idee – Dichtung – Wirkung. Stuttgart 1982

Harald Szeemann (Hrsg.): Der Hang zum Gesamtkunstwerk. Europäische Utopien seit 1800. Aarau/Frankfurt a. M. 1983

Klaus Kropfinger: Wagner – Van de Velde – Kandinsky. In: U. Müller [u. a.] (Hrsg.): Richard Wagner 1883-1983. Stuttgart 1984

G. Battcock/R. Nickas: The Art of Performance. New York 1984

Dieter Borchmeyer

Groteske

In einer Version der Jahrmarktszene aus dem »Woyzeck« läßt Büchner den Ausrufer das ›astronomische Pferd‹ und den ›treuen Canaillenvogel‹ mit ihren speziellen Fähigkeiten anpreisen: sie weissagen alles mögliche und schießen eine Pistole los; auch ist ein Affe zu sehen, der es schon zum Soldaten gebracht hat. Ein Zuschauer: »Ist's grotesk? Ich bin ein Freund vom grotesken. Sehn sie dort? was ein grotesker Effect.« Büchner benützt vordergründig den älteren, traditionellen Gebrauch des Begriffs, im Kontext des Stückes jedoch geht er darüber erheblich hinaus. Dieser traditionelle Gebrauch leitet sich vom italienischen ›grotta‹ = Grotte, Höhle her: In der Renaissance wurden in Höhlen aus spätrömischer Zeit merkwürdige Wandverzierungen gefunden, dekorative Elemente, in denen die Vermischung von Nichtzusammengehörendem zum Stilprinzip geworden war und die von einigen Künstlern der Renaissance gerne aufgegriffen wurden. Sulzer gibt in seiner »Allgemeinen Theorie der schönen Künste« (1792) eine präzise Definition: G. »nennt man eine besondere und seltsam phantastische Gattung der mahlerischen Verzierungen gewisser Zimmer. Das Groteske besteht aus kleinen Figuren von Menschen und Thieren, mit Blumen und Laubwerk verflochten, daß man darin das Thier- und Pflanzenreich in einander verflossen antrifft; [...] Sie überrascht, wie ein abentheuerlicher Traum, durch die ausschweifende Verbindung solcher Dinge, die keine natürliche Verbindung untereinander haben; [...] Es gehört also überhaupt in die Gattung des Lächerlichen und Abentheurlichen, das nicht schlechterdings zu verwerfen ist.«

Sulzer gibt damit die entscheidenden Stichworte: ›phantastisch‹, ›abenteuerlich‹, ›lächerlich‹, die den Standort des älteren Begriffs umreißen, aber auch für die weitere Entwicklung von Bedeutung sind. Benvenuto Cellini allerdings wehrte sich in seiner Autobiographie gegen die Bezeichnung ›Groteske‹ und schlug statt dessen ›Monstra‹ vor, damit das Element des Phantastischen stärker betonend. Das Stichwort ›lächerlich‹ (in seiner damaligen Bedeutung verstanden) verweist auf einen Schwerpunkt des Begriffs, der in seiner vor-modernen Benutzung der entscheidende war, später jedoch zurückgedrängt wurde – er taucht in der wichtigen Untersuchung Flögels (1789) als das ›Groteskekomische‹ auf. Durch die Betonung des Bodenlosen, Abgründigen, Grausigen im Grotesken der Moderne ist dieser Schwerpunkt abgeschwächt worden (auch wenn ein Autor wie Morgenstern sich einer solchen Abschwächung widersetzt). Die grobianisch-pikareske Literatur des 16. Jahrhunderts wird in älteren Darstellungen ebenso als ›grotesk‹ bezeichnet wie die Figuren der commedia dell'arte. Unmittelbar nach den eine erste Stufe des Grotesk-Begriffs abschließenden Darstellungen Sulzers und Flögels erweitert romantische Kunstreflexion auch diesen Begriff (ebenso wie den benachbarten der *Arabeske,* mit dem er die Wendung gegen die Naturnachahmung gemeinsam hat). Hoffmann in seinen aus Callots Bildwelt abgeleiteten Figuren, Poe in seinen »Tales of the Grotesque and the Arabesque« machen das Groteske zu einem den Blick auf die Welt zumindest stark beeinflussenden Prinzip, gewissermaßen zu den umgedrehten Coppolaschen Augengläsern (Hoffmanns »Sandmann«): im Brennspiegel der G. erscheint nicht das Automatenhafte als beseelt und lebendig, sondern das, was dem ›Normal-Blick‹ als lebendig und natürlich erscheint, wird als verzerrt, teuflisch und unnatürlich dargestellt. Bleibt das Groteske in der Romantik noch ein spezieller Seitentrieb des *Phantastischen* und Skurrilen, auf seiner zweiten Stufe also, so wird es in der literarischen → Moderne (seit der Jahrhundertwende) zu einem die Weltsicht strukturierenden Prinzip.

Alle neueren Definitionen des Grotesken haben von den älteren einmütig den Hinweis übernommen auf die Kombination von eigentlich Unkombinierbarem, von Elementen, die in einem geordneten Weltbild neben- oder gegeneinander existieren: häßlich und schön, krumm und gerade, scheußlich und lächerlich, grauenvoll und komisch – nicht aber tragisch und komisch, denn daraus entsteht das *Tragikomische* (gegenüber allen benachbarten Phänomenen zeichnet sich das Groteske durch die Extremisierung der Gegenstände aus, die zusammengezwungen werden). *Deformation, Destruktion* und *Dekomposition* sind die Arbeitstechniken des Grotesken. Als Arbeitsprinzip ist mit Pietzcker (1971) die Enttäuschung einer Erwartung anzusehen, es werde das, was sinnlos erscheint, vom Bewußtsein dennoch schließlich sinnvoll eingeordnet. Das Groteske im Kunstwerk setzt also eine Übereinkunft zwischen Künstler und Rezipient voraus über das, was als ›normal‹, ›gewöhnlich‹ und ›gewohnt‹ anzusehen ist – erst von dort aus kann das Normale, Gewöhnliche und Gewohnte deformiert und destruiert werden, kann das Groteske sein Wirkungspotential entfalten. Ein bekanntes Beispiel ist Benns Gedicht »Schöne Jugend«. Der »Mund eines Mädchens«, der so »angeknabbert« aussieht, weil das Mädchen lange im Schilf gelegen hat, übt seine groteske Wirkung nur aus, weil ein Gedicht mit diesem Titel, das mit dem Motiv des Mädchenmundes einsetzt, andere Erwartungen weckt, die zerstört werden. Auch die quietschenden kleinen Schnauzen der jungen Ratten wirken nicht ungetrübt putzig, denn sie sind es, die die Mädchenleiche angeknabbert haben. Der Ort des Grotesken befindet sich in fragilem Gleichgewicht zwischen Grauen und Komik (ähnlich wie sich der des Phantastischen zwischen Gewöhnlichem und Wundervollem befindet). Das Lachen, das im Halse stecken bleibt, das verlegene Grinsen neben der Leiche – dies beschreibt die Wirkung des Grotesken. Hier liegt eine mögliche Unterscheidung zum *Absurden:* das Absurde intendiert Frösteln statt Grauen und Nachdenklichkeit statt Lachen (→ Absurdes Theater). Das Lachen angesichts des Grotesken dient wohl, psychoanalytisch gesprochen, als Verlockungsprämie, die das Grauen aushaltbarer und verkraftbarer macht. Das Groteske erfordert von seinem Gestalter also eine schwierige Balance: überwiegt das Lachen, dann wird das Groteske harmlos, überwiegt das Grauen, dann verliert es durch Abstoßung ebenfalls seine Wirkung.

Die große Zeit des literarisch grotesken im deutschen Sprachraum sind die Jahre zwischen → Naturalismus und → Expressionismus, oder anders gesagt, zwischen Wedekind und Kafka. Einen ersten Höhepunkt bringt das Spätwerk Buschs: in der bilderlosen Prosa von »Eduards Traum« (1891) wird gebündelt, was in den Bildergeschichten immer wieder aufgetaucht war. Je unterminierter das Sekuritätsgefühl der Gründerzeit erscheint, desto lebendiger wird das Groteske: der Bogen reicht von Wedekinds »Frühlings Erwachen« über Morgensterns Lyrik, die traumwandlerisch zwischen subtilem Gedankenspiel und Kalauer changiert, über Kraus' groteske Apokalypse seines Weltkriegsdramas »Die letzten Tage der Menschheit« bis zu Kafka. Bezeichnend ist, daß die Jahre unmittelbar vor dem Kopfsturz des bürgerlichen Europa die Sonderform des Grotesken als literarisches Genre ›Die Groteske‹ herausbilden (die Bezeichnung als solche ist älter, wurde aber bis zu diesem Zeitpunkt völlig willkürlich gebraucht): exakt 1913 erscheinen zwei zentrale ›Grotesken‹-Publikationen: Meyrinks »Des deutschen Spießers Wunderhorn« und Mynonas (i. e. Salomo Friedländer) »Rosa, die schöne Schutzmannsfrau«. Gleichzeitig zeigt auch der → Expressionismus groteske Züge (van Hoddis, Ehrenstein, Heym). Autoren wie Meyrink und Mynona sehen die Aufgabe des Grotesken darin, die Erinnerung an ein unverformtes Leben dadurch aufrechtzuerhalten, daß das Zerrbild dieses Lebens bis ins Extreme übertrieben dargestellt wird. Paradoxien und Zynismen sollen abgestumpfte Gemüter aufrütteln. Der unausrottbare Philister im Leser, der sich in der Karikatur eines Lebens dumpf wohlfühlt, soll durch das Groteske und die G. schockiert und an verschüttete Möglichkeiten erinnert werden.

Die Berührungspunkte des Grotesken mit der *Satire* werden in dieser Phase der Geschichte des Grotesken besonders deutlich (wenn man die Definition der Satire als Utopie ex negativo akzeptiert). Wie mit der Satire berührt sich die Groteske in der → Moderne auch mit dem *Schwarzen Humor,* dem die Surrealisten (→ Surrealismus) ein Denkmal setzten (Bretons »Anthologie des Schwarzen Humors«, 1940). Die Tradition, die durch die genannten Namen bezeichnet ist, wird auch nach dem Zweiten Weltkrieg weitergeführt durch Autoren wie Kusenberg und Hildesheimer, im Drama auch Dürrenmatt, während Grass' in diesem Zusammenhang oft genannte »Blechtrommel« auf eine in den fünfziger Jahren ungewohnte (und auch deshalb so erfolgreiche) Weise auf die grobianisch-pikareske Variante des Grotesken zurückgreift (ähnlich auch Thelen in der »Insel des zweiten Gesichts«).

Die Gegenwart hat Schwierigkeiten mit dem Grotesken. Destruktion und Deformation des Humanen haben in den letzten 60 Jahren Dimensionen erreicht, die in der künstlerischen Darstellung des Grotesken gelegentlich erahnt, aber nicht ausgeführt wurden. Grotesk ist das Mißverhältnis zwischen der phantasielosen Bedeutungslosigkeit der Eichmann, Höß, Boger und Kaduk und der Größe des Verbrechens, dessen Planer und Verwirklicher sie waren (das infernalisch Böse bei de Sade war hingegen einzig eine Leistung der Phantasie). Die Entdeckung der ›Banalität des Bösen‹ ist die Entdeckung eines kategorial neuen grotesken Tatbestandes. Demgegenüber schwächen sich die Wirkungen des künstlerisch Grotesken offenbar unvermeidlich ab. Unverfälscht bewahrt der → Film die Grundzüge des Grotesken, wie Beispiele von J. Waters und vor allem D. Lynch (»Eraserhead«, »Blue Velvet«) zeigen. Die Möglichkeiten des Bildmediums wirken hier noch unverbrauchter. Im gegenwärtigen (auch ›postmodern‹ genannten) Augenblick der Literatur (→ Postmoderne) scheint das Groteske nur als Partikel eines manieristischen Spiels (Eco, Süskind, Späth) möglich zu sein und kehrt damit zu seinen Ursprüngen zurück.

K. F. Flögel: Geschichte des Groteskekomischen. Liegnitz/Leipzig 1789

W. Kayser: Das Groteske. Seine Gestaltung in Malerei und Dichtung. Oldenburg 1957

M. Esslin, R. Grimm, H. B. Harder und K. Völker: Sinn oder Unsinn? Das Groteske im modernen Drama. Basel/Stuttgart 1962

A. Heidsieck: Das Groteske und Absurde im modernen Drama. Stuttgart ^{2}1971

C. Pietzcker: Das Groteske. In: DVLG 45 (1971)

P. Thomson: The Grotesque. London 1972

C. W. Thomsen: Das Groteske im englischen Roman des 18. Jahrhunderts. Erscheinungsformen und Funktionen. Darmstadt 1974

P. Thomson: The Grotesque in German Poetry 1880-1933. Melbourne 1975

C. W. Thomsen: Das Groteske und die englische Literatur. Darmstadt 1977

O. F. Best (Hrsg.): Das Groteske in der Dichtung. Darmstadt 1980

G. G. Harpham: On the grotesque. Strategies of contradiction in art and literature. Princeton, N. J. 1982

F. Burwick: The haunted eye. Perception and the grotesque in English and German romanticism. Heidelberg 1987

Études Germaniques, 1988, Numéro 1 [Le Grotesque]

B. MacElroy: Fiction of the modern grotesque. New York 1989

Jens Malte Fischer

Hermetismus

In den dreißiger Jahren adaptierte die italienische Literaturkritik (Flora) den Begriff H., um das Esoterische, Dunkle und Verrätselnde moderner italienischer Lyrik zu benennen, freilich in kritischer, bisweilen gar polemischer Absicht. Das Verdikt galt vor allem Lyrikern wie Montale (»Ossi di Seppia«, 1925) und Ungaretti (»Allegria«, 1931), mithin Autoren, die sich bewußt in den Traditionszusammenhang des europäischen → Symbolismus und seiner Nachwirkungen (poésie pure; absolutes Gedicht) zu stellen suchten. Insofern zielte die Zuschreibung ›poesia ermetica‹ auf eine wichtige Tendenz moderner Lyrik insgesamt. Doch, wie auch bei anderen Stilbezeichnungen zu beobachten (→ Décadence → Impressionismus), wurden die pejorativen Intentionen alsbald verdrängt durch die hohe erklärende und analytische Qualität des Begriffs. Der Terminus poesia ermetica geriet zur positiven Leitvorstellung, die in Italien all jene Autoren betraf, die sich hinsichtlich ihrer Bildersprache und ihrer Verfahrensweise den Einflüssen der modernen Lyrik zu öffnen suchten. Neben Ungaretti und Montale traten weitere Lyriker, die – zumindest in einer wichtigen Phase ihres Dichtens – hermetischer Poesie zuzurechnen sind, u. a. Quasimodo (»Acque e terre«, 1930), Luzi (»La Barca«, 1935), Gatto (»Morto ai paesi«, 1937), Penna, Bo und Parronchi. Fragt man, im Kontext moderner Lyrik, nach den Eigentümlichkeiten dieser italienischen Autoren, so läßt sich in der Metaphorik gegenüber der poésie pure allenfalls ein stärkerer Restbestand persönlichen Erlebens, etwa der mediterranen Landschaft bei Montale, festhalten. Doch auch diese Elemente werden transponiert in die Sphäre des reinen, magischen und evokativen Wortes, gemäß der Forderung von Montale: »E vapora la vita quale essenza«. Bei Ungaretti kehrt solcher Essentialismus wieder im Programm der »purezza«, in extremer sprachlicher Verknappung, die das Wort vor einer Zone des Schweigens zu pointieren sucht, wie im Zweizeiler: »M'illumino / d'immenso« (»Cielo e mare«, 1917).

In supranationaler Perspektive benennt der Terminus H. weniger eine Stilrichtung, sondern allgemeine Aspekte der Produktion und auch Rezeption moderner Poesie. Dabei erwies sich seine etymologische Substanz als sehr ergiebig. Der zunächst recht unreflektiert gebrauchte Begriff, kritisch und warnend gemünzt auf die Schwierigkeit und Unzugänglichkeit bestimmter Texte, enthielt ein Bedeutungsfeld, das offen war für viele der seit dem antiken Corpus Hermeticum gängigen Vorstellungen vom Hermetischen als Miteinander von Magie, esoterischer Wissenschaft und Arkanum. Aus diesem Kontext bezog der Terminus seine Attraktivität als Beschreibungskriterium für zeitgenössische Poesie. Er etablierte sich als Hintergrundsmetapher, die bestimmte Eigenheiten moderner Lyrik prägnant zu bezeichnen vermochte. In historischer Perspektive wurden zudem wichtige Vorformen sichtbar: der Traditionsstrang antiklassischer Stilideale asianischer, alexandrinischer und manieristischer Provenienz, Konzepte antiker obscuritas, das trobar clus der okzitanischen Lyrik und schließlich die esoterische Bildersprache des Concettismus und des Gongorismus, den z. B. Ungaretti als Gongora-Übersetzer auch persönlich rezipierte. Zugleich lenkte der Begriff das Augenmerk auf das Dunkle und Verrätselnde der Poesie seit Mallarmé, so daß H. als generelles Strukturmoment einer modernen Lyrik gelten kann, der es um das Herstellen selbstbezüglicher Sprachgebilde geht.

Gerade in seiner wörtlichen wie historischen Bedeutung ist der Begriff H. geeignet, einen anderen wichtigen Aspekt moderner Lyrik bewußt zu machen: die Selbstthematisierung als Kommunikationsproblem. Das Unzugängliche, Monologische, Esoterische, eben das Hermetische dieser Poesie signalisiert eine seit Mallarmé (→ Symbolismus) spürbare Tendenz zur Verweigerung pragmatischer Kommunizierbarkeit. Dieser Intention folgt auch Montales Diktum, niemand schriebe Verse, bestünde das Problem der Dichtung darin, sich verständlich zu machen. Die Lyrik nimmt als hermetische damit teil an der für die → Moderne typischen Ausdifferenzierung extremer Individualität und Subjektivität. Dies führt zu einer immer stärkeren Singularität ästhetischer Realitätsentwürfe und zur Ausbildung eines autonomen und selbstreferentiellen Literatursystems. Damit steht insbesondere die Lyrik vor dem Problem, solche Einzigartigkeit noch sprachlich zu vermitteln, also in einem generalisierenden, aus überindividuellen Mustern bestehenden Medium.

Diese »Paradoxie der Kommunikation von Einzigartigkeit« (Luhmann/ Fuchs 146) wird im H. moderner Lyrik sinnfällig. Sie ist wirksam in der für die poésie pure typischen selbstbezüglichen Sprachgestalt, im Nonreferentiellen von Bild, Wort und Klang, in Strategien bewußter Desorientierung und Ambiguisierung bis hin zur Engführung von Sprache und Schweigen. Doch zugleich soll die Kommunikationsverweigerung dem Verstehen noch zugänglich bleiben, was nur in einer Rezeptionsweise gelingen kann, die nicht auf Enträtselung aus ist, sondern das Nichtverständliche, das Hermetische des lyrischen Gebildes bewußt ins eigene Wahrnehmen und Interpretieren mit einbringt. Die Umrisse eines solchen Verstehens werden schon sichtbar, wo Yeats dem modernen Gedicht soviel Bedeutungen wie Leser zuspricht und Valéry erklärt, seine Verse hätten den Sinn, den man ihnen gibt. Das Hermetische moderner Lyrik kehrt wieder im Konzept einer extrem subjektiven, je einzigartigen Rezeption, die freilich nun selbst vor dem Problem ihrer z. B. literaturwissenschaftlichen Kommunizierbarkeit steht.

F. Flora: La poesia ermetica. Bari 1936
S. F. Romano: Poetica dell' ermetismo. Florenz 1942
H. Frenzel: Formen und Ursprünge hermetischer Dichtkunst in Italien. In: Romanische Forschungen 65, 1954
M. Petrucciani: La poetica dell' ermetismo italiano. Torino 1955
H. Friedrich: Die Struktur der modernen Lyrik. Hamburg 1956
V. Orsini: Ermetismo. Pescara 1956
W. Iser (Hrsg.): Immanente Ästhetik – Ästhetische Reflexionen. Lyrik als Paradigma der Moderne. München 1966
B. Witte: Zu einer Theorie der hermetischen Lyrik. In: Poetica 13 (1981)
N. Luhmann/P. Fuchs: Vom schweigenden Aufflug ins Abstrakte: Zur Ausdifferenzierung der modernen Lyrik. In: N. L./P. F.: Reden und Schweigen. Frankfurt/M. 1989

Horst Fritz

Hörspiel

Schon die vielfältigen Bezeichnungen des H.s – radio play, radio drama, Sende- und Funkspiel, Funk- oder Hördrama, Hörbild, akustischer Film u. a. – verweisen auf eine offene Form dieser Gattung, deren Entstehung und Geschichte sich genuin mit der Entstehung und Geschichte des Rundfunks verbindet, seit Anfang der zwanziger Jahre das neue Medium aus den Techniken des Ersten Weltkrieges entstand (→ Medien). Akustische Zeichen: Sprache, Musik, Geräusche wurden zu einem eigenständigen Kunstwerk inszeniert, das nicht rein literarisch zu fixieren ist, sondern eben eines anderen Mediums zur Entstehung bedarf. Produktion wie Rezeption unterliegen völlig anderen Bedingungen als beim Druck, denn während der Entstehung wird der → Autor sich eines Studios bedienen müssen, zumeist einer Sendeanstalt, die über diese technischen Voraussetzungen verfügt und auch die finanziellen Mittel dafür bereitstellt.

In der Regel wird und wurde dem H. eine ›Schiene‹ im Programmangebot einer Anstalt vorbehalten, eine feste Zeit, in der der Rezipient in seiner Programmerwartung H. bedient wird, eine Art Abonnement. Gleichwohl ist der Rezipient noch anonymer als der Buchkäufer oder Leser, und er muß sich auf ein anderes Sinnesorgan umstellen: statt des Auges – oder im Theater des Zusammenspiels von Auge und Ohr – nun auf das Ohr allein. ›Schrift‹steller feierten anfänglich naiv-euphorisch das neue Medium, sahen sich wie mittelalterliche Barden nun millionenfach durch den drahtlosen Rundfunk gehört – fielen also in Vorstellungen der Vor-Printzeit zurück. Der Hörer mußte lernen, daß diese neue literarische Form ein transitorisches Ereignis war; Seiten, Buchstaben, ließen sich nicht mehr zurück- oder nachblättern, das Wort, der Laut war im Ohr und mußte seine Kraft der momentanen Imagination ausüben oder auch nicht. Daß in der heutigen Produktion wie Rezeption aufgrund der technischen Entwicklung Konserven, Platten, Bänder benutzt werden, ändert nichts an der Eigenart dieses neuen literarischen Zwitters.

Entscheidend für das H. bleibt der Distributionsträger, der Sender, dessen Organisationsform privat, staatlich bzw. öffentlich-rechtlich sein kann. Naiv jedenfalls wäre die Annahme, daß der Sender als Mitproduzent keinen direkten Einfluß auf das Produkt H. selbst ausüben würde. Heute sieht sich das H. von seiten der Distributionsträger zunehmend Pressionen ausgesetzt. Die Zahl der Redakteure, die Verantwortung für die kleine Schar der H.-Hörer tragen, wird immer mehr dezimiert. Das H. bildet gegenwärtig eine geistig-ökologische Nische im Programmangebot, ständig bedroht von den ermittelten Einschaltquoten und der erdrückenden Konkurrenz des Fernsehspiels. Private Sender in den USA, die Hörspiele bringen, werden für diesen Kulturbeitrag gesponsert, staatlicher Hörfunk unterliegt einer wie immer auch verschleierten Zensur.

1924 ist das eigentliche Geburtsjahr des H.s (in diesem Jahr taucht auch bei von Heister die Gattungsbezeichnung H. zum erstenmal auf). Am 15. 1. 1924 sendete London R. Hughes' »A Comedie of Danger«: in einem Bergwerk gehen die Lichter aus; es wird doppelt dunkel, das Auge des Kumpels wie des Hörers fällt aus; das Ohr wird zum einzig wirksamen Sinnesempfänger – eine Komödie deshalb, weil ein Kurzschluß an allem schuld war. Noch im gleichen Jahr sendete Paris Germinets und Cusys »Maremoto« und Frankfurt Fleschs »Zauberei auf dem Sender«. Das waren die ersten echten H.s, denn zunächst wurden Theaterstücke für das neue akustische Medium bearbeitet. Prägend für die erste Phase des H.s ist der akustische Illusionismus fingierter Katastrophen, deren scheinbar zufälliger Ohrenzeuge der Rundfunkhörer wird. Erst ab 1926 wurden die medialen Möglichkeiten des H.s experimentell ausgeschöpft, angelehnt an Techniken, die schon der → Film angeboten hatte, wie Schnitt, Blende und → Montage. Wort und Stimme werden nach den Worten von A. P. Frank »ein komplexes, vierpoliges Kraftfeld, das sich zwischen seinen Funktionen als Klangkörper, als begriffliche Denotation, als bildliche Evokation und als affektiver Beiwert spannt« (zit. Klippert 1977: 65). Die Stimme des Sprechers bekommt eine genrespezifische Bedeutung: durch sie allein wird etwas bildhaft und räumlich vergegenwärtigt; die ›körperlose‹ Stimme muß Person, Ort und Handlung imaginieren.

Mitte der zwanziger Jahre begann in Europa das, was Hasselblatt »Sprachspiel mit Stimmen« genannt hat, eine »Kunstform des Rundfunks und durch seine inhärente Festlegung auf eine wenn auch noch so vage personale Sprechperspektive [...] der erstaunliche Beleg für eine fruchtbare Symbiose zwischen Technik und Literatur, bzw. Technik und ›Seele‹« (GRM, 12, 1962: 411 f.). Intendanten und Hörspielredakteure – Bischoff in Breslau, Braun in Berlin, Hardt in Köln – förderten die Entwicklung, öffneten für Schriftsteller den Rundfunk als neue mediale Aufgabe. In den späten Jahren der Weimarer Republik erlebte das neue Genre einen ersten Höhepunkt mit den H.n von Brecht, Benjamin, Bronnen, Döblin, Kasack, F. Wolf u. a. Gleichzeitig wurden von links und rechts erste Hörspieltheorien entwickelt (Brecht, Döblin, Kolb, Pongs).

Nach der Machtergreifung durch die Nationalsozialisten, die sofort den Rundfunk als *das* Propagandamittel erkannten, wurde im Deutschen Reich auch das H. gleichgeschaltet, wenn auch noch demokratische Nischen blieben, die Autoren wie Eich, Huchel und Raschke für Märchenhörspiele o. ä. zu nutzen wußten. Dominierend war freilich das völkisch-nationale H. von Autoren wie Euringer, Heynicke, Moeller, Johst u. a.. »Gemeinschaftserlebnis« und »völkischer Willensausdruck« waren jetzt die Parolen, die sich vor allem im Einsatz chorischer Elemente durchsetzten. Das H. wurde gewissermaßen zum akustischen Thingspiel. (Mehrere Autoren betätigen sich in beiden Genres!) Wie zuvor schon das Thingspiel von der Bildfläche, so verschwand das H. 1939 von der Hörfläche, bzw. es verkam zur Werbung für Luftschutz, Winterhilfswerk, Spionageabwehr.

In den dreißiger Jahren konnte sich das H. als politisches Führungsmittel auf zwei Theorien stützen, die H. Pongs 1930 in »Das Hörspiel« und R. Kolb 1932 in »Das Horoskop des Hörspiels« beschrieben hatten. Pongs' Erziehung zur Kollektivität und Aktualität durch das H. sowie Kolbs Ansicht, das H. verlange nach emotioneller Identifikation, nach ›Verinnerlichung‹, kamen den propagandistischen Absichten der Autoren und Hörspielproduzenten gleichermaßen entgegen. Die Alliierten setzten im Krieg das H. gleichfalls propagandistisch ein, und deutsche Exilanten kauften etwa in den USA Sendezeit für antideutsche Kurzhörspiele.

Im deutschen H. nach 1945 wurden gemäß der Kulturpolitik der Besatzungsmächte verschiedene Wege gegangen. Die SBZ/DDR versuchte auch im H. die Tradition des sozialistischen Erbes vor 1933 wieder aufzunehmen, unterstützt von der Sowjetunion, die beide neue → Medien, Film und Rundfunk, schon immer als machtvolle Mittel der Kulturrevolution erkannt und eingesetzt hatte. Der Westen setzte nach den Rundfunkmodellen der jeweiligen Siegermächte das H. ein, um den re-education-Gedanken zu verbreiten: Borcherts H. »Draußen vor der Tür« (1947) traf den Nerv der jungen Nachkriegsgeneration. Im staatlichen Rundfunk des Ostens diente das H. dem sozialistischen Aufbau, als Teil einer »sozialistischen Nationalliteratur« (Bieler, Goll, Kirsch, A. Müller, Rentsch u. a.); im Westen – ein Kompromiß der Sieger hatte das öffentlich-rechtliche System geschaffen – knüpfte das H. in gewisser Weise noch einmal an Kolbs Theorie der ›Verinnerlichung‹ an.

Das individuelle Erlebnis des ›Herzens‹ oder des ›Gewissens‹ wurde betont, das die Stimmen des H.s im Hörer auslösen sollten; es zeige »uns mehr die Bewegung im Menschen als die Menschen in Bewegung« (Kolb 1932: 41). Das Immaterielle, Metaphysische, Seelische und Überpersönliche, die Entpersonifizierung waren die Themen vor allem der nach dem Hörspielleiter des NWDR Schwitzke so genannten ›Hamburgischen Dramaturgie‹. Doch auch dieses ›H. der Innerlichkeit‹ hatte, wie etwa Eichs »Träume« (1951), oft einen sozialkritischen Ansatz (Ahlsen, Aichinger, Andersch, Bachmann, Böll, Dürrenmatt, Frisch, Hey, Hildesheimer, Jens, Kaschnitz, S. Lenz, M. Walser, Wellershoff, Weyrauch u. a.). Zum zweitenmal erlebte das deutschsprachige H. eine Blüte, die – noch ohne die

Konkurrenz des Fernsehens – beim Hörer ein breites Echo fand. Die öffentlich-rechtliche Rundfunkanstalt erwies sich als Kulturträger, ja als Arbeitgeber für viele Autoren, die allerdings – so Eich 1953 – wußten, daß sie »unter den Gesetzen einer Apparatur« stehen, »die wir immer mit wachsamem Mißtrauen beobachten sollen, auch wo wir uns ihrer bedienen« (Schöning 1981: 23).

Das Selbstverständnis der Hörspielautoren von 1952 an dokumentiert sich am deutlichsten in ihren »Reden zum Hörspielpreis der Kriegsblinden«. Anfang der sechziger Jahre – die westdeutschen Sender hatten die H.e der Autoren des nouveau roman (Butor, Pinget, Saurrate, Wittig u. a.) urgesendet – wandte sich das deutschsprachige H. von der sog. Innerlichkeit ab. Die Technik der Stereophonie erlaubte neue experimentelle Formen; es wurde vom *Neuen H.* gesprochen. Hörcollagen und akustische Spiele wurden vor allem auch von Autoren der → Konkreten Poesie bevorzugt (Chotjewitz, Döhl, Frischmuth, Jandl, Mayröcker, Rühm u. a.). Gesellschaftliche Entfremdung und Sprachohnmacht waren die bevorzugten Themen. Der O-Ton wurde für einige Autoren die Grundlage ihrer H.e, also keine Textvorlage des Autors selbst mehr, sondern die von Mikrophonen auf Band eingefangene Realität. Die nicht öffentliche, oft anonyme Sprache oder/und das Geräusch wurde Montagematerial und dergestalt im H. ›veröffentlicht‹.

Damit entfernte sich das H. wohl am weitesten von der ›Literatur‹. Worauf schon Brecht mit seiner »Radiotheorie« zielte: die Einbindung des Hörers in den Produktionsprozeß, wurde nun anscheinend ermöglicht: der Konsument als Produzent. Verfasser solcher H.-Partituren sind Heißenbüttel, Karsunke, Wallraff, Wühr u. a. Neben den Hörspielschriftsteller trat der Hörspielmacher, der nicht die Tastatur der Schreibmaschine, sondern die des Tonbands bediente. »Weder Literatur noch Musik: Zeugnisse einer zu sich selbst gekommenen auditiven neuen Kunst. Diese Hörspielmacher haben sie eingebunden in die medienerweiternden, multiperspektivischen Tendenzen der Moderne« (Schöning 1981: 7). Konsequent, daß heute Verlage H.e nicht mehr als Texte, sondern auf Kassette anbieten. Die Zukunft des H.s aber, das heute nur noch eine Medien-Randexistenz führt, wird vor allem von den Sendern abhängen, die sich daran erinnern sollten, daß die öffentlich-rechtliche Organisation des Rundfunks – und der durch sie bedingte Kulturauftrag – es gewesen ist, der das deutschsprachige H. in seine internationale Spitzenposition gebracht hat.

H. Pongs: Das Hörspiel. Stuttgart 1930
R. Kolb: Das Horoskop des Hörspiels. Berlin 1932
F. Knilli: Das Hörspiel. Mittel und Möglichkeiten eines totalen Schallspiels. Stuttgart 1961

H. Schwitzke: Das Hörspiel. Dramaturgie und Geschichte. Köln/Bonn 1963

P. Frank: Das Hörspiel. Vergleichende Beschreibung und Analyse einer neuen Kunstform, durchgeführt an amerikanischen, deutschen, englischen und französischen Texten. Heidelberg 1963

E. K. Fischer: Das Hörspiel. Form und Funktion. Stuttgart 1964

K. Schöning (Hrsg.): Neues Hörspiel. Essays, Analysen, Gespräche. Frankfurt a. M. 1969

H. Keckeis: Das deutsche Hörspiel 1923-1973. Ein systematischer Überblick mit kommentierter Bibliographie. Frankfurt a. M. 1973

W. Klose: Didaktik des Hörspiels. Stuttgart 1974

U. Rosenbaum (Hrsg.): Das Hörspiel. Eine Bibliographie. Texte – Tondokumente – Literatur. Hamburg 1974

K. Schöning (Hrsg.): Neues Hörspiel O-Ton. Frankfurt a. M. 1974

G. Hay (Hrsg.): Literatur und Rundfunk 1923-1933. Hildesheim 1975

Ch. Hörburger: Das Hörspiel der Weimarer Republik. Stuttgart 1975

B. H. Lermen: Das traditionelle und neue Hörspiel im Deutschunterricht. Paderborn 1975

H. J. Schauss: Tondokumente des deutschsprachigen Hörspiels 1928-1945. Frankfurt a. M. 1975

R. Heger: Das österreichische Hörspiel. Wien 1977

W. Klippert: Elemente des Hörspiels. Stuttgart 1977

St. B. Würffel: Das deutsche Hörspiel. Stuttgart 1978

P. Groth: Hörspiele und Hörspieltheorien sozialkrit. Schriftsteller in der Weimarer Republik. Berlin 1980

K. Schöning (Hrsg.): Schriftsteller und Hörspiel. Reden zum Hörspielpreis der Kriegsblinden. Königstein/Ts. 1981

K. Schöning (Hrsg.): Hörspielmacher. Autorenporträts und Essays. Königstein 1983

R. v. d. Grün: Das Hörspiel im Dritten Reich. Frankfurt a. M. 1984

M. Bloom: Die westdeutsche Nachkriegszeit im literarischen Original-Hörspiel. Frankfurt a. M., Bern, New York 1985

W. Wessels: Hörspiele im Dritten Reich. Zur Institutionen-, Theorie- und Literaturgeschichte. Bonn 1985

R. Döhl: Das Neue Hörspiel. Darmstadt 1988

Gerhard Hay

Imagismus

Die Schule oder Bewegung des I. (engl.: *Imagism*) blühte zwischen 1912 und 1917 als eine von zahlreichen → Avantgarde-Bewegungen, in denen sich die Krisensituation der Kunst in den Jahren vor und während des Ersten Weltkriegs ausdrückte. Wie der Post-Impressionismus, → Expressionismus, Kubismus oder → Futurismus, mit denen ihn vielfältige Kontakte und Kontroversen verbinden, stellt sich auch der I. als lockerer, instabiler Schulzusammenhang dar. Sieben Dichter waren mit ihm eng verbunden – vier in Europa lebende Amerikaner (Ezra Pound, Hilda Doolittle = H. D., John Gould Fletcher, Amy Lowell) und drei Briten (Richard Aldington, F. S. Flint, D. H. Lawrence). Als Vordenker – auch im zeitlichen Sinn – kommt noch T. E. Hulme dazu, dessen Definitionen des *image,* Überlegungen zum *vers libre,* Hinweise auf die orientalischen Vorbilder der Tanka- und Haiku-Dichtung und Plädoyers für eine neue anti-romantische, d. h. klassische Kunst seit 1909 den I. vorbereiteten. Dessen erste Phase stand dann unter der organisatorischen und publizistischen Leitung Pounds, der im Oktober 1912 die als Anhang zu seinem eigenen Gedichtband *Ripostes* veröffentlichten »Complete Poetical Works of T. E. Hulme« mit einem Vorwort einleitete, in dem erstmals von »Les Imagistes« als einer neuen Schule die Rede war. Im folgenden Jahr erschienen die ersten Manifeste dazu in der Zeitschrift »Poetry« – Flints »Imagisme« und Pounds »A Few Don'ts by an Imagiste« – und im März 1914 die von Pound herausgegebene Anthologie »Des Imagistes«. Zu dem Zeitpunkt löste sich Pound bereits von dieser Bewegung und begründete mit Wyndham Lewis den *Vorticism* als eine dynamisierte, vom Futurismus beeinflußte Form des I.; dieser selbst verflachte unter der Leitung Amy Lowells, die von 1915 bis 1917 drei Jahresanthologien mit dem Titel »Some Imagist Poets« herausgab, zu einer wenig konturierten *vers-libre*-Bewegung, die Pound maliziös als »Amygism« abtat. Der vom I. beeinflußte T. S. Eliot würdigte im Rückblick 1953 die Gruppe der *imagists* um Hulme und Pound als »den Ausgangspunkt der modernen Dichtung« (P. Jones 1973: 14).

In seinen Programmschriften gibt sich der I. bewußt untertreibend gerne als handwerklich-technische Anweisung, wie man die vage lyrische Diktion der bis in die Gegenwart hineinreichenden spätromantischen Dichtung vermeidet und zu einer dichterischen Sprachform findet, die klar wie gut geschriebene Prosa, objektiv wie eine wissenschaftliche Beschreibung und hart konturiert wie eine Skulptur ist. In diese Richtung zielen die drei Hauptregeln von Flints Manifest: »(1) Direkte Behandlung des ›Gegenstands‹, sei dieser subjektiv oder objektiv. (2) Absolut kein Wort zu verwenden, das zur Präsentation des Gegenstands nichts beiträgt. (3) Was den Rhythmus betrifft: in der Abfolge musikalischer Phrasen, nicht des Metronoms, zu komponieren«. (P. Jones 1972: 129) Pound ergänzt dies noch, indem er die Vermengung von Abstraktem mit Konkretem, ja alle Abstraktionen verbietet und eine handwerkliche Sorgfalt und Kompetenz im Stilistischen und Metrisch-Rhythmischen fordert, die der eines Musikers entspricht. (Höllerer 1965: 185-188) Vielfältige Anregungen bündeln sich in diesem Minimalprogramm – vor allem Flauberts Forderung nach dem *mot just,* das handwerkliche Kunstethos des → Ästhetizismus und die Betonung musikalischer Qualitäten im französischen → Symbolismus. Anders als beim Ästhetizismus ist hier jedoch alles bloß Dekorative oder Künstliche verpönt, und im Gegensatz zum Symbolismus wird nicht die Auflösung der Objekte in diffuse Sinnsuggestionen gesucht, sondern gerade die dinghafte Klarheit und Härte der Kontur. Und wenn auch der I. mit dem Ästhetizismus und Symbolismus die Ablehnung weltanschaulich-didaktischer Inanspruchnahmen der Poesie teilt, schlägt doch seine Orientierung am Präzisions- und Objektivitätsideal der Wissenschaft, an den »Methoden des Forschers« (Höllerer 1965: 186), eine entscheidend andere Richtung ein, die mit der Wissenschaftsfeindlichkeit der vormodernen Dichtung bricht und – zumindest oberflächlich – eine Annäherung an den → Futurismus beinhaltet.

Dieses Programm einer objektivierenden Verknappung von Sprache, eines Ausschlusses alles Ornamentalen, Deskriptiven und Redseligen, zielt auf ein dichterisches Sprechen ab, in dem die Dinge selbst »zur Sprache kommen« und nicht mehr bloß »besprochen« werden. Im *image* verdichtet sich die Sprache zu einer »Objektsprache«, die ihre Gegenstände – seien diese nun materielle Dinge oder subjektive Emotionen – unmittelbar verkörpert. Dies unterscheide das *image* nach Pound vom Symbol der Symbolisten, das nicht mehr als eine Anspielung oder Allegorie sei (Höllerer 1965: 195). In seiner nicht-diskursiven, körperhaften Prägnanz ist das *image* knapp, konzentriert und scharf umrissen, ist es, um Pounds berühmte Definition zu zitieren, »etwas, das einen intellektuellen und emotionalen Komplex innerhalb eines Augenblicks darstellt. [...] Die Darstellung eines solchen Komplexes innerhalb eines Augenblicks erzeugt ein Gefühl plötzlicher Befreiung und Lösung aus zeitlichen und räumlichen Schranken, ein Gefühl jähen Wachsens, wie wir es vor großen Kunstwerken erleben« (Höllerer 1965: 185). Hierin berührt sich das Konzept des *image* mit dem der *epiphany,* wie es Joyce, der selbst in Pounds Anthologie vertreten war, im selben Zeitraum entwickelt hatte: *image* und *epipha-*

ny legen das Wesen, die *quidditas* einer Sache in einem Moment betroffenen Erkennens bloß. Darum ist das idealtypische imagistische Gedicht, etwa H. D.s »Oread« oder Pounds »In a Station of the Metro«, ein haikuähnlich kurzes Einbild-Gedicht, das seinen Gegenstand in eine überraschende, von vertrauten Kontexten abgelöste und automatisierte Wahrnehmungsschemata durchbrechende Perspektive rückt. Ein imagistisches Langgedicht ist allenfalls als → Montage oder → Collage von einzelnen Bildkomplexen zu realisieren, und in gewisser Hinsicht stellen Pounds »Cantos« und Eliots »Waste Land« Versuche in dieser Richtung dar.

In der Reduktion des Poetischen auf punktuelle Intensität steht der I. in einer Tradition, die seit Poes Polemik gegen das Langgedicht in »The Philosophy of Composition« (1846) und »The Poetic Principle« (1849) – vermittelt über Baudelaire und Pater – die Ästhetik des Symbolismus und Modernismus (→ Moderne) bestimmt. Er kann damit modellbildend für zentrale Tendenzen in der anglo-amerikanischen Dichtung der Moderne werden, wobei deutlich greifbare Einflußlinien zu Eliots Theorie des »objektiven Korrelats«, zur »objektivistischen« Dichtung der dreißiger Jahre (William Carlos Williams, Zukofsky, Rexroth, Reznikoff), ja selbst noch bis zu Charles Olson, Levertov, Creeley und Cummings verlaufen.

G. Hughes: Imagism and the Imagists. A Study in Modern Poetry. London 1931

S. Coffman: Imagism. A Chapter from the History of Modern Poetry. Norman 1951

W. Pratt (Ed.): The Imagist Poem. Modern Poetry in Miniature. New York 1963

W. Höllerer (Hrsg.): Theorie der modernen Lyrik. Hamburg 1965

W. Iser: Image und Montage. Zur Bildkonzeption in der imagistischen Lyrik und in T. S. Eliots »Waste Land«. In ders. (Hrsg.): Immanente Ästhetik, Ästhetische Reflexion. Lyrik als Paradigma der Moderne. München 1966

E. Miner: Vom Image zum Ideogramm. In: E. Hesse (Hrsg.): Ezra Pound. 22 Versuche zu einem Dichter. Frankfurt a. M. 1967

A. P. Frank: Das Bild in imagistischer Theorie und Praxis. In: Jahrbuch für Amerikastudien, 13 (1968)

H. Kenner: The Pound Era. Berkeley 1971

P. Jones (Ed.): Imagist Poetry. Harmondsworth 1972

J. Peper: Das imagistische ›Ein-Bild-Gedicht‹. Zwei Bildauffassungen. In: GRM, N. F. 22 (1972)

N. Zach: Imagism and Vorticism. In: M. Bradbury/J. McFarlane (Eds.): Modernism 1890-1930. Harmondsworth 1976

M. Hansen: Ezra Pounds frühe Poetik und Kulturkritik zwischen Aufklärung und Avantgarde. Stuttgart 1979

J. T. Gage: In the Arresting Eye. The Rhetoric of Imagism. Baton Rouge 1981

V. Bischoff: Amerikanische Lyrik zwischen 1912 und 1922: Untersuchungen zur Theorie, Praxis und Wirkungsgeschichte der ›New Poetry‹. Heidelberg 1983

C. N. Pondrom: H. D. and the Origins of Imagism. In: Sagetrieb, 4, 1 (1985)

W. Skaff: Pound's Imagism and the Surreal. In: Journal of Modern Literature, 12, 2 (1985)
H. Kenner: Simplicities. In: M. Smith (Hrsg.): Ezra Pound: The Legacy of Kulchur. Tuscaloosa 1985

Manfred Pfister

Imaginismus (russ.)

Der russische I. (imažinizm) wird durch eine kleine Gruppe von Dichtern in den Jahren 1919 bis 1927 repräsentiert, der u. a. der ehemalige Futurist Šeršenevič, Ivnev, Kusikov, Mariengof und, als herausragende Erscheinung unter ihnen, Esenin angehörten.

Ob und wieweit der angloamerikanische I., etwa durch das in dem Sammelband »Strelec« 1915 veröffentlichte Interview der Zinaida Vengerova mit Pound, das poetologische Konzept der Russen beeinflußt hat, ist schwer zu sagen. Unverkennbar aber wurde die Bildtheorie des russischen I. in Opposition zum → Futurismus entwickelt. War bei diesem das Wort in seiner lautlichen und graphischen Substanz das Grundelement der Dichtung, so verkündeten die Imaginisten den Primat des dichterischen Bildes. Das *Bild als solches* (obraz kak takovoj) sollte, ähnlich wie das selbstwertige Wort der Futuristen, den Sinn »auffressen« (poedanie obrazom smysla); das Gedicht sollte einer »Welle von Bildern« (volna obrazov) gleichen, vom »Verslibre der Bilder« (verlibr obrazov) geprägt sein. Die zuerst in der Zeitschrift »Sirena« in Voronež 1919 abgedruckte »Deklaration« der Imaginisten drückt die Hypostase des Bildes emphatisch aus: »Das Bild und nur das Bild. Das Bild – durch Stufen von Analogien, Parallelismen –, Vergleiche, Kontrastierungen, geballte und geöffnete Epitheta, Appositionen von polythematischem, mehrstöckigem Bau – das ist das Produktionswerkzeug des Meisters der Kunst.« (Esenin »Sobranie sočinenij«. Bd. 5. Moskau 1979: 254).

Esenin entwickelte in dem Traktat »Ključ Marii« (Schlüssel/Quelle Mariens, 1920) eine – literaturwissenschaftlich kaum haltbare – *Bildlehre,* in der er die Kategorien »Vignettenbild« (soviel wie gewöhnliche Metapher), »Schiffsbild« (soviel wie realisierte Metapher) und »angelisches Bild« (frei assoziierte Metapher) unterscheidet. Seine Dichtungen der mittleren Phase (Inonija, 1918; Pantokrator, 1919; Die Stutenschiffe, 1920; Pugačev, 1921) sind als Realisierungen der imaginistischen Poetik zu verstehen.

Die Imaginisten unterhielten einen eigenen Verlag und veröffentlichten mehrere Sammelbände. Obwohl sie von Lunačarskij als Scharlatane abgetan wurden und sowohl von den Proletarischen Schriftstellern als auch den Futuristen bekämpft wurden, hielt man sie Anfang der zwanziger Jahre vielfach für die originellste und vielversprechendste literarische Stimme in Sowjet-Rußland. In der literarhistorischen Retrospektive besitzt der I. vor allem Bedeutung als zeitweiliges poetologisches Instrument und literatursoziologisches Umfeld des großen Lyrikers Sergej Esenin.

V. L'vov-Rogačevskij: Imažinizm i ego obrazonoscy. Moskau 1921
Chr. Auras: Sergej Esenin. Bilder- und Symbolwelt. München 1965
Literaturnye manifesty. Moskau [2]1929 (Reprint München 1969)
N.Å. Nilsson: The Russian Imaginists. Stockholm 1970
Esenin i sovremennost'. Moskau 1975
Vl. Markov: Russian Imagism. 1919–1924. Gießen 1980

Reinhard Lauer

Impressionismus

Der Begriff I. (frz.: impressionisme) wurde ursprünglich in polemischer Absicht zur Kennzeichnung der nach 1860 aufkommenden französischen Pleinairmalerei verwendet, wobei die damaligen Kritiker sich auf das Bild »Impression – Soleil levant« bezogen, das Monet 1874 auf der ersten Impressionistenausstellung in Paris präsentierte. In der Folge wurde I. zum Namen einer ganzen Stilrichtung, der neben Monet vor allem Manet, Sisley, Pissarro, Renoir, Degas, B. Morisot und zeitweilig auch Cézanne angehörten. Mit einer gewissen Verzögerung wirkte der I. auch in Deutschland, etwa bei Malern wie Liebermann, Corinth und Slevogt. Die bei Kritik und Publikum zunächst ablehnende, z. T. sogar feindselige Haltung gegenüber der impressionistischen Malerei lag darin begründet, daß die neue Richtung inhaltlich wie formal mit den bislang herrschenden Normen und Gepflogenheiten der französischen Akademiekunst brach. Von den zuvor geläufigen Historiendarstellungen und allegorisch-mythologischen Szenen lenkten die Impressionisten das Augenmerk auf die Erscheinungen des modernen Lebens, auf das Panorama des großstädtischen Treibens und auf die Vielfalt menschlicher Zustände und Begebenheiten. Boulevards, Promenaden, Pferderennbahnen, Tanzpaläste sowie die → Boheme der Künstlerviertel, Caféhäuser und Theater wurden zu neuen Sujets. Hinzu kam die Entdeckung der ländlichen Natur und der Meeresküste als Motive einer die Ateliers verlassenden Freilichtmalerei.

Noch revolutionärer erschienen die formalen Neuerungen der Impressionisten, die freilich in den Werken von Constable, Turner, Menzel und Delacroix bereits vorgeprägt waren. Unter Preisgabe der bislang vertrauten stabilen Tektonik der Dinge, wie sie malerisch durch linear betonte Konturen und homogene Lokalfarben erzielt wurde, begriff der I. die gegenständliche Welt als nur für den Moment gültigen Eindruck, der aus einer Vielfalt optischer Reize, aus atmosphärischen Bedingungen, aus Licht- und Schattenwirkungen und aus unterschiedlichen Farbnuancen entsteht. Historisch bedeutete dies den Verzicht auf bislang fraglose Darstellungs- und Wahrnehmungsformen. Die Einheitlichkeit der Lokalfarbe löste sich auf, zudem trat die farbliche Nuancierung von schattigen Effekten an die Stelle der bislang geltenden ›Farblosigkeit‹ der Schatten. Dies führte zur Aufhellung der gesamten Palette durch ausschließliche Verwendung reiner

Farben, die auf der Leinwand nebeneinander gesetzt wurden und erst im optischen Zusammenwirken das Ganze des impressionistischen Bildes herstellten. So entstand das für die impressionistische Malerei typische flirrende Ineinander von leuchtenden farblichen Nuancen, das die festen Konturen der Dingwelt in einem schwebenden und diffusen Ambiente auflöst, wobei sich die Gegenständlichkeit des Sujets erst in der Distanz, durch optische Mischung im Auge des Betrachters, erkennen läßt.

Mit seinem Bemühen, die Wirklichkeit voraussetzungslos so zu erfassen, wie sie sich als Eindruck unmittelbar dem Auge darbietet, nimmt der I. teil an den realistischen, auf getreues Abbilden der Wirklichkeit bedachten Darstellungskonzepten in der zweiten Hälfte des 19. Jahrhunderts. Als Beitrag zum → Naturalismus wurde der I. daher von Zola begrüßt. Was ihn jedoch vom Naturalismus unterscheidet und Zola später zum massiven Kritiker der Richtung werden ließ, ist der Verzicht auf eine als stabil gedachte Realität. Hinter der Beschränkung auf das nur Momentane der ›Impression‹ verbirgt sich das Konzept einer *fluktuierenden Außenwelt,* deren flüchtige Dynamik die Wirklichkeit nur als Kontinuum rasch wechselnder Zustände erlebbar macht. Die ursprünglich realistische Intention, zunächst orientiert an der Darstellung des unmittelbar Gegebenen, führt in der Konsequenz des I. zur subjektivistischen Auflösung einer zeitlich und räumlich konsistenten Realität.

Schon bald erfolgte in Frankreich die Übertragung des I.-Begriffs auf die Literatur. Die erste Adaption durch Brunetière (»L'Impressionisme dans le roman«, 1879) deutete den literarischen I. als stilistischen Teilaspekt des Naturalismus, eine Bewertung, die in Frankreich weitgehend vorherrschend und auch für einige deutsche Naturalisten (z. B. Conrad) verbindlich blieb. Vor allem der deutschen Kritik (Grottewitz, Servaes, Lamprecht, Bahr) war es vorbehalten, die gegenüber dem Naturalismus subjektivistischere Haltung des I. als eigenständiges ästhetisches Merkmal herauszustellen. Als Folge dieser Bemühungen entstand ein literarischer I.-Begriff, der es erlaubte, eine Anzahl von Dichtern als impressionistisch einzustufen, ohne sie gleich dem Naturalismus zuordnen zu müssen. Neben ausländische Autoren (die Gebrüder Goncourt, Bourget, Jacobsen, Bang) traten deutschsprachige Repräsentanten der *›Eindruckskunst‹* wie Liliencron (»Gedichte«, 1889), Hille (Gedichte in Prosa), Schlaf (»In Dingsda«, 1892), Keyserling (»Beate und Mareile«, 1903), Altenberg (»Wie ich es sehe«, 1896) und auch Kerr mit seinen Theaterkritiken.

Das gemeinsame Kriterium impressionistischen Schreibens ist hierbei zumeist stilistischer Natur: die extrem differenzierte und minutiöse Darstellung momentaner Eindrücke, flüchtiger Begebenheiten und Stimmungen. Nur in der raschen, zeitlich eng begrenzten Impression sind Farben, Töne, Bewegungen, Dinge und auch Menschen präsent. Die Partikel des Wirklichen werden dargeboten durch Konzentration aufs anschauliche

Detail mittels prägnanter, nuancierender und treffender Adjektive, auch durch die Reihung zumeist unverbundener Substantive und durch die Wiedergabe einer in ihren sinnlichen Qualitäten erfaßten Oberfläche. Dies bedeutet Verzicht auf die umfängliche analytische und kausale Entfaltung des Dargestellten zugunsten lyrischer und dramatischer Kleinformen und novellistisch-skizzenhafter Prosastücke, die geeignet sind, den Charakter des Unfesten und Flüchtigen zu bewahren. Die Elemente des Wirklichen treten nicht auf als Teile eines übergreifenden Ganzen, sie sind lediglich Ausschnitte einer tendenziell unauslotbaren Dynamik des Lebendigen, welcher künstlerische Darstellung nur in der Abfolge isolierter Momentaufnahmen gerecht zu werden vermag. Modellfall ist die feuilletonistische Kurzprosa Altenbergs: Protokolle von knappen, unwiederholbaren Ansichten und Augenblickserfahrungen, skizzenhaft dargeboten als Ansammlung sinnlicher Eindrücke, deren Synthese dem Leser vorbehalten bleibt.

Durch die Verunklärung der gegenständlichen Konturen und der Sachinhalte verleiht der I. der einzelnen ästhetisch prägnanten Sinnesqualität ein hohes Maß an Eigenwert. In der Malerei führt dies zur Verminderung gegenständlicher Bezüge, bis schließlich, etwa in den »Heuhaufen« und den »Seerosen« des späten Monet, das Spiel eigenständiger Farbwerte vollends dominiert. Zunächst angetreten mit dem Ziel, die Natureindrücke genau und voraussetzungslos zu registrieren, entbindet die Malerei des I. aus sich selbst die formalen Möglichkeiten eines freien Komponierens mit autonomen, ungegenständlichen Farbtönen. Es war wohl diese Tendenz zur Emanzipation reiner Valeurs, die dann zu Versuchen führte, den Begriff I. auch auf die Musik etwa eines Debussy oder Ravel zu übertragen, zumal gerade Debussy solchen Bemühungen mit den Titeln seiner Kompositionen, wenn auch unabsichtlich, entgegenkam. Der I. nimmt eine »Sattelstellung« (Hofmann) ein zwischen den realistischen Zielsetzungen des 19. Jahrhunderts und den abstrakten Formtendenzen des 20. Jahrhunderts. Vergleichbare Befunde bietet der literarische I. insofern, als auch hier die Vorliebe für die materiell-sinnliche Qualität isolierter Worte und Bilder die formalen und stilistischen Voraussetzungen für spätere Verfahrensweisen schafft, deren poetisches Material sich nicht mehr primär auf den Kontext einer gegenständlichen Realität bezieht.

Wird auf der Stil- und Formebene in Teilen der Literatur der Jahrhundertwende eine gewisse Einheitlichkeit des Impressionistischen erkennbar, die sogar noch den Sekundenstil bei Holz und Schlaf (»Papa Hamlet«, 1889) einbegreift (→ Naturalismus), so ist es kaum möglich, I. für jenen Zeitraum als literarischen Epochenbegriff zu verwenden. Dies verbietet sich vor allem angesichts der oft heterogenen Vielfalt künstlerischer Tendenzen im kulturellen Panorama der Jahrhundertwende, wie sie durch die Forschung der letzten Jahrzehnte mannigfach belegt wurde. Allenfalls lassen sich impressionistische Elemente im Menschenbild der Literatur jener

Zeit ausmachen. Am ehesten gelingt dies im Anschluß an die schon von Bahr (»Dialog vom Tragischen«, 1903) vertretene These vom I. als Ausdruck eines erkenntnistheoretischen Relativismus, in dem die Objektivität des Wirklichen sich in einen unendlichen Fluß momentaner Reize und Eindrücke auflöst. Der philosophische Gewährsmann ist Ernst Mach, dessen »Analyse der Empfindungen« (1886) die wahrgenommene Realität als Komplex wechselnder Empfindungen definiert, die von analogen Komplexen sinnlicher Außenreize erzeugt werden. Dem entspricht der Verzicht auf die Vorstellung einer personalen Identität, da das Ich sich nicht mehr an der Stabilität und Dauer einer in ihren Erscheinungen beharrenden Wirklichkeit auszubilden vermag: »Das Ich ist unrettbar« (Mach).

Vor allem in der österreichischen Literatur der Jahrhundertwende finden diese Erkenntnisse ihren formalen und inhaltlichen Niederschlag. Schnitzlers erzähltechnische Adaption des → Inneren Monologs (»Leutnant Gustl«, 1900) dient der Darstellung einer weitgehend dissoziierten Wirklichkeitserfahrung, die unmittelbar im Bewußtsein der betreffenden Figur als Flut vielfältiger Wahrnehmungs- und Empfindungskomplexe zutage tritt. In Schnitzlers »Anatol« (1893) wird die bislang geläufige einheitliche Dramenstruktur aufgesprengt in die Abfolge von Einaktern, die in isolierten Momentaufnahmen das Ich des Helden als bloßes Nacheinander flüchtiger und unverbindlicher Realitätskontakte vorführen, die keine personale Identität herzustellen vermögen. Die Lyrik des frühen Hofmannsthal (»Ballade des äußeren Lebens«, »Über Vergänglichkeit«) verdichtet ähnliche Erfahrungen in Bildern eines melancholischen, spätzeitlichen Lebensgefühls, worin das Erlebnis der flüchtigen und zusammenhanglosen Außenwelt einhergeht mit der Selbstwahrnehmung des in seiner Identität zerfallenden Ich.

Damit wird der I. auch als Teilaspekt des *Fin de siècle* erkennbar. Sein *Kultus der Nuance* und des Details bedeutet auf dem ästhetischen Sektor eine folgenreiche Ausweitung und Steigerung sinnlicher Wahrnehmung. Die von ihm ausgebildete differenzierte, *nervöse Sensibilität* ist der Fundus, aus dem die künstlerische Selbstdarstellung des Fin de siècle ihr Instrumentarium bezieht. Darüber hinaus ist der I. das Produkt einer → Moderne, die seit Baudelaire als Inbegriff des Flüchtigen, Vergänglichen und rasch Vorüberfließenden gilt. Er entsteht als Antwort auf die im 19. Jahrhundert sich voll entfaltende Dynamik und Chaotik des vornehmlich großstädtischen modernen Lebens. Er zeugt vom Versuch, die Fähigkeiten künstlerischer Darstellung und damit die Möglichkeiten menschlichen Wahrnehmens und Empfindens auszuweiten und zu verfeinern, um mit dem Erfahrungsdruck der Moderne Schritt halten zu können. Dem I. gelingt dies freilich um den Preis eines immer mehr verblassenden Realitätsbezuges, dem schließlich nur noch der Gestus des zwar hochsensiblen, aber letztlich unbehausten Melancholikers gemäß ist.

R. Hamann: Der Impressionismus in Leben und Kunst. Marburg 1907
L. Thon: Die Sprache des deutschen Impressionismus. Ein Beitrag zur Erfassung ihrer Wesenszüge. München 1928
Ch. Bally/E. Richter u. a.: El impresionismo en el lenguaje. Buenos Aires 1936
R. Moser: L'Impressionisme français. Peinture, Littérature, Musique. Genf 1952
J. Rewald: Histoire de l'impressionisme (1955). Dtsch. Köln [3]1984
E. Kroher: Impressionismus in der Musik. Leipzig 1957
W. Hofmann: Das irdische Paradies. Die Kunst im 19. Jahrhundert. München 1960
R. Hamann/J. Hermand: Impressionismus. Berlin 1960
W. Iskra: Die Darstellung des Sichtbaren in der dichterischen Prosa um 1900. Münster 1967
M. E. Kronegger: Literary Impressionism. New Haven 1973
M. Diersch: Empiriokritizismus und Impressionismus. Über Beziehungen zwischen Philosophie, Ästhetik und Literatur um 1900 in Wien. Berlin 1973
R. M. Werner: Impressionismus als literarhistorischer Begriff. Untersuchungen am Beispiel Arthur Schnitzlers. Frankfurt a. M./Bern 1981
H. Marhold: Impressionismus in der deutschen Dichtung. Frankfurt a. M./Bern 1985

Horst Fritz

Innerer Monolog

Der i. M. (frz. *monologue intérieur,* engl. *interior monologue*) ist eine in der Erzählkunst um die Jahrhundertwende neu entwickelte Technik der direkten Wiedergabe der stummen, den Innenraum des Bewußtseins einer Person nicht transzendierenden Gedanken- und Gefühlsprozesse in der 1. Person Singular und der Gegenwart unter totaler Eliminierung der vermittelnden Instanz eines Erzählers. Als erstes Beispiel des i. M.s gilt »Les Lauriers sont coupés« (1887) von Dujardin, der 44 Jahre nach diesem Werk mit der Schrift »Le monologue intérieur« (1931) die erste theoretische Untersuchung zum i. M. vorlegte und die Bezeichnung *monologue intérieur,* die vorher bereits existierte (Höhnisch 1967: 11-12), als literaturwissenschaftlichen Begriff kodifizierte.

Vorformen des i. M.s sind u. a. Poes »The Tell-Tale Heart« (1843) und Dickens' »Mrs. Lirriper's Lodgings« (1863) – zwei Werke, bei denen in der Anrede an ein unbestimmtes, substanzloses Du der Übergang zur hörerlosen Selbstkommunikation des i. M. zu erkennen ist (Müller 1984); Dostojevskijs Erzählung »Die Sanfte« (1876) mit ihrer Schwebe zwischen kommunikativer Du- und nicht-kommunikativer Selbstanrede und Garšins Erzählung »Vier Tage« (1877), wo sich der scheinbar bewußtseinsinterne Monolog eines verwundeten Soldaten am Schluß überraschend als schriftliche Aufzeichnung enthüllt.

Der i. M. ist von dem vielfach durch eine *inquit*-Formel (»er sagte sich selber«) eingeleiteten Gedankenzitat zu unterscheiden, das es seit eh und je in der Erzählliteratur gibt und das in seinen extensiveren Formen als Selbstgespräch meist deliberierender Art – in Konfliktsituationen artikuliert und vom Modell des Bühnenmonologs beeinflußt – zum traditionellen Formenbestand der Epik gehört. Vom i. M. unterscheidet sich das traditionelle Selbstgespräch durch die Einbettung in einen auktorialen Kontext und die auktoriale Vermittlung anzeigende *inquit*-Formel sowie durch seine rhetorische Prägung und rationale Argumentationsstruktur in der Form des Dialogs. Eine Quelle dafür ist der rhetorische Dialogismus, die Debatte, die das Ich mit sich selbst in einer Konflikt- oder Entscheidungssituation führt (»Quid faciam?«).

Zu trennen ist der i. M. auch von der freien indirekten Gedankenwiedergabe (früher *Erlebte Rede* genannt, *style indirect libre, free indirect sty-*

le), die in Tempus (Präteritum) und Person (3. Person) dem Erzählerbericht angeglichen ist, in der die Erzählerfigur als eine vermittelnde Instanz aber ausfällt und die innere Sprache des dargestellten Charakters dominant wird (Banfield 1982). Historisch ist die im 19. Jahrhundert besonders bei J. Austen und Flaubert und später bei H. James intensiv benutzte Form der freien indirekten Gedankenwiedergabe die erste große → Innovation in der erzählerischen Darstellung von Bewußtsein. Die zweite bedeutende Innovation auf diesem Gebiet ist die einige Jahrzehnte später erfolgende Entwicklung des i. M.s, der die Bewußtseinsdarstellung zu größter Unmittelbarkeit führt, indem er – im Vergleich zur freien indirekten Gedankenwiedergabe – alle Erzählerpräsenz tilgt und die innerste Sprache eines Charakters, die intimsten Bewußtseinsabläufe, ungefiltert im Präsens und der 1. Person vernehmlich werden läßt. In beiden Techniken zeigt sich die Tendenz der modernen Erzählkunst zur Innenweltdarstellung und zu einer subjektivistischen und relativistischen Epistemologie, die die Möglichkeit einer objektiven Wirklichkeitserkenntnis und die Identität des Subjekts radikal in Frage stellt.

Ein schwieriges terminologisches Problem stellt die Abgrenzung der Begriffe i. M. und *Bewußtseinsstrom (stream of consciousness)* dar, weil letzterer Begriff – die Bezeichnung wurde von dem Psychologen W. James 1890 geprägt – von einigen, vor allem angelsächsischen Theoretikern, als bloßer Inhaltsbegriff verstanden wird, als »Rohmaterial« des Bewußtseins, für dessen literarische Transkription es eine Reihe von Techniken gebe: den Gedankenbericht (*omniscient description*), das Selbstgespräch (*soliloquy*), die freie indirekte Gedankenwiedergabe (*indirect interior monologue, free indirect thought*) und den i. M. (*direct interior monologue*) (Humphrey 1954: 23 ff).

Faßt man den Begriff *stream of consciousness* als Formbegriff auf, wie es literaturwissenschaftlich geboten ist (Höhnisch 1967: 16), muß man ihn unter den i. M. subsumieren und als eine Extremform der Wiedergabe innerer Sprache definieren, deren Organisationsprinzip die freie Assoziation ist – »that ordinary flow of associations, at the opposite pole from ›thinking to some purpose‹« (Chatman 1978: 188) – und die nicht rational gesteuerte Bewußtseinsabläufe – wie die Metapher vom Strom besagt – in ihrer Ungelenktheit, Inkohärenz und Flüchtigkeit darstellt. Ein Beispiel für jene Extremform des i. M.s ist der vierzigseitige Monolog der Molly Bloom am Ende von Joyces »Ulysses« (1922), der grammatisch-stilistisch noch weiter als der i. M. in Dujardins »Les Lauriers sont coupés« von laut gesprochener kommunikativer Rede entfernt ist und den Leser unmittelbar in das Unbewußte der Romanfigur blicken läßt. Der i. M. gehört auch zum Formenbestand des sog. Bewußtseinsromans (*stream-of-consciousness novel*) – ein unscharfer Begriff –, wo er entweder den ganzen Text ausmacht – man spricht dann von *autonomous interior monologue* (Cohn

1978: 217-265) – oder in einer gemischten Präsentationsform im Wechsel mit anderen Darstellungselementen wie dem Erzählerbericht und der freien indirekten Gedankenwiedergabe auftritt.

Texte, die in ihrer Gänze in der Form des i. M.s geschrieben sind, sind u. a. Dujardin, »Les Lauriers sont coupés« (1887), Schnitzler, »Leutnant Gustl« (1900), Larbaud, »Amants heureux amants« (1921), de Beauvoir, »Monologue« (1967). Romane, in denen der i. M. in Verbindung mit anderen Darstellungstechniken auftritt, sind u. a. Joyce, »Ulysses« (1922), Woolf, »Mrs Dalloway« (1925), Faulkner, »The Sound and the Fury« (1929), Th. Mann, »Lotte in Weimar« (1939), Broch, »Der Tod des Vergil« (1945). Die für den i. M. charakteristische Verlagerung der Kommunikationssituation in das Ich der Romanfigur führt vielfach zu einem Dialog des Ich mit sich selbst, weshalb man den i. M. auch einen *inneren Dialog* genannt hat (Ekfelt 1980), eine Bezeichnung, die in Gides »Les Faux-Monnayeurs« (1925) vorkommt und den Titel von Mauriacs mit dem i. M. experimentierender Romantetralogie »Dialogue intérieur« (1957-63) bildet. In eigenwilliger Weise entfaltet Butor das dialogische Potential des i. M.s in seinem konsequent in der Du-Form formulierten Monologroman »La Modification« (1957).

Im 20. Jahrhundert hat man den i. M. auch auf die Bühne gebracht, etwa den Monolog der Molly Bloom aus Joyces »Ulysses« oder Schnitzlers »Fräulein Else« (Cohn 1978: 255), wobei die Theateraufführung natürlich in Widerspruch zu der Konvention der Erzählkunst tritt, daß der i. M. stumme Sprache wiedergibt. Auch genuine Dramatiker haben sich des i. M.s bedient, z. B. O'Neill (Müller 1985) in einer neuen Form des Beiseitesprechens, des *thought aside,* in »Strange Interlude« (1928) und Autoren von Monologdramen wie Beckett (»Krapp's Last Tape«, 1958), Kroetz (»Weitere Aussichten«, 1973), Pinter (»Monologue«, 1973), Hochhuth (»Tod eines Jägers«, 1976), Th. Bernhard (»Minetti«, 1977) und Achternbusch (»Susn«, 1980).

E. Dujardin: Le monologue intérieur. Paris 1931

R. Humphrey: Stream of Consciousness in the Modern Novel. Berkeley 1954

E. Höhnisch: Das gefangene Ich. Studien zum inneren Monolog in modernen französischen Romanen. Heidelberg 1967

J. Zenke: Die deutsche Monologerzählung im 20. Jahrhundert. Köln/Wien 1976

D. Cohn: Transparent Minds. Narrative Modes for Presenting Consciousness in Fiction. Princeton 1978

N. Ekfelt: Schnitzler's »Leutnant Gustl«. Interior Monologue or Interior Dialogue? In: Sprachkunst 11 (1980)

B. Surowska: Schnitzlers innerer Monolog im Verhältnis zu Dujardin und Dostojeski. In: Theatrum Europaeum. Festschrift für Elida Maria Szarota. München 1982

A. Banfield: Unspeakable Sentences. Narration and Representation in the Language of Fiction. Boston/London 1982

W. G. Müller: Die Anrede an ein unbestimmtes Du in der englischen und amerikanischen Erzählkunst von E. A. Poe bis zu J. D. Salinger. In: Literatur in Wissenschaft und Unterricht 17 (1984)

W. G. Müller: Der Bewußtseinsstrom im Roman und auf der Bühne. In: Amerikanisierung des Dramas und Dramatisierung Amerikas. Hg. von M. Siebald und H. Immel. Frankfurt a. M. 1985

Wolfgang G. Müller

Innovation

Der für die gesamte europäische Kulturgeschichte der *Neuzeit* wichtige Begriff der I. (= »Neuerung«) taucht als deutsches Fremdwort erst im 18. Jahrhundert auf und wird noch im 19. und beginnenden 20. Jahrhundert meist beschränkt auf juristische und botanische Sachverhalte. Erst nach dem Zweiten Weltkrieg setzt sich der Terminus in den technologischen Disziplinen sowie den Sozialwissenschaften und der Nationalökonomie durch, aber auch zunehmend im Bereich der Ästhetik und Kunsttheorie; darüber hinaus kommt es zu einem geradezu inflationären Gebrauch auf fast allen Gebieten, der eine strikte Definition nur in sehr speziellen Zusammenhängen erlaubt (Zingerle 1976).

Die das ›Neue‹ in den Blick nehmende Philosophie und Naturforschung des 15. und 16. Jahrhunderts, beispielhaft vorgetragen etwa von Francis Bacon (1561-1626; »Novum Organum« 1620), war in bezug auf bewußt zu »produzierende« I.en eher vorsichtig. So verwies Bacon in seinem Essay »Of Innovations« auf das Vorbild der Zeit, »which indeed Innovateth greatly, but quietly, and by degrees, scarce to be perceived«, und noch die »Encyclopédie« Diderots und D'Alemberts beschränkt sich in ihrem (politischen) Artikel »Innovation« (1781) auf den Hinweis, daß im Sinn Bacons die Zeit zum alleinigen Vorbild des Handelns genommen werden solle (vgl. Zingerle 1976: 393). Auch im ästhetisch-kunsttheoretischen Rahmen der zunächst in Frankreich diskutierten, dann aber auf ganz Europa ausstrahlenden »Querelle des Anciens et des Modernes« stand die Frage der (inhaltlichen oder formalen) I. nicht primär zur Debatte.

Der für den deutschsprachigen Bereich symptomatische Streit zwischen Gottsched und den Schweizern Bodmer und Breitinger um die Stellung des »Wunderbaren« seit etwa 1740 belegt zwar den Trend zur höheren Einschätzung ästhetisch-fiktionaler I.en gegenüber den Postulaten der normativen Poetiken; aber auch die »Genieästhetik« des Sturm und Drang hielt an der Richtschnur einer – nun freilich erheblich weiter gefaßten – »Natur« fest. Erst in der frühen *Romantik* wird der autonome Raum der Poesie als universaler Lebensraum in einer unwirtlichen Welt etabliert; hier, im Bereich des Märchens und des Romans, kann und muß sich der Poet (bezeichnenderweise im engen Bezug zu einer spekulativen Naturphilosophie) als kreativ erweisen – eine radikalästhetische Wendung, die dann ihre Auswirkungen in der → Moderne hat. In der Abfolge von ästhetischen Richtungen zwischen → Naturalismus und → Expressionismus, mit dem Höhepunkt des Stilpluralismus der Jahrhundertwende (→ Impressionismus, → Symbolismus, → Jugendstil usw.), zeigt sich, daß I., wie schon Bahr erkannte, zu einem Hauptmerkmal des immer härteren *Wettbewerbs* auf dem literarischen Luxusmarkt wird (vgl. Žmegač 1981, Einleitung). Damit wird nicht die allgemein anerkannte Ernsthaftigkeit und Notwendigkeit der ästhetischen I.en in Frage gestellt: »Neuheit« ist nach Majakovskij »unbedingte Voraussetzung für ein dichterisches Produkt«.

Die ästhetische Diskussion des Prinzips der I. (sowie des → Experiments) nach dem Zweiten Weltkrieg vollzieht sich im ständigen Bezug auf die *Naturwissenschaften;* auch hier lassen sich (im Sinn von Th. S. Kuhns Unterscheidungen zwischen »Normalwissenschaft« und »wissenschaftlicher Revolution«) I.en im Rahmen des traditionellen Paradigmas und I.en zur Überwindung der → Tradition, d. h. zur Etablierung eines neuen Paradigmas unterscheiden. Anders als die naturwissenschaftlichen ›Revolutionen‹ vollziehen sich I.en des ästhetischen Bereichs als Änderungen von *Zeichensystemen.* So betreffen ***abgebildete I.en*** neue Inhalte, die von den Konventionen akzeptierter »Normaltexte« abweichen (z. B. bereits bei Zola, dann bei Brecht); *medien-* oder *codespezifische I.en* beziehen sich auf das »Material« der Künste (I.en der Sprache, der optischen Illusion usw.), während *situationsspezifische I.en* im Sinne der pragmatischen Zeichendimension das (zu verändernde) Verhältnis von Künstler und Publikum im Blick haben (primär etwa beim *Happening;* vgl. Nöth in Schmidt 1978: 33 f.). In jedem Fall aber sind ästhetische I.en auch auf die Alltagswelt der Rezipienten zu beziehen: »dissonante Kognition« entsteht durch Verständlichkeitsbarrieren, enttäuschte innerliterarische Erwartungen, unerwünschte Themata oder inkompatible (soziale) Normen (Ibsch 1984: 10 f.).

Am konsequentesten hat Max Bense mit seiner semiotisch orientierten »informationstheoretischen Ästhetik« die Herausforderung durch das Exaktheitspostulat der modernen Naturwissenschaften und der Mathematik angenommen. Der Begriff der I. wird hier eng mit einem informationsbestimmten, d. h. repertoireabhängigen, prinzipiell nicht-metaphysischen Schöpfungsbegriff zusammengedacht: »Die Verschiedenheit der Darstellung eines ursprünglichen Sachverhaltes bestimmt eine I., eine Information.« (Bense 1969: 43) Chaos, Struktur und Gestalt als die drei ästhetischen Ordnungsmodelle werden bestimmt durch die Wahrscheinlichkeit, mit der ihre Zeichen verteilt sind. Mit dem Übergang vom chaogenen zum strukturellen Zustand nimmt die Information im statistischen Sinn ab, die Ordnung (Redundanz) entsprechend zu; das Chaos ist also »reale Quelle, reales Repertoire möglicher I.en im Sinne von Kreationen«, während Stil nach Bense primär auf dem »Redundanzbetrag der realisierten Ordnung«, nicht auf I. und Originalität beruht (ebd. 59). Der Text muß demgemäß soviel Redundanz aufweisen, daß er noch verstehbar bleibt, und er muß – bezogen auf ein entsprechendes Publikum – soviel I. bieten, daß er nicht langweilig wird. Für I.en in Texten eignen sich Symbole (gegenüber Index und Icon) am besten, weil hier der kreative Anteil des zeichensetzenden Subjekts am größten ist (ebd. 41).

M. Bense: Einführung in die informationstheoretische Ästhetik. Reinbek 1969
A. Zingerle: Innovation. In: J. Ritter und K. Gründer (Hrsg.): Historisches Wörterbuch der Philosophie. Bd. 4. Basel 1976
S. J. Schmidt (Hrsg.): Das Experiment in Literatur und Kunst. München 1978
V. Žmegač (Hrsg.): Deutsche Literatur der Jahrhundertwende. Königstein/Ts. 1981
E. Ibsch: Ästhetische Innovation und Alltagswelt. In: SPIEL 3 (1984) H. 1
H. R. Jauß: Studien zum Epochenwandel der ästhetischen Moderne. Frankfurt a. M. 1989
E. Fischer-Lichte/K. Schwind (Hrsg.): Avantgarde und Postmoderne. Tübingen 1991

Hans Otto Horch

Intertextualität

Der Terminus I. ist jünger als die verschiedenen traditionellen Begriffe für den Bezug von Texten auf andere Texte (z. B. Zitat, Anspielung, Übersetzung, Adaption, → Parodie, Travestie), die er neu und pointiert zusammenfassend umschreibt, und wesentlich jünger als die Sache selbst. Schon seit der Antike haben sich Texte nicht nur in einer *imitatio vitae* unmittelbar auf Wirklichkeit, sondern in einer *imitatio veterum* auf aufeinander bezogen, und die Rhetorik sowie die aus ihr gespeiste Poetik brachten solche Bezüge, wenn auch ohne Sinn für deren Gesamtzusammenhang, auf den Begriff. Als der Terminus dann in den späten sechziger Jahren von Julia Kristeva geprägt wurde, geschah dies mit explizitem Rückgriff auf eine frühere Begriffsbildung, nämlich auf M. Bachtins Begriff der »Dialogizität« (Kristeva 1967).

Es ist dies ein Rückgriff auf ein theoretisches Konzept, das der sowjetrussische Literaturwissenschaftler bereits während der Kulturrevolution der zwanziger Jahre entwickelt und in den folgenden Dekaden in historischen Studien zur Menippeischen Satire, zum Karneval und zum → Roman weiter entfaltet hatte. Bachtins Konzept der Dialogizität zielt vor allem auf den Dialog der Stimmen innerhalb eines einzelnen Textes und die Mehrstimmigkeit einzelner Äußerungen ab, die sich daraus ergibt, daß »jedes konkrete Wort (die Äußerung) jenen Gegenstand, auf den es gerichtet ist, immer schon sozusagen besprochen, umstritten, bewertet« vorfindet, »von einem ihn verschleiernden Dunst umgeben oder umgekehrt vom Licht über ihn bereits gesagter, fremder Wörter erhellt« (Bachtin 1979: 169). Der polyphone Roman etwa bündelt als »Mikrokosmos der Redevielfalt« das Gesamt der »sozio-ideologischen Stimmen der Epoche« (Bachtin 1979: 290), und der Dialog innerhalb des Werks ist damit gleichzeitig ein Dialog mit den fremden Wörtern und Reden außerhalb des Werks. Kristeva griff Bachtins Dialog-Modell auf, weil sie darin die Überwindung eines statischen Strukturalismus der klassifikatorischen Schemata für werkinterne Strukturen sah. Eine solche »Dynamisierung des Strukturalismus« sei nur möglich, wenn man mit Bachtin von einer Konzeption ausgeht, »nach der das ›literarische Wort‹ nicht ein *Punkt* (nicht ein feststehender Sinn) ist, sondern eine *Überlagerung von Text-Ebenen,* ein Dialog verschiedener Schreibweisen: der des Schriftstellers, der des Adressaten (oder auch der Person), der des gegenwärtigen oder vorangegangenen Kontextes« (Kristeva 1967/1972: 347). Bachtins Konzept der Dialogizität ist für Kristeva geradezu der Inbegriff der Dynamisierung, ja Revolutionierung – und dies nicht nur des Strukturalismus. Indem Bachtin dieses Prinzip der Relativierung von Positionen, der Selbstkritik des Wortes, der Unterminierung jeglichen dogmatisch-offiziellen Monologismus, der karnevalesken Profanisierung des Heiligen und Hehren und der subversiven Infragestellung von Autorität nicht nur beschrieb, sondern verteidigte und propagierte, schrieb er gegen die fortschreitende Erstarrung der nachrevolutionären sowjetischen Kulturpolitik an.

Diese ideologische Sprachkraft war es gerade, die Kristeva an Bachtins Dialogizität faszinierte und die sie und andere Schriftsteller des *Tel Quel*-Kreises in den revolutionär erregten späten sechziger Jahren für ihren Kampf gegen die »bürgerliche« Ideologie der Autonomie und Identität individuellen Bewußtseins sowie der Abgeschlossenheit von Texten und ihres Sinnes einsetzen wollten. Über Bachtin hinausgehend, ist für sie *jeder* Text nun ein »Mosaik von Zitaten«, die »Absorption und Transformation eines anderen Textes« (Kristeva 1967/1972: 348). Überhaupt wird hier der Textbegriff im Sinn einer allgemeinen Kultursemiotik so radikal generalisiert, daß letztendlich *alles* – oder zumindest jedes kulturelle System und jede kulturelle Struktur – Text sein soll. Dieser total entgrenzte Textbegriff bestimmt dann auch ihre explizite Definition von I.: »Wir nennen *Intertextualität* dieses textuelle Zusammenspiel, das sich im Inneren eines einzigen Textes vollzieht. Für den Sachkenner ist Intertextualität ein Begriff, der anzeigt, wie ein Text die Geschichte ›liest‹ und sich in sie hineinstellt« (Kristeva 1971/72: 500). Eine solche Entgrenzung des Textbegriffs und Texts und die damit zusammenhängende Aufhebung oder »Dezentrierung« des schreibenden oder lesenden Subjekts läßt das Bild eines »Universums der Texte« entstehen, in dem die einzelnen subjektlosen Texte in einem *regressus ad infinitum* nur immer wieder auf andere und prinzipiell auf alle anderen verweisen, da sie ja alle nur Teile des »texte général« sind, der mit der Wirklichkeit und Geschichte, die immer schon »vertextete« sind, zusammenfällt (Grivel 1978). Dies ist eine Grundvorstellung des Poststrukturalismus (Young 1981) und Dekonstruktivismus (Norris 1981, Culler 1983), und diese schwindelerregende Perspektive markiert auch den theoriegeschichtlichen Ort, dem Kristevas Konzept der I. entstammt und dem es seine Konjunktur verdankte. Ganz in Kristevas Sinn notiert auch R. Barthes: »Und eben das ist der Inter-Text: die Unmöglichkeit, außerhalb des unendlichen Textes zu leben – ob dieser Text nun Proust oder die Tageszeitung oder der Fernsehschirm ist« (Barthes 1974: 53 f.), und er beschwört in poetischen Bildern den Inter-Text als »Widerhallraum« und lockende »Sirene« (Barthes 1978: 81 u. 158). Das ist nicht mehr nur eine beschreibende Phänomenologie der Texte, sondern darüber hinaus ein poetologisches Programm – die intertextuelle Programmatik der → Postmoderne, die sich selbst als ein neues alexandrinisches Zeitalter versteht und, zwischen »exhaustion« (Erschöpfung) und »replenishment« (Sättigung) schwankend (J. Barth 1967, 1980, 1982), die babylonische Bibliothek alles Geschriebenen und das imaginäre Museum aller Bilder in einem fortgesetzten »pla(y)giarism« (vgl. zu diesem Wortspiel mit »play« und »Plagiat« Federman 1975/76) immer neu re-arrangiert, collagiert und dekonstruiert.

Gegenüber einer solchen Reservierung des Begriffs der I. für postmoderne Konzeptionen eines universalen Inter-Texts haben jedoch strukturalistische Literaturwissenschaftler geltend gemacht, daß der intertextuelle Bezug von Texten auf vorausgehende Textfolien oder »Prätexte« ein überhistorisches Verfahren der Textbildung darstellt, das – wenn auch in unterschiedlichen Formen und Funktionen – schon in früheren Epochen, und besonders ausgeprägt etwa in der Spätantike, in der Renaissance, im Klassizismus und im Modernismus, eine wichtige Rolle spielte. Damit rükken gegenüber der globalen postmodernen Intertextualität gerade jene traditionellen intertextuellen Verfahren in den Mittelpunkt der Untersuchung, in denen in pointiertem und markiertem Bezug ein Einzeltext auf einen anderen verweist, indem er diesen zitiert oder auf ihn anspielt, ihn paraphrasiert oder übersetzt, fortschreibt oder adaptiert, parodiert oder travestiert. Aus dieser Sicht erscheint dann der postmoderne Inter-Text als eine historisch spezifische Transformation dieser Verfahren, die hier so hypertroph und mit so großer Streubreite eingesetzt werden, daß hinter den pointierten Einzelbezügen die globale Beziehbarkeit aller Texte aufeinander suggeriert wird.

J. Barth: The Literature of Exhaustion. In: Atlantic Monthly 220 (1967) H. 8

J. Kristeva: Bakhtine, le mot, le dialogue et le roman. In: Critique 23 (1967). Deutsch in: J. Ihwe (Hrsg.): Literaturwissenschaft und Linguistik. Ergebnisse und Perspektiven Bd. III. Frankfurt a. M. 1972

J. Kristeva: Probleme der Textstrukturation. In: J. Ihwe (Hrsg.): Literaturwissenschaft und Linguistik. Ergebnisse und Perspektiven. Bd. II/2. Frankfurt a. M. 1971/72

H. Bloom: The Anxiety of Influence. A Theory of Poetry. New York 1973

R. Barthes: Die Lust am Text. Frankfurt a. M. 1974

R. Federman: Imagination as Plagiarism (an unfinished paper...). In: New Literary History 7 (1975/76)

R. Barthes: Über mich selbst. München 1978

C. Grivel: Les universaux de textes. In: Littérature 30 (1978)

M. Bachtin: Die Ästhetik des Wortes. Frankfurt a. M. 1979

J. Barth: The Literature of Replenishment: Postmodern Fiction. In: The Atlantic 245 (1980) H. 1

M. Riffaterre: The Semiotics of Poetry. London 1980
R. Young (Ed.): Untying the Text. A Post-Structuralist Reader. London 1981
J. Barth: The Literature of Exhaustion and the Literature of Replenishment. Northridge/Cal. 1982
G. Genette: Palimpsestes. La littérature au second degré. Paris 1982
R. Lachmann (Hrsg.): Dialogizität. München 1982
C. Norris: Deconstruction. Theory and Practice. London 1982
J. Culler: On Deconstruction. London 1983
W. Schmidt/W.-D. Stempel (Hrsg.): Dialog der Texte. Wien 1983
K. Stierle/R. Warning (Hrsg.): Das Gespräch. München 1984
U. Broich/M. Pfister (Hrsg.): Intertextualität. Formen, Funktionen, anglistische Fallstudien. Tübingen 1985
O. Ette: Intertextualität: Ein Forschungsbericht mit literatursoziologischen Anmerkungen. In: Romanistische Zeitschrift für Literaturgeschichte, 9 (1985)
M. Geier: Die Schrift und die Tradition. Studien zur Intertextualität. München 1985
G. Schwab: Entgrenzungen und Entgrenzungsmythen. Zur Subjektivität im modernen Roman. Stuttgart 1987
T. Verweyen/G. Witting: Die Kontrafaktur. Vorlage und Verarbeitung in Literatur, bildender Kunst, Werbung und politischem Plakat. Konstanz 1987
I. Hoesterey: Verschlungene Schriftzeichen. Intertextualität von Literatur und Kunst in der Moderne/Postmoderne. Frankfurt a. M. 1988
U. J. Hebel: Intertextuality, Allusion, and Quotation. An International Bibliography of Critical Studies. Westport/Conn. 1989
R. Lachmann: Gedächtnis und Literatur. Intertextualität in der russischen Moderne. München 1990
M. Worton/J. Still (Hrsg.): Intertextuality: Theories and Practices. Manchester 1990
J. Clayton/E. Rothstein (Hrsg.): Influence and Intertextuality in Literary History. Madison 1991
H. F. Plett (Hrsg.): Intertextuality. Berlin 1991

Manfred Pfister

Jugendstil

J. bezeichnet eine in Deutschland um 1900 in bildender Kunst und Literatur gleichermaßen präsente Stilrichtung, die historisch zwischen → Naturalismus und → Expressionismus anzusiedeln ist. Er findet im Ausland Entsprechungen im österreichischen *Sezessionsstil,* im französisch-belgischen *Art Nouveau,* im englischen *Modern Style,* im niederländischen *Stijl* und im spanischen *Stile Modernista,* womit er sich als supranationale künstlerische Tendenz der Jahrhundertwende ausweist. Wenngleich der J. sich nicht, wie etwa → Dadaismus oder → Surrealismus, in Form einer Gruppenbewegung programmatisch etablierte, so gibt es doch genügend typologische Gemeinsamkeiten, die dazu berechtigen, eine Fülle von Künstlern in bestimmten Aspekten ihrer Werke dem J. zuzurechnen. Ein erstes Merkmal jener Einheitlichkeit ist die Synthese von Malerei und Dichtung in den vielen Kunstzeitschriften des J.s: »Jugend« (wohl eine der Quellen für den Namen der Bewegung), »Ver Sacrum«, »Pan«, »Die Insel«. Literatur und bildende Kunst verschmelzen hier auf neuartige Weise, da Text, Bild und graphische Ausstattung als einheitliches Dekor konzipiert sind, das sich dem Betrachter bzw. Leser als zumeist *ornamentales Ganzes* darbietet. Es kam zur Zusammenarbeit von Dichtern wie Rilke, Hofmannsthal, Dauthendey, Stucken und Vollmöller mit bildenden Künstlern wie Klinger, T. Th. Heine, Vogeler, Orlik und Leistikow, wobei George und Lechter sowie Dehmel und Behrens auch im Rahmen von Buchveröffentlichungen kooperierten. Zu Beginn des 20. Jahrhunderts zunächst nur als Stilrichtung der bildenden Kunst gedeutet, fand J. nach 1945 zunehmend auch als literaturwissenschaftlicher Begriff Verwendung, wobei in der Forschung enge und extensive Zuschreibungen gleichermaßen zu beobachten sind. Zwar gelang es dabei nicht, einen kohärenten Epochenbegriff dingfest zu machen, doch wurden genügend formale, stilistische und auch weltanschauliche Invarianten ermittelt, die es erlaubten, von jugendstilhaften Elementen im Werk vieler Autoren zu sprechen. Zu Malern wie Stuck, Klinger, Klimt, Hofmann, Vogeler und Lechter gesellen sich Dichter wie George, Dehmel, Hardt, Stucken, Falke und Schaukal. Jugendstilhaftes findet sich in den literarischen Anfängen von Rilke (»Lieder der Mädchen«, 1898) und Th. Mann (»Tristan«, 1903), wie auch die ersten dichterischen Versuche mancher Expressionisten (Benn, Heym, Stadler, Trakl) sich an der Bilder- und Formensprache des J.s orientieren.

Die internationale Szene liefert ähnliche Befunde. Zeitschriften wie »La Revue Blanche« in Frankreich und »The Savoy« in England lassen sich den deutschen J.-Organen zur Seite stellen. Maler wie Denis, Bonnard (Frankreich), Beardsley (England), Khnopff (Belgien), Toorop (Holland), Segantini, Hodler (Schweiz) und Mucha (Tschechoslowakei) können als Vertreter europäischen J.s gelten; noch die Anfänge Kandinskys, Picassos und die Werke Munchs verraten deutlich jugendstilhafte Züge. Im Bereich europäischer Literatur sind unschwer J.-Elemente zu finden bei Maeterlinck, Rodenbach, Louys, Wilde und D'Annunzio. Auch Spuren eines musikalischen J.s – im Anschluß an die differenzierte Chromatik und die wuchernde Melodik R. Wagners – werden von der jüngeren Forschung namhaft gemacht: etwa beim frühen Schönberg (Streichsextett »Verklärte Nacht« op. 4 – 1899 – nach einem Gedicht von Dehmel), bei Zemlinsky und Skrjabin. Der Prototyp der Einheit von Literatur, bildender Kunst und Musik im Geiste des J.s ist die Gestalt der Salome, ein durch das Drama von Wilde, die Illustrationen Beardsleys und die Oper von Strauss tief ins Bewußtsein der Jahrhundertwende eingeprägter J.-Mythos. Was den J. vollends als gewichtiges kulturelles Phänomen der Jahrhundertwende ausweist, ist seine Tendenz, auch die alltägliche Lebenswelt ästhetisch durchzugestalten und zu überformen. In den internationalen J.-Zentren Wien, München, Darmstadt, Brüssel, Nancy, Paris, Barcelona und New York standen Namen wie O. Wagner, Moser, Olbrich, Behrens, Endell, Van de Velde, Gallé, Lavirotte, Guimard, Gaudí und Tiffany für den umfassenden Anspruch, Geschirr, Eßbestecke, Vasen, Teppiche, Tapeten, Möbel, Kleidungsstücke und Werbeplakate im Geiste des Jugendstils zu formen, bis hin zu architektonischen und städtebaulichen Konzeptionen wie den Metro-Eingängen in Paris, den Bürgerpalästen Hortas (Brüssel), Guimards (Paris), Gaudís (Barcelona) sowie den J.-Siedlungen von Behrens und Olbrich (Darmstadt). Das Bestreben war, alle Elemente des täglichen Lebens, »vom Sophakissen zum Städtebau« (Muthesius), ins einheitliche Dekor sich ergänzender Motive, Muster und Linienführungen einzubinden, um so den Status eines in sich stimmigen, organischen Ganzen sicherzustellen. Lebensreformerische Absichten sind dabei unverkennbar; es geht um die ästhetische, bis ins Kultische reichende Verklärung einer prosaisch gewordenen gesellschaftlichen Realität, um die im J. zentrale Vorstellung vom ›schönen Leben‹.

Das im J. allgegenwärtige Mittel zur Herstellung jenes organischen Ganzen ist das *Ornament,* die mitunter geometrische, zumeist aber vegetabile, weich schwingende Linienführung, deren Fluß die Einzeldinge harmonisch ineinanderfügen soll. Der J. konnte dabei an Darstellungsweisen anknüpfen, die in der zweiten Hälfte des 19. Jahrhunderts ausgebildet wurden. Formal gründet die Ornamentik des J.s in den antinaturalistischen Intentionen einer vom → Impressionismus sich lösenden Malerei, sichtbar in den flächigen, konturbetonten und durch monochrome Farbgebung expressiv gestalteten Figuren bei Gauguin, Bernard und Denis. Fast zur gleichen Zeit schufen die englischen Praeraffaeliten mit ihren hochstilisierten Frauenbildern (Rossetti: ›La Ghirlandata‹, 1873) bereits ein jugendstilhaft zu nennendes ikonographisches Muster: das Verschmelzen der weiblichen Gestalt und ihrer Attribute mit den Linien der Zweige, Ranken und Blüten zu einem vegetabilen Geflecht von vornehmlich ornamentalem Gepräge. Die gegen industrielle Massenfertigung gerichteten Versuche von Morris, durch Kunstgewerbe und Handarbeit den Gegenständen des Alltags die Aura des Ästhetischen zu retten, waren unmittelbare Vorformen des Traums vom ›schönen Leben‹. In der Malerei und der auch in Prosa und Drama zumeist lyrischen Dichtung des J.s setzte sich dann der *Primat des Ornaments* mit einer solchen Konsequenz durch, daß die Erfordernisse des Ornamentalen Auswahl und Arrangement der Bildinhalte zunehmend bestimmten. Es entstand jener mitunter stereotyp wirkende und seinerzeit oft belächelte Kanon an Bildformeln, der zum Markenzeichen aller J.-Kunst wurde: Wellenformen und Wellenlinien jeglicher Art, langstielige, dekorativ geschwungene Pflanzenmuster, Schwäne, Flamingos und andere Requisiten, die dem Duktus des Ornamentalen entgegenkommen. Dieser Formwille erstreckt sich auch auf die, zumeist weibliche, menschliche Gestalt: wogendes Frauenhaar, schlanke, biegsame Körperformen, der Fluß rhythmisch bewegter Gewänder und Schleier. Der menschliche Leib wird, angeregt durch die tänzerischen Posen von Isadora Duncan und Loïe Fuller, zur *Arabeske,* die sich als Salome oder als Serpentinetänzerin in den alles umschlingenden Reigen des Ornaments einfügt.

Die Verabsolutierung des Ornamentalen ist im J. kein Selbstzweck, sie gründet in lebensreformerischen Tendenzen, wie sie um 1900 u. a. von Behrens (»Feste des Lebens und der Kunst«) und Van de Velde (»Vom neuen Stil«) programmatisch formuliert wurden. Das Ornament vertritt den Anspruch auf eine organisch und harmonisch verfaßte Wirklichkeit, wo alles in einem einheitlichen, als monistisch gedachten Lebensstrom verwoben sein soll und die Menschen und Dinge sich in den Rhythmus des Ganzen einzuschwingen haben. Leben und Welt als ein Bereich steter Eurhythmie, der die emotionalen Impulse der Individuen mit der Bewegung eines harmonischen gesellschaftlichen Ganzen versöhnt. Daher das zuweilen stark pathetische Aufladen der Motive, Bilder und Ornamente mit seelischen Qualitäten, gemäß der Definition Van de Veldes: »Linien – übertragene Gebärden, offenkundige psychische Äußerungen.« Am Ende stand der Wunsch, auch die Bereiche der modernen industriellen Arbeitswelt, Fabrikhallen und Bürohäuser, müßten sich durch ästhetisches Arrangement im Geiste des ›schönen Lebens‹ formen lassen. Gerade hier wurde jedoch das Illusionäre eines solchen Anspruchs vollends offenbar. Die im künstlerischen Werk hervorgebrachte Harmonie des Ornamentalen war nicht als Muster und Vorbild für gesellschaftliche Versöhnung zu vereinnahmen. Die nur kunstimmanent zu leistende Stimmigkeit des jugendstilhaften Dekors mußte als lebensreformerisches Konzept scheitern angesichts einer modernen gesellschaftlichen Realität, deren Antagonismen und deren kalte, unpersönliche Rationalität zur gleichen Zeit u. a. von Simmel und Max Weber soziologisch erfaßt wurden.

Diese Konfliktlage erklärt das für den J. kennzeichnende und zunächst widersprüchlich anmutende Miteinander von lebensreformerischem Totalentwurf und gleichzeitiger Neigung, sich in sorgsam abgeschottete Innenräume, ins *Intérieur* zurückzuziehen, jene Tendenz, die auf der Formebene in einer ausgeprägten Kunst der Rahmengestaltung wiederkehrt. Da die gesellschaftliche Realität sich dem emotionalen Zugriff und dem Bedürfnis nach sinnlicher Harmonie mit der Außenwelt weitgehend verweigert, flüchtet man in Bezirke, wo sich noch die Illusion bewahren läßt, die Umwelt sei jener Raum der Versöhnung, der Resonanz bieten könne für die seelischen Impulse und die Gefühlsansprüche der Individuen. Eine prononcierte Wohnkultur, die erlesene, dekorative und ornamentale Ausgestaltung des eigenen Hauses, wird zum Ersatz für die dem ›schönen Leben‹ unzugängliche Außenwelt. Malerei und Dichtung greifen dies auf in einer Fülle von Intérieur-Motiven, den Boudoirs, Treibhäusern, Parks, entlegenen Gärten und Inseln, alle dargestellt als *künstliche Paradiese,* als vor der Realität geschützte ästhetische Enklaven. Es entstehen jene für den J. typischen Seelenräume, in denen die Innenwelt des Subjekts zum geheimnisvollen und symbolbefrachteten Traumbezirk gerinnt. Das J.-Intérieur ist der Versuch, einen emotional noch zugänglichen Raum zu schaffen, wo in der Zweisamkeit der Liebenden (Dehmel »Zwei Menschen«, 1903), im Wechselspiel sehnsüchtiger Gebärden und im tänzerischen Einklang Gleichempfindender die menschliche Kommunikation den Schein einer Intimität bewahrt, die außerhalb bereits chancenlos wurde. Doch gerade der J. bezeugt unfreiwillig, wie umfassend sich die unpersönlichen Strukturen der Gesellschaft, die man abzuwehren sucht, bereits durchgesetzt haben. Die extreme Künstlichkeit und die rigide Stilisierung der Realität laufen Gefahr, die ursprünglichen Intentionen des J.s ins Gegenteil zu verkehren. Im vermeintlich organischen Rhythmus der Linien und Gebärden, auch unter der Last der schmückenden Requisiten, droht das Lebendige seine Konkretion und Individualität einzubüßen, zumal selbst menschliche Attribute noch dem abstrahierenden Schema des Ornaments zu gehorchen haben. Die Bilder Klimts bestätigen dies ebenso wie das Unterreich in Georges »Algabal« (1892), ein ästhetizistisches Intérieur, in welchem Lebendiges zur kristallinen Schmuckwelt erstarrt. Der historische Sachgehalt des J.s liegt in der Paradoxie, daß der Versuch, dem Individuellen gegen die Abstraktionstendenzen moderner Gesellschaft Geltung zu verschaffen, nicht umhin konnte, eben jene Defekte in der eigenen Formen- und Bildersprache zu reproduzieren.

D. Sternberger: Jugendstil. Begriff und Physiognomie. In: Die Neue Rundschau 45 (1934). Wiederveröffentlicht in D. S.: Über Jugendstil und andere Essays. Hamburg 1956

F. Ahlers-Hestermann: Stilwende. Aufbruch der Jugend um 1900. Berlin 1941, ²1956

E. Klein: Jugendstil in deutscher Lyrik. Köln 1957

R. Schmutzler: Art Nouveau-Jugendstil. Stuttgart 1962, ²1977

H. Hofstätter: Geschichte der europäischen Jugendstilmalerei. Köln 1963

J. Hermand: Jugendstil. Ein Forschungsbericht 1918-1964. Stuttgart 1965

H. Fritz: Literarischer Jugendstil und Expressionismus. Zur Kunsttheorie, Dichtung und Wirkung Richard Dehmels. Stuttgart 1969

D. Jost: Literarischer Jugendstil. Stuttgart 1969, ²1980

E. Hajek: Literarischer Jugendstil. Studien zur Dichtung und Malerei um 1900. Düsseldorf 1971

J. Hermand (Hrsg.): Jugendstil. Wege der Forschung. Darmstadt 1971

H.-U. Simon: Sezessionismus. Kunstgewerbe in literarischer und bildender Kunst. Stuttgart 1976

J. Stenzl (Hrsg.): Art Nouveau, Jugendstil und Musik. Zürich/Freiburg 1980

P. Por: Das Bild in der Lyrik des Jugendstils. Frankfurt a. M./Bern 1983

H. Scheible: Literarischer Jugendstil in Wien: Eine Einführung. München/Zürich 1984

A. Pfabigan (Hrsg.): Ornament und Askese im Zeitgeist des Wien der Jahrhundertwende. Wien 1985

F. N. Mennemeier: Literatur der Jahrhundertwende, Bd. 2. Bern u. a. 1988

H. Eilert: Das Kunstzitat in der erzählenden Dichtung. Studien zur Literatur um 1900. Stuttgart 1991

Horst Fritz

Komödie

Mit der Dramatik der → Moderne, die in Deutschland – im Zeichen des internationalen → Naturalismus und → Symbolismus – dem → Theater des 20. Jahrhunderts um rund ein Jahrzehnt vorangeht, beginnt eine nachhaltige Umwertung und Umgestaltung der K. in allen ihren Formen. Dies zeigt sich deutlich, wenn man die beiden grundlegenden traditionellen Möglichkeiten im Auge behält, K. begrifflich zu bestimmen: entweder ausgehend von einem bestimmten Verständnis von Komik (man vergleiche etwa O. Rommels alte Polarität von Überlegenheits- und Unzulänglichkeitskomik oder die im Anschluß an Hegel gängigen Bestimmungen des Komischen als des gesellschaftlich Überlebten) oder zurückgehend auf die klassische Gattungspolarität von K. und → Tragödie (zu nennen wäre z. B. die ›aristotelische‹ Bestimmung der Komödie von E. Olson als »an imitation of valueless action [...] effecting a catastasis [Entspannung] of concern through the absurd«).

Im 20. Jahrhundert findet zum einen eine radikale Um- und Aufwertung aller Formen von Komik statt, zum anderen wird immer erneut und mit anderen Gründen der »Tod der Tragödie« (G. Steiner 1961) verkündet – zwei Indizien, die die Veränderung im gattungsgeschichtlichen Bezugssystem wie im ganzen der Theaterentwicklung anzeigen. In der zweiten Hälfte des 19. Jahrhunderts besteht ein scharfer Widerspruch zwischen der theoretischen – und im offiziellen Normensystem gegebenen – Abwertung der K. und ihrer realen theater- und repertoiregeschichtlichen Dominanz. Freytags »Technik des Dramas« (1863) als das repräsentative normsetzende Werk ist ein Lehrbuch der Tragödie und verkörpert konzeptuell die Gegenposition zu Schillers ästhetischer Höherschätzung der K.

Die Tatsache, daß es im deutschen Sprachgebiet – aufgrund des Fehlens eines nationalen Zentrums, hinreichender politischer Stabilität und damit allgemeinverbindlicher sozialer Verhaltensweisen – nie zur Ausbildung einer langen, kontinuierlichen Tradition der literarischen K. gekommen ist, bildet offensichtlich die Urteilsbasis, dergegenüber die ›Einzelmuster‹ der literarischen K. von Lessing bis Kleist und Brentano um so weniger ins Gewicht fallen, als sie keinen einheitlichen Komiktypus repräsentieren und insgesamt eine Tendenz zur ›ernsten Komödie‹ (Arntzen) aufweisen. Die Ansätze des 19. Jahrhunderts vom romantischen Lustspiel bis zur historischen K. der Jungdeutschen und der aristophanischen K. der Vormärzler setzen sich nicht durch, die besondere Possentradition der Wiener und der Berliner Vorstadtbühnen kann sich aufs Ganze gesehen gegen den Ansturm anderer Formen, vor allem der Operette, nicht halten.

Um so schroffer ist die Abwertung aller jener Varianten der K., die an der überwiegenden Mehrzahl der deutschen Bühnen – abgesehen von den wenigen staatlichen und kommunal subventionierten Häusern des Bildungs- und Repräsentationstheaters – durchaus repertoirebestimmend sind, zu schweigen von den zahllosen Vereins- und Dilettantenbühnen, die mit zum Bild der Theaterkultur des 19. Jahrhunderts gehören. Von der Konversationskomödie bis zum Schwank, vom Vaudeville bis zur Thesenkomödie, von der Posse bis zur Farce verfallen sie ästhetischer und literarischer Mißachtung, wobei vielfach ein kulturchauvinistisches Abwertungsklischee hinzukommt, das sich auf die Herkunft einer Vielzahl von Stücken und Genres aus der Tradition des französischen Boulevard bezieht. Bezeichnenderweise gibt es in Deutschland keinen auch nur annähernd ranggleichen, theoretisch wie kritisch gleichermaßen ausgewiesenen Anwalt des Unterhaltungstheaters wie in Frankreich Sarcey. Wenn sich diese Diskrepanz zwischen ästhetischer Wertung und repertoiregeschichtlicher Bedeutung der K. im 20. Jahrhundert auflöst, so aus einer Reihe von Gründen, die mit der sich ändernden sozialgeschichtlichen Stellung der Theater, dem Verhältnis von Bühne und Literatur sowie mit der geistesgeschichtlichen Auflösung fester Normensysteme, schließlich mit der Revolution der Ästhetik in allen Bereichen zu tun haben. Die Bedeutung vor allem des kommerziellen Theatersektors als eines Garanten des in der Massengesellschaft erwünschten täglichen Unterhaltungsangebots geht ab 1900 kontinuierlich, in gewissen Dekaden rapide zurück zugunsten der neuen Unterhaltungsmedien Stumm- später Tonfilm, Rundfunk und Fernsehen. Damit wird, gattungsgeschichtlich gesehen, für den gesamten Komödiensektor des Theaters eine neue ›Anordnung‹ unvermeidlich, zumal sich das Theater im deutschsprachigen Raum, vor allem dank der Erweiterung und Konsolidierung des subventionierten Theaterbereichs, gegenüber dem weiteren rasanten Vordringen der Unterhaltungsindustrie, aufs Ganze gesehen, stärker der Seite der ›gehobenen‹, d. h. der ästhetisch anspruchsvolleren Seite zuschlägt. Analog zu diesen Verschiebungen geht die Bedeutung des dilettantischen, semiprofessionellen Theaterspielens in den Gesellschaftsbereichen der Vereine, Parteien etc., und – insgesamt betrachtet – auch im Schulbereich gegenüber dem 19. Jahrhundert zurück; gegenläufige Tendenzen, etwa in den zwanziger Jahren, führen nicht zum früheren Status zurück. Damit schrumpfen die Bereiche, in denen die K. als unterhaltendes Dilettantentheater stets tonangebend gewesen ist.

Hinzu kommt, in primär theoretischen Horizonten, die Neubewertung aller Phänomene von Komik, von den sprachlichen Formen von Humor und Ironie bis zur komischen oder grotesken Körperbewegung, die aller Abwertung des komischen Theaters als ›unverbindlicher Belustigung‹ entgegenwirken. Die Ansätze dazu finden sich auf allgemein philosophisch-ästhetischer Ebene (Bergson) genauso wie auf anthropologischer (Plessner) oder psychologischer (Freud). Dem entspricht die Wiederentdeckung des Lachens als genuiner Ausdrucksmöglichkeit menschlicher Befindlichkeit und anthropologischer Grenzwerte, als Ausdruck psychischer Dynamik und seelischer Entlastung, zumal in existentieller Grenzsituation, als Medium satirischer Distanzierung wie subversiver Solidarisierung gegen gesellschaftliche Übermacht, veraltete Lebensformen und Herrschaftsverhältnisse.

Im eigentlichen theatralen Bereich gehen diesen Impulsen Entwicklungen parallel, die – teils systematisch experimentell erprobt – einer Wiederentdeckung des *Mimus* in der ganzen Vielfalt seiner theatergeschichtlichen Erscheinungsformen gleichkommt (→ Theater): die Komik des Körperausdrucks, der Bewegung, der Gestik, der Mimik wird in allen möglichen Stilisierungsformen weiterentwickelt; die Komik der theatralen Kunstfiguren, wie sie von der Commedia dell'arte bis zur klassischen Vormärzposse, von den Zirkusgestalten bis zu den Varieté- und Tingeltangel-Komikern überliefert ist, wird erneut gewürdigt; dies gilt auch im Hinblick auf ihre dramaturgischen Funktionen als Spielmacher und als Vermittler zum Publikum hin. Nicht zuletzt kommt die Komik der eigentlichen Figurentheater, der Marionetten, der Puppen und der Schatten hinzu – und in all jenen Bereichen tritt zugleich das ästhetische Prinzip der Deformation, d. h. des Grotesken und des Burlesken, bis hin zum Absurden wieder in den Gesichtskreis. Die Bürgschaft dafür, daß all jenen Formen moderne Wirkungsmöglichkeiten abzugewinnen sind, leistet die Slapstick-Komik der Stummfilmzeit und ihrer Protagonisten, die aus der Synthese von elementaren Komikphänomenen und technisch-ästhetischer Raffinesse des modernen Mediums hervorgeht. Dies sind zunächst außer- und a-literarische Phänomene, die jedoch auf die Geschichte der literarischen Form K. in entscheidender Weise einwirken. So gesehen ist die Aufwertung der K. in all ihren Erscheinungsmöglichkeiten als Teil jener Theater-Erneuerungsbewegung zu verstehen, die seit Jahrhundertbeginn in immer neuen Schüben gegen ein primär literarisch und dramenästhetisch begründetes Theaterverständnis zu Felde zieht.

Von der anderen Seite, d. h. von seiten der Literarästhetik und der Dramenentwicklung kommt dem freilich entgegen, daß sich die alte Polarität von K. und Tragödie, die bereits einmal im 18. Jahrhundert durch eine erste Entfaltung von Mischformen – von der comédie larmoyante bis zum bürgerlichen Trauerspiel und zum sogenannten genre sérieux – untergraben worden ist, im 20. Jahrhundert nicht mehr aufrechterhalten läßt. Zunächst wird der Begriff Tragik an sich fragwürdig; weder das moderne naturwissenschaftliche Weltbild noch die moderne Soziologie oder Psychologie lassen einen konsistenten Begriff von Tragik zu, und die allgemeine geistesgeschichtliche Auflösung der vormals bestimmenden religiösen und metaphysischen Weltdeutungssysteme, nicht zuletzt die Entfaltung des allgemeinen Lebensgefühls im 20. Jahrhundert, setzt dem Verständnis von Tragik entscheidende Grenzen (→ Tragödie). Doch zeigt sich auch auf der Seite der K. die Krise darin, daß es im 20. Jahrhundert immer schwieriger wird, auf jene die Komödienform vormals konstituierenden heiteren Lösungen zur Bewältigung der Konflikte zurückzukommen. Die satirisch-aggressiven Varianten der K. stehen bei weitem im Vordergrund, die heiteren Schlüsse werden ironisch verkehrt oder in offene Scheinschlüsse umgewandelt, wenn nicht die Gelöstheit des Komödienspiels insgesamt in schwarze Komik und → Groteske umschlägt. Mit dieser doppelten Aufweichung gattungskonstitutiver Normen wird indessen die Polarität Komödie – Tragödie und damit auch der Komödienbegriff selbst fragwürdig. Doch zeigt die historische Entwicklung, daß die auf den ersten Blick als Mischform erscheinenden Genres vielfach eine direkte Fortsetzung von Entwicklungen innerhalb des Komödienbereiches darstellen und daß sich andere, neue Bereiche als Transformationen alter Komödienbestände verstehen lassen. Wenn im Zuge dieser Umsetzung auch wiederum Formenbestände aus Kabarett, Revue und Musical in die Entwicklung einmünden, so realisiert sich darin das Gesetz des Jahrhunderts, das keine festgelegten oder festlegbaren Grenzziehungen mehr duldet. Das Gattungsspektrum der K. weist sinngemäß drei Bereiche auf, in denen Grundtendenzen umschreibbar sind: die Ausdifferenzierung vorhandener Spielräume bis zu nicht mehr überschreitbaren Grenzwerten, zum zweiten die fundamentale Umwandlung, die zu neuen Gattungsmodellen jenseits der Polarität von K. und Tragödie führt, schließlich die prägnanten Versuche, der K. bei äußerer Erhaltung ihrer Charakteristika die ehemalige Gegengröße, das Tragische, einzuverleiben.

Die Auffächerung der Gattungspalette erreicht schon in den ersten Jahrzehnten des Jahrhunderts ihre maximale Differenzierung. Der Erneuerung der Charakterkomödie, die im Zeichen des Naturalismus sozial und psychologisch unterlegt wird (Hauptmann, »Der Biberpelz«, 1893; »Schluck und Jau«, 1900) und der Wiederbelebung der literarischen Satire (Holz, »Die Sozialaristokraten«, 1896) tritt in Schnitzlers Werken das vielseitigste Corpus von Komödienformen an die Seite, das von der kleinformatigen Causerie (»Anatol«, 1893) bis zur vielaktiken Problemkomödie (»Professor Bernhardi«, 1912), von der Marionettenburleske (»Zum großen Wurstel«, 1904) bis zur vertieften ›comédie de moeurs‹ (»Zwischenspiel«, 1905) reicht und überdies auch jene Übergangsformen aufweist, für die, international gesehen, das Werk Čechovs die Maßstäbe gesetzt hat. Der vom internationalen → Symbolismus sich herleitende Umschlag von

Tiefsinn in Widersinn, via negationis und via deformationis, führt zur Regeneration von Farce und Groteske (Jarry, »Ubu Roi«, 1896), deren weitere Wirkungsgeschichte zum → Surrealismus und zum → absurden Theater führt. Die moderne Form der Groteskkomödie erreicht mit der großformatigen Farce von Crommelynck und de Ghelderode, bei bezeichnenden Untertiteln wie ›vaudeville attristant‹, ihre ästhetisch nicht mehr überbietbaren Grenzwerte.

Weitere Impulse zur Auffächerung und Erneuerung gehen vom → Theater aus, in erster Linie von Max Reinhardt, der nicht nur den Graben zwischen literarischer und angeblich trivialer Unterhaltungsdramatik durch die Wiederbelebung der klassischen Wiener Posse und die Aufnahme der Pariser und Wiener Operette in sein Erneuerungsprogramm zu schließen sucht, sondern mit einer programmatischen Molière-Renaissance wichtige Impulse gibt für die Komödie Hofmannsthals (»Cristinas Heimreise«, 1910) und Sternheims – der beiden ›Hausautoren‹ der Reinhardtschen Bühnen. Sternheims Zyklus »Aus dem bürgerlichen Heldenleben« stellt ohne Zweifel den wichtigsten Beitrag zur deutschen Komödie des neuen Jahrhunderts dar. Mit Reinhardts Durchsetzung der Shawschen Komödien kommt die wichtigste prä-epische Gestalt eines modern-intellektuellen Lehrtheaters ins Repertoire. Mit der ›Komödie für Musik‹ (»Der Rosenkavalier«, 1911; »Ariadne auf Naxos«, 1912), die ebenfalls im Zeichen Reinhardts entsteht (Hofmannsthal/Strauss) wird der gattungstypologische Übergang zum Musiktheater vollzogen.

Wenn sich trotz der innovativen Streubreite auf längere Sicht in Deutschland keine Kontinuität literarischer Komödientradition herausbildet, die der französischen Entwicklung durch Anouilh und Giraudoux, mit surrealer Akzentuierung von Vitrac bis zu Audiberti, oder der Entwicklung im angloamerikanischen Raum von Eliot bis zu Fry und Wilder, mit stärker unterhaltendem Einschlag bei Maugham und Coward entspräche, so ist dafür unter anderem in Rechnung zu stellen, daß die grundlegenden gattungstypologischen Transformationen rasch an Boden gewinnen. An erster Stelle ist hier das kritische Volksstück der Weimarer Republik zu nennen, das seine Wurzeln im lokalen Schwank und in der Komödie (Zuckmayer, »Der fröhliche Weinberg«, 1925; »Der Hauptmann von Köpenick«, 1931) keineswegs verleugnet, aber rasch den Übergang zu jenen Formen vollzieht, in denen die falschen Happy-Ends und die durchgehende Enthüllung der Sprach- und Verhaltensstereotypen bis hin zum unter Umständen bitteren Ende (Horváth, »Geschichten aus dem Wiener Wald«, 1931; »Kasimir und Karoline«, 1932) einen neuen dramatischen Typus konstituieren.

Analoges gilt für die Transformation zum → ›epischen Theater‹, die sich im Werk Brechts beobachten läßt. Nachdem er in seinen Anfängen die Tragweite von Schwank und Burleske in seinen Einaktern erprobt und mit »Trommeln in der Nacht« (1919) eine mit anti-illusionistischen Effekten durchsetzte nachexpressionistische Komödie entworfen hat, vollzieht er mit »Mann ist Mann« (1926) die Umwandlung der Komödientradition zum epischen Lehrtheater. Diese ist möglich, weil sich die K. in allen Epochen ihrer Geschichte mehr oder weniger jener Wirkungsmöglichkeiten bedient hat, die Brecht systematisierend Verfremdungseffekte nannte. Die K. hat sich daher nie mit der Ausschließlichkeit des tragischen Theaters auf die vollkommene Bühnenillusion eingelassen, vielmehr stets illusionsbrechende, didaktische und appellative Momente bewahrt. Daß sich gleichzeitig erneut der typologische Übergang zum Musiktheater ergibt (»Dreigroschenoper«, 1928; »Mahagonny«, 1930), belegt den genetischen Zusammenhang zwischen K. und epischem Theater. In Brechts späterem ›dialektischem‹ Theater ist die gattungsgeschichtliche Kompatibilität, etwa in »Herr Puntila und sein Knecht Matti« (1940), immer noch wahrnehmbar. Eine dezidierte Rückwendung zur Komödie steht in Brechts letzten Lebensjahren zur Debatte (Gespräch mit Strehler, »Katzgraben«-Notate, »Hofmeister«-Bearbeitung). Die später daran anschließende erneute Aufwertung der K. in der DDR – sie gilt einer sich sozialistisch verstehenden Gesellschaft als die angemessene optimistische Form – ist zunächst durch enge Bindung an Realismus-Postulat und Parteilichkeitsforderung belastet; erst mit Hacks, der die Spannung zwischen den kritischen und den utopischen Momenten verschärft, ist die Brisanz der alten gattungsgeschichtlichen Muster wieder erreicht.

Diesen Restitutionsversuchen der K. treten andere an die Seite, die sich als dezidierte Gegenentwürfe zum epischen Theater verstehen und deren gattungstypologischer Anspruch darin besteht, die in jenem ausgeschlossene Tragik in modifizierter Gestalt zurückzugewinnen und zu integrieren (→ Tragödie). Die Mittel der anachronistischen → Verfremdung (»Romulus der Große«) und der grotesken Deformation werden beherrschend, so vor allem bei Dürrenmatt, der einer Zeit, welcher nach seinen Worten »nur noch die Komödie« beikommt, mit »Der Besuch der alten Dame« (1955) auch das gattungsspezifische Muster bereitgestellt hat: »Schien [...] bislang die Geschichte des deutschen Lustspiels fast nur als Tragikkomödie realisierbar, so scheint jetzt die ›tragische Komödie‹ einzige Zuflucht des Tragischen zu sein« (Hinck, 1977). Die K., die in den langen Jahrhunderten ihrer Geschichte sich immer wieder als Genre des mündigen, sich selbst und die Welt nach Vernunftmaßstäben beherrschenden Menschen präsentierte und dazu die vielversprechenden utopischen Ausblicke bot, muß sich nach den Erfahrungen des 20. Jahrhunderts die gattungsgeschichtliche Umgestaltung gefallen lassen, aufgrund derer sie statt der bestmöglichen nun auch die ›schlimmstmögliche‹ Wendung (Dürrenmatt) der Dinge vor Augen bringen kann.

Dieser gattungsgeschichtlichen Paradoxie tritt im Bereich einer freilich primär a-literarischen Komik das Groteskspiel Dario Fo's an die Seite.

Auf der Basis einer ungebrochenen Populartradition von Unterhaltungs- und Schwanktheater und unter Nutzung aller denkbaren Elemente von Komik und K. aller Zeiten erneuert Fo den Anspruch, die subversive Dynamik des Lachens zu entbinden und damit das uralte, aristophanische Versprechen der K. auf universale Kritik, universale Unterhaltung, universale Utopie einzulösen, freilich unter geschichtlichen Bedingungen, die die Rundung zur literarischen Form nicht mehr zulassen. Wie schon in früheren Epochen scheint eine stilistisch-subversive Komik (Bachtin) der literarischen K. den Rang abzulaufen. Aber vielleicht bleibt gerade in der Grotesk-Improvisation auch ein Moment jener stets vermißten aristotelischen Poetik der K. gewahrt, die, will man der Fiktion Ecos folgen (»Il nome della rosa«, 1980), einmal vernichtet worden ist, weil ihre allen absoluten Ideologien und politischen Systemen gefährliche Brisanz untragbar schien.

N. Frye: Der Mythos des Frühlings: Komödie. In ders.: Analyse der Literaturkritik. Stuttgart 1964

W. Corrigan (Ed.): Comedy. Meaning and Form. San Francisco 1965

E. Catholy: Komische Figur und dramatische Wirklichkeit. Ein Versuch zur Typologie des Dramas. In: Festschrift für H. de Boor. Tübingen 1966

E. Olson: The Theory of Comedy. Bloomington/London 1968

H. Steffen: Das deutsche Lustspiel. Göttingen 1968/1969

H. Arntzen: Komödie und episches Theater. In ders.: Literatur im Zeitalter der Information. Frankfurt a. M. 1971

P. Haida: Komödie um 1900. München 1973

R. Grimm/K. L. Berghan (Hrsg.): Wesen und Formen des Komischen im Drama. Darmstadt 1975

R. Warning: Das Komische. Hrsg. von W. Preisendanz u. R. Warning. In: Poetik und Hermeneutik VII. München 1976

W. Paulsen (Hrsg.): Die deutsche Komödie im 20. Jahrhundert. Heidelberg 1976

W. Hinck (Hrsg.): Die deutsche Komödie. Vom Mittelalter bis zur Gegenwart. Düsseldorf 1977

V. Klotz: Bürgerliches Lachtheater. Komödie, Posse, Schwank, Operette. München 1980

R. Grimm/W. Hinck: Zwischen Satire und Utopie. Zur Komiktheorie und zur Geschichte der europäischen Komödie. Frankfurt a. M. 1982

W. Trautwein: Komödientheorien und Komödie. Einordnungsversuch. In: Jahrbuch der deutschen Schillergesellschaft 27 (1983)

W. Freund (Hrsg.): Deutsche Komödien. Vom Barock bis zur Gegenwart. München 1988

H. Arntzen: Komödiensprache. Beiträge zum deutschen Lustspiel zwischen dem 17. und dem 20. Jahrhundert. Münster 1988

Hans-Peter Bayerdörfer

Konkrete Literatur

Das Gesicht der k. L. ist so international wie uneinheitlich. Nicht nur in zahlreichen Nationalliteraturen, auch in divergierenden politischen Systemen begegnet sie nominell seit Mitte der fünfziger Jahre in unterschiedlichen visuellen und/oder akustischen Ausformungen mit z. T. konträren Intentionen. Die Reduktion im Text auf das Material der Sprache (Wort, Silbe, Buchstabe) beruht auf einem gleichsam asemantischen Gebrauch von Formmitteln, die erst in einem zumeist visuell wirkenden Zusammenhang Bedeutung gewinnen. (In gewisser Hinsicht vergleichbare Praktiken gab es z. B. bereits in den Bildgedichten der Barockzeit.) Sie kann affirmativen Charakter, aber auch die Funktion sprachlichen Querstellens haben. Weder die Fülle der die k. L. begleitenden Manifeste noch zahlreiche Erklärungsversuche von außen haben bisher über kleinere gemeinsame Nenner hinaus Eindeutigkeit schaffen können. Zwar lassen sich philosophische (z. B. Bense) von linguistischen (z. B. S. Schmidt) Erklärungsversuchen trennen, finden sich Abgrenzungen gegenüber konkreter Kunst und konkreter Musik, doch sind dies allenfalls mögliche idealtypische Annäherungen an eine Literatur, deren Zugang durch unterschiedliche Schrift- und Lautsysteme und vor allem dadurch erschwert wird, daß die k. L. fluktuierender Bestandteil der grenzüberschreitenden Literatur- und Kunstentwicklung des 20. Jahrhunderts ist.

Wenn Anthologisierung und museale Präsentation das Ende einer künstlerischen Tendenz oder Bewegung signalisieren, hätte die k. L. mit den internationalen Anthologien von Williams (New York, Villefranche, Frankfurt, Stuttgart) und Bann (London; beide 1967), von Solt (New York, 1968) und der Ausstellung »Poesia concreta« (Biennale Venedig, 1969) ihren Höhepunkt deutlich überschritten. Die folgenden großen Ausstellungen in Zürich (»text buchstabe bild«, 1970) vermeiden entweder das Etikett ›konkret‹ oder versehen es, wie die wohl umfassendste (und zugleich Wander-Ausstellung des Stedelijk-Museums (Amsterdam; ferner: Antwerpen, Stuttgart, Nürnberg, Liverpool, Oxford, 1970 ff.)), mit deutlichem Fragezeichen: »klankteksten /? konkrete poezie / visuelle teksten«. Etwa gleichzeitig mit diesen Ausstellungen beginnt auch die Literaturwissenschaft (Solt, Wagenknecht, Döhl u. a.), sich dem Phänomen k. L. zu nähern. Daneben setzt sich die Präsentation in Anthologien (u. a. S. Schmidt, Gomringer) fort, tauscht dabei zunehmend das

Etikett konkret gegen das Etikett visuell ein und veranstaltet unter dieser Firmierung bis in die jüngste Zeit umfassende Ausstellungen (»Visuelle Poesie«, Saarbrücken 1984, zusammen mit dem Fernsehen; »- auf ein Wort! Aspekte visueller Poesie und Musik«, Mainz 1987). Verantwortlich für die letzte Ausstellung zeichnet Mahlow, der bereits 1963 mit der Ausstellung »Schrift und Bild« (Amsterdam/Baden-Baden) den kulturgeschichtlich größeren Rahmen spannte, jetzt aber ausdrücklich die Musik miteinschließt.

Ähnlich offen stellen sich die Anfänge dar. In der Reihe der als konkret ausgewiesenen Kunstarten begegnet nach der »Art concret« (van Doesburg, 1930) und der »Musique concrète« (Schaeffer, 1948) die k. L. nominell erstmals 1953 in Öyvind Fahlströms »Manifest för konkret poesie«, »Hätila ragulpr på fåtskliaben«. Rekurriert dieses Manifest über das vorangestellte Motto – »An die Stelle der längst erschöpften Psychologie des Menschen muß DIE LYRISCHE BESESSENHEIT DER MATERIE treten« – auf das »Manifesto tecnico della letteratura futurista« (1912), die »Parole in libertà« (1913) Marinettis (→ Futurismus), bezieht sich Gomringer in seinem ersten Manifest (»vom vers zur konstellation«, 1954) über das Motto – »rien n'aura lieu / excepté / peut-être / un constellation« – auf Mallarmés »Un coup de dés« (1897, endgültige Fassung 1914). Bereits 1951 hatte Arp für Kandinsky rückblickend festgehalten, er sei in der Zeit, »da die abstrakte Kunst sich in die konkrete Kunst zu verwandeln begann, [...] der erste« gewesen, »der es bewußt unternahm, solche Bilder zu malen und entsprechende Gedichte zu schreiben«. Doch reklamierte Arp auch für sich, Ball (»Verse ohne Worte«) und Tzara, »zur Klärung des konkreten Gedichts beigetragen« zu haben, sah speziell in seiner »wolkenpumpe« (1920) »zum größten Teil konkrete Gedichte«.

Obwohl Gomringer, der 1954-58 Sekretär Bills an der Ulmer »Hochschule für Gestaltung« war und Beziehungen zur brasilianischen Noigandres-Gruppe unterhielt, zunächst ausschließlich von »konstellation« und »gedichttechnik« (1955) und erstmals 1956 von »konkreter dichtung« spricht, hat sich diese Linie vor allem im deutschsprachigen Raum durchsetzen können. Heißenbüttel ist noch 1966 davon überzeugt, daß »der Begriff einer konkreten Poesie [...] gebildet« wurde »in Analogie zur bildenden Kunst, vor allem zur Malerei. Dort löste er sich ab aus den theoretischen Vorstellungen Mondrians, der Stijl-Gruppe und Kandinskys«. Einer solchen Auffassung widerspricht der Wortgebrauch Fahlströms, unter den sich die skandinavischen Beiträger, in England vor allem Cobbing, aber auch deutschsprachige Autoren wie Jandl und die noch dem Lettrismus verpflichteten Franzosen Chopin, Dufrêne und Heidsieck subsumieren lassen. Fahlström veranschaulicht das »fundamentale konkrete Prinzip« an einem »Schlüsselerlebnis« Schaeffers und folgert, daß das, »was ich literarische Konkretion nenne, ebenso wenig wie die musikalische Konkretion und die Nonfiguration der bildenden Kunst einen Stil hat – teils ist es für den Leser eine Möglichkeit, Wortkunst zu erleben, in erster Linie Poesie – teils für den Poeten eine Befreiung, eine Erlaubniserklärung allen sprachlichen Materials und aller Mittel, es zu bearbeiten.« Dabei ist der – nach Fahlström »mehr im Anschluß an konkrete Musik als an Bildkonkretismus« – »konkret arbeitende Dichter natürlich mit den Formalisten und Sprachknetern aller Zeiten, mit den Griechen, mit Rabelais, Getrude Stein, Schwitters, Artaud und vielen anderen verwandt«. Daß und in welchem Umfang sich auch diese (gemessen an Gomringer radikalere) Auffassung durchsetzen konnte, belegen die schon genannten Autoren, das zeitweilig jährlich stattfindende »text-sound-festival« der vom Rundfunk unterstützten Stockholmer Fylkingen-Gruppe mit internationaler Besetzung und Plattenproduktion (seit 1965), vor allem der »Fylkingen Catalogue of Text-Sound-Compositions« (1969) mit zahlreichen Einträgen schon aus den fünfziger Jahren.

Mit Fahlströms und Gomringers Manifesten, ihren durchaus unterscheidbaren Rückbezügen waren einer k. L. von Anfang an die Weichen unterschiedlich gestellt. So ist es kein Wunder, daß sich einerseits in der Folgezeit die Begriffe konkret und visuell bis zur Synonymisierung annähern, konkrete und akustische Literatur also geschieden bleiben, während sich auf der anderen Seite eine k. L. akustischer Provenienz durchaus entwickeln konnte, das Epitheton konkret jedoch bald vermeidet, bis sie unter speziellen Ausformungen im Umfeld des Neuen → Hörspiels eine eigene Rolle zu spielen beginnt (»Autoren der konkreten Poesie« ist 1971 z. B. eine Sendereihe des WDR mit Beispielen Benses, Mons, Heißenbüttels, Rühms, Jandls/Mayröckers, Kriwets, Pastiors überschrieben). Bezeichnenderweise wendet sich Heißenbüttel, der den Begriff k. L. zunächst »in Analogie zur bildenden Kunst, vor allem zur Malerei« verstand, mit Einsatz seiner »Projekte« (1970 ff.) immer stärker der (akustischen) Collage und → Montage zu, »der Verwendung von vorgefertigten Sprachteilen, der großräumigen Rhythmik und vor allem dem Versuch, in den linearen Textablauf multiple Stimmführungen einzubauen« (»Anmerkungen zur konkreten Poesie«, 1970).

Was Heißenbüttel damit für die akustische Collage/Montage als konkreten Großtext festhält, läßt sich, im Übergang zur bildenden Kunst und hier durchaus in Opposition zum Verständnis Gomringers, bei Autoren beobachten, die – im Rückgriff auf R. Hausmann, vor allem auf Schwitters –, Entpsychologisierung und Sprachreduktion mit Möglichkeiten der bildnerischen Collage verbinden (Kolář; in der BRD u. a. Mon). Sie bestimmen denn auch international zunehmend mit ihren Beiträgen das Gesicht der einschlägigen Ausstellungen. Sowohl mit Grenzüberschreitung ins Bildnerische wie in der Ausweitung ins Musikalische (vgl. die Beiträge 1985 der Kölner »1. Acustica International« und 1987 zur Kasseler »Documenta«) haben sich also Tendenzen der k. L. als anregend und durchaus fruchtbar erwiesen. Wo sie sich dagegen zu speziellen Einzelmethoden und -techniken verengte, war k. L. Ende der sechziger Jahre weitgehend abgeschlossen. Ihre Verwertbarkeit für Werbegrafik und -design erwies sich als Sackgasse. Vor allem Gomringers »konstellationen«, aber auch Benses Vorstellung, daß »in dem maße, wie zivilisation [...] auf perfektion aus sein« müsse, »um zu überleben, [...] poesie heute in richtung einer perfektionierten künstlichen poesie« tendiere (mit der Konsequenz z. B. einer Computer-Literatur), sind heute Literaturgeschichte, »eine letzte Phase der Formgeschichte der Poesie, unfruchtbar oder fruchtbar doch nur im eigenen Gebiet: der poetischen Erkundung sprachlicher Sachverhalte« (Wagenknecht 1968). Wo sie sich dagegen querstellte, im Ideogramm der Noigandres ebenso wie in tschechischen Beiträgen (Grögerova, Hiršal), in der japanischen Asa-Gruppe oder bei Jandl, Mon u. a., blieb k. L., vor allem durch ihre Grenzüberschreitungen zur Musik und bildenden Kunst, ein immer noch aktueller Versuch sprachlicher und metasprachlicher Welterkundung und -orientierung.

Die bis 1980 erschienene Forschungsliteratur (einschl. Katalogen und Anthologien) erfassen R. Döhl: Konkrete Literatur. In: M. Durzak (Hrsg.): Die deutsche Literatur der Gegenwart. Stuttgart 1971. Ergänzend dazu H. G. Hermann: Bibliographischer Nachtrag 1980. In: M. Durzak (Hrsg.): Deutsche Gegenwartsliteratur. Stuttgart 1981

*S. Barni:*Sulla poesia concreta tedesca. In: Studi Germanici 16 (1978)

G. Stieg: Konkrete Poesie. In: J. Hermand (Hrsg.): Literatur nach 1945, II. Themen und Genres. Wiesbaden 1979

M. Beetz: In der Rolle des Betrachters. Zur Aktivierung und Sensibilisierung des Lesers in der visuell-konkreten Poesie. In: Jahrbuch der Deutschen Schillergesellschaft 24 (1980)

R. Nägele: Die Arbeit des Textes: Notizen zur experimentellen Literatur. In: P. M. Lützeler und E. Schwarz (Hrsg.): Deutsche Literatur in der Bundesrepublik seit 1965. Königstein/Ts 1980

Th. Kopfermann: Konkrete Poesie – Fundamentalpoetik und Textpraxis einer Neo-Avantgarde. Frankfurt a. M./Bern 1981

S. J. Schmidt: Das Phänomen Konkrete Dichtung. In ders.: Lyrik von allen Seiten. Frankfurt a. M. 1981

S. J. Schmidt: Perspectives on the development of post-concrete poetry. In: Poetics today, 3 (1982) H. 3

K. P. Dencker: Visuelle Poesie. Saarbrücken 1984

G. Rückert: Experimentelle Lyrik – Konkrete Poesie. In: G. Köpf (Hrsg.): Neun Kapitel Lyrik. Paderborn/München/Wien/Zürich 1984

H. Kamimura (Hrsg.): Aktuelle konkrete und visuelle Poesie aus Japan. Siegen 1986

Th. Kellein: Konkrete Poesie. In ders.: »Fröhliche Wissenschaft«. Das Archiv Sohm. Stuttgart 1986/87

B. Garbe (Hrsg.): Konkrete Poesie, Linguistik und Sprachunterricht. Hildesheim/Zürich/New York 1987

R. Döhl: Von der Alphabetisierung der Kunst. Zur Vorgeschichte der konkreten und visuellen Poesie in Deutschland. In: Zeichen für Zeichen für Zeichen. Festschrift für Max Bense. Baden Baden 1990

Reinhard Döhl

Kurzgeschichte

Das Wort K. wurde gegen Ende des 19. Jahrhunderts als Lehnübersetzung der amerikanischen Gattungsbezeichnung *Short Story* geprägt, setzte sich in den zwanziger Jahren und dreißiger Jahren gegenüber konkurrierenden Bezeichnungen wie *kurze Geschichte, Skizze* und *Novelette* durch und erreichte nach 1945 unter dem Einfluß der modernen amerikanischen Short Story große Verbreitung. In den Nachkriegsjahren war eine Zeitlang statt K. auch die englische Benennung *Story* in Mode (Marx 1985: 1).

Ein terminologisches Problem liegt darin, daß sich die Begriffe K. und Short Story nicht decken. Der deutsche Begriff hat eine engere, der amerikanische eine weitere Bedeutung. Ein zu starkes Insistieren auf der Eigenständigkeit der K. und ihrer Differenz von der Short Story würde die K. allerdings von ihrem historischen und internationalen Kontext ablösen. Die Entstehung einer neuen, stark verdichteten, ausdrucks- und wirkungsintensiven Form der erzählenden Kurzprosa ist eine der Erscheinungen, die zum Übergang zur → Moderne in der europäischen und amerikanischen Literatur gehören (Amerika: u. a. Poe, Harte, Bierce, Crane; England und Irland: Conrad, Joyce, Mansfield; Frankreich: Maupassant; Rußland: Turgenjev, Čechov).

Daß Wort und Begriff K. sich im deutschen Sprachraum im Vergleich zur angelsächsischen Entsprechung mit Verzug durchsetzten, erklärt sich z. T. aus der Dominanz der Novelle in der deutschen Kleinepik und Erzähltheorie des 19. und frühen 20. Jahrhunderts. Wie eng verwandt Short Story und K. sind, erkennt man daran, daß alle Kurzgeschichten unter dem Begriff Short Story subsumiert werden können, der weiter ist als der der K. und Vorformen wie die *Skizze (sketch)* und *Erzählung (tale)* und längere – gelegentlich *long short stories* genannte – Formen wie die Novelle und den Kurzroman (*short novel*) mit einschließt. Da sich die Theorie der Short Story in der Hauptsache mit jenem neuen – gelegentlich *short short story* genannten – Formtypus befaßt, der der K. entspricht und auf allen Gestaltungsebenen durch »suggestive Reduktion« (Marx 1985: 77) gekennzeichnet ist, können die Theorie der Short Story und die der K. als kommensurabel gelten und sind auch wechselseitig berücksichtigt worden (z. B. Lubbers 1977).

Das Determinans des Wortes K. weist auf die Kürze als die zentrale Eigenschaft der Gattung hin. Kürze ist hier nicht einfach quantitativ als geringer Umfang zu verstehen, sondern qualitativ als sprachliche Verdichtung und konzentrierte Gestaltung, die dem Text – mit Poes Worten – Komplexität (*complexity*) und Suggestivität (*suggestiveness*) mitteilt (Lubbers 1977: 12, 36 ff.). Diese beiden Eigenschaften bedingen sich wechselseitig: die Komplexität der K. ist funktional im rezeptionsästhetischen Sinne, sie ist darauf angelegt, dem Text Suggestivität zu verleihen und die intellektuelle und imaginative Mitarbeit des Lesers zu stimulieren. Verdichtende und intensivierende Formmittel, die in der K. verwendet werden können, sind die ausschnittsweise oder fragmentarische Darstellung eines Geschehens und der Wirklichkeit, die Abruptheit oder Offenheit von Anfang und Schluß, zeitliche Sprung-, Raffungs- und Überlagerungstechniken, Ökonomie und Verweisungsintensität der Raumdarstellung, die Reduktion des Figurenarsenals auf zwei oder drei Personen, die pointierte Dialogisierung, die Symbolisierung (vielfach mittels eines Dingsymbols), der parataktische Satzbau und der Rätselcharakter des Titels.

Begriffliche Abgrenzungen von anderen epischen Gattungen können den Blick für die Besonderheit der K. schärfen. Schon aufgrund des Umfangs – mit allen seinen Folgen – bilden → Roman und K. eine diametrale Opposition, obwohl man im Zusammenhang mit der K. oxymoronisch vom »Fünf-Minuten-Roman« gesprochen hat (siehe Doderer 1953: 71, Marx 1985: 105). Die Abgrenzung von benachbarten Gattungen der Kleinepik geht am besten von der suggestiven Reduktion als dem gattungskonstitutiven Formprinzip der K. aus. Der Grad der erzählerischen Komprimierung ist in der K. höher als in der Novelle. Während diese gradlinig auf ein die Spannung austragendes Zielereignis hinführt und eine geschlossene Struktur hat, ist das zentrale Ereignis in der K. stärker isoliert und die Spannung bleibt über den Schluß hinaus erhalten. Die Novelle weist mehr an epischer Substanz und Erzählerpräsenz auf als die K., die die Auktorialität des Erzählstils meidet und das Prinzip der Aussparung bis zur erzählerischen Diskontinuität treibt.

Im Unterschied zum komprimierenden Erzählstil der K. trägt die lokkere Form der *Erzählung* (engl. *tale*) – ein unscharfer Terminus (Lubbers 1977: 6 f.) – ein Ereignis oder eine Ereignisfolge unter Wahrung der chronologischen Ordnung und mit starker Beteiligung des auktorialen Erzählers relativ breit und gemächlich vor. Von der K. unterscheidet sich die *Anekdote*, die manchenorts fälschlich als Ursprung der K. bezeichnet wird (z. B. bei Giloi 1983: 16), durch ihre Faktizität – sie bezieht sich auf eine reale (historische) Person – und erzählerische Geschlossenheit. Sie führt zielstrebig auf eine Pointe zu, in der die Spannung gelöst wird. Auch die volkstümliche Form der *Kalendergeschichte* wahrt im Unterschied zur K. die Chronologie der erzählten Vorgänge und ist auf eine Pointe orientiert, die hier nicht – wie in der Anekdote – der Charakterisierung einer Person, sondern der Vermittlung einer Lehre dient, ein Ziel, das der K. wesensfremd ist. Auch in der *Parabel,* die von einem Vergleichspunkt aus in der Erzählung einer meist alltäglichen Begebenheit auf eine höhere und allgemeinere Bedeutung verweist, tritt das der K. fremde Element der Didaxe auf, obwohl in der modernen K. und Short Story (z. B. bei Poe und Kafka) ein parabolischer Zug nicht selten ist (Lubbers 1977: 14 f., Marx 1985: 88). Von der K. ist auch die sogenannte *Kürzestgeschichte* (engl. *very short short story*) abzugrenzen, eine extreme Reduktionsform, »die zum Aphorismus, zur Parabel, zum Tagebuchnotat« tendiert (Durzak 1980: 309). Das Epische ist hier so weit getilgt, daß »die gattungsspezifischen Merkmale der K. ausgelöscht« werden (Marx 1985: 89). Schon Poe, der Vater der Kurzgeschichtentheorie, hatte extreme Kürze als ästhetisch unbefriedigend abgelehnt, da sie nicht die erstrebte intensive Wirkung beim Leser hervorbringen könne (Lubbers 1977: 1).

Vorläufer der K. gab es um die Jahrhundertwende im → Naturalismus (Holz, Schlaf), im → Impressionismus (Altenberg) und bei H. Mann (»Drei-Minuten-Roman«). Die zwanziger und dreißiger Jahre zeitigten trotz der bereits erfolgenden Rezeption der amerikanischen Short Story wenige bemerkenswerte Vertreter der K. Nach dem Zweiten Weltkrieg kam es im Zusammenhang mit der intensiven Aufnahme der amerikanischen Short Story (besonders der Hemingwayschen) zu einer Blüte der K., die bis Mitte der sechziger Jahre anhielt. Bis weit nach 1950 wurde in der K. die unmittelbare Vergangenheit verarbeitet, thematisch dominierte die Darstellung von Alltagsschicksalen in der Ausnahmesituation des Nationalsozialismus und des Kriegs. Die K. nach 1945 weist große Formenvielfalt auf. Die beiden Grundtypen der amerikanischen Short Story wurden aufgenommen, die handlungsbetonte, linear erzählte pointierte Form in der Tradition von Poe und O. Henry (Borchert, »Das Brot«, Langgässer, »Saisonbeginn«, Kaschnitz, »Lange Schatten«) und die einen Wirklichkeitsausschnitt unmittelbar wiedergebende *slice-of-life (tranche de vie)*-Form von Sherwood Anderson, die sich auch bei Hemingway findet (Borchert, »Känguruh«). Weitere Typen sind u. a. die psychologische, den → inneren Monolog verwendende K. (Borchert, »Die lange, lange Straße lang«; Weyrauch, »Mein Schiff, das heißt Taifun«), die Gegenstandsgeschichte (Böll, »Schicksal einer henkellosen Tasse«), die durch die → Montage-Technik charakterisierte Geschichte (Borchert, »An diesem Dienstag«; Andersch, »Drei Phasen«) und die dramatisch-dialogische K. (Schnurre, »Das Begräbnis«; Böll, »Mein teures Bein«). Ein häufiger, vom Stoff her bestimmter Typus ist die Initiationsgeschichte (Böll, »Wanderer, kommst du nach Spa ...«; Rinser, »Die rote Katze«). Tendenzen, die in den fünfziger und sechziger Jahren hinzutreten, sind das Parabolische und Surrealistische (Aichinger), das Satirische (Böll, Walser, Hildesheimer) und das → Experimentelle (Heißenbüttel, Schnurre, Weyrauch).

K. Doderer: Die Kurzgeschichte in Deutschland. Wiesbaden 1953
N. Friedman: What Makes a Short Story Short? In: Modern Fiction Studies 4 (1958)
W. Höllerer: Die kurze Form der Prosa. In: Akzente 9 (1962)
R. Kilchenmann: Die Kurzgeschichte. Formen und Entwicklung. Stuttgart 1967
L. Rohner: Theorie der Kurzgeschichte. Frankfurt a. M. 1973
K. Lubbers: Typologie der Short Story. Darmstadt 1977
M. Durzak: Die deutsche Kurzgeschichte der Gegenwart. Stuttgart 1980
E. Kritsch Neuse: Die deutsche Kurzgeschichte. Bonn 1980
D. Giloi: Short Story und Kurzgeschichte. Tübingen 1983
L. Marx: Die deutsche Kurzgeschichte. Stuttgart 1985

Wolfgang G. Müller

Literaturkritik

L. ist keine Erfindung der → Moderne. Ihre Wurzeln reichen über die Zeit des Humanismus bis in die Antike zurück. Ihre wesentliche theoretische Fundierung und praktische Profilierung erfuhr sie in der Zeit der Aufklärung und der Romantik. Doch blieb sie immer eine besonders problematisch und ungesichert wirkende Disziplin. Die Geschichte der L. ist eine Geschichte der fortgesetzten Modifizierung ihrer Ansprüche, der Relativierung ihrer Kriterien und der Veränderung ihres Verhältnisses zur Literaturwissenschaft wie zur Öffentlichkeit. Diese Geschichte ist mitzubedenken, wenn über moderne oder gegenwärtige L. gehandelt wird: Sie hat ein Ensemble von Ansprüchen, Kriterien, Methoden und Formen entbunden, das die Selbstreflexion und die Praxis der Kritiker sowie die Erwartung des → Publikums immer noch mitbestimmt.

Grundlegend war der von Gottsched um 1730 unternommene Versuch, die überkommene philologische Kritik, die wesentlich Textkritik war, auf der Basis der Wolffschen Philosophie zu einer rational begründeten »Beurtheilungs-Kunst« mit umfassendem Anspruch zu machen: Kritik erschöpft sich nach Gottsched nicht mehr in der Beurteilung der grammatischen, rhetorischen und metrischen Beschaffenheit eines poetischen Werks, sondern wird auch »Gedanken-Beurtheilung« und Unterscheidung des Schönen vom weniger Schönen oder gar Häßlichen. Hierbei sind philosophisch geschulte Vernunft und Regelkenntnis (als Expertenwissen) ausschlaggebend und dominieren im Zweifelsfall über den Geschmack (als ungesichertes Laienurteil), doch können – bei richtiger Betrachtung eines Kunstwerks – das Verstandesurteil der Experten und das Geschmacksurteil der Laien nicht auf unversöhnliche Weise auseinandertreten. Insofern erscheint der Kritiker oder »Kunstrichter« als der ideale Vertreter und notfalls legitime Vormund des Publikums, das sich im einvernehmenden Gespräch über die zu beurteilenden Werke als Öffentlichkeit erfährt und als Allgemeinheit zu verstehen lernt. Dem entsprach das Bemühen um ein aktuelles und zugleich umfassendes Rezensionswesen, das zu Gottscheds Zeit einsetzte und zu einem wesentlichen Merkmal des literarischen Lebens der Aufklärungsepoche wie der gesamten Moderne wurde.

Diese Konzeption bestimmt die Vorstellungen von L. bis heute, obwohl schon bald deutlich wurde, daß sie weder theoretisch noch empirisch haltbar war. Drei Faktoren trugen dazu in besonderer Weise bei: die Verabschiedung der Regelpoetik, die Einsicht in die historische Bedingtheit des ästhetischen Empfindens und Urteilens sowie das Gewahrwerden der Partikularität der bürgerlichen Öffentlichkeit (und mithin der sozialen Standortbedingtheit ihrer Normen und Werturteile). Diese Faktoren nahmen der L. die vermeintlich sichere Basis, die Gottsched ihr zugeschrieben hatte, und motivierten einen nicht mehr zur Ruhe kommenden Prozeß der Revisionen und Neuorientierungen.

Dieser Prozeß setzte mit Lessing ein. Dieser negierte – schon vor Kant, aber weniger radikal als dieser – die unbedingte Verbindlichkeit der ahistorisch sich gebenden Regelpoetik für die literarische Produktion wie für die Kritik und erhob anstelle der Regeln die vom Kritiker zu eruierende »Natur der Sache« und die moralisch gute Wirkung zu Kriterien. Über beides ist – nach Lessing – im Dialog mit dem Text wie mit dem Publikum zu befinden, wobei der Geschmack des Publikums als eine historisch und sozial bedingte Instanz zu berücksichtigen ist. Die damit beginnende historische Betrachtungsweise wurde von Herder verstärkt und um einen genetischen Aspekt ergänzt: zum Kriterium der Beurteilung eines Werks werden dessen Plan und Zweck, die durch »Einfühlung« in den Gedankenkreis des Autors (einschließlich seines Publikums und seiner Nation) zu erkunden sind.

Die Weimarer Klassik übernahm diese genetische Betrachtungsweise und reduzierte die Berücksichtigung des Publikums stark: Kritik hat sich bei ihr an den Intentionen des Autors zu orientieren, und im übrigen an den Postulaten einer Kunst, die gegenüber der Wirklichkeit und der Gesellschaft ihr eigenes Recht beansprucht (Autonomieästhetik). Die damit entfalteten Spielarten der L. überführte Friedrich Schlegel in ein neues Konzept, das den historischen Gesichtspunkt mit dem transzendentalen zu vereinen sucht und die Kritik als Verbindung von Historie und Philosophie begreift. Wie bei Herder gilt es nach Schlegel, ein Werk durch »Nachkonstruieren« »gründlich zu verstehen« oder zu »charakterisieren«, was auch heißt: seine poetische Beschaffenheit zu explizieren und nach Maßstäben, die ihm selbst eingeschrieben sind, projektiv zu vollenden (poetische Kritik). Wie von Lessing vorgeführt, ist auf das Ganze der Gattungs- und Kunstentwicklung zu reflektieren. Deren Ziel, nach Schlegel das Identischwerden von Kunst und Wissenschaft in einer neuen Mythologie, ist vorwegnehmend für die Beurteilung der Werke in Anschlag zu bringen (divinatorische und antizipierende Kritik). Im Interesse dieser Kunstentwicklung bedarf es der exemplarischen Verwerfung schlechter oder belangloser Werke (polemische Kritik) wie der Affirmation und Förderung guter und zukunftsträchtiger Werke (positive Kritik).

Im politisch und künstlerisch motivierten Widerspruch zur Klassik und Romantik versuchte die nachfolgende Zeit, das aufklärerische Modell der

L. zu restituieren: Der Kritiker wollte wieder Sprecher und Anwalt des Publikums sein; die Kritik gab sich nicht werkorientiert, sondern praxisbezogen, nicht kunstfixiert, sondern politisch ambitioniert; in den heftigen Literaturfehden, die die Zeit bis 1848 kennzeichnen, wurde L. zur Fortsetzung der politischen Diskussion und zum Medium des politischen Kampfes. Damit hängt zusammen, daß in Deutschland L. und Literaturwissenschaft stärker als anderswo auseinandertraten: Die L. konzentrierte sich auf die aktualisierende Auseinandersetzung mit der Literatur und siedelte sich im publizistischen Bereich an; die Literaturwissenschaft konzentrierte sich auf die Rekonstruktion der Entwicklung des literarischen Systems und siedelte sich im akademischen Bereich an.

Nach 1848 kam es – im Zuge der nachrevolutionären Repression – zu einer Re-Literarisierung und Versachlichung der Kritik: Kritik wurde wieder verstanden als objektivierbares Verfahren, in dem bekannte Maßstäbe (die klassisch-romantischen) an die Werke angelegt werden, um ihre künstlerische Dignität festzustellen. Eine prinzipiell wichtige und für die ästhetische → Moderne konstitutive Modifikation der Wertungskriterien ergab sich allerdings in der nachromantischen Epoche aus der allmählich sich einstellenden Übereinkunft, daß neben dem Wahren, Guten und Schönen auch das Verruchte, Häßliche und Widerwärtige Gegenstand der Kunst sein müsse. Als weitere Tendenzen zeichneten sich dann ab: die »feuilletonistische« Subjektivierung der L., die sich nun nicht mehr auf objektivierbare Kriterien berief, sondern auf Sensibilität und Intuition; die positivistische Fassung der L. im → Naturalismus, die sich an naturwissenschaftlichen Deskriptions- und Analyseverfahren zu orientieren suchte; die Ästhetisierung der L. bei Kerr, der die Kritik als Kunst verstanden wissen und den klassischen Gattungen Epik, Lyrik und Dramatik gleich- oder gar übergeordnet sehen wollte; schließlich – in der Weimarer Republik – eine Re-Politisierung der L. nach Maßgabe der epochal wichtigen Ideologien (insbesondere der marxistischen, der völkisch-nationalen und der linksbürgerlichen). Selbst W. Benjamin, der sich in seinen Überlegungen zur L. vielfach auf die Romantik bezog und die Aufgabe der Kritik vorzugsweise in der Entfaltung der geschichtlichen »Wahrheit« eines Werks einschließlich seines utopischen oder messianischen Überschusses sah, verlangte vom Kritiker Parteinahme und betrachtete das Kunstwerk in der Hand des Kritikers als »die blanke Waffe im Kampfe der Geister« (»Einbahnstraße«, 1928: »Die Technik des Kritikers in dreizehn Thesen«). Im Exil wurden antifaschistische Ausrichtung und Wirkung zu Hauptkriterien der L.; innerhalb der deutschen Grenzen wurde sie in ihrer praktischen Bedeutung durch die nationalsozialistischen Verbots- und Empfehlungslisten überholt, 1936 als wesensfremd geächtet und durch eine nur noch nachvollziehende »Kunstbetrachtung« ersetzt, die den Kritiker zum ideologisch gebundenen »Kunstdiener« machte.

Nach dem Zusammenbruch des Dritten Reichs wurde die L. von den Besatzungsmächten in den Dienst der Re-education gestellt und auf die jeweiligen Wertvorstellungen verpflichtet. Im zweigeteilten Deutschland entwickelte sie sich dementsprechend unterschiedlich: In der DDR wurde L. auf die positive Teilnahme an der Gestaltung des Sozialismus, auf die Tradition des → Sozialistischen Realismus und auf die Pflege des kulturellen Erbes festgelegt. Das bedeutete nicht einfach Uniformierung, sondern ließ einige Heterogenität zu, doch war prinzipiell eine konstruktive Haltung gefordert, und die Möglichkeit zur Artikulation von Distanz gegenüber dem, was jeweils im Interesse der parteilich-staatlichen Vorgaben für den kulturellen Sektor lag, blieb immer stark eingeschränkt.
In der Bundesrepublik nahm die L. zunächst ein unpolitisches und sehr heterogenes Aussehen an. Einzelne Kritiker bestimmten das Bild; gemeinsame Kriterien waren nicht auszumachen. Dies wurde einerseits als ein Pluralismus der Meinungen begrüßt, welcher der Vielfältigkeit der Literatur und der demokratischen Verfaßtheit des Gemeinwesens angemessen zu sein schien; andrerseits wurde es als Versagen einer zur Objektivität und Normentwicklung anscheinend nicht mehr fähigen L. begriffen und als Meinungsanarchie verurteilt. Ein 1963 von der Westberliner Akademie der Künste veranstaltetes Kritiker-Kolloquium brachte nicht die von vielen erwünschte Formierung, sondern leitete eine Epoche der Kritik der L. selbst ein. Diese schuf zwar auch keinen Konsens über die Wertungskriterien, bewirkte aber, daß die L. den gesellschaftlichen Bezug der Literatur wieder stärker berücksichtigte, sich ihres ideologiebildenden Charakters bewußt wurde, in eine Wertungsdebatte eintrat und darin die traditionellen Kriterien überholte, ferner ihren Literaturbegriff durch die Einbeziehung auch der weniger hohen Literatur erweiterte und mehr als zuvor ihre Funktion im Literaturbetrieb reflektierte.
Auf die Notwendigkeit einer theoretischen Neufundierung hat zuletzt M. Lüdke (in Görtz/Ueding 1985) hingewiesen, indem er zum einen der gegenwärtigen L. vorwarf, daß sie sich gänzlich auf den sog. »gesunden Menschenverstand« zurückgezogen habe und deswegen nicht mehr zu einer wegweisenden kritischen Reflexion der gegenwärtigen literarischen Tendenzen, sondern nur noch zum Paktieren mit ihnen fähig sei, und indem er zum andern versuchte, einen brauchbaren, aber nicht einengenden Bezugsrahmen für die L. zu skizzieren. Dieser Versuch greift über entsprechende Überlegungen von K.H. Bohrer auf Positionen von Hegel und Adorno zurück. Demnach bedarf einerseits die Kunst – nach dem Ende der »Kunstperiode« – als Erkenntnismittel der begrifflichen Aufhellung und Präzisierung durch die Philosophie, andererseits die Philosophie – nach dem Scheitern der großen Entwürfe – der Erweiterung durch die Kunst um jene Dimensionen, die nur erfahrungsmäßig zugänglich sind und sich der theoretischen Durchdringung verschließen. Die L. hätte nun

die Aufgabe, den theoretisch noch nicht eingeholten Erfahrungsgehalt der literarischen Werke zu bestimmen und ihn in eine stringente Relation zur philosophisch analysierten Bewußtseinslage der Zeit zu setzen.

Die gegenwärtige Situation der L. in Deutschland ist gekennzeichnet: 1.) durch das Fehlen von Wertungskriterien, die allgemein als verbindlich anerkannt werden; 2.) durch einen großen Pluralismus der Meinungen; 3.) durch ein verstärktes Bemühen, neben der Aufgabe der Kritik auch die Aufgabe der Vermittlung wahrzunehmen; 4.) durch eine entsprechend große formale Vielfalt, mit der den Bedürfnissen der verschiedenen Publikumsschichten wie den Erfordernissen der benutzten Medien Genüge getan werden soll; 5.) durch eine Abschwächung des Antagonismus von akademischer und publizistischer Kritik; 6.) durch eine anwachsende Untersuchung der Formen und Wirkungsweisen der L. seitens der Literaturwissenschaft; 7. durch eine Bemühung um weitere Professionalisierung der L. durch Einrichtung entsprechender Studiengänge.

Zu registrieren sind schließlich zwei Neuansätze: 1.) der Versuch, eine feministische L. zu konstituieren, die auf drei Ebenen arbeiten sollte: auf der ideologischen Ebene, wo sie Weiblichkeitsmuster und Frauenbilder in der Literatur von Männern zu analysieren und zu kritisieren hätte; auf der empirischen Ebene, wo sie die tatsächlichen literarischen Ausdrucksweisen von Frauen zu analysieren und zu kritisieren hätte; auf der utopischen Ebene, wo sie ein emanzipatorisches Bild von feministischer Ästhetik zu entwickeln hätte (→ Frauenliteratur). – 2.) der Versuch, eine spezifisch postmoderne L. zu konzipieren, d.h. eine solche, die nicht mehr nach dem verbindlichen Wahrheitsgehalt eines Werks fragt und auch keine Werturteile mehr abgibt, sondern den Bezugstext »leidenschaftlich« und »lustvoll« weiterschreibt, um auf diese Weise Zugänge zu seinen diversen Bedeutungen zu eröffnen und die mit ihm verbundene ästhetische Erfahrung zu erweitern.

R. Wellek: Geschichte der Literaturkritik 1750–1950. 4 Bde. Darmstadt/Neuwied/New York 1959–90

J. Habermas: Strukturwandel der Öffentlichkeit. Untersuchungen zu einer Kategorie der bürgerlichen Gesellschaft. Neuwied und Berlin 1962

Berliner Kritiker-Colloquium 1963: Maßstäbe und Möglichkeiten der Kritik zur Beurteilung der zeitgenössischen Literatur. In: Sprache im technischen Zeitalter 1964 (Sonderheft 9/10), S. 685–836

W. Müller-Seidel: Probleme der literarischen Wertung. Über die Wissenschaftlichkeit eines unwissenschaftlichen Themas. Zweite, durchgesehene Auflage. Stuttgart 1965

R. Wellek: Grundbegriffe der Literaturkritik. Stuttgart/Berlin/Köln/Mainz 1965

P. Glotz: Buchkritik in deutschen Zeitungen. Hamburg 1968

P. Hamm (Hrsg.): Kritik – von wem / für wen / wie. Eine Selbstdarstellung deutscher Kritiker. München 1968

A. Carlsson: Die deutsche Buchkritik von der Reformation bis zur Gegenwart. Bern/München 1969

N. Mecklenburg: Kritisches Interpretieren. Untersuchungen zur Theorie der Literaturkritik. München 1972

P. U. Hohendahl: Literaturkritik und Öffentlichkeit. München 1974

J. Slawinsky: Funktionen der Literaturkritik. In: J. S.: Literatur als System und Prozeß. München 1975

J. Schulte-Sasse: Literarische Wertung. 2., völlig neu bearbeitete Auflage. Stuttgart 1976

J. Drews (Hrsg.): Literaturkritik – Medienkritik: Heidelberg 1977

H. Mayer (Hrsg.): Deutsche Literaturkritik. 4 Bde. Frankfurt am Main 1978

K. Hamburger: Wahrheit und ästhetische Wahrheit. Stuttgart 1979

P. Gebhardt (Hrsg.): Literaturkritik und literarische Wertung. Darmstadt 1980

M. Dimpfl: Literarische Kommunikation und Gebrauchswert. Bonn 1981

S. Weigel: Frau und »Weiblichkeit«. Theoretische Überlegungen zur feministischen Literaturkritik. In: J. Stephan / S. Weigel (Hrsg.): Feministische Literaturwissenschaft. Berlin 1984

F. J. Görtz / G. Ueding (Hrsg.): Gründlich verstehen. Literaturkritik heute. Frankfurt am Main 1985

P. U. Hohendahl (Hrsg.): Geschichte der deutschen Literaturkritik (1730–1980). Mit Beiträgen von Klaus L. Berghahn, Russel A. Berman, Peter Uwe Hohendahl, Jochen Schulte-Sasse und Bernhard Zimmermann. Stuttgart 1985

W. Irro: Kritik und Literatur. Zur Praxis gegenwärtiger Literaturkritik. Würzburg 1986

J. C. Schütze: Aporien der Literaturkritik – Aspekte der postmodernen Theoriebildung. In: A. Huyssen / K. R. Scherpe (Hrsg.): Postmoderne. Zeichen eines kulturellen Wandels. Reinbek bei Hamburg 1986

M. Reich-Ranicki. Der doppelte Boden. Ein Gespräch mit Peter von Matt. Zürich 1992

Helmuth Kiesel

Literaturoper

Die Frage, welche Art musikdramatischer Literaturvertonung als L. anzusprechen sei, hat C. Dahlhaus strikt dahingehend entschieden, daß der Begriff unter der Fülle der Libretti mit literarischen Vorlagen (als da sind Dramen, Romane, Novellen, Mythen, Märchen, Gedichte etc.) nur jene Werke bezeichnet, die einen Dramentext weitgehend wörtlich, wenn auch gekürzt, als Libretto verwenden. In dieser Begrenzung, die noch Übersetzungen einschließt, erweist sich die L. als musikdramatisches Spezifikum des 20. Jahrhunderts. Ermöglicht wurde der unmittelbare Griff des Opernkomponisten in den Bücherschrank durch die Auflösung der verbindlichen und in Schauspiel und Operndichtung divergierenden traditionellen Versformen. Für die Vertonung der Prosatexte stellte die musikalische Kompositionstechnik nach der Entwicklung der Leitmotivtechnik zum musikalisch-semantischen System, der Auflösung der Tonalität durch musikalischen → Exotismus (Debussy) bzw. durch die Zwölftontechnik (Schönberg) und schließlich der Erfindung der Momentform (Stockhausen) genügend Mittel bereit. Jede beliebige Textstruktur ist seitdem musikalisch sinnvoll komponierbar. Umgekehrt nutzte die Musik in der Phase der Auflösung der an die Tonalität gebundenen Formen nun die Dramenstruktur als Konstituens der großen Form.

Aus Wagners literarischem Anspruch an die Operndichtung leitete sich das Bestreben ab, große dramatische Literatur (oft vom Komponisten selbst eingerichtet) zu vertonen, weil diese einen Teil des Qualitätsanspruchs ans neue Werk schon erfüllte und der zunehmend undurchhörbar komplexen Musik eine Brücke fürs Publikumsverständnis schlug. Doch auch der Mangel an qualifizierten Librettisten – Hofmannsthal, Auden, Bachmann und Bond sind Ausnahmen – verwies die Komponisten auf die dramatische Weltliteratur, obwohl nach gängiger Opernästhetik die Übernahme der Schauspieldramaturgie ins Musiktheater aufgrund gattungsspezifischer Unterschiede problematisch ist: der Gesang dehnt die Dauer der Textwiedergabe ca. auf das Dreifache; mit der Dauer der Erscheinungsweise verändert sich die Bedeutsamkeit der Worte; Fragmentierungen des Textes erwirken zusätzliche, andere ästhetische Wertigkeiten. Dieselbe Opernästhetik macht bei der Konzeption eines Librettos nach einem Schauspiel außer der Kürzung, Straffung und Konzentration auf wenige

Personen sowie der Herstellung übersichtlicher Handlungsstrukturen die Umformung verdeckter in offene szenische Handlung erforderlich. Weitere Grundregeln sind die Umwandlung der logischen und rheetorischen Brillanz des dramatischen Diskurses in mimisch-gestische Sinnfälligkeit und eine in sichtbare Ereignisse und Bilder eingebundene Affektsprache, ferner die bühnenwirksame, aus der Situation erhellte »Parola scenica« (Verdi) sowie die Rückgewinnung realistischer Simultaneität, die der dramatische Dialog linear aufzulösen gezwungen ist, während sie das Opernensemble als Zeichen der Gleichzeitigkeit von Verschiedenartigem, von Entfremdung der Personen untereinander oder von ihrer Verstrickung in die dramatische Konstellation realisieren kann. Schließlich sind jene sprachlichen Leerformeln zu bilden, die als notwendige Vehikel den vokalen, lyrisch-pathetischen Ausdruck eines »zum Tönen gebrachten schweigens« (Wagner) gestatten.

Die mit Debussys »Pelléas et Mélisande« (UA 1902) nach Maeterlincks symbolistischem Drama einsetzende Geschichte der L. (als frühestes Beispiel gilt Mussorgskijs Fragment »Die Hochzeit«; nach Gogol, 1868) läßt verschiedene Positionen der Komponisten dem Text gegenüber erkennen, die vom Zugeständnis dienender Funktionalität bis zum Vertreten eines rigorosen Autonomieanspruchs der Musik reichen. Gemäß traditioneller Opernästhetik und der gängigen Ausplünderung der Literatur als Stoffreservoir und Strukturgarant der Oper spürt auch die L. im Drama jene Momente auf, die als Ausdruck von Affekten und Gefühlen oder als Rituale die Erlebniszeit durch musikalische Gefühlsführung zur Erscheinung bringt. Äußere musikalische Anlässe in der Handlung wie Lieder, Tänze oder Aufzüge spielen demgegenüber eine beiläufige Rolle. Umgekehrt übernimmt die Oper vom Schauspiel – mit Ausnahmen – das Dialogprinzip und die Entwicklungsform. Ästhetisches Kriterium der L. ist ihre Legitimation als eine Dialogoper, deren Fabel Bezüge zur Musik enthält und deren musikalische Strukturen als Entwicklungsformen verstehbar werden können.

Debussys Maeterlinck-Vertonung ist als leitmotivisch und klangsymbolisch durchgearbeitetes Musikdrama ein Glücksfall der stilistischen Synthese eines inhaltlich beziehungsreichen Dramentextes und einer dichten Kompositionsstruktur, von poetischer Bildkraft und musikalisch gestalteter Atmosphäre, von dramatischer Präsenz der Situationen und psychologischer Entwicklung. Strauss hielt sich bei der Vertonung der »Salome« (1904) weitestgehend an Wildes Text (Übersetzung von H. Lachmann). Für eine später erstellte Fassung nach dem Original ließ er sich von R. Rolland die Regeln der französischen Prosodie erklären. Die epochemachende Zusammenarbeit von Strauss und Hofmannsthal begann mit der Komposition der »Elektra« (1909; nach Sophokles), einem Stück Literatur über Literatur, das seiner Rezeptionszeit entspricht in der Konzentration der Personen und Motive wie auch in der Psychologisierung der Handlung. Der Autor richtete das Schauspiel mit einigen geringfügigen Änderungen für die Vertonung ein. Seine späteren Textvorlagen vom »Rosenkavalier« bis zu »Arabella« sind als Libretti konzipiert. Die mit »Elektra« einsetzende Rezeption der antiken Tragödie in der Oper führte Stravinskij mit »Oedipus Rex« (1927; Sophokles/Cocteau) fort, später, verbunden mit einer Rückbesinnung aufs musikalisch Elementare und die Idee des »Dramma per musica« der Renaissance, Orff mit »Antigonae«)1949; Hölderlin nach Sophokles), »Oedipus der Tyrann« (1959; Hölderlin nach Sophokles) und »Prometheus« (1968; griechischer Originaltext von Aischylos), schließlich Henze »Die Bassariden« (1966; nach Euripides) und Reimann »Troades« (1986; nach Euripides und Werfel). Gerade das Beispiel Reimanns zeigt, daß keine L. ohne verbale und strukturelle Änderungen des Schauspiels auskommt.

Gattungstypische Schwerpunktverlagerungen der Oper gegenüber der literarischen Vorlage kennzeichnet viele bedeutende Librettisierungen: in Bergs »Wozzeck« (1925; Büchner) dominiert musikalisch evoziertes Mitleid und expressionistisches Pathos die grotesken und sozialanalytischen Züge. In Bergs »Lulu« (1937; Wedekind) schaffen die Symmetrie der Großform, die Reihengestalten und traditionelle Semantik der Satzstrukturen eine eigene Bedeutungsebene. B. A. Zimmermann verläßt mit der musikalischen Realisierung der Idee von der »Kugelgestalt der Zeit« und der apokalyptischen Schlußversion in »Die Soldaten« (1965; Lenz) den ideellen Rahmen der Vorlage und ihrer Entstehungszeit. Reimanns »Lear« (1978; nach Shakespeare) gewinnt aus der Fragmentierung übersetzter Verse neue ästhetische Wirkungen; der überwiegende Teil des Librettos dieser »paradigmatischen Shakespeare-Vertonung« stammt von Henneberg.

Die Position der maßvollen opernspezifischen Kunstfreiheit des Komponisten dem Schauspieltext gegenüber hielten u. a. Honegger (»Jeanne d'Arc au bûcher« 1938; Claudel), Fortner (»Bluthochzeit« 1957; Garcia Lorca), Henze (»Der Prinz von Homburg« 1960; Kleist), von Einem (»Der Besuch der alten Dame« 1971; Dürrenmatt), Hamel (»Ein Menschentraum« 1981; nach Madách), Cerha (»Baal« 1981; nach Brecht) und Kelterborn (»Der Kirschgarten« 1984; nach Čechov). Wie die Brecht-Vertonungen von Weill »Aufstieg und Fall der Stadt Mahagonny« (1927) und »Die Dreigroschenoper« (1928) zeigen, vollzog sich die fürs 20. Jahrhundert charakteristische Medienreflexion auch innerhalb des Genres der L. Brechts Vorwurf gegen die kulinarische Oper, seine Forderung nach einer stringent durchgeführten Fabel auf der literarischen Seite und auf der musikalischen der Purismus der Serialität, dem der breite Pinselstrich der Opernkomposition ebenso verdächtig war wie die ästhetische Tautologie einer »am Text entlang komponierten« Klangillustration, führten zur Abkehr von der Oper und weiter zur Anti-Oper (Ligeti). Ziel war eine Besinnung auf die Eigenständigkeit verbaler und musikalischer Ausdrucksbereiche sowie die Materialentwicklung. Als → Groteske und Pervertierung ins Absurde schien Ligeti die Erscheinung des Wunderbaren (Busoni) in der Oper noch möglich wie seine Anti-anti-Oper »Le Grand Macabre« (1978; de Ghelderode) bezeugt. Lust am Artefakt einer poetischen, die lange tabuisierte Emotion musikalisch darstellenden Spielform in der sog. → Postmoderne (R. Liebermann. »La forêt«, 1987; nach Ostrovskij) und schließlich der Ausbruch aus einer an realistische Kausalität gebundenen Ästhetik (Rihm, »Die Hamletmaschine« 1987; H. Müller) kennzeichnen die jüngsten Positionen. Rihms auf Artaud (→ Theater) aufbauende Musiktheaterästhetik wendet sich gegen musikalisch gestütztes Geschichtenerzählen und nutzt die rituelle Energie von geformtem »Kultur-« und »Kreaturklang« in einem von Bild, Anrufung und Traumlogik geprägten Musiktheater, dessen Kraft, Kunst der Zukunft zu werden, in seiner Nicht-Wirklichkeit (Rihm), im Zauber seiner Freiheit von Logik und im Zusammenspiel von sprachlichem und klangdramatischem Ausdruck liegt.

Die postmoderne Ästhetik benutzt Texte als Material, auch fragmentierte Bausteine von Collagen, mit denen die Komponisten oft in Zusammenarbeit mit Literaten ihre Themen gestalten. In H.-J. von Boses »Die Leiden des jungen Werthers« (1986) wurde die Dramatisierung angereichert mit Gedichten von Goethe, Lenz, Hölderlin, Günderode, Assmann. Ähnlich verfahren auch Matthus und Rihm, dessen »Eroberung von Mexico« (1992) das Artaudsche Konzept anreicherte mit zahlreichen Texten aus dem thematischen Umfeld.

Während der traditionelle Opernproduktionsbetrieb noch weitgehend die Vertonung großer Literatur fördert, um sie als Qualitätsgarant und Publikumsmagnet zu nutzen, erweist sich doch diese Taktik als langfristig kaum wirksam. Mit der Auflösung der traditionellen Normen rücken die Versuche, durch intermediäre Techniken musikdramatische Formen zu gewinnen, stärker in den Vordergrund. In der interaktiven Kunst mit ihrer am Gebrauch der neuen Medien, am Switching, Zapping, Sampling und Scratching orientierten Ästhetik sind schon wesentlich andere Verarbeitungstechniken literarischer Vorlagen erkennbar.

Musiktheater. Uraufführungen, Erstaufführungen, Neuinszenierungen. Bibliographie 1977/78 bis 1980/81 zusammengestellt von Th. Siedhoff, ab 1981/82 von A. Dick, hrsg. vom Forschungsinstitut für Musiktheater der Universität Bayreuth

H. Kühn (Hrsg.): Musiktheater heute. Mainz 1982

S. Wiesmann (Hrsg.): Für und Wider die Literaturoper. Zur Situation nach 1945. Laaber 1982; darin: C. Dahlhaus: Zur Dramaturgie der Literaturoper

O.Kolleritsch (Hrsg.): Oper heute. Formen der Wirklichkeit im zeitgenössischen Musiktheater. Wien/Graz 1985

W. Rihm: Musiktheater aus der Sicht des Komponisten. In: Programmheft »Die Hamletmaschine«, Nationaltheater Mannheim 1986/87

Csobádi, P. u. a. (Hrsg.): Antike Mythen im Musiktheater des 20. Jahrhunderts. Anif/Salzburg 1990

Ullrich, Almut: Die »Literaturoper« von 1870-1990. Texte und Tendenzen. Wilhelmshaven 1991 (Veröffentlichungen zur Musikforschung Bd. 11)

Susanne Vill

Lyrik

Wenige Monate vor dem Tod Benns und Brechts, im Jahr 1956, veröffentlichte der Romanist H. Friedrich »Die Struktur der modernen Lyrik« – ein Buch, das zu den wenigen Bestsellern im Bereich der Literaturwissenschaft zählt (1986 in 12. Aufl. mit mehr als 160 000 verkauften Exemplaren, Übersetzungen in 12 Sprachen). Im Vorwort zur 1. Aufl. begründet der Autor das Erkenntnisinteresse seiner Studie: es geht um eine »Sichtung der überpersönlichen, übernationalen und über die Jahrzehnte hinwegreichenden Symptome moderner Lyrik«, wobei sich diese »Symptome der harten Modernität« – über alle verschiedenen Strömungen der europäischen → Moderne hinweg – »Von Baudelaire bis zur Gegenwart« (so der Untertitel) formal wie inhaltlich weitgehend gleichgeblieben seien. Um die postulierte *Struktureinheit* der modernen Lyrik und damit die Kontinuität der Moderne plausibel machen zu können, sieht sich Friedrich allerdings gezwungen, sowohl die konfessionelle wie die politische Lyrik außer Betracht zu lassen (vgl. Kreuzer 1971, in Grimm 1974: 502 ff., 525 ff.; Hamburger 1972; Zeller 1982: 22 ff.).

Die von Friedrich bemühten *Kategorien* der Analyse sind fast ausschließlich *negative:* nur mit ihrer Hilfe kann offenbar die das Verhältnis des modernen Dichters zur Welt grundsätzlich bestimmende Dissonanz angemessen beschrieben werden. Da ist die Rede von Entpersönlichung, ruinösem Christentum, leerer Idealität, Zerlegen und Deformieren, Abstraktion und Arabeske, von einer Ästhetik des Häßlichen, von Desorientierung, Enthumanisierung und zerstörter Realität, von Schweigen, Dunkelheit, Hermetismus und der auf das Nichts bezogenen Form. Auch die positiv ins Spiel gebrachten Kategorien – Form- und Endzeitbewußtsein, Okkultismus, Magie und Sprachmagie, kreative bzw. diktatorische Phantasie, monologische Dichtung, Poésie pure – sind bloß Bestandteile eines in toto negativen Universums der Poesie, das seinerseits als (verfremdender) Spiegel einer durchweg negativ gesehenen Wirklichkeit gilt. Im Vorwort zur erweiterten 9. Aufl. von 1966 (neuer Untertitel: »Von der Mitte des neunzehnten bis zur Mitte des zwanzigsten Jahrhunderts«) gesteht Friedrich zwar zu, daß sich in der Gegenwartslyrik seit Mitte der fünfziger Jahre Phänomene zeigen, die nicht mit der von ihm beschriebenen Struktur übereinstimmten, sondern eher von Entspannung, von Rückkehr zu humanerer und schlichterer Redeweise geprägt seien (die → Konkrete Literatur wird als bloßer »Wörter- und Silbenschutt« abgelehnt); daß aber die Entwicklung der modernen Lyrik zwischen 1850 und 1950 von ihrer ›Struktur‹ her, d. h. als »typenhafte Gemeinsamkeit von Verschiedenem« richtig gekennzeichnet sei, daran läßt der Autor keinen Zweifel, und auch nicht daran, daß er den neuen Entwicklungen keinen Innovationswert beimißt.

Friedrich geht also auf die kontroverse Debatte über sein Buch seit 1956 nur in einem einzigen Punkt ein, nämlich in bezug auf seinen (nicht strukturalistischen, sondern eher organologischen) Strukturbegriff. Dominant aber waren andere Fragen. So bezweifelte Burger 1959, daß – bezogen auf je unterschiedliche ›Exorbitanzerlebnisse‹ und ihre poetische Notierung mit Hilfe des ›adäquaten Symbols‹ bzw. des ›evokativen Äquivalents‹ (resp. Eliots ›objective correlative‹) – von einem Bruch zwischen klassischer und moderner Lyrik überhaupt die Rede sein könne. Dies veranlaßte Jauß 1960 zu einer ausführlichen Replik im Sinne Friedrichs: Burger modernisiere das Klassische, während tatsächlich zwar eine Struktureinheit zwischen Manierismus und Klassik zu konstatieren sei, nicht aber zwischen Klassik und Moderne bzw. – im Sinne von Curtius und Hocke – zwischen Manierismus und Moderne. Ein anderer Einwand gegen Friedrich bezieht sich auf die französische ›Ahnenreihe‹ der modernen Lyrik, nämlich die Symbolisten Baudelaire, Rimbaud und (bei Friedrich dominierend) Mallarmé: Bereits im Titel seines Buches »Deutsche Lyrik der Moderne von Nietzsche bis Yvan Goll« (1961) hebt Heselhaus die Bedeutung Nietzsches für die deutsche Moderne hervor, die ungleich größer sei als die der Franzosen; und auch Brecht – den Friedrich übergangen hatte – fehlt hier nicht, wenngleich er weniger als politischer Dichter vorgeführt wird denn als maskierungssüchtiger Verfasser »lyrischer Grotesken« und didaktisch-epigrammatischer, also »mittlerer«, nicht »hoher« Lyrik.

Der zweite Sammelband der Arbeitsgruppe »Poetik und Hermeneutik« (an der Jauß und Heselhaus maßgeblich beteiligt waren) stand im Zeichen einer Diskussion über »Lyrik als Paradigma der Moderne« (Iser 1966); hier wurde ganz klar, daß man – letztlich gar nicht anders als Friedrich – moderne Poesie vorwiegend unter dem ›immanenten‹ Aspekt ihrer ›hermetischen‹ Struktur analysierte, nicht aber als Produkt, das sich auf ganz bestimmte Ausschnitte der Wirklichkeit bezieht und auf einen je spezifischen Leserkreis angewiesen ist. Nur so konnte sich das Paradoxon ergeben, daß eine Fülle von Gedichten seit der Mitte des 19. Jahrhunderts überhaupt nicht zur Kenntnis genommen wurde: »Nicht nur die ›Erben und Spätklassiker‹ fehlen in Friedrichs Auswahl, nicht nur die Christen und die politisch ›Engagierten‹; es fehlt aus der französischen Literatur etwa das Chanson, aus der deutschen etwa die Heine-Tradition der Moderne, der Strang, der von Wedekind zur Gebrauchslyrik der zwanziger

Jahre führt, von dort in die Mitte der sechziger Jahre [...]« (Kreuzer 1971; in Grimm 1974: 508).

Eine sinnvolle *Bestandsaufnahme* der modernen Lyrik muß hier ansetzen: nicht ein einzelner (wenngleich äußerst wichtiger) Zweig der lyrischen Produktion, nämlich der *hermetische,* auf den die negativen Kategorien Friedrichs anwendbar sind (→ Hermetismus), darf als dominant angesetzt werden, sondern jedes lyrische Genre, das sich kritisch-innovativ auf die Herausbildung der modernen Gesellschaft seit Mitte des 19. Jahrhunderts bezieht, hat Anspruch auf eingehende Analyse seiner produktions- wie rezeptionsästhetischen Besonderheit. Bereits in der Geburtsstunde der (deutschen) → Moderne durchdringen sich → Naturalismus und → Symbolismus im Zeichen des szientifisch-gegenständlichen bzw. psychologisch-ästhetischen → Experiments (Schwerte 1964); von diesem grundsätzlichen Antagonismus eher ›realistisch-inhaltlicher‹ und eher ›ästhetisch-formaler‹ → Innovationen im Sinn einer »Dialektik der Moderne« ist auch die Geschichte der modernen Lyrik bis in die Gegenwart bestimmt (vgl. Wentzlaff-Eggebert 1984: 7 ff.). Der gemeinsame Nenner jeder Art nicht-epigonaler lyrischer Texte ist ihr – immer formal, individuell sprachlich vermittelter – kritischer Gesellschaftsbezug; diesen herauszuarbeiten bedarf es freilich bei (politischer oder alltagssprachlicher) Gebrauchslyrik eines teilweise anderen Instrumentariums als bei ›hermetischen‹ Texten, deren Komplexität die Interpretation weniger aufzulösen als zu demonstrieren hat (vgl. Adorno 1953 und 1957).

Vor einer strikten Trennung von *engagierter* und *absoluter Poesie* im Sinn eines ästhetischen oder ideologischen Dualismus ist zu warnen: Heine oder Brecht sind nicht weniger ›Artisten‹ als George oder Benn, und umgekehrt lassen sich Vertreter der ›absoluten‹ Poesie wenigstens in Teilen ihres Werks durchaus auch direkt auf Probleme der ›Wirklichkeit‹, der Gesellschaft ihrer Zeit ein – wenn nicht in der poetischen Theorie, so doch in der Praxis ihres Dichtens. Benn bietet hierfür ein gutes Beispiel: sowohl sein Früh- wie sein Spätwerk bezieht sich – wenn nicht ›eingreifend‹, so doch diagnostisch – direkt auf die Probleme seiner Zeit: zum ›Neorealismus‹ der sechziger Jahre ergeben sich erstaunliche Parallelen (Willems 1981), und die Tatsache, daß z. B. Rühmkorf bei aller Kritik an Benns ideologischen Fehlleistungen strikt an seiner Bewunderung für den großen Lyriker festhält (Rühmkorf 1978) und seine eigene Poesie ihm viel verdankt, spricht dafür, daß bei aller grundsätzlichen Gegnerschaft Benn und Brecht zwei *Modelle lyrischen Schreibens* geliefert haben, ohne die die moderne deutsche Lyrik undenkbar wäre: Benn das Modell einer Autonomie der Kunst im Zeichen einer der bestehenden Wirklichkeit opponierenden, existentiell-anthropologisch motivierten *Artistik,* und Brecht das Modell einer die bestehende Wirklichkeit verändernden *dialektisch-operativen Kunst* (vgl. Buck 1974; Hinck 1978).

Gleichzeitigkeit des Disparaten in Form und Inhalt sowie Gleichzeitigkeit des Ungleichzeitigen: diese Formeln gelten für die Lyrik der Moderne in besonderem Maße, sie lassen sich in jeder einzelnen ›Epoche‹ – gleich ob stilistisch oder realhistorisch definiert – als deren Signatur entdecken. Entscheidend für die Größe eines lyrischen Oeuvres ist die Konkretion seiner je individuellen Wahrheit. Hier kommt – in bezug auf beide genannten Modelle – das Problem der lyrischen *Subjektivität* ins Spiel, deren Geschichte von Goethe und den Romantikern bis in die unmittelbare Gegenwart gleichsam die historischen Umbrüche im 19. und 20. Jahrhundert mitreflektiert (Gnüg 1983). Für Hegel (und in seinem Gefolge auch für Vischer) war ausgemacht, daß Lyrik die Dichtkunst des Subjektiven sei, der Lyriker also das ausspreche, wovon er selbst als Subjekt affiziert ist; der Inhalt der lyrischen Poesie wird als »das Subjektive, die innere Welt, das betrachtende, empfindende Gemüt« beschrieben, wobei allerdings auch das Moment der Reflexion nicht fehlt, die in Verbindung mit der Empfindung »die vorhandene Welt in sich hineinzieht« (»Ästhetik« III).

Während für Goethe im lyrischen Gedicht noch subjektives Gefühl, bedeutender Gegenstand und Sinn gleichrangig nebeneinander stehen, vollzieht sich in der Romantik die Emanzipation des Gefühls, der Stimmung – das (unpolitische) Gedicht tendiert nun (etwa bei Brentano) zu einer Selbstgenügsamkeit der vorwiegend musikalischen Formelemente, die im französischen Symbolismus und bei Nietzsche nur noch radikalisiert zu werden braucht, um zu einer ersten Form von monologischer ›Poésie pure‹ zu führen. Auch die Doppelung von (individualistischem) Mythos und ›Artistik‹ (ein von Heine ins Spiel gebrachter Begriff, den Nietzsche aufnahm) hat hier ihren Ursprung, ebenso die Gleichzeitigkeit von Lyrik und programmatischer Lyriktheorie (mit dem bezeichnenden Genre des poetologischen Gedichts). Allerdings darf der prinzipielle Unterschied zwischen Romantik und Symbolismus nicht verwischt werden: die Differenz zwischen klassisch-romantischer Erlebnis- und Naturdichtung und symbolistischem Dinggedicht besteht (nach Henel 1958) vor allem darin, daß die als Index des romantischen Erlebnis-Gedichts geltende explizite Ich-Form im Symbolismus einem Akt des Symbolisierens weicht, der durch Aussparen des Ichs sowie verstärkten Rekurs auf die Dinge der Natur und der Kunst befördert wird – ein Akt, in dessen Zentrum die Worte, Bilder und Klänge in ihrem internen rhythmisch-sprachreflexiven Verweisungszusammenhang stehen, der freilich seinerseits zur Erkenntnis des Dichters und Menschen im Sinn eines überpersönlichen, anonymen Seelenbegriffs führen soll.

Paradoxerweise ergibt sich gerade durch die formale Aussparung des individuellen, autobiographischen Ichs eine dezidierte Subjektivierung und Enttotalisierung der Weltsicht, die Signum der Entwicklung im 19. Jahrhundert ist und sich – unter Aufhebung einer autonomen, vorsprachlich gedachten Ich-Instanz – im 20. Jahrhundert fortsetzt. Dem widerspricht die Erhebungs- und Aufschwungsthematik des *lyrischen Ichs* bei C. F. Meyer, Baudelaire, Nietzsche, Mallarmé, Hofmannsthal und George nur scheinbar (Pestalozzi 1970: 342 ff.): gerade ihre Emphase verweist darauf, daß ein Ich als autonomes Selbst im Sinn Hegels nach dem »Tod Gottes« nur noch künstlich, nämlich über das Sprachkunstwerk hergestellt werden kann. Das Kunstwerk wird – jedenfalls im Kontext des ›hermetischen‹ Strangs der lyrischen Moderne – zum Ersatz der verlorenen metaphysischen Dimension, und seine Rezeption erfordert einen Leser, der sich in gleichsam säkularisiert religiöser Andachtshaltung seinem Gegenstand zuwendet. Daß ein solches Kunstverständnis, wird es verabsolutiert, von ›falschem Bewußtsein‹ nicht frei ist, bemerkte bereits Liliencron (ebd. 352 ff.): es setzt nämlich eine bürgerliche Sekurität und ›machtgeschützte Innerlichkeit‹ voraus, die den meisten – ganz abgesehen von ihren für solchen Kunstgenuß nicht vorbereiteten Wahrnehmungsorganen – versagt bleiben.

Auch wenn die ›absolute‹ Poesie in einer Art ›negativer Dialektik‹ (Adorno) auf gesellschaftliche Problematik hin durchsichtig gemacht werden kann, verlangt sie geradezu nach einem gleichrangigen Korrektiv – einer Lyrik, die, ohne formale Zugeständnisse zu machen oder gar zur ›Tendenzdichtung‹ (im Sinn einer formal nicht mehr bewältigten naiven Inhaltsaussage) zu entarten, sich den Problemen der jeweiligen Gegenwart direkt stellt und nicht nur für Eingeweihte, sondern für ein weiteres Publikum verstehbar bleibt. Wie stellt sich die Doppelung von (idealtypisch gesehener) *absoluter* und *engagierter Poesie* im Verlauf der Geschichte der modernen Lyrik bis in die Gegenwart dar?

Im Umkreis des → *Naturalismus* ist der lyrische Ertrag aufs ganze gesehen relativ gering. Abgesehen von dem kaum festlegbaren Liliencron (wie Nietzsche 1844 geboren und insofern älter als seine Naturalistenfreunde), bleibt wohl nur A. Holz wichtig, der in der Arbeit am »Phantasus« von 1886 bis zu seinem Tod 1929 einerseits dem bereits in den »Modernen Dichter-Charakteren« (1885) vertretenen Anspruch gerecht zu werden versucht, stofflich-inhaltlich der Lyrik neue Wege zu weisen (Gegenwartsbezug, Großstadt, Vierter Stand, bürgerliche Identitätskrise) und so der primär sozialen Motivation der ›Jüngstdeutschen‹ zu genügen, der andererseits im Zeichen der »Revolution der Lyrik« (1899) auch artistisch-sprachliche Innovationen realisiert (Prinzipien des Ausdrucks-Rhythmus und der Mittelachsen-Anordnung). Döblin und Heißenbüttel sehen Holz trotz seiner Egomanie als einen Vater der modernen Poesie an, da bei ihm spezifisch neue Techniken und Formen (→ Collage, visuelles Arrangement, poème trouvé) bereits auftauchen, auch wenn sie noch in einer Art Hyper-Naturalismus (das Ich als ›Spiegel des Universums‹) ihre Begründung finden.

Liegt das Schwergewicht des Naturalismus in der Eroberung neuer Stoffgebiete, so muß beim *Stilpluralismus der Jahrhundertwende* – neben der gleichsam den Naturalismus vertiefenden und erweiternden Einbeziehung der psychischen Dimension – vor allem eine äußerste Verfeinerung der sprachlichen Mittel hervorgehoben werden (vgl. Žmegač 1980: 256 ff.). Was den → *Impressionismus* angeht, so zeichnet er sich durch eine eigenartige Gegenläufigkeit von mimetischer Genauigkeit und flüchtigem Inhalt aus, die im Ergebnis häufig eine ornamentale Verspieltheit zur Folge hat, während der → *Symbolismus* eines Hofmannsthal und vor allem eines George sich eher dunkel-erlesen ausnimmt und vom Leser eine entsprechende Rezeptionshaltung fordert. Vor dem Hintergrund der massenhaft verkauften Lyrik der Geibel-Epigonen, einer immer schnelleren und von H. Bahr programmatisch beförderten Abfolge antinaturalistischer Richtungen (Impressionismus, → Neuromantik, Symbolismus, → Décadence), eines Booms an Anthologien (etwa H. Benzmann 1903) sowie der 1902 erfolgten Gründung eines rein ökonomisch ausgerichteten Lyrik-Kartells (Martens 1975) freilich kann die vergleichsweise ›hermetische‹ Lyrik Hofmannsthals, Georges und (seit der Jahrhundertwende) Rilkes – trotz ihres gelegentlichen Tributs an den Zeitgeschmack – als indirekte lyrische Opposition gegen den spießbürgerlich-materialistischen Zeitgeist gewertet werden. Direkt oppositionell agiert das sich im selben Zeitraum im Anschluß an das Pariser ›Chat noir‹ herausbildende *Kabarett* (E. von Wolzogens Berliner ›Überbrettl‹ und die Münchener ›Elf Scharfrichter‹), wobei in Fortsetzung der Heine-Tradition neue Formen entstehen (Bierbaums Chansons als »angewandte Lyrik«, Wedekinds bänkelsängerische Ballade). Auch Morgensterns *Nonsens-Poesie* mit ihrer sprachkritischen Komponente decouvriert die sprachlichen Verödungs- und Anpassungstendenzen der Zeit; im → Dadaismus wie in der → Konkreten Literatur findet sein – im ernsten Sinn – sprachspielerischer Ansatz eine radikalisierte Fortsetzung.

Die zweite Literaturrevolution nach dem Naturalismus, der → *Expressionismus,* steht zunächst (von 1910 bis 1914) ganz im Zeichen einer Lyrik, deren einzelne Ausprägungen antibürgerliche und antiästhetische Züge mit sozialutopisch humanitären Ideen zusammenspannen. Es geht dabei in keinem Fall – wie in der späteren Exildebatte über Expressionismus und Realismus unterstellt (Schmitt 1973) – um bloßen Formalismus: alle Autoren, so unterschiedlich sie politisch eingestellt sind, zielen mehr oder weniger auf eine ästhetisch-ethische Generalrevision der bürgerlichen Kultur des Wilhelminismus, und sie versuchen, da die Wirklichkeit selbst chaotisch und sinnlos scheint, ihr Ziel durch eine Konzentration auf die expressiven und wesensstiftenden Kräfte des Subjekts und seiner innovativen Sprache zu erreichen. Daß dabei die widersprüchlichsten Lösungsversuche unterschiedlicher Gruppierungen nebeneinander stehen – neue Religiosität neben (politischem) Aktivismus, Idealismus neben Vitalismus, messianische Hymnik neben Großstadtlyrik und → Groteske, Mythisierung und Allegorisierung neben einer hypernaturalistischen Ästhetik des Häßlichen –, ist kaum verwunderlich. Formal bleibt man meist bei traditionellen Schemata, füllt sie jedoch mit neuen Inhalten und durchbricht damit die Erwartungshaltung des zeitgenössischen Lesers.

Die forciert engagierte Dichtung im Ersten Weltkrieg erschöpft sich weitgehend im Schrei und im ›O Mensch‹-Pathos und verliert das Gesetz der Form-Inhalt-Dialektik aus dem Blick. Demgegenüber bedeutet die über- und gegenexpressionistische Bewegung des Züricher und Berliner → *Dadaismus* ebenso ein wichtiges Gegengewicht wie die Ende des Kriegs entstehenden Satiren Hasenclevers, Ehrensteins und Klabunds gegen die Gewalt. Beides bereitet den Boden für die Lyrik der Weimarer Republik, während die ›Wortkunsttheorie‹ des »Sturm« mit ihrer radikal abstraktiven Tendenz zwar Elemente des → *Futurismus* aufgreift, aber anders als dieser (mit Ausnahme Stramms) kaum bedeutende lyrische Leistungen aufzuweisen hat. Von den bedeutendsten Lyrikern des Expressionismus, Stadler, Heym, Benn, Trakl, Lasker-Schüler, ragen zumindest die drei letztgenannten über ihre Epoche hinaus; ihr Werk läßt sich nur bedingt als ›typisch‹ expressionistisch klassifizieren – wie überhaupt jede literarhistorische Klassifikation nur so weit akzeptiert werden kann, als sie der individuellen Leistung keine Gewalt antut.

Nach dem tiefgreifenden Umbruch von 1918/19 kann keine der bisher gängigen lyrischen Schreibweisen in der *Weimarer Republik* unbefragt weiter Geltung beanspruchen (vgl. Bayerdörfer in: Hinderer 1983; 439 ff.). Wesentlicher Grundzug der neuen Entwicklung – im Gegensatz zur ›hermetischen‹ Tradition seit dem Symbolismus – ist die *Pragmatisierung* der Lyrik entweder in Gestalt von Zitaten (→ Collage, Montage) aus den nun dominant werdenden neuen kulturellen Gebieten oder durch einen ›remimetischen‹ Appell an den Leser in politisch-didaktischer oder ironisch-satirischer Absicht. Die Kabarett-Tradition der Vorkriegszeit setzt sich innovativ fort mit Mehring, Klabund, Ringelnatz und Tucholsky. Wenn der vom Berliner Dadaismus kommende Mehring in seiner »Conférence provocative« zur Wiedereröffnung des Reinhardtschen Kabaretts ›Schall und Rauch‹ bewußt den Begriff der ›Artistik‹ nun auch auf den Bereich der Kleinkunst bezieht, so zeigt sich darin eine für diese Jahre typische Verknüpfung von Artistik und Engagement; die erneuerte Kultur des Chansons und der Ballade wird in diesem Sinn auch von Brecht gepflegt (»Hauspostille«, 1927, mit Texten seit 1918), der sich im Zeichen des von ihm propagierten ›Gebrauchswerts‹ von Lyrik (»Kurzer Bericht über 400 junge Lyriker«, 1927) gegen die gesamte bürgerliche Lyriktradition seit dem Symbolismus wendet und nun eine ›vernünftige‹, d. h. gesellschaftskritische Lyrik fordert. Damit radikalisiert sich die Distanz zu Benn, der im Gegensatz zu Brecht nicht an die ›Veränderung‹ der Gesellschaft durch kommunikative Kunst glaubt, sondern an die ›Verwandlung‹ des einzelnen durch »halluzinatorisch-konstruktiven Stil« (Akademierede 1932) im Sinn eines anthropologisch-geistigen Prozesses.

Die eigentlich populäre Lyrik der Weimarer Jahre wird weder von Mehring noch von Brecht geschrieben, sondern im Zeichen der → *Neuen Sachlichkeit* von Tucholsky und vor allem Kästner. Diese ›linken Melancholiker‹ (Benjamin 1930 in einer vernichtenden Kästner-Rezension) treten in ihrer vom Heineschen Parlandostil geprägten ›Alltagspoesie› für eine zeitgemäße Aufklärung ein, ohne politisch zu agitieren; ihr Erfolg vor allem bei den zwischen den Klassen heimatlosen Angestellten war den Nationalsozialisten Grund genug, sie mehr zu befehden als manche Agitprop-Dichter – ihre Bücher wurden 1933 verboten und verbrannt. Eher als Fortsetzung der traditionellen Moderne versteht sich die neue *Naturlyrik* (Loerke, Lehmann, auch die um die Zeitschrift »Die Kolonne« gruppierten Lyriker Eich, Huchel, Langgässer, Kolmar); gleichwohl hat auch sie in ihren besten Produkten insofern Anteil an der neuen Entwicklung, als ihre Form sperrig bleibt und dadurch einer naiven Mythos- und Naturgläubigkeit entgegenwirkt. Nicht von ungefähr knüpft die Lyrik nach 1945 u. a. hier wieder an.

Die Lyrik des *Exils* (→ Exilliteratur) setzt im Prinzip alle Bestrebungen der Weimarer Jahre ohne Bruch fort; ihr Spektrum »reicht vom operativ-agitatorischen politischen Gedicht über satirische Texte, religiöse und mythisierende Klärungsversuche bis zu den vielfältigen Formen subjektiver Ich-Aussprache« (Rotermund in: Žmegač 1984; 288). Von Brecht und Mehring abgesehen, findet sich bei fast allen Exillyrikern eine Wendung zum stilistisch-formalen Traditionalismus, gleichsam als Ersatz für die verlorene Heimat. Da die Lyrik im Exil programmatisch bei weitem hinter dem Roman zurücktritt, bleiben die einzelnen Autoren isoliert und formulieren ihre Klagen und Anklagen für sich allein. Auch die lyrischen Innovationen Brechts, die im Zeichen einer Politisierung und Entmetaphorisierung auf Resonanz abzielen (vor allem »Svendborger Gedichte«, 1939, und der programmatische Aufsatz »Über reimlose Lyrik mit unregelmäßigen Rhythmen« aus dem gleichen Jahr), finden nur verhältnismäßig wenige Leser.

Auch die nicht ins Exil gegangenen Lyriker – sieht man von den ästhetisch peinlichen Produkten der offiziös geförderten Barden einmal ab – finden während des *Dritten Reichs* nur auf Umwegen ein Publikum: eine Veröffentlichung ist allein möglich, wenn man sich einer ›verdeckten Schreibweise‹ (D. Sternberger) bedient, sei es im Bereich des religiösen oder des ›naturmagischen‹ Paradigmas. Die Abschiedslyrik in Gefängnissen oder die Appell-Lyrik in Konzentrationslagern ist menschlich anrührend und wichtig angesichts einer überaus erschwerten Kommunikation –

ästhetisch führt sie ebenso wenig weiter wie die quantitativ erhebliche klassizistische Produktion von Sonetten und anderen traditionellen Formen. Benns »Statische Gedichte«, die als Zyklus erst nach dem Zweiten Weltkrieg erscheinen, müssen wohl als wichtigstes Lyrik-Ereignis der *Inneren Emigration* (→ Exilliteratur) gelten – trotz ihrer ›Klassizität‹ ungemein innovativ in den vielfältigen poetischen Versuchen, die Kunst als Gegenwelt gegenüber den Schrecken der Gegenwart zu bewahren. Daß man in den fünfziger Jahren gerade diesen Zyklus (neben dem programmatischen Marburger Vortrag »Probleme der Lyrik« von 1951) zum Ausgangspunkt einer sehr einseitigen Inthronisation Benns als eines Kirchenvaters der modernen deutschen Lyrik gemacht hat, liegt weniger an den Gedichten selbst als an der Blindheit der Kritiker; so konnte man auch erst post festum bemerken, daß der späte Benn zu einem erstaunlichen ›Neorealismus‹ fand, der nicht ins etablierte Bild des esoterischen Artisten paßt (Willems 1981).

Auch wenn sich die Lyrik der *Bundesrepublik* und *Österreichs* allenfalls unter das Signum ›Pluralismus‹ stellen läßt, lassen sich die verschiedenen Strömungen gleichwohl (im Sinne der Ausgangsfrage nach dem Anteil ›absoluter‹ resp. ›engagierter‹ Poesie und ihrer Mischungen) unterscheiden (Knörrich 1978; ders., in Hinderer 1983: 551 ff.). Sieht man vom Ruf nach einem neuen Realismus im Zeichen des ›Nullpunkts‹ bzw. des ›Kahlschlags‹ nach 1945 ab, der in der Lyrik, von Eichs Gedicht »Inventur« abgesehen, wegen des unbewältigten Formproblems zu keinen ästhetisch dauerhaften Ergebnissen geführt hat, ergeben sich zunächst zwei Möglichkeiten: entweder knüpft man (vermittelt u. a. durch Benn) an die im Dritten Reich verfemte europäische → Moderne wieder an (in Österreich verstärkt auch an den → Surrealismus) oder setzt (vermittelt u. a. durch Lehmann) die Tradition der *Naturlyrik* fort. Der neue → *Hermetismus* eines Celan oder einer Bachmann verbindet Sprachmagie mit zunehmend radikalem Sprachzweifel, während die ebenfalls seit Mitte der fünfziger Jahre entstehende → *Konkrete Literatur* (als Gegenbewegung zum ›Hermetismus‹) den Materialcharakter der Sprache zum Thema macht und damit durchaus mehr intendiert als ein bloß witzig-irritierendes Sprachspiel. Gattungsgrenzen spielen hier (vor allem bei der Wiener Gruppe) eine ebenso geringe Rolle wie dic cnge Fixierung auf ›Literatur‹ im engen Sinn (Laut- und Sprechgedicht, visuelle Poesie). Es geht generell um eine Entautomatisierung der Wahrnehmung durch das formal radikale → Experiment, zugleich verbunden mit einer bewußten Entmetaphorisierung.

Seit dem Ende der fünfziger Jahre erfolgt dann fast notwendig ein Paradigmawechsel hin zum *öffentlichen* und *politischen Gedicht:* während Enzensberger und Rühmkorf gleichsam eine Synthese aus Benn und Brecht, aus Artistik und Engagement versuchen, greifen Fried, Degenhardt u. a. auf die Tradition des Agitations- und Propagandalieds der Weimarer

Zeit und des Exils zurück. Formaler Grundzug bleibt (trotz Höllerers Eintreten für das »lange Gedicht« 1965) bei allen genannten Strömungen ein Zug zur Reduktion, zu einem je unterschiedlich motivierten und gestalteten *Lakonismus.* Spätestens mit der Studentenrevolte der Jahre 1968/69, als man in der Hoffnung auf die konkrete Revolution von Revolutionen der Literatur nichts mehr hielt (»Kursbuch« 15, 1968), schlägt das Pendel im Zeichen einer → *Neuen Subjektivität* zurück; bereits einige Jahre vorher war das Stichwort eines auf den Alltag und seine Sprache bezogenen *neuen Realismus* gefallen (Wellershoffs ›Kölner Schule‹, Hamms Anthologie »Aussichten« 1966), und Brinkmann hatte unter Hinweis auf die Pop art der USA längst seine ersten Gedichtbände publiziert.

Auch wenn die Rückwendung vom gleichsam kollektiven zum individuellen Subjekt keineswegs bloß als Fluchtphänomen interpretiert werden kann (vgl. die Debatte in »Akzente« 1977 u. a. zwischen Drews und Theobaldy) und – neben einem allerdings kaum zu übersehenden Hang zur Epigonalität und Trivialität – auch ästhetisch eindrückliche Texte entstanden sind (Brinkmann, Handke, Wondratschek, Born, Theobaldy), bleibt die erneuerte Frage nach der Form-Inhalt-Dialektik entscheidend für die weitere Entwicklung: nach all den (notwendigen) Reduktionen auf das Material (in der → Konkreten Literatur), auf die Botschaft (in der politischen Lyrik) und auf das (veristische) Protokoll einer subjektiven Befindlichkeit (in der Lyrik der Neuen Subjektivität) könnte sich eine *Rückgewinnung der Komplexität* (Jappe, nach Hartung 1985: 88) als notwendig erweisen.

Die Probleme der *Lyrik in der ehemaligen DDR* stellten sich bezüglich der Ausgangsfrage nach dem Verhältnis von Artistik und Engagement zunächst umgekehrt wie in der Bundesrepublik und Österreich: insofern Engagement für das entstehende sozialistische Gemeinwesen bereits durch die Rückkehr der Exilierten in die SBZ und ihren Anteil am ›Aufbau‹ bewiesen war, hatten sich die Lyriker von 1945 an primär mit Fragen der angemessenen lyrischen Form ihres Engagements auseinanderzusetzen, wobei sich die Formalismus- und Erbedebatte des Exils zunächst fortsetzte (Emmerich, in Hinderer 1983: 576 ff.). Während Bechers ›offiziöser‹ Traditionalismus – im Gegensatz zu Brechts dialektisch-operativer Schreibweise – ästhetisch unbefriedigend blieb, griffen Hermlin und Arendt, aus der Generation der Nichtemigrierten vor allem Bobrowski und Huchel in unterschiedlicher Weise auf das Erbe der europäischen → Avantgarde zurück. Zwischen 1962 und 1976 trat dann eine jüngere Generation an die Öffentlichkeit: Namen wie Kunert, Kunze, R. Kirsch, Mickel, S. Kirsch, Biermann, Braun und Jentzsch sprechen für die Qualität einer Lyrik, die im Zeichen einer »arbeitenden Subjektivität« (Emmerich in Hinderer 1983: 576), einer »Dialektik von Ich und wir« (Hartung 1985: 100) die Aufhebung des Antagonismus von Individuum und Gesellschaft utopisch zu antizipieren versuchte. Gegen den Widerstand von Staat und offiziöser Germanistik vermittelten die Lyriker mit ihren besten Texten Artistik und Engagement in einer Weise, die im Westen nur wenigen (Enzensberger, Rühmkorf) gelang. Die Ausbürgerung Biermanns 1976 – zehn Jahre nach der denkwürdigen Lyrikdebatte in der FDJ-Zeitschrift »Forum« – beendete diese Phase der Liberalisierung; nur wenige der genannten Lyriker blieben in der DDR, und eine jüngere Generation bot für die erzwungenen Verluste keinen angemessenen Ersatz.

Die Entwicklung der (deutschsprachigen) Lyrik nach 1945 ist, so läßt sich resümierend feststellen, von einem kaum mehr überblickbaren *Pluralismus* gekennzeichnet. Die Aufeinanderfolge verschiedener Strömungen – häufig sogar bei ein und demselben Autor – ist ein weiterer Beleg für das *dialektische Grundprinzip der → Moderne* insgesamt (Hamburger 1972; Rey 1978): zu ihrer Signatur gehört schon immer die Gleichzeitigkeit des Disparaten sowie des Ungleichzeitigen – Kunst und Antikunst, die (alexandrinische) Verfügbarkeit der → Tradition ebenso wie das Postulat eines absoluten Neubeginns. Es bedarf insofern keiner Etiketten wie ›post-histoire‹ oder → Postmoderne, um solcherart ›antihistorische‹ Gegenbewegungen zu kennzeichnen. Lyrik leistet, wenn sie sich nicht selbst zur bloßen Ware degradiert, Widerstand gegenüber allen der modernen Gesellschaft zwanghaft inhärenten Verfestigungstendenzen, das Gedicht entwickelt ein »spezifisches Bewußtsein« (Kunert 1970, nach Hartung 1985: 132) von der Würde des Subjekts im Zeitalter seiner drohenden Entmündigung durch den Staat und die Kulturindustrie. Es tut dies allein schon durch seine von Lesern wahr- und ernstgenommene Existenz – jenseits der Frage nach Artistik und Engagement, nach Hermetismus und alltagssprachlicher Kommunizierbarkeit. Daß sie zunehmend sich mit anderen Medien verbindet und »auf den Markt« geht (Rühmkorf), kann ihrer Zukunft nur dienlich sein.

Th. W. Adorno: Der Artist als Statthalter (1953). In ders.: Noten zur Literatur I. Frankfurt a. M. 1958

H. Friedrich: Die Struktur der modernen Lyrik. Von Baudelaire bis zur Gegenwart. Reinbek 1956

Th. W. Adorno: Rede über Lyrik und Gesellschaft (1957). In ders.: Noten zur Literatur. I. Frankfurt a. M. 1958

H. R. Jauß: Zur Frage der ›Struktureinheit‹ älterer und moderner Lyrik. In: GRM 41, NF 10 (1960)

H. O. Burger: Von der Struktureinheit klassischer und moderner deutscher Lyrik. In: H. O. Burger und R. Grimm: evokation und montage. drei beiträge zum verständnis moderner deutscher lyrik. Göttingen 1961

C. Heselhaus: Deutsche Lyrik der Moderne von Nietzsche bis Yvan Goll. Die Rückkehr zur Bildlichkeit der Sprache. Düsseldorf 2 1962

H. Schwerte: Deutsche Literatur im Wilhelminischen Zeitalter. In: Wirkendes Wort 14 (1964)

W. Iser (Hrsg.): Immanente Ästhetik – Ästhetische Reflexion. Lyrik als Paradigma der Moderne. München 1966

K. Pestalozzi: Die Entstehung des lyrischen Ich. Studien zum Motiv der Erhebung in der Lyrik. Berlin 1970

H. Kreuzer: Zur Periodisierung der ›modernen‹ deutschen Literatur. In: Basis. Jb. für deutsche Gegenwartsliteratur 2 (1971)

M. Hamburger: Die Dialektik der modernen Lyrik. Von Baudelaire bis zur Konkreten Poesie. München 1972

H.-J. Schmitt (Hrsg.): Die Expressionismusdebatte. Materialien zu einer marxistischen Realismuskonzeption. Frankfurt a. M. 1973

Th. Buck: Benn und Brecht. In: Text + Kritik 44 (1974)

R. Grimm (Hrsg.): Zur Lyrik-Diskussion. Darmstadt ^{2}1974

W. Martens: Lyrik kommerziell. Das Kartell lyrischer Autoren 1902-1933. München 1975

W. Hinck: Von Heine zu Brecht. Lyrik im Geschichtsprozeß. Frankfurt a. M. 1978

W. Hinderer (Hrsg.): Geschichte der politischen Lyrik in Deutschland. Stuttgart 1978

O. Knörrich: Die deutsche Lyrik seit 1945. Stuttgart ^{2}1978

W. H. Rey: Poesie der Antipoesie. Moderne deutsche Lyrik. Genesis, Theorie, Struktur. Heidelberg 1978

P. Rühmkorf: Strömungslehre I: Poesie. Reinbek 1978

G. Willems: Großstadt- und Bewußtseinspoesie. Über Realismus in der modernen Lyrik, insbesondere im lyrischen Spätwerk Gottfried Benns und in der deutschen Lyrik seit 1965. Tübingen 1981

M. Zeller: Gedichte haben Zeit: Aufriß einer zeitgenössischen Poetik. Stuttgart 1982

H. Gnüg: Entstehung und Krise lyrischer Subjektivität. Vom klassischen lyrischen Ich bis zur modernen Erfahrungswirklichkeit. Stuttgart 1983

W. Hinderer (Hrsg.): Geschichte der deutschen Lyrik vom Mittelalter bis zur Gegenwart. Stuttgart 1983

H. Wentzlaff-Eggebert (Hrsg.): Die Legitimation der Alltagssprache in der modernen Lyrik. Antworten aus Europa und Lateinamerika. Erlangen 1984

V. Žmegač (Hrsg.): Geschichte der deutschen Literatur vom 18. Jahrhundert bis zur Gegenwart. Königstein/Ts. Bd. 2 (1980), Bd. 3 (1984)

H. Hartung: Deutsche Lyrik seit 1965. Tendenzen – Beispiele – Porträts. München, Zürich 1985

G. Wunberg: Hermetik – Änigmatik – Aphasie. Zur Lyrik der Moderne / *W. Hinck:* »Wörter meine Fallschirme«. Zum Selbstverständnis der Lyriker in poetologischen Gedichten unseres Jahrhunderts. In: D. Borchmeyer (Hrsg.): Poetik und Geschichte. Viktor Žmegač zum 60. Geburtstag. Tübingen 1989

D. Lamping: Das lyrische Gedicht. Definitionen zur Theorie und Geschichte der Gattung. Göttingen 1989

U. Poch: Metaphernvertrauen und Metaphernskepsis. Untersuchungen metaphorischer Strukturen in neuerer Lyrik. Frankfurt a. M. [u. a.] 1989

D. Lamping: Moderne Lyrik. Göttingen 1991

Hans Otto Horch

Märchen

Das M. (Kunstmärchen), eine paradigmatische Gattung der Romantik, namentlich der deutschen (Novalis, Tieck, Brentano, Eichendorff, Hoffmann), geriet im späteren 19. Jh., im »naturwissenschaftlichen Zeitalter«, aus begreiflichen Gründen an den Rand des literarischen Schaffens. Die programmatische Festschreibung der Forderung, die Literatur müsse grundsätzlich einem konkreten Erfahrungshorizont entsprechen, konnte gerade dieser Form phantastischer Literatur wenig Spielraum lassen. Die Theoretiker des → Realismus und des → Naturalismus betonten auch immer wieder die Unzeitgemäßheit märchenhafter Einbildungskraft. Phantastisches wurde eher im Rahmen literarisch ausgestalteter technischer Wunschvorstellungen gepflegt (wie etwa bei Verne). Ganz verschwand das M. freilich auch im Zeitalter des Realismus nicht: in der deutschen Literatur finden sich bei Storm und Keller Beispiele, und die Beliebtheit spätromantischer Märchensammlungen (Bechstein) dauerte unvermindert an. Bedenkt man den künstlerischen Widerstand gegen die Vorherrschaft naturalistischer Auffassungen, namentlich seit der Jahrhundertwende, und zwar im Zeichen von → Neuromantik, → Expressionismus, → Surrealismus usw., so überrascht eine gewisse Renaissance des M.s keineswegs. Zur Durchführung einer antinaturalistischen, zum Teil auch amimetischen Ästhetik boten sich in der Literatur zwar auch andere Gattungen an, doch das M. verfügte mit seinen traditionellen Merkmalen über besonders leicht erkennbare Signale.

Die Grundvoraussetzung für ein neues Interesse an märchenartigem Erzählen war die Bereitschaft, der Fiktion nicht nur logische, sondern auch stoffliche Autonomie zuzubilligen. Es gilt zu betonen, daß die prinzipielle Unabhängigkeit gegenüber den physischen Gesetzen der Erfahrungswelt (ob es sich nun, wie in der europäischen und orientalischen Überlieferung, um Aufhebung der Schwerkraft, um redende Tiere oder vollständige generische Verwandlungen handelt) auch in den modernen M. einen Grundstock der poetischen Weltkonstitution bildet. Magischer Zauber, oft in einem zeitlosen Handlungsraum, ist das Natürliche des M.s. Begleitet wird dieses Erkennungssignal ausnahmslos von einem formalen Merkmal der Gattungstradition: das M. bleibt in der Regel eine straff, zumeist berichtartig erzählte, zur Parabel hin offene Geschichte, die entweder unabhängig auftritt oder als Einlage in einem größeren Text erscheint. Am wenigsten verbindlich ist im 20. Jh. ein drittes, in der Tradition (vor allem des Volksmärchens) fest verankertes Merkmal: die moralische Bestimmung, die daran erkennbar ist, daß bei einer Gegenüberstellung ethischer Grundsätze das Böse keine Chancen hat. Namentlich von diesen drei Kategorien hängt nach wie vor die Beurteilung der Gattungskonsistenz ab. Als eigentümlich für die moderne Ausformung kann ein Kennzeichen gelten, das ansatzweise bereits in den Anfängen des Kunstmärchens vorhanden war, nämlich das Bedürfnis nach ironischer Distanzierung von der vermeintlichen Naivität des M.s. Im 18. Jh. diente der relativierende Kunstgriff der Einführung einer als subliterarisch geltenden Gattung: die Gewöhnung an das M. vollzog sich behutsam, sozusagen in Anführungszeichen. Seit 1900 etwa unterstreicht eine objektive poetologische Distanz den besonderen artifiziellen Charakter der Erzählung, gleichsam das Dennoch poetischer Freiheit in einer von naturwissenschaftlicher Anschauung beherrschten Welt.

Innerhalb dieser Orientierung lassen sich mehrere Typen unterscheiden. In den typologischen Vorschlägen der neueren Forschung (so ewa bei Wührl) werden – freilich nicht sehr scharf markierte – Grenzen gezogen zwischen »symbolischen Traumbildern«, in denen das Wunderbare ein Organon programmierter Vieldeutigkeit ist, ferner M., in denen das Geschehen einen allegorischen Grundriß erkennen läßt, und schließlich Texten, deren Wesen darin liegt, daß das Wunderbare eine Verfremdung des Alltags bewirkt. Bei der letzteren Spielart ist die Nähe der dämonisierenden → Groteske spürbar. Als weitere Möglichkeiten wäre die satirische Pointierung des Wunderbar-Phantastischen zu nennen sowie das sprachspielerische Märchen, in dem die Erfahrungselemente mehr oder minder einem höheren Jux verbaler Art untergeordnet erscheinen. Da die Überschneidungen offensichtlich sind, sollte man Einteilungen im Hinblick auf Stoff, Realitätsbezug und Intention mit aller Vorsicht gebrauchen. Zu beachten ist ferner als stilistisches Kriterium die gesamte Erzählhaltung: der Gegensatz von pathetischer Emphase und ironischer Relativierung ist auf dieser Ebene das deutlichste Merkmal. Historisch gesehen ist das Nebeneinander unterschiedlicher Typen im Zuge der Erneuerung märchenartigen Erzählens um 1900 festzustellen. Poetisch rehabilitiert wird das M. entweder mit einem Schuß Ironie, gleichsam augenzwinkernd, oder aber im Geist angestrengter Mythisierung, deren Formel zumeist ein poetischer Monismus ist. Damit werden im Grunde Bestrebungen fortgeführt, die bereits in der Romantik zur Geltung kamen. Es entspricht dabei durchaus der pluralistischen Ausrichtung der Jahrhundertwende, wenn beide Tendenzen bei ein und demselben Autor ausgeprägt erscheinen, so etwa bei O. Wilde und H. Hesse. Ja es ist möglich, das M. in dieser Epoche als eine spezifisch pluralistische Gattung zu begreifen. Jedenfalls bietet sich kaum einer anderen Gattung so zwanglos die Möglichkeit, unterschiedlich stilistische Prinzipien miteinander zu vereinigen, ohne den einheitlichen Grundcharakter des Textes zu gefährden.

Wildes Märchenerzählungen verdanken ihre Beliebtheit sicherlich nicht zuletzt dem Umstand, daß in ihnen verschiedene, zum Teil gegensätzliche Stilregister gezogen werden, so daß das Ergebnis eine Art synkretistischer Prosa ist, die auf unterschiedlichen Ebenen rezipiert werden kann und auch unterschiedlichen Lesererwartungen entspricht. Als Beispiel bietet sich das wohl bekannteste M. von Wilde an, »The Happy Prince« (1888). Dem Autor gelingt es, die Märchenformeln des Wunderbaren sowohl mit Jugendstil-Arabesken als auch mit satirischen Elementen zu koppeln, wobei die »Unwirklichkeit«, die von der erfahrungstranszendenten Sicht des M.s ausgeht, auf die empirische Alltagswelt übergreift und deren schemenhafte Konventionen zweifelhaft erscheinen läßt. Hinzu kommt das »Zitathafte« des Erzählens (Klotz), etwa in den Anspielungen auf Andersen, eine Erzählweise jedenfalls, die nicht verbirgt, daß die empirischen und die transzendenten Elemente gleichermaßen der Regie der Literatur unterworfen sind. Daher überrascht es nicht, daß in den M. Wildes manchmal auch das Erzählen selbst zum Gegenstand wird, so im M. »The Devoted Friend«, wo ein Wasserratz einem Grünspecht erklärt, wie es sich mit der Zeitordnung im modernen Roman verhält.

So stark die dekorativen, jugendstilhaften Züge bei Wilde auch ausgeprägt sind, die spielerischen Neigungen überdecken so gut wie nie die parabelhafte Anlage der Texte. Die Bestrebung, die Strukturen des Phantastischen dazu zu gebrauchen, ein mehr oder weniger festes Wertesystem erzählerisch zu exponieren, erweist sich bei den meisten Autoren der Gattung als eine Konstante, von Wilde und Hesse bis zum späten Döblin. Von den Schemata des Volksmärchens rückt der moderne Autor insofern ab, als eine Trennung erkennbar wird zwischen den vorausgesetzten Werten und dem Ablauf der Geschichte. Während in der Überlieferung die Werte-Erwartung weitgehend das Handlungsmuster regiert, der Ausgang daher keine Überraschungen oder Rätsel aufweist, ist im modernen M. diese Übereinstimmung keine Selbstverständlichkeit mehr. Werteordnungen werden zwar nach wie vor suggeriert, doch der Sieg des als ein Wert empfundenen Prinzips erscheint keineswegs verbürgt. Bezeichnend ist in dieser Hinsicht der Unterschied zwischen den bevorzugten Schlußformeln der Märchentradition und den »offenen« Schlüssen bei manchen Autoren des 20. Jahrhunderts. Das Wunderbare kommt im modernen M. oft mit dem Ungewissen einher; die festen Belohnungs- oder Bestrafungsformeln sind dagegen zumeist parodistisch zu verstehen. Kennzeichnend sind im Hinblick auf die »Offenheit« Wendungen bei Hesse, einem Autor, dessen gesamtes Schaffen eine deutliche Neigung zu märchenhafter Phantastik aufweist. Stilmerkmale der Gattung benutzt Hesse vor allem dazu, einer eigentümlichen Verbindung fernöstlicher und moderner monistischer Vorstellungen dichterische Legitimität zu verleihen, ganz im Geist eines Jahrhundertwende-Pluralismus. Ein paradigmatischer Text wie »Piktors Verwandlungen« zeigt, wie gering das Interesse an einer plastischen »Geschichte« ist und wie ernst dagegen die Poetisierung weltanschaulicher Botschaften genommen wird: in diesem Fall der Gedanke der unaufhörlichen Metamorphosen in der gesamten organischen und anorganischen Natur, im »Zauberstrome ewiger Verwandlung«, wie es im Text heißt. Mit der starren, unveränderlichen Gestalt falle man der Verkümmerung anheim, die Schönheit gehe verloren. In den Werken dieser Art, die man poetische Phantasien über ein weltanschauliches Thema nennen kann, knüpft das neuere M. unverkennbar an den bei Novalis ausgeprägten Typus des romantischen M.s an. Zu denken gibt jedoch zugleich der Umstand, daß Hesses Umgang mit dem Gattungsbegriff M. ebenfalls die Unschärfe der Kategorie in unserem Jahrhundert erkennen läßt. Der Autor versah mit dieser Bezeichnung unterschiedliche Erzähltexte: Phantasmagorien, allegorische Geschichten, Traumerzählungen, phantasievolle Gedichte in Prosa.

Die bereits im 19. Jh. sich abzeichnende Zweiteilung – die Tendenz zum Sprachspiel-M. und die Neigung zur Ideen-Geschichte – beherrscht weitgehend das Leben der Gattung, oder genauer: der Versuche im Kräftefeld der Märchentradition. Die genannten beiden Typen sind extreme Muster, die selten in reiner Ausprägung vorkommen, doch als regulative Tendenzen sind sie nicht zu übersehen. Unter den Generationsgenossen Hesses ist der allegorisierende Typus besonders bei Hofmannsthal (»Die Frau ohne Schatten« u. a.) ausgeprägt, der anarchisch-spielerische bei K. Schwitters. In stilistischer Hinsicht folgen die beiden Typen in der Regel den entsprechenden Traditionen: die Ideen-Geschichten der gehobenen poetischen Ebene Goethes und der meisten Romantiker, die im weitesten Sinne persiflageartigen Texte dagegen der Diktion der Volksmärchen oder einer modernen »niederen« Stilebene (Umgangssprache, Jargon). Während das herkömmlich poetisierte M. zumeist an den überlieferten ethischen Modellen festhält oder sie nur unwesentlich abwandelt, signalisiert die saloppe Sprachbehandlung bei vielen Autoren Kritik und Verfremdung traditioneller ethischer Schemata. Die Koppelung konservativer Ideologeme mit stilkonservativer Gestaltung ist namentlich bei den maßgeblichen Autoren des ›Dritten Reichs‹ erkennbar. Den Versuch, das M. von weltanschaulichem Pathos zu befreien und die Gattung der »karnevalistischen« Tradition (nach der Terminologie Bachtins) anzunähern, repräsentiert in den zwanziger Jahren am markantesten Schwitters. Auffallend ist auch bei ihm die Vielfalt der Ausrichtungen: sie reichen vom Spiel mit der poetischen Illusion (»Der Schweinehirt und der Dichterfürst«) über die Literatursatire (»Der Pechvogel«) bis zu den radikalen Texten, in denen das herkömmliche Sinngefüge gesprengt wird oder der erzählerische Sinnanspruch ins Absurde verkehrt erscheint (»Die Zwiebel«, »Der glückliche Hans«, »Die drei Wünsche«, »Die Geschichte vom

Hasen«). Die Neigungen und Schreibweisen von Schwitters werden in den Jahrzehnten nach 1945 am deutlichsten in der dadaistische Impulse aufnehmenden »Wiener Gruppe« (Artmann, Rühm u. a.) fortgeführt. Auch hier gilt das M. gerade wegen seiner Freiräume für die Phantasie und zugleich wegen möglicher Schockwirkungen im Hinblick auf die Erwartungen der Leser als ein willkommenes Experimentierfeld. In der neuesten österreichischen Literatur gebraucht G. Roth die Bezeichnung M. für den Zyklus von 66 Geschichten im Roman »Landläufiger Tod«, 1984. Die im Ton von Kalendergeschichten erzählten Texte beglaubigen das Phantastische vorwiegend durch psychopathologische Begründung, holen somit das M. in den Bannkreis seelischer Traumarbeit zurück. Zu den bezeichnenden Versuchen mit dem M. gehört in den letzten Jahrzehnten vor allem die moderne Kontrafaktur, die auf einem im weitesten Sinn ironischen Verhältnis zum Volksmärchen beruht. Durch ein Neu-Erzählen oder Interpretieren bekannter M., vor allem aus der Sammlung der Brüder Grimm, wird im spielerischen Kontrast die Gestaltung aktueller Erfahrungen gesellschaftlicher und individualpsychologischer Natur erprobt. (Beispielhaft dafür sind I. Fetschers erfolgreiches Buch „Wer hat Dornröschen wachgeküßt? Ein Märchen-Verwirrbuch«, 1972, und der von J. Jung 1974 herausgegebene Sammelband »Märchen, Sagen und Abenteuergeschichten auf alten Bilderbogen, neu erzählt von Autoren unserer Zeit«.) Die Ergebnisse, sofern in ihnen mehr zu sehen ist als intellektueller Ulk, lassen erkennen, daß das Verhältnis zwischen Märchenwelt und Realität spannungsvoll geblieben ist: In manchen Geschichten wird die Kapitulation des M. vor der Wirklichkeitserfahrung zum Gegenstand, in anderen erscheint die Realität von der Märchenphantasie ins Unrecht gesetzt. Daß die Formtraditionen der epischen Kurzform M. – ebenfalls in ironischer Brechung – schließlich auch für die Bedürfnisse der Science Fiction zu gebrauchen sind, führt St. Lem vor in seinen »Bajki robotów« (1964, dt. »Robotermärchen«).

H. Geerken (Hrsg.): Die Goldene Bombe. Expressionistische Märchendichtungen und Grotesken. Darmstadt 1970

Chr. Eykman: Denk- und Stilformen des Expressionismus. München 1974

J. Tismar: Kunstmärchen. Stuttgart 1977

J. Tismar: Das deutsche Kunstmärchen des zwanzigsten Jahrhunderts. Stuttgart 1981

P.-W. Wührl: Das deutsche Kunstmärchen. Heidelberg 1984

V. Klotz: Das europäische Kunstmärchen. Stuttgart 1985

D. Horvat: Das deutsche Kunstmärchen vom Realismus bis zur Gegenwart (Diss. Zagreb 1988).

B. Kümmerling-Meibauer: Die Kunstmärchen von Hofmannsthal, Musil und Döblin. Köln/Weimar/Wien 1991

Viktor Žmegač

Medien (und Literatur)

Die *Dominanz des Buches* im Umgang mit der Literatur läßt leicht vergessen, daß die Wahl eines bestimmten Informationsträgers für die Übermittlung einer ›Botschaft‹ in den einzelnen Kulturen und zu verschiedenen Zeiten stets in einem Netz flexibler Informations- und Kommunikationsmöglichkeiten erfolgte, dessen Knotenpunkte *Mündlichkeit und Schriftlichkeit* waren. Die Erfindung des Buchdrucks führte zwar zu einer vermehrten Verbreitung von Schrift und Bild, aber die Kraft der mündlichen Rede (z. B. in der Agitation, im → Drama und im lebendigen Erzählen) war damit keineswegs gebrochen. Neue technische Möglichkeiten setzten lediglich neue Überlegungen hinsichtlich der zweckmäßigen Wahl der Mittel frei und veränderten die Informations- und Kommunikationssysteme, so daß auch die Literaturwissenschaft gezwungen war, sich auf sie einzustellen. Daß sich in diesen Systemen mündliche, schriftliche und bildliche Ausdrucksmittel unter veränderten Voraussetzungen immer wieder wechselseitig ergänzen und stimulieren, zeigt inzwischen auch der Umgang mit den *neuen Medien:* Der Schub vom Buch zum Bild und die damit verbundene *Revitalisierung des Bildlichen* bewirkten gleichermaßen eine Erhöhung der Erkenntnisfunktion des Bildes wie eine ›Informationsverschmutzung‹ durch die ›Bilderinflation‹; das gesprochene und das geschriebene Wort fanden schnell neue Stellen in den Systemen, wobei das Buch vielfach auch an seinen alten Platz zurückkehrte. Ebenso schnell gelang die Gewöhnung des Auges an die Schrift auf dem Bildschirm (gegenüber der Schrift im Buch). Die Informationsgeschwindigkeit wurde zu einem entscheidenden Kriterium für die Einschätzung von Informationsträgern.

Schon in den Anfängen der deutschen Literatur war neben der althochdeutschen und mittelhochdeutschen Buchliteratur eine mündliche, nicht für die Niederschrift bestimmte bzw. von der Geistlichkeit der literarischen Fixierung entzogene Dichtung lebendig. Aus den überlieferten Handschriften wiederum läßt sich Deklamatorisches rekonstruieren, wobei ›Singen‹ und ›Sagen‹ schwer voneinander zu trennen und mimische Repräsentationen nur zu vermuten sind. Neben den Miniaturen und Illustrationen in den Handschriften gehörten im Mittelalter Architektur, Malerei und Kleinkunst zu einem Syntagma von Ausdrucksformen, die

Rückschlüsse auf epochenspezifische Stoffe, Motive und Topoi erlauben. Eine enge Beziehung gingen Wort und Schrift in der Renaissancehieroglyphik ein, aus der sich in der Barockzeit die Sinnbildkunst der Emblemliteratur entwickelte. Das Bild erhält hier seine Bedeutung (significatio) aus der Darstellung eines beglaubigten Sachverhalts (pictura) und einer epigrammatischen Auslegung (scriptura); im barocken Drama wird das Verhalten der dramatischen Figuren durch das *argumentum emblematicum* gesteuert. Als die Poesie in der »Schilderungskunst« und die bildende Kunst in der »Allegoristerei« ihre Grenzen überschritten hatten und griechische ›Vorbilder‹ der bildenden Kunst im Klassizismus zum Maßstab für die Dichtung erhoben worden waren, legte Lessing im »Laokoon« (1766) die Unterschiede zwischen Malerei und Dichtung dar. Er gewann die Kunstprinzipien der bildenden Kunst und der Dichtung aus den spezifischen Materialprinzipien der Kunstarten (Farbe, Formen vs. artikulierte Töne) und aus den Zeitrelationen der Darstellungen (Augenblick vs Sukzession). Er setzte den Handlungsbegriff als Differenzierungskriterium und betonte die Funktionsbestimmung der Kunst unter dem Gesichtspunkt ihrer intendierten Wirkung. Dieser Neuansatz beeinflußte die Bildrezeption bis auf den heutigen Tag: die Bündelung visueller Elemente im Einzelbild schärft den Blick für die Augenblicksstruktur und die ›impliziten Geschichten‹, die textverbundene Bildreihe bereitet Lust an der Verbindung von Wort- und Bildelementen, und aus den laufenden Bildern (im Film) müssen Argumente herausgefunden bzw. Handlungspartikel abstrahiert werden.

Im Bereich der verschiedenen Wort-Bild-Beziehungen (Flugschrift, Erbauungsbuch u. a.) kommt dem Bänkelsang besondere Bedeutung zu, da hier die akustische und visuelle ›demonstratio ad oculos‹ unumgänglicher Bestandteil der Vermittlung von ›Botschaften‹ ist; der Bänkelsänger ist durch seine Kommentare Instanz gegenüber dem Berichteten bzw. dem Erzählten, seine Deixis (Dreiheit von Zeigegestus, Bilddemonstration und Kommentar) wurde vom Kino aufgenommen und ist noch heute in → Film und Fernsehen gegenwärtig. In den Almanachen und Taschenbüchern steht die Imagination des Bildes und des Szenischen im Dienst meditativer Strategien: die Illustrationen zu Erzählungen, Dramen und Gedichten bilden Brennpunkte im Normensystem der Texte. Wie die Theaterpraxis (mit ihren szenischen Stereotypen) Einfluß auf die szenischen Konstellationen dieser Illustrationen hatte, so ergaben sich auch Rückwirkungen der Almanachbilder auf die Rezeption der Literatur. Auf anderem Wege zwingen die ›lebenden Bilder‹ den Betrachter (im Fixpunkt eines spezifischen, bedeutungsvollen Sujets) zur Meditation; ursprünglich statisch angelegt, kamen bald Gesten und minimale Bewegungen hinzu, ohne daß sich eine dramatische Aktion entfaltete. Im → Theater wie im Film können bestimmte szenische Konstellationen als szenische Ruhepunkte bzw. durch die lange Verweildauer einer Einstellung zum Effekt eines ›lebenden Bildes‹ führen. Vorläufer des Films sind Bilderbogen und Bildgeschichten. Ihre Themen und Adressaten waren vielfältig, doch das Kombinationsprinzip blieb stets das gleiche: in einer Sukzession von Ereignissen waren Bild und Text aufeinander bezogen; dabei konnte der Text zu einer eigenen Verserzählung werden (W. Busch) oder jeweils auf das Exemplarische der Situation ausgerichtet sein (R. Toepffer); charakteristisches Merkmal für den Bilderbogen ist das Bildensemble. Umgekehrt hatte der Stummfilm (mit seinen Zwischentiteln) an der Ausbildung des Comic-Diskurses keinen geringen Anteil. Die Textualität der Bildgeschichten in den Comics besteht aus einem »Geflecht von Verweisungszusammenhängen« mit den Figuren als »Handlungszeichen« und der Szenerie als »Raumzeichen« (U. Krafft).

Die Erfindung der *Photographie* veränderte das Informations- und Kommunikationssystem zunächst nur im Bildbereich. Wie später der Film, so mußte auch die Photographie sich unter Legitimationsdruck »als Kunst« erst durchsetzen. Die Faktizität und Detailtreue der Photographie schienen anfangs die »genauest mögliche Nachahmung der Natur« zu garantieren, doch schon 1852 erklärte Toepffer: »Die Ähnlichkeit ist ein Zeichen, das auf freie Weise auch etwas anderes als das Dargestellte ausdrückt«. Während in der Geschichte der Photographie um 1890 eine Wende von der Detailorientierung zur Kunst- und Stilphotographie erfolgte, rückte der »Film als Kunst« zwischen 1907 und 1915 durch die → Montage in das Bewußtsein der Rezipienten: weniger die Abbildung als die Subjektivität weckte Interesse. Bei der Zuordnung von Texten zum Photo ergaben sich ähnliche Probleme wie beim traditionellen Bild-Text-Ensemble: der Text kommentierte das Photo, das Photo illustrierte den Text, die *story-art* ließ den Zusammenhang offen. Technische Verbesserungen (Blitz und Farbe) machten die Photographie zur Rivalin der Malerei und gaben dem Bildjournalismus Auftrieb, doch mußte sie ihren Kunstanspruch erneut behaupten, nachdem der Massengeschmack die Aussagekraft des Bildes geschwächt hatte und an die Stelle des chemischen Prozesses der Bilderzeugung das Verfahren der elektronischen Aufzeichnung getreten war; die Schwarz-Weiß-Photographie und die photorealistische Malerei wurden zu esoterischen Refugien. Weniger berührt wird die Photographie durch den Film, da der Film zwar durch die Wiedergabe von Bewegungen eine präzisere Mimesis handelnder Personen erreicht, aber daneben auch den statischen Bildeffekt nützt. Bild, Bewegung, Ereignis und Handlung dienen in der Tradition der abendländischen Bildrezeption und Wort-Bildbeziehungen nach wie vor als zentrale Orientierungsgrößen und stützen die auch für die Literatur gültige These: neue Medien beruhen in vielem auf alten Medien.

Nach der Erfindung des *Rundfunks* konnten sich mit dem → Hörspiel und anderen literarischen Funkgattungen relativ schnell eigene Darbietungsformen von Texten unter den Bedingungen der ›Nurhörbarkeit‹ entwickeln. Das gesprochene Wort erfuhr durch den Rundfunk überhaupt eine Aufwertung: viele Schriftsteller reizte die neue Möglichkeit der Textvermittlung, und das Ohr der Hörer wurde für akustische Phänomene und Strukturen, besonders aber für die ›Semiotik der Stimme‹ geschärft. Die gewonnenen Hörerfahrungen gingen mit der Ausbreitung des Fernsehens nicht verloren. Vielfach nur noch als Randgruppenmedium angesehen, hat der Rundfunk im System der ›Mündlichkeit‹ gleichwohl einen festen Platz. Auch das Theater behauptete sich gegenüber dem Fernsehen, das sogar zum Partner des Theaters werden kann, wenn es einer Theateraufzeichnung durch gut programmierte Kamerastrategien gelingt, komplementäre visuelle Perspektiven zu eröffnen. Hier wie im gesamten Umfeld des Rückgriffs auf literarische Stoffe, der Features, Dokumentationen und Interviews beeinflußt das Fernsehen ebenso wie der Film in weitaus stärkerem Maße als der Rundfunk das literarische Bewußtsein.

Leser, Hörer und Zuschauer (→ Publikum) gewinnen den einzelnen Medien unterschiedliche Reize ab, die sich in Multimedia-Produktionen zu attraktiven Reiz- und Aufmerksamkeitsfeldern verbinden können. Dadurch daß nicht nur Stoffe, Motive und Themen medienspezifisch aufbereitet, sondern auch bekannte literarische Werke in Opern, Filme, Ballette, Musicals und Hörspiele verwandelt werden, rückt besonders das Phänomen des *Medienwechsels* in den Mittelpunkt des Interesses. Oft wird erst durch den Vergleich der verschiedenen Realisationen das jeweils Eigene erkannt und die Voraussetzung deutlich, unter der diese Werke zwangsläufig auf Merkmalkomplexionen ihres Sujets reduziert und neu strukturiert werden. Schärfer hervor treten dann auch die alten und neuen raumzeitlichen Beziehungen, die Figurenkonstellationen und Handlungsparameter. Die Modellierung der Affekte ist auf der Bühne und im Film leichter möglich als im Buchtext. Der Leser aber wird wieder zum Buch greifen, wenn er mehr die meditative Beziehung zu vorgestellten Welten sucht; auch das Bild kann hier wieder seine alte Kraft zurückgewinnen, wie auf der anderen Seite das nur gesprochene Wort tiefer in das Bewußtsein dringen kann als das gelesene Wort und das Bild.

Die durch die ›neuen Medien‹ ausgelöste Veränderung des Informations- und Kommunikationssystems berührte bisher weniger das literarische Produkt als die Speicherung, Verwaltung und Verbreitung von Informationen, darüber hinaus aber auch die Text- und Bilderzeugung. Im Konkurrenzfeld verschiedener Informationsmittel sind computergesteuerte Nachweissysteme in erster Linie zur Bewältigung von Primäraufgaben hilfreich; sie stärken die Orientierungs- und Kommunikationsfähigkeit und sind in die schon bestehenden ›Modelle für selbständiges Lernen mit Medien‹ integrierbar: neben den Lernangeboten in Form von Büchern, Tonbändern, Filmen, Videokassetten und Dias stehen interaktiv nutzbare audiovisuelle Ausbildungs- und Informationsprogramme; Naturwissenschaft, Medizin und Technik zeigten bisher stärkeres Interesse an diesem Medieneinsatz als die Literaturwissenschaft, der die ›Abkehr vom Papier‹ schwerfällt. Weitgehend durchgesetzt hat sich dagegen die *Programmierte Textverarbeitung*, d. h. die für den Wiedergebrauch gedachte Erstellung von Texten, ihre Speicherung, ihr Abruf bei Bedarf und die Verwendung von Bausteintexten, ebenso die Textbearbeitung, d. h. die Erstellung von individuellen Texten (einschließlich Sofortkorrektur und Autorkorrektur). Soweit sich der Schriftsteller dieses Verfahrens bedient, wird es in Zukunft ohne die Überlieferung von Zwischenausdrucken unmöglich sein, die Textgenese eines Werkes zu rekonstruieren. Die Literaturgeschichte aber war stets auch die Geschichte der Überlieferungsträger der Literatur. Nicht erst die ›neuen Medien‹, sondern schon die bewährten optisch-akustischen Überlieferungsträger wie der Film und die (durch Rücklauf, Vorlauf, Stop und Standbild wie ein Buch ›lesbare‹) Videokassette haben neue Bedingungen des Textverständnisses geschaffen, das Ausdrucksspektrum erweitert und die Literaturwissenschaft vor neue Aufgaben gestellt.

Alle Überlegungen hinsichtlich des richtigen wechselseitigen Gebrauchs der print- und nonprint-Medien laufen letztlich auf die Frage hinaus, welche Informationen am besten von Anfang an ›ausgedruckt‹ gegeben werden und welche optischen und akustischen Eindrücke die größte Wirkung durch sich selbst erzielen, aber vielleicht doch der nachträglichen Fixierung in Bild und Schrift bedürfen; das ist vielfach zugleich eine Frage nach dem Zeitpunkt der Aufnahme in das Bewußtsein und der kognitiven Verarbeitung. Hirnphysiologisch besteht eine Dependenz zwischen dem sprachlichen Vermögen (linke Hirnhälfte) und der Verarbeitung von Informationen unter emotionalem und räumlichem Gesichtspunkt (rechte Hirnhälfte). Durch frühe Lesechancen in der Schule und im sozialen Umfeld des Herkommens, durch den Erwerb der visuellen Kompetenz und ein Wahrnehmungs- und Formulierungstraining kann der Gefahr, daß das Bild die Sprech- und Lesebereitschaft dämpft und damit die Reflexions- und Ausdrucksfähigkeit herabsetzt, rechtzeitig begegnet werden. Dies ist um so notwendiger, als Massenmedien schon immer ein Instrument zur Steuerung sozialer Konflikte mittels Ablenkung und Indoktrination waren. So wie man im Sachbereich jeweils neu herausfinden muß, welches Medium das umfassendere und der Interessenlage entsprechende Wissensangebot vermittelt, ist die Medienwahl bei der Vermittlung ›erfundener Welten‹ stark von der subjektiven Einstellung abhängig; in der kritischen Reflexion dieser Einstellung lernt man sich selbst, die Medien und die Literatur am besten kennen.

R. Arnheim: Film als Kunst (1932). Neudruck München 1974
W. Benjamin: Das Kunstwerk im Zeitalter seiner technischen Reproduzierbarkeit (1935). In ders.: Gesammelte Schriften. Bd. I, 2. Hg. von R. Tiedemann und H. Schweppenhäuser. Frankfurt a. M. 1974
S. Kracauer: Theorie des Films. Die Errettung der äußeren Wirklichkeit (engl. 1960, dt. 1964). In ders.: Schriften. Bd. 3. Hg. von K. Witte. Frankfurt a. M. 1973
A. A. Moles: Informationstheorie und ästhetische Wahrnehmung. Köln 1971
H. Kreuzer (Hrsg.): Literaturwissenschaft – Medienwissenschaft. Heidelberg 1977
U. Krafft: Comics lesen. Untersuchungen zur Textualität von Comics. Stuttgart 1978
R. Arnheim: Kunst und Sehen. Eine Psychologie des schöpferischen Auges. Neufassung. Berlin/New York 1978
A. Kaes (Hrsg.): Kino-Debatte. Texte zum Verhältnis von Literatur und Film 1909-1929. München, Tübingen 1978
W. Kemp (Hrsg.): Theorie der Fotografie 1839-1980. 3 Bde. München 1979-83
H. Kreuzer und K. Prümm (Hrsg.): Fernsehsendungen und ihre Formen. Typologie, Geschichte und Kritik des Programms in der Bundesrepublik Deutschland. Stuttgart 1979
J. Monaco: Film verstehen. Kunst, Technik, Sprache, Geschichte und Theorie des Films. Reinbek 1980
K. H. Bohrer: Plötzlichkeit. Zum Augenblick des ästhetischen Scheins. Frankfurt a. M. 1981
R. Barthes: Die helle Kammer. Bemerkungen zur Fotografie. Frankfurt a. M. 1985
E. P. Rupp: Bildschirmtext. Technik, Nutzung, Marktchancen. München ^{2}1984
H. Weinhold-Stünzi (Hrsg.): Von der Letter zum Screen: die neuen elektronischen Medien. Uttwil/St. Gallen 1986
H. Siegrist: Textsemantik des Spielfilms. Zum Ausdruckspotential der Kinematographischen Formen und Techniken. Tübingen 1986
W. Harms (Hrsg.): Text und Bild, Bild und Text. DFG-Symposium 1988. Stuttgart 1990
K. Kanzog: Einführung in die Filmphilologie. München 1991
M. Schaudig: Literatur im Medienwechsel. Gerhart Hauptmanns Tragikomödie »Die Ratten« und ihre Adaption für Kino, Hörfunk, Fernsehen. Prolegomena zu einer Medienkomparatistik. München 1992

Klaus Kanzog

Metatextualität

Der Begriff M. ist eine lexikalische Neuschöpfung der poststrukturalistischen Literaturtheorie, und in seiner Bedeutung (bzw. seinen Bedeutungen) kommt deren Geist sehr klar zum Ausdruck, insbesondere ihr Interesse an der kommunikativ-pragmatischen Typik der in einem literarischen Werk vollzogenen Sprechhandlungen. Wie manche andere terminologische Erfindung der jüngsten Literaturwissenschaft ermangelt auch das Wort M. einer ganz präzisen Bedeutung und wird immer noch für Sachverhalte gebraucht, die besser anders bezeichnet würden.

Die vom letzten Stand der literaturwissenschaftlichen Terminologie her weniger autonome Bedeutung des Begriffs M. bzw. ›Metatext‹ kommt bei einem Literaturtheoretiker vor, der das Wort vermutlich geprägt hat, bei dem Slowaken A. Popovič (1975). Für ihn ist der Metatext in erster Linie der auf einem anderen Text beruhende Text. Obwohl Popovič den Schlüsselbegriff seiner Theorie mit einem ganzen Netz präziser Begriffe umgeben hat, ist sein Konzept des Metatextes als einer parasitären textuellen Struktur unselbständig gegenüber dem mittlerweile weit verbreiteten Begriff der → Intertextualität.

Der Begriff M. kommt aber auch in einer anderen Bedeutung vor, die seinem Wortsinn besser entspricht und in der er sein eigenes Existenzrecht behaupten kann. Gedacht ist an die Bezeichnung der Situation, in der ein Text über sich selbst reflektiert. In diesem Sinne ist die M. ein Organon dessen, was heute unter dem Begriff ›immanente Poetik‹ verstanden wird. M. als *Autoreflexivität* oder *Autoreferentialität* ist ein Phänomen, das sich nach verschiedenen Seiten abgrenzen läßt. Als die minimale und notwendige Bedingung der M. kann die Situation angesehen werden, in der ein literarischer Text wenigstens *eine* Äußerung enthält, deren Gegenstand derselbe Text oder einer seiner Aspekte ist. Diese Situation verwirklicht sich aber in vielen verschiedenen Formen. Unterschiedlich kann zunächst die Stelle der metatextuellen Äußerung im konkreten Text sein, wobei zwischen einer *absoluten* und einer *relativen* M. unterschieden werden kann. Als absolut metatextuell dürfte eine Äußerung gelten, die zwar in den Grenzen des von ihr bezeichneten Textes formuliert wird, aber nicht in dessen thematische Welt hineinpaßt. Als die einfachsten Beispiele können die Anfangszeilen berühmter Epen (»Ilias«, »Aeneis«, »La Gerusalemme liberata«) angeführt werden, die, das Publikum direkt ansprechend, den Inhalt des jeweiligen Werks in einem kurzen und formelhaften autoreflexiven Satz ankündigen. Einen metatextuellen Sinn können aber auch Äußerungen haben, die innerhalb der thematischen Welt eines Werks, auf einer Stufe seiner Fiktionalität formuliert werden. Signifikante Beispiele finden sich im »Don Quijote« von Cervantes. Da die Handlung des zweiten Teils dieses Romans in die Zeit nach der vermeintlichen Ausgabe des ersten Teils verlegt wird, kommen seine Personen in die Lage, die Geschichte, in der sie dargestellt sind, innerhalb derselben Geschichte zu kommentieren. Diese Spielart der M. könnte man relativ nennen. Ebenfalls noch relativ metatextuell, obwohl der absoluten M. näher, sind jene autoreflexiven Äußerungen, die auf einer zwischen der literarisch dargestellten und der realen Welt eingeschobenen Mittelstufe formuliert werden, etwa von einem fiktiven Erzähler.

Metatextuelle Äußerungen können nach ihrem Umfang wie nach ihrem Inhalt unterschieden werden, nach Kategorien, die allerdings auch von der generischen Typik des sich selbst reflektierenden Werks stark abhängen. Während die in erzählerischen Werken vorkommenden metatextuellen Kommentare am liebsten das Verhalten der handelnden Personen oder die Beziehung der Handlung zur realen Welt thematisieren, drängt sich in lyrischen Texten als Inhalt metatextueller Reflexion eher die Form- und Stilproblematik auf – wie etwa in dem berühmten Sonett Lope de Vegas »Un soneto me manda hacer Violante«, in dem das Schreiben in Sonettform zugleich demonstriert und kommentiert wird.

Schon aus den wenigen hier angeführten Beispielen geht hervor, daß die M. keine Erfindung der modernen Literatur ist. In der europäischen Literatur seit der Renaissance finden sich nicht nur zahlreiche Werke mit eingebauten autoreflexiven Sätzen, sondern auch einzelne Strömungen, innerhalb derer es zu einer wahren Konjunktur der M. kommt (z. B. in der Literatur der Spätrenaissance oder im englischen Roman des 18. Jahrhunderts). Immerhin stellt das, was mit der M. in der Literatur seit dem → Naturalismus geschehen ist, einen qualitativen Sprung dar. Schriftsteller der neueren Zeit gewähren der M. einen viel breiteren Raum, machen sie gelegentlich zum Hauptinhalt literarischer Werke wie auch zum Gegenstand theoretischer Diskussion.

Natürlich zeigen sich nicht alle Richtungen der Literatur unseres Jahrhunderts für Experimente mit der M. gleichermaßen offen. Fremd sind solche → Experimente der modernen Massenliteratur sowie der systemkonformen Literatur der ideologisch monolithen Gesellschaften, die aus verschiedenen Gründen das Recht auf eine ungebrochene ästhetische Illusion wahren wollen. Zugute kommen sie hingegen vor allem jenen modernen Schriftstellern, die von der Idee einer Infragestellung oder Überwindung der traditionellen literarischen Methoden, Formen oder Gattungen geleitet sind. Wenigstens in der ersten Hälfte des 20. Jahrhunderts, wo sie noch nicht in der Form einer leicht anwendbaren Rezeptur vorlag und in Hinsicht auf die Erfolgschancen des literarischen Werks ein erhebliches Risiko bedeutete, ging die M. fast immer aus der Einsicht hervor, daß die alten literarischen Formen, am Welt- und Kunstverständnis des modernen Menschen gemessen, sich als unzulänglich erweisen. In der Schlafwandler-Trilogie Brochs z. B. können wir diese Einsicht und ihre Folgerungen sozusagen in statu nascendi betrachten. Im Hugenau-Roman wird sich Broch, nachdem er in den beiden vorangehenden Romanen immer noch mit den traditionellen Mitteln auszukommen wußte, der Unbrauchbarkeit der alten Form endgültig bewußt und sucht den Ausweg in einer Art absoluter M.: Er unterbricht die Handlung und kommentiert essayistisch die geistigen Beweggründe der Personen, die er zunächst als Erzähler dargestellt hat. Das bloße Erzählen reicht an die Verworrenheit der dargestellten Welt nicht mehr heran (→ Roman).

Aus einer negativen Erfahrung mit den hauptsächlich realistisch-naturalistischen Erzählweisen gehen auch die umfangreichen Versuche A. Gides mit der – von ihm als »mise en abyme« bezeichneten – M. hervor, die etwa in »Paludes« oder insbesondere in »Les faux-monnayeurs« zu folgenreichen Ergebnissen geführt haben. Autoreflexive Stellen haben bei Gide fast ausnahmslos den Rang relativ metatextueller Äußerungen. In »Les faux-monnayeurs« wird die Rolle des selbstreflektierenden Autors in die Handlung hineinversetzt und zwar in der Gestalt eines selbstkritischen Romanciers namens Edouard. In den Materialien zu seinem ebenfalls »Falschmünzer« betitelten Roman notiert Edouard Geschehnisse, die er in dem Meta-Roman Gides tatsächlich miterlebt. Die Unmöglichkeit, mit Hilfe der traditionellen Romanform an die Wirklichkeit heranzukommen, wird dabei ausführlich kommentiert, zugleich aber auch aufgehoben, da die in dem geplanten Roman Edouards darzustellenden Begebenheiten auch in den metatextuellen Abschnitten behandelt werden, und zwar frei von den apriorischen Beschränktheiten der traditionellen Erzähltechnik.

Versuche mit der M., vor allem mit der relativen, sind auch für das moderne → Theater kennzeichnend (*Metatheater*). Sie knüpfen zumeist an die alte Tradition des *Theaters im Theater* an. Vorgezogen wird dabei jene Spielart dieser Tradition, bei der die Personen der ersten Handlungsebene selbst zum Theaterpersonal gehören, und dann auf einer zweiten Ebene in doppelt fiktionale Gestalten des Stücks im Stück verwandelt werden. Ein frühes Beispiel der Wiederbelebung dieser Tradition innerhalb des literarischen Modernismus ist Schnitzlers Schauspiel »Zum großen Wurstel«. Auch die an die Tradition des Theaters im Theater anschließenden ›Komödien‹ Pirandellos, deren bekannteste »Sei personaggi in cerca d'autore« ist, stellen auf ihrer ersten Handlungsebene meist die Theaterwelt mit Schauspielern und Regisseuren als Personen dar. Doch wird in ihnen gelegentlich auch eine andere Art des Theaters im Theater lebendig: jene, bei der die Personen der ersten Handlungsebene mit der Welt des Theaters nichts zu tun haben und erst im Laufe der Handlung in die Lage geraten, Theater zu spielen oder gar zu inszenieren, wie etwa Hamlet im zweiten Akt von Shakespeares Drama. Die beiden Arten des Theaters im Theater werden in »Sei personaggi« geschickt kombiniert: Obwohl die ganze Handlung auf einem als Theaterbühne gedachten Platz und unter Mitwirkung des Theaterpersonals abläuft, bedeutet das Theater für die sechs Personen, die der bürgerlichen Welt angehören, auf der Bühne jedoch ihr Schicksal darstellen möchten, prinzipiell dasselbe, was es aus der Sicht Hamlets bedeutet, während dieser die ›Mausefalle‹ inszeniert.

Eine Form der M., die sich sowohl durch ihre Tendenz als auch durch ihre Erscheinungsformen von der bereits erörterten unterscheidet, findet sich zuweilen in der modernen → Lyrik. Lyrische Texte, da sie sich durch ihre Thematik und ihre Behandlung der Sprache von den traditionellen Gedichttypen entfernen, suchen sich oft durch metatextuelle Äußerungen als Exemplare dieser oder jener Gattung, manchmal auch als lyrische Werke überhaupt zu bezeichnen. Solche Äußerungen, die vorwiegend Namen traditioneller lyrischer Gattungen (Ode, Hymne, Ballade) oder einfach Oberbegriffe wie ›Lied‹, ›Gedicht‹, ›Gesang‹ enthalten, kommen häufig in Titeln und Untertiteln moderner lyrischer Gedichte und Gedichtzyklen vor. Nicht selten aber werden sie als bloße Verfremdungseffekte gebraucht, indem die von ihnen angeregten Erwartungen nur teilweise oder überhaupt nicht erfüllt werden.

A. Popovič: Teória metatextov. Nitra 1974
R. Lachmann (Hrsg.): Dialogizität. München 1982
G. Genette: Palimpsestes. La littérature au second degré. Paris 1982
U. Broich/M. Pfister (Hrsg.): Intertextualität. Formen, Funktionen, anglistische Fallstudien. Tübingen 1985
G. Hoffmann (Hrsg.): Der zeitgenössische amerikanische Roman. 3 Bde. München 1988

Zoran Kravar

Moderne/Modernität

Der Doppelbegriff läßt, zumal wenn er gelegentlich durch *Modernismus* zu einer Triade erweitert wird, ein Feld terminologischer Schwankungen erkennen, die für die Moderne-Diskussion in Geschichtsforschung, Literaturgeschichte und Philosophie seit mehr als zwei Jahrzehnten bezeichnend sind. Die Literaturwissenschaft war zuvor geneigt, den Begriff M. historisch einzuengen (als Bezeichnung für künstlerische Strömungen des ausgehenden 19. und frühen 20. Jahrhunderts) und damit ein Schlagwort ästhetischer und ideologischer Manifeste aus jener Zeit zu sanktionieren, den Parallelbegriff dagegen in typologischem Gebrauch beweglich zu halten, vor allem im Sinne einer Relationsbenennung, die das Neue einer Epoche oder Erscheinung im Vergleich zu den vorhergehenden hervorhebt. In dieser Bedeutung kommt auch ›Modernismus‹ vor, wenn auch, namentlich im angelsächsischen Sprachbereich, damit vorwiegend die den verschiedenen Ismen innewohnende radikale Tendenz bezeichnet wird, oft mit Hervorhebung der extremen Entwicklungen, in denen die Auflösung von Kunstformen sichtbar ist (vgl. Bradbury/McFarlane 1976: 20 ff.). Dieser Gebrauch erscheint seit einiger Zeit in einem terminologisch sehr unscharfen Zusammenspiel mit → Postmoderne.

Entscheidend für die gegenwärtige terminologische Situation ist der Umstand, daß das Wort M. auch selbst einer semantischen Spaltung ausgesetzt ist, und zwar in erster Linie infolge von Initiativen aus dem Bereich der Geschichtstheorie und Philosophie. Es meint jetzt auch in der Literaturgeschichte nicht nur den Aufbruch im Umkreis von → Naturalismus und → Ästhetizismus; zunehmend wird es in den Dienst einer neuen *Makroperiodisierung* gestellt, wobei es nun die historische Gesamtentwicklung seit dem Zeitalter der europäischen Aufklärung benennt. Die Anfänge der M. werden in das bürgerlich grundierte 18. Jahrhundert verlegt, besonders im Hinblick auf – noch näher zu erläuternde – Umbruchphänomene in der zweiten Jahrhunderthälfte. Nicht selten wird die Makroepoche durch das mit der Renaissance beginnende Vorfeld erweitert, so daß die Moderne sich mit dem – in der Geschichtsschreibung seit dem 18. Jahrhundert geläufigen – Begriff der Neuen Zeit (später Neuzeit) deckt. Im Grunde werden damit Bedeutungen aktualisiert, die bereits im Selbstverständnis vergangener Epochen eine Rolle spielten. So ist etwa eine Wiederholung erkennbar, wenn man bedenkt, daß schon um 1800 im Romantikerkreis von ›moderner‹ Literatur die Rede war und daß damit sowohl die neusten Bestrebungen als auch bestimmte als originell empfundene Dichtungstendenzen seit dem Mittelalter (Dante, Boccaccio, Ariost, Shakespeare, Cervantes) gemeint waren: ›modern‹ oder ›romantisch‹ bezeichnete hauptsächlich den von der Neuzeit seit der Renaissance repräsentierten Gegensatz zur ›klassischen‹ Antike. Auch Hegels »Ästhetik« folgt noch diesem Wortgebrauch, dessen wichtigste Quelle die frühen Abhandlungen und Vorlesungen der Brüder Schlegel sind.

Die Notwendigkeit, in der Forschung jeweils den genauen Begriffsumfang anzugeben, wird erst recht dadurch akut, daß namentlich unter dem Einfluß von Adornos Schriften zur Ästhetik eine weitere Bedeutungsvariante von M. im Gebrauch ist: Gemeint ist diesmal der künstlerische und weltanschauliche Radikalismus der *nachromantischen* Generation, der in entscheidenden Aspekten bei Heine, Baudelaire, Wagner, Flaubert, Nietzsche zutage tritt. In zeitlicher Sicht markiert diese Variante die Jahre um 1850 als Schwelle; die Ausdehnung des Phänomens auf das 20. Jahrhundert wird vorausgesetzt, definitorische Grenzen werden jedoch nicht gezogen. Dieses Verständnis der Moderne (etwa bei Jauß) bezieht sich vor allem auf ästhetische und kulturkritische Bestrebungen, wobei die im modernen historischen Verständnis der Makroperiode enthaltenen realgeschichtlichen Komponenten wohl weitgehend impliziert erscheinen.

Zu den bezeichnenden Antworten auf terminologische Probleme zählen die Versuche, durch wortgeschichtliche Erkundungen zumindest die Herkunft und das Funktionieren gegenwärtiger Ambiguitäten darzutun. Folgt man den Ergebnissen, so hat man es mit Daten zu tun, die sich über eineinhalb Jahrtausende erstrecken. Eines der Schlüsselwörter der Neuzeit, ›modern‹, kommt erstmals im frühesten Mittelalter vor; es ist »eines der letzten Vermächtnisse spätlateinischer Sprache an die neuere Welt« (Curtius 1948: 259). Bereits im Mittelalter sind zwei Bedeutungen von ›modernus‹ festzustellen: ›gegenwärtig‹, im Gegensatz zu ›vorherig‹, ist die eine, ›neu‹, das gegen ›alt‹ steht, die andere (Gumbrecht 1978: 96). Bedeutungsüberlappungen gehören bei der Feinheit der Unterscheidung zum Alltag dieser Wortgeschichte, jedenfalls bis zu den letzten drei Jahrhunderten, als sich immer deutlicher das Moment der Neuheit durchsetzte. Zu ›modern‹ gehört seither, bewußt oder unbewußt, die Emphase in einer Rhetorik, die überzeugen, gewinnen und werben will. Im 6. Jh. gebraucht Cassiodor den Gegensatz ›antiqui-moderni‹ als einer der ersten Autoren mehrfach, übrigens auch im Zusammenhang mit Architektur, was eine bestechende Parallele zu unserer Zeit darstellt, wo am Aufkommen des Begriffs → Postmoderne Programme neuer Baukunst ebenfalls eine wesentliche Rolle spielten. Zu den markantesten begriffsgeschichtlichen Kapiteln gehört ferner die Auseinandersetzung um Wert und Bedeutung von alt und neu,

Traditionstreue und Eigenbewußtsein, die als »Querelle des Anciens et des Modernes« in der französischen Literatur des ausgehenden 17. Jahrhunderts die Geister bewegte. Die Partei der Modernen stützte sich auf den »Fortschrittsgedanken, wie ihn die Methode der neuzeitlichen Wissenschaft und Philosophie seit Kopernikus und Descartes ausgebildet hatte« (Jauß 1970: 29), die traditionsgläubigen Literaten dagegen beriefen sich auf die antike Dichtung, in der sie ein Muster von universaler Geltung erblickten. Von besonderer Bedeutung war der Umstand, daß sich in der »Querelle« Ansätze zu einer historistischen Denkweise abzeichneten, zu jenem *Historismus*, der dann hundert Jahre später eine dominierende Anschauungsform in der Deutung geschichtlicher Phänomene wurde.

Grundlage für die Konnotationen von ›modern‹ in Aufklärung und Romantik, d. h. im Zeitalter der welthistorischen M. (im Sinne von Habermas 1985), ist das Bewußtsein von der unberechenbaren Wandelbarkeit der Geschichte und damit von einer Potentialität des Geschehens, innerhalb deren das eigene Neue jeweils seine Chance haben kann. Die Verabschiedung der durch die Autorität der Antike verbürgten universalen Beurteilungsmaßstäbe macht Raum für die Verknüpfung der Vorstellungen von Modernität und Eigenständigkeit, *Originalität.* Ein entlegenes Zeugnis politischer Betrachtung, ein anonymer Artikel aus dem »Schleswigschen Journal« von 1793, mag hier als Beispiel prägnanter Zeitdiagnostik angeführt sein. Es heißt dort, »in einem Zeitalter, dessen Begebenheiten von den Begebenheiten aller anderen ganz und gar verschieden sind« und »wo Worte, deren Schall vorher eine unbeschreibliche Kraft hatte, alle ihre Bedeutungen verloren haben«, da »scheitert alles menschliche Wissen, ist jede Vergleichung unmöglich, weil keine Epoche da ist, die sich gegen die gegenwärtige stellen ließe« (Zit. Koselleck 1979: 330). Die *Unvergleichbarkeit,* von der hier die Rede ist, hat ihr ästhetisches Analogon in der Neigung der Romantiker, Kunst mit der Vorstellung des Neuartigen, Seltsamen, ja Befremdlichen zu verbinden. Eines der frühesten literaturkritischen Werke der Romantik, F. Schlegels 1795 geschriebene Abhandlung »Über das Studium der griechischen Poesie«, nennt diese Tendenz systematisch ›modern‹, dehnt freilich den Begriff, wie auch ›romantisch‹, auf frühere Jahrhunderte aus. Shakespeare charakterisiere, betont Schlegel, »den Geist der modernen Poesie überhaupt am vollständigsten« (Kritische Schriften 1964: 145). Beim selben Autor, in den Wiener Vorlesungen über die »Geschichte der alten und neuen Literatur« (1812), erscheint der Begriff des Modernen allerdings auch in kritischer Sicht. Schon hier wird, wie später bei Baudelaire, mancher Zug der zeitgenössischen Literatur mit der Vergänglichkeit der Mode verglichen, einem Mangel, der vor allem durch eine einseitige Bindung an die Interessen der Gegenwart zustandekomme.

Zur künstlerischen Losung wird das Wort erneut gegen Ende des 19. Jahrhunderts, diesmal jedoch ohne Einbeziehung von → Tradition: der

Begriff konnotiert Aktualität, Neuheit, Umbruch. Der »Brockhaus« von 1902 hält als Zwischenbilanz fest: die M. sei eine »Bezeichnung für den Inbegriff der jüngsten sozialen, literarischen und künstlerischen Richtungen«. Zweierlei ist dabei bemerkenswert: Das Wort assoziiert, anders als in der Romantik, eine gleichsam in breiter Front sich entfaltende *Bewegung*, freilich keine einheitliche, sondern eine, die gerade durch ihren *Pluralismus* gekennzeichnet ist. Die Betonung der Vielfalt, des Nebeneinanders und Gegeneinanders, weist auf jenes Merkmal hin, das namentlich im 20. Jahrhundert die Idee von Modernität prägen wird. Zu dieser Idee gehört das Bewußtsein des Künstlers, unter einer Vielzahl gleichzeitig gültiger Stilkonzepte seine Wahl treffen zu können. Die Vorstellung von stetigem Wechsel in der Zeit weicht der Anschauung, Modernität sei aus einer »synchronischen Fülle von Inhalten und Verfahren« zu erzielen (Gumbrecht 1978: 126). Fragt man nach dem Selbstverständnis der M. im Zeichen von → Naturalismus und → Ästhetizismus, so begegnet man in programmatischen Schriften jener Zeit, wie Wunbergs Dokumentation beweist, Bekenntnissen zu Nietzsche, ferner zu einer Ästhetik »auf Grund der naturwissenschaftlichen, darwinistischen Weltanschauung« (Grottewitz, bei Wunberg 1971: 86), schließlich zu der Freiheit, die Träume der Romantik neu zu beleben. Im übrigen war es der Benennung M. beschieden, bislang der letzte Klammerbegriff für innovative Bestrebungen der europäischen Literatur zu bleiben. In der Folge überwogen Vereinzelungstendenzen, erkennbar in den Namen der z. T. nur national gültigen Ismen.

In einem zweiten Durchgang ist auf Sachverhalte einzugehen, die außerhalb des Fragenkreises einer Wortgeschichte bleiben. Vor allem gilt es, die Voraussetzungen zu erkunden, unter denen bestimmte theoretische Ansichten epochale Geltung erlangen konnten. Setzt man bei den für die gesamte neuere Literaturgeschichte entscheidenden historischen Vorgängen des 18. Jahrhunderts an, der wohl folgenreichsten neueren Schwellenzeit, so ist an die Voraussetzungen für die Entfaltung der welthistorischen M. zu erinnern. Im Zuge der vom Bürgertum getragenen neuen Wirtschaftsordnung seit der Renaissance erweist der »okzidentale Rationalismus« (Max Weber) seine prägende Kraft: ein naturwissenschaftlich ausgerichteter Empirismus, eine ideologiekritische, in radikalen Fällen zu einem Bruch führende Überprüfung der Tradition sowie generell eine individualistisch fundierte Kultur sind die wichtigsten Elemente. Das sichtbarste Zeichen im öffentlichen Leben war die Ausdifferenzierung einzelner kultureller Bereiche, die nun in ihrem Autonomieanspruch eine relative Eigendynamik entfalteten. Als kennzeichnende kulturelle Wertsphären gibt Habermas die modernen Erfahrungswissenschaften, die autonom gewordenen Künste und die »aus Prinzipien begründeten Moral- und Rechtstheorien« an (Habermas 1985: 9). Innerhalb des Bereichs literarischer Kommunikation kommt es zur Ausbildung neuer Kategorien oder zu einer Neubesinnung über die Funktionen bestehender Einrichtungen: der → Autor, aus den Bindungen an feudale oder konfessionelle Institutionen in die relative Autonomie des freischaffenden, auf ein anonymes Publikum sich stützenden Literaten entlassen, entdeckt die Möglichkeiten des individuellen künstlerischen Ausdrucks und sanktioniert diese Bestrebung poetologisch im Begriff der Originalität.

Damit erhält die zentrale Kategorie, das *Werk*, eine neue Bedeutung. Es wird grundsätzlich, wenn auch nicht immer in der dichterischen Praxis, von der Tradition abgekoppelt und viel enger mit den Formen subjektiver Erfahrung verbunden. Besonders aber wirkt sich der Bruch mit der normativen Poetik der Vergangenheit aus: jedes Werk kann im Prinzip eine ungewohnte, in dieser Art noch nicht dagewesene Kombination von Erfahrungs- und Gestaltungselementen darstellen. Die Konsequenzen aus diesem Aspekt künstlerischer Autonomie haben dann Autoren des 20. Jahrhunderts gezogen, die das Schreiben als einen Bereich des sprachlichen → Experiments ansehen, das Erproben von Möglichkeiten ohne → Tradition. Letztlich kann sich daraus ergeben, daß sogar der Werkcharakter im landläufigen Sinn geopfert wird. In Hinsicht auf die Kategorie des → Publikums ist das Prinzip der Modernität, d. h. der Bereitschaft zu ständiger Veränderung, wie F. Schlegel (Kritische Schriften 1964: 150) diesen Grundsatz definiert hat, als eine sich laufend erneuernde Herausforderung zu begreifen, in der virtuell das Moment der Überraschung enthalten ist, das dem Leser ebenso konstant spezifische Reaktionen abverlangt. Bedenkt man noch die Rolle der → Medien (mit ihren selektiven und technischen Aspekten, die ihrerseits literarisch formbildend und, soweit es sich um technische Erfindungen handelt, auch künstlerisch innovativ wirken können), so ergibt sich ein Bild des Systems, dessen Grundpositionen auch heute noch wirksam sind und die trotz aller Veränderungen die *Kontinuität des Modernitätsprinzips* seit dem 18. Jahrhundert vor Augen führen.

Das Fortbestehen der Grundvorstellungen der fundamentalen M.: Originalität, → Innovation, Konkurrenz, → Experiment, Medienwirkung, Anonymität des → Publikums (Vorstellungen, die inzwischen weitgehend zu einer zweiten Natur geworden sind) läßt sich anhand zahlreicher Zeugnisse nachweisen. Die wichtigsten Daten aus der Frühzeit der modernistischen Makroperiode stammen aus der zweiten Hälfte des 18. Jahrhunderts, aus einer Zeit also, wo die Emanzipation des Schriftstellers bereits deutlich zur Geltung kam. Ein geradezu klassischer, wenn auch keineswegs sehr bekannter Text Schillers erhellt den Zusammenhang von kreativer Unabhängigkeit und sozialgeschichtlicher Entwicklung. In seiner Ankündigung der »Rheinischen Thalia« (1784) versichert der Autor, er schreibe als Weltbürger, der keinem Fürsten diene und der im Publikum seine einzige Stütze sehe. Als Dichter verpflichte ihn nur der Appell an die menschliche Seele. Ganz ähnlich äußert sich Schiller um 1800 im kulturkritischen und poetologischen Gedicht »Die deutsche Muse«, worin eine Beziehung postuliert wird zwischen der sozialen Bindungslosigkeit des Dichters und dessen schöpferischem Individualismus (»Und aus Herzenstiefen quellend / Spottet er der Regeln Zwang«). Die Befreiung des künstlerischen Schaffens von den Zwängen einer normativen Kunstauffassung, theoretisch formuliert in den Autonomieerklärungen der Kantschen Ästhetik, gipfelt erstmals in der romantischen Überhöhung des Künstlers und dessen kreativer Freiheit. Ein kunsttheoretisches Schlüsselwerk der M. sind in dieser Hinsicht F. Schlegels »Athenäums-Fragmente« und »Ideen« aus der Zeit um 1800: Die Vorstellung vom geistig souveränen Kunstschöpfer (»Was die Menschen unter den andern Bildungen der Erde, das sind die Künstler unter den Menschen«, Kritische Schriften 1964: 93) gewinnt seine volle historische Bedeutung, wenn man die produktionsästhetischen Folgerungen berücksichtigt, die in Schlegels Maxime (ebda. 38 f.), die »Willkür des Dichters« dulde kein Gesetz, keine festgeschriebene Konvention, enthalten sind. Die innovativen Freiheiten aus dem Zeitalter der Ismen, hundert Jahre später, erscheinen hier deklarativ vorweggenommen – wenn auch in den späteren extremen Bewegungen der textuelle Radikalismus viel stärker betont wird als das Gewicht der Persönlichkeit.

Ein weiterer maßgeblicher Zug in der Ästhetik der M. erscheint ebenfalls in der Romantik begründet: die Auffassung von der grundsätzlichen Zweckfreiheit der Kunst, eine Maxime, die später in der französischen Formulierung *l'art pour l'art* berühmt, aber auch berüchtigt wurde. Unmißverständlich, ohne jegliche Ironie heißt es bei A. W. Schlegel (Vorlesungen über schöne Literatur und Kunst, I, Ausgabe 1884: 8): »Ein Haus dient, um darin zu wohnen. Aber wozu dient in diesem Sinne wohl ein Gemälde oder ein Gedicht? Zu gar nichts.« Das Schöne, so ergänzt der Autor seine lapidare Feststellung, ist der Gegensatz des Nützlichen; sein Wesen ist, daß ihm das Nützlichsein erlassen ist. Zur weiteren Geschichte der M. gehört allerdings ebenso wie die Entfaltung dieses Grundsatzes im Sinne eines radikalen → Ästhetizismus auch die entgegengesetzte Bestrebung: Literatur und politische Wirkung miteinander zu verknüpfen, wie etwa im Vormärz, oder gar den Schein ästhetischer Autonomie völlig aufzugeben zugunsten der Auflösung von Kunst in Lebenspraxis, wie in manchen avantgardistischen Programmen des 20. Jahrhunderts.

Die Entfaltung des Originalitätsprinzips hatte eine für das gesamte künstlerische Leben der M. bezeichnende Erscheinung zur Folge: das Streben nach Eigenwüchsigkeit rief objektive Formen künstlerischen Wettbewerbs hervor. Die Wirkung konkurrierender Werke und Strömungen zwang die Autoren zuweilen schon früh dazu, die Neuheit des literarischen Verfahrens oder Programms deutlich zum Ausdruck zu bringen, so daß die durch Verschiedenartigkeit der Interessen hervorgerufene Konkurrenzsituation ebenfalls ein Motiv ästhetischer Neuerung wurde. Wieland beklagte schon um 1770 die Formen des Wettbewerbs in der literarischen Öffentlichkeit, d. h. die neue Situation, die einem »bellum omnium contra omnes« gleiche (Zit. Lutz 1974: 196). Noch deutlicher äußerte sich dazu ein Zeitgenosse aus Wielands Umkreis, Musäus, als er im Vorwort (»Vorbericht«) zu seinen »Volksmärchen der Deutschen« 1782 Stellung nahm zu den Folgen der modernen »Bücherfabrik« im »Volk unsrer Denker, Dichter, Schweber, Seher« (Neudruck 1974: 8 f.). Er erwähnt ausdrücklich den originellen literarischen Einfall als ein wichtiges Element im Konkurrenzkampf der Bücherwelt. In Hinsicht auf die gesellschaftlichen Bedingungen, unter denen die gesamte M. ihre Tendenzen entfaltete, ist von entscheidender Bedeutung, daß die Produktionsmodalitäten keine Äußerlichkeit blieben, sondern daß sie auch den eigentlichen Formstrukturen ihren Stempel aufdrückten.

Benjamin hat in seinen Baudelaire-Studien dieses Motiv des Wettbewerbs in der ›Immanenz‹ als ein primäres Kennzeichen der M. besonders hervorgehoben. In der Zeit der programmatischen M. um 1900 entwickelte Bahr eine erhellende Theorie der Bewegungsgesetze moderner Kunst, wonach die auffallenden, oft absichtlich irritierenden Züge als Aufmerksamkeit heischende Zeichen (Signale, »Raketen«) begriffen werden, die im Nebeneinander von »Dekadenz, Symbolismus, Neuromantik, Neuklassizismus« und noch neuerer Ismen dem jeweils Neuen Gehör verschaffen sollen. Diese nahezu vergessenen Gedanken sind in Bahrs Essayband »Inventur« von 1912 (Zit. S. 15 ff.) enthalten. Sie sind nach wie vor anregend, zumal sie die später eingetretene Radikalisierung des Innovationsgrundsatzes voraussahen und damit umfassenden diagnostischen Wert beanspruchen können. Namentlich auf manche Spielarten der → Avantgarde im 20. Jahrhundert ist die Theorie der signalisierenden oder ihr eigenes »Plakat« bildenden Form anwendbar. Was bei Bahr fehlt, ist ein Hinweis auf die Dialektik der erkannten Bewegungsgesetze: die als rezeptionsfördernd gemeinten Signale wirken als Neuerungen stets auch hemmend und verstörend, so daß rezeptionsästhetisch der Weg der Modernismen durch komplexe Vorgänge zwischen Sensation/Attraktion und Widerstand gekennzeichnet ist. Der Kritiker um 1900 konnte freilich noch nicht ahnen, daß das konkurrierende Neuerungsstreben an die Grenzen der objektiven Erschöpfung von Ausdrucksmöglichkeiten stoßen würde. In der Tat ist die Lage fünfzig Jahre nach → Dadaismus und → Surrealismus durch die Paradoxie gekennzeichnet, daß sich in die innovativen Absichten zunehmend objektiv epigonenhafte Züge mischen. Ein elementarer Widerspruch: Das Neue wird in steigendem Maße als Wiederholung erkennbar. Die Bezeichnung Neoavantgarde ist ein verräterisches Zeichen dafür. Es sind nicht zuletzt diese Erfahrungen, die in die Ausrufung der → Postmoderne eingegangen sind.

E. R. Curtius: Europäische Literatur und lateinisches Mittelalter. Bern 1948
A. Hauser: Sozialgeschichte der Kunst und Literatur. München 1953
W. Benjamin: Illuminationen. Frankfurt a. M. 1961
J. Habermas: Strukturwandel der Öffentlichkeit. Neuwied/Berlin 1962
R. Poggioli: Teoria dell'arte d'avanguardia. Bologna 1962
F. Martini: Artikel ›Moderne‹. In: Reallexikon der deutschen Literatur. Hg. von W. Kohlschmidt und W. Mohr, Bd. II, Berlin [2]1965
H. R. Jauß: Literaturgeschichte als Provokation. Frankfurt a. M. 1970
G. Wunberg (Hrsg.): Die literarische Moderne. Dokumente zum Selbstverständnis der Literatur um die Jahrhundertwende. Frankfurt a. M. 1971
B. Lutz (Hrsg.): Literaturwissenschaft und Sozialwissenschaften 3: Deutsches Bürgertum und literarische Intelligenz 1750-1800. Stuttgart 1974
P. Bürger: Theorie der Avantgarde. Frankfurt a. M. 1974
M. Bradbury/J. McFarlane (Eds.): Modernism 1890-1930. Harmondsworth 1976
H. U. Gumbrecht: Artikel ›Modern, Modernität, Moderne‹. In: Geschichtliche Grundbegriffe. Hg. von O. Brunner/W. Conze/R. Koselleck, Bd. 4, Stuttgart 1978
R. Koselleck: Vergangene Zukunft. Zur Semantik geschichtlicher Zeiten. Frankfurt a. M. 1979
V. Žmegač (Hrsg.): Deutsche Literatur der Jahrhundertwende. Königstein/Ts. 1981
J. Habermas: Der philosophische Diskurs der Moderne. Frankfurt a. M. 1985
Akten des VII. Internationalen Germanisten-Kongresses Göttingen, 1985, Bd. 8, Frankfurt a. M. 1986
V. Žmegač: Kategorien der literarischen Epochenbildung. In: Dialog der Epochen. Studien zur Literatur des 19. und 20. Jahrhunderts. Walter Weiss zum 60. Geburtstag. Wien 1987
Chr. Bode: Ästhetik der Ambiguität. Tübingen 1988
P. Bürger: Prosa der Moderne. Frankfurt a. M. 1988
H. R. Jauß: Studien zum Epochenwandel der ästhetischen Moderne. Frankfurt a. M. 1989
V. Žmegač: Der europäische Roman. Geschichte seiner Poetik. Tübingen 1990
K. Maurer/W. Wehle (Hrsg.): Romantik – Aufbruch zur Moderne. München 1991
S. Vietta: Die literarische Moderne. Eine problemgeschichtliche Darstellung der deutschsprachigen Literatur von Hölderlin bis Thomas Bernhard. Stuttgart 1992

Viktor Žmegač

Montage/Collage

Übereinstimmung herrscht heute darin, daß die mit den Begriffen M. und C. bezeichneten literarischen (und gesamtkünstlerischen) Verfahrensweisen zu den ausgeprägtesten Stilmitteln der modernen Literatur/Kunst zählen. Einen Konsens vermißt man dagegen in terminologischen bzw. definitorischen Fragen. Seit den Feststellungen von Klotz (1976: 277), man sei mit einem verworrenen Wortgebrauch konfrontiert, und Hage (1981: 11), es sei eine leicht inflatorische Neigung im Gebrauch des Wortes M. zu beobachten, sind zwar einige größere Untersuchungen zum Thema erschienen, die sich auch um Klärung im Gebrauch der Termini bemühen; doch herrscht im allgemeinen im Umgang mit beiden Begriffen (die dazu noch oft mit der Kategorie ›Zitat‹ gekoppelt werden) nach wie vor ein hoher Grad von Beliebigkeit und daher Austauschbarkeit. Hage (1981: 10) weist zu Recht darauf hin, daß die gleichsam *pro domo* getroffenen terminologischen Präzisierungen in wissenschaftlichen Arbeiten nur geringe Aussichten haben, die Sprachpraxis zu steuern und Festlegungen zu erzielen, nachdem die Folgen eines breiten (und ungenauen) Gebrauchs bereits wirksam geworden sind. In der Forschung überwiegt heute die Auffassung, wonach in M. der Oberbegriff zu sehen sei, C. dagegen eine besondere Spielart der M. bezeichne. Gegen dieses Verständnis sind bisher keine überzeugenden Einwände erhoben worden. Als gesichert darf ferner gelten, daß M. (als *Verfahren* und als *Ergebnis*) untrennbar mit dem Gebrauch von »Fertigteilen« verknüpft ist, d. h. mit Materialien (in der Literatur: mit fremden Texten oder Textteilen), die dann Segmente des neu erstellten Textes (Werkes) sind. Es erscheint möglich, die beiden Begriffe folgendermaßen voneinander abzugrenzen: M. sollte man das Verfahren nennen, fremde Textsegmente in einen eigenen Text aufzunehmen, sie mit eigenem zu verbinden bzw. zu konfrontieren. C. wäre dagegen insofern ein Extremfall von M., als der Text (in Analogie zu den Klebeobjekten mit verschiedenen Gebrauchsmaterialien in der bildenden Kunst) *ausschließlich* entlehnte, aus verschiedenen Quellen stammende Elemente enthielte. Der Begriff ›Zitat‹ sollte für die Fälle vorbehalten bleiben, wo der fremde Text als solcher ausdrücklich gekennzeichnet ist, wie etwa in Eliots »The Waste Land«.

Definiert man M. in dem angegebenen Sinn, so ergibt sich als erste Frage einer Theorie, in welchem Maße eine Integration entlehnter Elemente angestrebt oder vielmehr vermieden erscheint. Literarische Werke, die Vorgeformtes etwa in Form diskreter Zitate fugenlos in sich aufnehmen, befinden sich, selbst wenn die Identifikation des entliehenen Segments dem Kenner keine Mühe bereitet, im Gegensatz zu dem heute vorherrschenden Verständnis von M., das die »schockierende« Wirkung als den wesentlichen Punkt ansieht. Man muß daher zwischen einem *demonstrativen* (offenen, irritierenden) und einem *integrierenden* (verdeckten) Montageverfahren unterscheiden. Seit dem → Dadaismus gilt das demonstrative Verfahren als paradigmatisch. Integrierende M. wurde schon vor den Zeiten avantgardistischer → Innovation geübt. In Büchners Drama »Dantons Tod« (1835) wirken die authentischen Abschnitte der Reden der historischen Gestalten durchaus illusionsfördernd, d. h. sie treten keineswegs als Fremdkörper in Erscheinung. Atmosphärisch und gedanklich eingegliedert sind auch die einmontierten Stellen bei Th. Mann, etwa der Wagner-Text in der Erzählung »Tristan« oder ein Abschnitt aus einem Dialog Platons in »Der Tod in Venedig«. Die Realisierung verdeckter M. in Erzähltexten hängt von der gesamten Anlage des Erzählens ab: die Figurenperspektive (Erlebte Rede, → Innerer Monolog u. a.) eignet sich für ein solches Verfahren ganz besonders, da im Text keine Instanz enthalten ist (z. B. das Bewußtsein eines transzendentalen/auktorialen Erzählers), von der allenfalls Angaben über die Herkunft der Entlehnungen zu erwarten wären.

Während die verdeckte M. die Idee des »organischen«, illusionär abgedichteten Kunstwerks nicht sprengt, sondern vielmehr bestätigt, und man daher lieber von einer besonderen Art von Stoffverwertung sprechen sollte, der es darum zu tun ist, an bestimmten Stellen einen hohen Grad von Authentizität zu erzielen, widersetzt sich die provozierende M. den Konventionen organologischer Ästhetik. Das Prinzip dieser M. besteht, wie Klotz (1976: 261) formuliert, »nicht auf Natur, sondern auf Technik«. Im Gegensatz zu den Konventionen mimetischer Poetik, die zumeist die Konstruktion verbergen, »wird hier offen vorgezeigt: wo ein Teil aufhört und ein anderer beginnt; wie sie aneinander befestigt sind; wie sie einzeln und wie sie miteinander funktionieren« (ebda). Die aufbrechende Wirkung der modernen M. ist seit Bloch ein Gegenstand philosophischer Überlegung. In der kulturellen M., schreibt Bloch (1935/1973: 221), wird der scheinhafte Zusammenhang zerstört, ein neuer gebildet, der das »Durcheinander« hinter der Oberfläche gesellschaftlicher Ordnungen sichtbar macht. Ähnlich Adornos (1970: 232 f.) Deutung: »Der Schein der Kunst, durch Gestaltung der heterogenen Empirie sei sie mit dieser versöhnt, soll zerbrechen, indem das Werk buchstäbliche, scheinlose Trümmer der Empirie in sich einläßt, den Bruch einbekennt und in ästhetische Wirkung umfunktioniert.« Und: »Das Montageprinzip war, als Aktion gegen die erschlichene organische Einheit, auf den Schock angelegt.« Versteht man Schock als nachhaltiges Staunen oder Verblüffung, so zeichnet sich diese

Wirkungsabsicht schon früh in der Filmtheorie und der von ihr beeinflußten Dramaturgie ab. Erwähnung verdient, auch aus wortgeschichtlichen Gründen, der Versuch des Regisseurs Eisenstein (Ėjzenštejn), der vom → Theater zum → Film gelangte, neue Wirkungsmöglichkeiten der Bühne durch revueartige Schaustellungen, »Attraktionen« zu gewinnen. Sein Aufsatz »Montage der Attraktionen« (1923) hebt die Effekte hervor, die im Zusammenbringen heterogener Elemente zu einer Bilderfolge enthalten sind. Wichtig für die Einschätzung historischer Zusammenhänge ist der Umstand, daß Eisenstein die Bedeutung der Bilder von Grosz sowie der – ebenfalls in jenen Jahren durch Heartfield, Rodčenko u. a. geschaffenen – Photomontage betont. Wenige Jahre später hätte er sich auch auf Piscator berufen können, der im Berlin der zwanziger Jahre im Rahmen der Konzeption eines »politischen«, d. h. gesellschaftsanalytischen Theaters Formen von Montage-Dramaturgie entwickelte, die vor allem im Bühnenbild dokumentarisches Material verwertete und mit einmontierten Filmsequenzen, Plakaten u. a. einen Kontrapunkt zur Bühnenhandlung herstellte.

Faßt man die genannten Ansichten und Thesen zusammen, so ergibt sich für die Theorie die Notwendigkeit, zwei Schwerpunkte in der Wirkung offensiver M. zu unterscheiden (wobei die beiden Spielarten einander nicht ausschließen). Das eine Moment des Verfahrens ist ein *metapoetisches:* Die M. legt die Machart des Textes frei und lenkt damit den Blick des Lesers/Betrachters auf die Technik der Literatur/Kunst. Die eigentliche Problematik ist in diesem Fall kunstphilosophisch, denn die M. signalisiert, wohl mehr als analoge Stilmittel, einen Bruch mit der organologischen Ästhetik. Das andere Moment zielt auf einen *Erkenntnisschock* ab und ist darin der → Verfremdung verwandt. Die aus diesem Grunde provozierend genannte M. arbeitet zumeist mit scharfen Kontrasten, d. h. mit der Gegenüberstellung von Erfahrungsbereichen, die üblicherweise nicht miteinander in Verbindung gebracht werden. (Ein Modellfall *in nuce* liegt vor, wo K. Kraus in einem Aphorismus nach dem Zusammenhang von ›Kaufhäuser‹ und ›Kyffhäuser‹ fragt, der nicht nur ein lautlicher ist.) Das Disparate wird durch die M. als etwas nur vermeintlich völlig Unverbundenes gezeigt, so daß die Erkenntnisarbeit des Rezipienten hier ihren entscheidenden Ansatz findet: in der Kritik herkömmlicher Rubrizierung.

In dieser Hinsicht ist die M. vor allem ein rezeptionstheoretisches Problem. Beide Schwerpunkte der M., und noch mehr der C., sind dadurch gekennzeichnet, daß sie text-exzentrisch sind, d. h. daß sie sich auf Kontexte beziehen, die durch das Bewußtsein des Rezipienten hergestellt werden. Der Held der M. und C. ist im Grunde der Leser/Zuschauer, der die in der M. enthaltenen Bezüge realisiert. Sekundär ist dagegen die Frage, die in ästhetischer und kunstsoziologischer Sicht nur insofern von Bedeutung ist, als sie dazu anregt, typologische Erwägungen über die Erfahrungs- bzw. Lektürevoraussetzungen bei einzelnen Rezipientengruppen anzustellen. In rein stofflicher Hinsicht ist die Quellenlage der M. zuweilen ohnehin nicht zu rekonstruieren, zumal dort nicht, wo die Grenzen zwischen Fertigteil und Erfindung bewußt unscharf gehalten wird. Das häufig angeführte Beispiel sind »Die letzten Tage der Menschheit« (1918/1922) von K. Kraus, ein Werk, über dessen Stoff der Autor im Vorwort schreibt: »Die unwahrscheinlichsten Taten, die hier gemeldet werden, sind wirklich geschehen; ich habe gemalt, was sie nur taten. Die unwahrscheinlichsten Gespräche, die hier geführt werden, sind wörtlich gesprochen worden; die grellsten Erfindungen sind Zitate.« Die Anlage dieser »Tragödie« zeigt jedoch, daß der Begriff des Zitats unterschiedlich auszulegen ist und daß sich die Arbeit am Text in einer breiten Zone zwischen wörtlichen Zitaten, Paraphrasen (von Verlautbarungen, Zeitungsberichten, Straßengesprächen usw.) und Erfindungen auf Grund vorausgesetzter Typik bewegte. Der Collagecharakter ist hier jedenfalls deutlicher ausgeprägt als in dem anderen berühmten Beispiel aus der deutschen Literatur: Döblins Roman »Berlin Alexanderplatz« (1929), der mit seiner M. von Werbetexten, Wetterberichten u. ä. in einer Erzählstruktur (mit transzendentalem Erzähler!) ein prägnantes Exempel in dem eingangs definierten Sinn darstellt.

Die M. sowie die Sonderform C. sind im 20. Jahrhundert in allen Gattungsbereichen vertreten. Als symptomatisches Verfahren tritt die M. erstmals häufiger in kleinen Formen (Gedichten, satirischen Skizzen u. a.) hervor, etwa im Umkreis des → Dadaismus (z. B. Huelsenbecks »Phantastische Gebete«, 1916) oder in Frankreich bei Apollinaire (»Calligrammes«, 1918). In Huelsenbecks Sammlung findet sich (im Text »Der redende Mensch«) folgende Montagesequenz: »wer kann sagen ich bin seit er bin und du seid dulce et decorum est pro patria mori oder üb immer Treu und Redlichkeit oder da schlag einer lang hin oder ein Tritt und du stehst im Hemd wer wagt es Rittersmann oder Knapp und es wallet und siedet und brauset und zischt Concordia soll ihr Name sein schon bohren die Giraffen die Köpfe in den Sand...« Seither gehört die M. (bis hin zur konsequenten C., auch in der Spielart der → Aleatorik, die ebenfalls von den Züricher Dadaisten erprobt wurde) in ganz *unterschiedlichen* Stiltypen zum Idiom moderner Lyrik. Die M. bei T. S. Eliot und Benn ist durch ein ganz anderes Kunstverständnis begründet als einerseits bei Huelsenbeck, andererseits bei den Vertretern der »Gebrauchslyrik« der zwanziger Jahre. Kästners »Hymnus an die Zeit« (5. Strophe) veranschaulicht M. im Stil der kabarettistischen Poesie: »Nehmt Vorschuß! Laßt euch das Gehalt verdoppeln!/ Tagsüber pünktlich, abends manchmal Gäste./ Es braust ein Ruf von Rüdesheim bis Oppeln:/›Der Schlaf vor Mitternacht ist doch der beste!‹« Während hier paradoxe Umkehrungen aktueller Schlagwörter und Bildungsfetzen miteinander sorgfältig verstechnisch verfugt erscheinen, das Montageprinzip daher überlieferten Vorstellungen von Dichtung letztlich nicht widerspricht, neigt die literarische Produktion der letzten Jahrzehnte mehr zur C., die die Objektivität der Kontingenz als Problem in den Blick rückt. Bieneks »Vorgefundene Gedichte« (1969) oder manche Texte aus Handkes »Die Innenwelt der Außenwelt der Innenwelt« (1969) sind Beispiele für die Anwendung konsequenter Collagetechnik. Die Autorschaft äußert sich hier nicht in der Formulierung, sondern in der Auswahl aus dem Repertoire fertiger Texte sowie in der Anordnung des Materials, in der, sieht man von Aleatorik ab, Kombinatorik und kritisches Bewußtsein zutage treten. Der Unterschied zu den zuweilen als M. oder C. bezeichneten Stücke des → Dokumentarischen Theaters zeigt sich darin, daß Texte wie etwa Kipphardts »In der Sache J. Robert Oppenheimer« (1964), die durch Selektion und kompositorischen Eingriff in bereits Formuliertes entstanden sind (etwa in politische Zeugnisse, Gerichtsakten u. ä.), trotz des montageartigen Vorgangs gerade jene Handlungseinheit herstellen, die von der radikalen M. verneint wird. Ein breites Feld gewann die M. im Bereich des Romans, namentlich seit den zwanziger Jahren. Auch hier gibt es unterschiedliche Bauformen des Verfahrens, je nach der gesamten Ausrichtung der einzelnen Werke. Bezeichnend ist jedenfalls der Gebrauch von M. im Großstadtroman, vorwiegend als ein Mittel der Darstellung diffuser Wahrnehmung sowie als eine Möglichkeit, Simultantechnik zu suggerieren. Joyces »Ulysses« (1922) ist ebenso zu nennen wie der surrealistische Roman »Le paysan de Paris« (1925) von Aragon oder Döblins bereits genanntes Werk. Besonders ausgeprägt ist die Montagetechnik im amerikanischen Roman, vor allem in der Trilogie »USA« (1930-1936) von Dos Passos. In Amerika führt der Weg von den wochenschauartigen, vom Film beeinflußten zeitgeschichtlichen Montagen bei Dos Passos zu der immanent literarischen Spielart bei zeitgenössischen Autoren (Barthelme u. a.). Im deutschen Nachkriegsroman knüpft Koeppen (z. B. »Tauben im Gras«, 1951) an die Erzähltechniken der zwanziger Jahre an, auch an die M. Bezeichnend ist, daß unter den Autoren der Gegenwart (Heißenbüttel, Enzensberger, Rühm u. a.) A. Kluge zu den konsequentesten Vertretern der M. zählt, ein Autor, der Schriftsteller und Filmregisseur zugleich ist.

E. Bloch: Erbschaft dieser Zeit. Zürich 1935, erw. Ausgabe Frankfurt a. M. 1962

H. Meyer: Das Zitat in der Erzählkunst. Stuttgart 1961

H. Richter: DADA – Kunst und Antikunst. Köln 1964

W. Iser (Hrsg.): Immanente Ästhetik. Ästhetische Reflexion. Lyrik als Paradigma der Moderne. München 1966

F. Mon/H. Neidel (Hrsg.): Prinzip Collage. Neuwied/Berlin 1968

Th. W. Adorno: Ästhetische Theorie. Frankfurt a. M. 1970

K. Riha: Cross-Reading und Cross-Talking. Zitat-Collagen als poetische und satirische Technik, Stuttgart 1971

H. G. Kemper: Vom Expressionismus zum Dadaismus. Kronberg/Ts. 1974
P. Bürger: Theorie der Avantgarde. Frankfurt a. M. 1974
W. M. Lüdke (Hrsg.): Theorie der Avantgarde. Antworten auf Peter Bürgers Bestimmung von Kunst und bürgerlicher Gesellschaft. Frankfurt a. M. 1976
V. Klotz: Zitat und Montage in neuerer Literatur und Kunst. In: Sprache im technischen Zeitalter, 60 (1976)
U. Weisstein: Collage, Montage, and Related Terms. In: Comparative Literature Studies 30 (1978)
V. Hage (Hrsg.): Literarische Collagen. Texte, Quellen, Theorie. Stuttgart 1981
H. Kreuzer: Montage. In: LiLi 13 (1983) H. 46
U. Brandes: Zitat und Montage in der neueren DDR-Prosa. Frankfurt a. M./Bern 1984
V. Hage: Collagen in der deutschen Literatur. Zur Praxis und Theorie eines Schreibverfahrens. Frankfurt a. M./Bern 1984
W. Seibel: Die Formenwelt der Fertigteile. Künstlerische Montagetechnik und ihre Anwendung im Drama. Würzburg 1988
V. Žmegač: Der europäische Roman. Geschichte seiner Poetik. Tübingen 1990

Viktor Žmegač

Mythos

»Im Anfang war der Mythus. Wie der große Gott in den Seelen der Inder, Griechen und Germanen dichtete und nach Ausdruck rang, so dichtet er in jedes Kindes Seele täglich wieder.« Mit diesem Satz beginnt H. Hesses Roman »Peter Camenzind« (1904). Ein Romananfang wie dieser wäre außerhalb des deutschen Sprachraums um die Jahrhundertwende kaum denkbar gewesen. In ihm spiegelt sich jene M.-Faszination wider, welche die deutschsprachigen Autoren der Jahrhundertwende unter dem Einfluß von Nietzsches »Geburt der Tragödie« (1871) erfaßt hat und die sich in den nächsten Jahrzehnten zu einem regelrechten »Hunger nach dem M.« (Th. Ziolkowski 1970) auswächst, der weit über den Bereich der Literatur und Kunst hinausgeht und dessen irrationalistische wie manipulatorische Tendenzen aus dem »Kelch der braunen Blume« des Dritten Reichs (U. Berkéwicz, »Engel sind schwarz und weiß«, 1992) ihre gefährlichsten Gifte verströmen werden.

Der Begriff M. war zu Beginn dieses Jahrhunderts durchaus noch nicht im allgemeinen Sprachschatz eingebürgert. Obwohl seit dem 16. Jahrhundert verschiedentlich verwendet – freilich mehr *zitiert* als griechische Vokabel für ›Wort‹, ›Rede‹, ›Erzählung‹, ›Fabel‹ denn als aktueller Terminus *gebraucht* – hat M. bis an die Schwelle unseres Jahrhunderts kaum Eingang in Diktionäre und Lexika gefunden. In den großen Wörterbüchern des 18. und 19. Jahrhunderts von Adelung bis Heyne erscheinen in der Regel nur die Begriffe »Mythologie« und »Mythe«: die Feminisierung des Worts in Analogie zu Sage, Fabel, Geschichte. Auch das Grimmsche Wörterbuch (1885) führt lediglich »Mythe« als »unbeglaubigte Erzählung« an. Nicht anders steht es mit den großen Nachschlagewerken von Sulzers »Allgemeiner Theorie der Schönen Künste« (1771 ff.) bis zu den Enzyklopädien des späten 19. Jahrhunderts. Meyers Konversationslexikon verweist beispielsweise in der Ausgabe von 1877 für »Mythus« (mit üblicherweise latinisierter Endung) auf das Stichwort »Mythologie«. Dort aber lesen wir: »Mythus heißt im allgemeinen Rede, dann Überlieferung, im engeren Sinn die Überlieferung aus vorhistorischer Zeit, [...] in der modernen wissenschaftlichen Sprache eine Erzählung, deren Mittelpunkt ein göttliches Wesen ist, und das in konkreter Erzählungsform auftretende Dogma der alten heidnischen Völker«. Der umfassendere Begriff ist also nicht M., sondern

Mythologie als historische Lehre von den heidnischen Götterfabeln. In der Ausgabe von 1906 bildet »Mythus« bereits ein eigenes, freilich in nur sechs Zeilen abgehandeltes Stichwort; die im 19. Jahrhundert, etwa bei Görres gebräuchliche Bildung »Mythe« wird nun als »mißbräuchlich« abgetan. Gut zwei Generationen später, in der Ausgabe von 1976, tritt das Stichwort »Mythologie« dagegen ganz in den Schatten von »M.« – nun natürlich mit griechischer Endung. Aus diesen lexikographischen Fakten spricht eine tiefgreifende Neueinschätzung des ›Mythischen‹, die sich auch in der modernen Literatur seit dem späten 19. Jahrhundert widerspiegelt. Die Wiederentdeckung des M. durch die Religions- und Altertumswissenschaft, Ethnologie, Philosophie und Psychologie fällt zeitlich mit dem Aufbruch der literarischen → Moderne auffallend zusammen, ja prägt zumindest im deutschen Sprachraum entscheidend deren Physiognomie. Gerade die bedeutendsten Romanciers (Broch, Döblin, Th. Mann), Dramatiker (G. Hauptmann, Hofmannsthal) und Lyriker dieses Jahrhunderts (von Rilke bis I. Bachmann) sind bezeichnenderweise in hohem Maße ›mythische‹ Dichter.

Aufgrund seiner langen Geschichte und seiner unterschiedlichen Verwendung in den verschiedenen Wissenschaftsdisziplinen ist von der »notorischen Undefinierbarkeit« des M.begriffs gesprochen worden (A./J. Assmann). Gleichwohl ergibt sich von der modernen Religionswissenschaft her ein klares Bild von dem, was der M. eigentlich ist. M. ist zunächst das »autoritative Offenbarungswort« (W. F. Otto, K. Kérenyi), das anders als »Logos« die Sache selbst ist, die es bezeichnet, dann heilige Geschichte, in der von wahren Ereignissen und Handlungen übernatürlicher Wesen berichtet wird, die in »primordialer Zeit« (M. Eliade) stattgefunden haben. Sie beziehen sich also auf eine Schöpfung oder Gründung und werden dergestalt zum exemplarischen Modell aller grundlegenden menschlichen Tätigkeiten, zum ständig reaktualisierten Ereignis. Dadurch unterscheidet sich der echte M. als wahre und allgemein verbindliche Wirklichkeitsdeutung von den unbeglaubigten – und daher auch nicht zu kultischem Rang erhobenen – mythologischen Fiktionen und → Märchen in seinem Gefolge. »So gehört beispielsweise die Erzählung von Pyramus und Thisbe zur Mythologie, nicht zum M., weil sie nur ein besonderer menschlicher Fall für dic alles durchwaltende Macht der Liebe darstellt, von welcher der genuine M. der Göttin Aphrodite berichtet« (K. Hübner, in: Borchmeyer 1987: 255). Dem Märchen fehlt vor allem die Struktur der Reaktualisierung, sein Inhalt ist – als bloß erfundener – ohne Verbindlichkeit und Verbindung zur Gegenwart. Wo das Märchen sagt: »Es *war* einmal«, beschwört der M.: »Es war *einmal*« – und *ist* damit immer (G. Schmidt-Henkel 1967: 250). Die temporale Struktur des M. ist die Zirkularität der ewigen Wiederkehr – im Gegensatz zur Linearität und Irreversibilität der geschichtlichen Zeit, in deren Namen das frühe Christentum den M. befehdet, gegen dessen periodische Kosmogonien, Theophanien und Kataklysmen es die Einmaligkeit der Weltschöpfung, der Epiphanie des Erlösers und des Weltendes gesetzt hat (die freilich in der Liturgie ihre zirkuläre Wiederkehr erleben).

Zu den wichtigsten Ergebnissen der modernen M.forschung seit E. Cassirer (»Das mythische Denken«, 1925) gehört die Einsicht in die »Rationalität des Mythischen« (Hübner 1985). Mythisches Denken ist demnach nicht, wie noch die Mythologen im Umkreis der Romantik glaubten, bloß bei Völkern auf frühen Entwicklungsstufen, in der »infantia generis humani« (Chr. G. Heyne, »De fide historica aetatis mythicae«, 1798) und heute deshalb allenfalls in der Vorstellungswelt des Kindes anzutreffen (vgl. noch das einleitende Zitat von Hesse), sondern eine allgemeinmenschliche Gegebenheit wie die Rationalität auch. So bemerkt gar C. Lévi-Strauss, dessen strukturalistische Analyse des M. zu den wichtigsten Richtungen der einschlägigen Forschung in den letzten Jahrzehnten gehört, »daß im mythischen Denken und im wissenschaftlichen Denken dieselbe Logik am Werke ist und daß der Mensch allezeit gleich gut gedacht hat« (1971: 254).

Cassirer ist die epochemachende Entdeckung zu danken, daß auch das mythische Denken auf apriorischen Anschauungsformen aufbaut und einen geschlossenen Bezugsrahmen besitzt, innerhalb dessen Erfahrung rational organisiert wird. Cassirer faßt das Verhältnis von mythischem und wissenschaftlichem Denken auf der einen Seite nicht historisch-chronologisch, sondern kategorial-deskriptiv, billigt somit auch der Moderne prinzipiell zu, daß sie mythisch zu denken vermag, ohne deshalb notwendig reaktionär zu sein (das wichtigste Paradigma ist für ihn Hölderlin). Auf der anderen Seite hält er gleichwohl noch evolutionistisch am Fortschritt vom M. zur ›eigentlichen‹ Wahrheit der wissenschaftlichen Vernunft fest. Demgegenüber gründet nach Hübner die »Wahrheit des M.« in einer der wissenschaftlichen gleichwertigen Ontologie, die keineswegs im Sinne eines Fortschritts »Vom M. zum Logos« (so der Titel des berühmten Buchs von W. Nestle, 1940) interpretierbar ist. Diese Einsicht hat sich in der gegenwärtigen M.diskussion so weitgehend durchgesetzt (vgl. Chr. Jamme 1991), daß eine irrationalistische Mythomanie heute zumindest keine wissenschaftlichen Chancen mehr hat.

Vor dem Hintergrund dieser wissenschaftlichen Entwicklung haben Forscher wie Cassirer, Kerényi, Eliade und Hübner die geschichtliche Rolle der »Pseudomythen« untersucht, zumal in ihrer politisch-propagandistischen Form, wie sie von G. Sorel (1847-1922) initiiert worden ist und in den totalitären Staaten dieses Jahrhunderts, zumal im Nationalsozialismus ihre radikale Ausprägung gefunden hat. »Es war dem zwanzigsten Jahrhundert vorbehalten, eine neue Technik des M. zu entwickeln« (Cassirer, »The myth of the state«, 1966). Unechte Formen des M. unterscheiden sich von echten dadurch, daß sie keine spontan entstandenen oder geschichtlich überlieferten Archetypen implizieren, sondern zur Erreichung strategischer (namentlich politischer oder ökonomischer) Zwecke manipuliert werden. Derartige Pseudomythen wären freilich unbrauchbar, wenn ihre Strukturen nicht einem genuinen und durch die Vernunftkrise der Moderne gesteigerten Bedürfnis des Menschen entsprächen. Dessen Ausbeutung und Instrumentalisierung durch die nationalsozialistischen Mytho-Ideologen und Mytho-Techniker hat jüngst U. Berkéwicz zum Thema ihres Romans »Engel sind schwarz und weiß« gemacht.

E. Unger hat 1930 seine philosophische Untersuchung »Wirklichkeit, M., Erkenntnis« mit der Feststellung eingeleitet, das Wort »M.«, das noch vor wenigen Jahrzehnten »ohne jede repräsentative Bedeutung« gewesen sei, scheine »allmählich geradezu ein Ausdruck der kulturellen Zeitstimmung zu werden«, obwohl anderseits die Fremdheit zwischen M. und Moderne mehr denn je empfunden werde. Unger begründet diese Ambivalenz folgendermaßen: »Es ist, als merkte man einen tiefen unüberbrückbaren Gegensatz, der die kulturelle Atmosphäre unserer Epoche von irgendetwas Entlegenem, Andersartigem trennt, das man mit dem Wesen M. kennzeichnet, und als fühlte man einen Zwang, zu diesem Wesen in irgendeine Erkenntnis- und Erlebnisbeziehung zu treten, weil es vielleicht etwas enthält, was uns fehlt.«

Das Gefühl dieses Fehlenden reicht bis in die Anfänge der → Moderne im makroperiodischen Sinne, also am Ende des 18. Jahrhunderts zurück. Die Demontage des Mythischen durch die Aufklärung – gegen die schon, seiner Zeit um mehr als ein halbes Jahrhundert vorauseilend, G. B. Vico im Rahmen seiner Kritik am cartesianischen Rationalismus die »logica poetica« der Mythen verteidigt hat (»Principi di una scienza nuova«, 1725) –, die zunehmende Abstraktheit des Staates im Gefolge des aufgeklärten Absolutismus und der Französischen Revolution, die Entzauberung der Welt durch die Naturwissenschaft und der aus dem christlichen Monotheismus hervorgehende abstrakte Gottesbegriff der Philosophen wecken die Sehnsucht nach dem M.: Schillers »Götter Griechenlands« (1788) haben dafür den Ton angegeben. Hier steht die berühmte Formel von der nur noch dem »Gesetz der Schwere« dienenden »entgötterten Natur«, die später M. Weber zum Inbegriff seiner Theorie des okzidentalen Rationalismus und des durch ihn bewirkten irreversiblen Prozesses der Profanisierung der Welt geworden ist. »Ausgestorben trauert das Gefilde, / Keine Gottheit zeigt sich meinem Blick«. Allein die Dichtung kann »die Götter wieder aufstellen«, die »in die Brust des Menschen zurückgekehrt« sind (Schiller, Vorrede zur »Braut von Messina«, 1803).

In dem Hegel, Hölderlin und Schelling zugeschriebenen sog. »Ältesten Systemprogramm des deutschen Idealismus« wird angesichts der Mechanisierung des Staates und der Entsinnlichung der Religion ein Postulat aufgestellt, das »soviel ich weiß, noch in keines Menschen Sinn gekommen ist – wir müssen eine neue Mythologie haben, diese Mythologie aber muß im Dienste der Ideen stehen, sie muß eine Mythologie der *Vernunft* werden« – sie wird also an die Aufklärung als deren Erweiterung und Korrektur zurückgebunden. Eine »neue Mythologie« fordert auch F. Schlegel in seiner »Rede über die Mythologie« (1800); es ist eine Art synkretistischer Mythologie aus antik-klassischen, nordischen, indischen und modernen Elementen. Ein »Gemisch von Geschichte, mündlich fortgepflanzten Sagen, Sinnbildlichkeit und willkürlich hinzugefügter Dichtung« nennt Schlegel später die Mythologie (»Geschichte der europäischen Literatur«, 1803/04), das sich als solches, mit seinem immer noch antiquarischen Charakter, sternenweit von der späteren M.-Konzeption R. Wagners und Nietzsches unterscheidet.

Gleichwohl ist es die deutsche Romantik gewesen, die bei allem Beharren auf dem historisch distanzierenden ›Lehr‹-Begriff der Mythologie das moderne M.-Verständnis entscheidend vorbereitet hat. Die M.forschung seit K. O. Müller (1797-1840) oder Bachofen (1815-1887) ist auf dem Wege weitergeschritten, der durch Werke wie J. Görres' »Mythengeschichte der asiatischen Welt« (1810), F. Creuzers »Symbolik und Mythologie der alten Völker« (1810 ff.). J. Grimms »Deutsche Mythologie« (1835) oder Schellings nachgelassene »Philosophie der Mythologie« überhaupt erst gebahnt wurde. Freilich hat bereits der ästhetische Humanismus des späten 18. Jahrhunderts, haben K. Ph. Moritz, Goethe und Schiller die aufklärerische Mythenentlarvung (›Betrugstheorie‹) schlechterdings antiquiert, bildet zumal das Werk Hölderlins eines der bis heute bedeutendsten Paradigmen mythischen Dichtens überhaupt; aber erst im Umkreis der Romantik sind, in Opposition gegen die rationalistische Mythenerklärung der Aufklärung, die theoretischen Voraussetzungen für das moderne Bild des M. geschaffen worden.

Von besonderer Bedeutung ist zumal Schellings Widerlegung der bis in die Antike zurückreichenden allegorischen und euhemeristischen Mythenhermeneutik, welche den M. auf physikalische, ethische oder politische Sachverhalte reduziert. Die Mythologie ist nach Schelling nicht Allegorie, die im Sinne des griechischen Worts »etwas anderes sagt«, auf eine andere Realität verweist, sondern »Tautegorie«, die auf sich selbst verweist. »Die Götter sind ihr wirklich existierende Wesen, die nicht etwas anderes *sind,* etwas anderes *bedeuten,* sondern *nur* das bedeuten, was sie sind.«

Der erste, der das Wort M. als Kardinalbegriff gegenüber »Mythologie« durchgesetzt hat, ist R. Wagner gewesen. In seinem theoretischen Hauptwerk »Oper und Drama« (1850/51) verwendet er den Terminus konsequent mit der griechischen Endung, die nicht einmal Nietzsche übernommen hat (der noch, wie übrigens meist auch Hofmannsthal und Th. Mann, von »Mythus« redet). Von der »Mythologie« mit ihren antiquarisch-didaktischen Implikationen will Wagner nichts mehr wissen. Für ihn wird der M. – und damit ist er der eigentliche Schöpfer seines modernen Begriffs – zum konstanten Erklärungsmodell der Wirklichkeit: »Das Unvergleichliche des M. ist, daß er jederzeit wahr, und sein Inhalt, bei dichtester Gedrängtheit, für alle Zeiten unerschöpflich ist. Die Aufgabe des Dichters war es nur, ihn zu deuten.« Vier Punkte sind hier von entscheidender Bedeutung: der erste ist die durch keinen Zeitbezug beschränkte Wahrheit des M., der zweite seine Struktur »dichtester Gedrängtheit« (ist es doch Wagner zufolge seine Tendenz, die Vielfalt und Zerstreutheit der Erscheinungswelt in »plastischen« Gestalten zu konzentrieren), der dritte seine Unerschöpflichkeit, da seine Wahrheit nie in einer bestimmten Auslegung aufgeht; der vierte Punkt schließlich ist die Tatsache, daß der einzelne Dichter den M. nicht schafft, sondern ihn »nur« deutet: die fortlaufende »Arbeit am M.« – um den Titel des für die jüngste M.-Konjunktur bahnbrechenden Buches von H. Blumenberg (1979) zu zitieren. Wagners vier Punkte stehen durchaus in Einklang mit der modernen Beschreibung der »ikonischen Prägnanz« und »ikonischen Konstanz« des M., welch letztere sich »einem semantischen Überschuß verdankt, der in immer neue Formulierungen drängt« (A./J. Assmann).

In seiner 1848/49 entstandenen Schrift »Die Wibelungen. Weltgeschichte aus der Sage« hat Wagner den M. auf den Spuren Herders und der Romantik als Inbegriff der »Volksanschauung« bestimmt. Diese orientiert sich an bestimmten vorhistorischen Urtypen (»Urkönigtum«, »Urheldentum«, »Urstadt« usw.), welche von den »Geschichtsvölkern« immer wieder im Glauben an eine »mythische Identität« nachgebildet worden seien. Mit dem Gedanken der geschichtlichen ›Wiederholung‹ archetypischer Ereignismuster hat Wagner eines der wichtigsten Strukturelemente mythischen Denkens und mythischen Dichtens bezeichnet. Seine Urtypen entsprechen genau den von der modernen M.forschung definierten »numinosen Prototypen« (Hübner) und Ursprungsgeschichten (Archai), die das vom M. strukturierte politisch-soziale Leben der alten Völker prägten und die nicht bloß Erinnerung waren, sondern als »primordiale Ereignisse« (Eliade) das verbindliche Modell gegenwärtigen Handelns, das in ihm identisch anwesende Paradigma bildeten.

In »Oper und Drama« hat Wagner die Formstruktur des M. und der mythischen Dichtung als »das verdichtete Bild der Erscheinungen« (eben aufgrund ihrer primordialen Typisierung) bestimmt. In diesem Punkt sind ihm nicht nur Nietzsche – der den M. in der »Geburt der Tragödie« (23. Kap.) als »das zusammengezogene Weltbild«, als »Abbreviatur« der Erscheinungswelt bestimmt –, sondern auch Th. Mann und vor allem Hofmannsthal (für seine Bestimmung der »mythologischen Oper«) gefolgt. Der schon im M. selber sich vollziehende Prozeß der Weltverdichtung vollendet sich, so Wagner, in der Kunstform des Dramas, deren für alle

Zeit verbindliches Urbild die griechische Tragödie sei: »die Tragödie ist nichts anderes als die künstlerische Vollendung des M. selbst«.

Wagner trennt den M. entschieden von der »Mythologie« als der Lehre von den ›Mythen‹ der alten Völker. Er ist für ihn nicht mehr geschichtlich bedingt, sondern umgekehrt ist ihm die Geschichte mythisch bedingt, Derivat des M., dessen Urtypen sie wiederholt. Dennoch beschreibt Wagner die Gegenwart, deren Stigmata Naturzerstörung, nihilistische Machtbesessenheit, Korruption der menschlichen Beziehungen durch die Herrschaft des Kapitals, Abstraktheit und Anonymität der gesellschaftlichen Verhältnisse sind, als ein dem M. entfremdetes Zeitalter. Der entgötterte, von Wissenschaft, Politik und Historie dominierte prosaische Weltzustand der Moderne läßt sich in seiner Dispersivität nicht mehr zu geschlossener Gestalt zusammendrängen. Die ihm korrespondierende Kunstform ist daher nicht die von der kondensierten Gestalt des M. geprägte Tragödie, sondern der Roman mit seiner offenen Struktur. Da aber die Entfremdung vom M. in diesem selber vorgezeichnet ist, zyklisch wieder aufgehoben wird (»der M. ist Anfang und Ende der Geschichte«), kann der moderne Weltzustand im »Kunstwerk der Zukunft«, in der utopischen Gattung des Musikdramas gleichwohl in mythischer Abbreviatur vergegenwärtigt werden. Das geschieht tatsächlich in Wagners musikdramatischem Lebenswerk »Der Ring des Nibelungen«, das in der Gestalt der germanischen Götterwelt ein symbolisches Bild des in seiner komplexen Struktur vom Roman widergespiegelten prosaischen Zeitalters bietet. Wie die Geschichte hier im M. aufgehoben wird, so soll sich das Musikdrama als in symbolischer Verdichtung aufgehobener Roman legitimieren. Dessen extensive Totalität (vgl. Hegels Theorie von der »Totalität der Objekte« in der epischen Großform) wird durch intensive Totalität ersetzt. Das »wirklich verständliche Bild des Lebens« wird nach Wagner erst in dem »durch die Geschichte [...] gerechtfertigten M.« wie in dem durch den Roman ›gerechtfertigten‹ musikalischen Drama gewonnen (»Oper und Drama«).

Wagners M.-Theorie ist zumal von Th. Mann umfassend rezipiert und in seine Poetik des Romans integriert worden. Er leugnet freilich die von Wagner behauptete genuine Affinität des M. zum Drama und verweist demgegenüber im Blick auf die ursprüngliche Bedeutung des Wortes M. = Erzählung auf die spezifisch narrative Struktur desselben. Sie setzt sich auch in Wagners Tetralogie durch, die Th. Mann immer wieder als »szenisches Epos« bezeichnet. Die Struktur des »Rings« – die großen Erzählungen beweisen es ihm – sei eigentlich narrativ, nicht zuletzt aufgrund des Leitmotivs, das »im Innersten episch, [...] homerischen Ursprungs« sei (»Versuch über das Theater«, 1908). Er stülpt daher Wagners Theorie genau um: wie dieser das mythische Musikdrama als symbolisch verdichteten Roman bestimmt, so Th. Mann den Roman als in seine epischen Grundlagen zurückverwandeltes Musikdrama. Mythische (Arche-)Typisierung ist für ihn daher auch das Recht des Romans, dessen Aufgabe mitnichten realistische Extensität, sondern »Verinnerlichung« sei (»Die Kunst des Romans«, 1938), nicht zuletzt durch leitmotivische Strukturierung. Diese ist für Th. Mann gewissermaßen der epische Aggregatzustand des M., seine spezifische Darstellungsmodalität.

Gerade durch die formale Bindung des M. an die Leitmotivik wird jedoch seine Narrativität, d.h. das Konstruktionsprinzip chronologischer Verkettung transzendiert. Das läßt sich an dem ersten mythosbestimmten Werk Th. Manns, der Erzählung »Der Tod in Venedig« (1912) sofort demonstrieren. Mit der mythischen Grundierung der epischen Handlung, noch auf den unmittelbaren Spuren von Nietzsches »Geburt der Tragödie« (Aschenbach als ästhetischer Sokratiker, der von der verdrängten Macht des Dionysischen eingeholt wird), wandelt sich der Modus der Verwendung von Leitmotiven gegenüber der frühen Erzählprosa entscheidend. In seiner »Einführung in den Zauberberg« (1939) hat Th. Mann selber von der »bloß naturalistisch-charakterisierenden« Verwendung der Leitmotive in den »Buddenbrooks« gesprochen; erst in seinen späteren Dichtungen sei das Leitmotiv zum »symbolisch anspielenden Formelwort« geworden, das im Wagnerschen Sinne die individuell begrenzten Situationen in einen »musikalisch-ideellen Beziehungskomplex« einbette. Das geschieht im »Tod und Venedig« zumal durch jene an bestimmten physiognomischen Signalen erkennbaren Hermes- und Thanatos-Gestalten, die sich als Sendboten und Metamorphosen des »fremden Gottes« Dionysos offenbaren. Durch das dichte Beziehungsnetz dieser leitmotivischen Figuren wird die lineare Zeitfolge des Erzählens ebenso aufgehoben, wie die zyklische Zeitstruktur des M. die lineare Progressivität der Geschichte aufhebt. Es sei auf K. Hübners These verwiesen, daß die Leitmotive bei Wagner – und das gilt kaum weniger für Th. Mann – in ihrer variierenden Wiederholung den primordialen Ereignismustern und Ursprungsgeschichten des M. entsprechen, welche die Folge des menschlichen Handelns in einen zyklischen Zusammenhang einbetten. Das geschieht in umfassendem Sinne, weit über unmittelbaren Nietzsche-Einfluß hinaus, inspiriert und unterrichtet durch die moderne M.forschung (K. Kérenyi), freilich erst in Th. Manns Roman-Tetralogie »Joseph und seine Brüder« (entst. 1926-1942). Hier vollzieht er nach seinen eigenen Worten den Schritt vom »Bürgerlich-Individuellen zum Mythisch-Typischen«, um jene »Brunnentiefe der Zeiten« auszuloten, »wo der Mythus zu Hause ist und die Urnormen, Urformen des Lebens gründet« (»Freud und die Zukunft«, 1936). Der Abstieg in die Brunnentiefe der Zeiten bedeutet aber, daß die Zeit als Sukzession in der Simultaneität archetypisierter Situationen aufgehoben wird.

Hier läßt sich eine Brücke schlagen zu T. S. Eliots Theorie der »mythischen Methode«, die er in seiner Rezension von Joyces »Ulysses« (1923)

entwickelt und ebenfalls gegen die narrativ-chronologische Plot-Struktur ausgespielt hat (»Ulysses, Order, and Myth«, 1923). Th. Manns wie Joyces ›mythische Methode‹ signalisieren trotz ihrer Verschiedenartigkeit jedenfalls die für die Struktur des modernen → Romans charakteristische Krise der Narrativität. Die lineare Ereigniszeit des traditionellen Romans, das Prinzip der erzählerischen Sukzession wird durchbrochen von einem → Simultanismus, der sich – wenn auch gewiß nicht ausschließlich oder vorrangig – im Rückgriff auf ständig präsente mythische Ereignismuster besonders sinnfällig manifestiert.

Obwohl der Rekurs auf den M. kein ausschließliches Charakteristikum der deutschsprachigen Literatur der Moderne ist, hat er hier doch aufgrund seiner Inspiration durch den breiten Strom der M.theorie des 19. Jahrhunderts und ihrer Wegbereiter von Goethe, Hölderlin und den romantischen ›Mythologen‹ über Bachofen und Wagner bis Nietzsche ein wesentlich anderes Gepräge als die M.rezeption in den angelsächsischen und romanischen Ländern. Der amerikanische Kritiker H. Levin hat 1960 die »Mythophilie« der Deutschen mit der mythoklastischen Skepsis der Franzosen konfrontiert. Diese wird mehr oder weniger auch durch die Mythendramen von Cocteau (»Orphée«, 1926; »La machine infernale«, 1934), Giraudoux (»Amphitryon 38«, 1929; »La guere de Troie n'aura pas lieu«, 1935; »Électre«, 1937), Anouilh (»Eurydice«, 1942; »Antigone«, 1944; »Médée«, 1948) oder Sartre (»Les mouches«, 1943) repräsentiert, welche die aufklärerische Mythenentlarvung (etwa in den Stücken Voltaires) gewissermaßen mit modernen Mitteln fortsetzen. Wo nicht, wie bei Cocteau oder Giraudoux, ein parodistisch-groteskes Spiel mit dem M. getrieben wird, unterziehen ihn die genannten Autoren doch einer radikalen Umdeutung, ja einer Deprivation seiner religiösen Sinngebung bis hin zu deren blasphemischer Umkehrung. Sie äußert sich zumal in kapriziösen Anachronismen und Illusionsdurchbrechungen, welche die humanistische Bildungserwartung verletzen wollen. Freilich gab es in der französischen Moderne, zumal im Umkreis des »Wagnérisme« nach Baudelaire, auch ›mythophile‹ Gegenbewegungen, die den einschlägigen Tendenzen in der deutschen Literatur vergleichbar sind.

Nichtsdestoweniger hat im Französischen, wo man einen notorischen Lügner als »mythomane« bezeichnet, oder in der englischen Umgangssprache, wo »myth« zunächst einmal – wie schon in der spätantiken Aufklärung und der frühchristlichen Polemik – eine konventionelle Lüge ist, der Begriff bis heute nicht den vollen und ernsten Klang des deutschen »M.«. Obwohl zu den bedeutendsten angelsächsischen Dichtern dieses Jahrhunderts auch solche gehören, die – wie T. S. Eliot, Pound und vor allem Yeats – in ihrem Ernstnehmen der numinosen Bildwelt des M. den deutschen M.dichtern der Moderne nahe kommen, überwiegt doch in der englischen und zumal amerikanischen Literatur ein kritisch-aufgeklärter oder ironisch-skeptischer Umgang mit dem M.. Das gilt auch für den neben Th. Manns »Joseph und seine Brüder« bedeutendsten ›mythischen‹ Roman dieses Jahrhunderts: Joyces »Ulysses«. Dieser ist bezeichnenderweise um so ironischer geprägt, je mehr das antik-mythische Modell direkt angespielt wird; das signifikanteste Beispiel: Blooms Zigarre als Speer des Odysseus. Die Ironie signalisiert die Differenz zwischen dem antiken Substrat und seiner modernen Reprise.

Hier ist auf die einschlägige Diskussion zwischen H. Fuhrmann und W. Iser in dem von der Forschungsgruppe »Poetik und Hermeneutik« 1971 vorgelegten Band »Terror und Spiel« zu verweisen, der die literaturwissenschaftliche Erörterung der »Mythenrezeption« in den siebziger und achtziger Jahren nachhaltig geprägt hat. Fuhrmann rekurriert auf die »Wiederholung« als Strukturmerkmal des M.. Dabei unterscheidet er, wie H. R. Jauß in der Diskussion kritisch eingewandt hat, die literarische Wiederholung mythischer Substrate von der Antike bis zur Moderne prinzipiell nicht von der Wiederkehr mythischer Prototypen in der Geschichte und im Kult. Die Struktur variierender Wiederholung prägt bekanntlich ebensowohl die antike Mythenrezeption – das zeigen die verschiedenen Ausformungen derselben Mythen bei den attischen Tragikern – wie diejenige der Moderne, vor allem im Bereich des Dramas. Der M. existiert hier wie da nur in Varianten. Bereits F. Schlegel hat in seiner »Rede über die Mythologie« das »Anbilden und Umbilden« als das »eigentümliche Verfahren« der Mythologie, als ihr »inneres Leben« bezeichnet. Das moderne Drama scheint dieses An- und Umbilden den antiken Dramatikern abgeschaut zu haben und sich nach den gleichen Regeln zu richten wie diese: das Handlungssubstrat bleibt in der Regel konstant – Motivation, Psychologie der Charaktere, Faktenverknüpfung und Sinnstiftung hingegen werden mehr oder weniger rigoros variiert. In dieser Hinsicht gibt es nur graduelle Unterschiede zwischen den Werken, welche die überlieferten Mythen in ihrem historischen Gewand belassen – wie etwa die Griechendramen Hofmannsthals (»Alkestis«, 1894; »Elektra«, 1903; »Ödipus und die Sphinx«, 1905) oder G. Hauptmanns »Atriden-Tetralogie« (1941 ff.) – und den Dramen, welche das mythische Substrat in moderne Verhältnisse transponieren – wie das bedeutendste Mythendrama der amerikanischen Literatur: O'Neills Trilogie »Mourning Becomes Electra« (1931).

In dieser Konstanz des Handlungssubstrats sieht Fuhrmann nun das immer neue Durchschlagen der mythischen Archetypen, die ihre inhaltliche Identität gegenüber allen zeitbedingten Modalitäten, ihre Verbindlichkeit gegenüber aller Unverbindlichkeit ihrer jeweiligen faktischen, psychologischen und semantischen Konkretisation behaupten. Fuhrmann macht freilich einen Unterschied zwischen den antikisierenden und den modernisierenden Stücken. Während diesen daran liege, gerade im modernen Gewand die Gültigkeit des mythischen Paradigmas zu demonstrieren, suche sich das antikisierende Drama von seinem antiquarischen Pendant kritisch, ironisierend, ja nicht selten polemisch abzusetzen. Da Fuhrmann hier vor allem die genannten mythoklastischen Stücke der modernen französischen Literatur als Exempel heranzieht, entsteht ein problematisches Bild. Von den antikisierenden Dramen der deutschen Literatur dieses Jahrhunderts her würde sich ein gänzlich anderer – mythophiler – Eindruck ergeben. Daß anderseits die moderne Transposition mythischer Stoffe nicht notwendig eine Affirmation archetypischer Situationen bedeutet, legt Isers Interpretation des »Ulysses« von Joyce nahe. Der Archetyp sei hier eine »Leerform«, nicht »Wiederkehr des M.«, sondern ein »Darstellungsraster, der deshalb so deutlich im Roman markiert ist, damit die Begrenztheit aller Organisationsmuster sichtbar werden kann« (Iser, in Fuhrmann 1971: 372 f.). Der M. scheint mithin ein »Projektionshintergrund« zu sein (ebd. 402), der den Leser zum Wiedererkennen provoziert, einem solchen freilich, das die Apperzeption nicht nur identischer, sondern mehr noch differenter Strukturen, also der Spannung zwischen archaischem Helden und moderner Figur einschließt.

Das ist freilich nicht immer so gesehen worden, wie das Beispiel der Rezension von T. S. Eliot zeigt, der die mythische Methode zu einer Forderung an die moderne Literatur überhaupt erhebt, die ermöglichen soll, der chaotischen und sinnentleerten Gegenwart eine Gestalt- und Sinnordnung einzustiften: »In using the myth, in manipulating a continuous parallel between contemporaneity and antiquity, Mr. Joyce is pursuing a method which others must pursue after him. [...] It is simply a way of controlling, of ordering, of giving a shape and a significance to the immense panorama of futility and anarchy which is contemporary history.« In eine ähnliche Richtung weisen Brochs Aufsätze über das M.problem. In seinem Essay »M. und Dichtung bei Th. Mann« (1935) beschreibt er die Gegenwart mit den gleichen Vokabeln wie Eliot (»Unordnung«, »Anarchie«, »Chaos«, »ins Sinnlose geratenes Weltgeschehen«) und bezeichnet nun angesichts der beiden ersten Romane der »Joseph«-Tetralogie (1933/34) die »Rückverwandlung eines chaotischen Seins in ein mythisches Organon« als das »dichterische Problem und die menschliche Mission T. Manns«. Daß Broch sie auch als sein eigenes Problem empfunden hat, manifestiert sein Hauptwerk »Der Tod des Vergil« (entst. 1939-45). Dank der »mythischen Erbschaft der Dichtung« strebe diese nach kosmogonisch geordneter Totalität (»The heritage of myth in literature«, 1944). Diese Suche nach Totalität – die laut Hegel für die epische Großform strukturbestimmend ist – prägt den Roman dieses Jahrhunderts nicht weniger als den des 19. Jahrhunderts. Je weniger sie aber aufgrund der Anonymisierungs- und Atomisierungsprozesse der modernen Geschichte in der Weise realistischer Widerspiegelung erreichbar ist, desto mehr wird nach der holistischen Integrationskraft des M. gesucht, der einem Wort von Lévi-Strauss zufolge bestrebt ist, »auf kürzestem Wege zu einem totalen Verständnis des Universums zu gelangen« (1980: 117). »Und in der Tat«, so schreibt Broch in seinem Essay »Hofmannsthal und seine Zeit« (1949): »tief im Unbewußten [...] aller großen Kunst ruht der Wunsch, nochmals M. werden zu dürfen, nochmals die Totalität des Universums darzustellen. Im M. hat allüberall menschliche Geschichte angehoben, [...] haben jene Ur-Assoziationen, Ur-Vokabeln, Ur-Symbole ihre erste Gestaltwerdung erfahren, und jede neue Geschichtsepoche hat sie, wenn auch in verschiedenen Formen für sich neuentdeckt«.

Der Rekurs auf die »adstringierende Kraft« des M., von der schon Nietzsche im Wagner-Teil seiner »Unzeitgemäßen Betrachtungen« (1876) spricht und die auf die einschlägigen Äußerungen von Eliot und Broch vorausweisen, prägt nicht nur die moderne Roman-, sondern nicht weniger die Dramenpoetik. Zu den wichtigsten Beispielen gehört das fingierte Gespräch Hofmannsthals mit R. Strauss über ihre gemeinsame Oper »Die ägyptische Helena« (1928). Die »mythologische Oper« ist Hofmannsthal der Spiegel der eigenen Zeit: »Denn wenn sie etwas ist, diese Gegenwart, so ist sie mythisch.« Er führt an einer Reihe von Beispielen aus, daß die »mythischen Elemente« der Helena-Oper nichts als »Verkürzungen« moderner Zivilisationserscheinungen seien, die sich durch »kleine Veränderungen« in dieselben transponieren ließen. »Nehmen Sie überhaupt alles so, wie wenn es sich vor zwei oder drei Jahren irgendwo zwischen Moskau und New York zugetragen hätte!« In diesem Spiel mit den Transpositionsmöglichkeiten des M. verrät sich freilich noch, daß Strauss und Hofmannsthal ursprünglich eine mythologische Operette auf den Spuren Lukians und J. Offenbachs schreiben wollten. Hofmannsthals unmittelbares Vorbild war Claudels »Protée« (1913/1927), eine »farce lyrique« typisch französisch-mythoklastischer Provenienz. Im Libretto der »Ägyptischen Helena« verwandelt sich die lyrische Farce jedoch trotz mancher parodistischer Parallelen in ein Werk typisch deutscher Mythophilie, und die von Strauss eigentlich geplante Offenbachiade wird durch seine Komposition zu einem mythischen Musikdrama Wagnerscher Prägung gesteigert.

Der junge Nietzsche hat dem modernen, von der »Historie« überfütterten Menschen, dessen Kultur »keinen festen und heiligen Ursitz hat, sondern alle Möglichkeiten zu erschöpfen und von allen Kulturen sich kümmerlich zu nähren verurteilt ist«, der also mit dem festen Sinnhorizont seine Handlungsfähigkeit eingebüßt hat, die Geschlossenheit eines neuen mythischen Horizonts verordnet. »Ohne Mythus [...] geht jede Kultur ihrer gesunden schöpferischen Naturkraft verlustig: erst ein mit Mythen umstellter Horizont schließt eine ganze Kulturbewegung zur Einheit ab« (»Die Geburt der Tragödie«, Kap. 23). Daß ein neuer M. sich aber nicht schaffen läßt, sondern in die gleiche Misere hineinführt, von der er erlösen sollte, hat – trotz seiner Orientierung am M. in allen Phasen seines Schaffens – Döblin 1950 konstatiert: »Mythologie, Mythomanie ist bei heutigen Schriftstellern ein verbreitetes Leiden. Die alten Sagen der hellenischen und römischen Götterlegenden sollten das Vakuum, welches der Schwund unserer eigenen, eigentlichen und verbindlichen Weltanschauung hinterlassen hat, füllen. Man geht auf Krücken, da man sich den Gebrauch der Beine verbietet« (in: »Das Goldene Tor« 5).

Fragwürdiger freilich als der antikisierende Gebrauch mythischer Elemente wirkte sich in den zwanziger Jahren die »Verabsolutierung des Mythos« aus, die sich von jeder historischen Reminiszenz löste, den M. mit rhetorischer Suggestion in eine »freie Kraft« verwandelte – in eine »Struktur ohne Inhalt« (Th. Ziolkowski 1970: 190 f.), die sich nun beliebig mit irrationalistischen Gehalten füllen ließ. Musterbeispiel ist L. Klages' Buch »Der Geist als Widersacher der Seele« (1929/32). Diese unweigerlich auf die nationalsozialistische Ideologie zusteuernde irrationalistische Mythensucht setzte Autoren wie Th. Mann, Broch oder Döblin – gerade als Emigranten – unter einen Legitimationsdruck im Hinblick auf ihr eigenes mythosbestimmtes Schaffen. Th. Mann hat bereits in seiner »Rede über Lessing« (1929) dem »bösartig-lebensgefährlichen« Mißbrauch des M. den Kampf angesagt und sich alle Mühe gegeben, »das chthonische Gelicher, das allzuviel Wasser auf seine Mühlen bekommen hat, in sein mutterrechtliches Dunkel zurückzuscheuchen«. Demgegenüber bestimmt er das Mythische als das – eine »geistige Lebensform« begründende – Ur-Typische, das »allezeit wieder im Fleische wandelt«.

Die Aporie, wie das Mythische vor der durch den Faschismus bedrohten Rationalität zu rechtfertigen sei, suchte Th. Mann nicht etwa auf dem Wege zu lösen, den E. Cassirer mit seiner rationalen Bestimmung der Strukturen mythischen Denkens eingeschlagen hatte, sondern durch die Psychologisierung des M. zumal auf den Spuren Freuds, »denn tatsächlich ist Psychologie das Mittel, den M. den fascistischen Dunkelmännern aus den Händen zu nehmen und ihn ins Humane ›umzufunktionieren‹«, schreibt er am 18. 2. 1941 an Kérenyi. Der Rückgriff auf Freud ist ein aus der Zeitsituation verständlicher, Th. Manns eigenem M.verständnis jedoch nicht wirklich kongruenter Weg der Rationalisierung des M., verblieb die psychoanalytische Mythendeutung im Grunde doch im Horizont der längst obsoleten M.kritik der Aufklärung, »da sie M. letztlich nur als pathologisches Phänomen zu sehen vermochte«, ihm »die Rolle einer Ablagerungsstelle für verdrängte und sich folglich bisweilen neurotisch äußernde Triebregungen« zuschrieb (A. Horstmann 1984: 303). Demgegenüber bewegte sich C. G. Jung durch die Herleitung der mythischen Archetypen als überpersönlicher Strukturelemente aus dem »kollektiven Unbewußten« durchaus auf der Höhe der M.forschung seiner Zeit, wie auch die Verbindung zu K. Kérenyi zeigt. Nicht zu Unrecht entsteht bisweilen fast der Eindruck, daß Th. Mann, wenn er Freud sagt, eher Jung meint, zu dessen überpersönlicher Tiefenpsychologie, die in der Tradition der M.deutung seit der Romantik steht, seine mythische Dichtung jedenfalls weit größere Affinität zeigt. Aufgrund seiner Annäherung an den Nationalsozialismus schied Jung jedoch als Gewährsmann für eine Rationalisierung und Humanisierung des M. in den Augen Th. Manns gerade aus.

Durch die Freudsche Psychoanalyse ist die moderne Mythenreprise besonders außerhalb des deutschen Sprachraums wesentlich geprägt worden. Vor allem der Ödipusstoff scheint von Freuds Analyse des einschlägigen Komplexes kaum mehr ablösbar zu sein, auf welche schon das von seiner »Traumdeutung« (1910) beeinflußte Hofmannsthalsche Drama »Ödipus und die Sphinx« vorausdeutet (das freilich stärker in einer von Schopenhauer herzuleitenden Philosophie des Unbewußten gründet). Indessen hat der ›Ödipus-Komplex‹, sieht man vom Drama des Niederländers M. Croiset (»Oidipoes en zijn moeder«, 1950) ab, kaum zu tiefgreifender Weiterentwicklung des Stoffs geführt. Entschieden deutlicher sind die modernen Bearbeitungen des Atridenstoffs von der Freudschen Psychoanalyse geprägt worden. Auch in dieser Hinsicht ist O'Neills »Mourning Becomes Electra« das bedeutendste Beispiel nicht nur in der amerikanischen Literatur; freilich hat schon R. Jeffers in seiner Tragödie »The Tower Beyond Tragedy« (1925) den Atridenstoff psychoanalytisch durchtränkt.

Seit dem Abklingen der studentischen Kulturrevolte in den siebziger Jahren hat der M. eine neue Konjunktur in Europa erlangt, die sich bis heute nicht abgeschwächt hat. Die kaum mehr zu überschauende wissenschaftliche M.diskussion der jüngsten Zeit, die affirmative (P. Handke: »Über die Dörfer«, 1984) wie politisch-kritische oder feministische Adaption des M. (Chr. Wolf: »Kassandra«, 1983) bezeugt seine anhaltende Faszination. Einen literarischen Höhepunkt der M.rezeption bildete das Jahr 1988, in dem zwei Prosawerke mit mythischer Thematik gar zu Bestsellern wurden: in Italien R. Calassos »Le nozze di Cadmo e Armonia«, in Deutschland »Die letzte Welt« von Chr. Ransmayr. Während dieser in seinem Ovid-Roman ein hochartifizielles, zeitenübergreifendes postmodernes Verwirrspiel mit dem Mythischen treibt, das dessen Ambivalenz von wirklichkeitsstiftender Imaginationskraft und politischer Manipulierbarkeit offenbart, macht Calasso das Faktum, daß die Mythologie nur in widersprüchlichen Varianten existiert, zum Formprinzip seines Erzählens, das sich nie auf eine Variante festlegt, sondern die Varietät der sich wechselseitig spiegelnden und in Frage stellenden Überlieferungen präsentiert.

Die neue Konjunktur des M. scheint auf das »Desiderat einer Spätkultur« hinzudeuten, »die an die Grenzen ihres Vernunftbegriffs gestoßen ist« (A./J. Assmann). Nicht zuletzt die ökologische Krise als Folge der Omnipotenz der instrumentellen Vernunft erklärt die »Wiederbelebung des Mythus«, welcher »den Weg zurück zum Schoß der intakten mütterlichen Natur zu weisen« scheint (P. Kondylis 1991: 279). In diesem Zusammenhang ist auch die intellektuelle Popularität zu sehen, die Horkheimers und Adornos »Dialektik der Aufklärung« (1947) neuerdings erlangt hat. Die beiden Autoren analysieren in dialektischer Verschränkung das Moment der Aufklärung im M. und den Umschlag der Aufklärung als Herrschaftswissen in einen neuen M., wobei die Angemessenheit von Adornos und Horkheimers spekulativem Begriff des M. (als subjektiver Projektion der Psyche auf die Wirklichkeit, als Ausdrucks der Weltangst – so auch noch Blumenberg) angesichts der Erkenntnisse der historischen M.forschung ebenso in Zweifel zu ziehen ist wie der von seiner epochalen Bedeutung spekulativ abgelöste Aufklärungsbegriff. Den in der M.diskussion immer noch rührigen Apologeten einer ungebrochenen, ihren Vernunftbegriff nicht hinterfragenden Aufklärung bleibt der M. freilich weiterhin suspekt. So sucht ihn G. v. Graevenitz gegenüber dem, was er »Mythenrealismus« nennt, als bloße »Denkgewohnheit« und »große kulturgeschichtliche Fiktion« (1987: VII, IX) ohne Substanzkraft zu dekonstruieren. Die Mythophilie des postmodernen Klimas hat G. Grass gar zu dem grobianischen Ausruf veranlaßt, daß heute »jeder Scheißhaufen ein M. genannt wird« (»Das Elend der Aufklärung«, 1985). Das Ende der Faszination des M. ist jedenfalls nicht abzusehen.

E. Cassirer: Philosophie der symbolischen Formen II: Das mythische Denken (1925). Darmstadt 1958

M. Horkheimer / Th. W. Adorno: Dialektik der Aufklärung. Amsterdam 1947

K. Kérenyi: Umgang mit Göttlichem. Über Mythologie und Religionsgeschichte. Göttingen 1955

W. F. Otto: Die Gestalt und das Sein. Gesammelte Abhandlungen über den Mythos und seine Bedeutung für die Menschheit. 2. Aufl. Darmstadt 1959

H. Levin: Some Meanings of Myth. In: H. A. Murray (Hrsg.): Myth and Mythmaking. New York 1960

K. Hamburger: Von Sophokles zu Sartre. Griechische Dramenfiguren antik und modern. Stuttgart 1962

K. Kérenyi (Hrsg.): Die Eröffnung des Zugangs zum Mythos. Darmstadt 1967

G. Schmidt-Henkel: Mythos und Dichtung. Zur Begriffs- und Stilgeschichte der deutschen Literatur im 19. und 20. Jahrhundert. Bad Homburg/Berlin/Zürich 1967

K. G. Esselborn: Hofmannsthal und der antike Mythos. München 1969

Th. Ziolkowski: Der Hunger nach dem Mythos. In: R. Grimm/J. Hermand (Hrsg.): Die sogenannten Zwanziger Jahre. Bad Homburg 1970

M. Fuhrmann (Hrsg.): Terror und Spiel. Probleme der Mythenrezeption (= Poetik und Hermeneutik. 4.). München 1971

C. Lévi-Strauss: Strukturale Anthropologie. Frankfurt a. M. 1971

R. Weimann: Literaturgeschichte und Mythologie. Berlin/Weimar 1971

J. J. White: Mythology in the Modern Novel. Princeton 1971

M. Dierks: Studien zu Mythos und Psychologie bei Thomas Mann [...] Bern/München 1972

H. Freier: Die Rückkehr der Götter. Von der ästhetischen Wissensgrenze zur Mythologie der Moderne. Stuttgart 1976
G. Plumpe: Alfred Schuler. Chaos und Neubeginn. Zur Funktion des Mythos in der Moderne. Berlin 1978
H. Blumenberg: Arbeit am Mythos. Frankfurt a. M. 1979
H. Koopmann (Hrsg.): Mythos und Mythologie in der Literaturgeschichte des 19. Jahrhunderts. Frankfurt a. M. 1979
C. Lévy-Strauss: Mythos und Bedeutung. Hrsg. v. A. Reif. Frankfurt a. M. 1980
H. Gockel: Mythos und Poesie. Zum Mythosbegriff in Aufklärung und Frühromantik. Frankfurt a. M. 1981
P. Sprengel: Die Wirklichkeit der Mythen. Untersuchungen zum Werk Gerhart Hauptmanns. [...]. Berlin 1982
K. H. Bohrer (Hrsg.): Mythos und Moderne. Begriff und Bild einer Rekonstruktion. Frankfurt a. M. 1983
D. Borchmeyer: Der Mythos als Oper. Hofmannsthal und Richard Wagner. In: Hofmannsthal-Forschungen 7 (1983)
M. Eliade: Kosmos und Geschichte. Der Mythos der ewigen Wiederkehr. Frankfurt a. M. 1984
A. Horstmann: Mythos, Mythologie. In: Historisches Wörterbuch der Philosophie. Bd. 6: Darmstadt 1984
K. Hübner: Die Wahrheit des Mythos. München 1985
R. Schlesier (Hrsg.): Faszination des Mythos. Studien zu antiken und modernen Interpretationen. Basel/Frankfurt a. M. 1985
H. Kiesel: Literarische Trauerarbeit. Das Exil- und Spätwerk Alfred Döblins. Tübingen 1986 (bes. S. 301-317)
O. Schatz / H. Spatzenegger (Hrsg.): Wovon werden wir morgen leben? Mythos, Religion und Wissenschaft in der ›Postmoderne‹. Salzburg 1986
D. Borchmeyer (Hrsg.): Wege des Mythos in der Moderne. Richard Wagner: Der Ring des Nibelungen. Eine Münchner Ringvorlesung. München 1987
G. v. Graevenitz: Mythos. Zur Geschichte einer Denkgewohnheit. Stuttgart 1987
M. Eliade: Mythos und Wirklichkeit. Frankfurt a. M. 1988
M. Fick: Ödipus und die Sphinx. Hofmannsthals metaphysische Deutung des Mythos. In: Jahrbuch der deutschen Schillergesellschaft 32 (1988)
D. Borchmeyer: Thomas Mann und Richard Wagners Anti-Poetik des Romans. In: D. B. (Hrsg.): Poetik und Geschichte. Viktor Žmegač zum 60. Geburtstag. Tübingen 1989
P. Bachmann: Die Auferstehung des Mythos in der Postmoderne. Philosophische Voraussetzungen zu Christoph Ransmayrs Roman »Die letzte Welt«. In: Diskussion Deutsch 21 (1990)
M. Dierks: Thomas Mann und die Tiefenpsychologie / Thomas Mann und die Mythologie. In: H. Koopmann (Hrsg.): Thomas-Mann-Handbuch. Stuttgart 1990
V. Žmegač: Der europäische Roman. Geschichte seiner Poetik. Tübingen 1990 (bes. S. 360-368)
Chr. Jamme: »Gott an hat ein Gewand«. Grenzen und Perspektiven philosophischer Mythos-Theorien der Gegenwart. Frankfurt a. M. 1991
P. Kondylis: Der Niedergang der bürgerlichen Denk- und Lebensform. Die liberale Moderne und die massendemokratische Postmoderne. Weinheim 1991

A./J. Assmann: Mythos. In: H. Cancik [u.a.] (Hrsg.): Handbuch religionswissenschaftlicher Grundbegriffe. Bd. IV. Stuttgart/Berlin/Köln 1993

Dieter Borchmeyer

Naturalismus

Der N. stellt den eigentlichen *Beginn der literarischen Moderne* im mikroperiodischen Sinne dieses Begriffs (→ Moderne) dar, der in der Tat ein um 1887 aufgekommener Neologismus der deutschen naturalistischen Bewegung ist. Vor allem durch E. Wolff, den Mitbegründer des naturalistischen literarischen Vereins »Durch«, wurde »Moderne« zum Fanal der erst später durchgehend als »Naturalismus« bezeichneten Bewegung erhoben (»Die Moderne, zur Revolution und Reform der Literatur«, 1887). Der Begriff der Moderne als einer literarischen »Revolution« wurde jedoch – kaum geprägt – von Bahr dem N. schon entwendet und gerade auf die antinaturalistischen Strömungen des → Impressionismus, → Symbolismus, der → Neuromantik und zumal der → Décadence bezogen. Um so mehr verfestigte sich der Begriff des N. als Sammelbezeichnung jener ›ersten Moderne‹ oder ›Literaturrevolution‹.

Die Bezeichnung N. hat freilich – abgesehen von ihrer außerliterarischen, philosophisch-wissenschaftstheoretischen Tradition – eine Geschichte, die bis ins späte 18. Jahrhundert zurückreicht. Bereits Schiller bezeichnet es in der Vorrede zur »Braut von Messina« als Ziel seines Trauerspiels, »dem Naturalism in der Kunst offen und ehrlich den Krieg zu erklären«. (Gemeint ist das bürgerlich-häusliche Drama im Gefolge Diderots und Lessings, das die Bühne um 1800 weitgehend beherrscht.) Siebzig Jahre später wird Nietzsche unter ausdrücklicher Berufung auf Schiller in der »Geburt der Tragödie« (1872) gegen den N. seiner eigenen Zeit, der in eben diesen Jahren von Frankreich aus seinen – ein Vierteljahrhundert dauernden – Feldzug durch Europa beginnt, mit den zynischen Worten polemisieren, er verbreitere die »Region der Wachsfigurenkabinette«. Dieses negative Vorzeichen hat der Terminus N. nie ganz verloren. Wie manche Schulbezeichnungen der literarischen Moderne ist er ursprünglich ein pejorativer Begriff, der dann von der durch ihn disqualifizierten Kunstrichtung als positive Selbstbezeichnung übernommen wird.

Erst nach 1889 hat sich N. als Stilbegriff der Bewegung allgemein durchgesetzt. Vorher stand dieser Terminus vor allem hinter dem des → *Realismus* zurück, ja er wurde von den frühen Repräsentanten der Richtung immer wieder im alten pejorativen Sinne verwendet. »Der Naturalismus ist also künstlerisch ebenso unmöglich«, verkündet 1885 Conradi,

»wie die verhimmelnde abgeblaßte Schönrednerei«. Und in Bölsches epochemachender Schrift »Die naturwissenschaftlichen Grundlagen der Poesie. Prolegomena einer realistischen Ästhetik« (1887) heißt es: »Das Wort ist gefunden, welches in neun Buchstaben die Losung des Ganzen enthüllen soll.« Nicht N. ist diese Losung, sondern: »Dieses schicksalsschwere Wort heißt Realismus« – und ist von den Pionieren der naturalistischen Bewegung wie den Brüdern Hart, M. G. Conrad, Alberti usw. in immer neuen Programmschriften definiert, zum Sammelzeichen der ›modernen‹ Kunst gemacht worden.

Das ist nur durch die Tatsache erklärbar, daß für die Naturalisten der Begriff des Realismus noch nicht durch die von der späteren Literaturgeschichtsschreibung definierte Epochenbezeichnung des *Poetischen Realismus* ›besetzt‹ war. Dessen Höhepunkte lagen in den Anfangsjahren des N. erst kurze Zeit zurück, waren noch nicht ins allgemeine literarische Bewußtsein gelangt oder standen noch aus, als schon die bahnbrechenden naturalistischen Theorien und Versuche publiziert wurden. Die zweite Fassung von Kellers »Grünem Heinrich« erschien 1879/80, »Martin Salander« erst 1886, C. F. Meyers »Versuchung des Pescara« 1887, Raabes »Die Akten des Vogelsangs« 1895. Fontanes bedeutendste Romane entstanden erst, als der N. seinen Zenit schon überschritten hatte (»Effie Briest« 1894, »Der Stechlin« 1897).

Ebensowenig wie der Begriff des Realismus läßt sich sein Nachfolgeterminus N. – als Sammelbezeichnung von den Autoren selbst verwendet – scharf abgrenzen. »So viel Werte, so viel Begriffe das Wort enthält, eben so viele Verdeutschungen sind möglich«, stellt schon Leo Berg, einer der Begründer der Berliner »Freien Bühne«, fest. Der moderne literaturwissenschaftliche Terminus kollidiert mit dem Selbstverständnis der Naturalisten, die fast jeder ihren eigenen N.-Begriff hatten. E. Reich bemerkt in seinem Buch »Die bürgerliche Kunst und die besitzlosen Volksklassen« (1892) dazu: »In dieser Literaturströmung, die man gewöhnlich so ganz oberflächlich unter dem Gesamtbegriff Naturalismus zusammenfaßt, waren jedoch von Anfang an die heterogensten Richtungen vertreten, die nur ein Gemeinsames hatten, den gemeinsamen Feind, den hohl und lügnerisch gewordenen altersschwachen Idealismus.«

Solange *Realismus* noch die ›Losung‹ der Bewegung war, sucht man ihn meist als Mitte zwischen subjektivistisch-willkürlicher und objektivistisch-mimetischer Kunst zu bestimmen. Im ersten Band der von M. G. Conrad begründeten »Gesellschaft«, des Organs der Münchner Naturalisten, untersucht Christaller den »Grundunterschied zwischen Naturalismus, Realismus und Idealismus.« Er sieht ihn in den verschiedenen Mischungsgraden von »kritischem Verstand« und »Phantasie«, letztere verstanden als das Vermögen, sich über alle Erfahrungs- und Wahrscheinlichkeitsgesetze der Realität hinwegzusetzen, erstere als die streng an den verifizierbaren Gesetzen der Wirklichkeit orientierte Geistesverfassung. Herrscht im »idealistischen Geschmack« allein die Phantasie, so im »naturalistischen« der Verstand; zwischen beiden bildet die »realistische Geistesverfassung« die Mitte. Innerhalb von deren Grenzen gestattet der Verstand der Phantasie freilich, unter den Gegebenheiten der Realität »auszuwählen«, d. h. die oberhalb der »Durchschnittsware der Natur« liegenden, das Gemüt positiv stimulierenden Lebensmomente darzustellen. Der Verstand »ist nicht ungehalten, wenn ihm die Kunst eine bessere Gesellschaft und eine schönere Welt darbietet als die Wirklichkeit, nur muß er da alles bis zum letzten Pünktchen als wirklich denken können«. Demgegenüber will der »naturalistische Geschmack« die Alltagsrealität, das »Modernwirkliche« in seiner ganzen Misere, nicht in einer dem Gesetz des Schönen gehorchenden ›Auswahl‹ wiederfinden.

Diese Abgrenzung des Realismus vom N. entspricht dem Wesensunterschied zwischen einem eher *affirmativen,* auch die Momente des Elends (durch die Erzählhaltung des Humors und andere epische Kompensationsmittel) hermonisierend abdämpfenden *bürgerlich-poetischen Realismus* (wie ihn namentlich Fontane gegenüber der ›Moderne‹ zur Geltung zu bringen suchte) und dem auf solche Versöhnung mit der Realität radikal verzichtenden N.. Für Christaller sind Idealismus, Naturalismus und Realismus Idealtypen, die er verschiedenen psychischen Situationen zuordnet. Der naturalistisch-kritische Typus tut im »Kampf ums Dasein« not, der idealistisch-phantastische, »wenn wir vom Arbeitskarren losgespannt sind«. Damit hat er den soziologischen ›Ort‹ beider ästhetischen Tendenzen genau bezeichnet. Die Naturalisten wehren sich gegen die idealistische Epigonenpoesie eines Geibel, Heyse oder geringerer, aber marktbeherrschender Produzenten von romantisch-verschwärmter Konsumpoesie (Träger, Lindau) mit dem Argument, das sei Poesie für höhere Töchter, bloße Mußekunst – Literatur der *leisure class.* Der N. empfindet sich demgegenüber in der Tat als eine Kunst des »Kampfes ums Dasein«, der großstädtischen Konkurrenz- und Arbeitswelt. Alberti hat jene darwinistische Formel sogar zum Titel einer sechsbändigen Romanreihe (1888–1895) gemacht.

»Die Prinzipien des Kampfes ums Dasein, der natürlichen Auslese, der Vererbung und der Anpassung haben in Kunst und Kunstgeschichte ebenso unbedingte Geltung wie in der physiologischen Entwicklung der Organismen«, heißt es in Albertis »Zwölf Artikeln des Realismus« (in: »Die Gesellschaft«, 1889). In dieser apodiktischen Feststellung drückt sich aus, wie rigoros der N. sich am Modell einer monistischen Naturwissenschaft orientiert. »Da alle Naturgesetze, welche die mechanischen Vorgänge in der physischen Welt regeln, auch alle geistigen Vorgänge und Erscheinungen bestimmen, so ist auch die Kunst genau denselben Gesetzen unterworfen wie die mechanische Welt«, heißt es weiter bei Alberti. Die mechanistische Physik und die biologische Evolutionslehre Darwins und Haeckels sind die beiden Säulen, auf denen die naturalistische Ästhetik ruht.

Auch die epochemachenden ›geisteswissenschaftlichen‹ Systeme, denen die Naturalisten verpflichtet sind, beugen sich dem Totalitätsanspruch der Mathematik und Naturwissenschaft. Zu nennen sind hier vor allem: Mills »System of Logic« (1843), das der für die naturalistische Poetik grundlegenden experimentell-induktiven Methodik zum Durchbruch verholfen hat, Spencers »System of Synthetic Philosophy« (1862–1869), das die Entwicklung des Universums, des außermenschlichen Lebens wie der Zivilisation als einen einheitlichen naturgesetzlichen Prozeß begreift, Comtes »Cours de philosophie positive« (1839–1842), welche, für die naturalistische Auffassung und Darstellung sozialer Zustände höchst folgenreich, die Analyse gesellschaftlicher Zusammenhänge quasi als naturwissenschaftliche Disziplin betrachtet – Soziologie als »Sozialphysik« –, schließlich Taines »Philosophie de l'art« (1865–1867) und seine literaturkritischen Essays. Sie haben zumal durch ihre Milieutheorie auf die deutschen Naturalisten gewirkt. Das Milieu ist freilich nur einer der drei Faktoren (»trois forces primordiales«), aus deren Wechselbeziehungen Taine alle geistigen Produkte, so auch die Dichtung, erklärt: »la race, le milieu et le moment« (»Histoire de la littérature anglaise«, 1864). Rasse, Milieu, Epoche – ethnisch-erbbiologische, soziale und historische Umstände präformieren und determinieren jede menschliche Äußerung. Das »Dogma vom unfreien Willen« (Scherer) dominiert die naturalistische Lebens- und Kunstanschauung bis in jeden Winkel.

Das große Vorbild der von den Naturalisten geforderten *Szientifizierung der Kunst,* einer naturwissenschaftlich begründeten Ästhetik und Poetik bildet Zolas literaturtheoretischer Sammelband »Le roman expérimental« (1880). Hier wird auf der Basis der oben skizzierten naturwissenschaftlichen Applikation (um nicht zu sagen: kompilatorischer Ausschlachtung) von Bernards »Introduction à l'étude de la médécine expérimentale« (1865), in der Mills experimentelle Induktion auf die Medizin angewandt worden ist, eine materialistisch-deterministische Ästhetik entfaltet. »Tout ce qu'on peut dire, c'est qu'il y a un déterminisme absolu pour tous les phénomènes humains.« Diese Ästhetik setzt Kunst und Wissenschaft gleich und stellt sie unter gleiche Gesetze. Die experimentelle Methode hat nach Bernard »die Aufgabe, eine Konzeption a priori [...] in eine auf der experimentellen Untersuchung aufgebaute Deutung a posteriori umzuwandeln«. Im gleichen Sinne ist der Romanautor für Zola ›Experimentator‹, der die menschliche Maschine ab- und aufbaut, um sie unter Milieubedingungen funktionieren zu lassen. (»la haute morale de nos oeuvres naturalistes, qui expérimentent sur l'homme, qui démontent et remontent pièce a pièce la machine humaine, pour la faire fonctionner sur l'influence des milieux«). Der Mensch als Maschine – das ist das Erbe der materialistischen Medizin der Aufklärung (La Mettrie), erweitert und modifiziert durch die positivistisch-deterministische Experimentalmedizin Bernards.

Ohne Zola hätte es die Epochenbezeichnung N. wahrscheinlich niemals gegeben. Sein Name personifiziert diese Epoche jedenfalls wie der keines anderen europäischen Autors. Als das erste theoretische Manifest des N. gilt gemeinhin das Vorwort der Brüder Goncourt zu ihrem Roman »Germinie Lacerteux« (1864). Hier finden wir schon die wichtigsten Programmpunkte der späteren europäischen Naturalismen: die Absage an eine versöhnliche affirmative Literatur zugunsten unbestechlicher Sozialkritik und demokratischen Engagements, an die Thematik der ›großen Welt‹ zugunsten der Misere der »basses classes«, an die → Tragödie als die ständisch gebundene Kunstform einer verschwundenen aristokratischen Gesellschaft zugunsten des schonungslos die gesellschaftliche (Gesamt-)Wirklichkeit abbildenden → Romans. Die Brüder Goncourt konnten ihr Programm freilich nur bedingt literarisch verwirklichen. Das blieb dem monumentalen Romanwerk Zolas vorbehalten. In seinem zwanzig Romane umfassenden »Rougon-Macquart«-Zyklus (1871–1893), der durch die weitläufigen, alle Milieus umspannenden Verwandtschaftsbeziehungen einer einzigen Familie und den politischen Rahmen des Zweiten Kaiserreichs zusammengehalten wird, soll die durch die industrielle Revolution radikal veränderte politische, soziale und ökonomische Lebenswelt in ihrer Totalität widergespiegelt werden – ein episches Kolossalgemälde, das in der engen strukturellen und thematischen Verflechtung seiner Teile weit über die nur lose zur Romanreihe verknüpfte »Comédie humaine« Balzacs hinausgeht. So wie Zola ein Bild der ganzen Gesellschaft von der Hof- und Finanzaristokratie (in »Nana« und »L'argent«) über Mittelstand und Kleinbürgertum (in »Pot bouille« oder »Le ventre de Paris«) zum Industrieproletariat (in »L'Assommoir« und »Germinal«) zu geben sucht, zielt er auch auf ein breit gestreutes Lesepublikum. Dem dient schon der Vorabdruck seiner Romane in Tageszeitungen. Durch diese Publikationsform, aber auch durch die Buchausgaben (mit Auflagen von über 100 000 Exemplaren) hat Zola tatsächlich das Massenpublikum und einen beträchtlichen Teil der Arbeiterschaft erreicht.

Zola hat in seinem Zyklus den Untertitel »Histoire naturelle et sociale d'une famille sous le Second Empire« gegeben. Damit wird die Scheidemauer zwischen Literatur und Wissenschaft, zumindest der Absicht nach, eingerissen, im Geiste eines rigorosen *Wissenschaftsmonismus* mithin die Gleichgesetzlichkeit von Geschichte, Natur- und Gesellschaftsentwicklung konstatiert. Zugleich deutet der Titel an, daß es hier um eine vererbungsbiologische Untersuchung geht, in der ›experimentell‹ verifiziert wird – darum die Wahl einer einzigen Familie als Hauptpersonal –, wie sich bestimmte Erbanlagen unter verschiedenen Milieubedingungen auswirken (ein Erbschaden, »une première lésion organique«, hat über fünf Generationen hinweg fatale Folgen). Um dem Wissenschaftsanspruch seiner Roman-›Arbeit‹ gerecht zu werden, recherchierte Zola sehr genau – in Anwendung seiner perfekten Metierkenntnisse als Journalist und Reporter –, er studierte nicht nur die entsprechende Fachliteratur, sondern führte auch Interviews, besichtigte Bergwerke, beobachtete Streiks und photographierte sogar die ihn interessierenden Milieudetails. Durch das gesammelte dokumentarische Material soll die reine Fiktionalität des Romans zur ›Wirklichkeit‹ hin transzendiert werden, eine Tendenz und Methode, die weit in die Zukunft weist (es sei hier nur an Th. Manns → Montage-Technik erinnert). An die Stelle des schönen ›Scheins‹ tritt die ›Wahrscheinlichkeit‹; daß auch diese Schein ist, hat Zola nicht erkennen wollen – ein Denkfehler, der in fast aller → Dokumentarliteratur steckt. Die Einbettung des Dokumentarischen verwandelt ja nicht die Fiktion in Wirklichkeit, sondern die Wirklichkeit in Fiktion.

Die Wirkung Zolas außerhalb Frankreichs, namentlich in Deutschland, läßt sich nur mit derjenigen der skandinavischen Dramatik, vor allem Ibsens, aber auch Björnsons und Strindbergs vergleichen (→ Drama). Ibsen und Strindberg lebten zeitweilig in Deutschland und kamen unmittelbar mit der naturalistischen Bewegung in Berührung, der sie wegweisend (Ibsen) oder begleitend (Strindberg) durch eine Reihe ihrer Dramen eng verbunden sind (Ibsen, »Samfundets støtter« [Stützen der Gesellschaft], 1877; »Gengangere« [Gespenster], 1881; Strindberg, »Fadren« [Der Vater], 1887; »Fröken Julie« [Fräulein Julie], 1889; mit einem programmatisch naturalistischen Vorwort, u. a.). »Ibsen wird der große Naturalist des Dramas, wie Zola der Naturalist des Romans geworden ist«, schreibt Brahm, Mitbegründer der »Freien Bühne«, in seinem großen Ibsen-Essay (1886). Daß die verbreitete Festlegung Ibsens auf den N. (über den er bereits in den achtziger Jahren weit hinausgelangt ist – in Richtung auf eine mythisch-symbolische Dramatik) den Facettenreichtum seines Werks verdunkelt hat, ist freilich schon von den Gegnern des N. im Umkreis des Symbolismus und der Décadence erkannt worden.

Der dritte entscheidende Impuls für die Entwicklung des deutschen N. ging von der russischen Literatur (Tolstoj, Dostojevskij) aus. Freilich war die Rückwirkung des N. in Rußland, vor allem der Dramen Hauptmanns, kaum weniger intensiv. In diesem Zusammenhang ist namentlich die naturalistische Theaterreform Stanislavskijs zu erwähnen, die dem deutschen N., der »Freien Bühne« und der Inszenierungstechnik Brahms entscheidende Anregungen verdankt. Die detailgetreue illusionistische Reproduktion der Lebenswirklichkeit auf der Bühne machte Stanislavskijs Moskauer »Künstlertheater« zum Theaterzentrum des europäischen N., dessen eigentliche Blütezeit es lange überlebte und dessen modellhafte Wirkung bis heute reicht, wenn sie auch durch die antinaturalistische Theatermoderne (→ Theater) seit Meyerhold heftig befehdet worden ist.

Außerhalb Frankreichs hat sich die Epochenbezeichnung N. nur in Deutschland allgemein durchgesetzt. Trotz der Ausstrahlungen der naturalistischen Literaturdoktrin in die skandinavischen Länder, nach Rußland, Italien (*Verismo*), Spanien und England (Gissing, der frühe Moore sowie der von Shaw so genannte »Ibsenismus« im Drama: »The Quintessence of Ibsenism«, 1891) gibt es in diesen Literaturen keine eigentlich naturalistische Periode wie in Frankreich oder Deutschland. Freilich fällt es auch hier schwer, von einer ›Epoche‹ des N. zu reden. Bei großzügiger Periodisierung hält er sich höchstens fünfzehn Jahre, von der Mitte der achtziger bis zum Ende der neunziger Jahre des letzten Jahrhunderts. 1885 ist das eigentliche Stichjahr des deutschen N. In diesem Jahr erscheien die von Arent herausgegebene Lyrik-Anthologie »Moderne Dichter-Charaktere« und Holz' Gedichtsammlung »Das Buch der Zeit. Lieder eines Modernen«. Bezeichnend für den deutschen N., daß er sich zunächst ausgerechnet auf dem Gebiet der subjektivsten poetischen Gattung: in der Lyrik durchzusetzen sucht. Im gleichen Jahr eröffnet der Zola-Apostel Conrad in München, der zweiten Hauptstadt des N. neben Berlin, seine »Realistische Wochenschrift« mit dem beziehungsreichen Titel »Die Gesellschaft«.

Was alles sich in der frühnaturalistischen Phase hinter dem Fanal des Realismus zusammenschart, läßt sich kaum auf einen Nenner bringen. Von aufgeklärt-humanistischem Pathos über romantisch-irrationalistische bis zu nationalkonservativen Elementen reichen die Facetten. Das ästhetische Stimmenwirrwarr konsolidiert sich erst am Ende der achtziger Jahre zu einer einigermaßen konsistenten Programmatik. Mit der Gründung der »Freien Bühne« (des Theatervereins und der Zeitschrift) im Jahre 1889 – eröffnet wird sie mit Aufführungen von Ibsens »Gespenstern« und Hauptmanns »Vor Sonnenaufgang« – wird Berlin das unbestreitbare Zentrum des N.. Im gleichen Jahr erscheinen unter dem Titel »Papa Hamlet« die ›konsequent naturalistischen‹ Prosaexperimente von Holz und Schlaf. Drama und Erzählprosa sind nun die eindeutig dominierenden Gattungen der ›Modernen‹. Zwei Grundtendenzen des N. lassen sich spätestens von jetzt an unterscheiden, eine formale und eine thematisch-inhaltliche, die freilich unmittelbar aufeinander bezogen sind; dic Suche nach einem *rigoros mimetischen Stil* einerseits, die *Egalisierung der dargestellten Personen und ästhetischen Gegenstände* andererseits. Wie »vor dem Naturgesetz« seien auch »vor der Ästhetik alle Wesen und Dinge einander gleich, [...] als Stoff steht der Tod des größten Helden nicht höher als die Geburtswehen einer Kuh«, bemerkt Alberti provokatorisch. Mit der egalisierenden Tendenz des N. hängt zusammen, daß er sich nicht mehr vornehmlich an das bürgerliche Publikum zu wenden, sondern im vierten Stand eine neue Leser- und Zuschauerschicht zu finden sucht. (Daher auch der – an wechselseitigen Mißverständnissen gescheiterte – Versuch der Naturalisten, sich mit der Sozialdemokratie zu verbünden; vgl. P. Ernst → Neuklassik.)

Die *Radikalisierung der Mimesis* hat ihren deutlichsten Ausdruck im »konsequenten Naturalismus« von Holz und Schlaf gefunden, den ersterer in seinem theoretischen Hauptwerk »Die Kunst. Ihr Wesen und ihre Gesetze« (1891 f.) auf die berühmte Formel »Kunst = Natur – x« gebracht hat, welche den mathematisch-naturwissenschaftlichen Gesetzen analog sein soll. Die Variable umfaßt die Faktoren, welche der Tendenz der Kunst, »wieder Natur zu sein«, entgegenstehen: die Kunstmittel und ihre notgedrungen subjektive Handhabung. Das (freilich im Unendlichen liegende) Idealziel ist die Reduzierung dieser Faktoren bis zur Identität von Kunst und Natur.

Auf diese Identität zielt auch der von Hanstein in der ersten Gesamtdarstellung des N. (»Das jüngste Deutschland«, 1900) so genannte »Sekundenstil«: Zeit und Raum werden »Sekunde für Sekunde« geschildert, »kein kühner Sprung darf mehr über die Wüsten hinwegsetzen, um die Oasen einander näher zu bringen. Nein, ein Sandkorn wird nach dem andern sorgfältig aufgelesen, hin und her gewendet und sorgsam beobachtet«. Der *Sekundenstil* ist die Kunst des facettierten Augenblicks. Ihn suchen Holz und Schlaf in der Vielstimmigkeit der sich kreuzenden Motive, mit all seinen inneren und äußeren Ingredienzien festzuhalten. Das Einerlei der Realität wird durch seine Brechung im Prisma des Augenblicks in seine einzelnen Bestandteile zerlegt – ein Verfahren, das auf die Zeitlupentechnik im Film vorausweist. Diese innovatorische Darstellungstechnik ließ sich freilich nur in der Kurzprosa durchsetzen. Die ebenso ausufernde wie unzulängliche Romanproduktion des deutschen N., die bis auf die Romane von Kretzer (»Meister Timpe«, 1888) und Polenz (»Der Büttnerbauer«, 1895) schon bald vergessen war, blieb demgegenüber stilistisch eher grobgestrickt.

Der ›konsequente‹ N. zielt auf die Illusion der Unmittelbarkeit, sucht das Geschehen mit den Augen der dargestellten Person selbst zu sehen. Dem steht ein ›vermittelnder‹ auktorialer Erzähler im Wege. Holz und Schlaf haben diesen aus ihren Prosastudien verbannt. Der Schritt von der Erzählung zum Drama (Holz/Schlaf, »Die Familie Selicke«, 1890 an der »Freien Bühne« uraufgeführt) war daher nur konsequent. Im Drama ist der Subjektivitätsfaktor für Holz fast gleich Null, während der epische ›Erzähler‹ ein nie zu liquidierender Subtrahend vom Minuenden Natur bleibt. »Die Sprache des Theaters ist die Sprache des Lebens!« hat Holz später im Vorwort seiner Komödie »Sozialaristokraten« (1896) apodiktisch konstatiert. Sein Ziel ist es, »aus dem Theater allmählich das ›Theater‹ zu drängen.« An die Stelle der Hochsprache tritt der Dialekt, an die Stelle der artikulierten dramatischen ›Diktion‹ der physische Akt des Redens, das ansetzende und wieder verstummende, gehemmte, stammelnde, abbrechende, in bloßen Lauten erstickende Sprechen. »Die ›Familie Selikke‹ schuf die Sprache des deutschen Theaters für die nächsten fünfzehn Jahre«, hat Bahr bemerkt; »von Holz stammt das Schema des naturalistischen Dramas in Deutschland«. Freilich eben nur das ›Schema‹. Seine einzige weltliterarisch bedeutsam poetische Verwirklichung blieb jedoch Hauptmann vorbehalten, der freilich nur mit einem Teil seines Werks dem N. zuzurechnen ist. Seine Sozialdramen von den »Webern« (1892) über »Rose Bernd« (1903) bis zu den »Ratten« (1911) sind gleichwohl der bedeutendste Beitrag der deutschen Literatur zum europäischen N., über dessen eigentliche ›Periode‹ sie zeitlich weit hinausreichen.

Schon im Jahre 1891 scheint sich anzudeuten, daß die naturalistische Bewegung – in Frankreich wie Deutschland – ihren Höhepunkt überschritten hat. In diesem Jahr veröffentlicht Bahr seine Schrift »Die Überwindung des Naturalismus«, welche dessen Ablösung »durch eine nervöse Romantik, noch lieber möchte ich sagen: durch eine Mystik der Nerven« verkündet. Obwohl der N. als epochale Bewegung kaum über die frühen neunziger Jahre hinausreichte, hatte er eine bis heute nicht erschöpfte Langzeitwirkung, so auf den → *sozialistischen Realismus,* auf die → *Dokumentarliteratur,* die (zumal sozialkritische) *Regionalliteratur,* auf das moderne → *Theater* in der Tradition Stanislavskijs, die selbst das Musiktheater erreichte (W. Felsenstein), ganz zu schweigen von der Ästhetik und Darstellungstechnik des → *Films.* In thematischer wie formaler Hinsicht ist der N. eine *ästhetische Grenzposition,* die fast alle bedeutenden Schriftsteller vor 1900 irgendwann einmal eingenommen oder gestreift haben und die als solche eine bleibende Herausforderung für die verschiedenen Modernismen der Jahrhundertwende war, die sich so gut wie ohne Ausnahme in Abgrenzung von ihm definierten.

R. Hamann/J. Hermand: Naturalismus (Deutsche Kunst und Kultur von der Gründerzeit bis zum Expressionismus. Bd. II) Berlin 1959

E. Ruprecht (Hrsg.): Literarische Menifeste des Naturalismus 1880–1892. Stuttgart 1962

W. Rasch: Zur deutschen Literatur seit der Jahrhundertwende. Gesammelte Aufsätze. Stuttgart 1967

U. Münchow: Deutscher Naturalismus. Berlin 1968

S. Hoefert: Das Drama des Naturalismus. Stuttgart 1968

P. Martino: Le naturalisme français. Paris 1969

R. Furst/N. Skrine: Naturalism. London 1971

Th. Meyer (Hrsg.): Theorie des Naturalismus. Stuttgart 1971

R. C. Cowen: Der Naturalismus. Kommentar zu einer Epoche. München 1973

G. Schulz: Arno Holz. Dilemma eines bürgerlichen Dichterlebens. München 1974

M. Brauneck: Literatur und Öffentlichkeit im ausgehenden 19. Jahrhundert. Studien zur Rezeption des naturalistischen Theaters in Deutschland. Stuttgart 1974.

G. Mahal: Naturalismus. München 1975
F. Paul (Hrsg.): Henrik Ibsen. Darmstadt 1977
H.-G. Brands: Theorie und Stil des sogenannten »Konsequenten Naturalismus« von Arno Holz und Johannes Schlaf. Bonn 1977
H. J. Neuschäfer: Der Naturalismus in der Romania. Wiesbaden 1978
Ch. Bürger/P. Bürger/J. Schulte-Sasse (Hrsg.): Naturalismus/Ästhetizismus. Frankfurt a.M. 1979
D. Borchmeyer: Der Naturalismus und seine Ausläufer. In: V. Žmegač (Hrsg.): Geschichte der deutschen Literatur vom 18. Jahrhundert bis zur Gegenwart. Bd. II. Königstein/Ts. 1980
H. Möbius: Der Naturalismus. Epochendarstellung und Werkanalyse. Heidelberg 1982
P. Sprengel: Gerhart Hauptmann. Epoche – Werk – Wirkung. München 1984
H. Scheuer (Hrsg.): Naturalismus. In: Der Deutschunterricht 40 (1988)
J. Schütte/P. Sprengel (Hrsg.): Die Berliner Moderne 1885–1914. Stuttgart 1987
V. Žmegač: Der europäische Roman. Geschichte seiner Poetik. Tübingen 1990
D. Kafitz (Hrsg.): Drama und Theater der Jahrhundertwende. Tübingen 1991

Dieter Borchmeyer

Neue Sachlichkeit

Bereits kurz nach dem Sturz des wilhelminischen Kaiserreichs am Ende des Ersten Weltkrieges kündigte sich eine Neuorientierung der Künste an. Ihre Programmatiker betonten hierbei den engen Zusammenhang mit dem Umbruch der politischen, gesellschaftlichen und wirtschaftlichen Verhältnisse am Beginn der Weimarer Republik. Emphatisch wandte sich Meidner 1919 mit einem Aufruf »An alle Künstler, Dichter, Musiker«: »Damit wir uns nicht mehr vor dem Firmament zu schämen haben, müssen wir uns endlich aufmachen und mithelfen, daß eine gerechte Ordnung in Staat und Gesellschaft eingesetzt werde. Wir Künstler und Dichter müssen da in erster Linie mittun.« Diese Aufforderung zum politischen Engagement war verbunden mit einem Kunstprogramm, das an die Stelle der Untergangs- bzw. Erneuerungsvisionen des → Expressionismus eine künstlerische Perspektive setzen wollte, aus der es möglich war, die vorgefundene Wirklichkeit in allen Details zu erfassen und zu verarbeiten. Die Kunst sollte auch für jene Schichten bedeutsam werden, die bis dahin vom groß- und bildungsbürgerlichen Kunstbetrieb ausgeschlossen waren. Die Anbindung von Kunsttheorie und -praxis an den beruflichen Alltag der Arbeiter und Angestellten in der Industriegesellschaft war ein durchgängiges Prinzip in den verschiedenen Künsten der zwanziger Jahre. Dies setzte ein differenziertes Sensorium für die vielfältigen und neuartigen Phänomene der aktuellen Wirklichkeit voraus. »Der große praktische Anschauungsunterricht für das neue Sehen der Dinge war der Krieg« (Brecht); der Weltkrieg hatte ebenso wie die gesamtgesellschaftliche Situation nach der Novemberrevolution die Bereitschaft zur Überwindung traditionell-bürgerlicher Kunstvorstellungen und damit zum Einbezug neuer Darstellungsmöglichkeiten erhöht (hierfür boten sich die technischen → Medien Photographie und Film, von 1923 an auch das Medium Rundfunk an). Bereits in den Jahren 1919–1922 war daher allenthalben von einem »neuen Realismus« oder einem »neuen Naturalismus« die Rede.

Diese Diskussion mag Hartlaub, den Leiter der Städtischen Kunsthalle Mannheim, bewogen haben, die Anfänge des *Naturalismus* in der Weimarer Republik in einer Gemäldeausstellung zu präsentieren. Für seine (bereits 1923) geplante, aber dann erst 1925 verwirklichte) Ausstellung wählte er die Sammelbezeichnung »Neue Sachlichkeit. Deutsche Malerei seit dem

Expressionismus«, weil in den dafür ausgewählten 124 Bildern die »positive greifbare Wirklichkeit mit einem bekennerischen Zuge« (aus Hartlaubs Rundschreiben vom 18.5.1923) verarbeitet wurde, was sich vor allem in gesteigerter Gegenstandstreue äußerte. Seit dieser Ausstellung wurde die Vokabel Neue Sachlichkeit immer wieder benutzt und bald zu einem kunstgeschichtlichen Terminus, wenn die Gesamtheit der künstlerischen Aktivitäten in der Zeit von etwa 1923–1929/30 bezeichnet werden sollte. Im Rückblick hat man gesehen, daß diese Zeit der Neuen S. recht genau mit der Phase der scheinbaren politischen und wirtschaftlichen Stabilisierung der Weimarer Republik zusammengefallen ist, und daraus Schlüsse über Absicht, Mittel und Wirkung der künstlerischen Produktion gezogen. Hartlaub selbst und auch Roh (Nachexpressionismus. Magischer Realismus. Leipzig 1925) hatten zwar von einer gesamttendenziellen »Wende von 1920« (Roh) gesprochen, aber bereits Differenzierungen vorgenommen, die deutlich machten, daß in der Malerei eine sozialistisch orientierte, »veristische« (Grosz, Schlichter, Dix u.a.) und eine eher unpolitisch-idyllisierende oder klassizistische Richtung (Schrimpf, Kanoldt u. a.) zu unterscheiden war: »Ich sehe einen rechten, einen linken Flügel. Der eine konservativ bis zum Klassizismus, im Zeitlosen Wurzel fassend, will nach so viel Verstiegenheit und Chaos das Gesunde, Körperlich-Plastische in reiner Zeichnung nach der Natur, vielleicht noch mit Übertreibung des Erdhaften, Rundgewachsenen wieder heiligen [...] Der andere linke Flügel, grell zeitgenössisch, weit weniger kunstgläubig, eher aus der Verneinung der Kunst geboren, sucht mit primitiver Feststellungs-, nervöser Selbstentblößungssucht Aufdeckung des Chaos, wahres Gesicht unserer Zeit« (Hartlaub).

Die Auseinandersetzung darüber, ob die Neue S. eine übergreifende Tendenz in allen Künsten der zwanziger Jahre gewesen ist oder eine Richtung unter anderen, und auch darüber, inwieweit sich die frühen und bereits grundlegenden Feststellungen zur Malerei dieser Zeit (z.B. Hinweise auf die forcierte Gegenstandstreue, die entsubjektivierte, »kühle« Perspektive, die Vorliebe für das alltäglich-banale Sujet) auch auf die Literatur in der Weimarer Republik übertragen lassen, welche politischen Implikationen weiterhin der bevorzugten Gegenstandswahl und Darstellungsweise zu entnehmen sind, hat die germanistische Diskussion seit der Wiederentdeckung bzw. Aufwertung der Literatur der zwanziger Jahre in den späten Sechzigern beschäftigt. Je nach ästhetischer bzw. politischer Einschätzung akzentuierte man die Zustimmung, welche die nach- bzw. antiexpressionistische Kunst ihrer gegenwartsbezogenen, für neue Vermittlungsformen aufgeschlossenen Haltung wegen unter linksbürgerlichen und antibürgerlichen Schriftstellern (z.B. J. Roth, Brecht, Tucholsky, Glaeser) um 1925 fand, oder aber die warnenden, gelegentlich auch abschätzigen Urteile um 1930, die hinter der nur scheinbaren Modernität eine kaum verhüllte

Ästhetisierung der entfremdeten Wirklichkeit und die »proletarische Mimikry des zerfallenden Bürgertums« (Benjamin) erkannte.

Ähnlich ablehnende Urteile gaben nach anfänglicher Zustimmung Brecht (»Neue Sachlichkeit«, 1928) und Roth (»Schluß mit der Neuen Sachlichkeit«, 1930) ab. Das Sicheinlassen auf die vorgefundene Wirklichkeit und ihre Verarbeitung in neuen Darstellungsformen wurde einerseits als wünschenswerte Ablösung expressionistischer Verstiegenheiten und des bürgerlichen Zivilisationspessimismus (vgl. Spengler, »Der Untergang des Abendlandes«, I, 1918; II, 1923) angesehen, andererseits aber auch als das Akzeptieren der Verdinglichungstendenzen, und damit als künstlerische Parallele zum amerikanischen Taylorismus scharf zurückgewiesen: »Und ich möchte an den Anfang meiner Ausführungen über die ›Neue Sachlichkeit‹ den Satz stellen, daß einen Produktionsapparat zu beliefern, ohne ihn – nach Maßgabe des Möglichen zu verändern, selbst dann ein höchst anfechtbares Verfahren darstellt, wenn die Stoffe, mit denen dieser Apparat beliefert wird, revolutionärer Natur scheinen. Wir stehen nämlich der Tatsache gegenüber – für welche das vergangene Jahrzehnt in Deutschland Beweise in Fülle geliefert hat – daß der bürgerliche Produktions- und Publikationsapparat erstaunliche Mengen von revolutionären Themen assimilieren, ja propagieren kann, ohne damit seinen eigenen Bestand und den Bestand der ihn besitzenden Klasse ernstlich in Frage zu stellen« (Benjamin).

Bereits dieses frühe Verdikt zeigt, daß die Urteile über die Neue S. nicht zu denken sind ohne die Erfahrung des Versagens der parlamentarischen Republik vor dem Fachismus; sie sind dem Sozialfaschismusvorwurf der KPD gegenüber der SPD in den letzten Jahren der Weimarer Republik vergleichbar. Die »bürgerliche« Kunst wird hier als unfähig angesehen, ihr Instrumentarium umzufunktionieren, d. h. in den Dienst der sozialistischen Revolution zu stellen. Symptomatisch dafür ist Brechts scharfer Angriff auf die Position jenes Hannes Küpper, dessen Lyrik er noch ein Jahr zuvor wegen ihres »Gebrauchswerts« dem ganzen »Haufen jüngster Lyrik« (Brecht) vorgezogen hatte: »Wir dürfen keinen Augenblick außer acht lassen, Küpper, daß wir von der herrschenden bürgerlichen Welt durch eine Welt getrennt sind [...] Über dieser Leute Unsachlichkeit lache ich, doch über Ihre Sachlichkeit bin ich erbittert [...] Die neue Sachlichkeit ist reaktionär.« Der Neuen S. wurde von den Marxisten zum Vorwurf gemacht, revolutionäre Energien durch ihre nur scheinbare Modernität in fatale, letztlich systemstabilisierende Bahnen gelenkt zu haben. An anderer Stelle nennt Benjamin dieses Fördern neuer Seh- und Darstellungsweisen in der neusachlichen Kunsttheorie und -praxis einen »rüden Fakten- und Reportierkram«.

Diese Perspektive hat sich später Lethen (1970) zu eigen gemacht. Ihm kommt nicht nur das Verdienst zu, unter Einbezug wichtiger kulturpolitischer und -soziologischer Theorien die Literatur der Neuen S. neu beleuchtet, sondern mit seinen dezidierten, zum Widerspruch herausfordernden Thesen eine um differenzierende Betrachtungsweise bemühte Forschungsdiskussion in Gang gesetzt zu haben (Prümm 1972; Voigt 1972; Witte 1972; Hermand 1978). Aus naheliegenden Gründen wurde die nicht minder scharfe Zurückweisung der Neuen S. durch rechtskonservative und nationalisische Gruppen in der Weimarer Republik (man warf ihr eine übertriebene Politisierung der Kunst und damit einen Verlust an »Zeitlosigkeit« vor, aber auch die verhängnisvolle Vermischung von »hoher« Kunst und Trivialformen, was zum Verlust an Individualität, Genialität, Totalität und »Transzendenz« geführt habe) in der Literaturwissenschaft der sechziger und siebziger Jahre nicht mehr aufgenommen. Dagegen spielten die massiven Vorwürfe, die die Theoretiker der KPD (Lukács, die Autoren der »Roten Fahne« und der »Linkskurve«), aber auch die nicht an die Partei gebundenen, marxistisch orientierten Theoretiker (Balázs, Benjamin, Bloch, Brecht) gegen die »Linke Melancholie« (Benjamin) vorgebracht hatten, nach den Erfahrungen des Dritten Reichs eine bedeutsame Rolle. Dies führte bis zur Behauptung der historisch-materialistischen Literaturwissenschaft, daß es zwischen dem »Weißen Sozialismus« der Linksbürgerlichen mit seinem positiven Amerikabild und Zügen des Technikkults auf der einen und den Sachlichkeitstendenzen des Faschismus auf der anderen Seite Verbindungen gegeben habe.

In modifizierter Form finden sich solche Vorstellungen auch bei Denkler (1968), der im übrigen die Kontinuität zwischen → Expressionismus und Neuer S. betont. Dies hat Prümm veranlaßt, den Kreis der neusachlichen Autoren im Umfeld der linksbürgerlichen und sozialistischen Schriftsteller zu fixieren und jene Formen nationalistischer Sachlichkeit, wie sie etwa E. Jung (»Die Herrschaft der Minderwertigen«, 1930) und E. Jünger (»Der Arbeiter«, 1932) vertreten haben, von der Neuen S. zu unterscheiden (ähnlich auch Voigt 1972 und Petersen 1982). Bei der Darstellung und Bewertung hat man bisher zu wenig berücksichtigt, daß die Literatur der Neuen S. in besonderem Maße (darin mit der linksbürgerlichen Kunstprogrammatik und -praxis parallel laufend) an Berlin gebunden war. Die Diskussion um neue künstlerische Formen einer aktuellen Großstadtliteratur war erkennbar Teil einer politischen Auseinandersetzung, die die Lebensfähigkeit der Weimarer Republik von Anfang an ernsthaft bedroht und zu ihrem frühen Ende wesentlich beigetragen hat: die Auseinandersetzung zwischen Berlin, der bis zu Papens Staatsstreich sozialdemokratisch geführten Hauptstadt der Republik, und jener Provinz, die in den nationalkonservativen Kreisen Bayerns ihre wichtigste politische Basis, in den »Dichtern des total platten Landes« (Döblin) ihr Sprachrohr, in der Preußischen Akademie der Künste und in einigen Periodika (Süddeutsche Monatshefte, Deutsches Volkstum, Deutsche Rundschau) wichtige publizistische Foren besaß. Die neusachlichen Autoren waren entweder selbst Berliner oder sie hatten (wie Kästner, Glaeser, Feuchtwanger, Kracauer, Mehring u. a.) die Hauptstadt zu ihrem Arbeitsort gewählt; in der »Weltbühne« und vor allem in der 1925 gegründeten »Literarischen Welt« erschienen viele ihrer poetischen, poetologischen und kulturpolitischen Arbeiten. Diese sollten Beiträge zu einer zeitgemäßen Massenkultur sein, wozu die Möglichkeiten großstädtischer Bildungseinrichtungen und der neuen → Medien Film und Rundfunk genutzt werden sollten.

Die neusachliche Literatur und ihre programmatischen Versuche – eine gründliche theoretische Fundierung wurde nicht geleistet – müssen weiterhin im Zusammenhang mit der Erarbeitung eines positiv besetzten Massenbegriffs gesehen werden, wie ihn Geiger, Vleugels und auch Freud gegen Le Bon, Spengler und Ortega y Gasset in den zwanziger Jahren entwickelten. Dahinter stand die Absicht, die Arbeiter und Angestellten, die wichtigsten politischen und wirtschaftlichen Träger der Republik also, für eine demokratisierte Massenkultur zu gewinnen: »Der Arbeiter soll in den Stand gesetzt werden, die intellektuelle Leistung der Gemeinschaft zu verfolgen. Nicht: reinlich gewaschene Körper sind ein Abzeichen von Verrat am Klassenkampf – sondern: alle sollen in die Lage gesetzt werden, sich zu pflegen« (Tucholsky). Verständlichkeit, Aktualität und damit Anwendbarkeit auf die vorgefundene Wirklichkeit, der »Gebrauchswert« auf Kosten des »Schönheitswertes« (Brecht) – dies waren für die Schriftsteller der Neuen S. entscheidende Kriterien für die Bedeutung eines Kunstwerks. Hierfür suchten sie nach unverbrauchten Darstellungsweisen, und sie scheuten dabei nicht vor Formen und Inhalten zurück, die nach traditionellen bildungsbürgerlichen Vorstellungen als unpoetisch oder gar als zu leicht rezipierbar und deshalb trivial galten.

Zu diesen neuen Darstellungsformen gehörte die → Reportageliteratur. Die Wiedergabeschnelligkeit und -genauigkeit von Photographie und Rotationsdruck sahen viele Schriftsteller der zwanziger Jahre als eine Herausforderung an, der mit bloßer Zurückweisung nicht mehr ausreichend zu begegnen war. Nicht nur wurde das Verfertigen von Reportagen für Zeitungen, Illustrierte und für den Rundfunk immer mehr zu einer attraktiven Verdienstmöglichkeit, sondern mit dem Erscheinen des Sammelbandes »Der rasende Reporter« (1925) von Kisch galt die Reportage als kunstfähig. Glaesers Sammlung »Fazit. Ein Querschnitt durch die deutsche Publizistik« (1929) war ausdrücklich dafür konzipiert, exemplarische Reportagen über den Tag hinaus bewußt zu halten. Photodokumentationen wie Friedrichs »Krieg dem Kriege« (1924) oder das Text-Bild-Buch von Heartfield/Tucholsky »Deutschland, Deutschland über alles« (1929) sind mit ihrem Anspruch auf Authentizität, ihrer avancierten Darstellungstechnik und ihrem distanzierten Blick auf Denken und Verhalten verschiedener gesellschaftlicher Gruppen in den zwanziger Jahren typische Produkte der Neuen Sachlichkeit (→ Dokumentarliteratur). Auch eine Reihe von reportageartigen Reisebüchern, changierend zwischen Bericht und Fiktion, sollten in ihrer Mischung aus Spannung und Desillusionierung dazu beitragen, eine demokratische Öffentlichkeit herzustellen (Paquet, »Städte, Landschaften und ewige Bewegung«, 1927; Kisch, »Paradies Amerika«, 1930). Das Einmontieren (→ Montage/Collage) von Dokumentarmaterial in die Fiktion wurde ein oft gebrauchtes Stilmittel, vor allem in epischen Skizzen und Romanen, wenn es darum ging, Produktionsvorgänge der modernen Industrie zu beschreiben und technische Vorgänge entweder zu verklären (Hauser, »Friede mit Maschinen«, 1928) oder die dahinterstehenden Interessen zu enthüllen (Reger, »Union der festen Hand«, 1931). Derartige Verfahren wurden auch von sozialistischen Autoren (Arbeiterkorrespondenten, Bredel, Ottwalt) aufgenommen. Auch die Bühne sollte zu einem demokratischen Forum werden, weil dort wichtige öffentliche Fragen mit den Mitteln des → Theaters diskutiert werden konnten. So dominierten Antiidealismus und Antihistorismus im Zeitstück der Neuen S., an dem viele der wichtigen Dramatiker der zwanziger Jahre interessiert waren (Bruckner, Döblin, Feuchtwanger, Kaiser, Mehring, Toller, Wolf u.a.). Es war kein Zufall, daß diese Schriftsteller durchwegs im Berlin der zwanziger Jahre arbeiteten. Ihre Bild- und Textmontagen, Projektionen und Simultandarstellungen fanden in der aufwendigen Technik der Piscator-Bühne ihre angemessene Umsetzung in die Theaterwirklichkeit.

Neusachliche Tendenzen lassen sich ebenso deutlich in der → Lyrik der zwanziger Jahre feststellen. Neben traditionelle Ausdrucksformen (Naturlyrik, Ich-Lyrik) trat die von Mehring bereits 1919 geforderte »Vortragslyrik«, geschrieben für Kleinbühne, Kabarett und Revue. Abkehr von der Tradition oder auch ihre Ausbeutung in → Parodie und Travestie, blasphemisch-verfremdende Umwertung religiöser Themen und Formen, vor allem der Erbauungsliteratur (Mehring, »Ketzerbrevier«, 1921; Brecht, »Hauspostille«, 1927), Zeitungsgedichte (Kaléko), Kabarett-Couplets (Tucholsky) und Anwendungslyrik für den Alltag (als »Lyrische Hausapotheke« bezeichnete Kästner später eine Auswahl seiner zwischen 1928 und 1932 veröffentlichten Gedichte) – dies alles steht in erkennbarem Zusammenhang mit der Wirkungsabsicht neusachlicher Dichtung, eine für das Massenpublikum geschriebene »Gebrauchslyrik« (Tucholsky) zu entwickeln. Es ist konsequent, wenn Brecht den sofortigen Verbrauch der »antastbaren« Kunst forderte (so wünschte er den Druck seiner Gedichte auf Makulaturpapier). Der Autor figurierte nicht mehr als genialer Seher und Verkünder von Ewigkeitswerten, sondern als distanzierter Beobachter des Aktuellen, aber auch als Didaktiker (Brecht, »Aus einem Lesebuch für Städtebewohner«, 1930). Lyrische Collagen, montiert aus Unterschicht-Jargon und den vielfältigen Nuancen der großstädtischen Sozio- und Dialekte, stellten einen »Sprachen-Ragtime« (Mehring) her, mit dem Themen aus dem beruflichen Alltag der Arbeiter und Angestellten, der Randgruppen und der Freizeitkultur (Sport) verarbeitet wurden. Der Ton dieser Gedichte ist oft schnoddrig, betont unfeierlich, auch witzig und gelegentlich sentimental.

Die Offenheit für die technischen → Medien und ihre neuen Darstellungsmöglichkeiten (neben den hier erwähnten gewannen → Hörspiel, Feature, → Essay als literarische Formen zunehmend an Bedeutung), die Bereitschaft, bisher festgefügte Grenzen zwischen »hoher«, und »trivialer« Kunst, zwischen »poetischem« und »nichtpoetischem« Text aufzugeben, die positive Einschätzung großstädtischen Lebens und auch das Vergnügen am Umfunktionieren bürgerlicher Denk-, Form- und Sprachvorstellungen, die Akzentuierung des Inhalts gegenüber der Form im Kunstwerk – hierin begegnet man zentralen Vorstellungen einer Literatur der Neuen S.. Ihr Ziel war es, politische, wirtschaftliche und gesellschaftliche Phänomene von hoher Aktualität in einer *operativen Literatur* aufzugreifen, durch neue Möglichkeiten künstlerischer Gestaltung auffällig zu machen, um dem Rezipienten neue Einsichten zu ermöglichen. Glaeser hat einmal so etwas wie ein Programm neusachlicher Literatur skizziert: »Niemand ist heute mehr allein, sofern er den Mut hat, die wahren Konflikte der Zeit zu erkennen. Längst schon besteht die innere Solidarität jener, die es eines Dichters für unwürdig halten, die politischen sozialen und wirtschaftlichen Zusammenhänge so zu sagen, wie sie sind, und nichts haßt die Jugend – also die kommenden Leser – mehr als jene Schriftsteller, die sich durch pauschale Metaphern und reines Ästhetentum vor der Verantwortung, die Wahrheit zu sagen, drücken. Die Verfälschung der Tatsachen durch Poesie ist Hochverrat am Geist.«

H. Denkler: Die Literaturtheorie der zwanziger Jahre. Zum Selbstverständnis des literarischen Nachexpressionismus in Deutschland. In: Monatshefte für den deutschen Unterricht 59 (1967)

H. Denkler: Sache und Stil. Die Theorie der »Neuen Sachlichkeit« und ihre Auswirkungen auf Kunst und Dichtung. In: Wirkendes Wort 18 (1968)

H. Lethen: Neue Sachlichkeit 1924/1932. Studien zur Literatur des »Weißen Sozialismus«. Stuttgart 1970

K. Prümm: Neue Sachlichkeit. Anmerkungen zum Gebrauch des Begriffs in neueren literaturwissenschaftlichen Publikationen. In: Zeitschrift für deutsche Philologie 91 (1972)

G. Voigt: Sachlichkeit und Industrie. Anmerkungen zu zwei Büchern über die Neue Sachlichkeit. In: Das Argument 72 (1972)

B. Witte: Neue Sachlichkeit. Zur Literatur der späten zwanziger Jahre in Deutschland. In: Etudes germaniques 21 (1972)

A. V. Subiotto: Neue Sachlichkeit. In: B. Schludermann u. a. (Hrsg.): Deutung und Bedeutung. The Hague 1973

R. März (Hrsg.): Realismus und Sachlichkeit. Aspekte deutscher Kunst 1919–1933. Berlin (DDR) 1974

J. Hermand: Einheit in der Vielheit? Zur Geschichte des Begriffs »Neue Sachlichkeit«. In: K. Bullivant (Hrsg.): Das literarische Leben in der Weimarer Republik. Königstein 1978

U.M. Schneede: Die zwanziger Jahre. Manifeste und Dokumente deutscher Künstler. Köln 1979

H. Olbrich: Die »Neue Sachlichkeit« im Widerstreit der Ideologien und Theorien zur Kunstgeschichte des zwanzigsten Jahrhunderts. In: Weimarer Beiträge 26 (1980)

H.G. Vierhuff: Die Neue Sachlichkeit. Malerei und Fotografie. Köln 1980

K. Petersen: Neue Sachlichkeit. Stilbegriff, Epochenbezeichnung oder Gruppenphänomen? In: Deutsche Vierteljahresschrift für Literaturwissenschaft und Geistesgeschichte 56 (1982)

A. Kaes (Hrsg.): Weimarer Republik. Manifeste und Dokumente der deutschen Literatur 1918–1933. Stuttgart 1983

J. Meyer (Hrsg.): Berlin – Provinz. Literarische Kontroversen um 1930. Marbach 1985

Dieter Mayer

Neue Subjektivität

Mit P. Schneiders Erzählung »Lenz« und K. Strucks tagebuchartigen Aufzeichnungen »Klassenliebe« erschienen 1973 zwei literarische Texte, die als besonders charakteristisch für jene Veränderungen in der westdeutschen Literatur der siebziger Jahre gelten, die wenig später mit Etiketten wie »Neue Innerlichkeit«, »Neue Sensibilität«, »Neuer Irrationalismus« oder »Neue Subjektivität« versehen wurden. Mit »Neuer Subjektivität« (der Begriff hat sich gegenüber den anderen durchsetzen können) ist eine Gegenbewegung zu (oder auch Weiterentwicklung von) kulturellen und politischen Positionen bezeichnet, wie sie sich im Umkreis der Studentenproteste der späten sechziger Jahre herausgebildet hatten. Die Neue S. artikulierte sich als Unbehagen an gesellschaftstheoretischen Abstraktionen und politischen Aktionismen, die sich gegenüber der Befindlichkeit des einzelnen Subjekts gleichgültig gezeigt hatten. Bezeichnend dafür waren die häufig zitierten Sätze, mit denen Schneiders Lenz programmatisch und ketzerisch seine Schwierigkeiten mit dem Theoretiker bekundete, dessen Schriften von der achtundsechziger Generation kanonisiert worden waren: »Schon seit einiger Zeit konnte er das weise Marxgesicht über seinem Bett nicht mehr ausstehen. Er hatte es schon einmal verkehrt herum aufgehängt. Um den Verstand abtropfen zu lassen, hatte er einem Freund erklärt. Er sah Marx in die Augen: ›Was waren deine Träume, alter Besserwisser, nachts meine ich? Warst du eigentlich glücklich?‹«

Die Hinwendung zu Träumen und Phantasien, zu den Erfahrungen mit dem eigenen Körper und den persönlichen Problemen in privaten Beziehungen, wie sie gleichzeitig von Strucks »Klassenliebe« gefordert und vorgeführt wurde, war prototypisch für die neue subjektive Literatur der siebziger Jahre. Sie ging innerhalb der Protestgeneration einher mit der Wiederaufwertung der ›schönen‹, wenige Jahre zuvor (im »Kursbuch« 15. November 1968) noch für gesellschaftlich funktionslos erklärten Literatur überhaupt.

Von der Rückbesinnung der literarischen Linksintelligenz auf den »Objektiven Faktor Subjektivität«, wie es in der Sprache der »Kursbuch«-Kultur hieß (35, April 1974), profitierte vor allem auch die → Lyrik, die sich um 1975 bei Autoren wie Lesern einer bemerkenswerten Beliebtheit erfreute. Gedichte von Born, Dittberner, Thenior, Theobaldy, Wondratschek und anderen wandten sich in betont einfacher, kunstloser und das Einverständnis mit dem Publikum suchender Umgangssprachlichkeit, die sich entschieden von den hermetischen Traditionen der ästhetischen → Moderne lossagte, den Alltagserfahrungen des Subjekts zu – einem programmatischen Essay Theobaldys entsprechend, der 1975 forderte: »Es kommt darauf an, in die Gedichte alle unsere unreinen Träume und Ängste einzulassen, unsere alltäglichen Gedanken und Erfahrungen, Stimmungen und Gefühle«. Bei den am Beispiel der Lyrik 1977 in den »Akzenten« geführten Debatten um die Neue Subjektivität setzte sich wiederum Theobaldy gegen eine Ideologiekritik zur Wehr, die mit Verdikten wie »resignativer Rückzug ins Private« oder »Narzißmus« die Neue S. als ein der politisch-restaurativen *»Tendenzwende«* konformes *Innerlichkeits*syndrom disqualifizierte. Er insistierte dem gegenüber auf der Vorstellung vom Subjekt »als einer *sozialen* Größe, durchdrungen von gesellschaftlichen Widersprüchen«. Die Leistung der neusubjektiven Lyrik liege darin, »das Subjekt und sein Leben nicht von der politischen Geschichte abzutrennen, und genau dies unterscheidet sie auch von jeder Art von Innerlichkeit«.

»Introspektion und Zeitkritik« bedingen und beglaubigen einander, befand ähnlich Reich-Ranicki und verwies auf den »zeitkritischen Psychologismus« autobiographischer Werke vornehmlich älterer Autoren: u.a. Fichtes »Versuch über die Pubertät« (1974), Frischs »Montauk« (1975), Koeppens »Jugend« (1976), Bernhards »Die Ursache« (1975), »Der Keller« (1976) und »Der Atem« (1978), Weiss' »Die Ästhetik des Widerstands« (1975, 1978, 1981) und Canettis »Die gerettete Zunge« (1977). Die Neue S., zunächst eine linksinterne Erscheinung innerhalb der achtundsechziger Generation, wurde bald zu einem generationenübergreifenden Phänomen, das u.a. durch die Vorliebe für autobiographisches (und auch biographisches) Erzählen charakterisiert war. Der Anspruch auf *Authentizität* (ein Schlüsselbegriff der Neuen S.), den die → Dokumentarliteratur der sechziger Jahre erhoben hatte, konnte in der literarischen (Auto-)Biographik aufrechterhalten und mit dem Bedürfnis nach Selbstaussprache verknüpft werden. Die »authentische«, durch keinen Kunstanspruch behinderte und stilisierte Mitteilung von »Selbsterfahrungen« prägte die Texte vor allem der Debütanten, die in den siebziger Jahren in großer Zahl und mit zum Teil spektakulären Publikumserfolgen von sich reden machten: von Stefan (»Häutungen«, 1975), Plessen (»Mitteilung an den Adel«, 1976), Zorn (»Mars«, 1977), Vesper (»Die Reise«, 1977), Erlenberger (»Hunger nach Wahnsinn«, 1977) bis hin zu Goetz (»Irre«, 1983).

Die *Selbsterfahrungsliteratur* entsprach den Selbsterfahrungsgruppen, die sich zur gleichen Zeit eines wachsenden Zulaufs erfreuten. Sie hatte zu weiten Teilen eine primär psychotherapeutische und gemeinschaftsbildende Funktion. »Es war«, so der Kritiker Baumgart, »als hätte sich unsere literarische Öffentlichkeit verwandelt in eine Selbsterfahrungsgruppe«. Dominierende Themen in Therapiegruppen waren auch die der neusubjektiven Literatur: persönliche Leiderfahrungen aller Art, Krankheit und Tod (z.B. Kipphardts »März«, 1976; G. Steffens »Die Annäherung an das Glück«, 1976; Herhaus' Alkoholikerautobiographie »Kapitulation – Aufgang einer Krankheit«, 1977), zerstörte Lieben und Trennungen (B. Strauß' »Die Widmung«, 1978), gestörte Beziehungen zu den Eltern, vor allem zum Vater (»Väterliteratur«), Erfahrungen des Sinnverlustes, der Angst, der Leere und Langeweile (Born: »Die erdabgewandte Seite der Geschichte«, 1976).

Wo die Neue S. sich nicht als bloß larmoyante Auseinandersetzung mit privaten Nöten gerierte, sondern die politisch-kritischen Ansprüche der achtundsechziger Generation fortentwickelte, verschob sie die frühere Kapitalismus- und Imperialismuskritik zu einer fortschrittsskeptischen Zivilisations- und vitalistisch-anarchistischen *Vernunftkritik.* Das kritische Interesse am Antagonismus von Kapital und Arbeit wurde ersetzt durch das an Gegensätzen von Zivilisation und Wildnis (im Einklang mit der reüssierenden Ethnologie), Technik und Natur (Ökologiebewegung), Kopf und Körper, Vernunft und Mythos, Mann und Frau (Feminismus), Psychiater und Patient (Antipsychiatrie). Die rationalistischen Traditionen der *Aufklärung* wurden abgewertet zugunsten der *Romantik* oder des → Surrealismus und zuweilen auch im Anschluß an neureligiöse, oft mit fernöstlicher Mystik sympathisierende Gegenkulturen verabschiedet.

Die Hinwendung zum Subjekt schloß, verstärkt in den achtziger Jahren, die gerne auch *»postmodern«* (→ Postmoderne) genannte Abwendung von der aufklärerisch-modernen Idee des autonomen, sich selbst und die Umwelt beherrschenden Subjekts ein und sympathisierte, angeregt vor allem vom französischen *Poststrukturalismus* (Lacan, Foucault, Derrida, Deleuze und Guattari), statt dessen mit dem »Anderen der Vernunft«: den unbewußten, verdrängten, ausgegrenzten und im »Prozeß der Zivilisation« (N. Elias) disziplinierten Bestandteilen der Persönlichkeit. »Wo Ich war, soll Es werden« (Rosei): Diese Umkehrung des Imperativs freudianischer Aufklärung brachte die vernunftkritischen Tendenzen der Neuen S. auf die knappeste Formel.

Schon in den frühen achtziger Jahren artikulierten sich deutliche Gegenstimmen zur Neuen S.: Ihre durch das Bemühen um »Authentizität« legitimierte ästhetische Anspruchslosigkeit brachte, so kritisierten 1982 die Herausgeber des »Tintenfisch«, statt Literatur oft nur »Ehrlichkeitskitsch« hervor; B. Strauß sprach in »Paare, Passanten« (1981) über den »inflationären Gebrauch von Leidfloskeln«: »eine Art hypochondrisches Display« betreibe »Werbung für die eigene Hochempfindlichkeit«. Handke, wie Strauß in den siebziger Jahren einer der angesehensten Autoren der Neuen S., distanzierte sich etwa 1980 vor ihrem Negativismus (und dem der literarischen → Moderne): von einer Kunst der Verzweiflung, des Katastrophenbewußtseins und der Endzeitstimmung, der er mit einer neoklassischen Wendung zum Guten, Wahren, Schönen und Gesunden entgegentrat. Mit unterschiedlich ausgeprägten Wiederaufwertungen des Fiktiven, der ästhetischen Distanz, des Formbewußtseins, des Schönen und Spielerischen in der deutschen Literatur der achtziger Jahre beginnen charakteristische Merkmale der Neuen S. historisch zu werden.

St. Reinhardt: »Nach innen führt der geheimnisvolle Weg, aber er führt auch wieder heraus.« Unvollständige Anmerkungen zum neuen Irrationalismus in der Literatur. In: W.M. Lüdke (Hrsg.): Nach dem Protest. Literatur im Umbruch. Frankfurt a.M. 1979

P. Beiken: »Neue Subjektivität«: Zur Prosa der siebziger Jahre. In: P.M. Lützeler/ Egon Schwarz (Hrsg.): Deutsche Literatur in der Bundesrepublik seit 1965. Königstein/Ts. 1980

G. v. Hofe/P. Pfaff: Das Elend des Polyphem. Zum Thema der Subjektivität bei Thomas Bernhard, Peter Handke, Wolfgang Koeppen und Botho Strauß. Königstein/Ts. 1980

H. Kreuzer: Neue Subjektivität. Zur Literatur der siebziger Jahre in der Bundesrepublik. In: M. Durzak (Hrsg.): Deutsche Gegenwartsliteratur. Stuttgart 1981

M. Reich-Ranicki: Anmerkungen zur deutschen Literatur der siebziger Jahre. In ders.: Entgegnungen. Zur deutschen Literatur der siebziger Jahre. Erweiterte Neuausgabe. Stuttgart 1981

R. Schnell: Die Literatur der Bundesrepublik. Stuttgart 1986

Thomas Anz

Neuklassik

Die N. ist eine literarische Bewegung in Deutschland um 1905, die von ihren Repräsentanten wiederholt mit diesem Begriff bezeichnet wurde und sich als bewußte *Zurücknahme der → Moderne* sowohl vom → Naturalismus als auch von den Strömungen der → Neuromantik, der → Décadence und des → Impressionismus absetzt. Ihre Hauptvertreter auf dem Gebiet der meist zuerst – als Propädeutikum – konzipierten Theorie und der nachfolgenden, in erster Linie dramatischen Praxis sind P. Ernst (»Der Weg zur Form«, 1906), W. v. Scholz (»Gedanken zum Drama«, 1904; »Kunst und Notwendigkeit«, 1905) und S. Lublinski (»Der Ausgang der Moderne«, 1909). In ihren Umkreis gehören ferner L. Greiner, E. v. Bodman, H. Schnabel, M. Pulver, O. Stoessl, H. Franck u.a. Ihr bedeutendster theoretischer Wegbegleiter ist der frühe Lukács (»Metaphysik der Tragödie: Paul Ernst«, 1910).

Während der Naturalismus und seine Oppositionen (Décadence, Impressionismus) internationale Strömungen sind, bleibt die N. ihren Grundtendenzen und zentralen Paradigmata (Weimarer Klassik, Hebbel) nach ein ausschließlich deutsches Phänomen, das sich zwar als Irrweg herausgestellt, als Antwort auf die spezifischen Probleme der → Moderne jedoch zu ihrer Bewußtseinsbildung nicht Unwesentliches beigetragen hat. Das Experiment, eine literarische Nachmoderne im Rekurs auf den alteuropäischen Gattungskanon (Tragödie, Komödie, Novelle, Epos – unter Absage an die von P. Ernst so genannte »Halbkunst« des Romans) zu begründen, hat durch sein Scheitern auf z.T. hohem artifiziellem Niveau die Überlebtheit der herkömmlichen → Gattungen endgültig demonstriert. Das gilt vor allem für die → *Tragödie,* die im Zentrum der neuklassischen Ästhetik steht.

Die N. ist nicht zu verwechseln mit der Klassizität etwa des Münchner Dichterkreises, dessen Repräsentanten (zumal Heyse) Lublinski in »Der Ausgang der Moderne« als »sentimentalische und sklavische Vergangenheitsschwärmer und langweilige Epigonen« bezeichnet hat. Demgegenüber fordert er – wie Ernst – eine Klassik, die durch die Erfahrungen des Naturalismus hindurchgegangen ist und »aus den tiefsten Notwendigkeiten der modernen Entwicklung als letztes und höchstes Resultat herauszuwachsen beginnt«.

Anders als der gesellschaftlichen Problemen gegenüber indifferente Scholz waren sowohl Ernst als auch Lublinski zu Beginn ihrer schriftstellerischen Laufbahn Naturalisten bzw. Marxisten. Es ist bezeichnend, daß gerade die ›Neuklassiker‹: der promovierte Volkswirtschaftler Ernst, der mit einer soziologisch orientierten Literaturgeschichte (»Literatur und Gesellschaft im 19. Jahrhundert«, 1900 f.) sowie einer marxistisch ausgerichteten »Bilanz der Moderne« (1904) hervorgetretene Lublinski und schließlich Lukács zu den frühen Vertretern sozialgeschichtlicher Literaturbetrachtung gehören, daß Lukács da sein Ziel fand, wo Ernst und Lublinski anfingen: in der marxistischen Gesellschaftstheorie.

Der junge Ernst befand sich wie manche Autoren seiner Generation in einer schwankenden Stellung zwischen Sozialdemokratie und Naturalismus. Als Sozialdemokrat (der noch mit Engels korrespondierte) zur linken Protestbewegung der »Jungen« gehörend, verwarf er den Naturalismus aufgrund seiner Distanz zur Arbeiterbewegung (»Die neueste literarische Richtung in Deutschland«, 1891), als Naturalist wird er wie später Lublinski im Verlauf der neunziger Jahre zum Kritiker einer mehr und mehr »verspießbürgernden« (Lublinski), auf bloßen Reformismus bedachten Sozialdemokratie. Für Ernst sollte sich eine materialistische Analyse der Gesellschaft mit der idealistischen Veränderung derselben verbinden. Da er für eine solche weder Ansätze in der sozialdemokratischen Politik noch in der naturalistischen Literatur fand, schwenkte er, wie Wöhrmann (1979) nachgewiesen hat, vom proletarischen Sozialismus zum aristokratischen Individualismus über. Den Umbruch in seinem Denken demonstriert der Aufsatz »Das Drama und die moderne Weltanschauung« (1899), der die Tragödie zur höchsten Dichtungsform erklärt. Der tragische Held soll in seiner geistigen Unabhängigkeit und Entscheidungsgewalt – die nur an der Spitze der gesellschaftlichen Hierarchie möglich ist (Restauration der Ständeklausel) – jene idealistische Erneuerung bringen, zu der sich die Proletarier als unfähig erwiesen haben.

Sowohl die theoretischen Schriften der folgenden Jahre als auch die dramatische Entwicklung Ernsts von den Tragödien »Demetrios« (1905) bis »Brunhild« (1909) zeigen jedoch, daß das von allen Neuklassikern betonte Prinzip der *Notwendigkeit,* das sowohl ein kompositorisches (klassisch-geschlossene, gesetzmäßige Form in Opposition gegen subjektivistische Willkür) als auch ein ideologisch-inhaltliches Axiom ist, die ursprünglich prätendierte Willensfreiheit zur heillosen Illusion macht. Der tragische Held ist – bei Ernst nicht weniger als in den Dramen von Scholz (»Der Jude von Konstanz«, 1905; »Meroe«, 1906) und Lublinski (»Peter von Rußland«, 1906; »Gunther und Brunhild«, 1908) – ein unvermeidlich scheiternder, scheiternd am unveränderlichen Mechanismus der Gesellschaft, der sein Handeln strikt determiniert. Zumal »die Entwicklung und Ausdehnung der Geldwirtschaft«, schreibt Ernst in seinem

Aufsatz »Die Möglichkeit der klassischen Tragödie« (1904), »hat eine allgemeine und sehr enge Beziehung aller Glieder der Gesellschaft zueinander geschaffen, wie sie zuvor nie war, derart, daß der Einzelne durchaus von dieser Beziehung abhängig ist. Diese Beziehungen sind aber weder für die Zwecke des Einzelnen geschaffen, noch gehorchen sie einer vernünftigen Leitung, sondern sie entwickeln sich nach eigenen Gesetzen: sie sind für den Einzelnen blindes Schicksal«. Dieses neue ökonomisch verursachte Fatum soll an die Stelle des antiken Schicksals treten. So geschieht es am deutlichsten in Ernsts Tragödie »Das Gold« von 1906. Aus dem Schoß der radikal »entgotteten« Gesellschaft soll die »reine Tragödie« wieder entstehen, die durch den christlichen Monotheismus zerstört worden sei. Die gesellschaftlichen Zwänge werden von Ernst jedoch zunehmend ontologisiert, am rigorosesten in »Brunhild«, wo die schicksalhafte Determination des Helden alle Züge sozialer Bedingtheit verloren hat. »Nackte Seelen halten hier mit nackten Schicksalen einsame Zwiesprache« (Lukács, »Metaphysik der Tragödie«).

Hatte Ernst 1899 noch die euripideische Relativierung der »allgemeinen und unter allen Umständen gültigen Regeln der Sittlichkeit« für den Tod der griechischen Tragödie verantwortlich gemacht, so propagiert er sechs Jahre später in seinem Essay »Merope« auf den Spuren Nietzsches selber die Relativierung der Ethik und demgemäß die radikale Entmoralisierung der Tragödie. Unter entschiedener Absage an die Theorie der tragischen Schuld siedelt er den Kampf des Helden »jenseits der Kategorien von Schuld und Nichtschuld« an. »Ich weiß nichts von Verfehlung und Schuld,/Denn nach Notwendigkeit leben wir oberen Menschen«, folgert Brunhild aus der Tragödie Siegfrieds. Freiheit besteht nur noch in der heroischen Gebärde der Auflehnung des Helden wider die Schicksalszwänge; gegen sie und gegen sein Scheitern objektiv etwas auszurichten, vermag er nicht mehr. Seine Subjektivität bleibt »völlig auf sich selbst zurückgeworfen« (Wöhrmann 1979: 38). Das ursprüngliche neuklassische Ziel einer ethischen Neuorientierung wird durch diese Ghettoisierung der Subjektivität um ihren Sinn gebracht.

Hatte Lublinski 1905 in der »Selbstanzeige« seiner »Bilanz der Moderne« gefragt: »Wie ist innerhalb der sozialisierten Moderne die große Persönlichkeit möglich?«, so gibt die neuklassische Tragödientheorie und -praxis darauf die Antwort: nur in der tragischen Überhöhung der Subjektivität, die sich ihrer Vernichtung wie ihrer gänzlichen Wirkungslosigkeit auf die nicht veränderbare objektive Welt bewußt ist, in der Tragödie als »Dichtung vom Helden: vom Menschen, der [...] das Schicksal, das seine empirische Hülle zerbricht, als Meißel benutzt, um das eigene, ewig und apriorisch immanente Selbst ausschließlich aus eigener Kraft zur selbstherrlichen Vollendung zu bringen« (Lukács in P. Ernst-Festschrift 1916).

Hatten Ernst und Lublinski sich von der Arbeiterbewegung und vom Naturalismus abgewandt, da erstere vor der Umgestaltung der Wirklichkeit im idealistischen Sinne versagte, letztere aber sich in deren Unveränderlichkeit deterministisch fügte, so kehrt der heroische Pessimismus der N. doch in anderem Gesellschafts- und Stilgewand zu der Einsicht in die Unveränderlichkeit der Verhältnisse zurück. Dieser circulus vitiosus ist ihren Hauptrepräsentanten mehr oder weniger bewußt geworden. Deshalb haben sie sich um 1910 neuen Ufern zugewandt: der in jenem Jahr verstorbene Lublinski durch eine dezidierte Konversion zum Christentum, P. Ernst durch eine freireligiöse Wendung, welche dem Individuum einen neuen objektiven Sinnbezug zu eröffnen suchte, Scholz durch die ausdrückliche Absage an das gerade von ihm aufgestellte »ästhetische Dogma« der Notwendigkeit (»Der Zufall im Drama«, 1914) sowie durch seine zunehmende Tendenz zu Mystizismus und Okkultismus. Die N. hat sich als das Experiment eines Jahrzehnts bereits vor dem Ersten Weltkrieg überlebt.

R. Faesi: P. Ernst und die neuklassischen Bestrebungen im Drama. Leipzig 1913

H. G. Göpfert: P. Ernst und die Tragödie. Leipzig 1932

J. W. McFarlane: The Theory of Tragedy in the Work of P. Ernst, W. v. Scholz and S. Lublinski. Oxford 1948

K. A. Kutzbach: Die neuklassische Bewegung um 1905. Emsdetten 1972 [Kommentierte Dokumentation]

H. R. Vaget: Thomas Mann und die Neuklassik. Der »Tod in Venedig« und S. Lublinskis Literaturauffassung. In: Jb. d. deutschen Schillergesellschaft 17 (1973)

K. A. Kutzbach (Hrsg.): P. Ernst und G. Lukács. Dokumente einer Freundschaft. Emsdetten 1974

A. Wöhrmann: Das Programm der Neuklassik. Die Konzeption einer modernen Tragödie bei P. Ernst, W. v. Scholz und S. Lublinski. Frankfurt a.M. 1979

Dieter Borchmeyer

Neuromantik

Der Begriff der N. (Neoromantik) hatte vor allem im ersten Drittel dieses Jahrhunderts Konjunktur: als eine von der konservativen Literaturkritik und -geschichtsschreibung favorisierte Sammelbezeichnung für die nicht- oder gegennaturalistischen Strömungen in der deutschen Literatur der Jahrhundertwende. Seit Kimmichs kritischer Abrechnung mit dem Begriff (1936) finden zunehmend differierende Termini wie → Ästhetizismus, → Symbolismus, → Impressionismus, → Jugendstil, Stilkunst, Fin de siècle oder → Décadence Verwendung. (Ungefähr denselben Bedeutungsinhalt wie »décadence« hatte seinerzeit die französische Prägung »néoromantisme«; die Wortbildung N. ist dagegen wesentlich älter und wurde ursprünglich zur Unterscheidung der Romantik um 1800 vom Mittelalter gebraucht; vgl. Grimm in: Paulsen 1969.) Noch 1965 als »oberflächliche und behelfsmäßige« Bezeichnung abgetan (»Reallexikon der deutschen Literaturgeschichte«, 2. Aufl.), erfährt das Phänomen der N. neuerdings – nicht zuletzt unter literatursoziologischen und ideologiekritischen Gesichtspunkten – wieder stärkere Beachtung. Entscheidend dafür sind folgende Gründe:

Wenn sich auch für keinen der zur N. gerechneten Autoren – ausgenommen Hofmannsthal, R. Huch und den späten Hesse – eine intensive Auseinandersetzung mit der historischen Romantik nachweisen läßt, so ist die kulturelle Landschaft der Jahrhundertwende in Deutschland doch wesentlich durch eine Hinwendung zum Irrationalismus (Nietzsche) und eine Neubelebung der romantischen Tradition im weiteren Sinne charakterisiert. 1899-1902 erschien R. Huchs Gesamtdarstellung der Romantik. Aktualisierung und Popularisierung romantischen Ideenguts wurden entscheidend gefördert durch den Leipziger Verleger Diederichs, einen Trendsetter auch in der äußeren Gestaltung des Buchs entsprechend den Forderungen des → Jugendstils. Diederichs verlegte 1906 unter dem Titel »Neuromantik« eine programmatische Aufsatzsammlung von Coellen und bezeichnete sich schon im Verlagsprogramm von 1900 als »führenden Verlag der Neuromantik« – einer »neuen Geistesrichtung«, die »nach dem Zeitalter des Spezialistentums, der einseitigen Verstandeskultur« die Welt wieder »als etwas Ganzes genießen und betrachten« wolle. Übereinstimmend damit wird die N. heute als »Protest-Reaktion traditionell gesinnter Kreise gegen die eskalierende, in ihrer Negativität erstmals reflektierte und als existentiell bedrohlich empfundene ökonomisch-materialistische Entwicklung« aufgefaßt (Schwede 1987: 26).

Zugleich mit der Abkehr vom Rationalismus erfolgte die Hinwendung zu literarischen Formen, Themen und Motiven, die von der Romantik ausgebildet oder bevorzugt worden waren. Es kam zu einem Aufschwung der Traum-, Märchen- und Legendendichtung und zu einer Wiederbelebung der Naturlyrik, die sich zumal bei Hesse und Carossa ganz in vorgegebenen Bahnen bewegt (Eichendorff-Ton). Auch die Prosa Hesses ist weithin dem Vorbild Eichendorffs verpflichtet: in der Figur des »neuromantischen Seelenvagabunden« (Hermand in: Paulsen 1969), die seit »Peter Camenzind« (1904) Schule machte; vgl. auch die Romane »Ingeborg« (1906) von Kellermann, »Einhart der Lächler« (1907) von C. Hauptmann, »Zwölf aus der Steiermark« (1908) von Bartsch. Die Verfasser (und Leser) solcher Vagabunden-Literatur vollzogen gleichsam den Ausbruch aus der bürgerlichen Gesellschaft nach, den markante Vertreter der damaligen → Boheme vorlebten (Hille, Mühsam) und den sich in anderer Weise die frühe Jugendbewegung zum Ziel setzte. Ein ähnlicher eskapistischer – letztlich rousseauistischer – Grundzug ist übrigens schon in der Großstadtlyrik von Holz, Wille und Dehmel zu finden, die in dieser Hinsicht in Beziehung zur N. gesetzt werden kann (vgl. Haupt 1983). Berührt sich die N. somit auf der einen Seite mit dem → Naturalismus, so auf der anderen mit der *Heimatkunst,* d.h. der völkisch orientierten Protestbewegung gegen die → Moderne, die sich in Deutschland um 1900 formierte: in der Balladendichtung von Strauß und Torney, Münchhausen, Miegel wird die Rückbesinnung auf die → Tradition zum Ausdruck konservativer Gesinnung.

Weit stärker als in Lyrik oder Erzählprosa kam die N. im Drama zur Entfaltung. »Hanneles Himmelfahrt« (1893) von G. Hauptmann bildete den Ausgangspunkt. Der junge Barlach zeigte sich bei einem Theaterbesuch zunächst befremdet über die »wüsten Szenen von Bettelarmut und geistiger Verlumptheit«, um desto begeisterter auf die Vergegenwärtigung der Fieberphantasien des sterbenden Mädchens am Schluß – in Versen mit trivialer, geistlichem Liedgut entnommener Bildlichkeit – zu reagieren: »und mit beiden Sinnen sauge ich in mich hinein [...] die lauterste, wunderbarste, innigste deutsche Poesie!« Barlachs Brief (an Düsel 26.11.1894) verdeutlicht exemplarisch die Begeisterung, mit der das breite Publikum die »Überwindung« (Bahr) oder Erweiterung des → Naturalismus auf der Bühne begrüßte. G. Hauptmann erreichte seinen größten Publikumserfolg mit der »Versunkenen Glocke« (1897), einem Vers- und Märchendrama, das bedenkenlos das Form- und Motivarsenal der volkstümlichen Überlieferung und der klassischen wie modernen und nicht zuletzt romantischen Dichtung (Fouqués »Undine«) plünderte und mischte. Die Neigung zu einem historischen Eklektizismus, der in der wilhelminischen Architektur und Malerei (Stuck, Böcklin) seine Parallelen fand, gipfelte in Vollmoellers – auf mittelalterlichen Stimmungszauber angelegter – Pantomime »Das Mirakel« (1912), einem der größten internationalen Erfolge des Reinhardt-Theaters.

Der perfekte Illusionismus Max Reinhardts (Aufführung des »Sommernachtstraums« mit Drehbühne 1905) bildete eine wichtige Voraussetzung für die Weiterentwicklung der neuromantischen Dramatik, als deren Merkmale Hilzheimer (1938) die Vorliebe für ein anspruchsvolles Bühnenbild, Lichteffekte und eine prunkvolle Ausstattung herausstellt. Döblin scheint auf diese Tendenz zur Veräußerlichung anzuspielen, wenn er in einem experimentellen Stück, das parodistisch auf neuromantische Ritterdramen Bezug nimmt, die Requisiten selbst rebellisch werden und die Herrschaft im Theater an sich reißen läßt (»Lydia und Mäxchen«, 1906). In Stoffwahl und Struktur (Tendenz zum Libretto) orientierte sich das Drama der Neuromantik zunehmend am Wagnerschen Musikdrama bzw. an Wagners Adaption germanischer Mythen. G. Hauptmann trug sich um 1900 mit Plänen zur Dramatisierung der Gudrun-, Nibelungen- und Wieland-Sage (»Veland« abgeschlossen 1925; vgl. auch die »Gral-Phantasien« von 1913/14). Stucken legte 1902-1924 einen »Gral«-Zyklus vor, der aus nicht weniger als acht selbständigen Dramen bestand (u.a. »Gawan«, 1902; »Lanval«, 1903; »Tristam und Ysolt«, 1916). Auch P. Ernst schrieb einen »Lanval« (1906), E. Hardt ein Gudrun- (1911) und ein Tristan-Drama (»Tantris der Narr«, 1907); für letzteres erhielt er sowohl den staatlichen als auch den Volks-Schillerpreis.

Unübersehbar war der Bewegungs-, ja Mode-Charakter der N. Schon 1908 zog man ökonomische Motive in Betracht: »die Romantik ist im Begriff und in Gefahr, Konvention – wenn nicht Schlimmeres: Konjunktur und Spekulation – zu werden« (so Goldschmidt in seinem Aufsatz »Romantik-Epigonen«, 1908). F. Mehrings Kritik (»Naturalismus und Neuromantik«, 1908) ging noch weiter: »Historisch ist die Neuromantik nichts anderes als ein ohnmächtiges Abzappeln von Kunst und Literatur in den erstickenden Armen des Kapitalismus.« Derselbe Essay enthält allerdings auch eine künstlerische Herleitung der N.: als »legitime Tochter« des → Naturalismus. Tatsächlich darf der unübersehbare Gegensatz von Naturalismus und N. und die objektive historische Funktion der N. als Gegenbewegung zum Naturalismus (wie sie zumeist verbucht wird) nicht über eine innere Verwandtschaft und Zusammengehörigkeit beider Stilrichtungen hinwegtäuschen. Diese zeigt sich in verschiedenen Dramen G. Hauptmanns – nicht zuletzt im »Armen Heinrich« (1902) als demjenigen seiner Werke, das wohl am stärksten vom Stilwillen der N. geprägt ist. Schon 1891 hatte L. Berg die Affinität von Naturalismus und Romantik behauptet und in Bahrs Schriften das Modell einer »naturalistischen Romantik« erkannt (»Die Romantik der Moderne«, 1891).

Die durch Bahr inaugurierte Wiener Moderne weist vielfältige Berührungspunkte mit der N. auf und kann doch nur partiell und unter Vorbehalt unter diesen Begriff subsumiert werden. Zentrale Themen der Jung-Wiener Literatur wie die Entfremdung der Kunst vom Leben, die Nähe der Kunst zum Tode oder das Wechselverhältnis von Schein und Sein sind zwar romantischen Ursprungs, in ihrer aktuellen Formulierung aber eher aus dem Kontext des → Ästhetizismus bzw. der Auseinandersetzung mit ihm zu begreifen. Das gilt selbst für ein Hauptwerk der Romantik-Aneignung wie Hofmannsthals Drama »Das Bergwerk zu Falun« (entst. 1899), dem E. T. A. Hoffmanns Erzählung zugrunde liegt. Schnitzlers Schaffen kreist zwar um die Pole von Liebe und Tod, eine Schlüssel-Konstellation der Romantik, deutet sie aber im Sinne der → Décadence und einer deterministischen Naturwissenschaft. Ähnliches gilt für Th. Mann, dessen bis zum »Zauberberg« reichende Auseinandersetzung mit der Romantik und ihrer »Sympathie mit dem Tode« eigentlich eine Auseinandersetzung mit der Dekadenz, d.h. für ihn primär: mit Wagner, ist. So unleugbar die Existenz der N. auf die Entfaltung (Entstehung und primäre Rezeption) der Wiener Literatur und des Mannschen Frühwerks eingewirkt hat, so problematisch erweist sich jeder Versuch einer unilinearen Zuaordnung. Überhaupt wird man sagen müssen, daß der Terminus der N. stärker noch als andere historische Stilbegriffe der Vermittlung mit anderen qualitativen Bestimmungen bedarf.

Beachtet werden sollte in jedem Fall die Bindung des Begriffs an die geschichtliche Situation der Jahrhundertwende und ihre Ausläufer. Neuere Beispiele für einen Rückgriff auf die Romantik, wie er u.a. in Texten der feministischen → Frauenliteratur oder in Positionen der modernen Alternativkultur festgestellt wurde (vgl. Dischner 1982), sollten nicht als N. bezeichnet werden.

A. Kimmich: Kritische Auseinandersetzung mit dem Begriff »Neuromantik« in der Literaturgeschichtsschreibung. Tübingen 1936

K. Hilzheimer: Das Drama der deutschen Neuromantik. Halle 1938

W. Paulsen (Hrsg.): Das Nachleben der Romantik in der modernen deutschen Literatur. Heidelberg 1969

E. Ruprecht und D. Bänsch (Hrsg.): Literarische Manifeste der Jahrhundertwende 1890-1910. Stuttgart 1970.

G. Wunberg (Hrsg.): Die literarische Moderne. Frankfurt a.M. 1971

J. Hermand: Der Aufbruch in die falsche Moderne. In ders.: Der Schein des schönen Lebens. Studien zur Jahrhundertwende. Frankfurt a.M. 1972

Neuromantik in europäischer Sicht. Duitse kroniek 30 (1979) H. 3/4

G. Dischner: Neuromantik heute? In: Wespennest 47 (1982)

J. Haupt: Neuromantik in der Großstadt. In ders.: Natur und Lyrik. Stuttgart 1983

H. Motekat: Die deutsche Neuromantik. In: J. Bojko-Blochyn (Hrsg.): Ukrainische Romantik und Neuromantik vor dem Hintergrund der europäischen Literatur. Heidelberg 1985

H. Castein und A. Stillmark (Hrsg.): Deutsche Romantik und das 20. Jahrhundert. Londoner Symposium 1985. Stuttgart 1986

R. Schwede: Wilhelminische Neuromantik. Flucht oder Zuflucht? Ästhetizistischer, exotistischer und provinzialistischer Eskapismus im Werk Hauptmanns, Hesses und der Brüder Mann um 1900. Frankfurt a.M. 1987

U. J. Beil: Die Wiederkehr des Absoluten. Studien zur Symbolik des Kristallinen und Metallischen in der deutschen Literatur der Jahrhundertwende. Frankfurt a.M. 1988

Peter Sprengel

Parodie

Wenn Nietzsche in »Jenseits von Gut und Böse« (1886) seine Zeit »das erste studierte Zeitalter in puncto der ›Kostüme‹«, d.h. »der Moralen, Glaubensartikel, Kunstgeschmäcker und Religionen« nennt, so schließt dieses Urteil neben allen anderen Erscheinungen eines historistischen Eklektizismus auch eine Literatur ein, die sich – fälschlich – einer längst verwirkten Originalität brüstet, wo sie in Wahrheit nur mehr Epigonentum, Imitation, unfreiwillige P. sein kann. »Vielleicht«, so die Konsequenz des Gedankens, »daß wir hier gerade das Reich unserer *Erfindung* noch entdecken, jenes Reich, wo auch wir noch original sein können etwa als Parodisten der Weltgeschichte und Hanswurste Gottes, – vielleicht daß, wenn auch Nichts von heute sonst noch Zukunft hat, doch gerade unser Lachen noch Zukunft hat!« Diese Passage ist der erste Hinweis auf einen Funktionswandel, der die im Kanon der literarischen Formen bislang eher nebensächliche, häufig negativ beurteilte P. in den Brennpunkt des Bemühens um Erneuerung rücken wird. Wenn nämlich alle Literatur aufgrund ihres bewußt oder unbewußt derivativen Charakters – unfreiwillige – ›Parodie‹ ist, dann kann nur ein bewußtes Parodieren noch originale Werke hervorbringen. Im Spiegel der P. offenbart sich die Verbrauchtheit der tradierten Muster. Die Kunst des Spiegelns aber, die parodistische Reflexion wird zur Möglichkeit einer neuen Originalität.

Oscar Wilde nähert sich dieser Position, wenn er in dem Essay »The Critic as Artist« (1890) der Kunst nur unter der Bedingung eine Überlebenschance einräumt, daß sie »far more critical« werde, als sie es ist. → Innovation ist für den Ästheten Wilde nicht denkbar als Zugewinn neuer, bisher ›außer-literarischer‹ Wirklichkeitsbereiche, sondern allein als die neuartige, verfremdende Perspektive auf das bereits Gestaltete: »the subject-matter at the disposal of creation is always diminishing, while the subject-matter of criticism increases daily.« Texte über Texte sind fast alle Arbeiten Wildes. Doch während die Gedichte und die frühen Dramen in epigonaler Abhängigkeit ihren Vorlagen folgen, bestätigen die gelungensten Werke – allen voran »The Importance of Being Earnest« (1895) – das innovatorische Potential einer ›kritischen Kunst‹ im Verfahren der P.. Wildes P. – die Künstlichkeit seiner Spielwelt, in der die Inversion bekannter Normen keine Gegennorm, sondern den anarchischen Zustand universaler Entwertung hervorbringt – weist voraus auf die selbstreflexiven Konstruktionen eines Beckett, Borges oder Nabokov.

Unabhängig von Nietzsche und Wilde gelangen die russischen Formalisten ab etwa 1910 zu ähnlichen Schlüssen, allerdings nicht, wie Nietzsche, vor dem Hintergrund einer umfassenden Kulturkritik, sondern innerhalb einer Theorie ästhetischer Wahrnehmung, die Šklovskij in Anlehnung an Broder Christiansens »Philosophie der Kunst« (1909) formuliert. Auch aus dieser Sicht erscheint P. nicht als negative Ausnahme, sondern als Paradigma des Literarischen, als dasjenige Verfahren, an dem sich die Charakteristik literarischer Texte modellhaft offenbart. »Nicht nur die Parodie«, schreibt Šklovskij 1916, »sondern überhaupt jedes Kunstwerk wird geschaffen als Parallele und Gegensatz zu einem vorhandenen Muster« (zit. nach Striedter 1969: 51). Während Šklovskij die parodistische Verfremdung rein destruktiv als »das Bewußtwerden der Form mit Hilfe ihrer Auflösung« auffaßt (ebda. 251), ergänzt Tynjanov 1921 diese einseitige Sicht durch den Hinweis auf die konstruktive Funktion der P., die in der »Organisation neuen Materials« bestehe, »zu dem auch das mechanisierte alte Verfahren gehört« (ebda. 331). Als Reflektor vorhandenen und Quelle neuen ›Materials‹ übernimmt die P. hier die Rolle des eigentlichen Motors literarischer Evolution – und zwar nicht nur (wie bei Nietzsche) in einer Phase der Dekadenz, sondern ganz generell. Daß diese Postulierung einer ausschließlich als quasi-darwinistisches Kampfgeschehen betrachteten ›Evolution‹ für weite Zeiträume der Literaturgeschichte nicht gelten kann, daß die Parodisten ihr kritisches Instrumentarium keineswegs immer ›progressiv‹, sondern mindestens ebenso oft auch gegen die Innovatoren eingesetzt haben, ist u.a. von Hempfer (1973) und Verweyen/Witting (1979) herausgestellt worden.

Nicht als allgemeine Theorie literarischen Wandels sind die Thesen der russischen Formalisten mithin von Belang, wohl aber als Symptom und Beschreibungsmodell einer bestimmten Phase, in der → Innovation nur mehr als radikaler Bruch mit der → Tradition, als verfremdender Zugriff auf die abgenutzten Versatzstücke des literarischen Ausdrucksrepertoires (→ Verfremdung) denkbar erscheint. Die Sensibilität für diese Aporie und die Ansätze zu ihrer Überwindung dürften die russischen Formalisten nicht zuletzt ihrem engen Kontakt zu Majakovskij und den Futuristen verdanken. Wiewohl von der Literaturwissenschaft bis zum Beginn der siebziger Jahre kaum zur Kenntnis genommen, werden Nietzsches Prognose, Wildes Programm einer ›kritischen Kunst‹ und das Evolutionsmodell der russischen Formalisten durch den parodistischen Charakter einer Reihe von Schlüsseltexten der Moderne bestätigt.

Joyces »Ulysses« etwa, »the novel to end all novels«, bietet den Welt-Alltag seines kleinbürgerlichen Odysseus als ein Panorama aller nur verfügbaren literarischen Genres und Epochenstile dar, wobei einerseits kritisch-subversiv der implizite Geltungsanspruch jedes einzelnen der parodierten Muster untergraben, zugleich aber auch noch einmal seine wirklichkeitsetzende Leistung vergegenwärtigt wird. »Satire is a lesson, parody is a game.« formuliert Nabokov lakonisch. Im Spiel der P., wie es bei Joyce, T. S. Eliot (»The Waste Land«), Nabokov, Borges, Beckett, bei den Romanciers der amerikanischen → ›Postmoderne‹ wie Barth, Hawks und Pynchon, bei Dramatikern wie Jarry, Ionesco, Dürrenmatt, Orton und Stoppard gespielt wird, eine einseitig didaktisch-stilkritische Tendenz zu sehen, wäre denn auch ganz verfehlt. Wenn Nabokov in seiner P. einer Autorenbiographie, »The Real Life of Sebastian Knight« (1941), den Erzähler sagen läßt, daß P. für Knight eine Art Sprungbrett gewesen sei »for leaping into the highest region of serious emotion«, so ist damit die positiv-schöpferische Seite eines Verfahrens bezeichnet, in dem Goethe – der sich im Einklang mit der traditionellen Poetik, aber durchaus in Widerspruch zu zahllosen eigenen Werken vom »Jahrmarktsfest zu Plundersweilern« bis zum »Faust II« als Todfeind von allem Parodieren und Travestieren« bezeichnet hat – nur das ›Herunterziehen‹ des »Schönen, Edlen, Großen« sehen wollte (an Zelter, 26.6.1824).

Daß P. aber keineswegs immer polemisch gegen ihre Vorlage gerichtet sein muß, zeigt nicht zuletzt das Beispiel Th. Manns. Er nennt in seinen »Bemerkungen zu dem Roman ›Der Erwählte‹« (1951) das parodistische Spiel, das dieser Roman mit »Alt-Ehrwürdigem« treibt, ausdrücklich »nicht lieblos«, sondern ein »Abschiednehmen, [...] Noch-einmal-Heraufrufen und Rekapitulieren«, und ein ähnlich nostalgisch-elegischer Tenor läßt sich bei Beerbohm feststellen, einem hochinteressanten Außenseiter der englischen Literaturgeschichte, dessen entschlossene Rückständigkeit in seinem parodistischen Œuvre eine eigenartige Symbiose mit einer durchaus modernen Bewußtseinslage eingeht.

Natürlich existiert P. bis heute auch in der traditionellen Form eines launig-kritischen ›Neben‹- oder ›Gegengesangs‹ zur ernsten, ›hohen‹ Literatur. Die Arbeiten R. Neumanns (»Mit fremden Federn«, 1927), Torbergs (»Angewandte Lyrik von Klopstock bis Blubo«, 1964) und Rühmkorfs (»Irdisches Vergnügen in g«, 1959) belegen dies. Als Kennzeichen avantgardistischer Literatur des 20. Jahrhunderts aber ist das Eindringen des parodistischen Verfahrens in den ›Haupt-Gesang‹ der Epoche zu konstatieren, wo es nicht allein dem ›Wegräumen‹ inauthentisch gewordener Darstellungskonventionen dient, sondern als ›ironische Schöpfung‹ diese Konventionen durchaus noch einmal (jedenfalls in seinen besten Beispielen) mit Leben zu erfüllen vermag.

Eben diese Doppelrolle hat Poirier im Blick, wenn er die durch Joyces »Ulysses« initiierte »literature of self-parody« beschreibt: eine Literatur, die sich selbst ständig in Frage stellt, die mit jeder Verwendung eines Stils zugleich dessen Begrenztheit hervorkehrt; eine Literatur, die nicht bestimmte literarische Formen, sondern die Literatur als solche, ihren realitätsetzenden, sinnstiftenden Anspruch dementiert. Aber, so Poirier weiter, Joyce beschränkt sich nicht darauf, die Vergeblichkeit aller literarischen Schöpfung zu demonstrieren: »Instead, he is elated and spurred by this discovery; he responds not only by the contemplation of futility or with ironies about human invention and its waste, but with wonder at the human power to create and then to create again under the acknowledged aegis of death« (Poirier 1971: 39).

Auch Barth, der die parodistischen Texte der Gegenwartsliteratur mit dem Titel seines einflußreichen Essays als eine »Literature of Exhaustion« bezeichnet, erkennt in diesen Manifestationen der Begrenztheit innovatorischer Möglichkeiten doch zugleich auch den Sieg über diese Begrenzungen, wenn er über Borges schreibt: »His artistic victory [...] is that he confronts an intellectual dead end and employs it against itself to accomplish new human work« (Barth 1967: 31). P. in der Literatur des 20. Jahrhunderts ist demnach beides: Symptom der Erschöpfung wie auch möglicher Ausweg.

E. Rotermund: Die Parodie in der modernen deutschen Lyrik. München 1963

J. Barth: The Literature of Exhaustion. In: The Atlantic Monthly 220 (1967) H. 8

M. Bachtin: Literatur und Karneval. München 1969

J. Striedter (Hrsg.): Texte der russischen Formalisten. Bd. I. München 1969

R. Poirier: The Politics of Self-Parody. In: The Performing Self. London 1971

J. v. Stackelberg: Literarische Rezeptionsformen. Übersetzung. Supplement. Parodie. Frankfurt a.M. 1972

K. W. Hempfer: Gattungstheorie. München 1973

W. Karrer: Parodie, Travestie, Pastiche. München 1977

M. A. Rose: Parody / Metafiction. London 1979

Th. Verweyen, G. Witting: Die Parodie in der neueren deutschen Literatur. Darmstadt 1979

W. Freund: Die literarische Parodie. Stuttgart 1981

G. Genette: Palimpsestes: La littérature au second degrée. Paris 1982

L. Hutcheon: A Theory of Parody: The Teachings of Twentieth-Century Art Forms. London 1985

A. Höfele: Parodie und literarischer Wandel. Heidelberg 1986

Andreas Höfele

Phantastische Literatur

Die ph. L. der Moderne ist in ihren Ursprüngen auf das 19. Jahrhundert zurückzuführen, unter Miteinbeziehung von Vorläuferphänomenen wie der englischen ›gothic novel‹ aus dem späten 18. Jahrhundert. Der Begriff wird zuerst faßbar in der französischen Literatur und Literaturkritik um 1830. Dort werden die Begriffe »Le fantastique« und »Le conte fantastique« zu Formeln für ein literarisches Phänomen, wie man es auf unübertreffliche Weise in den Erzählungen E.T.A. Hoffmanns verkörpert sieht, der bis heute gerade durch die französische Rezeption der Stammvater der phantastischen Literatur geblieben ist. Essayisten wie Sainte-Beuve versuchen, dieses neue Phänomen als etwas gänzlich Neues zu charakterisieren im Unterschied zum traditionellen Begriff des »Merveilleux«, des Wunderbaren, wie es aus der Feen- und Märchenwelt des 18. Jahrhunderts vertraut ist. Das Phantastische im neuen Sinne, wie es durch französische Autoren wie Gautier, Nodier, Mérimée und Maupassant vertreten wird, ist dadurch gekennzeichnet, daß etwas Geheimnisvolles, Unerklärbares plötzlich und unvermutet in das Leben von Personen eintritt, die bis zu diesem Zeitpunkt ein unauffälliges Leben geführt haben. Mit dieser unerwarteten Bedrohung sind Zustände des Alptraums und des Delirierens verbunden, Angst und Schrecken sind die Auswirkungen auf die fiktionalen Personen und auf den Leser (vgl. Castex 1971). In einer Untersuchung von weitreichender Wirkung hat T. Todorov gerade das Unerklärbare zum Zentrum seiner Definition der ph. L. gemacht. Das Phantastische eines Textes hält seiner Meinung nach nur so lange an, solange auch die Unschlüssigkeit anhält, wie die seltsamen Phänomene, die dem Helden widerfahren, zu erklären seien (eine Unschlüssigkeit, die für den Helden wie den Leser zu gelten hat). Finden sie eine natürliche Erklärung, dann gehört für Todorov das Werk dem Genre des Unheimlichen an; werden die Ereignisse jedoch nur dann erklärbar, wenn Held und Leser neue, mit den geltenden Regeln nicht vereinbare Gesetze akzeptieren, dann tritt das Werk in den Bereich des Wunderbaren ein. Der Idealtypus des Phantastischen ist für Todorov folgerichtig nur in Werken verkörpert, die die Ambiguität des Phantastischen über den Schluß hinaus aufrecht erhalten (vgl. Todorov 1972, 40ff.). Beispiele dafür sind etwa Hoffmanns »Der Sandmann« und Henry James' »The turn of the screw«. In beiden Erzählungen ist der Schluß so angelegt, daß beim Leser eine bohrende Ungewißheit zurückbleibt, ob der Wahnsinnsausbruch und Todessturz Nathanaels Krankheitsfolge oder das Werk des dämonischen Coppelius/Coppola ist, bzw. ob die Erscheinungen der Verstorbenen nur in den überhitzten Vorstellungen der Erzieherin existieren, oder ob es sich um Manifestationen eines Kontaktes handelt, den die Kinder mit den Verstorbenen aufgenommen haben. Die Strenge von Todorovs Definition verhindert, daß die zahllosen Misch- und Übergangsformen zwischen den drei Kategorien angemessen ins Blickfeld geraten, dennoch erscheint sein Versuch nach wie vor nicht überholt zu sein. Die klassische Form der Phantastik ist also durch die europäische Romantik geprägt worden, eine Wiederbelebung und Weiterentwicklung hat es dann um die Jahrhundertwende gegeben. Die in ganz Mitteleuropa erfolgreichen Modeströmungen von Okkultismus, Theosophie, Spiritismus und Kabbala verfehlten natürlich nicht, Auswirkungen auch auf die Literatur zu haben. Autoren wie Meyrink, Ewers und Strobl im deutschsprachigen Raum, Huysmans in Frankreich mit seinem prononcierten Satanismus trugen zu dieser Modewelle höchst erfolgreich bei, bei Kafka und Perutz kann man wesentliche Elemente des Phantastischen entdecken. Seither hat es am ›Grundbestand‹ der ph. L. immer wieder geistvolle Variationen aber wenig Änderungen gegeben. Die Literatur Süd- und Mittelamerikas (Garcia Márquez, Carpentier, Fuentes, Cortázar) hat gezeigt, daß phantastische Elemente in anderen Kulturkreisen sehr viel stärker in ein Alltagsbewußtsein integriert sein können als im eurozentrischen Weltbild, wofür der Begriff ›magischer Realismus‹ nur eine Hilfskonstruktion sein kann. Eine der wenigen Erweiterungen der klassischen Phantastik ist in den zwanziger und dreißiger Jahren dem genialischen amerikanischen Kolportage-Autor Lovecraft gelungen (vgl. Fischer 1985). Die Eingrenzung der ph. L. ist zunehmend dadurch erschwert worden, daß Phänomene wie → Science Fiction und die sogenannte ›Fantasy‹ hinzugetreten sind, die zum Teil in den älteren Begriff der ph. L. eingemeindet wurden, zum Teil aber auch ausgegrenzt wurden. So wird in den osteuropäischen Ländern unter ›Phantastik‹ fast immer Science Fiction verstanden, und nicht immer wird der Begriff durch den Zusatz ›wissenschaftliche‹ Phantastik präziser gefaßt. Einer Definition D. Suvins folgend, scheint es sinnvoll, Science Fiction als Literatur einer erkenntnisbezogenen → Verfremdung zu kennzeichnen, der Begriff ›Erkenntnis‹ dabei bezogen auf denk- und vorstellbare technische und soziale Entwicklungen der Menschheit (Suvin 1979). Die ursprünglich aus dem amerikanischen Kulturkreis stammende Fantasy-Literatur ist ein ausgesprochen synthetisches Produkt, das sich aus Elementen von Ritterromanen, Tausendundeiner Nacht, Science Fiction, Sagen und → Märchen zusammensetzt und mit Vorliebe die Abenteuer muskelstarker

Helden in Phantasiewelten schildert. Eine literarisch ambitionierte Tradition für märchenhafte Phantastik gibt es schon lange in England, wofür Autorennamen wie Lord Dunsany, Mac Donald, Carroll und Morris stehen, nicht zuletzt auch der epochale Erfolg von Tolkiens »The lord of the rings«. Diesen ganzen Bereich könnte man in Weiterführung der genannten Definition als Literatur der erkenntnisvernachlässigenden Verfremdung bezeichnen. Im Unterschied dazu wird man jene Literatur, der es primär auf die Gestaltung und Erzeugung von Angst und Schrecken ankommt, die Literatur des Unheimlichen also (der englische Ausdruck dafür lautet ›weird fiction‹) als eine Literatur der erkenntnisverhindernden Verfremdung bezeichnen können, denn durch Angst und Schrecken wird jegliche Art von Erkenntnis verhindert, zumindest behindert – dies trifft für den ganzen weiten Bereich des ›Horror‹ zu, der zur Zeit vor allem im Film so erfolgreich ist. Damit sind die Grundmuster der ph. L. in der Moderne bezeichnet, als weitere Spielart wäre noch die satirische Phantastik zu nennen, wie sie vor allem in den Literaturen Osteuropas immer wieder zu beobachten ist (Gogol, Bulgakov, Čapek).

L. Vax: La séduction de l'étrange. Étude sur la litterature fantastique. Paris 1965

P.-G. Castex: Le conte fantastique en France de Nodier à Maupassant. Paris 1971

T. Todorov: Einführung in die fantastische Literatur. München 1972

E.S. Rabkin: The Fantastic in literature. Princeton N.J. 1976

J.M. Fischer: Deutschsprachige Phantastik zwischen Décadence und Faschismus. In: Phaicon. Almanach der phantastischen Literatur 3. Frankfurt/Main 1978

D. Suvin: Poetik der Science Fiction. Frankfurt/Main 1979

J.M. Fischer: Science Fiction – Phantastik – Fantasy. Ein Vorschlag zu ihrer Abgrenzung. In: K. Ermert (Hrsg.), Neugier oder Flucht? Zu Poetik, Ideologie und Wirkung der Science Fiction. Stuttgart 1980

P. Cersowsky: Phantastische Literatur im ersten Viertel des 20. Jahrhunderts. München 1983

J.M. Fischer: Produktiver Ekel. Zum Werk H.P. Lovecrafts. In: C.W. Thomsen und J.M. Fischer (Hrsg.), Phantastik in Literatur und Kunst. Darmstadt ^{2}1985

C.W. Thomsen und J.M. Fischer (Hrsg.): Phantastik in Literatur und Kunst. Darmstadt ^{2}1985

M. Wünsch: Die Fantastische Literatur der Frühen Moderne (1890 – 1930). München 1991

Jens Malte Fischer

Postmoderne

Am 18. Oktober 1981 gab »Le Monde Dimanche« seinen Lesern bekannt: »Ein Gespenst geht um in Europa – das Gespenst des Postmodernismus.« In den USA ging das Gespenst zu diesem Zeitpunkt freilich schon mindestens zwei Jahrzehnte um, in einem sehr weiten literaturkritischen Gewande, das heterogenste Stimmungen und Tendenzen unter sich verbarg, und einem knapper zugeschnittenen architekturtheoretischen Anzug. Der in den achtziger Jahren zum Schlüsselbegriff der zeitgenössischen Kulturtheorie avancierte, in Analogie zu anderen tonangebenden ›Postismen‹ (*Posthistoire, Postindustrial Society* usw.) gebildete Begriff P. hat eine verwickelte Geschichte, die sich nicht nur aus *einer* Quelle speist. Die Vorsilbe ›post‹ ist seit Jahrzehnten von Autoren verschiedener Sprachen den Begriffen modern und → Moderne vorangestellt worden, die sich aus der Sicht dieser Autoren auf eine nunmehr abgelaufene oder zu überwindende Kulturperiode beziehen.

Der Sache nach könnte der Begriff P. schon bei Nietzsche stehen, dessen Philosophie auf eine Überwindung der Modernität zielt. Bezeichnenderweise findet sich der bisher früheste Nachweis des Worts ›postmodern‹ bei R. Pannwitz (»Die Krisis der europäischen Kultur«, 1917; Welsch 1987: 12). Er redet vom »postmodernen Menschen« mit deutlichem Bezug auf Nietzsches Diagnose der Moderne im Zeichen von → Décadence und Nihilismus sowie auf sein Programm der Überwindung dieser Moderne im Zeichen des »Übermenschen«. Nietzsche, der immer wieder als Vater der P. ausgerufen und kritisiert wird, hat also tatsächlich mittelbar diese Wortschöpfung inspiriert. Sie blieb allerdings in ihrer Pannwitzschen Prägung unbeachtet und folgenlos.

Als literarhistorischer Fachterminus ist der Begriff *postmodernismo* im hispano-amerikanischen Sprachbereich seit den dreißiger Jahren nachweisbar (Köhler 1977), in Nordamerika taucht der *Postmodernism* (möglicherweise von Lateinamerika her) seit den frühen vierziger Jahren vereinzelt in literaturtheoretischem und dann auch architekturästhetischem Zusammenhang auf. Wirklich eingebürgert hat den Begriff der britische Historiker A. Toynbee in seinem universalhistorischen Hauptwerk »A Study of History« in der Fassung von 1947. Als »Post-Modern« wird hier die gegenwärtige Epoche der abendländischen Kultur seit dem

Übergang von der nationalstaatlichen zur globalen Politik bezeichnet, dessen Beginn Toynbee in den siebziger Jahren des 19. Jahrhunderts ansetzt. Die universalhistorische ›Moderne‹ endet für ihn also zu der Zeit, da nach heutigen Begriffen die ästhetische überhaupt erst beginnt. Für Toynbee bedeutet der Beginn der postmodernen Ära mithin das »Ende der Neuzeit« (wie es mit anderen Vorzeichen R. Guardini in seinem Buch von 1950 verkündet), also den Abschluß der abendländischen Ära, die mit der Renaissance beginnt.

Vor allem durch I. Howe und H. Levin wurde der Begriff des Postmodernism Ende der fünfziger Jahre von der (amerikanischen) Literaturkritik adaptiert – hier, im Rückblick auf die innovatorischen Meisterwerke der Moderne, noch mit einem deutlich nostalgischen Vorzeichen, als lediglich negative Bestimmung. Die allmähliche Umwertung des Begriffs folgte der von dem Kunsthistoriker E. H. Gombrich aufgestellten Regel, daß neue Kunstbegriffe, welche sich auf Erscheinungen beziehen, die den bisherigen ästhetischen Horizont durchbrechen, oft aus abfälligen Etiketten entstehen, die dann zu deskriptiven Kategorien umgewertet werden. Demgemäß zeichnet sich in den späten sechziger Jahren eine positive Tendenzwende in der Bewertung des ›postmodernism‹ ab, die zumal mit den Namen L. Fiedler, S. Sontag und I. Hassan verbunden ist. Die P. wird nach einem Wort von A. Wellmer zu einer »Moderne ohne Trauer« (1985: 55). Das Gefühl des Zu-spät-gekommen-Seins, des *being after,* wird verdrängt durch eine neue Aufbruchsstimmung, eine *futuristische Revolte* (Fiedler: »The New Mutants«, Partisan Review 1965). Dieser *antizipatorische* Postmodernism steht zu dem in den siebziger Jahren, besonders in der Architektur um sich greifenden *rekursiven,* historisierend-eklektizistischen Postmodernism (von H. E. Holthusen 1984 als »Heimweh nach Geschichte« bezeichnet) in größtem Gegensatz. Was beide verbindet, ist die Opposition gegen die (in den Anfängen der P.-Diskussion noch verklärte) Moderne, hinter die nun zurück-, oder über die hinausgegriffen wird, und die positive Bestimmung dessen, was von den ersten Kritikern der P. noch als Erschöpfungszustand angesehen wurde. Die Ambivalenz dieser ›Erschöpfung‹ hat J. Barth 1967 in seinem berühmt gewordenen Essay »The Literature of Exhaustion« thematisiert: In unserer Zeit sind alle literarischen Formen verbraucht, und Literatur ist nur noch als imitatorisches Spiel mit den überlieferten Formen möglich. Deshalb seien, so Barth, seine eigenen Romane »novels which imitate the form of the Novel, by an author, who imitates the role of the Author«.

Der futuristische Postmodernism, wie er u.a. von Fiedler propagiert wird, nimmt – anders als seine rekursiven Antipoden, deren eklektizistische Spaziergänge in die Geschichte in der Regel mehr von einer affirmativen Ästhetik getragen sind –, die ikonoklastischen Elemente der historischen → Avantgarde in sich auf. Er richtet sich als eine Kunst ex negatione gegen die werkzentrierte und elitäre klassische Moderne, welche in den USA überhaupt zum erstenmal den emphatischen europäischen Begriff des Kunstwerks durchgesetzt, die Kunstautonomie institutionalisiert hatte (Huyssen 1986: 20). Der Titel von Fiedlers Essay »Cross the Border – Close the Gap« (1969) enthält den zentralen Appell seiner ›postmodernen‹, von F. Jameson (in Huyssen/Scherpe 1986: 46) als »ästhetischer Populismus« etikettierten Ästhetik: die Grenze, die überschritten werden soll, ist die, welche den Künstler von der Massengesellschaft trennt; die zu schließende Kluft diejenige zwischen Elite- und Massenkultur, zwischen ›hoher‹ Kunst, die auf ihrer ›Unverwertbarkeit‹, ihrer Inkompatibilität mit der Warenform insistiert, und der Kulturindustrie, die ihre kommerziellen Steuerungsmechanismen offen eingesteht. (Mit dieser Tendenz liquidiert der ästhetische Populismus, so der Tenor der gegen ihn gerichteten neomarxistischen Ideologiekritik, das kritische, emanzipatorische Potential der autonomen Kunst, verstrickt die ästhetische Kultur in die heteronomen Zwänge des kapitalistischen Markts.) *Pop-art, Happening, Performance* und andere Formen der *Aktionskunst* (→ Gesamtkunstwerk), welche die Grenze zwischen Kunst und Leben aufheben und das dauerhafte, hermetisch-geschlossene, im Sinne Benjamins ›auratische‹ Kunstwerk negieren – »nicht Opus, sondern Fluxus« (Holthusen 1984: 907) –, sind die maßgebenden ästhetischen Phänomene des Postmodernism.

In Fortsetzung seiner »Theorie der Avantgarde« (1974) hat P. Bürger die These aufgestellt, der »eher hilflose Begriff P.« bezeichne eine Tendenz, die bereits zur Blütezeit der klassischen Moderne von der zu ihr querstehenden Moderne der historischen → Avantgarde-Bewegungen verfolgt wurde: »Sie hatten das Ästhetische gerade nicht im Kunstwerk bannen, sondern es aus dessen Grenzen befreien und als lebensveränderndes Potential in den Alltag entlassen wollen. Auch die von der werkorientierten Moderne streng gewahrte Grenze zur Unterhaltungskunst hatten die Avantgardebewegungen durch freche Anleihen und provokatorische Anbiederung längst durchbrochen (man denke nur an den Reklamegestus der Dadaisten)« (Bürger 1987: 10f.).

Erst die »egalitäre, mobile und massenhaft konsumierende Massendemokratie« habe sich die »Losungen der Avantgarde aneignen können«, indem sie dieselben ihren Mechanismen unterworfen habe, bemerkt auch der Philosoph P. Kondylis in seiner Untersuchung über den »Niedergang der bürgerlichen Denk- und Lebensform« (1991). Deutlich zeige sich das an der Werbung, in der die avantgardistischen Einfälle und Stereotypen ganz unverkennbar in den Dienst des Marktes gestellt werden. Die »gemeinsame Front von postmoderner und alter Avantgarde gegen die künstlerische Moderne« gründe in ihrer »Weigerung, im unwiderruflich erfolgten […] Zusammenbruch der bürgerlichen Werte« ein Negativum zu sehen. »Fröhlichen Nihilismus« nennt Kondylis daher die Grundstimmung der »postmodernen Avantgarde«. »Was für die Moderne Verlust war, erscheint hier als Befreiung und als Chance, vor allem wird die alte Werthierarchie, in der die Moderne durch ihre Klagen selbst noch befangen war, ganz über Bord geworfen und eine lebensbejahende Entfaltung der Kreativität jenseits von Gut und Böse verlangt« (Kondylis 1991: 239ff.).

Hielt sich die amerikanische Postmodernism-Diskussion in den sechziger Jahren noch an einigermaßen sinnvolle und nachprüfbare Kriterien, da sie sich von einer erstarrten und dogmatisierten Moderne abzusetzen suchte, so verlor sie im Bereich der Literaturkritik in den siebziger Jahren mehr und mehr ihre Konturen, nicht zuletzt durch einen der versatilsten Apostel des Postmodernism: I. Hassan, der – und mit ihm andere in seinem Gefolge – den Begriff typologisch verallgemeinerte, die Grenze zwischen Modernism und Postmodernism in die literarische Moderne selbst zurückverlegte (so soll sie bei Joyce zwischen »Ulysses« und »Finnegans Wake« verlaufen) und nach recht beliebigen Kriterien Schriftsteller vom frühen 20. bis zurück zum 18. Jahrhundert (Marquis de Sade) als postmodern qualifizierte.

Zum gleichen Zeitpunkt, als die Literaturtheorie den Begriff des Postmodernism dergestalt bis zur Bedeutungslosigkeit zerdehnte, wurde er (seit 1975) von der amerikanischen Architekturtheorie in sehr viel präziserem Sinne aufgegriffen, zunächst von Ch. Jencks (»The Rise of Post-Modern Architecture«, 1975). Hier richtete der neue Terminus sich gegen die Prinzipien des *Funktionalismus,* welche die moderne Architektur seit den zwanziger Jahren in einem Maße dominiert haben, daß hier in der Tat von ›dem‹ Stil der Moderne gesprochen werden kann – während es eine derart eindimensionale Modernität im Bereich der Literatur nie gegeben hat. Der Begriff der P. ist also in der Architekturtheorie durchaus legitim, während seine pauschale Verwendung in der Literaturtheorie die problematische Festlegung auf *eine* Moderne bedeutet.

Die funktionalistische Architektur suchte sich um die Wende vom 19. zum 20. Jahrhundert nach dem Motto »Form follows Function« bzw. »Form follows Construction« (L. H. Sullivan) von der für die abendländische Baukunst seit dem Ende des Klassizismus charakteristischen eklektischen Nachahmung historischer Baustile zu befreien. Die Maxime, daß die Formen die Funktionen der Benutzung ausdrücken sollen, für die ein Bauwerk geschaffen ist, bedeutet aber nicht die bloße Heteronomisierung der Architektur, sondern hat einen ästhetischen Eigensinn: die für die modernen Künste charakteristische Wendung zur Ausdifferenzierung, Autonomisierung, zur Reinheit des künstlerischen Mediums. Gegenüber dem funktionalistischen Purismus kehrt die Architektur des P. äußerlich zum historischen Eklektizismus zurück. Die Besinnung auf die

Geschichte geschieht jedoch von gänzlich anderen Voraussetzungen her als im 19. Jahrhundert, vollzieht sich die Verwendung des historischen Formenvokabulars und die Rückkehr zum Ornament – das von der modernen Architektur als Störung der funktionalistischen Reinheit des Bauwerks anathematisiert wurde – doch in spielerischer, ironisch-parodistischer oder schockierender Weise, als → Collage verschiedener Stile.

Unversöhnlicher als in den anderen Künsten hat sich die postmoderne Architektur von der klassischen Moderne, dem »International Style« in der Nachfolge von Gropius, F. L. Wright, Le Corbusier, Mies van der Rohe abgewandt, da sie dieselbe für die Zerstörung des Stadtgewebes und der organischen Stadtteilkulturen verantwortlich macht. Dagegen zielen die Postmodernisten auf ein »kontextuelles« Bauen, das einen Bezug zur Umgebung, zum gewachsenen urbanen Gefüge hat und mit den divergierenden Geschmackskulturen seiner Bewohner und Benutzer vermittelt ist. Als unerbittlicher Kritiker der P. – einer vermeintlich antiaufklärerischen, auf das »Projekt der Moderne« renoncierenden Strömung – wirft Habermas der postmodernen Architektur vor, daß sie mit ihrem Versuch einer Wiederherstellung der Urbanität auf eine überständige Struktur der Stadtkultur rekurriere. Die moderne Stadt sei keine architektonisch gestaltbare, sinnlich zu repräsentierende, überschaubare Lebenswelt mehr, sondern in abstrakte Systeme eingebettet, »die als solche nicht mehr ästhetisch in eine sinnfällige Präsenz eingeholt werden können« (Habermas, »Die neue Unübersichtlichkeit«, 1985: 25).

Der moderne Funktionalismus hat die Architektur entsemantisiert, während die alteuropäische Baukunst mit ihren afunktionalen Würdeformen und Ornamenten etwas über und für die Gesellschaft ›sagte‹, die sie repräsentierte. Die ›postmoderne‹ Baukunst steht nun in Opposition sowohl gegen die nur noch in toten Sprachen redende historisch-eklektizistische (19. Jahrhundert) wie gegen die sprachlose monofunktionale Architektur im Zeichen einer Resemantisierung ihrer Formen. Die Architektur beginnt wieder zu sprechen. Die postmodernen Architekten entwickeln für die Fassaden ihrer Bauten buchstäblich erzählerische Programme – entsprechend der Rückkehr der lange verbannten narrativen Strukturen in der Erzählprosa. Freilich kann es in einer pluralistischen Gesellschaft kein allgemein verbindliches Signifikationssystem mehr geben. Daher muß die Baukunst in vielen Zungen reden; der Stilpluralismus, »die Freigabe eines je verschiedenen Rückgriffs auf Traditionen und auf die semantischen Potentiale der Vergangenheit« (Wellmer 1985: 126) ist conditio sine qua non der Kommunikationsfähigkeit zeitgenössischer Architektur. Jencks redet in seinen Schriften von einer Mehrfachkodierung, die es der Baukunst ermöglicht, sich an die Elite wie an die Masse zu wenden. Die Fiedlerische Devise »Close the Gap« gilt also auch hier.

Mehrfachkodierung und Pluralismus prägen auch die – zumal amerikanische – Literatur des Postmodernism. Literatur wird – als Zeichen eines neuen alexandrinischen Zeitalters – zum imaginären Museum, zum Babel der Zitate, zum permanenten »pla(y)giarism«, um ein Wortspiel des Romanciers R. Federman (»Take It or Leave It«, 1976) zu verwenden. Das Siegel der P. scheint also die → Intertextualität zu sein. Ein Virtuose dieses intertextuellen »pla(y)giarism« ist D. Barthelme, der den Wortmüll der Großstadt (New York) in einer Art von literarischem Recycling nach dem Motto »Garbage in, art out« wiederaufbereitet (Schöpp 1985: 337). Dieses Zitatenspiel kann sich vom vulgären Sprachabfall bis – »Close the Gap« – zur Höhenkammliteratur erstrecken. Das populärste Beispiel dafür – der ›postmoderne‹ Bestseller schlechthin – ist Ecos Roman »Il nome della rosa« (1980), der sich als »intertextuelles Verwirrspiel« entschlüsseln läßt (U. Schick 1984).

Von den Theoretikern der P. wird immer wieder betont, daß die traditionellen Formen von Ironie und Parodie nicht ausreichen, um die ›postmoderne‹ Form von Intertextualität zu kennzeichnen. Statt dessen wird der Begriff des *Pastiche* eingeführt. »Die im Pastiche-Begriff gefaßte permanente Imitation bezeugt die historisch neuartige Konsumgier auf eine Welt, die aus nichts als Abbildern ihrer selbst besteht« (so kritisch Jameson in Huyssen/Scherpe 1986: 63). Für diese Erscheinung hat der französische Philosoph Baudrillard den Begriff des *Simulakrum* in Umlauf gesetzt, dessen Dominanz in der total medienbeherrschten Welt für ihn so weit geht, daß selbst Kriege – der Golfkrieg 1990/91 – nur noch als Abbilder ihrer selbst, als Televisionsspektakel existieren.

Mit der Omnipotenz des ›Simulakrums‹ hängt in mancher Hinsicht die Wiederbelebung längst für überlebt gehaltender Kunstformen und ästhetischer Kategorien zusammen, wie sie für die P. charakteristisch ist. Das gilt etwa für die → Allegorie und die Ästhetik des Erhabenen. Beide werden als spezifisch postmoderne Kategorien restauriert (Lyotard), da sie im Unterschied zum Symbol und zum Schönen Sinnliches und Bedeutung nicht als Einheit, sondern distinkt setzen. Nach P. Bürger wird die P. freilich zu einer »Allegorie ohne Verweisung« (1987: 196) – entsprechend der Vernichtung der Wirklichkeit durch die Simulation der Zeichen. Die Signatur unserer Gesellschaft besteht nach Bürger darin, daß »die Zeichen nicht mehr auf ein Bezeichnetes verweisen, sondern immer nur auf andere Zeichen, daß wir mit unserer Rede so etwas wie Bedeutung gar nicht mehr treffen, sondern uns nur in einer endlosen Signifikantenkette bewegen« (Bürger 1987: 7).

Hier (wie an der Kommerzialisierungstendenz der auf das Autonomiepostulat verzichtenden postmodernen Kunst) setzt vor allem die aufgeklärte und die neomarxistische Kritik an der P. an: sie sei eine Philosophie des »Subjekts ohne Objekt« (G. Irrlitz 1990), liefere den Menschen an die totale Simulierung seiner selbst aus, lasse ihn aus dem Spiegelkabinett einer von den Massenmedien beherrschten Wirklichkeit nicht mehr herauskommen. Das könnte auf die P. bei aller Bekundung ihrer affirmativen Heiterkeit, ihrer Überzeugung, daß sie die Trauerarbeit der Moderne abgeschlossen hat, den melancholischen Schatten eines neuen Fatalismus werfen.

Ch. Jencks hat die P. als eine »Revolution« bezeichnet, wobei er bemerkenswerterweise auf den alten planetarischen Revolutionsbegriff zurückgreift (vgl. den Titel des Hauptwerks von Kopernikus: »De revolutionibus orbium caelestium«), der den in sich zurückkehrenden, kreisförmigen Umlauf der Gestirne, also eben nicht – wie seit der Französischen Revolution – den Neuanfang unter entschiedenem Bruch mit der Vergangenheit bedeutet. Mit dem Rückgriff auf den alteuropäischen Revolutionsbegriff sucht Jencks jene »simultanen Rückwendungen« (1987: 11) begreiflich zu machen, die für ihn das Prinzip der P. und ihres Geschichtsverständnisses sind. Die westliche Zivilisation sei ein »reversibles historisches Kontinuum«, in dem »die Vergangenheit ihre Forderungen an die Gegenwart stellt« (1987: 7). Wenn Jencks die postmoderne Revolution wie die planetarische als »Rückkehr zum Vergangenen wie eine Vorwärtsbewegung« (Jencks: 11) bezeichnet, so bringt er damit einen signifikanten Unterschied zwischen moderner oder besser: avantgardistischer und postmoderner Ästhetik auf den Begriff, denn die moderne Ästhetik hat sich selbst immer wieder unter einen Zwang der → Innovation gesetzt, von dem sich die postmoderne Ästhetik zu befreien sucht. In diesem Sinne hat die ästhetische Revolution der P. ihre geschichtliche Bestätigung durch die politischen Revolutionen in Osteuropa 1989 erhalten, die ebenfalls das an der Französischen Revolution orientierte progressistische Revolutionskonzept sprengten, eine Rückwendung zur Geschichte bedeuteten.

Die distanzierte Sichtung und Wiederaufbereitung der – synchron verfügbaren – Traditionsbestände, das ›posthistorische‹ Schweifen zwischen Vergangenheit und Gegenwart, der neue Anachronismus ist geradezu zum Grundzug der zeitgenössischen Literatur und des Theaters geworden. Ein Musterbeispiel ist Chr. Ransmayrs Verwirrspiel mit dem Mythos in seinem – schon von seinem Titel her für das heute viel berufene ›Ende der Geschichte‹ bezeichnenden – Roman »Die letzte Welt« (1988), der zweitausend Jahre Geschichte ineinanderschiebt.

Die P.-Diskussion hat im Grunde wiederbelebt, was um die letzte Jahrhundertwende konstitutiv für die Moderne selbst wurde: ihre Stilpluralität, der immer erneute Bruch mit den jeweils etablierten Regeln – das »dialektische Grundprinzip der Moderne« (O. Horch → Lyrik), das durch Restriktions- und Dogmatisierungstendenzen in den letzten Jahrzehnten verdrängt wurde. Ein Musterbeispiel für diese Verdrängung ist

Adornos These vom jeweils fortgeschrittensten Stand des ästhetischen Materials, von dem her zu entscheiden sei, was im gegebenen Augenblick ästhetisch noch erlaubt sei und was nicht. Gegen Adornos These vom jeweils avanciertesten Material hat P. Bürger auf der »Adorno-Konferenz 1983« die Antithese gesetzt, daß auf der Höhe der Moderne kein künstlerisches Mittel mehr tabu sein könne. Der Versuch von Habermas, in Opposition gegen die Repluralisierungstendenzen der P. vom Sonderfall der funktionalistischen Architektur her auf eine Stileinheit der Moderne zu pochen, trägt demgegenüber – paradoxerweise – das von ihm der P. vorgehaltene restaurative Siegel einer vormodernen Vorstellung vom übergreifenden Epochenstil.

Hatte der restriktive Modernismus der letzten Jahrzehnte, das Dogma vom irreversiblen Fortschritt der künstlerischen Mittel, zu deren immer rigoroserer Reduzierung und Minimalisierung in den fünfziger und frühen sechziger Jahren geführt, hatte sich der »Kanon des Verbotenen« (Adorno, »Philosophie der neuen Musik«, 1949) zunehmend erweitert – erinnert sei an das Verbot der Gegenständlichkeit in der Malerei, der Mittel der Tonalität in der Musik, der Leichtigkeit anekdotischen Erzählens in der Literatur –, so hat die P.-Diskussion zu einer Öffnung des ästhetischen Toleranzraums geführt. Nur durch die ironische Wiederverwendung des »Kanons des Verbotenen« hat sich die – durch die zunehmend restriktive Forderung nach Transgression des bisherigen Materials an den Rand des Verstummens gebrachte – Literatur vor der drohenden Aphasie retten können. Eco hat das durch eine plastische Parabel verdeutlicht, die auch Jencks (in Koslowski 1986: 211) als gültig für die postmoderne Architektur bezeichnet hat: Ein Mann, der zu einer Frau sagt: »Ich liebe dich inniglich«, weiß – wie sie selber –, daß er ein abgenutztes Klischee benutzt. Setzt er es jedoch gewissermaßen als Zitat ein, dann vermeidet er die falsche Unschuld, hat aber gleichwohl zum Ausdruck gebracht, daß er die Frau in einer Zeit der verlorenen Unschuld liebt. Beide verhalten sich nicht naiv, sind aber doch vom Verlorenen, längst schon Gesagten – in welcher ironischen Brechung auch immer – affiziert (Eco 1986: 78f.)

Der deutsche Leser wird hier unwillkürlich an Schillers Theorie des Sentimentalischen und Naiven erinnert. Die sentimentalische Dichtung ist für Schiller die spezifisch »moderne« gewesen. Sein einschlägiger Traktat steht am Anfang aller Selbstverständigungen der ästhetischen → Moderne seit dem späten 18. Jahrhundert, die sich durch Selbstreflexivität und dialektischen Selbstwiderspruch auszeichnen. Die Moderne hat ihre Normativität nicht mehr aus Vorbildern früherer Epochen, hat sich vielmehr aus sich selbst begründen müssen. Diese »Selbstvergewisserung der Moderne«, ihre Ablösung von den »Normsuggestionen der Vergangenheit« (Habermas, »Diskurs der Moderne« 1985: 26) bedeutet einerseits einen Kontinuitätsbruch, andererseits wird das dergestalt auf Distanz gerückte Vergangene als ein Verlorenes aus dem Gefühl eben dieses Verlusts heraus doch immer wieder – im Sinn einer Kompensation des eigenen Mangels – heraufbeschworen. Die sentimentalische, teils nostalgische, teils ironische ›Wiederholung‹ der geschichtlichen Vergangenheit – die bei dieser Wiederholung in die Gegenwart doch ein Neues wird, mit dem sich frei schalten läßt, nachdem sie ihre unmittelbare Normsuggestion eingebüßt hat – gehört zu den Kontinuitäten der Moderne, als ihr ständiger Selbstwiderspruch.

Die zur Signatur der P. gewordene Repluralisierung schließt gegenüber der elitär-hermetischen Kunstauffassung – die etwa bei Adorno mit einer Ästhetik der Negativität verbunden ist, welche die kommunikativen Brücken des Kunstwerks zum Publikum einzieht, jeglichen Unterhaltungswert desselben negiert – eine Popularisierung der künstlerischen Mittel ein, die Rückwendung zu primären ästhetischen Erfahrungen und Identifikationen. Daher die Wiederkehr des Gegenstandes in der Malerei, der Schmuckformen in der Architektur, tonaler Mittel in der Musik, des auf Spannung bedachten Erzählens in der Literatur. Sie hat zum Beispiel zur Blüte des → Science Fiction und zu einer neuen Konjunktur des Kriminalromans, der → Detektivliteratur geführt (Calvino, Eco, Llosa u.a.).

Der ›postmoderne‹ amerikanische und italienische Detektivroman ist von Forschern wie St. Tani (1984) als »dekonstruktiver« Anti-Detektivroman charakterisiert worden. Schulz-Buschhaus hat demgegenüber nachgewiesen, daß die häufig als spezifisch postmodern erachtete *Dekonstruktion* (auch im Falle der Detektivliteratur) tief in die avantgardistische Moderne selber zurückreicht, während die in den letzten fünfzehn Jahren in erstaunlicher Fülle hervorgetretenen *Detective Novels* »entgegen der modernen Avantgarde-Ästhetik – eklektisch oder ironisch ›dekonstruktiv‹ – überhaupt auf die geschlossenen Formen der Detective novel als ihren Ausgangspunkt rekurrieren« (Schulz-Buschhaus 1986: 191). Hier gilt, was Ch. Newman und Chr. Bürger als das Paradoxon der P. bezeichnet haben: »Wo der Modernismus zur legitimen Kultur geworden ist, wird ›Tradition‹ zur Avantgarde« (Bürger 1987: 39). Von einer »Innovation in zweiter Potenz« redet in ähnlichem Sinne Schulz-Buschhaus (1987: 295), Jencks gar von einem »Schock des Alten«, der an die Stelle des Schocks des Neuen getreten sei (1987: 48). Épatez l'avantgarde!

Die Zustimmung zur Pluralität und die Verabschiedung restriktiver Einheitsperspektiven – Inklusivität statt Exklusivität – ist weit über den ästhetischen Bereich hinaus zu einer Grundtendenz zeitgenössischen Denkens geworden. Lyotard, der prominenteste Vertreter einer sich ausdrücklich postmodern nennenden Philosophie, hat diese als Absage an die ›Meta-Erzählungen‹, an die einheitsstiftenden Leitideen definiert, durch die sich das Denken der Neuzeit legitimierte. J. Derrida hat aufgrund ähnlicher Prämissen der Erzählung vom Turmbau zu Babel einen neuen Sinn unterlegt. Im Turmbau will die Moderne sich im Geiste einer alles beherrschenden Einheitssprache verewigen. Doch der Bau ist an seiner Vermessenheit und Überspitzung gescheitert. Die Einheitssprache zerfällt in eine Fülle von Sprachen, die alle das gleiche Recht beanspruchen dürfen. Das ist die ›polyglotte‹ Signatur der P. (vgl. Welsch 1987: 114). Die Abwendung von der Einheitssprache der Moderne bedeutet, weit über den ästhetischen Bereich hinaus, eine Absage an den Utopismus der neomarxistischen Kulturrevolte nach 1968, eine Absage an alle ›geschlossenen Systeme‹, an geistigen und politischen Totalitarismus. Diese postmoderne Verabschiedung utopischer Einheitsperspektiven oder »Ein-Heils-Imaginationen« (Welsch 1987: 36) hat in dem Zusammenbruch der sowjetischen Imperiums und dem Zerfall der marxistischen Ideologie ihre Bestätigung durch die Geschichte gesehen.

Die postmoderne Ästhetik, die sich von der »Ideologie der Dauerüberholung« (Welsch 1987), von dem revolutionären Innovationszwang, unter den sich die Avantgarde gesetzt hat, konsequent zu befreien sucht, will ihrerseits auch nicht, wie ihre jüngsten Selbstdarstellungen zeigen, gegenüber der Moderne ›innovatorisch‹ auftreten, die Selbstüberbietungsrituale der Avantgarden also mitnichten durch ein neues Ritual fortsetzen. Sie versteht sich somit als eine Art Trans-Avantgarde. »Unsere postmoderne Moderne« heißt bezeichnenderweise das Buch des Philosophen W. Welsch (1987), das sich auf eine strikte Opposition von Moderne und P. nicht einlassen will. Damit wird die von J. Habermas vorgetragene Kritik der P. unterlaufen, die ihr Verrat am ›Projekt der Moderne‹ und seinen aufklärerischen Implikationen vorwirft. Die P. sei keine Anti-Moderne, betont Welsch, sondern löse nur die Versprechen der Moderne radikal ein. »Die P. situiert sich weder nach der Moderne noch gegen sie. Sie war in ihr schon eingeschlossen, nur verborgen« (J.-F. Lyotard 1986, unpaginierte Äußerung). V. Žmegač hat gegen den Versuch, die P. als fortgesetzte Moderne zu deuten, freilich eingewandt, hier werde ein Sekundärphänomen der letzteren – der Pluralismus – verabsolutiert, das Primärphänomen – ihre progressive Dynamik durch permanente Innovation – hingegen fallengelassen, obwohl jener Pluralismus doch eine Folgeerscheinung der Innovationstendenz der Moderne sei. Die Rettung des sekundären durch Eliminierung des primären Phänomens laufe auf eine »radikale Umwertung des Wiederholungsphänomens, der Wiederkehr der Stile«, sprich: der Epigonalität hinaus (Žmegač 1991: 24f.).

Seit der Ausbreitung der amerikanischen Postmodernism-Diskussion nach Europa Ende der siebziger Jahre hat diese sich mehr und mehr zu einer philosophischen Grundsatzdiskussion erweitert. Habermas wirft der Kunst und der – vor allem in Frankreich verbreiteten – Philosophie der P. (zumal Lyotard; »La condition postmoderne«, 1979) vor, aus dem »Diskurs der Moderne« herauszutreten, in dem Habermas die in der Tradition der Aufklärung stehende Philosophie und die avantgardistischen Kunstrichtungen zusammengespannt sieht. Mag sein Urteil über die jüngsten philosophischen Strömungen in Frankreich, die sich vom Cartesianismus lossagen und der angeblich zum Totalitarismus führenden aufklärerischen Vernunft den Prozeß machen, nicht ohne Berechtigung sein, so stellt doch das behauptete Bündnis von Aufklärung und ästhetischer Moderne ebenso eine Vereinfachung dar wie das von P. und Antirationalismus. Die Avantgarde-Bewegungen haben sich seit den Tagen des → Futurismus und → Surrealismus weit öfter auf die Seite der rigorosen Gegner aufklärerischer Rationalität geschlagen als daß sie mit ihr an einem gemeinsamen ›Projekt‹ gearbeitet hätten. Auf der anderen Seite bekennen sich eine Reihe von Theoretikern und Künstlern der Gegenwart, die sich selbst der P. zurechnen, ausdrücklich zur Tradition der Aufklärung. Das bedeutendste Beispiel ist Eco, dessen Rekurs auf das klassische Modell des Detektivromans (in »Il nome della rosa«) auch dessen ideologische Implikation teilt: daß die Aufklärung eines Kriminalfalls *die* Aufklärung bestätigt. Eco folgt gerade nicht der modernen antidetektivischen Gattungsopposition, die mit der mißlingenden Detektion den Erfolg der Aufklärung kontestiert, sondern rehabilitiert vor dem apokalyptischen Hintergrund einer durch Fanatismus zugrundegerichteten Welt mit der gelingenden Detektion auch die Aufklärung, deren geheime Wegweiser Poppers Theorie der »offenen Gesellschaft« und Bachtins Philosophie des Lachens sind (nach Schulz-Buschhaus 1987: 296).

Ein anderes Beispiel ist die Architekturtheorie von Jencks, dessen Kritik am technokratischen Modernismus »im Sinne einer immanenten Kritik an einer hinter ihren eigenen Begriff zurückgefallenen Moderne verstanden werden« kann – als Teil einer »Kritik der instrumentellen Vernunft«, die ein Korrelativ *innerhalb* der aufklärerischen Tradition bildet (Wellmer 1985: 127f.). Zugleich ist die postmoderne Architektur der sinnfälligste Ausdruck des massendemokratischen Habitus, der sich nach P. Kondylis im postmodernen Denken endgültig gegen die auf (synthetisch-harmonisierende) Ganzheit dringende bürgerliche Weltanschauung durchgesetzt hat. Mit dem Marxismus, der »letzten großen weltanschaulichen Synthese, die sich in enger Berührung mit dem bürgerlichen Denken herausbildete und dessen wesentliche Prämissen teilte« – noch die Opposition von Habermas gegen die postmoderne Architektur, sein Insistieren auf einem verbindlichen ›Stil‹ scheint das zu bestätigen – habe der letzte Gegner der massendemokratischen Denkweise die geschichtliche Bühne verlassen (Kondylis: 292f.).

Von ganz anderer Warte aus argumentiert der Philosoph und Wissenschaftstheoretiker K. Hübner (»Zur Kritik der wissenschaftlichen Vernunft«, 1978), daß zur Moderne nicht nur die »wissenschaftliche Vernunft«, sondern »ebenso die Kritik daran und die Revolte dagegen« gehören. Von einer echten Post-Moderne könne erst geredet werden, wenn dieser für die Moderne konstitutive Zwiespalt durch die wechselseitige Toleranz von wissenschaftlichem und mythisch-religiösem Denken überwunden werde, die von dem Wissen getragen sei, daß erstens auch der → Mythos als Erfahrungssystem seine spezifische Rationalität hat und daß zweitens Rationalität sich nicht selbst begründen kann, sondern durch vorrationale Begründungsinstitutionen ermöglicht wird (Hübner in Koslowski 1986: 63ff.).

Die Intensität der P.-Diskussion wäre kaum verständlich, stünde nicht das Fin de millénaire bevor. Offensichtlich suggeriert das neue Fin de siècle – wie die beiden letzten Jahrhundertwenden – einen geschichtlichen Umbruch, eine neue *Epochenschwelle,* an die der Zusammenbruch des kommunistischen Weltimperiums schon herangeführt zu haben scheint. Durch die immer wieder beschworenen Grenzen des Wachstums, die Erschöpfung der Energie- und Rohstoffvorräte, die technologischen Katastrophen (Tschernobyl) und die kaum mehr zu bewältigenden ökologischen Probleme wird das Gefühl eines Endes des von der instrumentellen Vernunft beherrschten Zeitalters der Moderne verstärkt. Die in der intellektuellen Auseinandersetzung immer häufiger auftauchenden Postismen erwecken den Eindruck, als habe eine neue Epoche der Geschichte bereits begonnen.

Epochen lassen sich freilich immer erst post festum abgrenzen. Die stillschweigende Vorwegnahme der noch ausstehenden Entwicklung ist vergeblich, da der Vergleichsmaßstab fehlt und künftige Generationen aufgrund des dann eingetretenen Verlaufs unsere Zeit auf noch gar nicht absehbare Weise epochal einordnen werden. Im übrigen sind Epochenbegriffe auf Verabredung beruhende Ordnungsentwürfe, die, Vexierbildern vergleichbar, nur bei einer bestimmten Blickrichtung sichtbar sind, bei einer anderen aber verschwinden. Der Versuch, die eigene Epoche bereits für beendet zu erklären, bedeutet jedenfalls einen unzulässigen Vorgriff. Man kann sich nicht im fahrenden Zug befinden und gleichzeitig den Anspruch erheben, schon angekommen zu sein, um sich auf den nächsten Weg zu machen.

L. Fiedler: Collected Essays. New York 1971

I. Hassan: The Dismemberment of Orpheus: Toward a Postmodern Literature. London/New York 1971

I. Hassan: POSTmodernISM: A paracritical Bibliography. In: New Literary History 3 (1971)

M. Köhler: ›Postmodernismus‹: Ein begriffsgeschichtlicher Überblick. In: Amerikastudien 22 (1977)
G. Hoffmann/A. Hornung/R. Kunow: ›Modern‹, ›Postmodern‹ and ›Contemporary‹ as Criteria for the Analysis of 20th Century Literature. In: Amerikastudien 22 (1977)
Ch. Jencks: The Language of Postmodern Architecture. New York 1977
J. Baudrillard: Agonie des Realen. Berlin 1978
J.-F. Lyotard: La condition postmoderne. Paris 1979
J. Barth: The Literature of Exhaustion and the Literature of Replenishment. Northridge/California 1982
L. von Friedeburg/J. Habermas (Hrsg.): Adorno-Konferenz. Frankfurt a.M. 1983
U. Eco: Nachschrift zum ›Namen der Rose‹ (1983). Dt. München 1986
H. E. Holthusen: Heimweh nach Geschichte: Postmoderne und Posthistorie in der Literatur der Gegenwart. In: Merkur 38 (1984)
St. Tani: The Doomed Detective. The Contribution of the Detective Novel to Postmodern American and Italian Fiction. Carbondale/Edwardsville 1984
M. Pütz/P. Freese (Hrsg.): Postmodernism in American Literature. Darmstadt 1984
H. Klotz: Moderne und Postmoderne. Architektur der Gegenwart 1960–1980. Braunschweig 1984
U. Schick: Erzählte Semiotik oder intertextuelles Verwirrspiel? U. Ecos »Il nome delle rosa«. In: Poetica 16 (1984)
J. C. Schöpp: »Endmeshed in entanglements«. Intertextualität in D. Barthelmes »The Dead Father«. In: U. Broich/M. Pfister (Hrsg.): Intertextualität. Tübingen 1985
A. Wellmer: Zur Dialektik von Moderne und Postmoderne. Vernunftkritik nach Adorno. Frankfurt a.M. 1985
J. Habermas: Der philosophische Diskurs der Moderne. Frankfurt a.M. 1985
J. Habermas: Die neue Unübersichtlichkeit. Kleine politische Schriften 5. Frankfurt a.M. 1985
P. Koslowski/R. Spaemann/R. Löw (Hrsg.): Moderne oder Postmoderne? Zur Signatur des gegenwärtigen Zeitalters. Weinheim 1986
J.-F. Lyotard: Le Postmoderne expliqué aux enfants. Paris 1986
B. Schmidt: Postmoderne – Strategien des Vergessens. Darmstadt/Neuwied 1986
U. Schulz-Buschhaus: [Besprechung von St. Tani: The Doomed Detective.] In: Poetica 18 (1986)
A. Huyssen/K. Scherpe: Postmoderne. Zeichen eines kulturellen Wandels. Reinbek 1986
Ch. u. P. Bürger (Hrsg.): Postmoderne. Alltag, Allegorie und Avantgarde. Frankfurt a.M. 1987
G. Fischer [u.a.]: Abschied von der Postmoderne. Beiträge zur Überwindung der Orientierungskrise. Braunschweig/Wiesbaden 1987
Ch. Jencks: Die Postmoderne. Der neue Klassizismus in Kunst und Architektur. Stuttgart 1987
J. Le Rider/G. Raulet (Hrsg.): Verabschiedung der (Post)Moderne? Eine interdisziplinäre Debatte. Tübingen 1887

U. Schulz-Buschhaus: Kriminalroman und Post-Avantgarde. In: Merkur 41 (1987)
W. Welsch: Unsere postmoderne Moderne. Weinberg 1987
G. Hoffmann (Hrsg.): Der zeitgenössische amerikanische Roman. 3 Bde. München 1988
P. Kemper (Hrsg.): ›Postmoderne‹ oder der Kampf um die Zukunft. Die Kontroverse in Wissenschaft, Kunst und Gesellschaft. Frankfurt a.M. 1988
W. Welsch (Hrsg.): Wege aus der Moderne. Schlüsseltexte der Postmoderne-Diskussion. Weinheim 1988
D. Borchmeyer [Besprechung der Postmoderne-Bücher von Chr./P. Bürger, G. Fischer, Ch. Jencks, J. Le Rider, W. Welsch 1987]. In: Poetica 21 (1989)
D. Borchmeyer: Die Postmoderne – Realität oder Chimäre. In: G. Schulz/T. Mehigan (Hrsg.): Literatur und Geschichte 1788–1988. Bern 1990
G. Irrlitz: Subjekt ohne Objekt. Philosophie postmodernen Bewußtseins. In: Sinn und Form 42 (1990)
P. Kondylis: Der Niedergang der bürgerlichen Denk- und Lebensform. Die liberale Moderne und die massendemokratische Postmoderne. Weinheim 1991
V. Žmegač: Zur Diagnose von Moderne und Postmoderne. / D. Borchmeyer: Die Postmoderne – eine konservative Revolution? In: E. Fischer-Lichte/K. Schwind (Hrsg.): Avantgarde und Postmoderne. Prozesse struktureller und funktionaler Veränderungen. Tübingen 1991
K. W. Hempfer (Hrsg.): Poststrukturalismus – Dekonstruktion – Postmoderne. Stuttgart 1992
P. M. Lützeler: Von der Präsenz der Geschichte – Postmoderne Konstellationen in der Erzählliteratur der Gegenwart. In: Neue Rundschau 104 (1993)

Dieter Borchmeyer

Publikum

Bezogen auf den Bereich der Literatur in ihren heutigen Verbreitungsformen akzentuiert der Begriff P. – im Unterschied zu den individualisierenden Begriffen des *Lesers, Hörers* oder *Zuschauers* – eine in der Größenordnung variable, soziologisch noch nicht genauer charakterisierte Gruppe von Adressaten literarischer Texte, die im literarischen Kommunikationsprozeß als *Rezipienten,* auf dem literarischen Markt in der Rolle von *Konsumenten* in Erscheinung tritt. P. im Sinne dieser Definition bedarf der Existenz von → Medien. Publikum konstituiert sich erst im Rückgriff auf jeweils gemeinsame Kommunikate. Schon die Terminologie dieses Definitionsversuchs verdeutlicht, daß die Verwendung des Begriffs P. stets gebunden ist an ein soziohistorisches Koordinatensystem, das seinen jeweiligen Inhalt bestimmt. Auf vorindustrielle Epochen wäre die an der Gegenwart gewonnene Definition nicht übertragbar: sie setzt sowohl die sozialhistorische Ausbildung von ›Öffentlichkeit‹ (vgl. Habermas 1962) als auch die Warenform von Literatur voraus.

P. in einem historisch anderen Sinne gab es – wie etwa die Theatergeschichte der Antike und des Mittelalters bezeugt – selbstverständlich auch schon, bevor sich überhaupt Literarität ausbreiten konnte und der Begriff seine für die Gegenwart typische Prägung erfuhr: als Zuhörer mündlich überlieferter Literatur, als Augenzeugen szenischer Darstellungen auf Marktplätzen, als exklusive Bildungsschicht, die im Rahmen der galanten Repräsentationskultur der Höfe oder auch in den Diskursformen der traditionsbezogenen Gelehrtenpublizistik des 17. Jahrhunderts jeweils unterschiedliche Formen literarischer Selbstverständigung kultivierte.

De facto blieb die relative Exklusivität der Partizipationschance am literarischen Leben auch nach der Entstehung von bürgerlicher Öffentlichkeit erhalten, insofern sich das P. des freien Schriftstellers neuer Prägung zunächst auf eine minoritäre bürgerliche Bildungsschicht beschränkte. Doch in der Wortgeschichte des Begriffs P. deutet sich im 18. Jahrhundert ein grundlegender Wandel an: was zuvor mit Benennungen wie »world«, »mankind«, »tout le monde« oder »Lesewelt« umschrieben wurde, wurde nun unter dem Begriff ›Publikum‹ subsumiert, der die Implikationen von »urteilendem«, »richtendem« P. aufwies. Was Publizität gewann, war dem Begriff nach dem Urteil und der Kritik vernunftgeleiteter Privatleute ausgesetzt. Bei der begrenzten Lesefähigkeit aller Stände sind gleichwohl auch für die zweite Hälfte des 18. Jahrhunderts nur vorsichtige Schätzungen über die tatsächliche Größenordnung des Lesepublikums möglich: sie legen die Annahme nahe, daß die Käuferschicht für Bücher im territorialstaatlich zersplitterten Deutschland in der Größenordnung von ca. 0,01 % der Gesamtbevölkerung anzusiedeln ist, die Leserschicht für Bücher bei ca. 1 %. (Kiesel/Münch 1977: 160). Wie auch aus den Mitgliederlisten von Lesekabinetten und Lesegesellschaften ersichtlich wird, fungierte vor allem das gehobene Bürgertum als Hauptadressat der Aufklärungsliteratur. An der Ausbreitung der Lesekultur innerhalb dieser Schicht partizipierten die Frauen in überproportional großem Umfang und zwar als Adressaten populäraufklärerischer Schriften wie auch als wichtigste Zielgruppe der empfindsamen Belletristik. Die Auflagenhöhe und Verbreitung der Dienstbotenliteratur mit volkspädagogischem Zuschnitt kann überdies als Indiz dafür gelten, daß sich auch unterhalb des wohlhabenden Bürgertums bereits ein Lesepublikum auszubilden begann, dessen Lektürepräferenzen im 19. Jahrhundert eine wachsende Bedeutung gewinnen sollten.

Die Ausweitung und strukturelle Veränderung des literarischen P. blieb jedoch gebunden an sozioökonomische Voraussetzungen, die in Deutschland erst im Verlauf des 19. Jahrhunderts, verstärkt in der zweiten Jahrhunderthälfte, Gestalt annahmen. Der mit der Industriellen Revolution korrespondierende soziale Wandel, die in der Durchsetzung der allgemeinen Schulpflicht kulminierenden bildungspolitischen Reformen, aber auch die Erfindung der Rotationsmaschinen und die Verbilligung der Herstellungskosten für Druckerzeugnisse trugen gleichermaßen dazu bei, daß sich das literarische P. in seiner sozialen Zusammensetzung nicht mehr ausschließlich auf die Schicht des wohlhabenden und gebildeten Bürgertums beschränkte. In der Geschichte der Presse, nicht zuletzt auch der bürgerlichen Familienzeitschriften, die als Verbreitungsorte serialisierter Romanliteratur eine beispiellose Signifikanz gewannen, nahm dieser Strukturwandel literarischer Öffentlichkeit seine wohl prägnanteste Gestalt an.

Mit dem Industrieproletariat zeitgenössischer Prägung bildet sich ein neues P. heraus, das sich nicht nur in der Selbstorganisation von proletarischer Literatur kulturell artikuliert, sondern sich im Zeichen der sozialdemokratischen Devise »Bildung ist Macht« auch in wachsendem Ausmaß um eine Aneignung bürgerlicher Literatur bemühte. Die Koexistenz disparater literarischer Kommunikationsräume begünstigte nicht nur die Entstehung unterschiedlicher Literaturen für die verschiedenartigen literarischen Kommunikationsräume, sie verstärkte auch das Abgrenzungsbedürfnis eines Teils der literarischen Intelligenz vom ästhetischen Anspruchsniveau der Publikumsmehrheit und trug insofern auch zur verstärkten Ausbildung intellektueller Subkulturen bei, die sich in den Diskursformen literarischer In-group-Kommunikation ihrer Avantgardeposition zu vergewissern suchten oder in esoterischen Zirkeln ihre Verachtung des P.s kultivierten. Daß sich in der Zerklüftung des literarischen Kommunikationsraums nicht nur unterschiedliche ästhetische Bedürfnisse, sondern auch tiefgreifende Antagonismen innerhalb der Gesellschaft Ausdruck verschafften, deutet sich in den Strömungen proletarisch-revolutionärer Literatur ebenso an wie in den präfaschistischen »Kampfbund«-Aktivitäten der völkischen Rechten.

Mit der gesellschaftsgeschichtlichen Zäsur des Jahres 1933 war der Fiktion einer vom Zugriff staatlicher Verfügungsgewalt suspendierten literarischen Öffentlichkeit endgültig jegliche Grundlage entzogen, wenn auch dem kulturpolitischen Gleichschaltungsprogramm des NS-Regimes keineswegs der erhoffte Erfolg beschieden war.

Die Expansion des *literarischen Marktes* in der zweiten Hälfte des zwanzigsten Jahrhunderts hat auch die Literatursoziologie gezwungen, von allen Modellen Abstand zu nehmen, die noch den Fortbestand einer relativ homogenen Literaturöffentlichkeit voraussetzten. Unter Verzicht auf weitere – fraglos unumgängliche – Binnendifferenzierungen hat Glotz 1968 den Versuch unternommen, das bundesrepublikanische Lesepublikum der Gegenwart vier verschiedenen Kommunikationsräumen zuzuordnen: Kommunikationsraum I setzt sich zusammen aus dem knapp 30 % umfassenden Teil der Bevölkerung, der keine Bücher besitzt, sich vorwiegend aus der sozialen Unterschicht rekrutiert und einen erheblichen Teil des Millionenpublikums von Groschenheften und Illustriertenromanen ausmacht. Kommunikationsraum II wird geprägt durch die durchschnittlichen Mitglieder großer Buchgemeinschaften, die mehrheitlich über Volksschul- und Mittelschulbildung verfügen und primär Unterhaltungsliteratur rezipieren. Für die Angehörigen des Kommunikationsraums III spielt dagegen die Bildungsfunktion von Belletristik oder Sachliteratur eine wichtige Rolle. Der Wunsch nach Partizipation am kulturellen Leben ist in diesem Verbreitungsraum stark ausgeprägt. Kommunikationsraum IV rekrutiert sich aus der spezialisierten Schicht eines fachmännischen Publikums, das auch aus professionellen Gründen einen intensiven Kontakt zur Gegenwartsliteratur aufrecht erhält.

Auf das P. der szenischen Medien wäre dieses Zuordnungsverfahren wohl nicht umstandslos übertragbar, auf das »diffuse« P. der elektronischen Medien und ihrer literarischen Kommunikate noch viel weniger. Die Parzellierung der literarischen Kommunikationsräume dürfte im Zeichen der hohen Fluktuation sub- und ›gegenkultureller‹ Strömungen, die ihre Sonderöffentlichkeiten ausbilden, wohl noch zugenommen haben. Der wachsenden Binnendifferenzierung steht jedoch auch das Phänomen des Bestsellers (in seiner Spannweite von Simmel bis Wallraff und Eco) gegenüber, das eine Durchlässigkeit von Grenzen zwischen den einzelnen Kommunikationsräumen signalisiert.

R. Altick: The English Common Reader. Chicago 1957

R. Escarpit: Sociologie de la Littérature. Paris 1958

J. Habermas: Strukturwandel der Öffentlichkeit. Berlin/Neuwied 1962

P. Glotz: Buchkritik in deutschen Zeitungen. Hamburg 1968

R. Schenda: Volk ohne Buch. Frankfurt 1970

R. Engelsing: Analphabetentum und Lektüre. Stuttgart 1973

H. Kiesel/P. Münch: Gesellschaft und Literatur im 18. Jahrhundert. München 1977

M. Hutter/W. Langenbucher: Buchgemeinschaften und Lesekultur. Berlin 1980

R. Wittmann: Buchmarkt und Lektüre im 18. und 19. Jahrhundert. Tübingen 1982

B. Zimmermann: Lesepublikum, Markt und soziale Stellung des Schriftstellers in der Entstehungsphase der bürgerlichen Gesellschaft. In: Propyläen-Geschichte der Literatur. Bd. IV. Berlin 1983

Bernhard Zimmermann

Realismus

Wenn Adornos Annahme zutrifft, daß in der Moderne »das Konkrete nur noch die Maske des Abstrakten ist«, dann ist R. als literarisches Prinzip obsolet geworden. Dem widerspricht jedoch die intensive Diskussion, die Dichter, Philosophen und Literaturhistoriker seit der von Lukács, Brecht und Bloch ausgetragenen Realismusdebatte der dreißiger Jahre geführt haben. Diese Auseinandersetzungen um das Verhältnis von Kunst und Wirklichkeit zeigen, daß nicht das Realismuskonzept schlechthin, sondern das des 19. Jh.s irrelevant geworden ist. Das nach der Goethezeit zunächst in Frankreich etablierte Konzept getreuer Nachahmung hat in der Geschichte der Malerei durchaus ältere Wurzeln und ging von der Unmittelbarkeit sinnlicher Gewißheit und der Voraussetzung einer bewußtseinsunabhängigen Wirklichkeit aus, die künstlerisch so widerzugeben sei, »wie sie ist«. Dieses Realismusprinzip sah man seit Comte im Positivismus, zugleich auch im Materialismus der Zeit bestätigt. Es fand in der Erfindung der Photographie seine praktische Entsprechung. Da es jedoch »keine unbefleckte Erkenntnis des Gegebenen« (Westphal) gibt, warnte bereits Hegel vor dem Mißverständnis eines literarischen Abbild-R. und verglich ihn mit einem Wurm, der es unternimmt, einem Elefanten nachzukriechen (Ästhetik, Einl. III, 3a). Auch Nietzsche sah in dem Versuch, künstlerisch eine transsubjektive Realität einzuholen, nur philosophische Naivität: »Ihr nennt euch Realisten und deutet an, so wie euch die Welt erscheine, so sei sie wirklich beschaffen [...] in jeder Empfindung, in jedem Sinneseindruck hat irgendeine Phantasterei, ein Vorurteil, eine Unvernunft, eine Unwissenheit, eine Furcht, und was sonst noch alles daran gearbeitet und gewebt« (»Fröhliche Wissenschaft«). Nietzsche erkannte den Widerspruch im objektivistischen Anspruch der Realismuspostulate und wußte um die subjektive Bedingtheit alles sog. »Tatsächlichen«, eine Erkenntnis, die die Literaturwissenschaft erst in unserer Generation umfassender nachvollzog (s. Brinkmann). Das Konkrete oder Positive, das man im 19. Jh. gegen das scheinbar nur subjektiv Imaginierte zu stellen suchte, war weniger »Maske des Abstrakten« im Sinne Adornos als das jeweilige Produkt unreflektierter Abstraktion. Als solches war es das Resultat eines Denkfehlers oder grundsätzlicher einer Schwäche des Denkens, das den Anspruch aufgegeben hatte, als Subjekt die Welt zu bestimmen. Vielmehr wurde es selbst zu etwas Determiniertem, der Tücke des verselbständigten Objekts Ausgesetztem. Diese Kehrseite der strikten Subjekt-Objekt-Trennung wird in der gleichzeitigen Literatur deutlich. Von Büchners »Woyzeck« oder »Lenz« bis zu Hauptmanns »Bahnwärter Thiel« zieht ein Strom von Figuren durch die Literatur des 19. Jh.s, deren geistiges Vermögen den Anforderungen ihrer Welt nicht mehr gewachsen ist und die an dieser Diskrepanz leiden oder zerbrechen. Der Forderung nach transsubjektiver Wirklichkeitserfassung entspricht somit die Geisteskrise des literarischen Subjekts, die nach der Goethezeit beginnt und 1902 in der Feststellung von Hofmannsthals Lord Chandos kulminiert, daß ihm vollkommen die Fähigkeit abhanden gekommen sei, über irgendetwas zusammenhängend zu reden oder zu denken.

Die Realisten des 20. Jh.s setzen diese Erfahrung voraus und gehen einen entscheidenden Schritt weiter. Das sei paradigmatisch an drei Autoren gezeigt: Brecht, Oskar Maria Graf und Grass. Sie stellen nicht mehr das zerfallende Denken des Subjekts in den Mittelpunkt ihrer Werke, sondern gestalten Figuren, die ihrer Defizienz, Naivität oder metaphysischen Heimatlosigkeit mit Überlebensstrategien begegnen, die zugleich die Kunststrategien ihrer Autoren sind. Während Hauptmanns Bahnwärter Thiel auf ausweglose Weise im Irrenhaus endet, nimmt Grassens Oskar, ironisch-spielerisch auf den Autor selbst verweisend, dort seinen Anfang: »Dieser Bruch blieb, ließ sich nicht heilen und klafft heute noch, da ich weder im Sakralen noch im Profanen beheimatet bin, dafür aber etwas abseits in einer Heil- und Pflegestation hause«. Eine kreative Vitalität bricht sich Bahn und setzt sich auf eine solche Weise ins Bild, daß das Sinnlich-Konkrete keinesfalls, wie Adorno meint, als »Maske des Abstrakten« erscheint, sondern im Gegenteil abstraktes Denken in seiner Unzulänglichkeit demaskiert. Der Realist zeigt, wie die kreatürlichen Bedürfnisse und Fähigkeiten des Menschen stärker sind als seine Ideen. Brecht hat das in lakonische Zeilen gefaßt, die sich als Motto nicht nur über sein Gesamtwerk schreiben lassen: »Ja mach nur einen Plan / Sei nur ein großes Licht / Und mach dann noch nen zweiten Plan / Gehn tun sie beide nicht«. In seinen Ausführungen »Über den Realismus« spricht er u.a. von »einem gewissen Überfluß im Stofflichen«, dem Unerwarteten, dem Zufall, »der Rechnung, die nicht aufgeht«. Brechts dramatische Figuren leben und erfahren das Paradoxon, daß sie die von ihnen selbst geschaffenen Bedingungen ihrer Wirklichkeit nicht bewältigen. Vom »Dickicht der Städte« bis zur »Mutter Courage« steigert sich die auch zu den Formgesetzen des → »epischen Theaters« werdende Erfahrung, daß Dialoge, Handlungen oder Requisiten mehr aussagen als die Figuren begreifen. Die Horizontdifferenz von Figur und Stück wird als Problem und Herausforderung vermittelt. Der Ausspruch des Kochs aus

»Mutter Courage«, »So ist die Welt und müßt nicht so sein«, ist eine wesentliche Maxime des literarischen R., da sie die zwei Seiten derselben Münze zeigt: die Darstellung der Welt kann nur die Darstellung ihrer Defizite sein. Insofern sind die gezeigte Beschränktheit, Sinnlichkeit, Macht- und Besitzgier des Menschen zugleich der indirekte, dialektisch maskierte Ruf nach seiner vernünftigen Vollkommenheit. Wenn Brecht von dem »sinnenfreudigen Moment des Realismus« spricht und »seine Diesseitigkeit sein bekanntestes Kennzeichen« nennt, dann wird mit der Betonung des Physischen das Metaphysische zugleich verneint und vermißt. Baals Wort vom »Heimweh ohne Erinnerung« meint das ebenso wie der wiederholte Verzweiflungsruf am Ende von »Mahagonny«: »Können einem toten Mann nicht helfen«. Wie dieser Refrain deutlich auf die Überwindung des Todes durch Christus bezogen wird, so sind Realisten daran erkennbar, daß sie die Endlichkeit der Welt und des Menschen nicht hinnehmen, sondern protestierend feststellen, daß »etwas fehlt« (»Mahagonny«). Sie sind die enttäuschten Idealisten, diejenigen, die die Idee oder den Begriff verloren haben und die so entstandene Situation zum Gegenstand ihrer Beschreibung und Klage machen. Aus diesem Grunde steht der moderne R. in einer engeren Verbindung mit dem scholastischen Realismuskonzept, als bisher angenommen wurde. Waren für das scholastische Denken die Universalia Dinge und damit die Wirklichkeit der Begriffe selbstverständlich, so begründete die im Zeichen des Nominalismus geschehende Aufhebung dieser Einheit jene Verlustsituation, die zur Schreibprämisse und zum Thema der großen literarischen Realisten der Renaissance- und Barockzeit wurde. Nichts sagt mehr über das Selbstverständnis der modernen Realisten Brecht, Graf oder Grass als die Tatsache, daß sie in den Werken von Rabelais, Cervantes und Grimmelshausen oder in der Eulenspiegelfigur eigene Erfahrungsgehalte und Gestaltungsprinzipien vorweggenommen sahen.

Was Brecht aus intellektueller Vogelperspektive darstellt, das erlebt und beschreibt Graf aus der empirischen Unmittelbarkeit sozialer Froschperspektive. Spricht Brecht von der Vergeblichkeit menschlicher Planung, so schreibt Graf: »Zurechtgedachtes wird immer vom Lebendigen zerkrümelt«. In seinem autobiographischen Roman »Wir sind Gefangene« zeigt Graf vom Aufwachsen im bayrisch-ländlichen Bäckerhaushalt bis zu den politischen Unruhen der Münchner Rätezeit die Wirrungen und Gefährdungen des eigenen bedrängten Lebens und seiner Umwelt. Kälte, Verkümmerung, Verschlossenheit und Schlägertum bestimmen das menschliche Miteinander und die Lebenserfahrung des Autors, der daraus die eigene »Gefangenschaft« begründet. »Für uns ist der Mensch etwas absolut Abhängiges«, heißt es in dem Roman »Anton Sittinger«. Als Opfer und Zeuge menschlicher Brutalität erscheint Graf in seinen autobiographischen Texten mit den anderen Drangsalierten so auf das Kreatürliche reduziert (»sie sind alle Hunde gewesen wie ich«), daß dieses ihm zur literarischen Perspektive wird.

Das Sinnliche in seiner Animalität, Morbidität (»Das Leben meiner Mutter«) und z.T. grotesken Verrenkung gerade im Sexuellen (»Das bayrische Dekameron«) ist Grafs bevorzugtes Thema. Schilderungen von Körperlichkeit gehen bis zum Grauen der Verwesung und haben barocke memento-mori-Dimension. Wenn Graf am Ende von »Wir sind Gefangene« von seiner »grausigen Verlassenheit« spricht, dann weitet sich seine immer wieder erlittene soziale Entfremdung zum bewußt gewordenen und explizit gemachten Gottesverlust und damit zum Schrei nach Liebe und Versöhnung. Am Ende der Autobiographie stehen darum die Begriffe Gnadenlicht und Glaube, Hoffnung, Liebe.

Diese Begriffe nutzt auch Grass und macht sie zum Titel und abgründigen Gegenstand eines der intensivsten Kapitel seiner »Blechtrommel«. Es zeigt, wie aus der Heilserwartung die Unheilswelt entsteht, wie aus dem Weihnachtsmann der Gasmann wird. Im Januskopf von Messias und Hitler findet das Zwiespältige, das Grass als Oskars Grunderfahrung ausspricht, seinen schärfsten Ausdruck. Das Zwiespältige, das aus Oskars Verhältnis zur Kirche begründet wird (»Ich gebe zu, daß ... mich der ganze Katholizismus heute noch unerklärlicher Weise wie, nun, wie ein rothaariges Mädchen fesselt«), wird Grass zum Schreibprinzip: es ist Ausdruck der kreativen Ursprünglichkeit, die sich Oskar durch den Entschluß, nicht zu wachsen, bewahrt, so daß er sich dem festlegenden oder kategorisierenden und damit abstrahierenden Denken entziehen (s. Kap. »Stundenplan«) und alles in ein ambivalentes oder polares Licht tauchen kann. Wenn Grass Oskar sagen läßt, daß er weder im Sakralen noch im Profanen beheimatet ist, dann ist damit der Realist aus seinem zwiespältigen Verhältnis zum Geist und zum Empirisch-Sinnlichen erklärt und das Zwiespältige selbst aus dem unversöhnbar scheinenden Gegensatz beider Bereiche.

B. Brecht: Über den Realismus 1937 bis 1941. In: Gesammelte Werke 19, Frankfurt 1967

R. Brinkmann: Zum Begriff des Realismus für die erzähltende Dichtung des 19. Jh.s. In: R. Brinkmann (Hrsg.): Begriffsbestimmung des literarischen Realismus. Darmstadt 1969

Th. W. Adorno: Ästhetische Theorie. Frankfurt 1970

M. Westphal: Hegels Phänomenologie der Wahrnehmung. In: H.F. Fulda u. D. Henrich (Hrsg.): Materialien zu Hegels ›Phänomenologie des Geistes‹. Frankfurt 1973

M. Harscheidt: G. Grass: Wort-Zahl-Gott. Der phantastische Realismus in den Hundejahren. Bonn 1976

S. Kohl: Realismus: Theorie und Geschichte. München 1977

W. Preisendanz: Wege des Realismus, München 1977
F. Gaede: Grimmelshausen, Brecht, Grass – Zur Tradition des literarischen Realismus in Deutschland. In: SIMPLICIANA – Schriften der Grimmelshausen-Gesellschaft I, 1979
G. Bauer: Graf und das Vergnügen an garstigen Gegenständen. In: H.L. Arnold (Hrsg.): TEXT + KRITIK, Sonderband Oskar Maria Graf, 1986

Friedrich Gaede

Reportage

Elemente der R., genauer: der Reisereportage als Dokumentarisierung der Fiktionalität, finden sich bereits in den Berichten und Erlebnisschilderungen der Aufklärung (Seume, Forster, Rebmann, Pezzl), wobei das Moment der teilnehmenden Erkundung des Unbekannten, des Berichtens aus exotischen oder verdrängten geographischen und sozialen Territorien bis heute konstitutives Merkmal der R. bleibt.

Anknüpfend an die Tradition der jungdeutschen Reisebriefe (Börne, Heine) und an Weerths »Skizzen aus dem sozialen und politischen Leben der Briten« (1843/44), wo »einige der wesentlichsten Elemente der modernen Sozialreportage (wie auch der literarischen Reportage überhaupt) vorweggenommen« worden sind (Geisler 1982: 221), findet dann im 20. Jahrhundert vor allem *Kisch* zu einer neuen Darstellungsform, die als paradigmatisch für die literarische R. gelten kann: erzähltechnische und stilistische Mittel (Vor- und Rückgriffe, retardierende Momente, asyndetische Syntax, Leitmotivik) unterstützen die effektvolle Kombination von Dingbeobachtung, Räsonnement, Faktenbericht und Interviews. Greift Kisch in »Der rasende Reporter« (1925) oder »Hetzjagd durch die Zeit« (1926) noch die disparatesten Themen auf, so widmet er sich in der Folgezeit in Form der Reisereportage den großen Gesellschaftssystemen. »Zaren, Popen, Bolschewiken« (1927) und »Asien gründlich verändert« (1932) erscheinen insgesamt bei aller Kritik als Verteidigung des sozialistischen Systems gegenüber den Angriffen im Westen. Aggressiv-polemisch sind dagegen die R. in »Paradies Amerika« (1930) angelegt, die nahezu völlig frei von der Maschinenvergötzung eines Hauser in grellen Farben die Arbeitsbedingungen des Industrieproletariats anprangern.

Geschult vor allem an den amerikanischen »muck-rakers« (Netzbeschmutzern) wie Reed (»Ten Days That Shook the World«, 1919), Sinclair, Dreiser (»An American Tragedy«, 1925) oder Dos Passos (»Manhattan Transfer«, 1925) und an sowjetischen Vorbildern (vor allem Tret`jakov: »Brülle China!«, 1926) entsteht im Zug der neu-sachlichen Dokumentarisierung eine breite Palette nicht-fiktionaler Darstellungsformen – vom proletarisch-revolutionären Reportageroman (Bredel, Grünberg, Ottwalt, Reger u.a.) über publizistische Anthologien (Hrsg. E. Glaeser: »Fazit«, 1929) bis zu verwissenschaftlichten »sozialen Querschnitten oder Vivisektionen der Zeit« (Hermand in: Basis 1971; 37) wie Kracauers »Die Angestellten«, 1929. Einwände gegen den »Oberflächenrealismus« der faktographischen Zersetzung der Fiktion kamen sowohl als antimodernistische Polemik von Broch (»Das Weltbild des Romans«, 1933) wie auch als linke Ideologiekritik von Brecht (»700 Intellektuelle beten einen Öltank an«, 1929) und Tucholsky; an den Reportageromanen Bredels und Ottwalts entzündete sich ein Disput mit Lukács, der vom Standpunkt der Kunstästhetik eines psychologisierenden bürgerlichen Realismus aus scharfe Kritik an der Objektfetischisierung und Zusammenhanglosigkeit des Beschreibungsrealismus übte und darin die Gefahr einer *versteckten Affirmation des Bestehenden durch bloße Reproduktion* erblickte (»Reportage oder Gestaltung?«, 1932). Die Verbindung von R. und kulturhistorischer Essayistik gehört in den zwanziger Jahren zu den Merkmalen der betrachtenden Texte von J. Roth.

Nach der nationalsozialistischen Machtergreifung ist die gesellschaftskritische R. aus dem literarischen Leben Deutschlands so gut wie verschwunden. Im spanischen Bürgerkrieg entstehen R.n der in den Internationalen Brigaden kämpfenden oder mit ihnen sympathisierenden Schriftsteller (Bredel, Kantorowicz, Kisch, Koestler, Marchwitza, Regler, Renn, Weinert).

Die R. ist die »zumindest potentielle Enthüllung, die Aufdeckung von Mißständen« (Geisler 1982: 295) – eine Aufgabe, die in der DDR-Literatur der fünfziger Jahre in bezug auf Systemkritik nur schwer zu lösen war. Die Porträtreportagen dieser Zeit richten sich im Dienst des sozialistischen Aufbauprogramms vor allem individualisierend gegen »falsches Bewußtsein« bei den Arbeitern (Bredel, Rülicke, Eggerath).

In der Bundesrepublik ist nach 1945 für kurze Zeit ein stärker journalistisch ausgerichteter »vielfältiger und massenhafter Wirklichkeitsreport nachlesbar: eine Alltagsliteratur unter dem gemeinsamen Kennzeichen der Reportage« (Scherpe in: Hermand (Hrsg.) 1982: 36). Nach einer Phase der Stagnation ist vor allem in den sechziger Jahren ein Wiederaufleben *faktographischer Literatur* zu verzeichnen: das Dokumentartheater (Hochhuth, Kipphardt, Weiss) läßt seine Versuche einer Vergangenheitsbewältigung auf sorgfältig recherchierten historischen Tatsachen basieren (→ Dokumentarliteratur), die engagierte Prosa greift parallel zum verkündeten Tod der (Erfindungs-)Literatur (Enzensberger im »Kursbuch« 15, 1968) auf das Mittel der R. zurück (Runges Sozialinterviews in den »Bottroper Protokollen«, 1968; Delius' »Wir Unternehmer«, 1966 und seine Festschrift-Satire »Unsere Siemens-Welt«, 1972 u.a.). Die Geschichte der aktuellen literarischen R. ist vor allem mit *Wallraff* verbunden, der als Mitglied des nach der Dortmunder »Gruppe 61« (Grün, Mechtel) tonangebenden »Werkkreis Literatur der Arbeitswelt« (gegründet 1970) auf eine erstaunliche – und kontroverse – Resonanz stieß. Die

Industriereportagen »Wir brauchen dich« (1966), die »13 unerwünschten Reportagen« (1969) und die Koproduktion mit Engelmann »Ihr da oben, wir da unten« (1973) brachten ihm den Ruf eines unerschrockenen Aufdeckers von Ausbeutung und Unterdrückung am Arbeitsplatz ein. Die persönliche Risikobereitschaft äußert sich als bisweilen abenteuerlicher Enthüllungsjournalismus unter fremden Namen und Rollen, dessen Produkte sich als operative, d.h. direkt in die Wirklichkeit eingreifende, Literaturform verstehen. Als Hans Esser bei »Bild« (»Der Aufmacher«, 1977) oder in der dokumentarischen Gastarbeiter-Elegie »Ganz unten« (1985) läßt Wallraff eine wichtige Komponente der R. deutlich werden: den persönlichen Einbezug bis an die Grenze zur Selbstaufgabe. Die zitierten Aussagen, Beobachtungen oder Vorkommnisse sprechen quasi für sich – die Präsentation von verbürgten »Wahrheiten« läßt den erklärenden Kommentar des Verfassers weitgehend als überflüssig erscheinen. Damit erübrigt sich auch ein übertrieben didaktisch-moralisierendes Pathos; die Dechiffrierungsarbeit bleibt dem Leser überlassen, geschickt gesteuert von der selektiven Willkür des Berichterstatters. Plagiatsvorwürfe bzw. Zweifel an Wallraffs alleiniger Autorschaft beeinträchtigten demnach zwar die persönliche Glaubwürdigkeit des Verfassers, nicht aber den dokumentarischen Wert der Reportagen.

J. Hermand: Wirklichkeit als Kunst: Pop, Dokumentation und Reportage. In: Basis 2 (1971)

H. L. Arnold und *St. Reinhardt (Hrsg.):* Dokumentarliteratur. München 1973

E. Schütz: Facetten zur Vorgeschichte der Reportage. Kritik eines operativen Genres an seinen Traditionsversuchen. In: R. Hübner und E. S. (Hrsg.): Literatur als Praxis? Opladen 1976

E. Schütz: Kritik der literarischen Reportagen und Reiseberichte aus der Weimarer Republik über die USA und die Sowjetunion. München 1977

I. Münz-Koenen: Zur Reportageliteratur der 50er Jahre. In: Weimarer Beiträge 23 (1977) Bd. 1

Chr. Siegel: Die Reportage. Stuttgart 1978

M. Geisler: Die literarische Reportage in Deutschland. Königstein/Ts. 1982

H. Kreuzer: Biographie, Reportage, Sachbuch. Ihre Geschichte seit den 20er Jahren. In: B. Bennett (Hrsg.): Probleme der Moderne. Festschrift für W. Sokel. Tübingen 1983

P. Zimmermann: Die Reportage. In: K. v. See (Hrsg.): Neues Handbuch der Literaturwissenschaft. Bd. 20. Wiesbaden 1983

B. Furler: Augen-Schein. Deutschsprachige Reportagen über Sowjetrußland 1917-1939. Frankfurt 1987

Gerhard Fuchs

Roman

Max Webers bekannte Diagnose der modernen Fortschrittsgesellschaft, sie habe mit Hilfe »intellektualistischer Rationalisierung durch Wissenschaft die *Entzauberung der Welt*« erzwungen (»Wissenschaft als Beruf«, 1917), läßt sich auch auf die fiktionalen Welten moderner Romane übertragen. Das grundlegende Paradox der modernen Gesellschaft freilich, daß ihr die Wirklichkeit trotz der immer umfassender und differenzierter werdenden Deutungs- und Bemächtigungsmodelle in zunehmende Unüberschaubarkeit entgleitet, verursacht eine *Sinnkrise des Subjekts*, setzt die bislang identitätssichernden Deutungsmuster seiner Welt (z.B. → Tradition) außer Kraft. Das Subjekt zieht sich aus der unfaßbar gewordenen Wirklichkeit auf sich selbst zurück, sucht nach neuer Identifikation zumal in den Fiktionalisierungen der Kunst.

Dafür bilden der Roman und seine Geschichte (auch die seiner Poetologie) ein für weite Strecken grundlegendes Paradigma. Der Beginn einer Besinnung auf die grundsätzliche Änderung des Subjekt-Objekt-Verhältnisses für die Kunst läßt sich bis zur Ästhetik Hegels zurückverfolgen. Während das vorbürgerliche Epos seine »Objektivität« aus der Vermittlung der als »bunte Fülle des Episodischen« in Erscheinung tretenden Wirklichkeit schöpft, ist für den R., der bei Hegel in der Tradition des Epos zur »modernen bürgerlichen Epopöe« wird, die »Zufälligkeit des äußeren Daseins« der »festen, sicheren Ordnung der bürgerlichen Gesellschaft und des Staates« gewichen. Diese erscheint dem Helden des R.s als ihm entgegenstehende »Ordnung und Prosa der Wirklichkeit«; an das Objektive dieser »bezauberten, für ihn ganz ungehörigen Welt, die er bekämpfen muß, weil sie sich gegen ihn sperrt«, kann er sich nur entäußern durch den *Gegenzauber der Poesie*. Deshalb ist »eine der passendsten Kollisionen der Konflikt zwischen der Poesie des Herzens und der entgegenstehenden Prosa der Verhältnisse« (Hegel, »Ästhetik«).

G. Lukács unternimmt es in seiner »Theorie des Romans« (1916/1920), die ästhetische Gattung des R.s dem Hegelschen Geschichtsobjektivismus unterzuordnen: die Romanform reflektiert spiegelgleich den fortschreitenden *Zerfall der Wirklichkeitsstruktur*. Ist Geistesgeschichte die Selbstbewußtwerdung der Menschheit (W. Dilthey), so kann der R. aus geschichtsphilosophischer Notwendigkeit die Form der »Selbsterkenntnis und damit die Selbstaufhebung der Subjektivität« sein; der R., »die Epopöe der gottverlassenen Welt«, beschreibt die »Wanderung des problematischen Individuums zu sich selbst«.

Damit sind für den R. des bürgerlichen Realismus, dessen Poetik gemeinsam mit der des → Naturalismus wichtige ästhetische Positionen des modernen R.s setzt, die Bereiche genannt, in denen die immanente Problematik seiner Form sich als gesellschaftliche darstellt; es geht um die Frage der Objektivität der Wirklichkeit, um Individuum und ästhetische Totalität, Subjektivität und Erfahrung der Nicht-Identität, um die Konstitution des Ich.

Man hat die literarischen Bewegungen des 19. Jh.s namentlich im Bereich des R.s, oft mit der Metaphorik der Erweiterung und Erkundung zu beschreiben versucht: Wörter wie »Entdeckung« und »Eroberung« sind in diesem Zusammenhang besonders bezeichnend. In der Tat läßt sich der französische, englische, russische und, mit Einschränkungen, der deutsche R. im Zeichen von Realismus und Naturalismus als eine permanente Folge von Vorstößen in die verschiedensten Zonen der Erfahrungswelt begreifen. Das Aufkommen des Wortes von der »Literaturfähigkeit« einer Sache oder einer Erscheinung (die früher in der Literatur nicht oder nur am Rande vorkam) kann als höchst symptomatisch für dieses Zeitalter gelten. Die Generationen Balzacs, Dostojevskijs und Zolas leiteten jedenfalls einen literarischen Mentalitätswechsel ein, der eine der einprägsamsten Selbstverständlichkeiten des 20. Jh.s hervorgebracht hat, nämlich den in grundsätzlicher Sicht *totalen stofflichen Egalitarismus.* Das am meisten auffallende Merkmal der großen Erzählwerke des 19. Jh.s, des naturwissenschaftlichen Jahrhunderts, nach den Prognosen Goethes und Hegels, ist daher die milieubedingte, Physiologie und Soziologie aufbietende Begründung des Romanhelden, des erzählten Subjekts.

Im Rückblick auf die Entwicklungen seit dem vergangenen Jahrhundert hat E. Canetti in seinem Essay »Realismus und neue Wirklichkeit« (1965) drei Tendenzen als maßgeblich bezeichnet: die Bestrebungen der Moderne galten einer »zunehmenden Wirklichkeit«, einer »genaueren Wirklichkeit« sowie einer »Wirklichkeit des Kommenden«, d.h. einer utopischen Sicht. Klammert man die dritte Kategorie aus, so gewinnt man Begriffe, die geeignet sind, wesentliche der künstlerischen Vorgänge zu erfassen, deren Programme mit den mehr oder minder beiläufigen Schlagwörtern → Realismus und → Naturalismus benannt wurden. Als »realistisch« bezeichnete man vor allem eine Erweiterung des literarischen Erfahrungshorizonts, die dazu angetan war, das vorwiegend moralistische Weltbild des älteren R.s durch ein relativistisches zu ersetzen, in dem eine durch materialistische Impulse gelenkte Psychologie und Soziographie vorherrschte. Auf den Naturalismus kann namentlich der zweite Begriff Canettis bezogen werden. In der Schilderung der Dingwelt setzt sich seit Flaubert, den Brüdern Goncourt und Zola, in Deutschland seit der experimentellen Prosa von Holz und Schlaf im Prinzip eine Forderung nach »Genauigkeit« durch, die in weiten Bereichen der fiktionalen Literatur die Beliebigkeit sogenannter Poetisierung verdrängt (→ Naturalismus). Mit einer »genaueren« Wirklichkeit ist freilich keine photographisch-dokumentarische Verbindlichkeit gemeint, sondern die Bestrebung, Sachtreue auch in jenen Bereichen der gegenständlichen Welt zu suggerieren, die zuvor aus verschiedenen Gründen als poesiefremd, trivial und vulgär galten, oder die in den Zuständigkeitsbereich der Wissenschaften verwiesen wurden. Die Änderungen etwa auf dem Gebiet des sogenannten Künstlerromans seit der Romantik bieten dafür prägnante Beispiele. Das blumige und zumeist sehr allgemein gehaltene Reden über die innere Begeisterung des Künstlers und die Erhabenheit der Kunstwerke weicht seit dem Naturalismus nicht selten einer Schilderung von (erfundenen) Kunstobjekten, in denen die nüchtern sachbezogene Darstellung der technischen Machart einen sehr bezeichnenden Platz einnimmt.

Beobachtungen dieser Art zeigen bereits, daß die Beurteilung stofflicher Innovationen einseitig und unzulänglich bleibt, solange das Problem der spezifischen Erzählform keine angemessene Beachtung findet. Zu den grundlegenden Merkmalen des 19. Jh.s gehört nämlich nicht nur ein Wandel in der *Beschaffenheit des erzählten Subjekts,* sondern auch in der *Qualität der erzählenden Instanz.* Da die Entfaltung des Romans seit dem Zeitalter der Aufklärung lange im Bannkreis des »transzendentalen Erzählens« (Žmegač 1990) bleibt, kommt es in vielen Werken der sogenannten Realisten zu einer Verflechtung eines moralistischen, kommentierenden Diskurses mit der detailfreudigen, gleichsam nüchternen Betrachtung der Objektwelt. Erst im Rahmen der naturalistischen poetologischen Vorsätze löst sich das transzendental urteilende Erzählsubjekt auf und macht einer unpersönlich-berichtartigen oder einer völlig von der Sicht der Romangestalten beherrschten Darstellung Platz. Erst der *Sieg der imaginären filmischen Kamera* (die vom Naturalismus vorweggenommen wird) und des *isolierten Bewußtseinsprotokolls* (in der impressionistischen Darstellungstendenz) kündigt die eigentliche Wende zum 20. Jh. an.

Der die sinnliche Wahrnehmbarkeit der Realität betonende → Impressionismus sucht ästhetische Kohärenz in der synthetischen Leistung des erfahrenden Subjekts: die *Ereignishaftigkeit* der Welt wird zu ihrer *Erlebnishaftigkeit.* Historisch bedeutet die Abwendung vom Realismus des 19. Jh.s das Zurückweichen des bürgerlichen Individuums vor der kritischen Reflexion über die Gesellschaft. Der R. bildet aufgrund seines Traditionszusammenhangs mit der bürgerlichen Gesellschaft auch dieses Dilemma deutlich ab. Während der realitätsaffirmierende Unterhaltungs- und Trivialroman Geschichte klischeehaft zu Geschichten aufbereitet, kann der sich kritisch verstehende R. nur mit dem Rückzug aus den Konventionen ästhetischer Seins- und Sinnstiftung reagieren; an deren Stelle setzt er, konsequent die im 19. Jh. vorbereitete Subjektivierung der Kunstwerke aufnehmend, Erkenntnistheorie als Theorie des Subjekts. Dieser philosophische Richtungswandel scheitert zunächst an der formalen Schematik des R.s, während er z.B. in der Subjektästhetik der Lyrik und bildenden Kunst die Möglichkeiten avantgardistischen Protestes fördert. Die ästhetische Theorie der Prämoderne (Symbolisten, Impressionisten) holt hier gleichsam ein Theorem der *radikalen Subjektkritik* Nietzsches ein (»Zur Genealogie der Moral«, 1887).

Mit dem *Verlust des Wirklichkeitszusammenhangs* geht einher der *Verzicht auf die ästhetische Kohärenz;* die Geschichtslosigkeit der Realität erscheint im impressionistischen R. als lose → Montage einer Bildfolge; in kleinen Szenen will eine versinnlichte Sprache die flüchtige Empfindung isolieren, ohne sie jedoch begrifflich zu fixieren. Das Ziel dieses → Ästhetizismus ist, wie W. Pater formuliert, nicht der *Erfahrungsgegenstand,* sondern *Erfahrung selbst* (»Studies in the History of the Renaissance«, 1873); die neue »deregulierte Sinnlichkeit«, Bedingung der bewußten und fortgeschrittensten Erfahrung, muß sich auch auf das eigene Ich richten (»Je est un autre«; Rimbaud, 1871). Die bei Baudelaire (»Le peintre de la vie moderne«, 1859/63) schon angelegte Verbindung von → Décadence und modernem Bewußtsein resultiert bei Wilde (»The Picture of Dorian Gray«, 1891) in einer narzißtischen Überhöhung des Subjekts (bezeichnenderweise nennt H. Bahr die Décadence-Anhänger »neue Romantiker«; »Studien zur Kritik der Moderne«, 1894). Jede seiner sinnlichen Empfindungen feiert es im Hier und Jetzt und macht so die Kunst zur hedonistisch gelebten Wirklichkeit (Kreativismus). Solchermaßen aufgewertet enthüllt Kunst den im Äußerlichen sich erschöpfenden Verweisungscharakter einer unvollkommenen Realität, die nun nicht mehr Vorbild der Kunst sein kann.

Damit nähert sich die impressionistische Poetik den ontologischen Prämissen der Symbolisten weitgehend an: der künstlerische Ausdruck bzw. seine Chiffre hat Vorrang vor der Wirklichkeit (Huysmans, »A rebours«, 1884). Was bleibt, ist eine Art synthetisierende Tätigkeit des Bewußtseins, dessen prozeßbedingte Flüchtigkeit, auf Wirklichkeit projiziert, deren Fluktuation entspricht. Der *stream of consciousness* ist Metapher nicht nur für den »Strom flüchtiger Vorstellungen«, sondern zugleich für die synthetische Leistung der Erfahrung, auf welche identisches Bewußtsein und Subjektivität sich gründen können (William James,

»The Principles of Psychology«, 1890). Der Bewußtseinsstrom als narrativer Gestaltungsmodus des sog. modernen *Bewußtseinsromans* kann als extreme Ausprägung des → Inneren Monologs gelten. Erzähltechnisch besteht er in einer Verkettung und Überlagerung anscheinend unvermittelter Assoziationen, Empfindungen, Erinnerungen und Reflexionen einer Figur. Frühe literarische Versuche dieser – Innensicht abbildenden – narrativen Technik sind Dujardins »Les lauriers sont coupés« (1887) und Schnitzlers Erzählung »Leutnant Gustl« (1900).

Die *Absolutsetzung der figuralen Erzählperspektive* bei Henry James kann ebenso wie Flauberts »impassibilité« als Vorform der Technik des Bewußtseinsstroms gelten. Einen weiteren Schritt macht Proust in seinem Romanzyklus »A la recherche du temps perdu« (1913–1927), der als in jeder Hinsicht erschöpfender Versuch der poetischen Darstellung wie der poetologischen Reflexion eines zu sich selbst kommenden (künstlerischen) Bewußtseins gelten kann. Damit verblaßt die *Wirklichkeitsrelevanz,* selbst einer impressionistischen, der Anschaulichkeit verpflichteten Bildlichkeit, gegenüber ihrer nunmehr thematisch werdenden *Subjektrelevanz;* die Prozeßhaftigkeit von Erfahrungs- und Bewußtseinsvorgängen verweist notwendig auf Zeitlichkeit als transzendentale Bedingung von Subjektivität. Daher die Dominanz der *Erinnerung.* Garant einer sinn- und identitätsstiftenden Erfahrung ist bei Proust die »mémoire involontaire«. Ein gegenwärtiges sinnliches Wahrnehmungssegment bewirkt das »unwillkürliche« und eben deshalb authentische »Auftauchen« (die Nähe zur Metaphorik Bergsons und Freuds ist offensichtlich) einer – nach dem Vokabular der Psychoanalyse – verdrängten Erinnerung, die sich in spontaner Evidenz mit der Gegenwart verbindet; in einem Akt künstlerischer Gestaltung bildet die bewußte assoziative Verknüpfung eine identitätsfähige Struktur, und das Glücksgefühl bestätigt das Gelingen des Prozesses. Unter diesem Zugriff erscheint der erinnerte, subjektivierte Wirklichkeitsentwurf authentischer als die gegenwärtige Erfahrungswirklichkeit. Desgleichen ist die erinnerte, fließende Subjektbiographie ›wirklicher‹ als die willkürlich-zufällige Ereignisstruktur eines Plot; im Prozeß der künstlerischen Arbeit schließlich wird – erinnernd – wiedergefundene Zeit zeitlos. Erzähltechnisch entspricht die Verknüpfung von sinnlicher Wahrnehmung, Erinnerung und subjektivem Erleben einer Dreischichtigkeit der narrativen Struktur in der »Recherche«: erinnertes (Marcel) und erinnerndes Ich (Erzähler) sind affektiv und intellektuell aufeinander bezogen. Über die Ebenen von Wahrnehmung, Gefühl und deren Verschriftlichung konstruiert das künstlerische Bewußtsein sich und seine Welt.

Auch A. Gides R. »Les Faux-Monnayeurs« (1926) entfaltet unter dem Blickwinkel kritischer Selbstthematisierung einerseits eine radikale Form der Modernität, während er andererseits der Zielsetzung neo-romantischer Ästhetik, dem Ringen um die Herstellung idealer Realität, verhaftet bleibt: »la lutte entre les faits proposés par la réalité, et la réalité idéale«. Während der figurale Ich-Erzähler, ein Tagebuch schreibender Romancier, an der »inconséquence des caractères«, d.h. also letztlich auch an sich selbst scheitert, gelingt dem übergeordneten Erzähler des R.s aus der ironischen Distanz der *»mise en abyme«* (Gide) die reflexive Narration dieses Scheiterns, die der R. selbst ist.

Thematische Offenlegung der Fiktionalität ist Thema auch im R. »Niebla« (1914) von M. de Unamuno; dieser im Hinblick auf die spanische Tradition des Realismus als »Anti-Roman« (G. Müller) bezeichnete und erzähltechnisch durchaus experimentelle R. bedient sich der (schon erwähnten) »mise en abyme« und Pirandelloscher Ironie (figurale Autonomie) zur Distanzierung vom mimetischen Erzählen (→ Metatextualität).

Deutlich autobiographisch beschreibt Joyce die Entstehung künstlerischen Bewußtseins; sein R. »A Portrait of the Artist as a Young Man« (1916), dessen frühe Version »Stephen Hero« (1901–1906) das Experimentieren mit Bewußtseinstechniken (z.B. in den »epiphanies«, den Wahrheitsmomenten der »Dinge an sich«) betont, protokolliert vor dem Hintergrund entwicklungspsychologischer Phasen des irischen Protagonisten St. Dedalus die für den zukünftigen Künstler notwendige Entfremdung und Befreiung von familiärer, nationaler und intellektueller Repression; Isolation und Emigration, vermittelt in einer Sprache, welche die wachsende Komplexität des künstlerischen Bewußtseins abbildet und sich demgemäß immer stärker differenziert, illustrieren die ambivalente Reaktion des Subjekts auf den Strukturzerfall seiner Lebenswelt. Deutlich kündigt sich im »Portrait« bereits die später bei Joyce zentral werdende poetische *Selbstthematisierung von Sprache und Literatur* an. Im »Ulysses« (1922) stabilisiert sich fiktionale Identität an sprachlicher und metasprachlicher Reflexion auf unterschiedliche Weise: literaturkritische Betrachtung, Neologismen, Wortspiele, Stilimitationen, Montagen. Der Mythos der Reisen des Odysseus läßt sich sowohl als Prä- wie Subtext (dafür sprechen die von Joyce nachträglich angefügten Kapitelüberschriften) zum Romangeschehen betrachten. Im häufigen Bezug der alltäglich-trivialen Vorkommnisse eines Tages (der 16. 6. 1904) im Leben des Dubliner Anzeigenacquisiteurs Leopold Bloom auf die Abenteuer des mythologischen Helden gerät die Differenz der Stillagen zur Parodie. Der Prozeß alltäglicher Sinnkonstruktion auf der Grundlage lebensweltlicher Erfahrungen wird transparent durch die im »Ulysses« überwiegend verwandte Technik des → Inneren Monologs.

Zeitlichkeit ist problematischer Mittelpunkt auch in »Mrs Dalloway« (1925) von V. Woolf; die fragile Identität der Protagonistin beruht auf einem Puzzle aus Erinnerungen, Ängsten und Wünschen, die am Tage ihres abendlichen Empfangs für den Premierminister auf sie einstürmen. Strukturierend ist allein die Zeit durch die leitmotivisch verwandten »bleiernen Kreise« der die Stunde anzeigenden Schläge der Uhr von Big Ben. In »To the Lighthouse« (1927) geht die Erzählfunktion des zentralen Bewußtseins, Mrs Ramsay, nach deren Tod auf das leere Haus über; wie um das elegisch sich verströmende, den Tod der Familienmitglieder betrauernde Bewußtsein nicht zu stören, erscheinen alle Ereignisfragmente im Text eingeklammert. Hier wie auch in »The Waves« (1931) verwendet Woolf die von ihr so bezeichnete Technik des »tunneling«, um zu den ihre Charaktere prägenden Erlebnissen und Traumata vorzudringen. Zudem macht Woolf in ihren R.en die geschlechtsspezifische Differenzierung in der Subjektivitätsgestaltung des modernen Bewußtseins thematisch, was nicht zuletzt die große Bedeutung der → Frauenliteratur für den literarischen Modernismus belegt.

Die von Woolf (augenzwinkernd) für das Jahresende 1910 notierte »Veränderung des menschlichen Charakters« (»Mr. Bennett and Mrs. Brown«, 1924), bezogen vornehmlich auf die sich wandelnden kulturellen Grundlagen der Geschlechterdifferenzierung, kann als Ausdruck einer lange Jahrhunderte verschütteten bzw. unterdrückten und in den Jahren um die Jahrhundertwende nunmehr auf verschiedenen gesellschaftlichen Ebenen durchbrechenden Tradition »weiblicher Kultur« (G. Simmel) gelten. Für den modernen R. ist hier eine starke autobiographische Prägung festzuhalten; diese läßt sich auf das Bemühen von Schriftstellerinnen um eine *ästhetische Konstituierung weiblicher Subjektivität* vor dem Hintergrund der deutlich fortschreitenden gesellschaftlichen und politischen Emanzipation zurückführen. Dazu erlaubt die für die fiktionale Autobiographie charakteristische enge Identifizierung von schreibendem und fiktionalem Subjekt den Ausdruck spezifischer Wahrnehmungs- und Erlebnisformen, wie z.B. in dem von Woolf in ihrem klassischen Essay zum literarischen Feminismus: »A Room of One's Own« (1929) geforderten »weiblichen Stil«.

Diesem am nächsten kommt D. Richardson, deren dreizehn Titel umfassende Romansequenz »Pilgrimage« (1915–1935) als *fiktionale Autobiographie* gelten kann, in der die narrative Struktur den Bewußtseinsauslegungen des (weiblichen) fiktionalen Subjekts angeglichen ist. Chronologie ist hier zugunsten von vertikal montierten Erlebnisebenen aufgegeben, eine – von Woolf bewunderte – elastische, oft extrem elliptische Satzstruktur soll die Unabgeschlossenheit und Dysrationalität der Erlebensstruktur einer jeweils nur provisorischen fiktionalen Identität abbilden. G. Steins als bewußte Subversion patriarchalischer Sprache angelegte Sprachexperimente (»new compositions«) zielen auf Abbildung der kontinuierlichen Gegenwart von Wahrnehmungen unter Vermeidung des

Anscheins von kausaler Nähe oder linearer Progression (»Three Lives«, 1909, in Anlehnung an Texte Flauberts geschrieben; »The Making of Americans«, 1908/1925). In der von ihr selbst so bezeichneten Technik der »portrait narration« zeigt sich das Bemühen, die konturierenden und perspektivischen Mittel der Malerei für die sprachliche Gestaltung zu nutzen, etwa im »mot juste«, in der kontrastiven Wirkung von »Wortfarben«, in der durch Wortwiederholung erzeugten Prägnanz von »Linien« eines Charakters. G. Stein gilt auch als Leitfigur eines Kreises von Intellektuellen und Schriftstellern in Paris, die in gewisser Weise den Internationalismus der modernen Literatur und zugleich das Ende des kulturellen Eurozentrismus symbolisieren.

Als autobiographische Fiktionalisierung läßt sich auch Rilkes »Die Aufzeichnungen des Malte Laurids Brigge« (1910) betrachten, der als Schwellenroman zur deutschsprachigen Moderne gilt. Die identitätssichernde immanente Chronologie der Tagebuchform nutzend, nimmt das sein Erleben sensibel und bisweilen lyrisch protokollierende Subjekt die Bilder der Armut, Häßlichkeit und Krankheit einer ringsum zerfallenden Wirklichkeit auf und macht sie in gleichsam symbolistischer Technik zum poetisch sublimierten Ausdruck seiner Existenz (vgl. die »Sprachkrise« als Krise des Ich in Hofmannsthals Lord Chandos-»Brief« (1902).

Die Verbindung von Tagebuchform und Schreiben als einer dezidiert therapeutischen Bewältigung des als krank diagnostizierten Bezugs zur Wirklichkeit stellt I. Svevo in seinem R. »La coscienza di Zeno« (1923) her. Die mit der Formulierung von Freuds Theorie der Psychoanalyse – v.a. seit dem Erscheinen der »Traumdeutung« (1900), und der »Drei Abhandlungen zur Sexualtheorie« (1905) – vorstellbar gewordene Topographie der menschlichen Psyche erlaubt Svevo, die Wirklichkeisproblematik seines Helden als psychopathologische Abweichung des Subjekts darzustellen.

Entschlossen anti-psychologisch (= anti-subjektivistisch) hingegen geben sich die in der Tradition naturalistischer Epik stehenden, in ihrer Programmatik und Sprache deutlich expressionistischen frühen R.e Döblins. Die dem → Expressionismus eigene Aufbruchstimmung, der sich auch das Kriegstrauma und die Reaktion auf die Oktoberrevolution einfügen lassen – verbunden mit einem aus der Kritik am Kleinbürgertum erwachsenden vitalen politischen Verantwortungs- und Gestaltungsbewußtsein, das den »neuen Menschen« schaffen will –, findet sich in vielen R.en dieser Zeit wieder (C. Einstein, K. Edschmid, G. Benn), teils sozial und politisch thematisiert, teils als Formexperiment. Während in Döblins »Der schwarze Vorhang« (1903/1919) die unterschiedlichen Textpassagen noch als Versatzstücke anzusehen sind, die sich zu einer figuralen Identität ordnen, kann »Berlin Alexanderplatz« (1929) als *Montageroman* gelten, in dem die Inkohärenz der Textsequenzen die auseinanderstrebenden Bewußtseinssegmente und ebensoviele Realitätsfragmente im Erleben der Hauptfigur abbildet. Der perspektivischen Vielfalt des Erzählten, nicht unähnlich der Schnittechnik des Films (»Kinostil«, »Wortfilm«), entspricht eine Mehrschichtigkeit des Stils, die sprachlich die jeweiligen Handlungsstränge markiert. Die (erzwungene) Passivität des Helden führt zu seiner Depersonalisierung; als Bündel von im Kollektiv verankerten Verhaltensweisen (Brechts »Gestus«) bleibt seine Identität reflexhaft an die expressiven Sprachwechsel gebunden.

Wie Döblin ist auch der Amerikaner Dos Passos überzeugt von der möglichen epischen Wiedergeburt des modernen R.s; desgleichen sind »Manhattan Transfer« (1925) und seine Trilogie »U.S.A.« (1937, einzeln publiziert als »The 42nd Parallel«, 1930; 1919, 1932; »The Big Money« 1936) der kinematographischen Technik verpflichtet, die das moderne Bewußtsein abbilden soll: kurze Schnitte, Überblendung, Kontrast und Fragmentierung sind die Techniken, mit denen die Regisseure Eisenstein (»Panzerkreuzer Potemkin«, 1925) und Griffith (»The Birth of a Nation«, 1915) bekannt werden. In einer auf Synchronie zielenden und z.T. an die Technik des »Ulysses« erinnernden Collage, die aus Biographien fiktionaler Charaktere und historischer Personen, aus zu ›Wochenschauen‹ zusammengefaßten Zeitungsüberschriften, Reportagen, Schlagertexten, politischen Reden und den als Kameraauge erscheinenden inneren Monologen eines um Erklärung und Zusammenhang bemühten auktorialen Erzählers besteht, demontiert Dos Passos teils ironisch, teils sozialkritisch den ›amerikanischen Traum‹. Die zugleich Elend und Wohlstand symbolisierende Metropole produziert gleichsam sich selbst im »autorlosen Roman« mit seinen »charakterlosen Charakteren« (Sartre); eine atemlose Sprache hetzt ihre Figuren durch das Labyrinth urbaner Erfahrung.

Der beschriebenen Tendenz einer *Re-episierung* des Romans steht dessen *Diskursivierung* gegenüber. Der so bezeichnete Prozeß ist gekennzeichnet durch den Versuch, unterschiedliche Diskurse im R. zu reflektieren und zunächst noch narrativ zu integrieren. Th. Manns »Der Zauberberg« (1924) setzt trotz einer konventionellen Erzählstruktur, d.h. unter Verwendung von Erzähler, überschaubarer Handlung, Nebenepisoden und einer Entwicklung des Protagonisten, diese von Rilke im deutschen R. begonnene Tradition fort. Damit ist eine R.form bezeichnet, die sich anti-realistisch gibt und deren Struktur diejenige gedanklicher Diskurse ist, deren anti-mimetisch zu begreifende Wirklichkeit als die vorläufige Fixierung *einer* Möglichkeit zu verstehen ist, und deren Subjekt sich in der Aufgabe des Selbstentwurfs erschöpft. In diesem Sinne hat der Diskurs des »Zauberberg« seinen Helden, wenn z.B. der Erzähler sich zuweilen im unklaren über seine Figuren ist. Weniger sind es

Handlungssegmente oder figurale Beziehungen, in welche die Charaktere gestellt werden und in denen sie zu agieren haben, vielmehr ist es die sprachliche Herrichtung ihrer sich im Text konturierenden Möglichkeiten, die den R. ausmacht: die zunehmende Ästhetisierung der Existenz des Helden, sein in langen Passagen erlebter Rede ausgebreiteter Welt- und Ich-Verlust, der in unendlich scheinenden kontroversen Gesprächen inszenierte abendländische Bildungsdiskurs (Settembrini – Naphta), die langwierige Vorbereitung und Etablierung eines affektiven Dialogs von Subjekt und Leben, dessen Realitätskomplement nebensächlich bleibt (Chauchat). Der Text präsentiert die Parodie eines Helden und thematisiert damit implizit die Problematik ›erhandelter‹ Wirklichkeitskohärenz. War noch in den »Buddenbrooks« (1901) der Kampf zwischen Geist und Leben mit perspektivischer Ironie offen gehalten, ist hier die Entscheidung zugunsten der künstlerischen Sublimierung gefallen; solches Leben aber führt über diskursiv verabreichte Medizin zum Tod des Helden und seiner Epoche.

H. Broch schreibt in seinem Essay »James Joyce und die Gegenwart« (1936), daß in jeder geglückten Abbildung der Welt ihre Abbildungsfeindschaft sich zeige, daß jeder dichterische Ausdrucksüberschwang nur die Ausdrucksfähigkeit einer zur Stummheit verdammten Welt belege. Seine Romantrilogie »Die Schlafwandler« (1931/32), von Broch selbst »Un-Roman« genannt, führt den Zerfall der die fiktionale Welt strukturierenden Metaphysik in drei Stufen vor: Romantik – Anarchie – Sachlichkeit. Ihnen entspricht ein wertethischer Verfall von Religion über Ästhetik zu Erotik und deren Käuflichkeit als unbewußt-amoralischer Existenz. Zugleich zeichnet der Text die Auflösung figuraler Identität in Passagen inneren Monologs, erlebter Rede, in Erörterungen und Gesprächen auf, in denen das »schlafwandlerische« Scheindasein, kommentiert von auktorialen Exkursen und Parabeln, verschwebt. Ungeachtet der Strukturierung durch Motivwiederholung und den – der Montage entlehnten – Stilmitteln der Konterkarierung und Fragmentierung bleibt die zentrierende Thematik die des Weltzerfalls und damit die diskursive *Selbstproblematisierung des R.s;* das Fehlen einer konsistenten Wirklichkeit, eines Helden und eines Erzählers machen den R. zu einer »wirklichen Unwirklichkeit« (Broch), die nur als Vorstufe zu sich selbst (»préroman«, R. Barthes) ästhetische Geltung hat.

Die Alternative, eine Auflösung der Identität des Helden und das Zurückweichen der Welt ästhetisch zu kompensieren, besteht in der Auffassung dieser Prozesse als strukturbildend. Es ist dies ein Vorgang formalästhetischer Adaptierung, durch den der *R. als Möglichkeitsform* seine Konstituierung der Rezeption überantwortet. Wiewohl durch die gesellschaftlichen Bezüge seiner »Parallelaktion« auch ein satirischer »Staatsroman« (H.v. Doderer), ist R. Musils »Der Mann ohne Eigenschaften« (1930/1943) vor allem »ein Essay von ungeheuren Dimensionen« (Tagebucheintrag Musils, 1935) über die *Möglichkeit des Erzählens* in der Moderne. Es zeigt sich hier, daß das prinzipielle Mißtrauen gegenüber der Axiomatik des traditionellen R.s nur die *Liquidierung des Erzählens* zur Folge haben kann: Einblicke in die Ordnung des Wirklichen entziehen sich dem Subjekt, seine Geschichte, unmetaphysisch betrachtet (Nietzsche), ist Geschehen von irgendetwas. Der Held, ein »Mann ohne Eigenschaften«, ist zu Beginn des R.s nicht nur fast tot; im weiteren Verlauf ist er so zögernd-passiv und in seiner metasprachlich verdoppelten fiktionalen Existenz von solch unbestimmter Identität, daß ihm ein Antagonist als Held »mit Eigenschaften« zur Seite gestellt wird. Handlung erweist sich durchweg als Scheitern und somit als Negation möglicher Wirklichkeit. Der R. als dichterische, »nicht-ratioide« (Musil) Erweiterung möglicher Wirklichkeiten ist deshalb notwendig reflexiv, sein Held, will er der totalen Trennung von der Welt entgehen, muß versuchen, die Utopie des »anderen Zustands« (Musil) zu leben, eine allem Faktischen und aller Metaphysik entsagende Existenzmöglichkeit interesseloser Kontemplation, die dieser R. als Form ist. – Wenn Wirklichkeit sinnlos ist, kann Sinngebung, ohne die sich Identität nicht herstellt, nur im Unwirklichen auffindbar sein; darin löst sich die Scheinhaftigkeit des Scheins, gegen welche moderne Kunst protestiert (Adorno, »Ästhetische Theorie«), notwendig auf.

Kafkas R. »Der Prozeß« (1914/15, 1925) verweigert sich sowohl der autobiographischen wie der allegorischen Deutung durch seine die Form selbst bestimmende Deutungsambivalenz. Diese als »Stil der Schwebe« (J.H. Petersen) bezeichnete Ausdrucksform hat ihr inhaltliches Korrelat im Umkreisen eines leeren Sinnzentrums. Der Unbestimmtheit und Unberechenbarkeit des über die fiktionale Existenz des Helden K. entscheidenden Gerichts entspricht die *perspektivische Ungewißheit,* ob Erzählbericht oder erlebte Rede eine wie immer geartete Kausalität des Geschehens für die Leser ermöglichen, als Geschichte eines unerhörten Justizvorgangs oder als psychopathologische Fallstudie einer paranoiden Psychose. Wenn an dem mit Josef K.s Fall befaßten Gericht grundsätzlich alles möglich ist, geht seine Wirklichkeit in Unbestimmbarkeit und Virtualität auf, wird der Widerspruch zum Deutungsprinzip seiner absurden Existenz. Die vermeintliche Offenheit der Zukunft, die sich ihm in Gesprächen als positiv konnotierte Ungewißheit des Prozeßausgangs zeigt, erweist sich als ein schwarzes Loch, welches das Sinnpotential möglicher Wirklichkeitsentfaltung vernichtet. Zum Teil erscheint diese Negierung als groteske Verzerrung von Details des Erzählerberichts. Die Sprache aller mit R.s Prozeß Befaßten ist Ausdruck eben dieser Absurdität, die als sich selbst aufhebende Rhetorik erscheint. So wird die der Sprache eigene Appellstruktur (ihre Handlungsbezogenheit) im je Gesagten bereits wieder aufgehoben. Im »Schloß« (1922/26) dehnt Kafka die Unbestimmbarkeit möglicher Handlung auf die Nicht-Identifizierbarkeit der den Landvermesser K. umgebenden Figuren aus; damit wird dieser selbst konfigural ›unidentisch‹, was auch seiner topographischen Verlorenheit entspricht.

Die labyrinthische Deutungsvielfalt der fiktionalen Entwürfe Kafkas markiert einen Endpunkt des entwerfenden Erzählens; Sinnentleerung der Welt und scheinhafte Identitäten, deren Existenz arbiträr an die Möglichkeit von Geschehen gebunden ist, lassen jede Art »plastischer Kraft« (Nietzsche), sei es auch nur die des Begriffs, vermissen. Die *Sehnsucht nach dem → Mythos,* nach der rettenden Rückkehr der Götter in die zerfallende Welt, die Nietzsche für das moderne Bewußtsein diagnostiziert, schließt die erhoffte Gewißheit der ewigen Wiederkehr des Gleichen ein, an der das gesellschaftlich heimatlose Subjekt Halt zu finden glaubt. Es ist diese innere Kraft des Mythos, die noch in seiner Travestie den R. zu epischer und – dies als Merkmal moderner Distanziertheit – narrativer Erneuerung treibt. Als in dieser Hinsicht mythischer Rettungsversuch des modernen R.s kann Joyces »Ulysses« ebenso gelten wie Brochs »Der Tod des Vergil« (1945) oder Manns »Joseph und seine Brüder« (1926–1942; 1948), »Der Erwählte« (1951), mit Einschränkung auch sein »Doktor Faustus« (1947). In gewissem Sinn gehören auch historische Romane des Exils wie H. Manns »Henri Quatre« (1935–38) und A. Döblins »Amazonas-Trilogie« (1938–1948) hierher, deren Helden in der Verstrickung von Mythos und Historie gezeigt werden.

Einen ihrer Provenienz entsprechenden geschichtsmythischen Bezug haben einige R.e des Amerikaners W. Faulkner; mythische Episierung vollzieht sich in »The Sound and the Fury« (1929). »As I Lay Dying« (1930), »Light in August« (1932) und »Absalom, Absalom!« (1936) als Herstellung eines kollektiven Geschichtssubstrats aus der Besiedlungs- und Bürgerkriegsgeschichte der Südstaaten-Gesellschaft, das sich zumeist in quasi-mythischer Schicksalhaftigkeit und Heroisierung erschöpft. Bemerkenswert am ersten der genannten R.e ist seine Multiperspektivität, mit der Faulkner unterschiedliche »Reduktionsformen der Subjektivität« (W. Iser) zum Ausdruck bringt.

Der oben skizzierten mythologischen Deutung folgend, läßt sich der Zweite Weltkrieg durchaus als die Rückkehr der Götter verstehen; diese »alten vielen Götter, entzaubert und daher in Gestalt unpersönlicher Mächte, entsteigen ihren Gräbern, streben nach Gewalt über unser Leben und beginnen untereinander wieder ihren ewigen Kampf« (M. Weber, »Wisenschaft als Beruf«). Dieser Kampf hat nichts Heroisches mehr. Die einst in abenteuerlicher Bewährung sich erfüllende Hoffnung eines Odysseus, vom Bürgersubjekt mit Aufklärung zusammengeträumt, ist nun dahin. Der Engel der Geschichte, so die Sicht W. Benjamins, schaut hilflos und entmachtet auf die Trümmer der Vergangenheit, der Sturm des Fortschritts treibt ihn weiter zu neuen Schrecken (»Angelus Novus«, »Illuminationen«, 1955/1969). In einem anderen Bild Benjamins tut Kafka die Arbeit des Sisyphos, dessen immergleiches Abmühen am Undurchschaubaren die schreckliche Negativität des Mythos vollzieht (»Das Schweigen der Sirenen«, 1934). E. Canettis »Die Blendung« (1938) zeigt die Monströsität eines Bildungskanons unter der Hybris, Wirklichkeit als Kopfwelten abbilden zu wollen, und endet im Weltenbrand einer Bibliothek.

Der Schatten des Faschismus hat die Literatur der klassischen Moderne von Ch. Maurras bis zu T.E. Hulme, von E. Pound bis zu E. Jünger, von M. Marinetti bis zu W. Lewis begleitet; ihr Übergang in Tradition erlaubt die Verdrängung dieser ihrer Janusköpfigkeit. Die Ernüchterung angesichts des Versagens aller Menschlichkeit findet ein emphatisches Korrelat in der Kulturkritik Nietzsches, des Propheten des Scheins, der noch Grausamkeit und Lust am Schmerz als Projektionen des schöpferischen Geistes zu deuten vermag (J. Habermas, »Der philosophische Diskurs der Moderne«, 1985). Der Wille zum Schein ist Wille zum Leben, denn allein der ästhetische Schein kann die Metaphysik ersetzen, deren das Subjekt bedarf.

Der französische *»nouveau roman«* ist insofern ein Roman des Scheins, als er diesen mit Oberfläche und Dinglichkeit gleichsetzt. Als ästhetische Theorie dient dabei der französische Existentialismus, der Nietzsches Ablehnung jeder metaphysischen Konstruktion von Subjektivität wie auch die – über Jaspers und Heidegger vermittelten – von Kierkegaard formulierten Grundbedingungen menschlicher Existenz, einsame Individualität, Wahlfreiheit, Angst und Paradoxie, aufnimmt. Darin wird die ›kafkaeske‹ Absurdität des menschlichen Seins gedeutet zum einen als ungeheure Freiheit, die aus dem Ekel als existentieller Befindlichkeit und der daraus resultierenden Einsicht der »Überflüssigkeit alles Seienden« erwächst (J.P. Sartre, »La nausée«, 1938), zum anderen als ebenso endwie hoffnungsloses, wenngleich die menschliche Würde erhaltendes Sichabmühen an der Wirklichkeit (A. Camus, »Le mythe de Sisyphe«, 1942). Wenn das eng begrenzte menschliche Sein durch die Zeit »genichtet« wird und damit dem An-sich der Gegenstände sich angleicht (Sartre, »L'Etre et le Néant«, 1943), ist Wirklichkeit weder deutbar sinnvoll noch absurd, sondern einfach ›da‹; die Beschreibung ihrer Zuständlichkeit (»condition«) ersetzt die (traditionelle) der Wesenhaftigkeit (»nature«; A. Robbe-Grillet, »Une voie pour le roman futur«, 1956).

Die literarischen Vorbilder sind bei N. Sarraute, der Mutter des »nouveau roman«, wie bei A. Robbe-Grillet die R.e »Ulysses«, »Das Schloß«, und »The Sound and the Fury«. Die als Frühformen des »nouveau roman« geltenden R.e »Murphy« (1938, S. Beckett) und »Portrait d'un inconnu« (1948, N. Sarraute) handeln von Subjektzerstörung als Folge von Wirklichkeitsabkehr (Beckett) bzw. präsentieren die Inkonsistenz fragmentarischer Wirklichkeitsfetzen als textuelles Sprachchaos, dessen Segmente nur willkürliche Bezüge zueinander haben. Mit »Molloy« (1951), einem der von S. Beckett in französischer Sprache geschriebenen und ins Englische übersetzten Werke, »Martereau« (1953, N. Sarraute), »Les Gommes« (1953), »Le voyeur« (1955, A. Robbe-Grillet) und »La Modification« (1957, M. Butor) haben alle Klassiker des »nouveau roman« ihr künstlerisches Bemühen um die Befreiung von der Axiomatik des traditionellen R.s, von Wirklichkeitskonsistenz und Subjektidentität, dargestellt.

Sarrautes »Martereau« entwirft, darin den R.en Kafkas verpflichtet, eine Welt aus Vagheiten und Unbestimmbarkeiten, in der Handlung und Charaktere leer und konturlos bleiben. Wie in ihrem ersten Werk (»Tropismes«, 1938) demonstriert, ist es der aus der Botanik entlehnte Begriff des *Tropismus*, durch den Sarraute die erstarrte Oberfläche der fiktionalen Welt dynamisiert: wie die vegetativ-reflexhafte Bewegung der Pflanzen (Tropismus), scheinen ihre insgesamt statischen Figuren auf psychische Reize zu reagieren, jedoch bleibt die Isoliertheit des Einzelnen unverändert, wie die Scheinhaftigkeit der sprachlichen Kommunikation beweist. Der existentialistischen Desillusionierung entspricht eine ontologische Enge der Sprache, die für den Ausdruck von Gefühlen keinen Raum hat, weil sie unterhalb ihrer Ebene (»soustexte«) im Vorbewußt-Reflexhaften verbleibt. Damit verbunden ist bei Sarraute das vom Erzähler konsequent demonstrierte Theorem von der Gefährlichkeit der Sprache. Die Sprache in Robbe-Grillets »Les Gommes« verleugnet ihre Sinnhaftigkeit nicht, mehr noch, die metaphysische Verweisqualität ihrer Zeichen konstituiert wesentlich die Intrige der detektivischen Fabel. Der Rückgriff auf die Struktur des Mythos (Oedipus) erhöht den Mord zum Grenzfall der Existenz und verklärt die entfremdete Dinglichkeit zu funktionaler Symbolik; die leitmotivische Verwendung von Sprüngen und Rissen (»décalages«), die den glatten, perfekt-wesenlosen Ablauf der Bewegungsvorgänge unterbrechen, formiert ästhetisch eine Kontinuität noch am Thema der Brüchigkeit selbst. Erst mit »La Jalousie« (1957) gelingt Robbe-Grillet ein R., der perspektivische Konsequenz (der eifersüchtige Blick durch die Jalousien) und raumzeitliche Diskontinuität zur kompositorischen Einheit – durchaus im musikalischen Sinne – bringt, allerdings um den Preis inhaltlicher Heterogenität.

M. Butor, der in »Passage de Milan« (1954) schon eine zerfallene Wirklichkeit als »assemblage sordide« perspektivisch adäquat in unterschiedlich langen Einstellungen des Blicks abzubilden versucht, läßt in

»La Modification« die Vermittlung von Dinglichkeit und Existenz erscheinen als – auch syntaktisch und stilistisch durchgeführte – determinierende Abhängigkeit der letzteren von den Gegenständen, Situationen und Orten, die der reisende Protagonist überwinden zu können glaubt. Die ihm solchermaßen aufgezwungene Veränderung seiner Existenz betrifft zum einen seine Unfreiheit, zum anderen das schutzlos den Dingen und Umständen Ausgeliefertsein, das ihn zermürbt. Die dritte dieser Veränderungen schließlich ist die Einsicht in die Macht des Mythischen. Der Held, dessen bevorzugte Lektüre die »Aeneis« ist, durchlebt in labyrinthischen Traumvisionen eine Identifizierung mit der mythologischen Vorlage. (So enthält der R. eine Transskription der Reise in die Unterwelt aus dem VI. Buch der »Aeneis« des Vergil.) In der Wirklichkeit jedoch gelingt es ihm nicht, sich sein Rom – scheinidentisch mit der römischen Geliebten – wirklich anzueignen. Allein eine Modifikation der Selbstauslegung könnte ihm gelingen: Delmont, der gescheiterte Held, wird einen Bericht über das Abenteuer seiner Veränderung schreiben.

Der in fast allen dieser R.e notierte Rekurs auf eine letztlich sinnbildende *mythische Strukturierung* fehlt in S. Becketts zu einer Trilogie (1959) zusammengefaßten R.en »Molloy«, »Malone meurt« (1951), »L'innommable« (1953). Trotz einer stark parodistischen Tendenz läßt sich die reduktionistische Zyklik der R.e begreifen als Prozeß eines Verbrauchs von Sinnmöglichkeit der Sprache; so überlagern sich am Ende von »Molloy« die Identitäten der beiden Icherzähler. Beide Berichte enden mit ihrem Anfang, alles Erzählte wird widerrufen. Becketts Erzähler werden getrieben von sich wechselseitig bedingender »Sprachlosigkeit, der Unfähigkeit zu schweigen und Einsamkeit« (»L'innommable«). Die *Reduzierung der Identität der Ich-Erzähler* bis hin zur Namenlosigkeit verläuft proportional zu ihrer zunehmenden Bewegungsunfähigkeit. Diese kann wiederum als Metapher für die Annäherung an statische Dinglichkeit an sich gelten. Die Sinnlosigkeit der von Malone erzählten Geschichten hat zur Konsequenz, daß allein leeres Sprechen Identität und Wahrheit verbürgen könnte. Diese Leere aber erschiene als Schweigen, das den Tod des Erzählers (und das Ende des R.s) bedeuten würde. So sind die Texte Becketts fiktionale Protokolle über Versuche, Bewußtseinsprozesse rein sprachlich, d.h. ohne grammatikalisch-syntaktische Sinnvorgaben zur Erscheinung zu bringen; aufgrund der dieser ästhetischen Zielsetzung vorausgehenden Prämisse des »Daseins als Schuld« sind sie eher in die Nähe Sartres als in die der Autoren des klassischen »nouveau roman« zu stellen. C. Simon versucht v.a. mit »Le Vent« (1957), die mit zahlreichen Episoden ansetzende zeitliche Kontinuität anzuhalten und aufzulösen, um die Sinnlosigkeit von Geschichte und ihrer Kausalität (post hoc propter hoc) zu demonstrieren. Wie der Wind ist Geschichte diskontinuierlich, unberechenbar, letztlich statisch und ahistorisch, und ebenso beschaffen ist die in sie eingeschriebene menschliche Existenz.

Während die Zäsur einer eurozentrischen Krise des Sinnverlustes die postmoderne Rückbesinnung auf → Moderne ermöglicht, bildet sich im *lateinamerikanischen Raum* jeweils vor dem Hintergrund regionaler, teils realistischer (I.M. Altamirano und R. Delgado in Mexiko), teils naturalistischer Traditionen (E. Cambacérès in Argentinien, T. Carrasquilla in Kolumbien, A. de Azevedo und E. R. Pimenta da Cunha in Brasilien) ein eigener „neuer Roman« (»nueva novela«) aus; dieser orientiert sich einerseits am französischen Existentialismus (E. Sábato, »El túnel«, 1948, »Sobre héroes y tumbas«, 1961), versucht andererseits aber bewußt die akkulturierten ästhetischen Strukturvorgaben der europäischen Vorbilder (wie z.B. epische Linearität) abzustreifen (M.A. Asturias, »El señor presidente«, 1932/1946), darin dann wieder der (europäischen) Moderne folgend. Die Einflüsse des Naturalismus und des Bewußtseinsromans sind deutlich. Die letztere Verbindung, die sich schließlich im *magischen Realismus* manifestiert, findet sich im R. »La región más transparente« (1957) von C. Fuentes, in dem sich im Dienste sozialkritischer Aussagen einige Elemente kinematographischer → Montage wie Schlagertexte, Reklameslogans, drehbuchähnliche Sequenzen und fragmentarische Zeitungsberichte ebenso finden wie längere Passagen im → Inneren Monolog. Die »Offenheit« (L. Pollmann) des lateinamerikanischen R.s – etwa gegenüber der theoriebedingten Hermetik des »nouveau roman« oder der inhaltlichen Fixierung der meisten europäischen und amerikanischen Schriftsteller auf die Kriegs- und Nachkriegsthematik – und seine für die euro-amerikanische Rezeption exotische Vielfalt der Figuren, Plots und Settings verhelfen ihm zu seiner großen internationalen Ausstrahlung. Zu nennen sind hier als markante Titel »La ciudad y los perros« (1962, M. Vargas Llosa), »La muerte de Artemio Cruz« (1962, C. Fuentes), und »Cien años de soleded« (1967, G. García Márquez). Während M. Vargas Llosa in »La casa verde« (1965) fünf Geschichten mittels episodischer Segmentierung zu einem vermeintlichen Chaos ineinander verdreht (eine schon in J. Cortázars »Rayuela«, 1963, vorgeführte Technik) und so die Gegenwart gegenüber der Chronologie behauptet, entwirft Garcia Márquez *den* großen lateinamerikanischen R. als Familienchronik. Die mythische Dichte und eine dem magischen Realismus verwandte Wirklichkeitsauffassung, die Themen der existentiellen Einsamkeit wie der zyklischen Wiederkehr von Geschichte sowie eine vielfältig verzweigte Handlung haben »Cien años de soledad« zum Markstein zeitgenössischen Erzählens gemacht.

Der *amerikanische Nachkriegsroman* greift im ersten Dezennium auf die traditionellen Erzählmodi und -techniken aus Realismus und Naturalismus zurück. Seine Themen sind der Krieg (N. Mailer, »The Naked and the Dead«, 1948), moralisch-religiöser Verfall (F. O'Connor, »Wide Blood«, 1952) sowie Isolation und geistige Leere der Nachkriegsgesellschaft (C. McCullers, »The Heart Is a Lonely Hunter«, 1949), Verlust der Unschuld (J.D. Salinger, »The Catcher In the Rye«, 1951), Rassenprobleme (R. Ellison, »Invisible Man«, 1952) und Geschichte der Schwarzen (J. Baldwin, »Go Tell It on the Mountain«, 1953), das Aufeinandertreffen von gesellschaftlichen Anpassungszwängen und jüdischer Tradition (B. Malamud, »The Assistant«, 1957).

Nach 1960 wird jedoch für den R. die Auseinandersetzung mit dem existentiellen Paradox einer sich extrem wohlhabend und selbstgerecht darstellenden Gesellschaft einerseits, mit der angesichts zunehmender Verschärfung des Kalten Krieges (Kuba 1962) durchaus realistischen Möglichkeit eines nuklearen Holocaust andererseits mehr und mehr bestimmend. Dies führt zu teils satirischen (K. Kesey, »One Flew Over the Cuckoo's Nest«, 1962), teils grotesken (J. Heller, »Catch-22«, 1961), teils phantastisch-komischen (K. Vonnegut, »Mother Night«, 1961, »Slaughterhouse Five«, 1969) Wirklichkeitsabbildungen. Dabei entwickelt sich ein neuerliches, dezidiert anti-realistisches Interesse an der *Konstruiertheit der Wirklichkeit,* an ihrer – das Schwinden der konkreten Erfaßbarkeit kompensierenden – Fiktionalität und Austauschbarkeit. Zusammen mit der ebenfalls schon im modernen R. durchgeführten reflexiven Selbstthematisierung der Fiktion (→ Metatextualität), entsteht hier ein intellektuell fabulierender R. (»metafiction«, »surfiction«), der sich in Anbetracht der Geschichtlichkeit seiner stilistischen und formalen Mittel nunmehr »postmodern« nennt (→ Postmoderne).

Der Rückgriff auf das Repertoire moderner Lösungsmöglichkeiten zur Krise des R.s, die wie aufgezeigt das Problematischwerden des Subjekt-Objekt-Verhältnisses bis zur Krise von Subjektivität selbst reflektiert, ermöglicht eine spielerische Verwendung noch der modernsten Formexperimente des R.s; das Spiel mit fiktionalen und reflexiven, metafiktionalen Elementen erlaubt eine beliebige Anzahl von Deutungen, deren jede ebenso vorläufig wie sinnvoll sein kann. Die *Optionalität* des R.s gilt als postmodernes Kriterium auch wegen seiner vermeintlich größeren Zugänglichkeit, so z.B. in der intertextuellen Verwendung von Mythen, Märchen bzw. Geschichte schlechthin (→ Intertextualität). Diese zum Programm erhobene anti-elitäre und spielerische („anti-serious«) Komponente postmodernen Selbstverständnisses soll der erschöpften Literatur (»literature of exhaustion« → Postmoderne) zu neuem Elan verhelfen, wobei die respektlose Nutzung von Sujets und Formen Ausdruck einer lustvoll-anarchischen Haltung gegenüber der Literatur (bzw. gegenüber der Kulturproduktion schlechthin) ist. Das *diskursive Wechselspiel von ästhetischer Theorie und literarischer Praxis* wird zum postmodernen Prinzip, Diskursänderungen und -wechsel gaukeln ästhetischen, wenn nicht gar geschichtlichen Wandel vor.

Es sind insbesondere drei Schriftsteller, auf deren Schultern der postmoderne R. seine große Bedeutung gewinnt: S. Beckett, J.L. Borges und V. Nabokov. Über Beckett ist oben schon gesprochen worden; vor allem einige Figuren seiner Theaterstücke, welche die Absurdität ihrer Existenz komödiantisch aufheben, prägen die postmodernen ›Helden‹. Der Argentinier Borges, u.a. Übersetzer Kafkas, unternimmt in seinen enzyklopädisch-philosophischen Erzählungen nichts weniger als eine symbolische Wiederholung der Welt, ohne Unterscheidung zwischen Realität und Fiktion, Geschichte und Imagination, Gegenständlichkeit und Bewußtsein. Seine »Ficciones« (1944) sind ein Labyrinth von mythischen, geistesgeschichtlichen und erkenntnistheoretischen Gedankenspielen, in denen Figuren wie Leser sich verlieren; alle systemisch-metaphysische Verbindlichkeit wird ebenso schnell aufgelöst wie sie aufgebaut wird. Es sind der ikonoklastische Synkretismus und die Esoterik der ästhetischen Ordnung im Chaos der Zeichen und Symbole, die ihre Spur im amerikanischen R. nach 1960 hinterlassen.

V. Nabokov schließlich, der seit 1941 englisch schreibende russische Emigrant, parodiert die mimetischen Konventionen des Erzählens durch vollständige *Aushöhlung der Zuverlässigkeit des Erzählers.* Die bevorzugte Form Nabokovs ist die *fiktionale Autobiographie,* in der die Subjekthaftigkeit einer Figur und die Kohärenz des Plot durch eine verwirrende Mischung von als historisch wahr beteuerten und diesen widersprechenden, erfundenen Details aufgelöst werden. Dazu dienen die ironische Verwendung von – Wirklichkeit vorgebenden – Fiktionalisierungstechniken aus den Anfängen des R.s wie z.B. Brief, Tagebuch und »confessio« (»Lolita«, 1955) und die Figuren wie Leser gleichermaßen verunsichernde → Intertextualität. Diese integriert zudem den poetologisch kaum rezipierten Bereich der russischen Literatur (»Pale Fire«, 1962; »Ada or Ardor«, 1969).

Auf die Nähe des amerikanischen postmodernen R.s zum akademischen Diskurs ist schon hingewiesen worden. Dies demonstrieren u.a. die R.e J. Barths, die zum einen als Parodie der Literaturgeschichte (»The Sotweed Factor«, 1960), zum andern als *parodistische Welterfindung* im Sinne Borges' (»Giles Goat-Boy«, 1968) das Erzählen durch *intertextuelle Remythisierung* retten wollen. Auch R. Federman (»The Twofold Vibration«, 1982) und R. Sukenick experimentieren mit der R.form, wenngleich hier zumeist poetologische Positionen des klassischen modernen R.s zur Anwendung kommen bzw. neu formuliert werden (»sinnvolle Fiktion kann nur von den Möglichkeiten der Fiktion handeln«; R. Federman, 1975). Zu einer Art Leitmetapher des postmodernen R.s wird ein der Thermodynamik entlehnter Begriff: *Entropie,* das Maß für die Wahrscheinlichkeit der Zunahme von Unordnung (Vermischung von Elementen) bei nicht umkehrbaren Prozessen in geschlossenen Systemen, soll die Sinnentleerung und Chaosgerichtetheit sprachlichen Handelns bezeichnen. So wird in den R.en Th. Pynchons, »V.« (1963), »The Crying of Lot 49« (1966) und »Gravity's Rainbow« (1973), die Unbestimmbarkeit von Welt und Subjekt teils satirisch verzerrt, teils erscheint sie als eine Paranoia auslösende, nicht greifbare Bedrohung durch subversive oder konspirative Systeme, deren Macht ›entropisch‹ zunimmt.

Die vielfach behauptete poetologische Nähe des postmodernen R.s zum französischen *Poststrukturalismus* stützt sich auf eine gewisse Kongruenz ihrer Zielsetzungen wie Dehierarchisierung, Intertextualität, Auflösung von binären Oppositionen, Zerstörung von logozentrischen Strukturen, Dekonstruktion des Subjektbegriffs. Bemerkenswerterweise sind es jedoch gerade die Repräsentanten der klassischen Moderne, welche zu den literarischen und erkenntniskritischen Vorbildern und Idolen der Poststrukturalisten gehören: Flaubert, Mallarmé, Rimbaud, Nietzsche, Joyce etc. (A. Huyssen, »Postmoderne«, 1986).

Von J. Habermas (1985) stammt die Formel von der »neuen Unübersichtlichkeit« als einer Signatur der Zeit, womit die Betroffenheit und Ratlosigkeit des Intellektuellen angesichts der Vielfalt der kulturellen Deutungsmuster bezeichnet ist, die ihre Substanz eingebüßt haben. Der Schriftsteller, dessen – auf seine Innerlichkeit gerichteten – Blicken sich nur eine »Wüste des Banalen« (B. Kirchhoff) auftut, ist zu sehr über sich und seine Rolle aufgeklärt, als daß er Wehleidigkeit noch für Weltschmerz auszugeben vermöchte. Das wiederholte Durchspielen der formalen Möglichkeiten, die unglaubhaft gewordene, gleichwohl nicht enden wollende Klage über das Leiden des Subjekts, die immer neuen Ansätze, einer entleerten Sprache im Schreiben über das Schreiben Sinn abzuringen, alle diese auf beeindruckender Selbsterkenntnis und tiefer Einsicht in die Problematik seines literarischen Mediums beruhenden Versuche haben seine Ohnmacht nicht beenden können. Ist Zynismus als »Grenzfall-Melancholie« (P. Sloterdijk, »Kritik der zynischen Vernunft«, 1983) ein dem Selbstbild des Schriftstellers wie dem Zeitgeist angemessen erscheinender Ausweg aus dieser Ohnmacht, so erweist sich die Besinnung auf die ureigene Bestimmung des R.s: auf das *Erzählen* selbst und das Entwerfen einer Wirklichkeit im Als-ob der Fiktion als der bei weitem produktivere (und erfolgreichere) Weg. Dabei zeigt sich, daß die Chronologie der Geschichten, die erzählt werden, einerseits die Gesellschaftsferne ihrer Inhalte impliziert; andererseits erlaubt die »Zitadellenkultur« der 80er Jahre, die nach O.K. Werckmeister der »Argumentationskultur« gefolgt ist (»Zitadellenkultur«, 1989), eine ästhetische Synthetisierung von Geschichte und Fiktion. Dies belegt die Exotik der lateinamerikanischen Schauplätze bei M. Vargas Llosa und G. Garcia Márquez ebenso wie die historistische Intertextualität der R.e U. Ecos, L. Norfolks oder C. Fuentes' (s.o.).

Erzählt wird aber auch Kulturgeschichte; in S. Nadolnys Geschichte über Wert und Nutzen der Langsamkeit wird die Suche J. Franklins nach der Nordwest-Passage zur Fortschrittsparabel (»Die Entdeckung der Langsamkeit«, 1983), P. Sloterdijks R. »Der Zauberbaum« (1985) erzählt die fiktive Geschichte von der Entstehung der Psychoanalyse, P. Süskinds Kriminalgeschichte »Das Parfüm« (1985) enthält eine Phänomenologie des Geruchssinns. Die »Schwierigkeiten im Umgang mit der (historischen) Wahrheit«, die durch den Gang der politischen Ereignisse auch für den R. eine unerwartet große Bedeutung bekommen haben, stehen dem Erzählen von Geschichten auch vor dunklem historischen Hintergrund nicht entgegen, wie C. Simons R. über den Grund der Geschichte (»Les Géorgiques«, 1981), T. Mos Kolonialhistorie »An Insular Possession« (1986) und A. Szczypiorskis Warschauer Episoden und Porträts in »Die schöne Frau Seidenman« (1986/1988) zeigen.

Es scheint, als könne der R. aufgrund der *Rückkehr des Erzählens* auf lange Sicht überleben, und nicht nur dies: seine (und seiner Autoren) metatextuelle Selbstdarstellung gelingt im Geschichtenerzählen allemal überzeugender als im wiederholten Thematisieren der Möglichkeit oder Unmöglichkeit der Erzählens.

G. Lukács: Die Theorie des Romans. Berlin 1920

V. Woolf: Modern Fiction. In: The Common Reader. London 1925

E. M. Forster: Aspects of the Novel. London 1927 (dt. 1949)

W. Benjamin: Krisis des Romans (1930). In: Gesammelte Schriften, Bd. III. Frankfurt a.M. 1972

W. Benjamin: Der Erzähler (1936). In: Ges. Schriften, Bd. II, Frankfurt a.M. 1977

W. Benjamin: Das Kunstwerk im Zeitalter seiner technischen Reproduzierbarkeit (1936). In: Schriften. Hrsg. v. Th. W. u. G. Adorno. Frankfurt a.M. 1955

H. Broch: James Joyce und die Gegenwart (1936). In: Dichten und Erkennen. Essays I. Zürich 1955

A. Schirokauer: Bedeutungswandel des Romans (1940). In: Zur Poetik des Romans. Hrsg. von V. Klotz. Darmstadt 1965

G. Blöcker: Die neuen Wirklichkeiten. Linien und Profile der modernen Literatur. Berlin 1957

Th. W. Adorno: Standort des Erzählers im zeitgenössischen Roman. In: Noten zur Literatur I. Frankfurt a. M. 1958

M. Butor: Répertoire I–III. Paris 1960 ff (dt. 1965 ff)

A. Robbe-Grillet: Pour un Nouveau Roman. Paris 1963 (dt. 1965)

L. Goldmann: Pour une sociologie du roman. Paris 1964 (dt. 1970)
L. Janvier: Une parole exigeante. Le Nouveau Roman. Paris 1964 (dt. 1970)
W. Engler: Der französische Roman von 1800 bis zur Gegenwart. München 1965
V. Klotz (Hrsg.): Poetik des Romans. Darmstadt, 1965
R. Baumgart: Ansichten des Romans oder Hat Literatur Zukunft? Neuwied 1968
R. Grimm (Hrsg.): Deutsche Romantheorien. Frankfurt a. M. 1968
L. Pollmann: Der neue Roman in Frankreich und Lateinamerika. Stuttgart 1968
Th. Ziolkowski: Dimensions of the Modern Novel. Princeton 1969 (dt. 1972)
Th. W. Adorno: Ästhetische Theorie. Frankfurt 1970
J. Schramke: Zur Theorie des modernen Romans. München 1974
P. Bürger: Theorie der Avantgarde. Frankfurt 1974
B. Hillebrand (Hrsg.): Zur Struktur des Romans. Darmstadt 1978
B. Zelinsky (Hrsg.): Der russische Roman. Düsseldorf 1979
W. Wehle (Hrsg.): Nouveau roman. Darmstadt 1980
H. Blumenberg: Die Lesbarkeit der Welt. Frankfurt 1981
P. Sloterdijk: Kritik der zynischen Vernunft. 2 Bde. Frankfurt 1983
U. Eisele: Die Struktur des modernen Romans. Tübingen 1984
J. Habermas: Der philosophische Diskurs der Moderne. Frankfurt 1985
V. Roloff, H. Wentzlaff-Eggebert (Hrsg.): Der spanische Roman vom Mittelalter bis zur Gegenwart. Düsseldorf 1986
R. Stevenson: The British Novel since the Thirties. London 1986
P. V. Zima: Roman und Ideologie. Zur Sozialgeschichte des modernen Romans. München 1986
P. Bürger: Prosa der Moderne. Frankfurt 1988
G. Hoffmann (Hrsg.): Der zeitgenössische amerikanische Roman. 3 Bde. München 1988
M. Andreotti: Die Struktur der modernen Literatur. Bern, Stuttgart 1990
V. Žmegač: Der europäische Roman. Geschichte seiner Poetik. Tübingen 1990
J. H. Petersen: Der deutsche Roman der Moderne. Stuttgart 1991
R. Ruland, M. Bradbury: From Puritanism to Post-Modernism. New York 1991
A. Hornung: Lexikon amerikanischer Literatur. Mannheim 1992
K. Briegleb, S. Weigel: Gegenwartsliteratur seit 1968 = Hansers Sozialgeschichte der Literatur Bd. 12. München 1992

Wolfgang Riedel

Science Fiction

Dieser Gattungsbegriff ist eigentlich irreführend. Er impliziert, daß die S. F. auf einer Verschmelzung zweier gegensätzlicher Bereiche – naturwissenschaftlicher Faktizität und erzählerischer Fiktionalität – basiere. In der Tat fühlen sich nicht wenige heutige Autoren einer Konzeption von S. F. verpflichtet, welche die Bindung der Gattung an Themen aus dem Bereich der »science« ernst nimmt. So definiert Heinlein S. F. als »[a] realistic speculation about possible future events, based solidly on adequate knowledge of the real world, past and present, and on a thorough understanding of the nature and significance of the scientific method«. (Heinlein in: Davenport 1969; 22) Ein großer Teil der heutigen Autoren faßt die thematischen Möglichkeiten der S. F. jedoch erheblich weiter, und die Definition von Suerbaum wird daher weit besser der gegenwärtigen Praxis gerecht: »Die Gattung S. F. ist die Gesamtheit jener fiktiven Geschichten, in denen Zustände und Handlungen geschildert werden, die unter den gegenwärtigen Verhältnissen nicht möglich und daher nicht glaubhaft darstellbar wären, weil sie Veränderungen und Entwicklungen der Wissenschaft, der Technik, der politischen und gesellschaftlichen Strukturen oder gar des Menschen selbst voraussetzen« (Suerbaum 1981: 10). S. F. versteht sich somit heute überwiegend als diejenige Gattung, welche nicht mimetisch die bestehende Welt abbilden, sondern alternative Welten erfinden will, wobei diese alternativen Welten meistens in der Zukunft lokalisiert sind.

Als sich die S. F. noch weitgehend auf naturwissenschaftliche und technische Themen beschränkte, war sie unschwer von der → *Utopie* und *Anti-Utopie* abgrenzbar, deren Thema alternative politische und gesellschaftliche Strukturen sind, und folgte auch andersartigen Erzählkonventionen. Heute dagegen sind Utopie und Anti-Utopie weitgehend in der S. F. aufgegangen. Auch zwischen S. F. und *fantasy fiction* läßt sich nur schwer eine klare Grenzlinie ziehen. Ursprünglich basierte die *fantasy fiction* – im Gegensatz zu einer wissenschaftsorientierten S. F. – auf übernatürlichen Fähigkeiten wie Magie oder Psikräften als Voraussetzungen der Handlung. Heute dagegen finden sich in Sammlungen von Erzählungen, die mit dem Titel S. F. versehen sind, oft *fantasy*-Geschichten und solche mit stärker wissenschaftsbezogener Thematik nebeneinander, und der führende *fantasy*-Roman der Nachkriegszeit, Tolkiens »Lord of the Rings« (1954/55), wird nicht selten zur S. F. gerechnet.

Das Bemühen, der von ihnen vertretenen Gattung Respektabilität zu verschaffen, hat S. F.-Autoren veranlaßt, anerkannte ältere literarische Werke für die Gattung S. F. zu reklamieren. So werden häufig die phantastischen Reiseerzählungen Lukians (»Wahre Geschichten«), Cyrano de Bergéracs (»L'autre monde«) oder Swifts (»Gulliver's Travels«), ferner Mary Shelleys »Frankenstein« sowie einige Erzählungen von E. T. A. Hoffmann und E. A. Poe als literarische Vorfahren der S. F. angeführt. Als eigene Gattung bildete sich die S. F. jedoch erst in der zweiten Hälfte des 19. Jahrhunderts heraus, und zwar besonders mit den Romanen von Jules Verne und H. G. Wells. Stark beeinflußt wurde der Aufstieg der S. F. dadurch, daß in dieser Zeit die Vorstellung von der Zukunft immer weniger durch das Konzept der christlichen Heilsgeschichte und immer stärker durch die Erwartung eines permanenten wissenschaftlichen und technischen Fortschritts sowie durch die Evolutionslehre geprägt wurde.

Die eigentliche Begründung der Gattung erfolgte jedoch erst in den zwanziger Jahren des 20. Jahrhunderts. 1926 gab der Amerikaner H. Gernsback mit »Amazing Stories« zum ersten Mal eine Zeitschrift heraus, die ausschließlich S. F.-Erzählungen enthielt, 1929 wurde das Wort S. F. zum ersten Mal verwendet, und erst jetzt kann man von einem klar konturierten Gattungsbewußtsein bei Autoren und Lesern sprechen. Die S. F. dieser Zeit beschränkte sich noch weitgehend auf wissenschaftliche (oder pseudowissenschaftliche) Themen, wurde aber zugleich zu einem literarischen Massenprodukt mit Unterhaltungsanspruch und Markenartikelcharakter. Für die massenhafte Verbreitung dieser S. F. sorgten eigene *fan*-Clubs, Zeitschriften (*fanzines*) und Buchreihen, und auch andere → Medien (Film, Rundfunk, Comics) nahmen sich der S. F. an. Sie wurde auf diese Weise zu einer → Gattung außerhalb des *main stream* der literarischen Entwicklung, die auch von den grundlegenden Wandlungen des Erzählens in der Literatur des frühen 20. Jahrhunderts seltsam unberührt blieb und eine eigene Leserschaft ansprach. Vor dem Zweiten Weltkrieg gab es in einigen europäischen Ländern noch eigenständige Entwicklungen, z.B. in England (C. S. Lewis, O. Stapledon) und in Deutschland (K. Laßwitz, B. Kellermann, H. Dominik); nach 1945 wurde jedoch der amerikanische Einfluß in den westeuropäischen Ländern für längere Zeit dominant, und nur die osteuropäische S. F. (vor allem der Pole St. Lem) vermochte sich diesem Einfluß zu entziehen.

Als Gattung hat die S. F. die Möglichkeit, zukünftige Veränderungen der Welt, der Wissenschaft und des Menschen durchzuspielen, für solche Entwicklungen den Boden zu bereiten oder vor ihnen zu warnen. Das

Gros der S. F. hat diese Erwartungen nicht erfüllt. Der Anspruch der S. F., wissenschaftliche Extrapolation und Erzählkunst miteinander zu verbinden, hat durchweg weder zu ihrer Anerkennung durch die Naturwissenschaften noch durch die Literaturkritik geführt, und die S. F. verblieb weitgehend im Bereich der Trivialliteratur.

Gleichwohl verdienen zwei neuere Entwicklungen Beachtung. Zum einen ist es einigen Autoren gelungen, den heutigen Menschen bedrängende Aspekte der gegenwärtigen Welt und ihrer zukünftigen Entwicklung mit den Mitteln der S. F. literarisch überzeugend zu gestalten. Manche S. F.-Autoren haben die Fragestellungen der Utopie und Anti-Utopie aufgegriffen (z.B. U. K. LeGuin, »The Left Hand of Darkness«, und R. Bradbury, »Fahrenheit 451«), andere haben sich auf wissenschaftlich und literarisch ernstzunehmende Weise mit den Grenzen des Fortschritts und mit den Konsequenzen der Entwicklung von Vernichtungswaffen, High Tech, Gentechnologie oder künstlicher Intelligenz für Mensch und Umwelt befaßt. Einige Autoren haben schließlich – in einer Zeit, in der sich die Literatur überwiegend religiösen Fragen verweigert – auch die Beziehung des Menschen zur Transzendenz zum Thema der S. F. gemacht (z.B. W. M. Miller, »A Canticle for Leibowitz«; vgl. Borgmeier in Suerbaum 1981: 151-162). Zum anderen hat sich auch die experimentelle Literatur der → Postmoderne wiederholt für Fragestellungen und Techniken der S. F. geöffnet. Gerade weil die Literatur der Postmoderne nicht in der Abbildung der wirklichen Welt, sondern in der Erfindung möglicher Welten ihr Ziel sieht, konnten Autoren wie W. Burroughs, K. Vonnegut, Th. Pynchon und D. Lessing immer wieder die Grenze von der *mainstream literature* zur S. F. hin überschreiten (vgl. Puschmann-Nalenz 1986). Umgekehrt haben auch einige führende S. F.-Autoren (z.B. Lem, Ph. K. Dick oder S. Delaney) durch eine Problematisierung des Realitätsbegriffs und durch formale Experimente den Anschluß an die literarische Entwicklung in der Postmoderne gefunden. Bei den anspruchsvollsten S. F.-Autoren ist daher heute eine Abgrenzung der S. F. von der *mainstream literature* kaum noch möglich.

K. Amis: New Maps of Hell. London 1961

B. Davenport (Ed.): The Science Fiction Novel. Imagination and Social Criticism. Chicago 1969

E. Barmeyer (Hrsg.): Science Fiction. Theorie und Geschichte. München 1972

T. Todorov: Einführung in die fantastische Literatur. München 1972

B. W. Aldiss: Billion Year Spree. The History of Science Fiction. London 1973

*M. Rose (Hrsg.):*Science Fiction. A Collection of Critical Essays. Englewood Cliffs, N. J., 1976

R. Scholes/E. S. Rabkin: Science Fiction. History, Science, Vision. London 1977

P. Parrinder (Ed.): Science Fiction. A Critical Guide. London 1979

D. Suvin: Metamorphoses of Science Fiction: On the Poetics and History of a Literary Genre. New Haven 1979
T. Ebert: The Convergence of Postmodern Innovative Fiction and Science Fiction. In: Poetics Today 1 (1979)
U. Suerbaum/U. Broich/R. Borgmeier: Science Fiction. Theorie und Geschichte, Themen und Typen, Form und Weltbild. Stuttgart 1981
H. Heuermann (Hrsg.): Der Science-Fiction-Roman in der angloamerikanischen Literatur. Düsseldorf 1986
B. Puschmann-Nalenz: Science Fiction und ihre Grenzbereiche. Meitingen 1986
H.-J. Schulz: Science Fiction. Stuttgart 1986
B. McHale: Postmodernist Fiction. London 1987
L. McCaffery: The Fictions of the Present. In: E. Elliott (Hg.): Columbia Literary History of the United States. New York 1988
U. Broich: Die Annäherung von Mainstream Literature und Science Fiction im Zeitalter der Postmoderne. In: D. Petzold und E. Späth: Unterhaltungsliteratur. Ziele und Methoden ihrer Erforschung. Erlangen 1990

Ulrich Broich

Simultanismus

S. ist die Bezeichnung für eine in Literatur, Film und bildender Kunst des 20. Jahrhunderts vertretene strukturbildende Verfahrensweise und darüber hinaus für ein künstlerisches Prinzip, das in manchen modernistischen (avantgardistischen) Bewegungen nach 1910 auch weltanschauliche Bedeutung annahm. Das Wort (abgeleitet von ›Simultaneität‹) drückt die Bestrebung aus, an verschiedenen Orten gleichzeitig sich ereignende Vorgänge und Handlungen in ihrem Nebeneinander mit künstlerischen Mitteln sichtbar zu machen. Im Hinblick auf die strukturelle Beschaffenheit der einzelnen Künste unterscheiden sich die Möglichkeiten, Sachverhalte bzw. fiktionale Inhalte dieser Art darzustellen. Die in Lessings »Laokoon« behandelte Problematik, nämlich die Unterscheidung zwischen Raumkünsten (mit simultan dargestellten Körpern) und Zeitkünsten (mit sukzessiv ablaufenden Handlungen), kann nach wie vor als Ausgangspunkt der Betrachtung dienen. Während die mit ikonischen Zeichen oder photographischen Techniken arbeitenden Künste Gleichzeitigkeit ins Bild bringen können, unterscheidet sich die Literatur von diesen primär visuellen Kunstgattungen in diesem Punkt dadurch, daß das mit der Sprache gegebene Nacheinander sowohl im mündlichen Vortrag als auch im Schriftbild zeichenhafte Simultaneität im strengen Wortsinn ausschließt. Das gleichzeitige Vortragen von Texten, wie in manchen Versuchen der Dadaisten, verlagert das Problem auf die Verständigungsebene und suggeriert Gleichzeitigkeit auf Kosten der Perzeption. Ähnlich verhält es sich mit dem Versuch, den gedruckten Text so anzulegen, daß – etwa durch synoptische Anordnung – beim Leser der Eindruck erweckt wird, es handle sich nicht um das gewohnte horizontale Vorstellungsbild, sondern um vertikale, als gleichzeitig zu denkende Strukturen.

Normalerweise muß sich die Literatur damit begnügen, durch die üblichen oder entsprechend modifizierten Formen der Mitteilung deutlich zu machen, daß ein komplexes Geschehen gemeint ist, in dem eine gewisse (kurze) Zeitspanne an verschiedenen Orten die gleiche ist, die Zeitvorstellung also einer Raumvorstellung weicht. Dazu wurden in der literarischen Praxis verschiedene Verfahren ausgebildet. Am häufigsten sind es in der Erzählliteratur des 20. Jahrhunderts unvermittelt gesetzte

Schnitte, entsprechend dem sprunghaften Nebeneinander verschiedener Bildsequenzen im → Film. Im → Drama gibt es dagegen schon seit älteren Zeiten Darstellungen simultaner Handlungen (z.B. bei Nestroy), veranschaulicht im Theater durch eine horizontale und/oder vertikale Aufteilung der Bühne in getrennte Schauplätze. Eindrucksvolle Beispiele finden sich um 1930 bei Bruckner (»Die Verbrecher«; »Elisabeth von England«) und Wilder (»Pullman Car Hiawatha«). In allen Fällen geht es um Gleichzeitigkeit, freilich bei unterschiedlichen Raumverhältnissen: Bei Wilder gewährt die Bühne Einblick in die Abteile eines Schlafwagens und damit in verschiedene menschliche Schicksale, in Bruckners Geschichtsdrama erfaßt der Blick die zeitliche Deckung und auch geistige Parallelität des Geschehens am englischen und am spanischen Hof.

Grundsätzlich gilt es, vor allem in der Erzählprosa, zu unterscheiden zwischen dem Versuch, durch getrennt geführte Erzählstränge, im übrigen aber konventionell dargestellte Handlungen simultane Abläufe in einem bestimmten Milieu oder in scharf kontrastierenden Schauplätzen dem Leser vor Augen zu führen, und andererseits dem radikal modernistischen Verfahren, durch Simultaneität spezifisch moderne Erfahrungen auszudrücken: Beziehungslosigkeit, chaotische Zustände, neue Wahrnehmungsformen. Das Prinzip ›Simultanismus‹ erscheint dann als formbildendes Analogon einer Welt, in der infolge technischer Entwicklungen zunehmend auch der Alltag vom Bewußtsein der Verräumlichung der Zeit bestimmt wird. In anderen Auffassungen des S., vor allem bei den Dadaisten, führt die Gleichzeitigkeit zu einer Häufung disparater Dinge, die als das Bild einer absurden oder zumindest sinnlos sich gebärdenden Welt gelten sollen.

In traditionellen Formen begegnet man der Idee des S. in Romanen des 19. Jahrhunderts, programmatisch im Vorwort zu Gutzkows Roman »Die Ritter vom Geiste« (1850), wo für einen »Roman des Nebeneinander« geworben wird, der durch seine Komposition die Vielfalt der komplex gewordenen zeitgenössischen Realität veranschaulichen soll. Den Absichten modernistischer Bewegungen steht ein Verfahren Flauberts näher, das in »Madame Bovary« (8. Kapitel des II. Teils) im Nebeneinander der Beteuerungen des Liebespaares und der Ausrufe von einer landwirtschaftlichen Ausstellung dem Erlebnis der Beziehungslosigkeit suggestiven Ausdruck verleiht. In der poetischen Praxis der Ismen in den ersten drei Jahrzehnten nach 1900 sowie in deren Manifesten sind simultanistische Vorstellungen unterschiedlich akzentuiert. Während die italienischen Futuristen (s. Baumgarth 1966: 215) danach trachteten, im S. den Triumph einer technifizierten, »dynamischen« Welt zu gestalten, was sich besonders in der Segmentierungstechnik der futuristischen Malerei auswirkte (→ Futurismus), wurde in den Jahren des Ersten Weltkrieges im Züricher Dada-Kreis der S. (wie auch das Prinzip der →

Aleatorik) als ein Mittel begriffen, die Absurdität der zeitgenössischen Wirklichkeit durch alogische Textgestaltung erkennbar zu machen. Huelsenbecks »Phantastische Gebete« (1916) sind dafür ein – wenig bekanntes, doch höchst eindrucksvolles – Beispiel. Seither hat sich namentlich der Roman des S. bemächtigt: das pointilistische Verfahren in Joyces »Ulysses« sowie die Montagetechniken (→ Montage) bei Döblin (»Berlin Alexanderplatz«) und Dos Passos (»The 42nd Parallel«) sind bahnbrechende Leistungen der zwanziger Jahre. In neuerer Zeit hat z.B. Grass in manchen Kapiteln der »Blechtrommel« die Darstellung von Simultaneitätsvorstellungen spielerisch aufgegriffen.

A. Hauser: Sozialgeschichte der Kunst und Literatur. München 1953
R. Shattuck: The Banquet Years. New York 1955
R. Grimm: Strukturen. Essays zur deutschen Literatur. Göttingen 1963
R. Huelsenbeck: Dada. Eine literarische Dokumentation. Reinbek 1964
H. Richter: Dada – Kunst und Antikunst. Köln 1964
Chr. Baumgarth: Geschichte des Futurismus. Reinbek 1966
V. Klotz: Die erzählte Stadt. München 1969
U. Apollonio: Der Futurismus. Manifeste und Dokumente einer künstlerischen Revolution 1909-1918. Köln 1972
H. G. Kemper: Vom Expressionismus zum Dadaismus. Kronberg/Ts. 1974
J. Schramke: Zur Theorie des modernen Romans. München 1974
A. J. Bisanz: Linearität versus Simultaneität im narrativen Zeit-Raum-Gefüge. In: Erzählforschung 1 (LiLi, Beiheft 4). Hrsg. von W. Haubrichs. Göttingen 1976
K. Riha: Das Experiment in Sprache und Literatur. Anmerkungen zur literarischen Avantgarde. In: Propyläen. Geschichte der Literatur. Bd. VI. Berlin 1982
K. R. Scherpe (Hrsg.): Die Unwirklichkeit der Städte. Großstadtdarstellungen zwischen Moderne und Postmoderne. Reinbek bei Hamburg 1988
H. R. Jauß: Studien zum Epochenwandel der ästhetischen Moderne. Frankfurt a.M. 1989
V. Žmegač: Der europäische Roman. Geschichte seiner Poetik. Tübingen 1990

Viktor Žmegač

Sozialistischer Realismus

Als Richtlinie für das künstlerische Schaffen wurde der S. R. auf dem Ersten Allunionskongreß der sowjetischen Schriftsteller im August 1934 diskutiert und beschlossen. Danach war er bis zum Ende des Sowjetsystems als »schöpferischer Grundsatz« im Statut des Schriftstellerverbandes formelhaft festgeschrieben: »Der sozialistische Realismus, der die Hauptmethode der sowjetischen schönen Literatur und Literaturkritik darstellt, fordert vom Künstler wahrheitsgetreue, historisch konkrete Darstellung der Wirklichkeit in ihrer revolutionären Entwicklung. Wahrheitstreue und historische Konkretheit der künstlerischen Darstellung muß mit den Aufgaben der ideologischen Umgestaltung und Erziehung der Werktätigen im Geiste des Sozialismus verbunden werden« (Schmitt/Schramm 1974: 390).

In der Doktrin des S. R. verschmolzen verschiedene ideologische und ästhetische Theoreme, die im literaturpolitischen Diskurs der zwanziger Jahre kontrovers erörtert worden waren. Zwischen der 1932 durch Parteierlaß verfügten Auflösung der bisherigen Schriftstellerorganisationen und dem Schriftstellerkongreß zeichneten sich die Umrisse des S. R. immer deutlicher ab. Zum ersten Male tauchte der Begriff in einer Rede des Chefredakteurs der »Izvestija« Gronskij am 20. Mai 1932 auf; später wurde er von Stalin in einem Gespräch mit Gor'kij am 26. Oktober 1932 mit der Bemerkung sanktioniert, die sozialistische Kunst sei die Kunst des S. R.

Das *Realismus-Gebot* wurde weitgehend aus Lenins *Widerspiegelungsontologie* abgeleitet, derzufolge die Kunst »als eine bestimmte Form der Widerspiegelung der Wirklichkeit in einer bestimmten Entwicklungsphase auftrete«, dabei aber »Aspekte der Veränderung der objektiven Wirklichkeit enthalten« müsse (Kluge 1973: 206 ff.). Damit wurde zugleich das »offene« und »objektive« Realismuskonzept von Plechanov, dem ideologischen Widersacher Lenins, verdrängt. Die politische Instrumentalisierung der realistischen Methode wurde mit dem ebenfalls auf Lenin zurückgehenden Postulat nach *Parteilichkeit* (partijnost') geleistet. *Tendenziosität, Volkstümlichkeit* (narodnost'), *Ideengehalt* (idejnost'), *Massenverbundenheit* (massovost') waren weitere Forderungen, die im Zusammenhang mit dem S. R. an die Literatur herangetragen wurden. Wohl am deutlichsten ist die Funktion des S. R. mit Stalins vielzitiertem Diktum bezeichnet, die Schriftsteller sollten »Ingenieure der menschlichen Seelen« sein, was besagte, daß die Literatur in den dreißiger Jahren im Sinne der Stalinischen Umgestaltung der sozialökonomischen Verhältnisse auf das Bewußtsein der Sowjetbürger verändernd einwirken sollte.

Eine wichtige Rolle bei der Genese des S. R. spielte Gor'kij: Er legte mit seinem bereits 1906 geschriebenen Roman »Die Mutter« nicht nur das klassische Musterwerk des S. R. vor, in dem in parteilicher Darbietung das politisch bewußte Proletariat gezeigt wurde und der exemplarische *positive Held,* Pavel Vlasov, auftrat, stärker noch beeinflußten seine leidenschaftlichen Beiträge die Diskussion um den S. R. Hatte er in dem Aufsatz »Über den Sozialistischen Realismus« (O socialističeskom realizme, 1933) den jungen lernenden Schriftstellern im Sozialismus den Kampf mit dem Gift der kleinbürgerlichen Mentalität, Materialismus und Individualismus, als Aufgabe vor Augen geführt, so stellte er in seiner großen Rede auf dem Schriftstellerkongreß die *menschliche Arbeit* als wichtigstes Thema und den *Erbauer des Sozialismus* als Hauptheldender Literatur des S. R. heraus. Während die »bürgerliche Literatur« den Zustand der Entfremdung der Persönlichkeit von Gesellschaft, Staat und Natur zum Inhalt habe, werde Entfremdung in der Sowjetliteratur aufgehoben.

Mochte manchem Autor nach den klassenkämpferisch-rüden Maßnahmen seitens der Proletarischen Schriftsteller (RAPP) die Doktrin des S. R. zunächst als neugewonnener Freiraum erscheinen, so drängten verschiedene literaturpolitische Kampagnen und Diskussionen vor und nach dem Zweiten Weltkrieg die Literatur im Zeichen des S. R. in ein immer engeres thematisches und ästhetisches Korsett. Die Ansätze der russischen Avantgarde (→ Futurismus, Konstruktivismus) wurden als *Formalismus* verworfen, ebenso wie eine die soziale Wirklichkeit kritisch dokumentierende und beschreibende Literatur als → *Naturalismus* angefeindet wurde. Die Wiedergewinnung der Klassiker, selbst die nachträgliche Glorifizierung Majakovskijs (unter Ausblendung seiner futuristischen Komponente) trugen zur Festigung der realistischen Tradition bei, während der *Kampf um die Reinheit der russischen Sprache* sich gegen experimentelle, ornamentale und dialektale Formen, typisch für die Literatur der zwanziger Jahre, wendete. Eine geradezu absurde Ausprägung fand die Diskussion um den sozialistischen Gehalt der Literatur des S. R. in der um 1940 aufkommenden *Theorie der Konfliktlosigkeit* (teorija beskonfliktnosti), die, im Einklang mit Stalins gesellschaftlicher Unifikationspolitik, behauptete, daß nach Ausschaltung der Kulakenklasse in der Literatur keine Klassenantagonismen mehr »widergespiegelt« werden könnten, das darzustellende Leben also gleichsam widerspruchsfrei verlaufe. Die von Ždanov initiierten Kampagnen der Nachkriegszeit richteten sich gegen apolitischen *Individualismus, Kosmopolitismus, »Katzbuk-*

kelei vor dem Westen« (nizkopoklonstvo pered Zapadom) und andere »dekadente« Erscheinungen.

In der literarischen Praxis brachte die Doktrin des S. R. ein neues Gattungssystem hervor, in dem der Roman als »geschlossene Form« mit autoritärem, allwissendem Erzähler mit mehreren thematischen Varianten den beherrschenden Platz einnahm. Zuerst ist die Darstellung des Aufbaus neuer Industrieobjekte im sog. *Produktionsroman* (Leonov, Kataev u. a.) zu nennen. Im sozialistischen *Erziehungsroman* (Ostrovskij: »Wie der Stahl gehärtet wurde«, 1932-1934; Makarenko: »Pädagogisches Poem«, 1935) wurde das Heranreifen des *neuen Menschen,* der sozialistischen Persönlichkeit, thematisiert. Die großen *Geschichtsromane* riefen Wendepunkte der russischen Vergangenheit wie die Umgestaltung Rußlands durch Peter den Großen (A. Tolstoj), den Krimkrieg (S. Sergeev-Censkij) oder die Seeschlacht von Tsushima (A. Novikov-Priboj) mit breiter Detailgenauigkeit und patriotischem Pathos in Erinnerung, während der Weg der Russen durch Krieg, Revolution und Bürgerkrieg in umfangreichen *Roman-Epopöen* nach dem Vorbild von L. Tolsojs »Krieg und Frieden« (Tolstoj: »Der Leidensweg«, 1920-41; Šolochov: »Der stille Don«, 1928-40) die zeittypische literarische Gestaltung fand: gewichtigste Gattung im Rahmen des S. R. In der Lyrik wurde, nachdem Dichter wie Anna Achmatova, Pasternak oder Mandel'štam zurückgedrängt oder ausgeschaltet waren, das *Massenlied* (massovaja pesnja) zur typischen Gattung (M. V. Isakovskij, V. I. Lebedev-Kumač). Das Drama unterlag den Zeittendenzen wohl am stärksten. Hier wurde zuerst dem *Führerkult* um Lenin und Stalin – etwa in den Stücken N. Pogodins – Tribut gezollt. Die Stilformation, die sich in der Literatur des virulenten S. R. mit Hervorkehrung der *sozialpädagogischen Funktion* und starken Idealisierungstendenzen konstituierte, läßt eine typologische Verwandtschaft mit dem höfischen Klassizismus des 18. Jahrhunderts erkennen (Terc 1967: 431 ff.; Lauer 1975: 12).

Nach dem Zweiten Weltkrieg wurde der S. R. zur verbindlichen Literaturdoktrin auch in den volksdemokratischen Ländern erhoben. Die für ihn typischen Gattungen begegnen bis in die fünfziger Jahre in Polen, der Tschechoslowakei, Ungarn und Rumänien. Namentlich auch in der Sowjetischen Besatzungszone bzw. der DDR entstand nach dem Krieg eine Literatur mit allen Merkmalen des S. R. (E. Strittmatter, W. Bredel, B. Apitz u.a.). Eine Sonderstellung nahm Jugoslawien ein. Hier mied man den Begriff S. R. und sprach von einem *»neuen Realismus«* (novi realizam), der in der künstlerischen Praxis freilich voll dem dogmatisch verstandenen S. R. entsprach. Nach dem Bruch Titos mit Stalin wurde auf den Schriftstellerkongressen in Zagreb 1949 und Ljubljana 1952 (Grundsatzreferat von M. Krleža) die Doktrin des S. R. mit Entschiedenheit verworfen.

Nach dem Tode Stalins im März 1953 setzte mit der sog. *Tauwetter-Debatte* auch in der Sowjetunion Kritik an *Schönfärberei* und *»Lackierung der Wirklichkeit«* (V. Pomerancev), an *Schablonenhaftigkeit* und mangelnder Wahrhaftigkeit (I. Ėrenburg) der Sowjetliteratur ein. In der Folgezeit hat sich die Literatur in den Ländern des Ostblocks in Thematik und Ausdrucksformen rasch und demonstrativ von den Fesseln der *Ždanov-Ära* befreit. Gleichwohl wurde lange Zeit versucht, Formationen wie die *»junge Prosa«* (Jeans-Prosa, molodaja proza) der sechziger Jahre oder gar die offenen Strukturen der sog. *»neuen Prosa«* (novaja proza) der siebziger Jahre (A. Bitov, V. Rasputin u.a.), die sich in ihrer künstlerischen Faktur und ideologisch-ästhetischen Funktion vom vormaligen S. R. weit abgesetzt haben, noch auf den alten Generalnenner des S. R. zu bringen. Anstrengungen, den Begriff – sofern er überhaupt noch gebraucht wurde – dogmatisch zu entschärfen oder durch den allgemeineren Begriff *»sozialistische Literatur«* zu ersetzen, waren seit den siebziger Jahren allenthalben zu beobachten. Im offiziellen Sprachgebrauch bildete sich unter der Hand eine »offene« Konzeption des S. R. heraus, die der bulgarische Literaturkritiker T. Žečev 1979 mit den Worten umriß, »daß nicht nur in Bulgarien Situationen möglich sind, in denen unerwartete künstlerische Entdeckungen die Theorie des Sozialistischen Realismus vor die Notwendigkeit stellen, einige ihrer Positionen kritisch neu zu bewerten« (Lauer 1981: 80). Neuere Forschungen, die einerseits den S. R. als Stilformation beschreiben (Günther 1984), andererseits die spezifischen Erscheinungen des S. R. in den gesamteuropäischen Kontext stellen, führen zum Erkennen typologischer Ähnlichkeiten des S. R. mit dem künstlerischen Ausdruck des Dritten Reiches (Blut- und Bodenliteratur), des faschistischen Italiens und des französischen Neoklassizismus – allesamt Ausprägungen einer Gegenbewegung gegen die künstlerisch-revolutionäre → Avantgarde der zwanziger Jahre in einem Klima autoritäter oder totalitärer Politik. In solcher kulturhistorischer Einordnung dürfte dem Begriff S. R., verstanden als normative, relativ einheitliche Stilformation in der Zeit zwischen 1932 und 1956, für die sowjetische Literatur und ihren Einflußbereich literaturwissenschaftliche Berechtigung zukommen. Seine Ausweitung auf vorgängige oder spätere Erscheinungen der Literatur und Kunst war nie mehr als ein nichtssagendes Etikett.

H. Ermolaev: Soviet Literary Theories 1917-1934. The Genesis of Socialist Realism. Berkeley 1963.

K. D. Muratova: Vozniknovenie socialističeskogo realizma v russkoj literature. Moskau/Leningrad 1966

V. F. Vorob'ev: A. M. Gor'kij o socialističeskom realizme. Kiev 1968

K. Eimermacher (Hrsg.): Dokumente zur sowjetischen Literaturpolitik 1917-1932. Stuttgart/Berlin/Köln/Mainz 1972

L. I. Timofeev/S. V. Turaev: Socialističeskij realizm. In: Kratkaja Literaturnaja Ėnciklopedija. Bd. 7. Moskau 1972

C. V. James: Soviet Socialist Realism. Origins and Theory. London 1973

R.-D. Kluge: Vom kritischen zum sozialistischen Realismus. München 1973

J.-U. Peters: Réalisme sans rivages? Zur Diskussion über den sozialistischen Realismus in der Sowjetunion seit 1956. In: Zeitschrift für Slavische Philologie 37 (1974)

H.-J. Schmitt/G. Schramm (Hrsg.): Dokumente zum 1. Allunionskongreß der Sowjetschriftsteller. Frankfurt a.M. 1974

A. N. Iezuitov: Socialističeskij realizm v teoretičeskom osveščenii. Leningrad 1975

R. Lauer: Il'ja Ėrenburg und die russische Tauwetter-Literatur. Göttingen 1975

E. Možejko: Der sozialistische Realismus. Theorie, Entwicklung und Versagen einer Literaturmethode. Bonn 1977

M. Damus: Sozialistischer Realismus und Kunst im Nationalsozialismus. Frankfurt a.M. 1981

H. Günther: Die Verstaatlichung der Literatur. Entstehung und Funktionsweise des sozialistisch-realistischen Kanons in der Sowjetliteratur der 30er Jahre. Stuttgart 1984

K. D. Seemann: Zur Begriffsgeschichte von »Beschönigung« und »Lackierung der Wirklichkeit«. In: Aus dreißig Jahren Osteuropa-Forschung. Gedenkschrift für G. Kennert. Berlin 1984

H. Günther: Verordneter oder gewachsener Kanon? Zu einigen neueren Arbeiten über die Kultur der Stalinzeit. In: Wiener Slawistischer Almanach. Bd. 17 (1986)

B. Groys: Kunstwerk Stalin. Zur Ästhetik des Sozialistischen Realismus. In: Frankfurter Allgemeine Zeitung (21.3.1987)

H. Günther: Ein Traktor, der die Seele umpflügt. Zum Verhältnis von Sozialistischem Realismus und Avantgarde in der russischen Kunst. In: Frankfurter Allgemeine Zeitung (24.7.1987)

Reinhard Lauer

Surrealismus

Der S. (frz.: surréalisme) entstand zu Beginn der zwanziger Jahre in Paris als eine sich revolutionär verstehende Literatur- und Kunstbewegung der → Avantgarde. Er ging hervor aus der Zusammenarbeit der Dichter Breton, Soupault und Aragon, hinzu kamen später Autoren wie Eluard, Desnos, Péret, Artaud, Vitrac und Queneau. Schon bald, beginnend mit der Rezeption der Malerei De Chiricos, ergaben sich künstlerische und organisatorische Beziehungen zur bildenden Kunst, zu Max Ernst, Masson, Miró, Man Ray, Duchamp und später zu Dalí und Magritte, wobei auch Picasso der sich formierenden Gruppe der Surrealisten nahestand. Die für den S. kennzeichnende Verschränkung von Literatur und bildender Kunst wird zudem sichtbar in den literarischen Versuchen von Max Ernst, Picasso und Dalí. Bei der Wahl des Namens S. bezog man sich auf Apollinaire, der sein Drama »Les mamelles de Tirésias« (1917) mit dem Untertitel »drame surréaliste« versehen hatte. Zunächst in der Öffentlichkeit als eine Schar künstlerischer Wirrköpfe verschrien, fanden die Surrealisten seit dem Ende der zwanziger Jahre zunehmende Resonanz, auch über die Grenzen Frankreichs hinaus. In Deutschland ergaben sich Wirkungsmöglichkeiten freilich nur bis zur nationalsozialistischen Machtergreifung (1933), so daß die Zahl deutschsprachiger Vertreter relativ gering blieb: in der Literatur Autoren wie Arp, Goll mit einem Teil seines Œuvre, Hölzer und Zürn; in der bildenden Kunst neben Max Ernst u. a. Bellmer, Paalen, Oppenheim und wiederum Arp. Ansonsten war die internationale Wirkung des S. beträchtlich. Es bildeten sich surrealistische Gruppen in Belgien, der Tschechoslowakei, in Polen, Jugoslawien, Rumänien, Portugal, Spanien und in außereuropäischen Ländern wie Chile, Peru, Martinique, Japan, den USA und Kanada. Die Anthologie »Das surrealistische Gedicht« (1985) verzeichnet 166 Autoren aus 35 Ländern. Bedeutende Ausstellungen surrealistischer Kunst fanden statt u.a. in Paris, Brüssel, New York, Kopenhagen, London, Mexico City, Mailand und Sao Paulo.

Der umfassend revolutionäre Anspruch der Surrealisten gründete in der tiefen Skepsis gegenüber einer bürgerlichen Gesellschaft, deren krisenhafter Zustand mit dem Ersten Weltkrieg, für viele spätere Surrealisten ein Schlüsselerlebnis, schlagartig offenbar wurde. Die Folge war eine radikale Kritik an den politischen, sozialen und kulturellen bürgerlichen Institutionen, an den Entfremdungserscheinungen der modernen Zivilisation und an einer verdinglichten gesellschaftlichen Rationalität, die alles dem »règne de la logique« (Breton) und seinem ausschließlich logozentrischen Realitätsbegriff unterstellte. Die Protesthaltung verstand sich als total, insofern ergaben sich anfänglich programmatische und organisatorische Berührungspunkte mit der gleichfalls radikal antibürgerlichen Zielsetzung des → Dadaismus, wie Tzara sie um 1920 in Paris bekannt machte. In zunehmender Distanz zur ausschließlich destruktiven Attitüde dadaistischer Aktionen versuchte der S. jedoch, seinen Nonkonformismus in neue künstlerische Zielperspektiven umzusetzen. Bretons »Manifeste du Surréalisme«, publiziert 1924, bemühte sich um die programmatische Verdichtung dieses Anspruchs. Surrealistische Ästhetik begreift sich hier als strikte Abkehr von der ästhetischen → Tradition. Dabei war die Polemik gegen jedwede realistische Darstellung, etwa im → Roman, Teil der Absage an alle positivistisch begründeten Realitätskonzepte, deren Zwangscharakter, aus der Sicht der Surrealisten, entscheidende Ansprüche des Menschen nicht zu ihrem Recht kommen ließ. Die angestrebte Mobilisierung alternativer Erfahrungs- und Erlebnispotentiale führte auf der ästhetischen Ebene zur Rückbesinnung auf Phantasie und Imagination als wesentliche Elemente des schöpferischen Umgangs mit der Realität. Der traditionelle romantische oder symbolistische Bedeutungsgehalt dieser Leitvorstellungen wurde dabei – unter Berufung auf Nerval, Rimbaud und vor allem Lautréamont – radikalisiert in das Modell einer umfassenden menschlichen Kreativität, deren Fundus an Sinnlichkeit und Emotionalität ein reicheres Weltverhältnis gewähren sollte als die rein logische Erfahrung.

Im Lichte solcher Zielsetzungen mußte zwangsläufig die Welt des *Traums* bzw. des *Unbewußten* für den S. große Bedeutung erlangen. Hinzu kam die wenn auch sehr willkürliche und selektive Aneignung der Traumtheorie von Freud. Der Traum wurde als Sprache des Unbewußten zum geeigneten Medium der Entdeckung neuer Ausdrucks- und Wahrnehmungsweisen, die im Inneren wie im Äußeren ein Mehr an lebendiger Wirklichkeit versprachen. Die vorrationale, assoziative und bilderreiche Sprache des Träumenden, noch unentstellt durch die Zwänge des logischen Diskurses, galt den Surrealisten als Modell ästhetischen Produzierens. Das Verfahren der *automatischen Schreibweise,* der »écriture automatique«, wurde propagiert als sprachschöpferisches Analogon zur Traumproduktion: Herstellung von Texten durch »automatisme psychique pur« (Breton), worin das Unbewußte sich unvermittelt darstellen und ausdrücken kann, noch bevor es den Kontrollen der Vernunft ausgesetzt ist. »Les champs magnétiques« (1919), von Breton und Soupault gemeinsam verfaßt, eröffnete eine Reihe von automatischen Texten, wie die vorgeblich in Trance produzierten Traumsequenzen bei Desnos oder die weitgespannten Bilderketten in der Lyrik Eluards.

Dem entsprachen in der Malerei die durch psychische Impulse gesteuerten ›automatischen Zeichnungen‹ Massons, die phantastischen Figurationen Mirós oder die libidinös besetzten ›photographischen‹ Traumbilder Dalís. Es ging vornehmlich um die Befreiung der künstlerischen Ausdrucks- und Darstellungsmittel aus der Enge realistischer und pragmatischer Vorgaben. Die unbewußt erzeugten Bildfügungen und Assoziationsketten sollten ein Feld von verblüffenden Analogien und neuartigen Beziehungen erstellen, mit dem Ziel, die Bezirke einer nur logozentrisch und materialistisch begriffenen Realität zu erweitern und neue Bereiche menschlichen Wahrnehmens aufzuspüren. Dabei wurde die Metropole Paris, schon im 19. Jahrhundert ein Paradigma der Moderne, zum Ort der Erprobung und Bewährung. Die zur zweiten Naturlandschaft formierte Großstadt (Aragon: »Le Paysan de Paris«, 1925) geriet den Surrealisten zum Raum, der sich den neuen Wahrnehmungsweisen als erregende Welt der Abenteuer und der wunderbaren Begebenheiten erschloß. Die schöpferische Fähigkeit der Verknüpfung vielfältiger und unterschiedlicher Bildbereiche erwies sich als Kraft, welche die Großstadt sinnlich erfahrbar machte. Sie wurde zum Vermögen, die Vielfalt der → Moderne ästhetisch fruchtbar zu machen und zugleich zu verarbeiten. Verfahrensweisen wie → Montage und → Collage, die überraschende, oft schockierende Kombination konträrer Wirklichkeitsfragmente, galten als geeignete Mittel einer ästhetischen Darstellung, die in der Lage sein sollte, eine in unzählige Teilbereiche und Partialinteressen zerfallene Moderne angemessen zu reflektieren.

Die ästhetische Programmatik des S. unterschied sich von ähnlich anmutenden Unternehmungen früherer Epochen durch ihre radikal anthropologische Argumentationsrichtung, der es um die tiefgreifende, revolutionäre Veränderung bürgerlicher Wahrnehmungs- und auch Lebensweisen ging. In diesen Zusammenhang gehörte die antibürgerliche Existenzform als Caféhaus → Bohème; hinzu kamen provokante öffentliche Aktionen der Gruppe, das Interesse an psychischen Extremzuständen und an Wahnsinnigen, sowie Versuche, durch gemeinsames Herstellen von automatischen Texten (»Le cadavre exquis«, 1925) der Vereinzelung künstlerischen Produzierens ein umfassenderes kollektivistisches Modell entgegenzustellen. Das 1924 gegründete und zunächst von Artaud geleitete »Bureau des recherches surréalistes« wurde mit seinem Publikationsorgan »La Révolution surréaliste« (1924-1929) zum Zentrum antibürgerlicher und avantgardistischer Ideen, Programme und Aktionen. Es verstand sich als Keimzelle einer im Verhältnis zum Bestehenden *subversiven Existenzform,* der es auf die totale Freiheit eines in jedem Moment spontanen und kreativen Lebensvollzuges ankam. Das Ziel war die Auflösung und Verwandlung der versteinerten gesellschaftlichen Verhältnisse in eine für lebendige Erfahrung offene Welt, worin schöpferische Phantasie, emotionales Begehren und die Triebansprüche des Subjekts zu ihrem Recht kämen. Bretons »Nadja« (1928) ist das literarische Modell dieses Anspruchs. Die impulsive, stets von den momentanen Antrieben des Unbewußten bestimmte Existenzweise der Titelfigur verwandelt die Großstadt Paris in einen phantastischen Bezirk, in welchem beiläufige und alltägliche Begegnungen mit Personen und Dingen sich zu notwendigen und existentiellen Erfahrungen steigern. Zugrunde liegt die im S. zentrale Vorstellung vom »hasard objectif«: jener Moment, wo das zufällig Begegnende oder Vorgefundene als »objet trouvé« seine Beliebigkeit verliert, weil es sich als bedeutsamer Gegenstand unbewußten Begehrens enthüllt und somit von der sinnvollen Beziehung zwischen Ich und Welt zeugt. Die Frottagen Max Ernsts, die Ready-mades Duchamps sowie das ästhetische Verfahren der kühnen Analogie und der »écriture automatique« finden hier ihre anthropologische Entsprechung in einer extrem *assoziativen Lebensform,* in einem Zustand permanenter produktiver Kombinatorik: jener von Dalí als ›kritische Paranoia‹ gefaßte schöpferische Beziehungswahn, der die Fragmente des Realen zu potentiell stets neuen bedeutsamen Zusammenhängen verknüpft. Das Unbewußte und die Wirklichkeit werden als »vases communicants« (Breton) offenbar. Die Innenwelt des Subjekts, vor allem deren leiblich-seelischer Teil, tritt ein ins lebendige Wechselspiel mit einer bedeutungsreichen Realität, die jenseits gesellschaftlicher Zwänge erlebt werden soll.

Der revolutionäre Anspruch nötigte die Surrealisten, ihr Verhältnis zu konkreten Formen politischen Handelns zu klären. Ließ die pazifistische Einstellung der Gruppe zum Marokko-Krieg (1925) sich noch als provozierende Aktion aus dem Geiste der eigenen revolutionären Ästhetik begründen, so zwang die unausweichliche Konfrontation mit den Zielsetzungen des Marxismus zur Beantwortung der Frage, inwieweit der Surrealismus bereit und fähig sei, auch den Weg der *politischen Revolution* einzuschlagen, womöglich unter Preisgabe des ästhetischen Absolutheitsanspruchs (→ Avantgarde). Navilles innerhalb der Gruppe vieldiskutierter Aufsatz »La Révolution et les Intellectuels« (1927) führte zu einer gewissen Klärung der Fronten. Vor allem Aragon und Eluard unterwarfen mit ihrem Schwenk zum Kommunismus ihr Schreiben mehr und mehr den Erfordernissen der politischen Aktion, während Autoren wie Artaud, Soupault und Vitrac am Primat der ästhetischen Revolution festhielten. Breton, obgleich zeitweise Mitglied der KPF, nahm eine Zwischenstellung ein. Ihm gelang es, teils durch Kompromisse, teils durch rigides Ausschließen von Mitgliedern beider Lager, die organisatorische Existenz der Gruppe zu retten. Auch der Name der neuen Zeitschrift, »Le Surréalisme au Service de la Révolution« (1930-1933), trug der internen Diskussion Rechnung. Bretons »Second Manifeste du Surréalisme« (1930) war der theoretische Versuch, den Anspruch auf politisch-soziales Engagement in das Konzept der »révolte absolue« einzubinden; ein Unterfangen, das freilich die tiefgreifenden Meinungsunterschiede nicht zu beseitigen vermochte. Das Illusionäre einer ästhetisch fundierten Revolution wurde dann angesichts des in den dreißiger Jahren aufkommenden Faschismus immer offenkundiger. Die Bedeutung des S. beschränkte sich mehr und mehr auf den Bereich der ästhetischen Avantgarde, hier allerdings mit beträchtlicher öffentlicher Wirkung, wie vor allem die große Surrealisten-Ausstellung in Paris (1938) bewies.

Der Zweite Weltkrieg und der Einmarsch der deutschen Truppen in Frankreich zerstreuten die Gruppe in verschiedene Exilländer, was jedoch der internationalen Verbreitung surrealistischer Ideen weitere Schubkraft verlieh. Nach dem Kriege gab es mehrfach organisatorische Bemühungen von Seiten Bretons und anderer, dem S. die frühere Bedeutung zurückzugewinnen, freilich nur mit mäßigem Erfolg. Im Oktober 1969 verkündete Schuster, nach dem Tode Bretons im Jahre 1966 der Wortführer der Gruppe, in der Zeitschrift »Le Monde« das Ende des S. als organisierter Bewegung. Dennoch ist die Ausstrahlung surrealistischen Geistes, obgleich seit den vierziger Jahren diffus und schwer abzugrenzen, bis heute auf den verschiedensten Feldern der Avantgarde-Kunst spürbar, selbst dort, wo man sich nicht expressis verbis zur Ahnenschaft des S. bekennt. Die »écriture automatique« bleibt überall noch präsent, wo in der Literatur, in bildender Kunst und in provokativen ästhetischen Aktionen unbewußte Zustände und unvermittelte psychische Impulse als Antriebe künstlerischen Schaffens zutagetreten. Die Konzeption des »objet trouvé« bzw. des »hasard objectif« lebt fort in bis heute aktuellen mannigfachen Versuchen, den Gegenständen unserer Lebenswelt durch verfremdende Konstellationen Bedeutsamkeit und neue sinnliche Erfahrbarkeit zu verleihen.

Vor allem mit seinem Beharren auf der Allmacht des Kombinatorischen, seinen extremen Bildkompositionen, seinen kühnen, überraschenden Analogien und Collagen, schuf der S. hinsichtlich der künstlerischen Willkür im Umgang mit den Realitätsvokabeln einen Standard, der für moderne Kunst irreversibel ist. Die historische Notwendigkeit dieser Verfahrensweisen wird sichtbar in der wie selbstverständlich vollzogenen Adaption des neuen Mediums → Film, besonders der u.a. von Griffith und Eisenstein zum künstlerischen Vokabular entfalteten Montagetechnik. Die filmischen Experimente von Léger, Duchamp, Man Ray und Picabia kulminierten in Dulacs und Artauds »La Coquille et le Clergyman« (1928) und in Buñuels »Un Chien Andalou« (1928) bzw. »L'Age d'Or« (1930), entstanden unter Mitwirkung von Dalí, dessen Anregungen bis in die Traumsequenzen von Hitchcocks »Spellbound« (1945)

fortwirkten. Noch in den Montageorgien der heutigen Videoclips zeigt sich jene Allmacht des Kombinatorischen, welcher der S. zum Durchbruch verhalf. Mit dem S. bereitete die moderne Kunst sich endgültig die Möglichkeit, aus dem Schatten realistischer Konzeptionen, wann immer es ihr beliebt, herauszutreten. Die totale ästhetische Verfügbarkeit der Realitätsfragmente, gleich welcher Herkunft und Qualität, erschloß einen zuvor in diesem Umfang unbekannten Freiraum künstlerischer Phantasie, der heute in den verschiedenen Künsten auf unterschiedlichste Weise genutzt wird. Dies berührt sogar noch den Stellenwert zeitgenössischer realistischer Verfahrensweisen, da diese ihrem unbefangenen Realismus nur das nötige neuartige Profil geben können vor dem Hintergrund jener schöpferischen Autonomie, zu welcher der S. Maßgebliches beigetragen hat.

Auch die anthropologischen Impulse surrealistischer Theorie und Praxis haben ihre Bedeutsamkeit bewahrt, unbeschadet der Tatsache, daß sich die absolute Revolution als Illusion enthüllte. Aktualität besitzt nach wie vor der Anspruch des S., gegen die entfremdenden Zwänge gesellschaftlicher Ratio die »récupération totale de notre force psychique« (Breton) durchzusetzen. Der Rückgriff auf Imagination, Phantasie und auf das Unbewußte, zum Zweck der leiblich-seelischen Teilhabe an der Welt, stellt sich heute dar als wichtiger und folgenreicher Versuch, das Verhältnis von Individuum und gesellschaftlicher Realität als lebendigen, körperlich-sinnlichen Dialog zu retten, ohne welchen unabdingbare emotionale und seelische Bedürfnisse des Menschen sich nicht ausleben könnten. Der S. beschreibt, auch im eigenen Selbstverständnis, eine subversive Alternative zur fortschreitenden Entsinnlichung und Abstraktion, wie sie die mehr und mehr technologische Organisation moderner Gesellschaften mit sich bringt. Nicht zufällig geht der Ethnopoet Michel Leiris aus dem Kreise der Surrealisten hervor, wie auch die Anfänge von Lacan ins geistige Umfeld von Dalís ›Kritischer Paranoia‹ gehören. Der S., obgleich organisatorisch nicht mehr existent, ist innerhalb der → Avantgarde die wirkungsmächtige Parteinahme für jenes Andere gesellschaftlicher Ratio, das im ›wilden Denken‹, in ethnopoetischen Wissenschaftskonzepten und in den verschiedenen Spielarten des unbewußten Begehrens die Möglichkeiten eines nicht-rationalen Diskurses zu erkunden sucht (→ Postmoderne), der sich an den lebensweltlichen Potentialen des Leibes und der Seele orientiert.

M. Nadeau: Histoire du Surréalisme. Paris 1945 (dtsch. Hamburg ²1986)
A. Balakian: Literary Origins of Surrealism. New York 1947
D. Wyss: Der Surrealismus. Eine Einführung und Deutung surrealistischer Literatur und Malerei. Heidelberg 1950

Ch. Kellerer: Objet trouvé und Surrealismus. Zur Psychologie der modernen Kunst. Hamburg 1968

M. Jean: Geschichte des Surrealismus. Köln ²1968

P. Bürger: Der französische Surrealismus. Studien zum Problem der avantgardistischen Literatur. Frankfurt a.M. 1971

R. Passeron: Encyclopédie du Surréalisme. Paris 1975

J. H. Matthews: Towards the Poetics of Surrealism. Syracuse, New York 1976

P. Bürger (Hrsg.): Surrealismus. Wege der Forschung. Darmstadt 1982

G. Steinwachs: Mythologie des Surrealismus. Frankfurt a.M. ²1985

H. Lewis: The politics of Surrealism. New York 1968

L. Janover: La Révolution surréaliste. Paris 1988

Horst Fritz

Symbolismus

S. (frz.: symbolisme) bezeichnet im engeren Sinne das künstlerische Programm einer Gruppe französischer Lyriker, die am 18. September 1886 mit dem von Moréas im »Figaro« publizierten »Manifeste du Symbolisme« an die Öffentlichkeit trat. Doch wurde hier nur organisatorisch und in sehr vereinfachter Form sinnfällig, was sich bereits zuvor in der zweiten Hälfte des 19. Jahrhunderts als übergreifende Tendenz der französischen Lyrik durchgesetzt hatte: eine in ästhetischer Theorie und Praxis folgenreiche poetologische Konzeption, die zu einer wichtigen Konstituionsbedingung moderner → Lyrik wurde, mit nachhaltigen Wirkungen in den europäischen und amerikanischen Literaturen. In dieser supranationalen Perspektive meint S. freilich kein einheitliches Gruppenphänomen, sondern eine diffuse literarische Richtung, in der die gemeinsamen Merkmale des Symbolistischen eher den Charakter von Kristallisationskernen haben. In der französischen und z.T. auch in der anglo-amerikanischen Literaturkritik hat sich der Terminus S. als Beschreibungskategorie für weite Bereiche der Lyrik zwischen 1880 und 1920 durchgesetzt, während er in Deutschland nur punktuell Verwendung findet. Die Spannweite möglicher Zuschreibungen reicht von Welleks Plädoyer für einen umfassenden supranationalen Gebrauch des Begriffs bis hin zu H. Friedrich, der selbst im Blick auf Autoren wie Baudelaire und sogar Mallarmé den Terminus S. bewußt vermeidet.

Gemeinsame Aspekte symbolistischen Dichtens sind erkennbar im Bereich poetologischer Konzeptionen, dichterischer Verfahrensweisen und stilistischer Eigentümlichkeiten. Ein Hauptmerkmal ist der grundsätzliche Verzicht auf »enseignement«, »déclamation« und vor allem auf »description objective« (Moréas). Symbolistisches Dichten gewinnt Profil in der Abkehr von allen auf Wiedergabe der äußeren Wirklichkeit bedachten Intentionen. Insofern verdichtet der S. exemplarisch die *antimimetischen Tendenzen* in der Literatur des 19. Jahrhunderts, wie sie sich seit der Romantik parallel zur Entwicklung realistischer und später naturalistischer Darstellungsformen ausbilden. Die entscheidende Schaltstelle ist dabei Baudelaire, der verschiedene Traditionslinien vereint, sie umformt und in einer wirkungsmächtigen Poetologie mit bereits deutlich symbolistischer Prägung an die Literatur des 19. Jahrhunderts weitergibt.

Die in der europäischen Romantik zentrale Vorstellung, die sinnlich wahrgenommene Realität sei nur Chiffre und Hieroglyphe eines tieferen Seins, wird von Baudelaire in »Les Fleurs du Mal« (1857) aufgegriffen und vor allem im Gedicht »Correspondances« zu einer symbolistischen aesthetica in nuce verdichtet. Die vom Menschen erlebte Realität stellt sich dar als »forêts de symboles«, deren Zeichenhaftes, obgleich dunkel und rätselhaft, den Zugang gewährt zur »profonde unité« eines wesenhaften Seins jenseits der Erscheinungen. Erkennbar ist diese Einheit nur im Zusammenklang des sinnlichen Wahrgenommenen, im Erlebnis der synästhetischen »correspondance« der Dinge, Töne, Farben und Gerüche. Es entsteht die für symbolistisches Dichten bedeutsame Vorstellung von den ›*analogies universelles*‹, in denen sich die alles begründende Einheit des Seins offenbart. Mit Blick auf die deutsche Romantik (E. T. A. Hoffmann) und auch auf R. Wagner umreißt Baudelaire in seinen Kunstkritiken und in seinen theoretischen Schriften die unabdingbaren Voraussetzungen solcher Erfahrung: die nicht nachahmende, sondern divinatorische Einbildungskraft des Künstlers, deren kombinatorisches Vermögen in der Vielfalt des Wirklichen jene Analogien wahrzunehmen und im Werk zu verdichten vermag. Baudelaires Rezeption der Gedanken von Poe (»The Philosophy of Composition«, 1846) trägt schließlich dazu bei, dieses Vermögen, fern jeglicher Einfühlungsästhetik, als genuin kalkulatorische Phantasie zu bestimmen.

Die symbolistische Dichtung ist in weiten Teilen die Aneignung und Erweiterung der von Baudelaire erschlossenen Möglichkeiten, wobei die *L'art pour l'art-Programmatik* der Parnassiens (Gautier, Leconte de Lisle) mit einbezogen wird, allerdings ohne die formale Sterilität und thematische Konventionalität dieser Richtung. In zumeist lockerem Verbund erproben Dichter wie Cros, Corbière, Villiers de L'Isle-Adam und Mendès die Möglichkeiten einer Lyrik, deren Bilder- und Formensprache das Wesen (»L'essence«) eines an Bedeutungen reicheren Seins erfassen soll. Doch erst mit Rimbaud und Verlaine formiert sich eine Dichtung, welche die von Baudelaire entworfenen Perspektiven einlöst und ausweitet. Rimbaud (»Le Bateau Ivre«, entst. 1871; »Illuminations«, entst. 1872/73) entwickelt eine visionäre poetische Sprache, deren »diktatorische Phantasie« (Friedrich) den Kanon vertrauter Bilder und Vorstellungen sprengt und dder dichterischen Einbildungskraft neue Bild- und Symbolbereiche erschließt: eine »alchimie du verbe«, kraft derer nach Rimbaud der Dichter fähig wird, als Seher (»voyant«) die »âme universelle« zu beschwören. Verlaine bereichert und verfeinert das lyrische Instrumentarium vor allem durch »musique« und »nuance« (»Art Poétique«, entst. 1874), durch die Entrealisierung der Worte und Bilder im Rahmen einer subtilen musikalischen Faktur, deren suggestive Klangwirkungen (»Chanson d'automne«, entst. 1866) ein beziehungsreiches Ambiente erstellen, dessen träumerische Unbestimmtheit dem Anspruch auf ein nur andeutendes Benennen gerecht wird.

Bei Mallarmé vereinen sich schließlich viele der genannten Impulse zur Konzeption einer symbolistischen Dichtung, in der esoterische poetische Praxis und schwer zugängliche Theorie sich wechselseitig bedingen. Dabei geht es zunächst um das radikale Herauslösen der dichterischen Sprache aus allen beschreibenden und kommunikativen Funktionen. Gegen den »universel reportage« des alltäglichen und wissenschaftlichen Sprechens setzt Mallarmé »Le Dire«, das bewußt verdunkelnde dichterische Sagen, die Evokation einer eigenständigen Welt der Bilder und Worte, die allein jenes *Absolute* zu beschwören vermag, das sich hinter den realen Erscheinungen als Objekt und Ziel symbolistischen Dichtens enthüllt. Erfahrbar ist dieses Absolute nicht durch Identifikation und Beschreibung, sondern nur durch einen ihm gemäßen *»état d'âme«*, der ausgelöst wird durch die Verwandlung des Wirklichen ins Symbol. Dies gelingt nicht durch fixierendes Benennen, vielmehr durch *»évocation« »allusion«* und »suggestion« (»Sur l'évolution littéraire«, 1891), d.h. durch ein nur andeutendes Vergegenwärtigen mittels sorgsam erstellter Bilder und Analogien, die sich zur magischen Wirkung des Gedichts versammeln. Mallarmés Bemühen, aus dem poetischen Gebilde die Restbestände des Realen zu tilgen, nähert den Begriff des Absoluten dem des Nichts an: »L'Absolu-Néant« (Schmidt). Dies führt zum poetologischen Konzept des absoluten Wortes, das jenseits bloßer Zeichenfunktion das Absolute als »notion pure« vorweist (»Avant-dire au Traité du Verbe de René Ghil«, 1886). Symbolistisches Dichten wird zur *»poésie pure«*, zur *absoluten Dichtung:* eine hermetische Sphäre, in der die Worte und ihre internen Beziehungen, losgelöst aus allem pragmatischen Kontext, eine eigene, dauerhafte und ideale Realität stiften. Dies bedeutet Verzicht auf das lyrische Ich der herkömmlichen Erlebnisdichtung, da nun das Subjekt des Dichters in der Objektivität und im Geformtsein des »oeuvre pure« verschwindet (»Crise de vers«, 1886 ff.). Das Entstehen absoluter Poesie aus der Tilgung des Realen wird bei Mallarmé zum Strukturmoment des Gedichtes selbst, etwa in Versen wie »Sainte« (1884), »Surgi de la croupe« (1887) und »Toute l'âme résumée« (1895). Die Dinge werden im Zuge subtiler metaphorischer Prozesse entrealisiert, jedoch gerade als »objet tu« (»Magie«, 1893) in der Autonomie des reinen Wortes sprachlich neu erschaffen. Für Mallarmé führt dies zur Idee des »Livre«, zum Traum, die Welt als Ganzes könne der Macht des Zufalls (»Igitur«, 1869) entrissen und in die ideale Dauer der Dichtung verwandelt werden.

Mallarmé ist mit seinem Œuvre und auch mit seinen seit 1880 regelmäßig in Paris abgehaltenen »Soirées de mardi« der geistige Mentor vieler französischer Symbolisten, u.a. von Kahn, Ghil, Moréas, Régnier,

Valéry und den Belgiern Verhaeren und Maeterlinck. Wenngleich es nicht zur Bildung einer Schule des S. kommt, so formen sich doch mit der Zeit charakteristische Merkmale symbolistischen Dichtens aus, die bis ins 20. Jahrhundert hinein große Teile der modernen → Lyrik prägen. Der Verzicht auf alle beschreibenden, didaktischen und kommunikativen Zielsetzungen von Literatur führt zur Konzentration auf die Möglichkeiten autonomer Gestaltung im Medium der Sprache. Rhythmische und musikalische Elemente von Wort und Vers gewinnen an Eigenwert, ergänzt durch die Esoterik neuartiger Bildkonstellationen. Geleistet wird dies von einem um höchste Verdichtung bemühten Formwillen, der die suggestive ästhetische Wirkung genau zu kalkulieren sucht. Es entsteht ein autonomes, verrätseltes Wortgefüge, in dem alles Persönliche und Subjektive in die Materialität des poetischen Gebildes verwandelt ist. Zum geeigneten Medium wird das lyrische Sprechen, das sich, im Rückgriff auf Bertrand und Baudelaire, als »poème en prose« auch der Prosa bemächtigt und zudem für das → Theater eine besondere Form des *lyrischen Dramas* hervorbringt (Maeterlinck: »La Princesse Maleine«, 1889; Villiers de L'Isle-Adam: »Axel«, 1890).

Es hat nicht an Versuchen gefehlt, den Begriff S. auch für die bildende Kunst zu reklamieren, etwa bei Hofstätter und im Rahmen der Ausstellung »Symbolism« (New York 1970). Doch bleiben Zweifel, ob die visionären und traumhaften Elemente der Malerei von Moreau, Puvis de Chavannes, Redon und Ensor sich unbesehen dem Bedeutungsreichtum und dem Reflexionsniveau symbolistischer Theorie und Praxis zuordnen lassen. Die epochale Bedeutung des S. erstreckt sich vornehmlich auf das Gebiet der Literatur. Sie wird sichtbar in Italien beim frühen D'Annunzio, in Spanien bei Jiménez, in Portugal bei Sá-Carneiro und in Lateinamerika bei Darío und den Anfängen des Modernismo. In England adaptiert Symons den Begriff für die einheimische Literatur (»The Symbolist Movement in Literature«, 1899), in der – etwa bei Wilde und Yeats – die Impulse des S. mit denen Swinburnes und der Praeraffaeliten verschmelzen. In Rußland tragen die Anregungen des französischen S. dazu bei, in Theorie und Praxis eine Vielzahl poetischer Neuerungen durchzusetzen, vor allem hinsichtlich einer nicht-realistischen, visionär geprägten Bildersprache, wie sie u.a. bei Sologub, Brjusov, Belyj und Blok Verwendung findet.

Die deutsche Lyrik der Jahrhundertwende ist symbolistisch vor allem dort, wo sie nicht in der Enge nationaler Traditionen verharrt, sondern sich den Einflüssen der französischen Lyrik öffnet. Da dies nur auf wenige Autoren zutrifft, gründet sich der deutsche Beitrag zum europäischen Symbolismus vornehmlich auf drei Namen: George, Hofmannsthal und Rilke. George fällt dabei eine Schlüsselrolle zu. Im Jahre 1889 noch Teilnehmer an Mallarmés »Soirées du mardi«, empfängt er wichtige Anregungen für das eigene Dichten, die dann seit 1892 in den »Blättern für die Kunst« programmatisches Profil gewinnen. Hinzu kommt bei George die intensive Tätigkeit als Übersetzer von Baudelaire, Mallarmé, Verlaine und Moréas. Wenn auch in den »Blättern für die Kunst« der Begriff S. als Schlagwort abgelehnt wird, so bewegen sich Georges Anschauungen und auch seine Lyrik durchaus im Rahmen dessen, was der französische S. an Neuerungen hervorbrachte. Auch George besteht auf einer »kunst für die kunst«, in deutlicher Distanz zu allem Realistischen, »alles staatliche und gesellschaftliche ausscheidend«. Statt dessen die evokative, magische und nur andeutende Wirkung einer weitgehend autonomen Dichtersprache: »hervorrufen und einflüstern mit hilfe wesentlicher worte«. Die oft mit hieratischer Geste auftretende Dichtung Georges (»Das Jahr der Seele«, 1897; »Der Siebente Ring«, 1907) verwirklicht diese Absichten in einer formstrengen, oft zyklischen Lyrik, die das Gedicht als ein Gebilde von rein ästhetischer Konsistenz und Stimmigkeit vorzuweisen sucht.

Der frühe Hofmannsthal zeigt sich, auch unter dem Einfluß Georges, symbolistischem Dichten insofern verpflichtet, als er gegen den Weltzerfall des → Impressionismus die Dauer des Ästhetischen zu stellen sucht. Die Sprache der Poesie wird in ihrer Verschränkung von Traum, Magie und Geheimnis (»Weltgeheimnis«, 1894; »Ein Traum von großer Magie«, 1895) zum Medium einer Vereinigung, welche die Bruchstücke der zersprengten Realität zusammenfügt und so die Ahnung des Lebensganzen vermittelt. Doch das »Zauberwort« des lyrischen Sprechens, das auch die Dramenform prägt (»Gestern«, 1891), enthüllt sich schon wenige Jahre später mit der ›Chandos‹-Krise (»Ein Brief«, 1901/02) als bloße Immanenz des magischen Wortspiels, das keine Realität mehr zu benennen vermag. Die Folge ist eine Neuorientierung Hofmannsthals, bei der auf symbolistisches Dichten weitgehend Verzicht geleistet wird. Rilke, der intime Kenner Baudelaires, Mallarmés und Valérys, verweist mit seinem »Baudelaire«-Gedicht (1921) auch auf den symbolistischen Hintergrund des eigenen Dichtens: »Der Dichter einzig hat die Welt geeinigt,/die weit in jedem auseinanderfällt.« Auch Rilke begreift dichterisches Schaffen als das Herstellen einer ästhetischen Sphäre, die vor den realen Zerfallsprozessen gefeit ist. Noch bis ins Spätwerk reichen die Spuren des S., vor allem in der esoterischen Symbolik und der schwer deutbaren Bilderwelt der »Duineser Elegien« (1923) und der »Sonette an Orpheus« (1923).

Versucht man außerliterarische Ursprungsbedingungen des S. zu umreißen, so wird man auch hier, wie bei anderen Erscheinungen der Literatur seit 1800, eine spezifische Erfahrung der → Moderne berücksichtigen müssen. Der S. entsteht in einer Zeit, in der die moderne Realität sich dem Bewußtsein als ein schwer zu durchschauendes, komplexes Feld mehrdeutiger und mannigfach verknüpfter Erfahrungsmassen darbietet. In einem derart polyvalenten System verblaßt die Anschaulichkeit der gesellschaftlichen Totalität, da die ganzheitlichen Strukturen des Wirklichen sich in einem diffusen Kontinuum verlieren. Einheit wird nicht mehr unvermittelt über die Repräsentation durchs Einzelne faßbar, sie ist in eine Tiefendimension verlagert, die nur noch der komplizierten, mehrdimensionalen Verknüpfung verschiedenster Realitätsaspekte zugänglich ist. Damit büßt das Individuelle seine Fähigkeit ein, das Allgemeine unmittelbar anschaulich zu machen. Im Lichte dieser Problematik erweisen sich Realismus und S. als komplementär. Die realistischen Verfahrensweisen, bis hin zum → Naturalismus, versuchen das Ganze einzuholen durch Nachahmung der äußeren Vielfalt des Wirklichen, durch fortschreitende Akkumulation der Realitätspartikel und durch eine in den → Impressionismus führende Verfeinerung der Darstellungsmittel. Der S. hingegen beschreitet den Weg der Konzentration: die höchst artifizielle und kalkulierte Verknüpfung ausgewählter Realitätsvokabeln zu einem mehrdeutigen und autonomen Beziehungsgeflecht, das die Ahnung und die Suggestion des Ganzen als »Idee« und »essence« gewährleisten soll.

Der S. beleuchtet damit die Folgen der Entkoppelung von Erscheinung und Wesen, von Oberfläche und Tiefe. Das Einzelne kann die »profonde unité« nur noch bezeichnen als funktionales Element eines übergreifenden Gefüges von Analogien, wie es in den Augen der Symbolisten allein das ästhetische Gebilde vorzuweisen vermag. Doch die bei Mallarmé sichtbare Verschränkung von Nichts und Absolutem bezeugt, daß die erstrebte Einheit der Idee kaum mehr von der Wirklichkeit objektiv vorgegeben wird, sondern vom Dichter im Akt poetischer Synthesis als »poésie pure« herzustellen ist. Die Instanz der Sinnstiftung hat sich damit aus der Realität ins schöpferische Subjekt verlagert, das die »essence« nicht mehr nachbilden kann, sondern mittels des absolut gewordenen Wortes erschaffen muß. Bis weit ins 20. Jahrhundert hinein orientiert ein wesentlicher Teil moderner → Lyrik sich an dieser Aufgabe der Sinnherstellung durch autonome Poesie, durch die reine Immanenz des hermetischen Gebildes. Gewichtige Beispiele sind: der Mallarmé-Schüler Valéry, der in Theorie und Praxis unablässig die Möglichkeiten und Grenzen der »poésie pure« umkreist (»La jeune Parque«, 1917; »Eupalinos ou l'Architecte«, 1923); die verrätselten Metaphernnetze des italienischen *Ermetismo* (Ungaretti, Montale, Gatto); die Lyrik von T. S. Eliot (»The Waste Land«, 1922), in der die zu Zitatfragmenten verkümmerten »broken images« des Wirklichen sich zu einer vieldeutigen Polyphonie der Bilder und Wortklänge zusammenfinden. Die ontologischen Zielsetzungen eines Mallarmé werden dabei freilich zunehmend preisgegeben zugunsten einer privaten Chiffrensprache. Das Resümee dieser Entwicklung zieht Benn 1951 in seinem Vortrag »Probleme der Lyrik«.

Er stellt das eigene »monologische« Dichten in den Traditionszusammenhang symbolistischer Poesie, zugleich bestimmt er das »absolute Gedicht« als Moment einer »Artistik«, in der die Kunst versucht, »innerhalb des allgemeinen Verfalls der Inhalte sich selber als Inhalt zu erleben«.

A. Poizat: Le Symbolisme. Paris 1919
E. Wilson: Axel's Castle. A Study in the Imaginative Literature of 1870-1930. 1931 (dtsch. Frankfurt a.M. 1980)
A.-M. Schmidt: La Littérature symboliste. Paris 1942
C. M. Bowra: The Heritage of Symbolism. London 1943 (dtsch. 1948)
R. M. Berry: The French Symbolist Poets in Germany. Criticism and Translations 1870-1914. Harvard 1945
G. Michaud: Message poétique du Symbolisme. Paris 1947
K. Wais: Mallarmé. München 1953
J. Chiari: Symbolism from Poe to Mallarmé. The Growth of a Myth. London 1956
H. Friedrich: Die Struktur der modernen Lyrik. Hamburg 1956
W. Vordtriede: Novalis und die französischen Symbolisten. Stuttgart 1963
H. Hofstätter: Symbolismus und die Kunst der Jahrhundertwende. Köln 1965
A. Balakian: The Symbolist Movement. A Critical Appraisal. New York 1967
R. Wellek: The Term and Concept of Symbolism in Literary History. In ders.: Discriminations. Further Concepts of Criticism. New Haven 1970
M. Gsteiger: Französischer Symbolismus in der deutschen Literatur der Jahrhundertwende 1869-1914. Bern/München 1971
G. Marie: Le Théâtre Symboliste. Paris 1973
J. Theisen: Die Dichtung des französischen Symbolismus. Darmstadt 1974
A. Balakian (Hrsg.): The Symbolist Movement in the Literature of European Languages. Budapest 1982
P. Hoffmann: Symbolismus. München 1987
F. Rinner: Modellbildungen im Symbolismus. Heidelberg 1989

Horst Fritz

Theater (und Literatur)

Die Grundgegebenheit der *Theatermoderne* seit der Jahrhundertwende, so läßt sich verallgemeinernd behaupten, ist die Trennung des Theaters von der Literatur, zu deren Vollzugsorgan es die Poetik der Aufklärung einst ausdrücklich erklärt hat, also seine *Retheatralisierung* in Opposition gegen jene *Literarisierung,* die im Zuge des Niedergangs des Stegreiftheaters und der Geburt des Nationaltheaters im kontinentaleuropäischen Schauspiel seit der Mitte des 18. Jahrhunderts dominierte. Zu erinnern ist an Goldonis Literarisierung der Commedia dell'arte in der Auseinandersetzung mit Gozzi, an die Opposition der aufgeklärten Poetiker gegen die Comédie Italienne in Paris, an Gottscheds antiimprovisatorische Theaterreform in Verbindung mit der Neuberin oder an Sonnenfels' Befehdung des Wiener Volkstheaters.

Konnten freilich in den Ländern, die eine lange vitale Theatertradition aufzuweisen hatten, die genuin theatralen Schauspielformen aus dem subliterarischen Untergrund, in den die Aufklärung sie verwiesen hatte, immer wieder auftauchen und ihre Existenz behaupten (ein Musterbeispiel ist das Wiederaufblühen des Wiener Volkstheaters nach Beendung des ›Hans-Wurst-Streites‹), hat sich die große Tradition des deutschen → Dramas seit Lessing überwiegend unabhängig vom Theater entwickelt. Obwohl zumal Lessing, Schiller, Hebbel, Hauptmann u.a. die Theatralität, die »mimische Darstellbarkeit« (Hebbel) weiterhin als Bestimmungsmerkmal der dramatischen Gattung behaupteten, läßt sich doch nicht leugnen, daß diese Gattung seit der Entwicklung des *literarischen Marktes* im 18. Jahrhundert ein Doppelleben als zunächst für die Lektüre bestimmtes »Literaturdrama« (R. Wagner) und als erst im zweiten Schritt für die Bühne bearbeitetes Theaterstück führt. Gegen dieses Doppelleben der dramatischen Literatur richten sich im 19. Jahrhundert immer wieder kritische Stimmen. So macht A. W. Schlegel in seinem Essay »Über Literatur, Kunst und Geist des Zeitalters« (1803) die Erfindung des Buchdrucks, »die Bequemlichkeit der toten Buchstabenmitteilung« und »das einsame ungesellige Lesen« für den Niedergang der Theaterdichtung verantwortlich. Ja selbst Hegel vertritt in seiner »Ästhetik« (hrsg. 1835 ff) die Ansicht, es »sollte eigentlich kein Schauspiel gedruckt werden, sondern ohngefähr wie bei den Alten als Manuskript dem Bühnenrepertoire anheimfallen und nur eine höchst unbedeutende Zirkulation erhalten«. Dann wäre nämlich ausgeschlossen, Dramen mit allen erdenklichen poetischen Schönheiten zu publizieren, »denen es aber gerade an dem gebricht, was das Drama dramatisch macht«.

Derartige Theatralisierungsbestrebungen konnten sich aber gegen die kanonische Literarisierungstendenz nicht durchsetzen, welche von der Aufklärung bis in die zweite Hälfte des 19. Jahrhunderts in der Dramaturgie mehr oder weniger unangefochten vorherrschte. Selbst R. Wagners Attacke auf das »Literaturdrama«, auf die Bestimmung des Dramas als »Literaturzweig, eine Gattung der Dichtkunst wie Roman oder Lehrgedicht« (»Oper und Drama«, 1851) wurde erst Jahrzehnte später im Umkreis der französischen Symbolisten aufgegriffen. Für Wagner ist das Drama als Literaturzweig eine defiziente Form; erst als »sinnlich dargestelltes« tritt es aus der bloßen Andeutung in die Wirklichkeit. Die »wirkliche Darstellung« aber bedeutet die »Kundgebung an die Universalität der Kunstempfänglichkeit des Menschen«, an seinen »vollkommenen sinnlichen Organismus«, d.h. besonders seine visuellen und akustischen Fähigkeiten. Das Drama als aufgeführtes muß wieder mit Musik und Tanz eine Einheit bilden. Das ist die Idee des → *Gesamtkunstwerks*, welche für die Theatermoderne und für die bildende Kunst des 20. Jahrhunderts von grundlegender Bedeutung sein wird. Teils in Übereinstimmung mit Wagner (Appia), teils in kritischer Auseinandersetzung mit ihm (Kandinsky, »Über die abstrakte Bühnensynthese«, 1927) fehlt die Erörterung der Gesamtkunstwerkidee in nahezu keinem Projekt der Theaterreformbewegung seit der Jahrhundertwende.

Der → Naturalismus hat am Ende des 19. Jahrhunderts noch einmal den Primat des Literarischen (des Dramentextes) im Theater mit allem Nachdruck behauptet, wurde er doch inzwischen durch die Dramaturgie im Umkreis des → Symbolismus ernsthaft in Zweifel gezogen. Der Naturalismus war, seinem Selbstverständnis nach zwar eine Literatur-, aber keine Theaterrevolution. Mit Ausnahme der Schauspielkunst blieb sein Interesse an theaterästhetischen Fragen relativ gering, ja er hielt rigoros an der *Guckkastenbühne* fest, deren Überwindung eines der Hauptziele der Theatermoderne ist. Ein Musterbeispiel für die logozentrische, am Dramentext orientierte Theateridee der Naturalisten ist H. Harts Aufsatz »Etwas über Theaterreform« (1887). »Die Bedeutung des Theaters beruht auf dem Drama«, verkündet Hart apodiktisch. »Nur als Dienerin, als Verkünderin der Dichtung ist die Bühne von Wert für das geistige Leben eines Volkes.« In seinem Plädoyer für eine vom »Nimbus der Literatur« umschwebte Bühne wendet er sich noch einmal wie die aufgeklärten Theatertheoretiker gegen die »Bretterbuden verlotterter Wandertruppen« und ihre »Stegreifkomödien« im 18. Jahrhundert. An eben diese Bretterbuden und Stegreifkomödien aber knüpft die Theatermoderne immer wieder bewußt an. Zu den wichtigsten Ergebnissen der antinaturalistischen Reformbewegung gehört die Renaissance der Commedia dell'arte, etwa in Frankreich (Copeau), Rußland (Tairov) oder Deutschland (Reinhardt).

›Theaterreform‹ ist um 1900 geradezu ein Modewort in der Diskussion über die Schaubühne. Was darunter verstanden wird – sofern es sich wirklich um das Theater als ganzes und nicht um bloße Reform des Dramas oder die »Arbeit des Schauspielers an der Rolle« (Stanislavskij) handelt wie bei den Naturalisten –, läßt sich bei aller Stilvielfalt und Widersprüchlichkeit der Tendenzen in den Stichworten zusammenfassen: *Entliterarisierung, Dominanz des Visuellen* und überhaupt Non-verbalen, *Symbolismus* statt (naturalistischer) Mimesis, *Demokratisierung des Zuschauerraums* und *Einbeziehung des Publikums* als mitgestaltender Komponente der Aufführung (mit ihren Konsequenzen für den Theaterbau). All diese Stichworte lassen sich auf den Nenner der *Theatralisierung* bringen.

»Theatralisierung des Theaters« ist namentlich das Postulat des russischen Theaterreformers Tairov in seiner Schrift »Zapiski režissëra«, die 1923 unter dem sprechenderen Titel »Das entfesselte Theater« in Deutschland erschien (und Einfluß auf den späten → Expressionismus ausübte). Tairov versteht unter diesem Stichwort den Weg des Theaters zu einer »autonomen Kunst«, welche die Literatur nur als »Material« benutzt. Die ›Entfesselung‹ des Theaters bedeutet seine Befreiung von den Banden des Dichterworts. Im ›Theater der Zukunft‹ (auch dies eine beliebte Formel der Theatermoderne, welche an R. Wagners Reformschrift »Das Kunstwerk der Zukunft«, 1849, anknüpft) wird der Schauspieler sich nach Tairov seine Spielpartitur selbst schaffen.

Theatralisierung bedeutet die Loslösung von der Dominanz des Worts im herkömmlichen Schauspiel, die Aufwertung seiner optischen Komponenten, die Erhebung der *Auf*führung über die bloße *Aus*führung der Vorgaben eines autonomen Textsubstrats zu einem seinerseits autonomen Ensemble verbaler und non-verbaler Zeichen sowie – daraus notwendig folgend – die gesteigerte Bedeutung des Regisseurs. Das wichtigste Resultat der Theatermoderne ist das *Regietheater.* Vor 1900 war der Regisseur nicht mehr als ein Spielleiter, ein Arrangeur ohne eigenständige künstlerische Kompetenzen. Noch der Name des naturalistischen Theaterleiters Brahm findet sich auf keinem Theaterzettel. Der Funktionswandel des Regisseurs zur zentralen schöpferischen Instanz des Theaters vollzieht sich mit dessen programmatischer Verselbständigung gegenüber dem literarischen Text. Er wird zum autonomen Partner, ja Konkurrenten des Dramatikers. Die epochemachenden theatertheoretischen Einsichten in dieser Hinsicht stammen von dem Schweizer Appia (»Die Musik und die Inszenierung«, 1899), dem wohl wichtigsten Theoretiker der Reformbewegung, von dem Engländer E. G. Craig (»On the Art of the Theatre«, 1905) und dem russischen Theaterreformer Meyerhold (»Erste Versuche zur Schaffung eines stilisierten Theaters«, 1907). Der epochemachende Repräsentant des modernen Regietheaters, der diesem zum Durchbruch verholfen, ja es vor dem Ersten Weltkrieg im Alleingang erprobt hat, ist ohne Zweifel Max Reinhardt gewesen.

Die Theatralisierung des Theaters bedeutet eine aufführungszentrierte Betrachtung des Textsubstrats, d.h. dieses wird von vornherein in das visuell-akustische ›Gesamtkunstwerk‹ der theatralischen Präsentation hineingestellt. Daher läßt sich das Sprechtheater in der Theatermoderne nicht mehr vom Musik- und Tanztheater isolieren. Die beiden letzteren haben im Zuge der Entliterarisierung einen gewaltigen Aufschwung genommen. Für den wichtigsten Wegbereiter der Reformbewegung: Appia wird auf den unmittelbaren Spuren Wagners und Nietzsches die »Inszenierung« zur »Schöpfung der Musik«. Diese ist das theatralische Paradigma schlechthin. Man könnte von einer *Geburt der Theatermoderne aus dem Geiste der Musik* reden, da die Musik die Wiederherstellung des Kunstcharakters des Theaters entgegen der naturalistischen Verdopplung der Alltagsrealität auf der Bühne garantiert. Daher mußte für Appia der historistisch-naturalistische Bayreuther Inszenierungsstil der Musikdramen Wagners eine contradictio in adjecto sein, ein Widerspruch zumal zum revolutionären Charakter des Festspielhauses mit seinem Rückgriff auf das antike Amphitheater. (»Wenn im Zuschauerraum von Bayreuth alles sein [Wagners] Genie ausdrückt, so wird ihm jenseits der Rampe von allem widersprochen.« Appia, »L'art dramatique vivant«, 1925.) Für Wagners Musikdramen konzipierte Appia daher eine vom beweglichen, ›aktiven‹ Licht und einem symbolistisch vereinfachten Bühnenbild geprägte Inszenierung, die bedeutende Folgen nicht nur für das Musiktheater des 20. Jahrhunderts hatte. (Freilich haben erst die Inszenierungen Wieland Wagners seit 1950 Appias Reformideen auch in Bayreuth heimisch gemacht.)

Die Zusammenarbeit von Appia mit Jacques-Dalcroze, dem Begründer der rhythmischen Gymnastik, in Hellerau bei Dresden wurde zu einer Keimzelle der Reform des Tanztheaters, wie sie mit den Namen von R. v. Laban, M. Wigman und (unabhängig von der Dalcroze-Schule) I. Duncan verbunden ist (*Ausdruckstanz*, freier Tanz, Modern dance, die sich von musikalischen Bindungen und der akademischen Positionslehre befreien).

Die eigentliche Grenzscheide zwischen dem literarisch heteronomisierten und dem autonom-theatralen Theater stellt die symbolistische Dramaturgie dar, wie sie sich vor allem mit der lebhaften europäischen Bühnenrezeption Maeterlincks durchsetzte. Im Widerspruch zu der Radikalisierung der Mimesis und der Illusionswirkung der Guckkastenbühne im naturalistischen Theater, das – im Pariser »Théâtre libre« von A. Antoine, an der Berliner »Freien Bühne« von O. Brahm oder im Moskauer Künstlertheater von Stanislavskij – um eine akribische Milieudarstellung bemüht war, entwickelten die symbolistischen oder vom → Symbolismus zeitweilig beeinflußten Theatertheoretiker und -praktiker (wie Appia, Craig, der frühe Meyerhold u.a.) die Idee eines *nicht-mimetischen,* rein zeichenhaften, auf seinem Kunstcharakter insistierenden Theaters. Das bedeutet die Absage an die Illusionsbühne, an die Einfühlungsdramaturgie und die nuancierte psychologische Darstellung des Schauspielers, die ihren höchsten Standard in der Schule Stanislavskijs erreicht hat. An die Stelle des ›natürlichen‹ Schauspielers tritt der Idealtypus der *Marionette.*

In seinem berühmten Aufsatz »The Actor and the Ueber-Marionette« (1908) fordert Craig gar die Verdrängung des Schauspielers durch die Übermarionette (ein natürlich an Nietzsches ›Übermenschen‹ anknüpfender Idealtypus) als den einzigen Weg zum reinen Kunsttheater, zur Entwicklung einer symbolischen Gebärdensprache. Es ist kein Zufall, daß um die Jahrhundertwende das Marionettentheater, auch das Handpuppen-, Schattenspiel und ähnliche Theaterformen aus europäischer und außereuropäischer Tradition eine neue Blüte erleben. Die »Renaissance der Marionette« (Legband, 1906) sowie Craigs Idee der Ersetzung des lebendigen Schauspielers durch die Kunstfigur hatten weitreichende Folgen für die Theatermoderne, wie das Beispiel der Theaterarbeit am »Bauhaus« zeigt, zumal das Figurentheater Schlemmers, wie er es programmatisch in seinem Essay »Mensch und Kunstfigur« (1925) skizziert hat, der sich auf Kleists Aufsatz »Über das Marionettentheater« (1810), E. T. A. Hoffmann und Craig beruft. (Freilich blieb Craigs Übermarionetten-Idee auch bei den Verfechtern des ›absoluten‹ Theaters nicht unwidersprochen, wie die Polemik Tairovs gegen Craig zeigt.) In den Zusammenhang der Verkünstlichung des Theaters gehört auch die Renaissance der *Maske,* sei es im Rückgriff auf die griechische Tragödie, die Commedia dell'arte oder asiatische Theaterformen. Bezeichnend, daß Craig seiner seit 1908 erscheinenden Theaterzeitschrift, die in ganz Europa auf lebhafte Resonanz stieß, den Titel »The Mask« gegeben hat.

Ausdruck der Abwendung des Theaters vom logozentrischen ›Drama‹ ist auch der für die gesamte Reformbewegung bis in die unmittelbare Gegenwart (Grotowski, Brook, Barba, Mnouchkine u.a.) typische *Exotismus,* die Faszination zumal durch das *asiatische Theater,* hier besonders das japanische. Daß es sich eines für Uneingeweihte nicht dechiffrierbaren, hoch konventionalisierten Zeichensystems bedient, hat die meisten Theaterreformer nicht irritiert. Die streng ritualisierte Mimik und Gestik des fernöstlichen Theaters wurde unbekümmert um ihre eigene Semantik als Ausdruck der Emanzipation der Körperbewegung vom Logos wahrgenommen. Einen besonderen Stellenwert gewann das *Nô-Theater,* dessen Dramaturgie schon der irische Symbolist und Theaterreformer Yeats in seiner Dramatik nachzubilden suchte – im Interesse einer auf alle naturalistischen Behelfe rigoros verzichtenden Artifizialität und Vereinfachung der Szene. Meyerhold hat gar für seine Inszenierung von Wagners »Tristan« (1909) Elemente des Nô-Theaters verwendet, Reinhardt benutzte mehrfach einen dem Kabuki-Theater entlehnten, in den Zuschauerraum vorspringenden ›Laufsteg‹ (›Blumensteg‹) usw. Eine der folgenreichsten Adaptionen des asiatischen Theaters stellt Artauds Schrift über das Balinesische Theater (1931) dar, dessen strenge Gestik und rituelle Feierlichkeit ihn auf sein eigenes Theaterkonzept einstimmte.

Zu den einflußreichsten Gruppen innerhalb der europäischen Theaterreform der Jahrhundertwende gehört die deutsche *Stilbühnenbewegung,* wie sie vor allem von P. Behrens (»Feste des Lebens und der Kunst«, 1900) und G. Fuchs (»Die Schaubühne der Zukunft«, 1905; »Die Revolution des Theaters«, 1909) und von der Darmstädter Künstlerkolonie, der beide angehörten, repräsentiert wird. Anders als Appia und Craig, welche eine dreidimensionale *Raumbühne* postulierten, erprobten Behrens und Fuchs eine zweidimensionale *Reliefbühne* mit in den Zuschauerraum vorspringendem Proszenium. Beide Bühnenmodelle stehen in Opposition zu der bis dahin im Bühnenbild dominierenden, durch gemalte Kulissen hervorgerufenen perspektiven Täuschung, suchen Bühne und Zuschauerraum im Gegensatz zu ihrer Trennung durch die Guckkastenbühne architektonisch wieder zusammenzuführen und so dem Publikum eine aktivere Teilnahme an der theatralischen Veranstaltung zu ermöglichen. Zentrale Forderungen der Stilbühnenbewegung waren die *Aufhebung der Rampe* und des Logentheaters zugunsten des demokratisierten *amphitheatralischen Zuschauerraums,* wie ihn zuerst Wagner im Bayreuther Festspielhaus durchgesetzt hat. Bezeichnend, daß der Architekt Littmann, der unmittelbar nach dem Bayreuther Vorbild das amphitheatralische Prinzregententheater in München gebaut hat, auch in Zusammenarbeit mit Fuchs das Münchner Künstlertheater (1908) verwirklichte, das trotz seiner dürftigen künstlerischen Erfolge und organisatorischen Misere als das repräsentative Reformtheater der Stilbühnenbewegung in ganz Europa Berühmtheit erlangte. Wie stark die Stilbühne noch den expressionistischen Bühnenvorstellungen entgegenkam, zeigt 1914 der gescheiterte Versuch von H. Ball, in Verbindung mit Kandinsky das Künstlertheater zu übernehmen.

Das bedeutendste theoretische Dokument der Münchener Stilbühnenbewegung ist Th. Manns »Versuch über das Theater« (1908), der deutliche Übereinstimmungen mit den Schriften von Fuchs aufweist, für den Mann sich nachhaltig eingesetzt hat. In der von Feuchtwanger herausgegebenen Zeitschrift »Der Spiegel« hat Th. Mann sich mit einem Auszug aus seinem »Versuch« ausdrücklich zum Projekt des Künstlertheaters bekannt. »Es handelt sich darum, das Theaterpublikum wieder zur ästhetischen Aktivität zu erziehen, es den Unterschied zwischen Theater und Illusionskabinett spüren zu lassen.« In seinem Essay trennt er das »Drama« als Dichtungsform vom »Theater« und behauptet dessen »absolute Daseinsfähigkeit«. Seine Hauptthesen entsprechen genau den Grundlagen der Theatermoderne: er betont den improvisatorischen Ursprung des Theaters, opponiert gegen den »Terrorismus der Literatur über das Theater« und stellt seinen notwendigen »Symbolismus« (»alles echt theatralische Tun ist symbolisch«) in schroffen Gegensatz zu dem von ihm verurteilten »naturalistischen Theater«, ja er betont, daß das eigentliche Element des Theaters der »Ritus« ist. Die im Wagnerschen Amphitheater zum Ausdruck kommende »Demokratisierung des Zuschauerraums« und die Rückbesinnung auf die »volkstümliche Grundnatur des Theaters«, seinen »ursprünglichen Beruf als Volkskunst« sind für Mann Grunderfordernisse der »Schaubühne der Zukunft«. Mit seinem Postulat des »Massentheaters, dessen Zuschauerraum den Typus des Zirkus-Amphitheaters wieder wird annehmen müssen«, nimmt er Reinhardts theatralische Großspektakel im Berliner Zirkus Schumann vorweg (die dieser unter Mitarbeit von Fuchs schon bei den Münchener Volksfestspielen erprobt hatte: »Ödipus«, 1910; »Die Orestie«, 1911). Bezeichnend, daß Th. Mann R. Wagner als den wichtigsten Wegbereiter der »modernen Theaterreform-Bewegung« hinstellt, zumal unter Hinweis auf seinen späten Aufsatz »Über Schauspieler und Sänger« (1872), in dem er bereits alle wesentlichen Reformideen vorgeprägt findet: den Rekurs auf Puppenspiel und Stegreiftheater, auf die *Shakespeare-Bühne* als Vorbild einer Bühne bloß »sinnreicher Andeutungen« statt illusionistischer »Ausführungen« (Wagner) etc. (Der Regisseur Savits hat wirklich 1889 in München eine – auf den Ideen von Tieck und Immermann fußende – Shakespeare-Bühne gegründet, welche für die Theaterreformer der Jahrhundertwende ein wichtiges Modell wurde.)

Erstaunlicherweise sind Mann die bedenklichen ideologischen Implikationen der Stilbühnenbewegung nicht zu Bewußtsein gekommen, wie sie sich z.B. im Lebensweg von Fuchs abzeichnen, der in steigendem Maße mit reaktionär-militaristischen und völkischen Kreisen in Berührung kam und wegen der Vorbereitung eines Putsches gegen die Republik 1923 eine mehrjährige Zuchthausstrafe erhielt. Daß das nationalsozialistische *Thing-Spiel* später Grundideen der antinaturalistischen Reformbewegung aufgriff (E. W. Möller: Die Wendung des deutschen Theaters. Ein Aufriß zum Spiel auf Thingplätzen, 1933/34) ist kein Zufall.

Im gleichen Jahrgang des »Spiegel«, in dem Mann seine Zustimmung zur Theaterreformbewegung publik machte, hat Feuchtwanger einen Aufsatz »Zur Psychologie der Bühnenreform« veröffentlicht, in dem er deren ideologische Hintergründe bloßzulegen suchte. Er unterscheidet die auf Entliterarisierung des Theaters bedachte Reformbewegung als eine »idealistische« mit germanisch-nordischem Einschlag sowie einer starken Verbindung zur reaktionären Lebensreform- und *Heimatkunstbewegung* von der »kritizistischen« Richtung romanisch-jüdischer Provenienz, welche an der traditionellen Ästhetik der Illusionsbühne festhalte.

Zumindest eine Richtung der Theaterreformbewegung hat Feuchtwanger treffend charakterisiert. Es läßt sich nicht leugnen, daß von ihr deutliche Verbindungen zur Heimatkunstbewegung (Lienhard, Wachler) bestehen. Zu deren Programm gehörte die Errichtung von Natur- und Freilichttheatern, welche – entsprechend der Dezentralisierungstendenz der Heimatkunst – in Provinzorten mit deutsch-historischem Charakter unter Einbeziehung der Landschaft als natürlicher Kulisse stattfinden sollten. Der wichtigste Ideologe und Praktiker des Heimatkunst-Theaters war Wachler (»Das deutsche Theater der Zukunft«, 1900), bezeichnenderweise ein begeisterter Anhänger von Behrens' Schrift »Feste des Lebens und der Kunst«. Vorbilder waren für ihn die Bayreuther Festspiele, das Oberammergauer Passionsspiel – für die Theaterreformer um 1900 überhaupt ein zentrales Paradigma –, die Shakespearebühne im Münchner Hoftheater und die Stilbühnenbewegung. Wachler ist als einer der Wegbereiter des nationalistischen Thingspiels anzusehen.

In diesem Zusammenhang ist auch auf die zwiespältige ideologische Rolle der *Theaterwissenschaft* hinzuweisen. Diese hat sich erst am Anfang des 20. Jahrhunderts als selbständige Wissenschaft ausgebildet und – als szientifisches Pendant zur Theaterreformbewegung – von der textorientierten Germanistik abgesetzt, d.h. die Theatralität des Theaters, den *Mimus* statt des Logos zu ihrem Gegenstand gemacht. Begründet wurde sie von M. Herrmann in Berlin (1900) und A. Kutscher in München (1909). Während ihr Initiator Herrmann 1942 im KZ Theresienstadt ums Leben kam, hat sich die Theaterwissenschaft nach 1933 ansonsten fast geschlossen zum Nationalsozialismus bekannt (bes. H. Kindermann und C. Niessen, der im wesentlichen die Idee des Thingspiels entwickelt hat).

Durch die Aufhebung der Rampe, den Versuch, Bühne und Publikum in einem orgiastischen Einheitsrausch zu verschmelzen (der mit dem Dionysischen des immer wieder beschworenen Nietzsche wenig zu tun hat, da er des apollinischen Gegenpols entbehrt), haben einige Theaterreformer zweifellos dem kollektiven Irrationalismus und Massenrausch des Faschismus Vorschub geleistet. Freilich ließ sich die Aufhebung der Rampe auch im Sinne des *politischen Theaters* kommunistischer Provenienz: des Revolutionstheaters Meyerholds (*Theateroktober*), des »proletarischen« *dokumentarischen Theaters* Piscators während der Weimarer Republik und des *Agitproptheaters* nutzen.

Demgegenüber hat Tairov 1923 in entschiedener Opposition sowohl gegen die Stilbühnenbewegung als auch gegen das politische Theater ausgerufen: »Es lebe die Rampe!« Ihre Abschaffung sei reaktionär, weil sie das Theater »vom Niveau einer autonomen Kunst, das es im Laufe seiner langen Entwicklung erreicht hat«, wieder zurückbringe. Der Zuschauer solle weder einen aktiven Anteil am Bühnenkunstwerk haben noch sein bloß passiver Beobachter sein wie im naturalistischen Theater; dessen ›vierte Wand‹ müsse er mit seiner schöpferischen Phantasie durchbrechen.

Obwohl sich das Reformtheater seit der Jahrhundertwende betont antiliterarisch gibt, läßt sich nicht leugnen, daß es von den Literaten selber vielfach begrüßt wird, da sie in ihm einen Ausdruck der Krise des → Dramas, des Funktionsverlusts des Logos, des dramatischen Dialogs sehen. »So ist eine verzweifelte Liebe zu allen Künsten erwacht, die schweigend ausgeübt werden: die Musik, das Tanzen und alle Künste der Akrobaten und Gaukler«, schreibt Hofmannsthal 1895 in einem Aufsatz über den Schauspieler Mitterwurzer. Daher Hofmannsthals Interesse am *Mimus*, an Pantomime und Oper, an Marionetten- und Traumtheater (»Die Bühne als Traumbild«, 1903), das ihn mit den Theaterreformern verbindet, zumal mit Appia sowie – in unmittelbarem künstlerischem Kontakt – mit Craig und Reinhardt. Auch die Konzeption der Salzburger Festspiele ist ein Produkt der Theaterreformbewegung. Die *Festspielidee* geht wie die des Gesamtkunstwerks und des Amphitheaters auf die epochale Anregung Wagners zurück. Ihre ideologischen Variationen reichen vom proletarischen Theaterfest bis zur Heimatkunstbewegung. Was diese verbindet, ist die ausdrückliche Opposition gegen das kommerziell standardisierte Repertoiretheater.

Die Emanzipation der Bühne vom Drama um 1900 steht also in engem Zusammenhang mit den vielfältigen Formexperimenten der dramatischen Autoren selbst, als da sind: Einakter, lyrische Dramen, Pantomimen, ›drames statiques‹ (letztere von Maeterlinck in Verbindung mit einer die herkömmliche Dramen- und Theaterästhetik in Frage stellenden Theorie konzipiert) und all jene avantgardistischen Theaterformen, welche sich im Umkreis des *Kunstkabaretts* entwickelt haben. Kabarett (›Brettl‹) und Varieté werden nun zu Experimentierbühnen in Abwendung von der ›Literatur‹. Musterbeispiele sind der futuristische Kult des Varieté in Italien (Marinetti, 1913 → Futurismus)) und das dadaistische »Cabaret Voltaire« in Zürich (1916 → DADA). Bahnbrechend im deutschen Sprachraum war das »Überbrettl« von Wolzogen (1901). Ihm wie seinen Konkurrenzunternehmen (etwa den »Elf Scharfrichtern« mit Wedekind in München) ist der Durchbruch des antinaturalistischen Theaters mit seiner direkten Einbeziehung des Zuschauers nicht zuletzt zu danken. Bezeichnenderweise dienten einige Kabaretts als Experimentierbühnen der großen Theater, wie Reinhardts »Schall und Rauch« in Berlin (1902) oder das zum Moskauer Künstlertheater gehörende Kabarett »Die Fledermaus«. Mit seinem Nummerprogramm, der Emanzipation der kleinen Formen, der Mischung disparater Genres, seinem → ›Gesamtkunstwerk‹-Charakter in der Verbindung literarischer, musikalischer, szenisch-pantomimischer und bildlicher Formen sowie seinem ikonoklastischen Einschlag ist das Kabarett, für das einige der bedeutendsten Literaten, Komponisten und Maler der Zeit gewirkt haben, ein Bild des *Stilpluralismus der → Avantgarde* nach 1900.

Die Autonomisierung des Theaters ist immer wieder auf die Kritik derjenigen gestoßen, die den Primat des Literarischen nicht preisgeben wollten. Eine der interessantesten Stellungnahmen aus der Frühzeit des Regietheaters stammt von Efraim Frisch, einem engen dramaturgischen Mitarbeiter Reinhardts. In seiner Schrift »Von der Kunst des Theaters« (1910) rechnet er scharf mit der Theaterreform und dem Regietheater ab und fordert die Unterordnung des Theaters unter die Dichtung. Er nimmt damit die Position mancher expressionistischer Dramatiker vorweg, die – wie Hasenclever in seiner Schrift »Das Theater von Morgen« (1916) – das Literaturtheater gegen das Regietheater stellen: »Die Bühne werde Ausdruck, nicht Spiel« (Hasenclever). Neben der betont literarischen Richtung des Expressionismus gibt es jedoch eine andere, die – wie Waldens »Sturmbühne« (1917) und Schreyers »Kampfbühne« (1919) sowie später die Bühnenwerkstatt im »Bauhaus« – auf eine autonome Bühnenkunst zielten. Eine Mittelstellung zwischen literarischem und theatralisiertem Theater nimmt Brecht ein, dessen gegen die naturalistische Illusionsbühne gerichtetes → *episches Theater* zwar viele Elemente der Theaterreformbewegung rezipiert, letztenendes aber doch auf eine *Reliterarisierung* des Theaters zielt.

Nach dem Zweiten Weltkrieg setzte zumindest im deutschen Sprachbereich eine entschiedene Restauration des Literaturtheaters ein, der seit den späten sechziger Jahren eine neue Theatralisierungswelle folgte. Kaum ein Theaterreformer dürfte für das europäische Theater zwischen 1965 und 1986 größere Bedeutung gewonnen haben – zumal als Gegengewicht gegen Brechts Theater der → Verfremdung und seine politisch-aufklärerischen Intentionen – als Artaud und sein »Theater der Grausamkeit« (»Manifeste du théâtre de la cruauté«, 1932), das durch den ästhetischen *Schock* die Distanz zwischen Bühne und Zuschauer rigoros durchbricht (→ Drama).

In jüngster Zeit ist wieder eine Gegenbewegung gegen die Entliterarisierung des Theaters erkennbar, die gern mit dem Begriff der *Werktreue* gegen das autonome Regietheater opponiert. Daß selbst bedeutende Regisseure sich wieder stärker einem logozentrischen und damit eurozentrischen Theater zuwenden, zeigt die gegen den Exotismustrend Brooks u.a. aufbegehrende Überzeugung von Peter Stein, »daß das europäische Theater literarisches Theater ist. Das bedeutet, daß zu diesem Theater ein fixierter Text gehört, daß das theatralische Element also durch ein anderes Zeichensystem zurückgedrängt wird« (zitiert bei Mainusch 1985: 116).

W. Romstöck: Die antinaturalistische Bewegung in der Szenengestaltung des europäischen Theaters zwischen 1890 und 1930. München 1954

D. Bablet: Edward Gordon Craig. Köln/Berlin 1965

K. Lazarowicz: Die Rampe: Bemerkungen zum Problem der theatralen Partizipation. In: Festschrift für H. Kunisch. Berlin 1971

L. Prütting: Die Revolution des Theaters. Studien über Georg Fuchs. München 1971

H.-P. Bayerdörfer: Überbrettl und Überdrama. Zum Verhältnis von Kabarett und Experimentierbühne. In: Bayerdörfer (Hrsg.): Theater im Wilhelminischen Zeitalter. Tübingen 1978

J.-J. Roubine: Théâtre et mise en scène. 1880-1980. Paris 1980

H.-P. Bayerdörfer: Eindringlinge, Marionetten, Automaten. Symbolistische Dramatik und die Anfänge des modernen Theaters. In: V. Žmegač (Hrsg.): Deutsche Literatur der Jahrhundertwende. Königstein/Ts. 1981

M. Brauneck (Hrsg.): Theater im 20. Jahrhundert. Programmschriften, Stilperioden, Reformmodelle. Reinbek 1982

P. Jelavich: Munich and Theatrical Modernism. Politics, Playwrighting and Performance. 1890-1914. Cambridge Mass./London 1985

H. Mainusch: Regie und Interpretation. Gespräche mit Regisseuren. München 1985

Ch. Balme (Hrsg.): Das Theater von morgen. Texte zur deutschen Theaterreform (1870-1920). Würzburg 1988

P. Sprengel (Hrsg.): Schall und Rauch: Erlaubtes und Verbotenes. Spieltexte des ersten Max-Reinhardt-Kabaretts (Berlin 1901/02). Berlin 1991

Dieter Borchmeyer

Tradition

Moderne Literatur ist traditionsverbunden nicht etwa nur dann, wenn sie wie z.B. bei Hofmannsthal, Borchardt oder R. A. Schröder, bei Claudel oder Giraudoux als Wahrerin eines literarischen Erbes eine bewußt traditionalistische Haltung vertritt, sondern auch, wenn sie als radikale Opposition zu ihren Vorläufern auftritt. Denn nicht als Schöpfung ex nihilo, sondern als Revolte gegen veraltete Normen, abgenutztes Ausdrucksrepertoire, einengend übermächtige Konventionen formiert sich das Neue, das selbst noch in der striktesten Verneinung des Hergebrachten dieses als sein virtuelles Gegenbild in sich einschließt: Wo T. nicht länger als gültig akzeptiert wird, da liefert sie die Angriffsfläche, an welcher Widerspruch sich artikulieren kann. Nach H. Blooms Ansicht (1973) hat sich noch jeder ›starke‹, d.h. wirklich schöpferische Dichter *gegen* seine Vorbilder durchsetzen, von ihrem Einfluß freischreiben müssen, ist jede große Dichtung Resultat eines kreativen Gewaltaktes gegen die Macht der T. (»a salutary act of textual violence«). Doch tritt das agonale Element dieses Ablösungsprozesses in der → Moderne (seit der Jahrhundertwende) mit Sicherheit weitaus stärker hervor als in früheren Epochen.

Exemplarisch zeigt sich das antithetische Verhältnis des modernen Dichters zur T. bereits bei Rimbaud, wenn er im zweiten der beiden programmatischen »Voyant«-Briefe (1871) dafür plädiert, ›die Ahnen zu verfluchen‹, und diese Parole z.B. in ein Gedicht wie »Vénus Anadyomène« (1870) umsetzt, ein Sonett, in dem aus dem klassisch-mythologischen Schönheitsideal der abendländischen Dichtungstradition ein fettes, häßliches, von Furunkeln verunstaltetes Weib wird, das sich schwerfällig aus einer grünen Blechbadewanne hochwuchtet. Von gleicher Schärfe auch die Absage an die T. in »Ce qu'on dit au poète à propos de fleurs« (1871), wo die oft besungene Flora der Dichter mit ihren Lilien, Veilchen und Rosen als Marotte betulicher Salonpoeten abgetan wird (»O coquignoles végétales! Fleurs fantasques de vieux Salons!«).

»All das reibt sich an der Tradition, ärgert sich an ihr als an dem Ornament, der täuschenden Herstellung eines Sinns, der nicht ist.« Dieser Satz Adornos (1967: 39), wiewohl auf Beckett gemünzt, trifft Rimbaud nicht minder. Er erhellt eine Kontinuität, die als spezifisch moderne T.

des Traditionsbruchs angesehen werden kann. Zu Recht stellt Adorno fest, daß gerade auch ein auf den ersten Blick von allen Außen- und Vergangenheitsbezügen abgekapptes Œuvre wie dasjenige Becketts in einem entscheidenden Sinn kontext- und d.h. traditionsgebunden ist, »gesättigt mit geschichtlicher Erfahrung«: »Jede von Becketts Reduktionen setzt die äußerste Fülle und Differenziertheit voraus, die er verweigert.« Folgerichtig ergibt sich daraus das Fazit eines radikalen Anti-Traditionalismus als der authentisch modernen Verarbeitung des literarischen Erbes. »Dichtung errettet ihren Wahrheitsgehalt nur, wo sie in engstem Kontakt mit der Tradition diese von sich abstößt [...] Wiederzukehren vermag Tradition einzig in dem, was unerbittlich ihr sich versagt« (Ebda. 40 f.).

Allerdings gerät dieses Programm einer permanenten künstlerischen Revolte in Gefahr, sich totzulaufen, sobald der Regelverstoß seinerseits zur Regel, sobald die Ästhetik der Verneinung zum verbreiteten Konsens geworden ist. Je stärker die Gegenwart der T. noch verspürt wird, desto stärker – und ästhetisch wirksamer – der Schock der Verneinung. Wo das revolutionäre Pathos des poète maudit zum stilgeschichtlichen Fossil erstarrt, wo die subversive Schärfe parodistischen Spiels mit den – noch – geheiligten Kulturgütern zur unverbindlichen Spielerei verflacht, da gerät das Selbstverständnis einer als fortgesetzter Traditionsbruch definierten → Moderne in eine Aporie (vgl. Rosenberg 1962), zu deren Bezeichnung der vielfältig schillernde Begriff → ›Postmoderne‹ sich geradezu aufdrängt. ›Postmodern‹ gibt sich ein Eklektizismus, der über sämtliche vorhandenen Stile und Traditionen zitierend oder parodierend verfügt, ohne dabei – und hierin, nicht im Zitieren oder Parodieren an sich, läge die Differenz zur Moderne – die Geltungsschwäche ehemals verbindlicher Traditionen als Sinnverlust zu konstatieren. Es ist dies die Haltung, die I. Hassan (1975: 59) als »deeper complicity with things falling apart« charakterisiert, eine Haltung, die das ›ludische Potential‹ einer fragmentarisierten Kultur akzeptiert und ausbeutet, ohne die Tatsache der Fragmentarisierung selbst noch für bemerkens-, geschweige denn beklagenswert zu erachten.

Hier aber zeigt sich ein ganz wesentlicher Unterschied zum Traditionsverständnis der frühen Moderne (im mikroperiodischen Sinne). Denn diese ist – ob sie sich dem literarischen Erbe gegenüber bilderstürmerisch-ablehnend oder restaurativ verhält – in der Erfahrung des Traditions*verlusts* geeint. (Symptomatisch die Zeile »These fragments I have shored against my ruins« aus Eliots »Waste Land«, in der das Gedicht sich selbst als vergebliche Bemühung gegen diesen Verlust bezeichnet.) Die Ablehnung der T. wie der Versuch, T. zu bewahren, sind Antworten auf eine Krise, die in Hugo von Hofmannsthals sog. »Lord-Chandos-Brief« (1920) exemplarisch Gestalt gewinnt. Das in dieser Schrift eindrucksvoll beschworene Versagen nicht eines bestimmten dichterischen

Idioms, sondern der Sprache schlechthin, in dem zugleich auch das hoffnungslose Zerfallensein des erlebenden Subjekts mit der Welt zum Ausdruck kommt, kennzeichnet eine Endsituation, die nurmehr völliges Verstummen zuläßt. Eben diese Konsequenz rechtfertigt der fiktive elisabethanische Autor des Briefes, Lord Chandos, vor seinem Freund Francis Bacon. Hofmannsthal selbst überwindet die Krise; sein Werk endet nicht im Verstummen. Doch wird im Lichte des Chandos-Briefes klar, daß Hofmannsthals schöpferische Anverwandlung antiker und mittelalterlicher Vorlagen, seine ›Anlehnung‹ an Molière, Otway und vor allem Calderon einen höchst reflektierten Traditionalismus darstellt (keinesfalls vergleichbar mit vergangenheitsseliger ›Heimatdichtung‹), der sich im Bewußtsein seiner prekären Spätzeitlichkeit – das er mit einem so radikalen Neuerer wie Benn teilt – als letzter Hüter eines unweigerlich entgleitenden Erbes versteht. Eben dies meint E. R. Curtius (1950: 201), wenn er Hofmannsthal »den letzten Dichter Alteuropas« nennt.

Dem nicht unähnlich ist die Position Th. Manns, der sich wiederholt ausdrücklich zu seiner Bindung an die bürgerliche Kultur des 19. Jahrhunderts und die von ihr getragene T. des Bildungsromans bekannt hat – im vollen Bewußtsein freilich der historischen Distanz zu jener Epoche und der Inadäquatheit eines bloß epigonal nachschaffenden Traditionalismus. Dieser reflektierte Bruch, der in der charakteristisch ironischen Erzählhaltung der Mannschen Romane zutage tritt, wird von Lukács nur ungenügend beachtet, wenn er Th. Mann in seiner Polemik gegen die (von Bloch u.a.) verteidigte → Avantgarde als Bewahrer der großen realistischen Romantradition des 19. Jahrhunderts feiert. Für Mann wie für Hofmannsthal ist das Erbe keineswegs unproblematisch: eben das weist sie als authentische Vertreter der Moderne aus. Manns »Bemerkungen zu dem Roman ›Der Erwählte‹« (1951) können als Resümee seines Verhältnisses zur T. gelesen werden. »›Der Erwählte‹ ist ein Spätwerk in jedem Sinn, nicht nur nach den Jahren des Verfassers, sondern auch als Produkt einer Spätzeit, das mit Alt-Ehrwürdigem [...] sein Spiel treibt. Viel Travestie – nicht lieblos – mischt sich hinein [...] Oft will mir unsere Gegenwartsliteratur [...] als ein Abschiednehmen, ein rasches Erinnern, Noch-einmal-Heraufrufen und Rekapitulieren des abendländischen Mythos erscheinen, – bevor die Nacht sinkt [...] Ein Werkchen wie dieses ist Spätkultur, die vor der Barbarei kommt [...] Aber wenn es das Alte und Fromme, die Legende parodistisch belächelt, so ist dies Lächeln eher melancholisch als frivol [...].«

Zur Synthese gelangen Traditionsbruch und Traditionsbewahrung bei T. S. Eliot, dessen epochemachendes Gedicht »The Waste Land« bei seinem Erscheinen 1922 von der konservativen Kritik als radikalster Bruch mit der englischen Dichtungstradition angegriffen wurde, der andererseits aber in seinem einflußreichen Essay »Tradition and the Individual

Talent« (1919) die T. zur verbindlichen Richtschnur gerade für den modernen Dichter erklärt.

›Tradition‹ im Sinne Eliots ist allerdings nicht der Anschluß an die unmittelbar vorangegangene Dichtergeneration, nicht bewußtloses Nachahmen, sondern ein bewußter – und innovatorischer – Akt der Aneignung. Ezra Pounds Parole »Make It New!« gilt uneingeschränkt auch für Eliot als Maßstab für Kunst überhaupt. ›Neu‹ sein kann der Dichter jedoch nur, wenn er in hohem Maße besitzt, was Eliot »the historical sense« nennt. »[...] and the historical sense involves a perception, not only of the pastness of the past, but of its presence; the historical sense compels a man to write not merely with his own generation in his bones, but with a feeling that the whole of the literature of Europe from Homer and within it the whole of the literature of his own country has a simultaneous existence and composes a simultaneous order. This historical sense, which is a sense of the timeless as well as of the temporal and of the timeless and of the temporal together, is what makes a writer traditional. And it is at the same time what makes a writer most acutely conscious of his place in time, of his own contemporaneity.«

Mit der Feststellung, daß kein Dichter »seine ganze Bedeutung allein besitzt«, entwirft Eliot ein relationales Modell der Literatur, in dem der Grundgedanke des Konzepts der → Intertextualität vorweggenommen ist. Zwischen T. (»the body of discourse [...] already in place«; Culler 1981: 100) und individuellem Beitrag besteht demnach ein Interaktionsverhältnis, bei dem das Neue durch das Alte, aber ebensowohl auch das Alte durch das Neue beeinflußt wird: »The existing monuments form an ideal order among themselves, which is modified by the introduction of the new (the really new) work of art among them. The existing order is complete before the new work arrives; for order to persist after the supervention of novelty, the *whole* existing order must be, if ever so slightly, altered.«

Daß Eliots Schrift im englischen Sprachraum zu so großer Wirkung gelangen konnte, dürfte zu einem nicht geringen Teil darin begründet sein, daß sie in ihrer Anwendbarkeit auf konkrete Werke einen relativ weiten Spielraum zuläßt. So deckt sie einerseits die innovative → Montage-Technik von Werken wie »The Waste Land« und »Ulysses«, in denen aus Fragmenten europäischer und außereuropäischer Traditionen ein Panorama der Gegenwart zusammengesetzt wird, andererseits aber auch die Dichtung des späten Eliot (»Four Quartets«; sekundiert von Aufsätzen wie »What Is a Classic?«), in der eine Rückkehr zu einem eher bewahrenden Umgang mit T. zu sehen ist, vergleichbar dem des späteren Gide oder auch der Rücknahme avantgardistischer Positionen bei anderen großen Erneuerern der Kunst des 20. Jahrhunderts (wie etwa Picasso oder Stravinskij).

An Eliots Traditionsaufsatz und die in ihm gegebene Anleitung, innerhalb des vorgefundenen Erbes relevante von irrelevanten Traditionssträngen zu unterscheiden, kann schließlich auch Leavis anknüpfen, dessen kritische Schriften (v.a. »The Great Tradition«, 1948) in England entscheidend zu einer bis in die Gegenwart hinein wirksamen Kanonbildung beigetragen haben. Über den englischen Kontext hinaus aber darf Eliots Essay in Verbindung mit seiner dichterischen Praxis zwischen etwa 1917 und 1930 als definitive Formulierung eines Konzepts spezifisch moderner, avantgardistischer Traditionsaneignung gelten.

F. R. Leavis: Revaluation. London 1949

E. R. Curtius: Kritische Essays zur europäischen Literatur. Bern 1950

H. E. Holthusen: Tradition und Ausdruckskrise: R. A. Schröder. In: Ja und Nein. München 1954

H. Friedrich: Die Struktur der modernen Lyrik. Hamburg 1956

H. Motekat: Experiment und Tradition. Frankfurt a.M., Bonn 1962

H. Rosenberg: The Tradition of the New. London 1962

R. Ellmann, C. Feidelson (Eds.): The Modern Tradition. Backgrounds of Modern Literature. New York 1965

Th. W. Adorno: Über Tradition. In: ders.: Ohne Leitbild. Parva Aesthetica. Frankfurt a.M. 1967

H. Bloom: The Anxiety of Influence. New York 1973

R. Weimann (Hrsg.): Tradition in der Literaturgeschichte. Berlin (DDR) 1973

I. Hassan: Paracriticisms. Urbana 1975

W. Schlenker: Das ›kulturelle Erbe‹ in der DDR. Stuttgart 1977

J. Culler: The Pursuit of Signs. London, Henley 1981

H. Günther: Literarische Evolution und Literaturgeschichte. In: B. Cerquiglini/H.U. Gumbrecht (Hrsg.): Der Diskurs der Literatur- und Sprachhistorie. Wissenschaftsgeschichte als Innovationsvorgabe. Frankfurt a.M. 1983

W. Welsch: Tradition und moderne Ästhetik in ihrem Verhältnis zur Praxis der Kunst. In: Zeitschrift für Ästhetik und allgemeine Kunstwissenschaft 28 (1983)

W. Welsch: Tradition und Innovation in der Kunst. Philosophische Perspektiven der Postmoderne. In: Zeitschrift für Ästhetik und allgemeine Kunstwissenschaft 30 (1985)

T. Hölscher/J. Assmann (Hrsg.): Kultur und Gedächtnis. Frankfurt a.M. 1988

A. Assmann/D. Harth (Hrsg.): Mnemosyne. Formen und Funktionen der kulturellen Erinnerung. Frankfurt a.M. 1991

Andreas Höfele

Tragödie

Auskünfte über die moderne T. – genauer: über die Kunstform der T. in der Zeit der → Moderne – sind in Nachschlagewerken nicht leicht zu erhalten. Das Interesse gilt seit langem nicht ihr, sondern anderen Gattungen des → Dramas wie der → Komödie, der Tragikomödie oder dem politischen Theater (→ Dokumentarliteratur). Auch in der Literaturwissenschaft ist die Beschäftigung mit dieser Kunstform in der jüngsten Zeit in den Hintergrund getreten. Daß der T. in der Literatur des 20. Jahrhunderts eine Randstellung zukommt, ist kaum zu bestreiten; sie ist in der literarischen Moderne nicht mehr repräsentativ. So möchte es denn naheliegen, sie für tot zu erklären, und als eine Art Sterbegeschichte hat G. Steiner diesen Prozeß in seinem Buch »The Death of Tragedy« (1961) denn auch beschrieben. Vom Standpunkt der klassischen Ästhetik aus läßt sich der Tod der Tragödie leicht erklären. Doch wird man den Spielraum des tragischen Dramas weiter fassen müssen, so daß auch diejenigen Formen im Blick bleiben, die Auflösung erkennen lassen und dennoch Verwandtschaft mit dem bezeugen, wovon sie sich entfernen.

Daß sich die T. in der Literatur der Moderne einem Dilemma gegenübersieht, kann nicht zweifelhaft sein. Das hat sehr verschiedene Gründe. Wie wenige andere Gattungen der Literatur bleibt sie in hohem Maße an Individualität gebunden. Schuld in jeder Form, zumal als tragische Schuld, setzt einen individuellen Helden voraus, und einen Helden in jedem Fall. Aber es gibt eine Krise des Helden, die sich aus der modernen Gesellschaftsgeschichte erklären läßt. Diese Krise ist schon im 19. Jahrhundert erkennbar. Weder Büchners »Woyzeck« noch Ibsens »Peer Gynt« sind Helden alten Stils. In sehr viel stärkerem Maße als die Komödie ist die T. an die artikulierte Sprache gebunden: Tragik ist nicht eigentlich mimisch darstellbar, sondern als ein Prozeß in der Sprache zu verdeutlichen. Doch gerade das moderne Drama kennt vielfache Zurücksetzungen der Sprache zugunsten von Pantomime, Tanz und Musik. Die mit der Moderne einhergehende Theatralisierung des → Theaters unter Einschluß der aus dem Fernen Osten eindringenden Impulse hat es in hohem Maße mit nicht-verbalen Darstellungsmitteln zu tun. Eben dieser Prozeß ist in erster Linie der Komödie zugute gekommen. Ein anderer bedeutender Faktor ist das Brüchigwerden der religiösen Bezüge, ohne welche die T., so scheint es, nicht gedeihen kann. Schließlich hat gerade diese Gattung in der klassischen Ästhetik ihren bevorzugten Ort: als eine der strengsten Formen, die sich allen Vermischungen beharrlich widersetzt. Moderner Ästhetik hingegen ist gerade die Vermischung der → Gattungen gemäß. T. und → Moderne – das scheinen mithin unvereinbare Phänomene zu sein. Dennoch spricht mancherlei gegen diese Auffassung.

Tragisches gibt es auch außerhalb der Kunstform der T. Es gibt tragische Romane, und auch zwischen Novelle und T. wurden Beziehungen hergestellt. Mögen solche Übergänge wie im Falle der »Wahlverwandtschaften« von Goethe oder der Novelle »Romeo und Julia auf dem Dorfe« von Keller für das 19. Jahrhundert charakteristisch sein, so ist für die nachfolgende Epoche nicht weniger charakteristisch, daß es moderne Philosophen wie Nietzsche, Simmel, Scheler oder Jaspers gewesen sind, die vom Phänomen des Tragischen gehandelt haben. Zur philosophischen Literatur der Moderne gehört auch Unamunos Traktat über das tragische Lebensgefühl: »Del sentimiento trágico de la vida en los hombres y en los pueblos« (1913). Als Verfasser dieser Schrift ist Unamuno verschiedenen europäischen Denkern verpflichtet, Kierkegaard und Nietzsche als herausragenden Wegbereitern der Moderne nicht zuletzt; und eben diese Wegbereiter, einschließlich Freud, sind es, die der Theorie des Tragischen und der T. innerhalb der Moderne entscheidend vorgearbeitet haben, indem sie das Phänomen auf ihre Weise umzudenken suchten.

In »Entweder/Oder« (»Enten/Eller«), veröffentlicht 1843, legt Kierkegaard in dem Kapitel »Der Widerschein des antiken Tragischen in dem modernen Tragischen« auf bestimmte Unterschiede zwischen beiden Erscheinungsformen wert. In der antiken T., so führt er aus, sei die Trauer tiefer, der Schmerz geringer; dagegen sei in der modernen der Schmerz größer und die Trauer geringer. Kierkegaard reflektiert über eine von der Antike abweichende Tragik und demonstriert sie an der Gestalt der Antigone – nicht zufällig an ihr, weil er glaubt, »daß eine weibliche Natur am geeignetsten sein wird, den Unterschied aufzuweisen.« Wir fügen hinzu, daß in der Tat keine Gestalt der griechischen Antike in der literarischen Moderne so heimisch geworden ist wie sie – bis hin zu Brechts Bearbeitung oder der ›Antigone‹-Erzählung in Döblins Romanwerk »November 1918«. Kierkegaard erkennt eine Bestimmung des modernen Tragischen im Phänomen der Angst. Aber er sieht auch, daß das Zeitalter eher dem Komischen zustrebt als dem Tragischen. Daß Nietzsche als einer der maßgeblichen Wegbereiter der Moderne im deutschen Sprachgebiet in seiner Tragödienschrift dieser Kunstart das Wort redet, könnte den Eindruck hervorrufen, als habe er sich hinsichtlich ihrer Eignung für die literarische Moderne einfach geirrt. Aber die Betonung von Rausch, Traum und Musik und dessen, was er das Dionysische nennt, zeigt überdeutlich an, daß er die neue T. als ein Musiktheater im Zeichen R. Wagners vom klassischen Tragödientypus nachdrücklich entfernt. Mit seinem Plädoyer für die T. leistet er paradoxerweise eben jener Theatralisierung des Theaters Vorschub, die sich der klassischen T. zunehmend verweigert. Davon abgesehen ist Nietzsche in seiner Schrift noch an ganz anderen, über die Literatur weit hinausführenden Fragen interessiert. Im Zeichen des Tragischen und der T. zieht er den optimistischen Fortschritts- und Wissenschaftsglauben in Zweifel, so daß es heißen kann, hier werde Wissenschaft unter der Optik der Kunst betrachtet, und Kunst unter der Optik des Lebens.

Der dritte und möglicherweise folgenreichste Wegbereiter der Moderne hinsichtlich des modern Tragischen oder einer T. in neuer Sicht ist ohne Frage Freud. Noch in Nietzsches Tragödienschrift war der »Ödipus« des Sophokles als der edle Mensch schlechthin herausgestellt worden. Freud legt in der Traumdeutung gerade an dieser Gestalt ein neues beunruhigendes Menschenbild frei. Das Schicksal des König Ödipus könne uns als moderne Menschen nur deshalb ergreifen, weil es auch das unsrige sein könnte: »Uns allen vielleicht war es beschieden, die erste sexuelle Regung auf die Mutter, den ersten Haß und gewalttätigen Wunsch gegen den Vater zu richten [...]«. Der Psychoanalyse vergleichbar arbeite die T. des Sophokles eben diese Unbewußtheit heraus. Man muß sehen, daß hier die T. in dem Maße als etwas Heilbares verstanden wird, in dem auch die Psychoanalyse Heilung verheißt.

Daß diese neuartige Deutung in einem Buch mit dem Titel »Traumdeutung« vorgetragen wird, ist keineswegs zufällig. Traumspiele von der Art Strindbergs sind konstitutive Bestandteile des modernen Dramas und zumal des tragischen Dramas innerhalb der modernen Literatur; und vom Traumspiel zum Wahnsinn ist es nur ein Schritt, wie man ihn im Spätwerk Ibsens dargestellt findet. Die Akzentverlagerung von der Bewußtheit des klassischen T. und ihrer Konflikte zu den Formen des Unbewußten umschreibt den Spielraum des tragischen Dramas in der Zeit der Moderne, und bezeichnend ist nicht zuletzt, daß es moderne Tragödien dort vor allem gibt, wo die Gestalten der griechischen T. auf der Bühne des modernen Theaters wiederkehren: wie in Hofmannsthals »Elektra«, in Jahnns »Medea« oder in O'Neills »Trauer muß Elektra tragen«, auch in den Texten von Giraudoux und Anouilh (→ Mythos). »Jeder Bericht über das zeitgenössische tragische Theater liest sich wie eine Einführung in die griechischen Mythen [...]« (G. Steiner). Doch gilt auch, was K. Hamburger 1962 mit Beziehung auf solche Umformungen feststellt: »Für sie alle ist charakteristisch die Auflösung von Form und Stil der hohen Tragödie. [...] eben das ergibt in diesen Stücken ein Schillern von Handlung und Bedeutung, zwischen Antike und Moderne, das parodische Möglichkeiten in sich birgt, wie sie etwa in Giraudoux' ›Elektra‹ wirksam werden.«

Was aber heißt → Moderne, wenn es um tragisches Theater geht? Kierkegaard spricht das neuzeitliche → Drama im allgemeinen an, wenn er vom modernen Tragischen handelt. Doch bleibt zu klären, wo denn Moderne beginnt, wenn vom tragischen Drama die Rede ist. Die Naturalisten haben ihrerseits beansprucht, Moderne zu sein (→ Naturalismus), und im deutschen Sprachgebiet ist Hauptmann im Bereich des Dramas zweifellos ihr namhaftester Vertreter. Aber Hauptmann hat die Bezeichnung »Tragödie« zumeist umgangen. Er wählt Bezeichnungen wie Drama, soziales Drama, Familienkatastrophe, Schauspiel oder Traumdichtung. Er nennt selbst ein Stück wie »Die Ratten« mit seinem tragischen Ende eine Tragikomödie. Nur den während des Ersten und Zweiten Weltkriegs entstandenen Stücken (»Magnus Garbe« und »Winterballade« einerseits und die »Atriden«-Tetralogie zum anderen) hat er die Gattungsbezeichnung T. vorbehalten. Doch steht er in den Dramen, die am meisten »Tragödien« sind, dem modernen Drama im Grunde am fernsten.

Noch weniger kann zu Beginn unseres Jahrhunderts die T. der → Neuklassik um P. Ernst, Lublinski und W. von Scholz als weiterführend und in die Moderne hineinführend betrachtet werden. Der Widerstand gegen sie gehört ja zum Programm dieser episodischen Bewegung.

Nicht so sehr bei Hauptmann und noch weniger bei Ernst wird man daher den Beginn eines tragischen Dramas der Moderne anzusetzen haben. Weit mehr hat man auf das Spätwerk Ibsens zu sehen. Davon zeugen die zahlreichen Frauengestalten, die den Helden klassischen Stils ersetzen, erst recht seine Art, die im Menschen verborgenen Konflikte mit Hilfe einer analytischen Technik ans Licht zu bringen, die sich unverkennbar mit der sich gleichzeitig entwickelnden Psychoanalyse berührt. Von Ibsens Vorfreudianismus hat man gesprochen, aber auch davon, daß ein Drama wie »Peer Gynt« aufgrund seiner tiefenpsychologischen Sehweise noch über Freud hinausweist. Die Bewußtseinsprobleme mit ihrer Verlagerung zum Unbewußten bis an die Grenze des Wahnsinns hin bezeichnen das spezifisch Moderne, das auf die nachfolgenden Dramatiker weiterwirkt. Im deutschen Sprachgebiet entwickelt im Umkreis des Naturalismus Wedekind eine entschieden moderne Form des tragischen Dramas: so zunächst in der Form der Kindertragödie, die »Frühlings Erwachen« (1891) genannt wird; um vieles gewaltiger im Tragödienwerk »Lulu« (1903), der »Tragödie von der gehetzten, ewig mißverstandenen Frauenarmut, der eine armselige Welt bloß in das Prokustesbett ihrer Moralbegriffe zu steigen erlaubt«, wie sie K. Kraus charakterisiert hat. Daß Wedekind mit Beziehung auf ihre unnatürliche Liebe in einer anderen Frauengestalt, der Gräfin Geschwitz, die eigentlich tragische Figur hat sehen wollen, darf nicht übersehen werden. Doch so oder so: es sind abermals Frauengestalten, die tragisches Dasein inmitten unserer modernen Welt verkörpern.

In diesem Zusammenhang ist auch Hofmannsthals Weg zur Tragödie zu würdigen, der mit seiner »Elektra« (1903) beginnt und zum Spätwerk des »Turm« führt. Von der »Geburt der Tragödie aus dem Geiste der Psychopathologie« hat man hier gesprochen (H. Politzer); und H. Bahrs in unmittelbarer Nähe entstandener »Dialog vom Tragischen« (1904) mit seinen Verweisen auf die Hysterie-Studien Breuers und Freuds bestätigen die Berechtigung einer solchen Wendung. Depersonalisation, Spaltung des Bewußtseins, Angst und Hysterie sind nur einige Symptome, um die es in Hofmannsthals Griechenlanddramen geht. Daß alle diese Stücke mit der Auflösung des Individualitätsbegriffes zu tun haben, hat Hofmannsthal selbst bemerkt. Um so mehr muß der moderne Dichter auf Synthese und Wiedervereinigung des Zerstückelten gerichtet sein. Eine Notiz der »Aufzeichnungen« bezeichnet treffend die tragische Grundsituation des Menschen in der Welt der Moderne: »Der tragische Grundmythos: die in Individuen zerstückelte Welt sehnt sich nach Einheit, Dionysos Zagreus will wiedergeboren werden.« In der »Elektra« wie in kaum einem anderen Drama sonst werden Erfahrungen und zentrale Motive der expressionistischen Generation vorweggenommen: die Angst, der Schrei, das Sichopfern und Geopfertwerden.

Die Idee des Opfers verbindet sich mit jener des Aufbruchs und des neuen Menschen in Kaisers sog. Verkündigungsdrama »Die Bürger von Calais« (1914). Die Nähe zum Drama der Schuldlosigkeit und des Märtyrertums ist auffallend; ja die Epochenverwandtschaft zwischen Barock und → Expressionismus hängt damit zusammen. Und aus dem Geist beider Epochen heraus hat Benjamin in seinem »Ursprung des deutschen Trauerspiels« zwischen T. und Trauerspiel zu unterscheiden gesucht. Der klassischen T. wird hier der Typus des Trauerspiels gegenübergestellt, aber T. wie Trauerspiel haben Formen tragischen Dramas gemeinsam. Wie sehr das 1916 entworfene und 1925 verfaßte Buch Benjamins aus dem Geist des Expressionismus konzipiert wurde, ist in dem Kapitel »Barock und Expressionismus« beinahe bekenntnishaft ausgesprochen: »1915 erschienen als Auftakt des expressionistischen Dramas die ›Troerinnen‹ von Werfel. Nicht zufällig begegnet der gleiche Stoff bei Opitz zu Beginn des Barockdramas. In beiden Werken war der Dichter auf das Sprachrohr und die Resonanz der Klage bedacht.« Zwei Jahre nach diesem Auftakt – am 15. Dezember 1917 und mitten im Krieg – erscheint Hasenclevers pazifistische »Antigone« am Alten Theater in Leipzig. An die vielfach begeisterte Aufnahme der sophokleischen T. in der Bearbeitung Hölderlins in dieser Zeit ist zu erinnern; denn auch bei Hölderlin geht es weniger um individuelle Tragik als um die Tragik einer Zeitenwende, die des Opfers bedarf.

Der Erste Weltkrieg hat die Welt wie wenige Ereignisse in gleicher Weise von Grund auf verändert, und natürlich auch die literarische Welt.

»Nach einem unglücklichen Krieg müssen Komödien geschrieben werden«, hat sich Novalis notiert, und Hofmannsthal beruft sich unmittelbar nach dem Krieg auf dieses Wort, um den eigenen Weg zur → Komödie fortzusetzen und zu rechtfertigen. Versteht man die Gattungsbezeichnung in einem großzügigen Sinn, so kann er auf die Entwicklung des Dramas und Theaters weithin bezogen werden. Das betrifft die Hinwendung zur Komödie im späten Expressionismus, ebenso wie das → epische Theater Brechts, aber auch das Volksstück der zwanziger Jahre. Respektlose Herabsetzungen der T. als Kunstform tauchen immer wieder bei Brecht oder Döblin auf. »Es ist schon längst gesagt, daß so dumm wie die Helden der Tragödie selten ein Mensch ist«, heißt es 1919 in einem Aufsatz Döblins über Kleists »Penthesilea«, über die er sich gleichwohl sehr positiv äußert.

Die Parodie des Tragischen und der T. ist eine der Voraussetzungen des epischen Theaters. Aber schon die Volksstücke Horváths entfernen sich von der Komödie beträchtlich. In den Anmerkungen zu dem Stück »Die Unbekannte aus der Seine« (1933) ist deutlich ausgesprochen, was die Volksstücke Horváths von denjenigen Zuckmayers unterscheidet: »Das Stück selbst versucht eine Möglichkeit darzustellen, wie sich das Schicksal der Unbekannten in der Seine, der Selbstmörderin, [...] von deren Tragödie man nie etwas erfahren hat [...] abgespielt haben kann [...]. Es ist der Versuch, das Komische und Groteske der Tragik aufzuzeigen [...]. Es soll eben gezeigt werden, wie die tragischen Ereignisse sich im Alltagsleben oft in eine komische Form kleiden. Das Stück repräsentiert aber keineswegs das, was man eine Tragikomödie nennt. Es ist ein ganz und gar tragischer Stoff [...].«

Mit einem tragischen Stoff aus dem Alltagsleben hat man es auch in »Glaube Liebe Hoffnung« (1936) zu tun, im Untertitel als »Ein kleiner Totentanz« bezeichnet. Daß es aber im Umkreis des modernen tragischen Dramas auch eine Wiederkehr der Totentanz-Tradition bei Schnitzler, Wedekind, Jahnn oder Horváth gibt, bleibt anzumerken. Auch an Horváths Stücken sind die für das moderne Drama kennzeichnenden Veränderungen im Bewußtsein der Figuren aufschlußreich. Im Grunde sind alle seine Stücke ein Versuch, in das Halbbewußte der Menschen hinabzuleuchten. Das automatische Denken bezeichnet diejenige Schicht des Bewußtseins, auf deren Demaskierung Horváth es abgesehen hat; und ohne Freud und seine Schule sind solche Demaskierungen nicht zu denken. Geht es hier nur um eine Richtung zur T., so geht es in der um diese Zeit entstandenen modernen Elektra O'Neills (1931) um diese selbst – um »eine typische Gestaltung der psychoanalytischen Inzestproblematik« (K. Hamburger); und es sind trotz deutlicher Distanz zur Antike doch eben Erscheinungsformen des Tragischen, in denen sich moderne Psychologie darstellt.

Tragische Dramen und Tragödien gibt es in dieser Zeit des epischen wie des politischen Theaters auch sonst: G. Kaisers Schreckensutopie der »Gas«-Trilogie (1918/20) oder »Der Brand im Opernhaus« (1918) als eine T. der »Verschüttung« des Menschen, einem bei Kaiser immer wiederkehrenden Motiv; das religiöse Drama Barlachs, der in seinem Stück »Der arme Vetter« (1918) im Suchen nach der eigenen Identität eine verwandte Thematik darstellt; schließlich gibt es den »Tragiker« Jahnn, der mit seinem religionskritischen Stück »Pastor Ephraim Magnus« (1919) den zeitgemäßen Anschluß an Komödie oder Tragikomödie keineswegs sucht. Mit seiner »Medea« (1926) setzt er fort, was Hofmannsthal und Hasenclever schon vor ihm versucht haben: Gestalten der antiken T. auf die Bühne des modernen Theaters zu bringen; und abermals ist es eine Frauengestalt, an der sich modern Tragisches zeigt. Nicht zuletzt ist Toller ein Dichter des tragischen Dramas in dieser Zeit; und er vor anderen ist es vom gelebten Leben her als ein Schriftsteller, der die Erfahrungen einer mißlungenen Revolution zu gestalten sucht. Das geschieht in »Masse-Mensch« (1920), einem hochstilisierten Revolutionsstück in der Form des expressionistischen Verkündigungsdramas, das allein wegen seines gesteigerten Pathos zu den nicht wenigen Texten gehört, denen heute ein vorwiegend historisches Interesse zukommt. Die Probleme des handelnden Menschen sind klar erfaßt: daß es zu handeln gilt, aber daß der Handelnde stets auch schuldig wird, er mag dieses tun oder jenes. Die Ernüchterungen nach mißlungener Revolution hat Toller in der an Büchners »Woyzeck« erinnernden T. »Hinkemann« dargestellt und in einem Brief an St. Zweig die T. als etwas bejaht, das zu jeder Zeit möglich ist: »Ich habe das Werk in einer Zeit geschrieben, in der ich, schmerzhaft, die tragische Grenze aller Glücksmöglichkeiten sozialer Revolution erkannte [...]. Darum wird die Tragödie niemals aufhören. Auch der Kommunismus hat seine Tragödie. Immer wird es Individuen geben, deren Leid unlösbar ist. Und gibt es ein Individuum, dessen Leid nicht enden kann, ist die Tragik des Individuums gleichzeitig die Tragik der Gesellschaft, in der es lebt.«

Hofmannsthals »Elektra« wie Barlachs Drama »Der arme Vetter«, Tollers »Hinkemann« wie Jahnns »Medea« sind tragische Dramen, die jedoch ohne einen Helden auskommen. Einen solchen hatte es noch einmal im Umkreis der → Neuklassik gegeben. P. Ernst hatte ihm in seiner eigenen T. ausdrücklich eine Schlüsselstellung eingeräumt. Solche Gedanken nimmt der heute weithin vergessene E. Bacmeister in den zwanziger Jahren auf und führt sie in die Ideologie des Nationalsozialismus hinüber. »Die Tragödie im Lichte der Anthropogenie« lautet der Titel des theoretischen Ansatzes, der 1923 in dem Vortrag »Die Tragödie ohne Schuld und Sühne« fortgeführt wird. Seine eigenen Tragödien in den zwanziger Jahren wie in der Zeit des Nationalsozialismus – »Innenmächte« (1922), »Kaiser Konstantins Taufe« (1937) – können als Überführung der Theorie in die Dramenpraxis verstanden werden. Biogenetisch ist dieser Ansatz, weil die Höherentwicklung des Menschen als das Naturgesetz begriffen wird, das es im Drama darzustellen gilt. Diese Höherentwicklung beruht auf dem sozialdarwinistisch verstandenen Recht des Stärkeren, der Aufopferung für die Gattung zuzumuten ist; und hier gibt es nun auch den Helden wie eh und je.

Daß sich die so verstandene T. als Aufopferung des einzelnen für die Gattung, die Rasse oder die Nation in Dienst nehmen läßt, ist evident. Unter den nationalsozialistischen Schriftstellern gehörten Langenbeck und Möller zu den damals maßgeblichen Vertretern eines derart heroisch-völkischen Theaters. Solche und verwandte Erscheinungen sind wohl als Gegenbilder zur Moderne zu verstehen, aber dennoch eng mit ihr verbunden und Teile eines überaus komplexen Phänomens.

Daß es eine die T. diskreditierende Linie von P. Ernst über Bacmeister bis hin zu Langenbeck gibt, ist kaum zu bestreiten. Jedoch die »Atriden«-Tetralogie Hauptmanns, die im Zweiten Weltkrieg entstand, aus der »Iphigenie in Aulis« als ein Teil dieses Tragödienwerkes 1943 am Wiener Burgtheater aufgeführt wurde, hat mit dieser Linie nichts zu tun. Eher im Gegensinn des Zeitgeschehens sind die damals entstandenen Griechendramen zu lesen. Sie als moderne T. zu lesen, fällt schwer. »So wie sie vorliegt, ist die Atriden-Tetralogie ein – vielleicht – bewundernswerter Anachronismus. Der historischen Situation, in der sie geschrieben wurde, ließ sich nicht mit der Absicht begegnen, griechischer sein zu wollen als die Griechen selbst« (W. Hinck).

Aber die T. als eine solche der literarischen Moderne entwickelt sich in diesen zwölf Jahren vor allem außerhalb des deutschen Sprachgebiets: in Anouillhs 1944 zuerst aufgeführter »Antigone«, in der sich T. und Parodie der T., entschiedener Wille zur Bejahung des Lebens und entschiedener Wille zur Verneinung des Lebens als unüberbrückte Gegensätze behaupten, eine gespaltene Welt auch hier, oder in der schon 1937 in Paris aufgeführten »Électre« von Giraudoux, in der es ähnlich wie später bei Anouilh um Probleme der individuellen Identität ebenso geht wie um solche der auf Kompromisse angewiesenen Staatsraison!

Die geistige Situation der Zeit nach dem Zweiten Weltkrieg schien wenig geeignet, das Novalis-Wort über Komödien nach einem unglücklichen Krieg erneut zur Geltung zu bringen. Die ersten dramatischen Dichtungen dieser Nachkriegszeit stehen dem tragischen Drama näher als der Komödie: Borcherts Heimkehrerdrama »Draußen vor der Tür« (1947), Zuckmayers Schauspiel »Des Teufels General« (1946) oder Jahnns Bauerntragödie »Armut, Reichtum, Mensch und Tier« (1948), die späten Fassungen des »Galilei«-Dramas von dem der T. abgeneigten Brecht (1947/54). Hochhuths fast zwei Jahrzehnte nach Kriegsende entstandenes Zeitstück »Der Stellvertreter« versteht sich ausdrücklich, aber nicht ohne Ironie als ein christliches Trauerspiel. Dennoch hat sich an der Randstellung der T. in der Geschichte des modernen Dramas wenig geändert; und wenn es die Komödie nicht ist, der Vorrang gebührt, so doch wenigstens die Tragikomödie mit den ihr verwandten Formen des Grotesken und des Absurden (→ Drama).

Die vermeintliche Unvereinbarkeit zwischen T. und Moderne hat in der Zeit nach dem Zweiten Weltkrieg Dürrenmatt, zum Teil in der Nachfolge Brechts und seines Theaters, wiederholt zum Ausdruck gebracht. Seine Theaterprobleme variieren die Einsicht, daß heutigentags nur noch die Komödie in Frage kommt: »Doch die Aufgabe der Kunst [...] und somit die Aufgabe der heutigen Dramatik ist Gestalt, Konkretes zu schaffen. Dies vermag vor allem die Komödie. Die Tragödie als die strengste Kunstgattung, setzt eine gestaltete Welt voraus [...] Die Tragödie setzt Schuld, Not, Übersicht, Verantwortung voraus. In der Wurstelei unseres Jahrhunderts gibt es keine Schuldigen und Verantwortlichen mehr. Uns kommt nur noch die Komödie bei.« Entsprechend belehrt Romulus (in »Romulus der Große«) die eigene Tochter, die am Klagelied der Antigone Gefallen findet: »Studiere nicht diesen alten traurigen Text, übe dich in der Komödie, das steht uns viel besser.« Aber auch dieser Anwalt der → Komödie als der unserer heutigen Welt gemäßen Dramenform leugnet das Tragische nicht schlechthin, sondern steht ihm näher, als man zunächst vermutet: »Doch ist das Tragische immer noch möglich, auch wenn die reine Tragödie nicht mehr möglich ist. Wir können das Tragische aus der Komödie heraus erzielen, hervorbringen als einen schrecklichen Moment [...]«.

Einem am Ende des 19. Jahrhunderts längst unverantwortlich gewordenen Fortschrittsglauben hat Nietzsche mit einer Tragödienschrift entgegengewirkt, indem er eine im Schwinden begriffene Kunstform zu erneuern suchte. Er hat tragisches Dasein nicht nur auf individuelles Leben bezogen, sondern auf ganze Zeitalter und ganze Kulturen wie in verwandter Weise Simmel oder der russische Schriftsteller und Kulturphilosoph V. J. Ivanov. Aber die Tragik eines Zeitalters oder einer Kultur kann nicht als ein schicksalhaftes Geschehen verstanden werden. Es kann diejenigen nicht von Schuld und Verantwortlichkeit dispensieren, die dabei die jeweils Handelnden gewesen sind. Sehr unterschiedliche Theoretiker des Dramas oder der T., wie gezeigt wurde, haben in unserem Jahrhundert Schuld als nicht mehr zeitgemäß bezeichnet. So P. Ernst in seinen »Jugenderinnerungen«, aber auch in seiner Tragödientheorie: »Der tiefste Schritt, welcher die Gegenwart von der Vergangenheit trennt, ist wohl der, daß das Schuldgefühl aus der Menschheit verschwunden ist.« Auch Dürrenmatt bestreitet sie, und nur noch im persönlichen Bereich läßt er sie gelten: »In der Wurstelei unseres Jahrhunderts [...] gibt es keine Schuldigen und Verantwortlichen mehr [...].« Ist dem so? Wir haben Anlaß genug, solche Freisprechungen nicht hinzunehmen, sondern im Gegenteil alles zu tun, den Sinn für Schuld und Verantwortlichkeit zu schärfen. Daß die klassische T. historisch geworden ist, gilt für die Ästhetik im ganzen, zu der sie gehört. Aber tragische Gehalte oder »tragische Prozesse« (J. Söring), die uns über Schuld und Verantwortlichkeit nicht hinwegsehen lassen, gibt es weiterhin; und aus keiner Gattung der Weltliteratur ist so wie aus der T. zu lernen, daß es Verantwortlichkeit auch für ein Handeln gibt, das so nicht gewollt wurde. Insofern stellt zumal diese Kunstform etwas für ein menschenwürdiges Dasein Lebensnotwendiges dar, wie schon Nietzsche befand.

*W. Benjamin:*Ursprung des deutschen Trauerspiels. Berlin 1928
H.-G. Göpfert: Paul Ernst und die Tragödie. Leipzig 1932
P. Szondi: Versuch über das Tragische. Frankfurt a.M. 1961
G. Steiner: The Death of Tragedy (1961). Dt. Ausgabe: Der Tod der Tragödie. Ein kritischer Essay. München/Wien 1962
K. Hamburger: Von Sophokles zu Sartre. Griechische Dramenfiguren antik und modern. Stuttgart 1962
J. M. Domenach: Le retour du tragique. Paris 1967
H. Politzer: Hugo von Hofmannsthals »Elektra«. Geburt der Tragödie aus dem Geiste der Psychopathologie. In: Deutsche Vierteljahresschrift 47 (1970)
W. Hinck: Das moderne Drama in Deutschland. Göttingen 1973
J. Söring: Tragödie. Notwendigkeit und Zufall im Spannungsfeld tragischer Prozesse. Stuttgart 1982
E. Fischer-Lichte: Geschichte des Dramas, 2 Bde. Tübingen 1990
D. Kafitz (Hrsg.): Drama und Theater der Jahrhundertwende. Tübingen 1991

Walter Müller-Seidel

Utopie/Antiutopie

Der Begriff »utopia« wurde 1516 von Thomas Morus gebildet; er ist von griech. *ou* = ›nicht‹ und *topos* = ›Ort‹ abgeleitet und bezeichnet in der »Utopia« eine Insel, auf der Hythlodeus, ein angeblicher Reisebegleiter des Amerigo Vespucci, das ideale Staatswesen vorgefunden haben will, dessen Vorbild in gewissen Grenzen Platons »Staat« gewesen ist. Dementsprechend verspricht Thomas Morus seinen Lesern einen Bericht »de optimo reipublicae statu«. Eine U. ist im Anschluß an Morus entweder als ein Bericht über ein ideales Staatswesen oder einfach als ein ideales Staatswesen definiert worden, das als kritisches Kontrastbild zu bestehenden politischen und gesellschaftlichen Verhältnissen konzipiert ist.

Bereits diese beiden Definitionen weisen auf die doppelte Sicht der U. hin, die sich seit Thomas Morus in der Verwendung dieses Begriffes abzeichnet: Er kann einen *Darstellungsmodus* bedeuten, aber auch einen *Denkmodus.* U. ist einerseits eine *literarische Gattung* und andererseits die Vorstellung von einem *Staatsmodell,* die nicht notwendigerweise nur in einer bestimmten literarischen Gattung ihren Ausdruck finden muß; sie kann in einem philosophischen Traktat ebensogut ihren Niederschlag finden wie in einem politischen Reformprogramm. Wegen der starken Idealisierung der menschlichen Natur und der gesellschaftlichen Beziehungen der Menschen und wegen der phantasievollen Ausmalung idealer Lebensverhältnisse sind die Utopien sehr früh bereits auf Kritik gestoßen, so daß sich schnell ein negativer Begriff der U. herausbildete. Im 19. Jahrhundert distanzierte sich Engels mit seiner Schrift »Die Entwicklung des Sozialismus von der Utopie zur Wissenschaft« (1882) von den herkömmlichen Utopien und Utopisten, weil sowohl die erzählerische Darstellung utopischer Zustände in Werken der Renaissance und der Aufklärung wie die theoretischen Abhandlungen der Frühsozialisten eine wissenschaftliche Analyse bestehender gesellschaftlicher Verhältnisse und darauf gründende Anweisungen zum politischen Handeln vermissen lassen. Der moderne Sprachgebrauch, der U. häufig mit ›Hirngespinst‹ gleichsetzt, dürfte durch Engels' Kritik an traditionellen Utopien mitbeeinflußt sein; er läßt sich aber zugleich auf eine ältere theologische Tradition zurückführen, die den Verfassern von Utopien ein allzu einseitig optimistisches Menschenbild vorwarf.

Als literarische Gattung ist die U. dadurch gekennzeichnet, daß in ihr imaginative und expositorische Darstellungstechniken miteinander verbunden sind. So beschreibt Morus aus der Perspektive eines Reisenden einen Idealstaat mit den Mitteln erzählerischer Prosa und erläutert die politische, soziale, rechtliche und religiöse Ordnung in diesem Staatsgebilde mit Hilfe einer expositorischen Prosa, wie sie in philosophischen oder staatspolitischen Traktaten anzutreffen ist.

Forscher, die die literarische U. von der Renaissance bis zur Gegenwart untersucht haben, um gattungstypische Merkmale zu ermitteln, sind zu folgenden Resultaten gelangt: Nach Schulte-Herbrüggen (1960: 35 ff.) sind *Isolation, Selektion* und *Idealität* strukturtypische Merkmale der U. Isolation findet bei Thomas Morus in den geographischen, innenpolitischen und bevölkerungspolitischen Verhältnissen ihren Ausdruck. Die Selektion zeichnet sich in der Vernünftigkeit der Utopier und in ihrer kommunistischen Lebensform ab; die Idealität bekundet sich in der prästabilierten Harmonie der utopischen Welt.

Ruyer nennt in seinem Buch »L'Utopie et les utopies« (1950) folgende Merkmale: Symétrie, uniformité, croyance en l'éducation, hostilité à la nature, dirigisme, collectivisme, les choses mises à l'envers, autarchie et isolement, ascétisme, eudémonisme collectif, humanisme, prosélytisme, prétention prophétique.

Es fällt auf, daß die genannten Autoren die U. als Gattung *thematisch* festlegen, daß die Charakterisierung der utopischen *Denkweise* im Vordergrund steht, auch wenn von einer literarischen Form die Rede ist. Arbeiten der letzten Jahre haben den *Darbietungsmodus* analysiert und dabei hervorgehoben, daß die U. *zwischen Fiktion und Realität* steht. Die U. ist einerseits ein Phantasiebild; Hythlodeus ist eine erfundene Gestalt, die Insel, die er beschreibt, eine fiktive Welt. Aber die Berichte des Autors knüpfen auch an historisch reale Ereignisse und Personen an. In der »Utopia« treten historische Gestalten wie Petrus Ägidius oder Thomas Morus, der Autor selbst, auf, oder es wird auf historische Gestalten wie Amerigo Vespucci Bezug genommen. Dazu bezieht sich Morus im ersten wie im zweiten Buch der »Utopia« auf historische Verhältnisse und Ereignisse in England und Europa, die bei den zeitgenössischen Lesern (die des Lateinischen mächtig waren) als bekannt vorausgesetzt werden durften. Das *Nebeneinander von Faktizität und Fiktionalität* ist für die U. als literarische Gattung insofern von konstitutiver Bedeutung, als in ihr eine ideale Norm in kritischer Absicht auf bestimmte historische Verhältnisse bezogen wird. Mit Hilfe der utopischen Vorstellungen kommt es zu einem satirischen Verdikt über die bestehenden Verhältnisse.

Die Ordnung des utopischen Staates ist bei Morus in der Vernunft begründet: Wer der Stimme der Vernunft gehorcht, steht im Einklang mit den Geboten des natürlichen Sittengesetzes; er findet nicht nur Erfüllung in dem jedem Menschen eigenen Streben nach persönlichem Glück, er wird darüber hinaus auch dazu angetrieben, für die Gemeinschaft, in der er lebt, das Beste zu tun. Nach den Geboten der Vernunft sind weiterhin geregelt: die politische Ordnung (etwa die Anzahl der gewählten Volksvertreter), die bevölkerungspolitische Ordnung (etwa die Größe der Familien und der ländlichen Haushalte), die ökonomische Ordnung (kein Privateigentum), die religiöse Ordnung (Idee der Toleranz) und die Kriegsführung (durchdachte Technik im Einsatz von Söldnern). Auf allen Gebieten herrscht eine konstruktive Planung, so daß moderne Kritiker auch von einer »Planungsutopie« gesprochen haben.

Aus dem hohen Abstraktionsgrad der Darlegungen über die utopische Lebensordnung erklärt es sich, daß es bei Morus auch ›Leerstellen‹ gibt, die der Leser mit seiner Imagination auszufüllen hat. Wichtiger noch ist, daß sich in der vernünftigen Regelung aller Lebensfragen eine Konkurrenz zweier Vernunftbegriffe abzeichnet: die praktische Vernunft der Ethik gründet in einer vernünftigen Weltordnung; die instrumentelle Vernunft der kriegsführenden Utopier ist ganz auf die pragmatische Bewältigung alltäglicher Fragen gerichtet, die Beherrschung der Menschen und der Natur ist ihr einziges Ziel.

Als Wunsch- und Idealbild ist die U. in die Nachbarschaft mythischer Vorstellungen wie derjenigen vom Irdischen Paradies, von Arkadien oder vom Goldenen Zeitalter gerückt und mit dem Märchen und den Erzählungen vom Schlaraffenland in Verbindung gebracht worden, weil in allen diesen mündlich oder schriftlich tradierten Vorstellungen von einem glücklichen, sinnerfüllten Leben die historische Realität transzendiert wird. Die Sonderstellung der U. ist darin begründet, daß sie in den Vorstellungen von der »Konstruktibilität« der Welt und der »Perfektibilität« des Menschen ihren Ursprung hat. (Seibt in Vosskamp I 1982: 259).

Von den Utopien des 17. Jahrhunderts verdienen Campanellas »Civitas solis« (1623), Francis Bacons »Nova Atlantis« (1627) und Cyrano de Bergeracs »Le Voyage dans la lune« (1642 ff.) besondere Beachtung. Campanella entwarf vor dem Hintergrund italienischer Stadtstaaten das Modell einer Theokratie, in der ein Sonnenpriester namens Metafisico mit äußerster Strenge herrscht. Wie Morus lehnt auch er den Privatbesitz ab; Ernährung und Fortpflanzung erfolgen nach strengem staatlichen Plan. Die technischen Errungenschaften dieses Staates reichen bis zum künstlichen Licht und zum regulierten Klima.

In noch höherem Maße zeugt Bacons »Nova Atlantis« von der Bewunderung dieses Autors für die Naturwissenschaft und von seinem optimistischen Vertrauen auf die Beherrschbarkeit der Natur und die praktische Nutzanwendung der naturwissenschaftlichen Erkenntnisse.

Cyrano de Bergeracs »Reise zum Mond« eröffnete neue Möglichkeiten der vergleichenden Darstellung, Deutung und Bewertung außereuropäischer und europäischer Verhältnisse. Vor allem bot die Verlagerung des Beobachtungs- und Erfahrungshorizontes in den außerirdischen Bereich die Chance, Möglichkeiten und Grenzen der (eingebildeten) Vernünftigkeit des Menschengeschlechtes darzustellen und kritisch zu beleuchten. Ein ähnliches Ziel verfolgte auch Swift in »Gulliver's Travels«, wo im IV. Buch die Houyhnhnms, die klugen Pferde, als die Verkörperung einer perfekt funktionierenden Vernunft, die Yahoos als Repräsentanten einer korrupten Natur und die europäischen Yahoos als Beispiele für die durch die Vernunft noch gesteigerte Korruptheit des Menschengeschlechtes beschrieben werden.

Mit L. S. Merciers »L'An deux mille quatre cent quarante« (1770) bahnte sich ein grundsätzlicher Wandel in der Geschichte der europäischen U. an. Während von Morus bis Swift *Raum-Utopien* entworfen wurden, in denen der Idealstaat als koexistent zur Gegenwart des Lesers gedacht war, entwarf Mercier die erste reguläre *Zeit-Utopie.* Die (französische) Gegenwart bleibt zwar erkennbar, insgesamt aber wird die aus dem Fortschrittsoptimismus hervorgegangene Wirklichkeit des Jahres 2440 in den Vordergrund gerückt. Mit dem aufklärerischen Glauben an die Möglichkeit der Überwindung gegenwärtiger Mißstände und der Verbesserung menschlicher Lebensverhältnisse gewann das utopische Denken insgesamt, aber auch die literarische Gattung der U. einen neuen Elan.

Im 19. Jahrhundert bestimmen zwei Modelle das Zukunftsdenken: 1) die politische Revolution, 2) die biologische Evolution. William Morris übernahm in »News from Nowhere« (1891) Grundvorstellungen des marxistischen Denkens. Nach seiner Auffassung führt die Ausbreitung der kommunistischen Theorien im 20. Jahrhundert zu einer Verschärfung der Auseinandersetzungen zwischen Kapitalisten und Arbeitern, die schließlich zu einem Bürgerkrieg führen, aus dem der utopische Staat des 21. Jahrhunderts hervorgeht, der durch einen weitgehenden Verzicht auf Technologie und die Rückkehr zu natürlichen Lebensverhältnissen charakterisiert ist. Die Entfremdung von Mensch und Arbeit ist überwunden; Arbeit ist zum Ausdruck kreativer Selbstentfaltung geworden. Insgesamt läßt sich Morris' utopisches System als ein *ökologischer Sozialismus* charakterisieren.

Das Modell der biologischen Evolution erscheint bei Wells in zwei Varianten: a) die Evolution führt zur Dekadenz der Menschheit und zum Ende allen Lebens auf der Erde. In »The Time Machine« (1895) schildert Wells, wie die Morlocks, tierische Wesen und Nachkommen der Arbeiter, nachts aus ihren unterirdischen Verließen hervorkommen und die Elois, die Nachfahren der Kapitalisten, verschlingen, die mit den Verstandesgaben von Fünfjährigen begabt sind. Fortschritt ist in Barbarei umgeschlagen. b) Evolution kann jedoch bei Wells auch zu einer Perfektion menschlicher Verhältnisse führen, wie er in dem optimistisch gestimmten Buch »A Modern Utopia« (1905) zeigt. Wells konzipiert den utopischen Staat als ein sich ständig weiterentwickelndes (»kinetisches«) Gebilde. In seiner U. sind Prinzipien des Individualismus und des Sozialismus, der freien Selbstbestimmung und der eugenischen Kontrolle der Familien- und Bevölkerungspolitik miteinander verbunden. Insgesamt zeichnet sich bei Wells eine Ambivalenz der biologisch geprägten Vernunft ab: Wiewohl er an der Überzeugung einer möglichen Höherentwicklung der Menschheit festzuhalten versuchte, meldete sich bereits in seinen Frühwerken ein *Evolutionspessimismus* zu Wort, den er von T. H. Huxley übernahm und mit dem er die Entwicklung vorbereitete, die zur *Anti-Utopie* (oder Dystopie) des 20. Jahrhunderts führte, die an die Namen A. Huxley und Orwell geknüpft ist.

Die Titel der beiden Anti-Utopien sind über die englischsprechende Welt hinaus zu Schlagwörtern im politischen und kulturkritischen Wortschatz geworden. Huxleys »Brave New World« (1932) steht für die *scientifische,* Orwells »Nineteen Eighty-Four« (1949) für die *politische Anti-Utopie.* Beide repräsentieren Entwürfe größerer Staatsgebilde, die so konstruiert sind, daß die Freiheit des einzelnen im Interesse des Staates negiert wird. Bei Huxley werden die Menschen nicht mehr gezeugt, sondern das ›Menschenmaterial‹ wird nach den Bedürfnissen des Staates in Retorten künstlich erzeugt, nach dem Pavlov'schen Modell konditioniert und durch Hypnopädie auf die künftigen Aufgaben vorbereitet. Erwachsene werden durch Soma-Tabletten und »Fühlfilme« im emotionalen Gleichgewicht gehalten, Ehe und Familie sind aufgehoben, die Religion ist abgeschafft, die überlieferte Literatur ist verboten, die Zeitrechnung datiert nach Henry Ford, dessen Buch »My Life and Work« Huxley Anregungen lieferte. »Brave New World« ist ein satirisch verschärftes Bild der technologischen Variante des *American Dream.* Intellektuelle wie Bernard Marx oder Helmholtz Watson und Außenseiter wie John the Savage haben in diesem Staat keine Chance: sie werden verbannt oder enden (wie John) durch Suizid.

Orwells Warnbild eines Zukunftsstaates basiert auf politologischen und soziologischen Grundprinzipien. Er charakterisiert einerseits die faschistischen und kommunistischen Diktaturen der dreißiger Jahre (deren Praktiken er im Spanischen Bürgerkrieg kennenlernte); er verwertet andererseits Ideen, die er dem Buch »The Managerial Revolution« von J. Burnham entnahm, mit dem er sich in produktiv-kritischer Weise auseinandersetzte. Die staatliche und gesellschaftliche Ordnung stellt einen »oligarchischen Kollektivismus« dar: die politische Macht liegt in den Händen der Inner Party (2 % der Bevölkerung); 13 % machen die Outer Party der Staatsdiener und Funktionäre und 85 % die Masse der Beherrschten (der proles) aus. Zu den Herrschaftsinstrumenten gehören die

Geheimpolizei (Thought-Police), eine neue Sprache (Newspeak), ein neuer Denkstil (Doublethink), der permanente Kriegszustand zwischen den drei Großmächten und die schlechte wirtschaftliche Lage. Auch in diesem Staat ist die intellektuelle (Winstons) wie die sexuelle Revolte (Julias) aussichtslos. Der Staat dominiert über den einzelnen mit allen Mitteln der physischen und psychischen Gewalt. »Brave New World« und »Nineteen Eighty-Four« setzen die Tradition der U. fort, insofern auch sie Entwürfe der Vernunft präsentieren; diese Entwürfe sind jedoch *Anti-Utopien* zu nennen, weil sie nicht mehr Traumbilder des besten Zustandes, sondern Warnbilder liefern, die vor den Auswirkungen einer verabsolutierten technologischen oder politischen Vernunft warnen wollen.

Utopische Erzählungen sind in allen europäischen Literaturen anzutreffen, wenngleich nicht zu übersehen ist, daß von Morus bis Orwell stärkste Anstöße innerhalb dieser Gattung von den Engländern ausgingen. Von den russischen Utopien des 20. Jahrhunderts ist Samjatins »Wir« (1920/24) hervorzuheben, ein Werk, dem Huxley und Orwell Anregungen verdanken. Aus der deutschen Literatur verdienen Hesses »Glasperlenspiel« (1943) und Werfels »Stern der Ungeborenen« (1946) besondere Erwähnung.

Eine Erweiterung des U.-Begriffes läßt sich in den ästhetischen Diskussionen des 20. Jahrhunderts insofern beobachten, als allen künstlerischen Gattungen der Status des Utopischen zugebilligt wird (vgl. Ueding, 1978), weil Dichtung immer auch ein Gegenbild zur Realität darstellt. Schließlich ist auf die bedeutende Rolle der U. für die (Sozial)-Philosophie des 20. Jahrhunderts, insbesondere im deutschsprachigen Bereich zu verweisen: repräsentative Beispiele sind Mannheims »Ideologie und Utopie« (1929) und Blochs »Das Prinzip Hoffnung« (1954-59).

H. Freyer: Die politische Insel. Eine Geschichte der Utopien von Platon bis zur Gegenwart. Leipzig 1936

V. L. Parrington: American Dreams. A Study of American Utopias. Providence 1947

R. Ruyer: L'Utopie et les utopies. Paris 1950

R. Gerber: Utopian Fantasy. A Study of English Utopian Fiction since the End of the Nineteenth Century. London 1955

M. Schwonke: Vom Staatsroman zur Science Fiction. Eine Untersuchung über Geschichte und Funktion der naturwissenschaftlich-technischen Utopie. Stuttgart 1957

H. Schulte-Herbrüggen: Utopie und Anti-Utopie. Von der Strukturanalyse zur Strukturtypologie. Bochum 1960

K. J. Heinisch (Hrsg.): Der utopische Staat. Reinbek 1960

G. Kateb: Utopia and Its Enemies. New York 1963

K. Tuzinski: Das Individuum in der englischen devolutionistischen Utopie. Tübingen 1965

F. E. Manuel (Ed.): Utopias and Utopian Thought. New York 1966

A. Neusüss (Hrsg.): Utopie. Begriff und Phänomen des Utopischen. Neuwied 1968

F. Krey/R. Villgradter (Hrsg.): Der utopische Roman. Darmstadt 1973

W. Biesterfeld: Die literarische Utopie. Stuttgart 1974 (²1982)

R. Trousson: Voyages aux pays de nulle part. Histoire littéraire de la pensée utopique. Bruxelles 1975 (²1979)

G. Ueding (Hrsg.): Literatur ist Utopie. Frankfurt a.M. 1978

W. Erzgräber: Utopie und Anti-Utopie in der englischen Literatur. Morus – Morris – Wells – Huxley – Orwell. München 1980 (²1985)

W. Vosskamp (Hrsg.): Utopie-Forschung. Interdisziplinäre Studien zur neuzeitlichen Utopie. 3 Bde. Stuttgart 1982

K. L. Berghahn/H. U. Seeber (Hrsg.): Literarische Utopien von Morus bis zur Gegenwart. Königstein/Ts. 1983

H. Heuermann/B.-P. Lange (Hrsg.): Die Utopie in der angloamerikanischen Literatur. Düsseldorf 1984

D. Baker-Smith/C. C. Barfoot (Eds.): Between Dream and Nature. Essays on Utopia and Dystopia. Amsterdam 1987

G. Müller: Gegenwelten. Die Utopie in der deutschen Literatur. Stuttgart 1989

Willi Erzgräber

Verfremdung

Die V. ist ein allgemeiner künstlerischer, vor allem aber literarischer Darstellungsmodus, der zu den wichtigsten ästhetischen Kategorien des 20. Jahrhunderts zählt. Im weitesten Sinne begreift man darunter die Darstellung vertrauter Einrichtungen oder Vorgänge in einer ungewohnten, überraschenden Sicht. Das Verfahren ist auch in älteren Epochen nachweisbar, in der Theorie ansatzweise seit dem 17. Jahrhundert; doch setzt die systematische Reflexion erst nach 1900 ein. In älteren Zeiten erschien das Phänomen zumeist im Zusammenhang anderer, z.T. verwandter poetologischer Kategorien wie → Parodie und Satire (Helmers 1968: 98). Entscheidend für das Verständnis des Funktionierens von V. ist der Umstand, daß seit dem 18. Jahrhundert ein säkularisierter bzw. gesellschaftsbezogener Wahrheitsbegriff vorausgesetzt wird und daß stets eine Vorstellung von System, Konvention und Überlieferung die Folie des Verfremdungsvorgangs bildet. Die einzelnen Stadien in der Entfaltung von Wort und Sache innerhalb der europäischen Literatur und Philosophie, von der manieristischen Poetik sowie Novalis und Hegel bis zu Brecht, haben Grimm (1959, 1961) und Knopf (1980) dargestellt.

Zu einem Begriff der allgemeinen Ästhetik und Literaturtheorie wurde die V. bei Šklovskij, im Kreis der sogenannten Formalisten in der russischen Literaturwissenschaft, etwa in den Jahren 1914 bis 1930. Bei ihm gewann diese Kategorie zentrale Bedeutung, so im Aufsatz »Die Kunst als Verfahren« (1917), der eine ästhetische Wahrnehmungstheorie mit Ansätzen einer Innovationspoetik verknüpft. Eine Zusammenfassung der entscheidenden Gedanken enthält die Abhandlung »Literatur und Kinematograph« von 1923. Der Mensch in der modernen Welt sei zunehmend von verkümmerter, automatisierter Wahrnehmung gekennzeichnet: die Fülle der Dinge und Eigenschaften reduziere sich auf flüchtig wiedererkannte Schemata. Die Aufgabe der Kunst bestehe darin, durch besondere Kunstgriffe den Automatismus zu stören und ästhetische Irritation zu erzeugen. »Das Ding muß aus der Reihe der gewohnten Assoziationen herausgerissen werden. [...] Der Dichter vollzieht eine semantische Verschiebung, er zieht den Begriff aus der Reihe, in der er sich gewöhnlich befindet, heraus und setzt ihn mit Hilfe des Wortes (der Trope) in eine andere Bedeutungsreihe [...] Dies ist eines der Verfahren zur

Schaffung des spürbaren Gegenstandes. Im Bild liegt vor: Gegenstand – Erinnerung an seine frühere Bezeichnung – neue Bezeichnung des Gegenstandes und die Assoziationen, die mit der neuen Bezeichnung zusammenhängen.« (Zit. nach Flaker/Žmegač 1974: 28)

Als prägend erwies sich namentlich Šklovskijs Benennung für dieses Verfahren: der russische Neologismus ›ostranenie‹, der eigentlich mit ›Seltsammachen‹ zu übersetzen wäre (Lachmann 1970: 228), jedoch in Anlehnung an Brechts Terminus mit V. wiedergegeben wird. Der bekannte Aufsatz von 1917, in dem der Begriff erstmals vorkommt, deutet den ästhetischen Schock allerdings in erster Linie als ein Mittel, die Schwierigkeit und Dauer der Wahrnehmung zu steigern, denn der Wahrnehmungsprozeß sei in der Kunst »Selbstzweck«. Die Beispiele aus Tolstojs Werken, die für Šklovskij besonders bedeutsam sind, zeigen freilich, daß semantische Verschiebungen und verwandte Kunstgriffe spezifische *Erkenntnisse* bewirken können. So etwa in der Erzählung »Der Leinwandmesser«, in der menschliche Beziehungen und soziale Konventionen aus der Sicht eines Pferdes beurteilt werden, aus einer künstlich gesetzten Perspektive also: die Dinge (Gewohnheiten, gesellschaftliche Einrichtungen) verlieren aus dieser Sicht ihre Selbstverständlichkeit, der Betrachter identifiziert sich nicht mit ihnen, er findet sie *frag*würdig, fremd, seltsam. Ebenso werden in »Krieg und Frieden« die artifiziellen Konventionen einer Opernvorstellung aus einer naiven Sicht geschildert und damit ihrer vermeintlichen Natürlichkeit entkleidet. Das Seltsammachen beruht in diesen Fällen – die paradigmatisch sind im Hinblick auf Theorie und Praxis der V. auch in späteren Epochen – darauf, daß Handlungen aus ihren vorgegebenen mentalen Kontexten gelöst werden und durch ein absichtlich inadäquates Vorstellungssystem relativiert erscheinen. Man könnte daher die V. auch *Dekontextualisierung* nennen. In späteren Schriften hat Šklovskij seinen ursprünglichen, heute bereits klassischen Terminus zugunsten der Umschreibung ›Neues Sehen‹ aufgegeben, mit der Absicht, vor allem die kritischen, erkenntnisfördernden Züge der V. hervortreten zu lassen (Lachmann 1970: 244).

In gewissem Sinne fand beim späten Šklovskij eine Annäherung an Brecht statt. Das Seltsammachen, das Verfremden (durch V-Effekte) von Konventionen und sozialen Handlungen war bei dem Dramatiker schon früh ein poetisches/theatralisches Verfahren im Dienste von Gesellschaftskritik. In der Forschung wird weitgehend die These vertreten, Brecht habe um die Mitte der dreißiger Jahre die Verfremdungstheorie (oder zumindest die Benennung) von Šklovskij übernommen. (Vgl. dagegen Knopf 1980: 380.) Dabei wird übersehen, daß – ganz abgesehen von Brechts Terminus, der wortgeschichtlich in der deutschen kulturellen Tradition steht – der Kern der Theorie schon 1930/31 mit aller Deutlichkeit formuliert worden ist: im Lehrstück »Die Ausnahme und die Regel«. Prolog und Epilog des Stückes enthalten eine unmißverständliche Darlegung des Brechtschen Verfremdungsprinzips. Im Epilog, der einen Appell der Spieler an die Zuschauer enthält, heißt es: »Was nicht fremd ist, findet befremdlich! / Was gewöhnlich ist, findet unerklärlich! / Was da üblich ist, das soll euch erstaunen. / Was die Regel ist, das erkennt als Mißbrauch / Und wo ihr den Mißbrauch erkannt habt / Da schafft Abhilfe!« Auch der Inhalt des Lehrstückes ist mit seiner bezeichnenden Widerspruchs-Struktur modellhaft für das gesamte Schaffen Brechts schon seit der Mitte der zwanziger Jahre. Ausgangspunkt der V. ist stets eine gesellschaftliche Paradoxie, in der ein der Klassengesellschaft immanenter Widerspruch erkennbar ist. (Paradoxien als Grundlage der V. sind bei Šklovskij dagegen nicht wesentlich theoriebildend.) Das bei Brecht maßgeblich beteiligte Erkenntnispotential ist die marxistische Entfremdungstheorie, wie sie seit der Veröffentlichung von Marx' sogenannten Pariser Manuskripten von Philosophen und Sozialtheoretikern aus Brechts Bekanntenkreis diskutiert wurde. Die einprägsame Formulierung (Holthusen 1961: 46), die V. bei Brecht sei künstlerische Darstellung von Entfremdung, trifft den Kern der Sache. Beschrieben hat Brecht seine verfremdende Theaterpraxis in einigen zwischen 1936 und 1951 entstandenen theoretischen Schriften: »Über experimentelles Theater«, »Die Straßenszene«, »Kurze Beschreibung einer neuen Technik der Schauspielkunst«, »Kleines Organon«, Fragmente des »Messingkaufs«.

Die Bekanntheit von Brechts Verfremdungsbegriff sollte nicht darüber hinwegtäuschen, daß es sich bei diesem Autor um eine persönliche Variante einer viel weiter zu fassenden Kategorie handelt. Orientiert man sich etwa an den bei Tolstoj angeführten Beispielen, so tritt ein weites Feld literarischer Möglichkeiten in Erscheinung, die zwar die Gültigkeit von Brechts Grundgedanken, Verfremdung bewirke eine spezifische *Historisierung* des Gegenstandes, erkennen lassen, in Thematik und stilistischer Machart jedoch keine Einschränkung in der Art von Brechts streng selektivem Erkenntnisinteresse aufweisen. Wird eine Typologie der V. angestrebt, so sind zumindest vier Aspekte zu berücksichtigen. Als begriffliches Gerüst bietet sich die Kategorie der Perspektive an, deren Spielarten freilich jeweils auch durch ein bezeichnendes Motivrepertoire geprägt erscheinen. Der verfremdende Blick auf ein Geschehen kommt durch ein unterschiedlich zu definierendes ›Außenseitertum‹ zustande: die Sicht einer Figur, die infolge ihrer mentalen Anlage oder ihres sozialen Status einem System von Verhaltensregeln fremd gegenübersteht, bewirkt die Infragestellung oder Relativierung des vorgegebenen stofflichen Kontextes. Handelt es sich um *milieuinterne* V., so ist der fremde, staunende Blick zumeist entweder durch eine Form gesellschaftlichen Außenseitertums oder durch eine noch nicht automatisierte Erfahrung (Kinderperspektive) bedingt. *Milieuexterne* V. beruht dagegen vorwiegend auf der Darstellung ›schockierender‹ Erkenntnis infolge räumlicher Entfernung (bzw. kultureller Andersartigkeit) oder zeitlicher, historischer Distanz, die etwa in literarischer Phantastik durch eine Zeitmaschine überwunden wird. In beiden Fällen zielt das Verfahren auf geschichtliche Relativierung (Dekontextualisierung) bestimmter kultureller und politischer Konventionen, und damit auf Erschütterung von Selbstverständlichkeiten, deren Geltung sich auf eine verallgemeinerte Identität stützt.

Für Verfremdungen dieser Art läßt sich in der europäischen und amerikanischen Literatur, und namentlich in der Erzählkunst, eine Tradition seit dem 18. Jahrhundert nachweisen. Voltaires Erzählungen sind ebenso zu nennen wie die decouvrierenden Karikaturen der Bürgerwelt aus Künstlersicht bei E. T. A. Hoffmann. In der Nachfolge der europäischen Realismus-Konzeption (die übrigens gerade in der Anwendung von V. auch phantastische Verfahren kennt, man denke nur an Tolstoj) entfaltet sich im 20. Jahrhundert eine differenzierte Verfremdungspraxis, naturgemäß auch bei Autoren, die mit Brechts Auffassungen kaum etwas Gemeinsames haben. In der deutschen Literatur ist der Zusammenhang mit der Tradition seit Flaubert und den russischen Erzählern namentlich bei Th. Mann evident, der in den meisten seiner Erzählwerke gewohnte Dinge durch überraschende bewußt inadäquate Ansichten (Eigendeutung: ›Ironie‹) in ein neues Licht rückt. Im »Zauberberg« betrifft das besonders den Stoffbereich ›Krankheit‹, aber auch philosophische Exkurse, in der Erzählung »Wälsungenblut« die Konventionen der Operbühne (womit der Text eine ganze, von Flaubert und Tolstoj herrührende Motivreihe der V. erkennbar macht; vgl. dazu Žmegač 1972). In der deutschen Nachkriegsliteratur finden sich Verfremdungen schon in den ersten Jahren bei Borchert. Dessen Kurzgeschichte »Die Kegelbahn« nutzt für die Parabelform das ›naive‹ Seltsammachen kriegerischer Handlungen: diese werden durch Reduktion auf elementarste Vorgänge aus der Sphäre der ›Natürlichkeit‹ in die Sphäre der Absurdität versetzt. Zu den einprägsamsten weltliterarischen Leistungen verfremdender Erzählkunst gehören Twains »Huckleberry Finn« und Hašeks »Švejk«. Der oft als Kinderbuch mißverstandene »Huckleberry Finn« enthält eine Doppelverfremdung sozialer Übereinkünfte und historischer Traditionen in den Gesprächen zwischen der Titelfigur und dem Neger Jim: die mehr als dürftige Bildung Huckleberrys wie auch die Naivität Jims lassen Erfahrungswelt und Historie in komikhafter Vereinfachung erscheinen, in einer Sicht, die jedoch den Blick des Lesers für kritische Einsichten schärft. Im Aufzeigen kritisch relativierender Sichtweisen – und damit denkbarer Alternativen – erweist sich im allgemeinen die aliterarische Legitimität der V., deren Voraussetzung die Fähigkeit unterscheidender Erkenntnis bleibt.

R. Grimm: Bertolt Brecht. Die Struktur seines Werkes. Nürnberg 1959
R. Grimm: Verfremdung. Beiträge zum Ursprung und Wesen eines Begriffes. In: Revue de Littérature Comparée 35 (1961)
H. E. Holthusen: Kritisches Verstehen. Neue Aufsätze zur Literatur. München 1961
E. Bloch: Verfremdungen I. Frankfurt a.M. 1962
C. Heselhaus: Brechts Verfremdung der Lyrik. In: Poetik und Hermeneutik II. Immanente Ästhetik. Ästhetische Reflexion. Hrsg. von W. Iser. München 1966
H. Helmers: Verfremdung als poetische Kategorie. In: Der Deutschunterricht 20 (1968) H. 4
J. Striedter (Hrsg.): Texte der russischen Formalisten, Bd. I. München 1969
R. Lachmann: Die ›Verfremdung‹ und das ›Neue Sehen‹ bei Viktor Šklovskij. In: Poetica 2 (1970) H. 2
E. Nündel: Das Prinzip der Verfremdung in der Dichtung. In: Der Deutschunterricht 23 (1971) H. 6
V. Žmegač: Kulissenwelt. In: Monatshefte/Wisconsin 64 (1972) H. 2
A. Flaker/V. Žmegač: Formalismus, Strukturalismus und Geschichte. Kronberg/Ts.1974
J. Knopf: Brecht-Handbuch. Theater. Stuttgart 1980
H. Helmers (Hrsg.): Verfremdung in der Literatur. Darmstadt 1984
V. Žmegač: Der europäische Roman. Geschichte seiner Poetik. Tübingen 1990

Viktor Žmegač

Sachregister